3D-Modellierung mit Google SketchUp für Kids

Michael Weigend

3D-Modellierung mit Google SketchUp für Kids

Bibliografische Information Der Deutschen Bibliothek
Die Deutsche Bibliothek verzeichnet diese Publikation in
der Deutschen Nationalbibliografie; detaillierte bibliografische
Daten sind im Internet über <http://dnb.ddb.de> abrufbar.

Bei der Herstellung des Werkes haben wir uns zukunftsbewusst für
umweltverträgliche und wiederverwertbare Materialien entschieden.
Der Inhalt ist auf elementar chlorfreiem Papier gedruckt.

ISBN: 978-3-8266-8656-6
1. Auflage 2010

E-Mail: kundenbetreuung@hjr-verlag.de

Telefon: +49 89/2183-7928
Telefax: +49 89/2383-7620

© 2010 bhv, eine Marke der Verlagsgruppe Hüthig Jehle Rehm GmbH
Heidelberg, München, Landsberg, Frechen, Hamburg.

IT-fachportal.de

Dieses Werk, einschließlich aller seiner Teile, ist urheberrechtlich geschützt.
Jede Verwertung außerhalb der engen Grenzen des Urheberrechtsgesetzes ist
ohne Zustimmung des Verlages unzulässig und strafbar. Dies gilt insbesondere
für Vervielfältigungen, Übersetzungen, Mikroverfilmungen und die
Einspeicherung und Verarbeitung in elektronischen Systemen.

Printed in Germany

Lektorat: Sabine Schulz
Sprachkorrektorat: Petra Heubach-Erdmann
Fachkorrektorat: Thorben Laban, Jessica Heuser
Satz: Johann-Christian Hanke, Berlin

Für meinen Neffen Fabian

Inhaltsverzeichnis

Einleitung 13

Was ist Modellieren? 13

Wie arbeitest du mit diesem Buch? 15

Inhalt der beiliegenden CD 16

Was brauchst du für dieses Buch? 16

1 Einführung in die 3D-Modellierung 19

Was heißt dreidimensional? 20

Was sind Koordinatenachsen? 21

Die Oberfläche einrichten 23

Das erste Modell 26

Perspektive 30

Das Modell verfeinern 32

Zusammenfassung 41

Fragen 41

Aufgaben 42

2 Die Welt aus Linien und Flächen 43

Flächen und Kanten 44

Werkzeuge für Linien und Flächen 44

Drudel 45

Stile für Linien 54

Zeichnen mit dem Freihandwerkzeug 56

Linien im dreidimensionalen Raum 57

Rechteck (R) 60

Kreis (C) 63

Vieleck (Polygon) 65

Odyssee im Weltraum 66

Zusammenfassung 69

Inhaltsverzeichnis

Ein paar Fragen ... 70
... und ein paar Aufgaben 70

3 Modellieren durch Verformen 73
Werkzeuge zum Verändern von Körpern 74
Eine mittelalterliche Stadtmauer 74
Die Hauptverwaltung der Biber-AG 88
Modellieren durch Skalieren (S) 96
Zusammenfassung 99
Ein paar Fragen ... 99
... und ein paar Aufgaben 100

4 Flächen, die über Pfade wandern – Extrusion 101
Das Folge-mir-Werkzeug 102
Modell eines Stuhls aus Stahlrohr 105
Zusammenfassung 113
Ein paar Fragen ... 113
... und ein paar Aufgaben 114

5 Rosetten und gotische Bauornamente 115
Rosetten 116
Das Rosettenfenster von St. Etienne 117
Mandalas 122
Ein gotisches Kirchenfenster 123
Gotische Ornamente 127
Zusammenfassung 131
Ein paar Fragen ... 132
... und ein paar Aufgaben 132

6 Optische Täuschungen 135
Geheimnisvolle Bewegung 136
Die Illusion von Baingio Pinna 139

Inhaltsverzeichnis

Ein unmögliches Bild   145
Zusammenfassung   148
Ein paar Fragen ...   148
... und ein paar Aufgaben   149

7 Anschauungsmodell eines Kernkraftwerks   151
Wir bauen ein Atomkraftwerk   153
Ein Modell beschriften   165
Layer verwenden   167
Zusammenfassung   169
Ein paar Fragen ...   170
... und ein paar Aufgaben   170

8 Eine Wohnung einrichten   173
Der Grundriss   174
Wände modellieren   176
Fenster modellieren   177
Anstreichen, Fliesen legen und Teppich verlegen   179
Die Wohnung einrichten   180
Abmessungen   185
Zusammenfassung   186
Ein paar Fragen ...   186
... und ein paar Aufgaben   187

9 Mit Komponenten modellieren   189
Was sind Komponenten?   190
Autoparkplatz – Strukturen aus Komponenten   196
Zusammenfassung   207
Ein paar Fragen ...   208
... und ein paar Aufgaben   208

10 Einfache Figuren   211
Schachfiguren   212

Inhaltsverzeichnis

Huhn und Hahn   219
Zusammenfassung   232
Ein paar Fragen ...   232
... und ein paar Aufgaben   233

11 Roboter und Gelenkpuppen   235
Roboter   236
Teddybär   246
Zusammenfassung   259
Ein paar Fragen ...   260
... und eine Aufgabe   260

12 Der Hafentempel von Xanten   261
Der Hafentempel   262
Der Grundriss   262
Ein Foto von der Frontansicht importieren und anpassen   265
Der Sockel   267
Die Treppe   268
Die korinthischen Säulen   270
Das Tempeldach   275
Das Modell vervollständigen und nachbearbeiten   277
Zusammenfassung   279
Ein paar Fragen ...   279
... und eine Aufgabe   280

13 Eine Burg rekonstruieren   281
Burg Hardenstein   282
Grundriss und Südwestturm   283
Das Hauptgebäude   287
Der Südostflügel   294
Die Schildmauer   295
Der Erker mit Steinsockel   297

Inhaltsverzeichnis

Die Türme vervollständigen 298
Das Gelände modellieren 301
Die große Brücke 303
Letzte Arbeiten 305
Zusammenfassung 307
Ein paar Fragen ... 308
... und eine Aufgabe 308

14 Blick in den Mikrokosmos 309
Aufbau eines Kochsalz-Kristalls 310
Diamant 315
Molekülmodelle 324
Modell eines Grippevirus 329
Zusammenfassung 337
Ein paar Fragen ... 337
... und ein paar Aufgaben 338

15 Garten und Landschaft 341
Ein kleiner Garten mit Teich 342
Eine Landschaft aus Höhenlinien 346
Hecken und Zäune 350
Komponenten für Gärten 355
SketchUp mit Ruby-Skripten erweitern 356
Zusammenfassung 363
Ein paar Fragen ... 363
... und ein paar Aufgaben 364

16 Labyrinthe 367
Ein Labyrinth mit rechtwinkligen Hecken 368
Ein Kreislabyrinth 372
Walkthrough 375
Eine Pyramide mit Geheimgängen 380
Lösung der Labyrinth-Aufgabe 386

Zusammenfassung 386

Ein paar Fragen ... 386

... und eine Aufgabe 387

17 Google Earth und SketchUp 389

Die Salginatobelbrücke 390

Ein Haus exakt an einen Standort setzen 399

Zusammenfassung 403

Ein paar Fragen ... 403

... und eine Aufgabe 404

Anhang 405

An Eltern, Lehrerinnen und Lehrer 405

Probleme mit SketchUp 408

Antworten zu den Fragen 410

Vielen Dank ... 423

Stichwortverzeichnis 425

Einleitung

Die Welt ist dreidimensional – oder kurz 3D. Wir leben auf einer Kugel und nicht auf einer flachen Scheibe, wie man früher einmal glaubte. Und unser Planet rast mit großer Geschwindigkeit durch den Raum, immer um die Sonne herum. Wir selbst und alle Dinge um uns herum haben eine Ausdehnung in drei Richtungen, sie haben eine Länge, Breite und Höhe. Wenn dieses Buch auf dem Tisch liegt, ist es ziemlich genau 2 cm hoch, 24 cm lang und 17 cm breit.

Mit 3D-Modellierung kannst du dreidimensionale Welten im Computer erschaffen: Kugelschreiber, Blumenvasen, Möbel, Roboter, Häuser oder ganze Städte. Für solche Projekte brauchst du ein spezielles Computerprogramm, ein Modellierungswerkzeug. Dieses Buch erklärt dir den Umgang mit Google SketchUp. Das ist ein 3D-Modellierungswerkzeug, das besonders leicht zu lernen und obendrein noch kostenlos ist. Aber SketchUp ist kein Spielzeug, sondern eine absolut professionelle Entwicklungsumgebung, die auch von Architekten, Ingenieuren und Designern verwendet wird.

Was ist Modellieren?

Häufig versteht man unter einem Modell eine Miniaturdarstellung der Wirklichkeit. Ein Modellflugzeug ist ein verkleinertes Abbild eines richtigen großen Flugzeugs. Eine Puppe ist ein Modell eines Menschen. Meistens ist ein solches Modell einfacher als das Vorbild aus der Wirklichkeit. Unwichtige Einzelheiten lässt man weg. Ein Waggon einer Modelleisenbahn hat keine Klimaanlage und keine Notbremse.

Ein Modell kann aber auch Dinge darstellen, die nur in deiner Fantasie existieren und die es in Wirklichkeit gar nicht gibt: einen Raumgleiter, eine Siedlung auf dem Mars oder ein Märchenschloss. Diese Modellierung macht meist besonders viel Spaß, weil man dann kreativ ist und etwas ganz Neues erschaffen kann, das noch nie da war.

Modellieren heißt auch experimentieren und ausprobieren. Du beginnst mit einem ersten Versuch, schaust dir das Modell von allen Seiten kritisch an, veränderst hier und dort etwas oder machst eine Veränderung, die nicht zu einem guten Ergebnis geführt hat, wieder rückgängig. So entwickelt sich dein Modell.

Zwei Arten von räumlichem Modellieren

Du hast wahrscheinlich schon als kleines Kind 3D-modelliert, nämlich als du im Kindergarten aus Bauklötzen Türme gebaut oder mit Knetgummi deine erste Giraffe geformt hast. Das nennt man volumenorientierte Modellierung. Volumen heißt so viel wie Rauminhalt. Eine große Colaflasche hat z. B. ein Volumen von einem Liter, ein Legostein nur wenige Milliliter. Bei der volumenorientierten Modellierung fügst du dem Modell ein gewisses Volumen an Material hinzu oder entfernst etwas. Das machst du so lange, bis das Modell die gewünschte Form hat. Wenn du mit dem Schnitzmesser etwas Holz an einer Stelle wegschneidest, hast du ein bestimmtes Volumen entfernt. Wenn du einen neuen Legostein auf dein Modell setzt, fügst du etwas Volumen hinzu. Beim Modellieren mit Knetgummi, Pappmaschee oder Ton quetschst und drückst du das Modell an bestimmten Stellen. Dabei verrutscht die Materie, die Form ändert sich, aber das Volumen bleibt konstant. Auch das ist volumenorientiertes Modellieren.

3D-Modellierung mit SketchUp ist ganz anders. Das Modellieren mit SketchUp ist oberflächenorientiert. SketchUp-Modelle sind alle hohl und bestehen nur aus Oberflächen und Kanten. Auch so etwas hast du schon – ohne Computer – gemacht. Wenn du etwas aus Papier gebastelt hast, z. B. eine Schachtel oder einen Papierflieger, war das im Prinzip oberflächenorientierte Modellierung. Wenn du ein Blatt Papier faltest, erzeugst du an der Faltstelle eine neue Kante und hast nun zwei Oberflächen, die im Raum unterschiedlich ausgerichtet sind.

Es gibt aber auch volumenorientierte 3D-Modellierungswerkzeuge. Ein Beispiel ist der Digital Designer von LEGO (*http://ldd.lego.com/*). Hier kannst du am Bildschirm mit der Maus Stein auf Stein setzen und ein Modell aus Volumeneinheiten zusammensetzen. Aber im Vergleich zu SketchUp ist das wirklich ein Spielzeug.

Wie arbeitest du mit diesem Buch?

Dieses Buch einhält eine Menge Informationen. Damit alles möglichst verständlich und übersichtlich wird, gibt es einige Symbole, die ich dir hier gern erklären möchte.

Arbeitsschritte

> Wenn du dieses Zeichen siehst, heißt das: Es gibt etwas zu tun. Hier wird ein Schritt auf dem Weg zum fertigen 3D-Modell erklärt.

Am besten lernst du den Umgang mit SketchUp, wenn du selbst am Computer Modelle entwickelst. Aber vielleicht hast du nicht immer Lust dazu, jeden Schritt nachzuvollziehen. Macht nichts! Alle Modelle, die im Buch beschrieben sind, findest du auch auf der beiliegenden CD. Zu jedem Kapitel gibt es einen Ordner mit Modelldateien, Bildern und manchmal auch Filmen, die besonders schwierige Schritte erklären. In vielen Fällen gibt es zu einem Modell auch unfertige Versionen, die du weiterentwickeln kannst.

Fragen und Aufgaben

Am Ende eines Kapitels wirst du eine Reihe von Fragen und Aufgaben entdecken. Die Fragen kannst du beantworten, wenn du den Text aufmerksam gelesen hast. Im Anhang findest du Antworten auf alle Fragen der einzelnen Kapitel.

Bei den Aufgaben soll immer ein 3D-Modell entwickelt oder verändert werden. Die Lösungen zu den Aufgaben (Modelldateien) findest du auf der CD im Unterverzeichnis Aufgaben des jeweiligen Kapitelordners.

Wichtige Stellen im Buch

Hin und wieder findest du ein solch dickes Ausrufezeichen im Buch. Dann ist das eine Stelle, an der etwas besonders Wichtiges steht, das man sich merken sollte.

Wenn es um eine ausführlichere Erklärung geht, tritt Buffi in Erscheinung und schnuppert in seiner Kiste mit Tipps & Tricks.

Einleitung

Was brauchst du für dieses Buch?

Betriebssystem

Google SketchUp gibt es für die Betriebssysteme Microsoft Windows 2000/XP/Vista und Mac OS X. Die Benutzungsoberfläche ist aber nur in einigen kleinen Details unterschiedlich. Alle Erklärungen in diesem Buch beziehen sich auf Windows-Systeme.

Google SketchUp

Google SketchUp gibt es in einer kommerziellen Version (SketchUp Pro) und in einer kostenlosen Version. Dieses Buch bezieht sich auf die kostenlose Version 7.

Du kannst Google SketchUp 7 über die *SketchUp-Website http://sketchup.google.com/* herunterladen und installieren.

Du findest SketchUp aber auch auf der beiliegenden CD. Im Ordner `sketchup` gibt es zwei Versionen, eine für Windows Vista und XP und eine für Mac OS X.

Maus oder Grafik-Tablett

Bei der Arbeit mit SketchUp verwendest du die Tastatur eher selten. Viel wichtiger ist eine Maus oder ein anderes Eingabegerät, mit dem du Objekte auf dem Bildschirm direkt manipulieren kannst.

Maus mit Scrollrad (links) und Grafik-Tablett mit elektronischem Stift

Wenn du eine Maus benutzt, sollte sie ein Scrollrad besitzen. Damit kannst du die Ansicht deines Modells auf dem Bildschirm sehr schnell vergrößern und verkleinern.

Eine Alternative zur Maus ist ein Grafik-Tablett. Hier bewegst du einen elektronischen Stift über eine Sensorfläche. Damit kannst du schneller Linien zeichnen und Objekte verschieben als mit der Maus. Allerdings ist das Vergrößern und Verkleinern der Ansicht etwas umständlicher als mit der Maus.

Neuerdings gibt es auch spezielle 3D-Eingabegeräte für die 3D-Modellierung, so genannte Spacemäuse.

Inhalt der beiliegenden CD

Auf der CD findest du alle Modellbeispiele aus dem Buch und die Modellierungssoftware, die du für deine Projekte brauchst.

SketchUp installieren

Im Ordner `sketchup` sind zwei Installationsprogramme für das 3D-Modellierungswerkzeug Google SketchUp 7, eines für Windows XP/Vista und eines für Mac OS X.

Wenn du einen Windows-Rechner hast, gehst du so vor:

- Öffne in einem Explorer-Fenster auf der CD den Ordner `sketchup/windows`.
- Starte das Programm `GoogleSketchUpWDE.exe` durch einen Doppelklick.
- Nach einiger Zeit öffnet sich ein Fenster mit der Überschrift WILLKOMMEN BEIM EINRICHTUNGSASSISTENTEN VON GOOGLE SKETCHUP 7. Klicke unten im Fenster auf die Schaltfläche WEITER.
- Auf der nächsten Seite siehst du die Lizenzvereinbarungen. Lies sie dir durch. Wenn du mit allem einverstanden bist, setzt du (durch Anklicken) ein Häkchen in die Checkbox vor ICH AKZEPTIERE DIE BEDINGUNGEN DER LIZENZVEREINBARUNG. Klicke dann auf die Schaltfläche WEITER.
- Auf der nächsten Seite musst du den Ordner wählen, in dem SketchUp eingerichtet werden soll. Du kannst den vorgeschlagenen Zielordner getrost übernehmen und auf WEITER klicken.
- Auf der nächsten Seite startest du dann die Installation.

Wenn du einen Mac hast, gehst du so vor:

- Öffne auf der CD den Ordner `sketchup/mac_os`.

Einleitung

➤ Mit einem Doppelklick auf das Dateisymbol `GoogleSketchUpMDE.dmg` startest du die Überprüfung und Aktivierung des Installationsprogramms. Nach einiger Zeit siehst du ein neues Symbol (ein aufgeklappter Karton) mit dem Namen `Google SketchUp 7 Installer.mpkg`.

➤ Wenn du dieses Symbol doppelklickst, beginnt die Installation von SkletchUp.

Erster Start

Wenn du Google SketchUp das erste Mal startest, siehst du zunächst ein Begrüßungsfenster. Rechts ist eine Schaltfläche mit der Aufschrift VORLAGE AUSWÄHLEN. Klicke auf die Schaltfläche und wähle EINFACHE VORLAGE – METER.

Wenn du dieses Begrüßungsfenster nicht bei jedem Start sehen willst, entferne durch Anklicken das Häkchen vor dem Text DIESES FENSTER BEI JEDEM START ZEIGEN. Die Vorlage, die du eingestellt hast, wird bei jedem Start von SketchUp verwendet.

Klicke dann unten auf die Schaltfläche SKETCHUP VERWENDEN.

Modelle und Materialien

Im Ordner Buch sind alle Modellbeispiele und zusätzliche Materialien gespeichert.

> Zu jedem Kapitel gibt es ein eigenes Verzeichnis. Darin findest du die Modellbeispiele und die Lösungen zu den Aufgaben.

Zu Kapitel 1 und 2 gibt es auch einige Filme (Windows-Videodateien, .wmv), die dir grundlegende Techniken der Arbeit mit SketchUp zeigen. Im Vorspann sind jeweils die Buchseiten angegeben, auf die sich der Film bezieht. An den Stellen im Buch, für die es auf der CD einen Film gibt, findest du eine Videokamera als Icon.

1 Einführung in die 3D-Modellierung

In diesem Kapitel lernst du die wichtigsten Grundtechniken der 3D-Modellierung mit SketchUp kennen. Du erhältst Antworten auf folgende Fragen:

- Was heißt dreidimensional?
- Welche Bedeutung haben die Koordinatenachsen für die 3D-Modellierung?
- Wie kann man ein Einfamilienhaus modellieren?
- Wie kann man die Ansicht auf ein 3D-Modell ändern?
- Wie setzt man Zeichenwerkzeuge ein, um Linien und Flächen zu gestalten?
- Wie kann man von Linien und Punkten neue Linien und Punkte ableiten?
- Wie kann man Oberflächen färben und mit Texturen belegen?

Kapitel 1

Einführung in die 3D-Modellierung

Was heißt dreidimensional?

Beginnen wir mit einem kleinen Experiment. Setze dich vor deinen Computer, kneife ein Auge zu und versuche, mit dem Zeigefinger genau die rechte obere Ecke deines Monitors oder Displays zu treffen. Vermutlich brauchst du einige Versuche, bis es dir gelingt. Mal ist der Finger zu weit vorne, mal zu weit hinten.

Unsere Augen und unser Gehirn sind so konstruiert, dass wir räumlich sehen und denken können. Aber dafür braucht das Gehirn ein Bild von zwei Augen aus zwei unterschiedlichen Blickwinkeln. Jedes Bild, das ein einzelnes Auge über die Netzhaut wahrnimmt, ist nur flächenhaft. Das räumliche Bild entsteht erst im Gehirn.

Räumlich heißt so viel wie dreidimensional. Aber was hat es mit dem Begriff Dimension auf sich?

- ◇ Ein Punkt hat keine Dimension. Er ist ausdehnungslos, unendlich klein. Deshalb kann man eigentlich keinen wirklichen Punkt aufzeichnen (es wird immer eine kleine Kreisfläche).

- ◇ Eine gerade Linie hat die Dimension 1. Sie hat nur eine Länge, aber keine Breite und ist unendlich dünn.

- ◇ Eine Fläche ist zweidimensional. Sie dehnt sich in zwei Richtungen aus. Ein Beispiel ist ein Rechteck. Es besitzt eine Länge und eine Breite, aber keine Dicke.

- ◇ Unser Raum schließlich ist dreidimensional. Jeder Gegenstand hat eine Ausdehnung in drei Richtungen. Ein Quader z. B. hat eine Länge, Breite und Höhe.

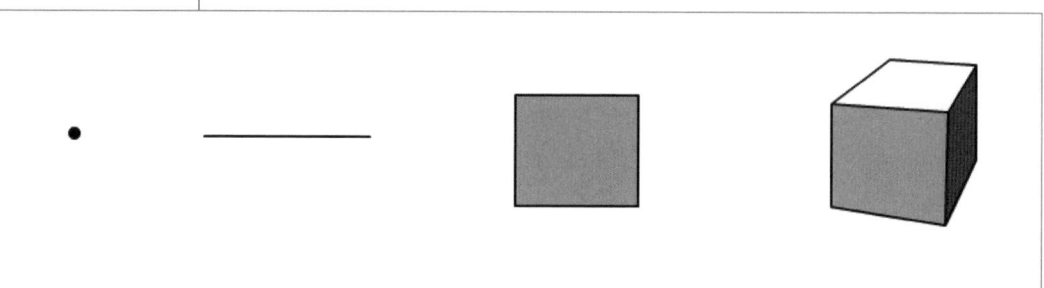

Was sind Koordinatenachsen?

Koordinaten dienen dazu, die Position eines Punktes im Raum anzugeben. Aus dem Mathematikunterricht kennst du das zweidimensionale kartesische Koordinatensystem. Es besteht aus zwei Koordinatenachsen, die senkrecht aufeinanderstehen. Die waagerechte Achse nennt man x-Achse und die senkrechte Achse y-Achse. Jede Achse wird durch eine Linie mit einer Pfeilspitze dargestellt. Der Schnittpunkt der beiden Koordinatenachsen ist der Nullpunkt oder Ursprung des Koordinatensystems. Die Position eines Punktes kann man durch zwei Zahlen (man sagt Koordinaten) bestimmen. Die erste Zahl oder Koordinate ist ein Abschnitt auf der x-Achse und die zweite Zahl ein Abschnitt auf der y-Achse.

Bei einem dreidimensionalen Koordinatensystem liegen die x- und y-Achse waagerecht. Zusätzlich gibt es eine dritte Koordinatenachse, die von unten nach oben geht, die z-Achse. In einem dreidimensionalen Koordinatensystem brauchst du drei Koordinaten, um die Position eines Punktes anzugeben.

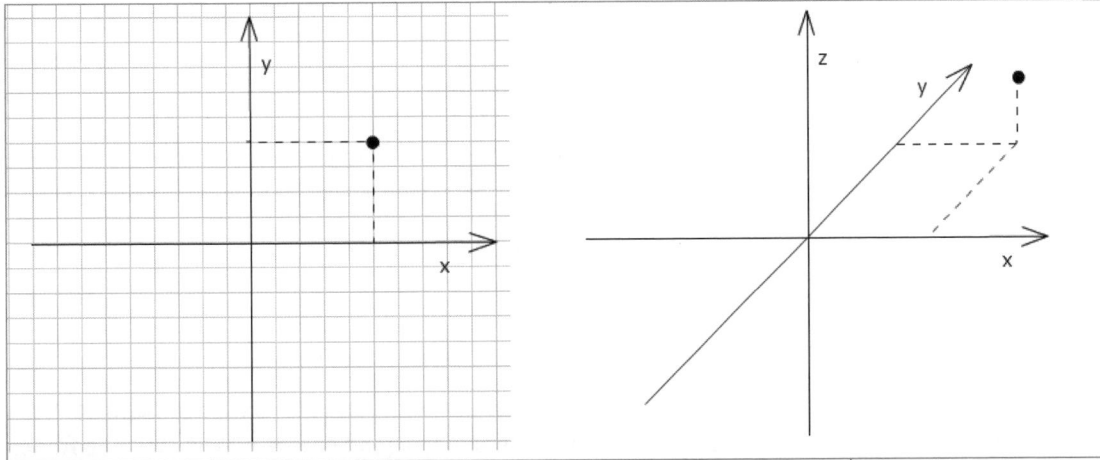

Zweidimensionales und dreidimensionales kartesisches Koordinatensystem in der Mathematik.

Erfunden wurde übrigens das Koordinatensystem von dem französischen Philosophen und Mathematiker René Descartes (1596–1650). Damals gaben sich Gelehrte gerne lateinische Namen, die sie von ihren richtigen Namen ableiteten. So nannte Descartes sich Renatus Cartesius. Deshalb spricht man heute von einem kartesischen Koordinatensystem.

Kapitel 1

Einführung in die 3D-Modellierung

Kommen wir nun zu SketchUp. Hier sehen die Koordinatenachsen etwas anders aus als in der Mathematik. Starte Google SketchUp 7. Wenn das System dich fragt, welchen Stil du verwenden willst, wähle den einfachsten Stil mit der Maßeinheit Meter.

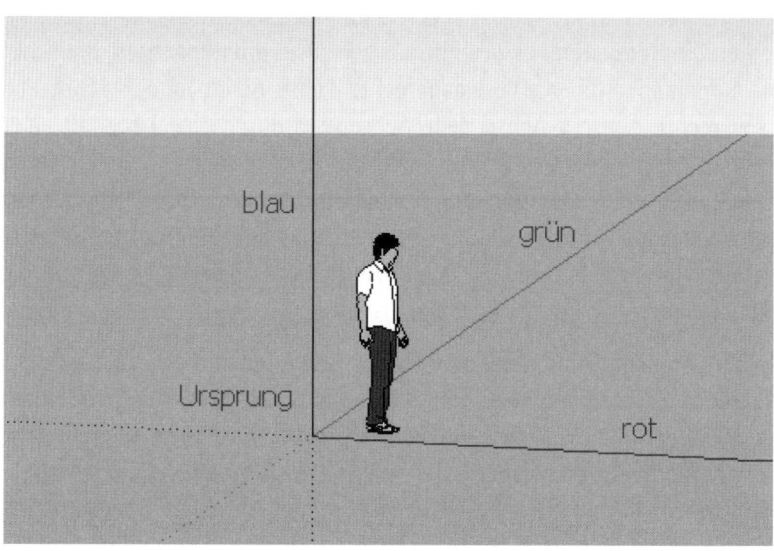

Das Koordinatensystem bei SketchUp: rote, grüne und blaue Achsen.

Die Koordinatenachsen sind bei SketchUp unendlich lange Linien, die sich in der Mitte kreuzen. Den Schnittpunkt der Achsen nennt man Mittelpunkt oder Ursprung. Die Koordinatenachsen tragen keine Buchstaben und sie haben keine Pfeilspitzen. Stattdessen unterscheiden sie sich in der Farbe:

◇ Die rote Achse geht von links nach rechts.

◇ Die grüne Achse geht von vorn nach hinten.

◇ Die blaue Achse geht von unten nach oben.

Du siehst auch, dass die Koordinatenachsen auf der einen Seite vom Ursprung durchgezogen und auf der anderen Seite gepunktet sind. Die Farben der Koordinatenachsen sind nicht zufällig gewählt. Es sind die Grundfarben Rot, Grün und Blau, aus denen alle Farben der Welt zusammengemischt werden können. Die farbigen Koordinatenachsen sind ein wichtiges Konzept der SketchUp-Modellierung.

Beispielsweise kann durch die Farbe die Richtung einer Linie im Raum angegeben werden. Probiere es aus!

➢ Wähle in der Symbolleiste das Linienwerkzeug (Stift). Der Mauszeiger sieht nun aus wie ein Stift.

➢ Klicke auf den Ursprung. Wenn du jetzt den Mauszeiger bewegst, zieht er eine Linie hinter sich her.

Die Oberfläche einrichten

> Bewege den Mauszeiger über die rote Achse. Es erscheint neben dem Stift eine Infobox mit dem Text »Auf roter Achse«. Außerdem ist die Linie hinter dem Stift intensiv rot.

> Klicke einmal die linke Maustaste und bewege den Mauszeiger parallel zur grünen Achse (nach hinten). Die Linie, die er hinter sich herzieht, ist grün. Und so weiter.

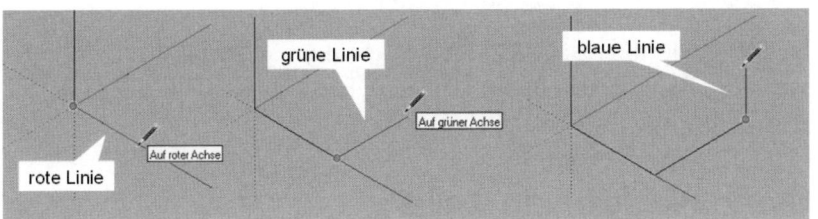

Die Oberfläche einrichten

Das Bild zeigt die Benutzungsoberfläche von SketchUp. Oder sagen wir besser: eine Möglichkeit, wie sie aussehen kann. Denn du kannst dir die Oberfläche so einstellen, wie du sie haben willst.

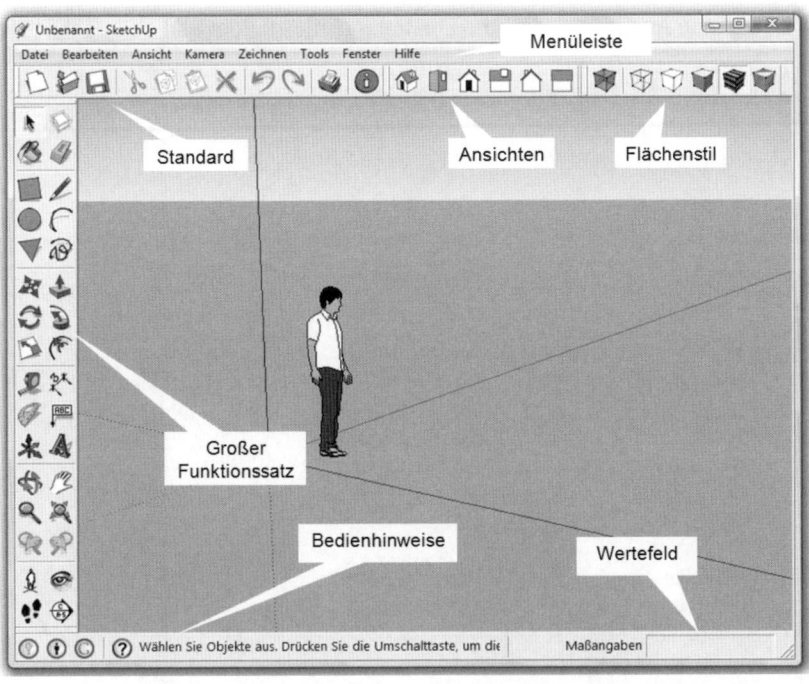

In der Mitte ist die Arbeitsfläche. Hier entwickelst du deine Modelle.

Kapitel 1   Einführung in die 3D-Modellierung

Die Menüleiste ganz oben ist so, wie du sie von anderen Anwendungsprogrammen kennst. Wenn du mit der Maus auf eine der Überschriften klickst (z. B. DATEI), erscheint ein Pull-down-Menü mit verschiedenen Befehlen, die du anklicken kannst.

In der unteren Zeile rechts neben dem Fragezeichen erscheinen Hinweise, was du als Nächstes tun kannst. Das ist gerade dann sehr nützlich, wenn man sich noch in SketchUp einarbeiten muss.

Im Wertefeld (Maßangaben) stehen häufig Zahlenangaben, die verschiedene Bedeutungen haben können (z. B. Länge der Linie, die du gerade zeichnest).

Symbolleisten einstellen

Und dann gibt es noch verschiedene Symbolleisten. Du kannst selbst bestimmen, welche Symbolleisten auf der Benutzungsoberfläche erscheinen sollen. Gehe in das Menü ANSICHT und klicke auf das oberste Feld SYMBOLLEISTEN. Es erscheint ein Menü mit etwa einem Dutzend verschiedener Bezeichnungen für Symbolleisten. Alle, die auf der Oberfläche erscheinen, sind mit einem Häkchen versehen. Durch Anklicken kannst du festlegen, welche Symbolleisten du sehen willst.

Die folgende Abbildung zeigt die Einstellung, die zu dem Bild oben gehört.

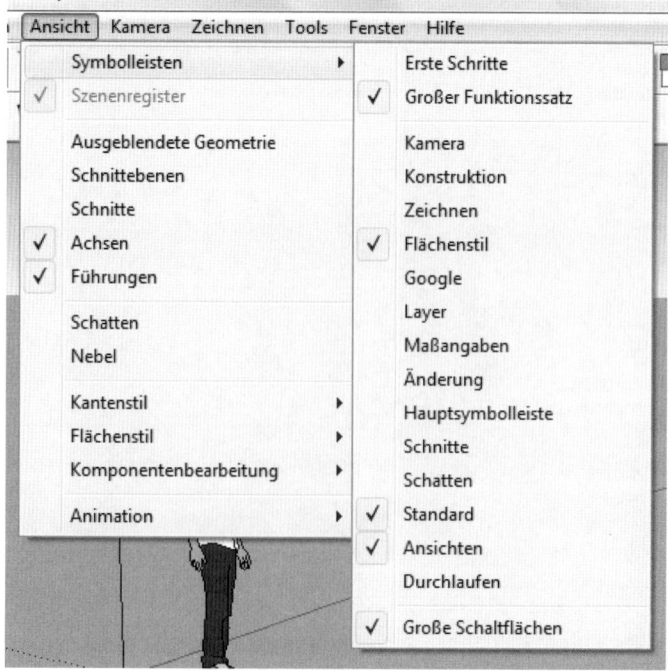

Auswahl der Symbolleisten, die auf der Benutzungsoberfläche zu sehen sein sollen.

Die Oberfläche einrichten

Die Position einer Symbolleiste kannst du (wie bei allen Windows-Programmen) auf folgende Weise verändern:

≫ Klicke auf den kleinen erhobenen Streifen am Anfang der Symbolleiste. Es entsteht ein Kasten mit den Umrissen der Symbolleiste.

≫ Halte die linke Maustaste gedrückt und verschiebe den Kasten an die gewünschte Stelle. Wenn du die Maustaste wieder loslässt, springt die Symbolleiste an die neue Position.

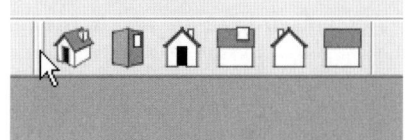 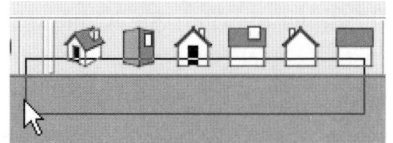

Der Mentor

Wenn du SketchUp das erste Mal gestartet hast, erscheint das Mentorfenster. Zu der Funktion (Werkzeug), die du gerade ausgewählt hast, siehst du einen kleinen Film, in dem die wichtigsten Verwendungsarten gezeigt werden. Außerdem gibt es Hinweise und Links zu Webseiten mit noch mehr Informationen.

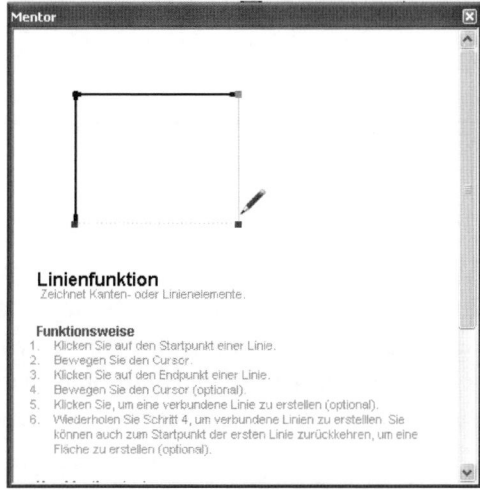

Wenn dich das Mentorfenster bei einer Konstruktion stört, verkleinere es einfach oder schließe es.

Verkleinerung: Klicke auf den oberen blauen Rand des Fensters. Das Fenster schrumpft zu einem blauen Streifen mit dem Titel.

Schließen: Klicke auf das kleine Kreuz auf einem roten Quadrat in der rechten oberen Ecke des Mentorfensters. Wenn du es später wieder sehen willst, klickst du im Menü FENSTER auf das Feld MENTOR.

Kapitel 1

Einführung in die 3D-Modellierung

Das erste Modell

Das erste SketchUp-Modell wird ein Haus. Schließlich ist SketchUp vor allem für die Gestaltung von Architekturen gedacht.

Starte Google SketchUp 7. Wähle die einfache Vorlage mit der Maßeinheit Meter.

Entferne zunächst die Figur. Das geht so: Klicke mit dem Auswahlwerkzeug (Pfeil) auf die Figur. Sie ist nun blau eingerahmt. Drücke die rechte Maustaste. Es erscheint ein Kontextmenü. Klicke auf den Befehl LÖSCHEN.

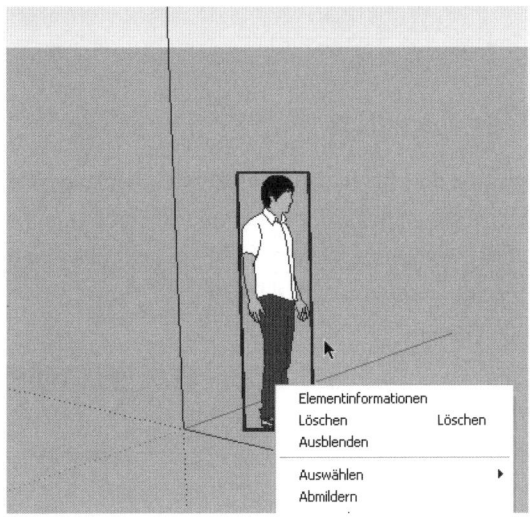

Jedes Modell beginnt im Ursprung

Klicke am linken Fensterrand auf das Rechteckwerkzeug. Achte auf den Cursor. Er sieht nun aus wie ein kleiner Bleistift. Rechts daneben ist ein kleines Quadrat mit zwei dicken Punkten an diagonal gegenüberliegenden Ecken. Und genauso legst du auch Größe und Position eines Rechtecks fest. Durch zwei diagonal gegenüberliegende Eckpunkte.

Jede Modellierung beginnt im Ursprung. So nennt man den Mittelpunkt des Koordinatensystems. Wenn du den Cursor in die Nähe des Ursprungs bewegst, springt er dorthin, es erscheint ein gelber Punkt. Der Ursprung und später alle Eckpunkte deines Modells sind so genannte Schnapppunkte (snap *points*). Sie wirken auf den Cursor wie Magnete. Immer wenn er in die Nähe eines solchen Punktes kommt, wird er magisch angezogen und rastet dort ein. Klicke einmal links. Dann liegt der erste Punkt deines Rechtecks im Ursprung. Dort, wo jedes Modell beginnen sollte.

Das erste Modell

Ziehe nun den Cursor nach rechts oben. Er zieht nun ein waagerechtes Rechteck hinter sich her. Wenn dir die Größe des Rechtecks gefällt, drücke die linke Maustaste. Das ist der zweite Punkt. Dein Rechteck ist fertig.

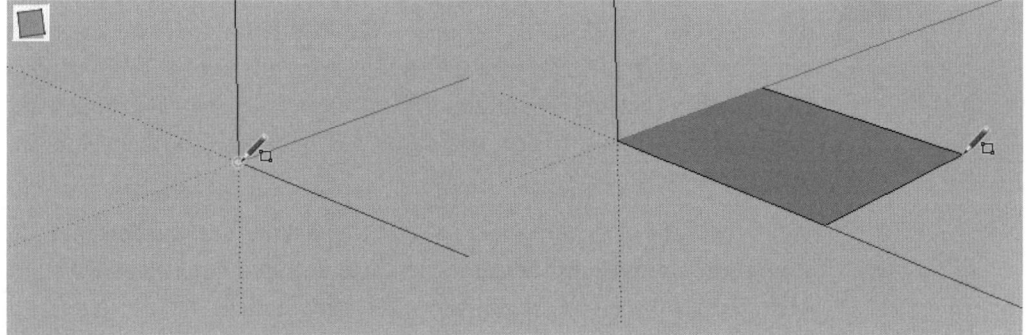

Zeichne ein Rechteck. Beginne im Ursprung.

Die dritte Dimension: Drücken/Ziehen

Klicke in der Werkzeugleiste auf das Icon, das aussieht wie ein flacher Kasten mit einem roten Pfeil nach oben. Es heißt DRÜCKEN/ZIEHEN. Damit kannst du eine Fläche in die dritte Dimension drücken oder ziehen. Der Cursor sieht nun ebenfalls aus wie ein flacher Kasten mit einem Pfeil nach oben. Gehe mit dem Cursor auf das Rechteck. Es ist nun mit blauen Punkten gefüllt zum Zeichen, dass es ausgewählt worden ist. Klicke mit der linken Maustaste und bewege den Cursor nach oben in Richtung der blauen Achse. Aus dem Rechteck wächst ein Quader heraus. Wenn er ungefähr so hoch wie breit ist, klicke mit der linken Maustaste erneut. Der Quader ist fertig. Zusätzlich zu deinem ersten Rechteck sind fünf weitere Flächen entstanden. Auch auf sie kannst du nun DRÜCKEN/ZIEHEN anwenden und so die Form deines Quaders verändern. Probiere es aus! Modellieren heißt auch Ausprobieren und ein vorläufiges Modell immer wieder abzuändern.

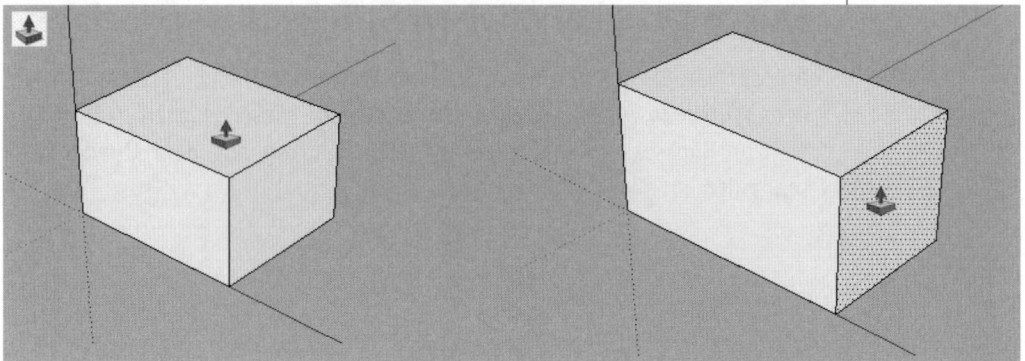

Kapitel 1

Einführung in die 3D-Modellierung

Linien zeichnen: Das Spitzdach entsteht

Als Nächstes zeichnest du Linien, die den Giebel deines Hauses markieren. Damit das Spitzdach symmetrisch ist, müssen die Linien genau in der Mitte der Oberseite des Quaders beginnen. Klicke auf das Linienwerkzeug. Es sieht aus wie ein Bleistift. Bewege den Bleistift entlang der oberen Vorderkante deines Quaders. Vorne am Stift ist ein Punkt, der auf der Quaderkante klebt. Achte auf Form und Farbe des Punktes. Kannst du ihre Bedeutung herausfinden?

Wenn der Cursor in der Nähe des Mittelpunktes der Quaderkante ist, springt der Cursor-Punkt genau in die Mitte und wird ein *kleiner hellblauer Kreis*. Zusätzlich erscheint für kurze Zeit ein Textfeld mit der Aufschrift »Mittelpunkt«.

Klicke mit der linken Maustaste und bewege den Bleistift schräg nach rechts unten. Der Bleistift zieht nun eine Linie hinter sich her. Ziehe die Linie bis zum Mittelpunkt der rechten Quaderkante und drücke dann die linke Maustaste. Zeichne noch eine zweite diagonale Linie zur linken Vorderseite des Quaders.

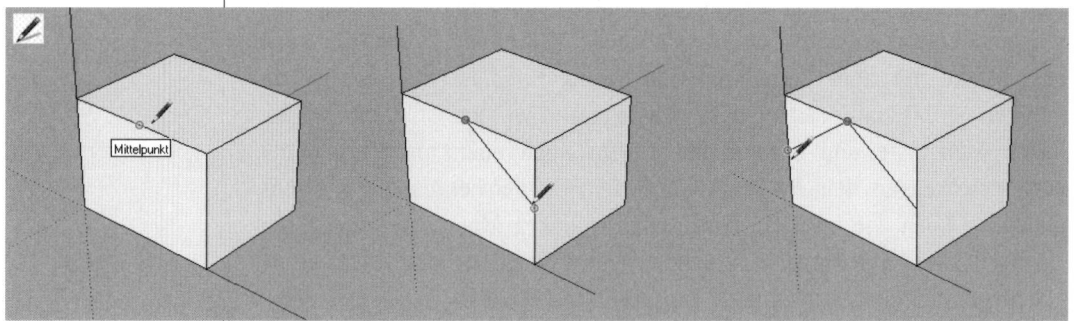

Eine Verbindung zwischen zwei Mittelpunkten zeichnen. Achte auf Form und Farbe des Punktes neben dem Cursor.

Durch Drücken/Ziehen Stücke ausschneiden

Auf der Vorderseite sind nun zwei neue dreieckige Flächen entstanden. Mit dem Werkzeug DRÜCKEN/ZIEHEN kannst du jede dieser Flächen nach hinten bis zur Rückseite des Quaders schieben und so aus dem Quader ausschneiden.

Das erste Modell

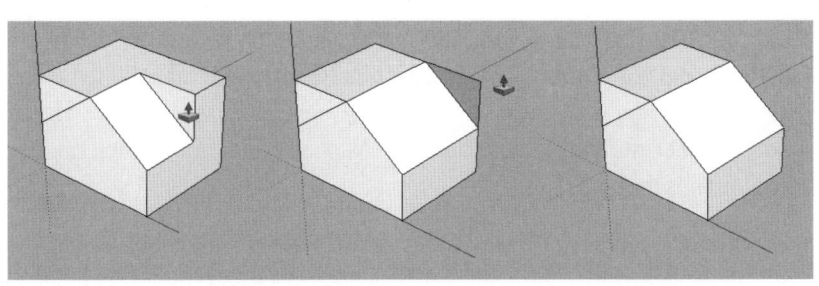

Die Dreiecksflächen »wegdrücken«.

Das Modell von allen Seiten ansehen

Das Display deines Computers ist flach. Deshalb siehst du immer nur eine zweidimensionale Projektion deines Modells. Die dritte Dimension entsteht im Kopf. Du bekommst eine bessere Vorstellung von deinem Modell, wenn du es dir von verschiedenen Seiten anguckst. Für die Änderung der Ansicht gibt es vor allem drei Befehle: ROTIEREN, SCHWENKEN und ZOOM.

Durch ROTIEREN kannst du den Blickwinkel ändern und dir das Modell von allen Seiten anschauen. Klicke auf das Werkzeug ROTIEREN. Das Symbol sieht aus wie zwei dreidimensionale, gebogene blaue Pfeile. Bewege den Cursor über den Bildschirm und halte dabei die linke Maustaste gedrückt. Es ist, als ob du um das Haus herumgehst und dabei immer auf das Haus guckst.

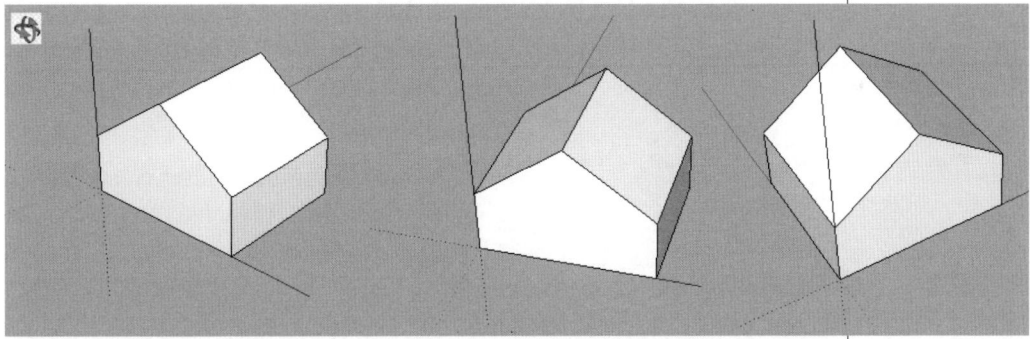

Durch SCHWENKEN verschiebt sich die Ansicht auf das Modell. Das Werkzeug-Icon ist eine Hand. Das Modell bewegt sich auf dem Bildschirm nach oben, unten, rechts oder links.

Durch ZOOM wird die Größe der Modellansicht auf dem Bildschirm verändert. Klicke auf die Lupe in der Werkzeugleiste. Nun sieht auch der Mauszeiger aus wie eine Lupe. Wenn du bei gedrückter linker Maustaste den Mauszeiger nach oben bewegst, näherst du dich dem Modell und es erscheint größer. Gehst du nach unten, rückt das Modell wieder in die Ferne. Geschickter ist es jedoch, das *Rollrad* deiner Maus zu verwenden.

Kapitel **1** — Einführung in die 3D-Modellierung

Rollst du das Rad nach vorn, erscheint das Modell größer. Auch ein Touchpad und ein Grafik-Tablett besitzen Bereiche für das Rollen einer Textseite auf dem Display. Ich benutze niemals das Lupenwerkzeug, sondern immer nur die Rollfunktion der Maus oder des Grafik-Tabletts. Das ist viel praktischer.

> Beim Rotieren, Schwenken und Zoomen wird nur die Ansicht, aber nicht die Position oder Größe eines Modells geändert. Stelle dir vor, du gehst um das Modell herum, gehst näher heran oder weiter weg. Das Modell bleibt dabei im Koordinatensystem, wie es ist, und bewegt sich nicht.

Das Modell speichern

Vielleicht hast du jetzt schon keine Lust mehr, an deinem Modell weiterzuarbeiten. Bevor du den Computer ausschaltest, solltest du dein Modell abspeichern. Am besten legst du dir einen Ordner an, in dem du alle Modelle, die zu einem Thema gehören, abspeicherst. Beim ersten Speichern wählst du in der Menüleiste den Befehl DATEI|SPEICHERN UNTER.

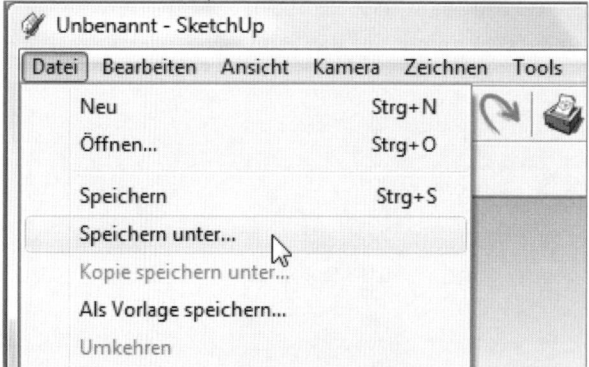

Es öffnet sich ein Fenster zum Abspeichern, das du vermutlich schon von anderen Programmen her kennst. Dort wählst du einen Ordner, gibst deinem Modell im Feld DATEINAME einen Namen und klickst auf die Schaltfläche SPEICHERN.

Nun ist dein Modell unter einem Namen abgespeichert. Während der Arbeit an deinem Modell solltest du ab und zu einmal mit der Maus auf die Diskette (links neben der Schere in der oberen Symbolleiste) klicken. Dann wird die aktuelle Version deines Modells gespeichert.

Perspektive

Dreidimensionale Dinge kann man auf einer Fläche abbilden. Man nennt das *Projektion*. SketchUp stellt 3D-Modelle auf dem Bildschirm perspektivisch dar. Durch die Perspektive wird ein räumlicher Eindruck bewirkt. Wie funktioniert das? Eine perspektivische Abbildung zeigt die Welt in etwa so, wie du sie durch ein einziges Auge siehst.

Perspektive

Sorge dafür, dass im Menü KAMERA ein Häkchen vor dem Eintrag PERSPEKTIVE ist (ansonsten einfach dieses Feld anklicken), und schaue dir die Ansicht deines Hauses genau an. In der Perspektive erscheint die weiter entfernte Rückseite des Hauses kleiner und näher zusammen als die vorderen. Die Dachflächen sind eigentlich Rechtecke, das heißt, die oberen und unteren Kanten sind parallel. Parallele Linien haben überall den gleichen Abstand. Aber in der perspektivischen Darstellung laufen sie zum Horizont hin in einem Fluchtpunkt zusammen.

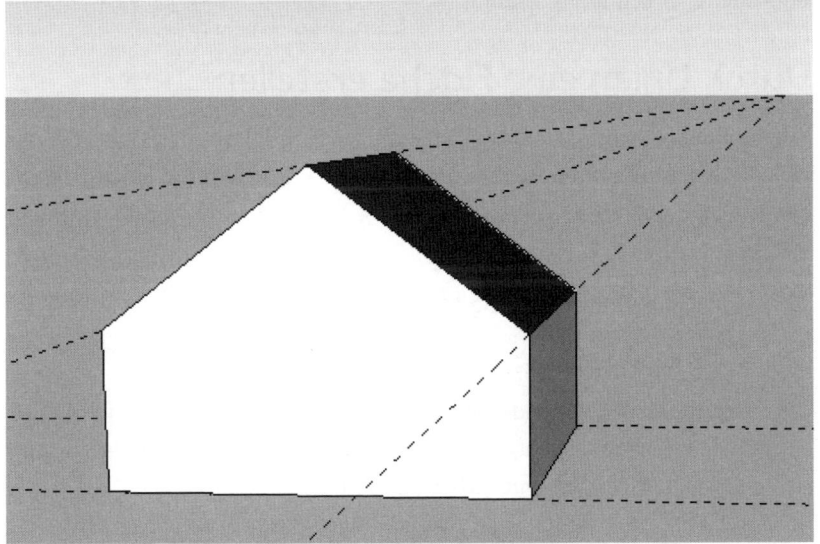

Einfache Perspektive.

Es gibt aber noch zwei andere Arten der perspektivischen Darstellung, die du im Menü KAMERA einstellen kannst: parallele Projektion und Zweipunktperspektive. Bei der parallelen Projektion sind alle Linien parallel, die auch in Wirklichkeit parallel sind. Aber das sieht unnatürlich aus, oder? Es scheint so, als ob die Dachlinien nach hinten auseinandergehen. Dabei sind sie genau parallel.

Bei der Zweipunktprojektion treffen sich die Verlängerungen der Kanten des Gebäudes in zwei Fluchtpunkten. Das sieht besonders realistisch aus.

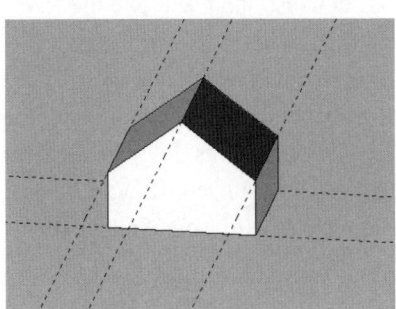
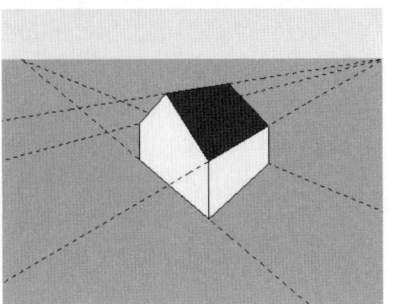

Parallele Projektion und Zweipunktperspektive.

Kapitel 1

Einführung in die 3D-Modellierung

Das Modell verfeinern

Ein Modell ist immer eine Vereinfachung. Wenn man zu einem sehr einfachen Modell weitere Einzelheiten der Wirklichkeit hinzufügt, spricht man von *Verfeinerung*. Wir verfeinern nun das erste Modell eines Einfamilienhauses: Das Dach wird realistischer und das Haus bekommt Fenster, eine Tür, eine Garage und einen Schornstein. Zum Schluss bringen wir auf die Oberfläche Farben und Texturen.

Durch Linien eine Fläche erstellen

Wir beginnen damit, die Dachfläche so zu vergrößern, dass sie über die Wände des Hauses hinausgeht. Zunächst verlängern wir die Linien, die die Dachflächen begrenzen. Wir beginnen mit der Unterkante der linken Dachfläche.

- Wähle das Linienwerkzeug (Bleistift).

- Klicke auf den vorderen unteren Eckpunkt der linken Dachfläche.

- Bewege den Mauszeiger »nach vorne« in Richtung der grünen Achse. Aber wie erkennst du, dass er nach vorne bewegt wird? Das Display ist doch flach! Der Zeichenstift zieht eine Linie hinter sich her. Achte auf die Farbe dieser Linie. Normalerweise ist sie schwarz. Wenn die Linie grün wird, liegt sie genau in Richtung der grünen Achse. Für einige Sekunden erscheint am Mauszeiger ein kleines Textfeld mit der Aufschrift »Auf grüner Achse« (linkes Bild auf der Folgeseite). Bewege also den Mauszeiger ein Stück in grüner Richtung und klicke dann links. Fertig ist die Linie.

- Auf die gleiche Weise verlängerst du den Dachfirst nach vorne (mittleres Bild). Mit dem Zeichenstift klickst du auf den vorderen Endpunkt des Firstes und bewegst den Stift nach vorne. Aber nun gibt es ein Problem: Die neue Linie muss genauso lang sein wie die zuvor gezeichnete Linie. SketchUp besitzt für solche Fälle einen Mechanismus, der *Ableitung* genannt wird. Wenn deine neue Linie die richtige Länge hat, erscheinen zwei dicke schwarze Punkte, die durch eine feine gestrichelte Linie verbunden sind (mittleres Bild). Außerdem siehst du für kurze Zeit ein Textfeld mit der Aufschrift »Von Punkt«. Man sagt: Der Endpunkt der neuen Linie wird vom Endpunkt der schon vorhandenen Linie abgeleitet.

Das Modell verfeinern

≫ Die beiden Endpunkte verbindest du durch eine Querlinie. Sobald sie fertig ist, entsteht eine neue Fläche wie im dritten Bild. Das ist ein Prinzip von SketchUp: Immer wenn Linien eine ebene Fläche umgrenzen, wird der Zwischenraum gefüllt. Es entsteht eine neue Fläche.

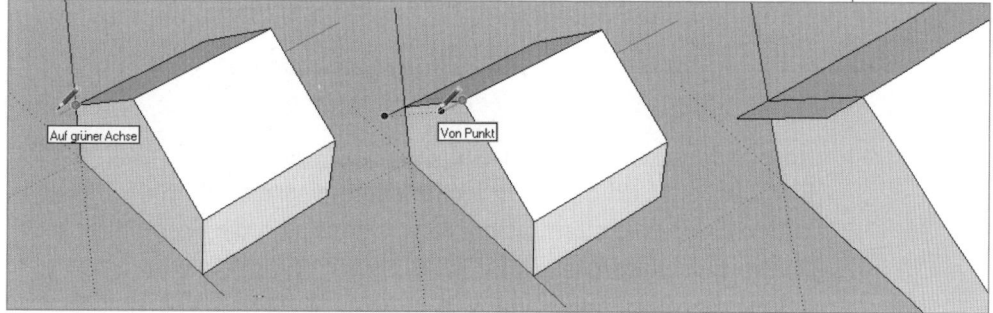

≫ Auf die gleiche Weise erweiterst du die Dachflächen an beiden Giebelseiten vorne und hinten.

≫ Verlängere die hintere Dachlinie nach rechts (erstes Bild). Achte beim Zeichnen wieder auf die Farbe der Linie, die der Zeichenstift hinter sich herzieht. Wenn sie in der richtigen Richtung liegt, ist sie magentafarben und es erscheint ein Textfeld »Parallel zur Kante«.

≫ Mache weiter, bis das gesamte Dach in alle Richtungen vergrößert ist.

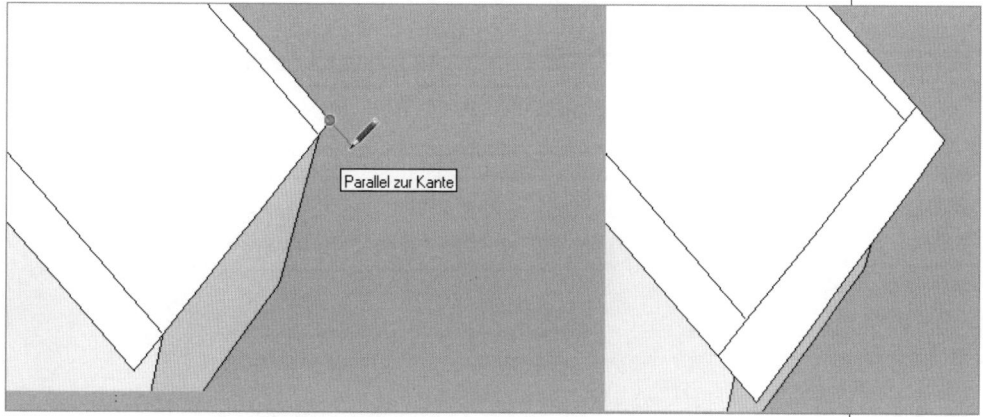

Linien abmildern

Das Haus sieht nun aus wie im ersten Bild. Auf dem Dach sieht man einige Linien, die allerdings nicht mehr benötigt werden und die den optischen Eindruck stören. Kann man sie einfach mit dem Radiergummi löschen? Probiere es aus und entferne wie auf dem Bild die vordere rechte Linie.

Kapitel 1 — Einführung in die 3D-Modellierung

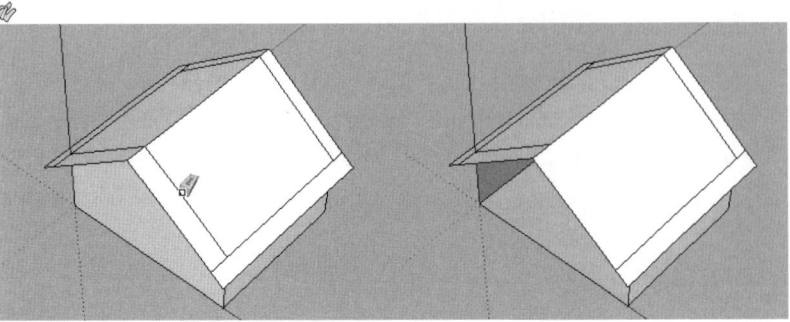

Hoppla! Die gesamte Vorderseite des Hauses ist verschwunden. Warum? Eine Fläche ist bei SketchUp immer durch eingrenzende Linien definiert. Entfernt man eine dieser Linien, dann gibt es auch die Fläche nicht mehr. Die Linie, die du gerade gelöscht hast, war eine Oberkante der Vorderseite des Hauses. Ohne diese Linie gibt es keine Vorderseite. Die Linie ist also wichtig und darf nicht entfernt werden.

Klicke auf BEARBEITEN|RÜCKGÄNGIG LÖSCHEN oder drücke die Tastenkombination [Strg] [Z]. Damit wird die Löschoperation rückgängig gemacht und das Haus ist wieder vollständig.

Nein, wir können diese Linien auf dem Dach nicht löschen, aber wir können sie unsichtbar machen. Das geht so:

- Klicke mit dem Auswahlwerkzeug (Pfeil) auf eine Linie, die unsichtbar gemacht werden soll.
- Drücke die rechte Maustaste. Es erscheint ein Kontextmenü.
- Wähle den Befehl ABMILDERN. Die Linie verschwindet. Aber sie ist nicht gelöscht.

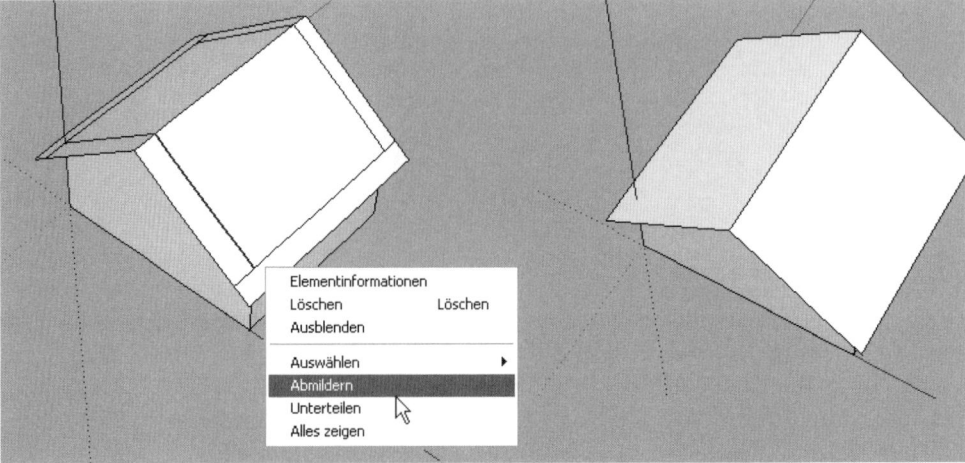

Das Modell verfeinern

Ein dreidimensionales Dach

Allerdings liefert diese Methode kein einwandfreies Ergebnis. Aus manchen Blickwinkeln kann man die abgemilderten Linien noch schemenhaft erkennen. Das liegt daran, dass das Dach keine durchgehende Fläche ist, sondern aus mehreren Teilen besteht. Wenn du ein ganz perfektes Dach haben willst, musst du die Dachflächen dreidimensional machen wie in der folgenden Abbildung.

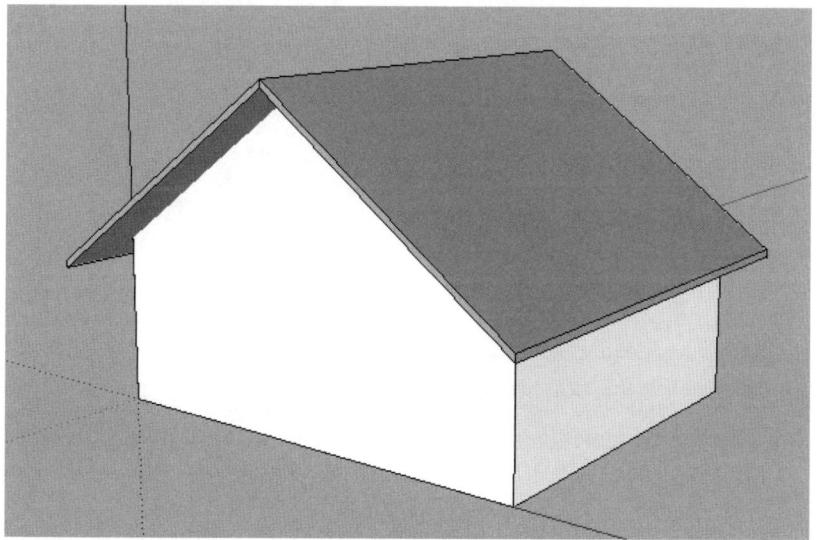

Und so gehst du vor:

≫ Um genauer arbeiten zu können, solltest du die Ansicht deines Modells vergrößern (Lupe oder Rollrad).

≫ Zeichne vom vorderen Endpunkt des Firstes aus eine kurze Linie senkrecht nach oben in Richtung der blauen Achse. Diese Linie legt fest, wie dick das Dach wird.

≫ Zeichne wie auf dem Bild an der vorderen linken Ecke der Dachfläche eine zweite Linie senkrecht nach oben (blaue Richtung). Sie muss mindestens so lang wie die vorige Linie sein, aber ihre genaue Länge ist unwichtig.

Kapitel 1

Einführung in die 3D-Modellierung

> Nun wird es etwas knifflig. Zeichne vom oberen Endpunkt der Firstlinie eine Linie schräg nach links unten, die genau parallel zur Dachlinie ist. Während du die Linie zeichnest, musst du einmal kurz die Linie berühren, zu der die neue Linie parallel sein soll (mittleres Bild). Nicht anklicken – nur berühren! Dann bewegst du den Mauszeiger schräg nach links unten. Wenn die Linie genau parallel ist, wird sie magentafarben. Außerdem erscheint kurz der Text »Parallel zur Kante« (rechtes Bild).

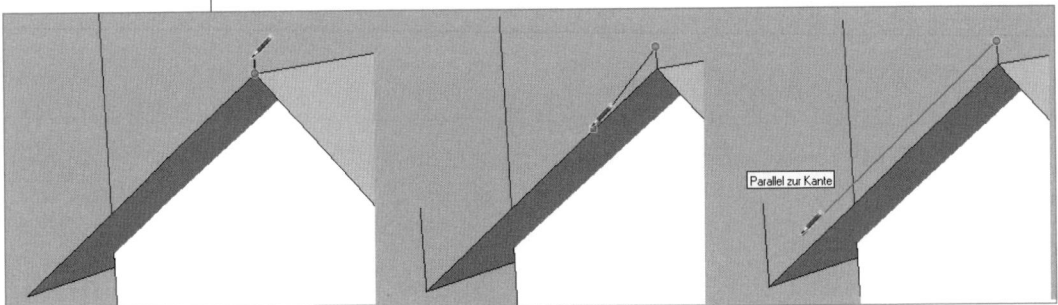

So leitest du eine parallele Linie ab: Einmal mit dem Mauszeiger die Linie berühren, zu der die neue Linie parallel sein soll.

> Zeichne die Linie (immer parallel) weiter, bis sie die untere senkrechte Linie berührt, und drücke dann die linke Maustaste. Du siehst, dass sich eine neue Fläche bildet.

> Lösche den überstehenden Linienabschnitt mit dem Radiergummi.

> Ziehe weitere Linien, bis das dreidimensionale Dach fertig ist.

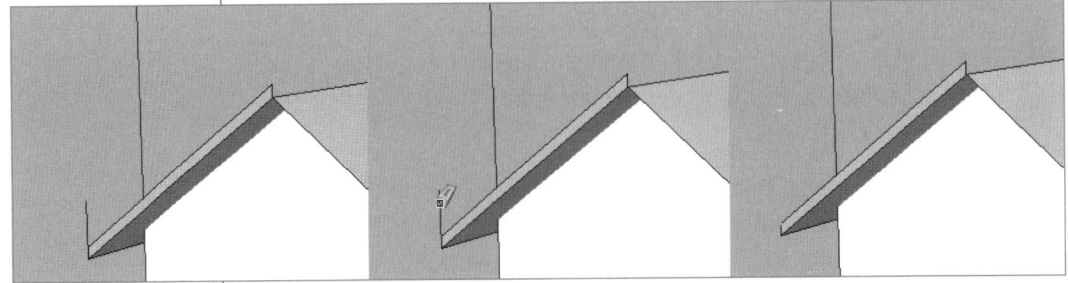

Türen und Fenster

Mit den Werkzeugen RECHTECK und DRÜCKEN/ZIEHEN kannst du einen Treppenabsatz und eine Garage an das Haus setzen.

Das Modell verfeinern

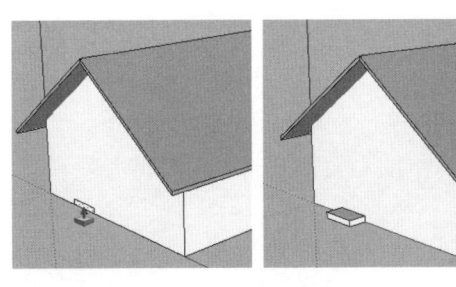

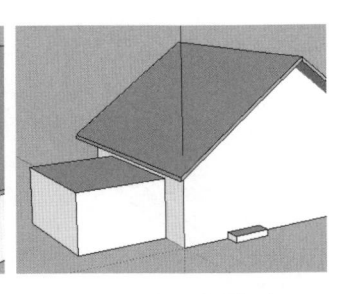

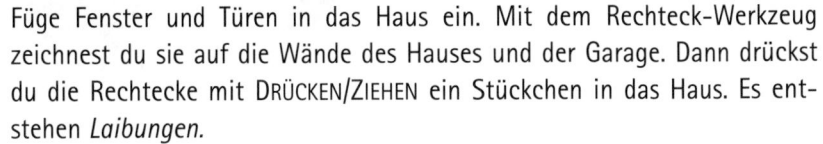

Füge Fenster und Türen in das Haus ein. Mit dem Rechteck-Werkzeug zeichnest du sie auf die Wände des Hauses und der Garage. Dann drückst du die Rechtecke mit DRÜCKEN/ZIEHEN ein Stückchen in das Haus. Es entstehen *Laibungen*.

Damit die Fenster gleich hoch sind, verwendest du Ableitungen. Angenommen, du willst ein Fenster zeichnen, das genauso hoch sein soll wie das linke Nachbarfenster (siehe Abbildung). Dann bewege den Mauszeiger zunächst auf den rechten oberen Endpunkt des linken Nachbarfensters. Es entsteht ein dicker schwarzer Punkt (Bezugspunkt) und zwischen dem Punkt und dem Mauszeiger (Bleistift) eine rote gestrichelte Linie. Sie zeigt an, dass sich der Mauszeiger auf exakt der gleichen Höhe befindet wie der Bezugspunkt.

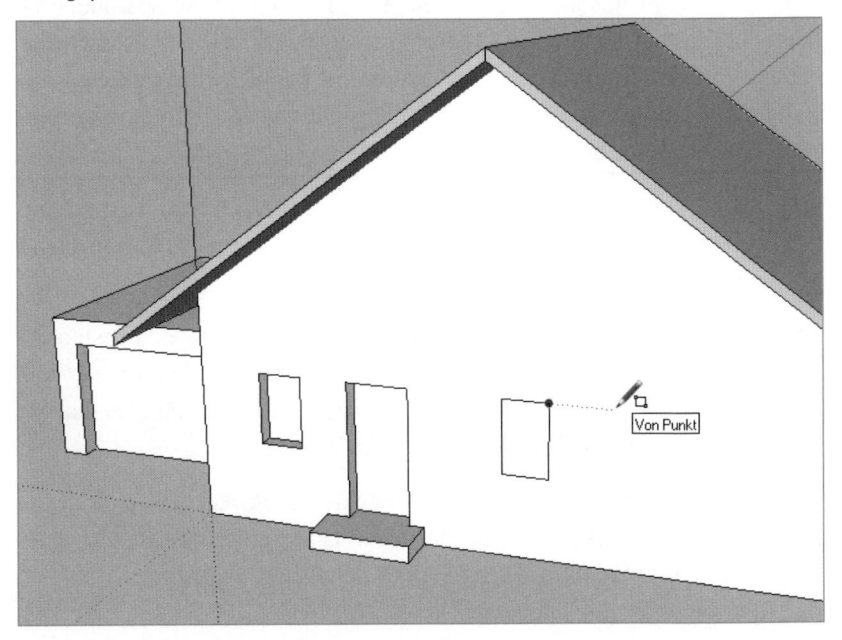

Entwickle dein Modell weiter, bis es so ähnlich aussieht wie in der folgenden Abbildung. Den Schornstein modellierst du überwiegend mit dem Linienwerkzeug (Bleistift). Denke daran, dass ein Dachfenster nach außen gezogen wird.

Kapitel 1

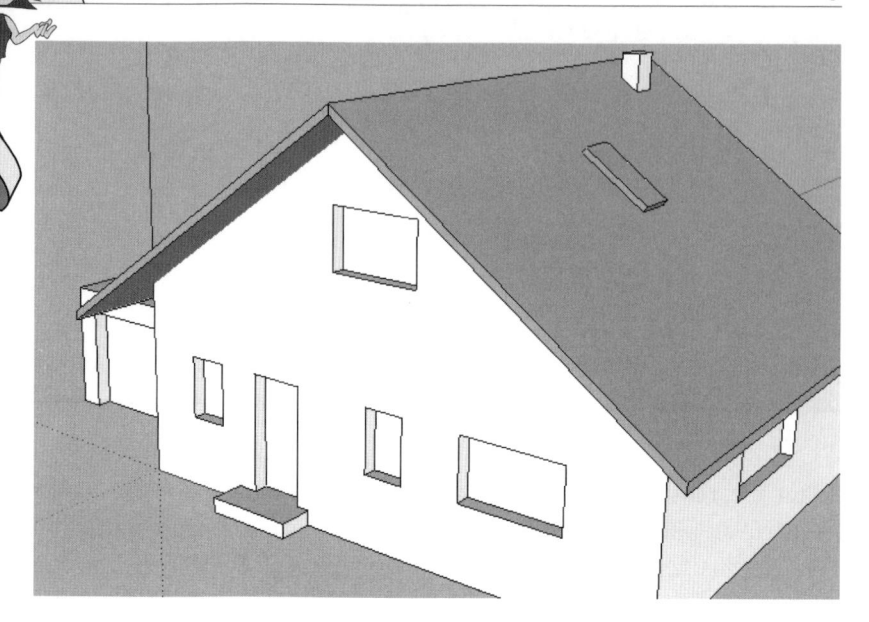

Einführung in die 3D-Modellierung

Fenster und Türen mit dem Versatzwerkzeug ausgestalten

Bisher haben wir nur die Fensterlaibungen (das sind die Aussparungen im Mauerwerk), aber noch keine Fenster aus Fensterrahmen und Glasscheibe. Für die Ausgestaltung der Fenster kannst du das Versatz-Werkzeug verwenden. Die Versatzlinie hat zu den Bezugslinien überall den gleichen Abstand. Und so gehst du vor:

- Klicke auf das Versatz-Werkzeug. Das Icon (Sinnbild) besteht aus einem roten Pfeil, der von einem kleinen Halbkreis zu einem etwas größeren Halbkreis geht.

- Bewege den Mauszeiger auf die Hinterfläche eines Fensterausschnitts. Sie ist nun mit kleinen blauen Punkten überzogen, zum Zeichen, dass sie ausgewählt worden ist. Nun sind alle vier Kanten des Rechtecks die Bezugslinien für den Versatz.

- Klicke auf eine Kante des inneren Rechtecks, bewege den Mauszeiger ein kleines Stückchen nach innen und klicke erneut. Es ist ein neues Rechteck entstanden, das zu allen Seiten des Bezugsrechtecks den gleichen Abstand hat.

Das Modell verfeinern

≫ Schiebe mit DRÜCKEN/ZIEHEN die neue Rechteckfläche nach hinten. Sie ist die Glasscheibe des Fensters.

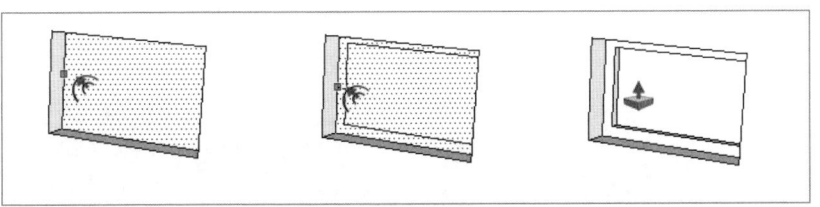

Bei den Türen musst du etwas anders vorgehen. Die Innenlinie der Tür ist nur zur linken, oberen und rechten Linie der Türlaibung versetzt. Unten schließt die Tür glatt mit der Türschwelle ab.

Mit dem Auswahlwerkzeug (Pfeil) wählst du zuerst die drei Linien aus, zu denen die Umrisse der Tür versetzt sein sollen. Während du eine Linie anklickst, muss die ⌊Strg⌋-Taste gedrückt sein (erstes Bild). Dann erscheint neben dem Pfeil ein kleines Pluszeichen und alle neu angeklickten Linien werden der Kollektion bereits ausgewählter Linien hinzugefügt. Zwischendurch musst du mit dem Rotieren-Werkzeug (zwei gebogene blaue Pfeile) den Blickwinkel ändern. Wenn du die drei Linien ausgewählt hast, klickst du mit dem Versatz-Werkzeug auf eine der Linien und ziehst es ein Stück nach innen (drittes Bild).

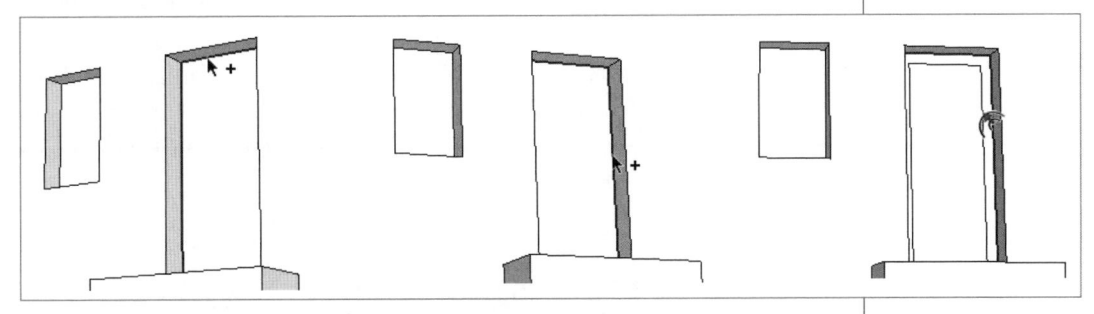

Flächen mit Materialien belegen

Bis jetzt erscheinen die Flächen des Modells weiß oder grau-blau. Mit dem Farbeimer-Werkzeug kannst du ihnen Farben oder Texturen zuweisen. Wenn du auf den Farbeimer in der Werkzeugleiste klickst, erscheint auf dem Bildschirm ein neues Fenster mit der Überschrift MATERIALIEN.

Kapitel 1

Einführung in die 3D-Modellierung

SketchUp bietet dir eine Fülle von Materialien, mit denen du Oberflächen füllen kannst. Sie sind in verschiedene Kategorien unterteilt: Bedachung, Bodenbeläge, Farben, Holz usw.

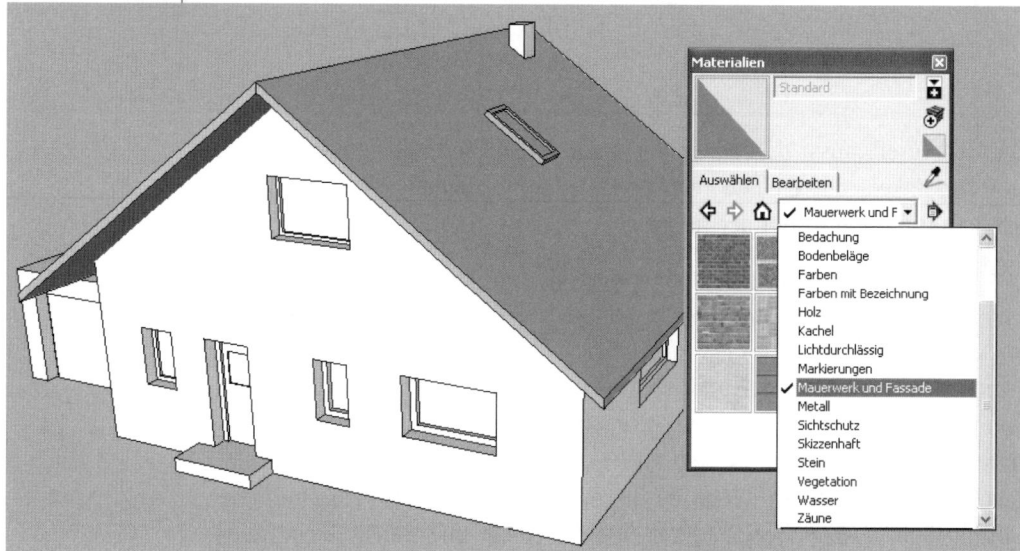

Wähle in der MATERIALIEN-DIALOGBOX eine passende Kategorie (zum Durchsuchen auf das kleine schwarze Dreieck rechts neben dem Kategorienfeld klicken) und wähle ein Material. Klicke dann mit dem Farbeimer auf die Fläche, die du mit einer Farbe oder Textur füllen willst. Für die Fenster kannst du auch ein durchsichtiges Material nehmen. Dann kannst du in dein Haus hineinsehen.

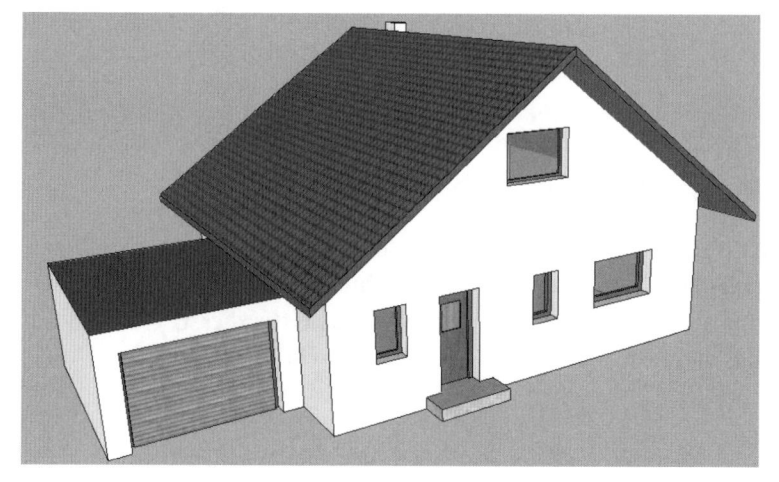

Damit ist das Haus fertig. In anderen Kapiteln wird erklärt, wie du eine Regenrinne, Terrasse, Zäune und andere Dinge ergänzen kannst.

Zusammenfassung

- ◇ Dreidimensionale Modelle werden in SketchUp perspektivisch dargestellt.
- ◇ Die Koordinatenachsen tragen bei SketchUp die Grundfarben Rot, Grün und Blau.
- ◇ Jede Modellkonstruktion beginnst du im Ursprung des Koordinatensystems.
- ◇ Jedes SketchUp-Modell besteht aus Linien und Flächen.
- ◇ Wenn du mit dem Linienwerkzeug (Bleistift) in einer Ebene ein geschlossenes Vieleck (Polygon) zeichnest, entsteht eine neue Fläche.
- ◇ Mit den Werkzeugen ROTIEREN, SCHWENKEN und ZOOM kannst du die Ansicht auf ein Modell ändern Das Modell ändert dabei weder Größe noch Position.
- ◇ Während du mit dem Bleistift eine Linie zeichnest, kannst du an der Farbe der Zeichenspur (Rot, Grün oder Blau) erkennen, ob du den Stift in Richtung einer der Koordinatenachsen bewegst.
- ◇ Durch Ableitung kannst du eine Linie ganz präzise an einer bestimmten Stelle enden lassen.
- ◇ Mit dem Farbeimer-Werkzeug kannst du Flächen mit Farben oder Texturen (z. B. Dachpfannen oder Holz) belegen.

Fragen

Frage 1: Bei SketchUp tragen Koordinatenachsen keine Pfeilspitze. Wie kann man erkennen, in welche Richtung eine Koordinatenachse geht?

Frage 2: Flächen kannst du mit dem Farbeimer-Werkzeug einfärben. Warum können Kanten (Linien) keine Farbe haben?

Frage 3: Mit welchem Werkzeug machst du aus einer zweidimensionalen Fläche einen dreidimensionalen Körper?

Frage 4: Wie erkennst du den Mittelpunkt einer Linie?

Frage 5: Mit welchem Werkzeug kannst du in ein Rechteck R ganz leicht ein neues, kleineres Rechteck zeichnen, dessen Linien zu allen Linien von R den gleichen Abstand haben?

Kapitel 1

Einführung in die 3D-Modellierung

Aufgaben

1. Erstelle die Modelle jeweils durch folgende Operationen: RECHTECK, DRÜCKEN/ZIEHEN, VERSATZ, DRÜCKEN/ZIEHEN.

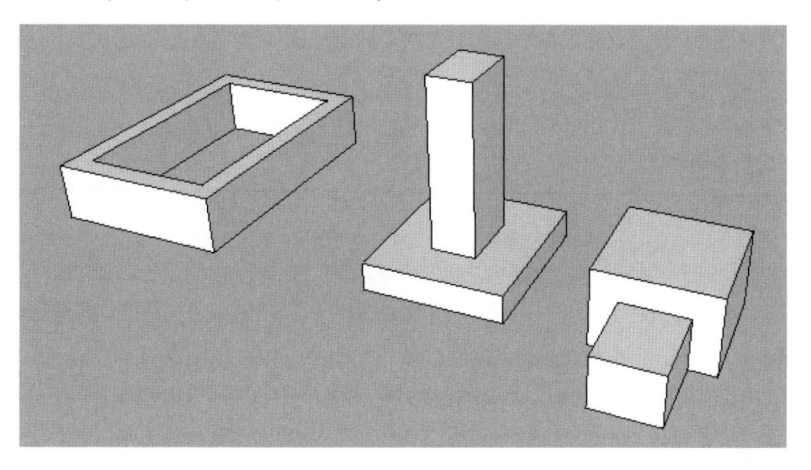

2. Entwickle die Modelle jeweils auf folgende Weise: Erstelle zuerst einen Quader. Zeichne auf die Vorderseite Linien. Verwende Ableitungen, um parallele Linien zu erstellen. Drücke Flächen in den Quader.

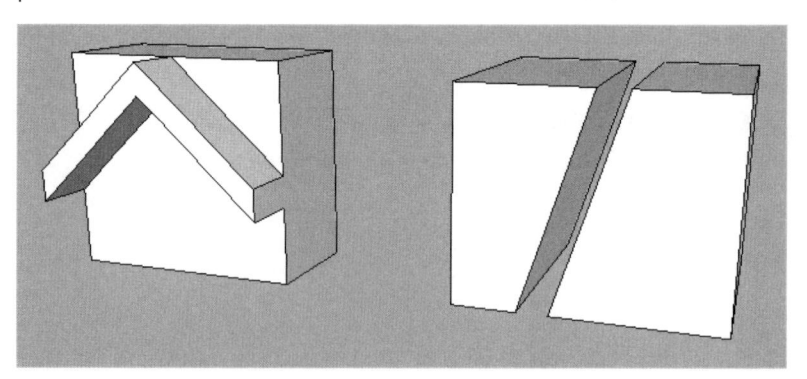

2
Die Welt aus Linien und Flächen

In der Welt von SketchUp bestehen alle 3D-Modelle aus geraden Linien und Flächen. In diesem Kapitel erfährst du mehr darüber, wie du Linien und Flächen konstruieren und genau platzieren kannst.

Im Einzelnen geht es um folgende Punkte:

- Wie erstellt man Rechtecke, regelmäßige Vielecke (Polygone) und Kreise?
- Wie kannst du die exakte Länge einer Linie über die Tastatur eingeben?
- Wie zeichnest du in einer Ebene zweidimensionale Figuren aus Bögen und geraden Linien?
- Wie lässt du dein Modell wie eine Bleistift-Skizze aussehen?
- Wie kannst du für 3D-Konstruktionen bereits vorhandene Punkte und Linien ausnutzen?
- Wie kannst du gerade Linien gleichmäßig in Stücke aufteilen und die neuen Punkte für Konstruktionsaufgaben verwenden?

Kapitel 2

Die Welt aus Linien und Flächen

Flächen und Kanten

Jedes SketchUp-Modell besteht aus Kanten und Flächen.

Eine Kante ist eine gerade Linie, die durch zwei Endpunkte definiert ist. Meist sagen wir statt Kante auch Strecke oder Linie. Du kannst dir eine Kante wie ein Gummiband vorstellen, das du an zwei Stellen festgeknotet und strammgezogen hast. Wenn du die Position eines Endpunktes veränderst, verändert sich auch die Lage und Länge des Gummibandes.

Jede zusammenhängende Linie – also auch ein Kreis oder eine geschlängelte Linie – besteht bei SketchUp aus miteinander verbundenen geraden Kanten.

Wenn mehrere Kanten in einer Ebene eine geschlossene Linie bilden, entsteht im Innern eine Fläche. Ohne die äußeren Kanten kann die Fläche nicht existieren. Eine Fläche kann gefärbt oder mit einem Material (z. B. Holz oder Stein) überzogen werden.

Eine Kante ist im Prinzip farblos. Sie wird aber (sofern sie sichtbar ist) immer schwarz dargestellt. Die Dicke einer Linie ändert sich nicht, gleichgültig, wie stark das Modell vergrößert wird.

Werkzeuge für Linien und Flächen

Die Werkzeuge für das Zeichnen von Linien und Flächen kannst du im Menü ZEICHNEN auswählen. Es ist aber viel praktischer, in der Symbolleiste die Icons (Sinnbilder) anzuklicken. Für die Werkzeuge, die du besonders häufig benutzt, solltest du dir die Shortcuts merken. Das sind Tasten auf der Tastatur, mit denen du eine Funktion auswählen kannst.

Es gibt drei Werkzeuge für Linien.

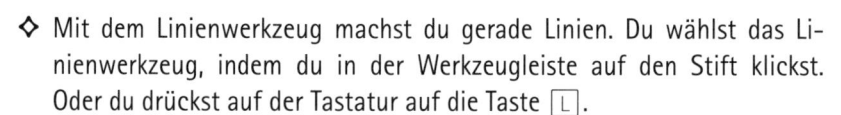

- ◆ Mit dem Linienwerkzeug machst du gerade Linien. Du wählst das Linienwerkzeug, indem du in der Werkzeugleiste auf den Stift klickst. Oder du drückst auf der Tastatur auf die Taste L.

- ◆ Mit dem Bogenwerkzeug kannst du Bogenlinien einer bestimmten Krümmung zeichnen. Eine Bogenlinie ist nichts anderes als ein Kreisausschnitt. Klicke das Icon in der Symbolleiste an oder drücke die Taste A (arc: engl. Bogen).

- ◆ Mit dem Freihandwerkzeug kannst du mit der Maus bei gedrückter Maustaste eine verschlungene Linie zeichnen. Diese Linie besteht aus lauter geraden Abschnitten.

Drudel

Für das Zeichnen von Flächen stellt dir SketchUp ebenfalls drei Werkzeuge zur Verfügung:

- Mit dem Rechteckwerkzeug zeichnest du Rechtecke, also Vierecke mit rechten Winkeln in allen Eckpunkten. Das Symbol ist ein Rechteck und der Shortcut die Taste R.
- Mit dem Kreiswerkzeug (Taste C) erzeugst du Kreise. Das Symbol ist natürlich ein Kreis.
- Das Symbol für das Vieleckwerkzeug ist ein Dreieck. Damit kannst du regelmäßige Vielecke (z. B. Fünfeck, Sechseck) definieren.

Drudel

Kennst du Drudel? Das sind ziemlich verrückte Bilderrätsel, bei denen man aus einer kleinen, sehr einfachen Zeichnung etwas herauslesen muss, auf das man eigentlich gar nicht kommen kann, wenn man die Lösung nicht schon weiß.

Was stellen die folgenden Bilder dar?

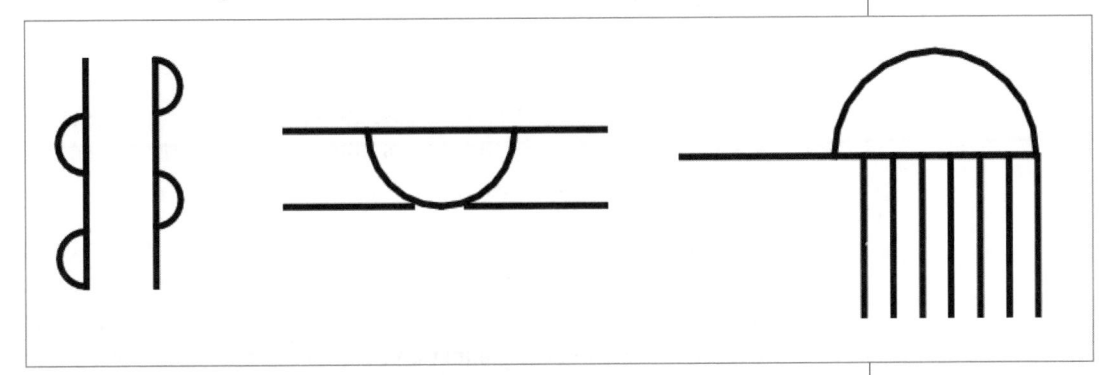

Die Lösung findest du im Text der folgenden Abschnitte. Um diese Bilder mit SketchUp anzufertigen, brauchst du das Linien- und das Bogenwerkzeug. Ich erkläre ganz ausführlich, wie du vorgehst.

Zeichnen in der Ebene

Ein Drudel ist kein 3D-Modell, sondern eine zweidimensionale Zeichnung. Alle Linien und Flächen liegen in *einer* Ebene.

Wenn du eine zweidimensionale Zeichnung anfertigen willst, stellst du am besten die Ansicht OBEN ein. Dann schaust du von oben auf dein Modell. Dafür hast du zwei Möglichkeiten:

Kapitel 2 — Die Welt aus Linien und Flächen

- Wähle in der Menüleiste KAMERA|STANDARDANSICHTEN|OBEN.
- Wenn du die Symbolleiste ANSICHTEN aktiviert hast, klicke auf das Icon, das ein Haus von oben zeigt.

Wenn deine Arbeitsfläche noch ganz leer ist, werden nun alle Linien auf die waagerechte Ebene gezeichnet, die durch den Ursprung des Koordinatenkreuzes geht.

Der Bär am Baum

Hast du schon herausgefunden, was das erste Bild darstellt? Es zeigt einen Bären, der einen Baum hochklettert. Du beginnst die Konstruktion mit dem Baum, und zwar mit der linken geraden Linie, die von oben nach unten geht:

- Wähle das Linienwerkzeug in der Symbolleiste oder drücke die Taste L. Der Mauszeiger sieht nun aus wie ein Stift.
- Klicke irgendwo auf die Arbeitsfläche. Ziehe eine Linie parallel zur grünen Achse nach unten. Achte darauf, dass die Linie, die der Mauszeiger hinter sich herzieht, grün ist.
- Wenn die Linie lang genug ist, klicke noch einmal.
- Drücke die Esc-Taste, um die Eingabe der Linie zu beenden.

Jetzt zeichnest du die zweite Linie. Sie ist zur ersten parallel und genauso lang wie sie. Zunächst musst du den richtigen Anfangspunkt finden. Du leitest ihn vom oberen Punkt der ersten Linie ab.

- Bewege den Mauszeiger (Stift) auf den oberen Punkt der ersten Linie, aber klicke *nicht* mit der Maustaste. Es erscheint an der Spitze des Stiftes ein dicker grüner Punkt. Warte eine Sekunde. Nun ist dieser berührte Punkt ein Bezugspunkt und die Ableitung ist eingeleitet.
- Bewege den Stift möglichst im rechten Winkel nach rechts. Am oberen Ende der linken Linie bleibt ein dicker schwarzer Punkt (Bezugspunkt). Von ihm aus führt eine rot gepunktete Linie zum Stift. Die rote Linie zeigt an, dass sie genau waagerecht in Richtung der roten Achse entsteht. Wenn du die Maus ruhig hältst, erscheint für einige Sekunden neben dem Stift ein kleiner Kasten (Infobox) mit dem Schriftzug »Von Punkt«.
- Klicke mit der linken Maustaste. Es entsteht der Anfangspunkt einer neuen Linie.

Drudel

> Bewege die Maus nach unten in Richtung der grünen Achse. Achte darauf, dass die Linie, die der Stift hinter sich herzieht, grün ist.

> Wenn der Stift unten ungefähr auf der gleichen Höhe ist wie der Endpunkt der ersten Linie, meldet sich wieder das Ableitungssystem von SketchUp. Von ganz alleine springt der Stift an die richtige Stelle und es erscheint eine rote gepunktete Linie mit zwei dicken schwarzen Punkten (A und B) an ihren Enden. Mit der gepunkteten Linie zeigt dir SketchUp, dass diese beiden Punkte in Beziehung zueinander stehen.

> Klicke mit der linken Maustaste und die zweite Linie ist fertig.

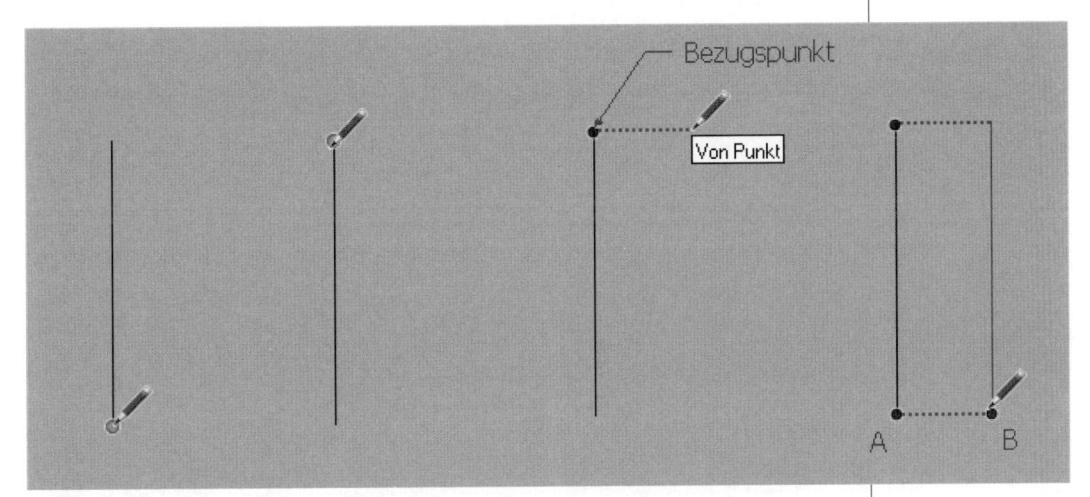

Als Nächstes zeichnest du Halbkreise an die senkrechten Linien. Wähle das Bogenwerkzeug in der Symbolleiste oder drücke auf der Tastatur die Taste [A]. Der Mauszeiger sieht nun aus wie ein Stift mit einer winzigen Anordnung aus drei Punkten. Schau dir diese mal genau an! Der linke Punkt ist rot und die anderen schwarz.

Du erzeugst eine Bogenlinie in drei Schritten und der Mauszeiger zeigt dir an, in welchem Schritt du gerade bist:

> Du klickst auf den Anfangspunkt (linke Maustaste). Danach ist der rechte Punkt des Mauszeigers rot und die anderen schwarz. Das deutet dir an, was als Nächstes zu tun ist.

> Du klickst ein Stückchen weiter unten auf die gerade Linie und erzeugst den Endpunkt des Bogens. Zwischen Anfangs- und Endpunkt entsteht eine Linie. Achte auf den Mauszeiger. Nun ist der mittlere der drei Punkte rot.

Kapitel 2

Die Welt aus Linien und Flächen

> Im dritten Schritt bestimmst du die Krümmung der Bogenlinie. Bewege die Maus nach rechts. Es entsteht zwischen Anfangs- und Endpunkt ein Bogen. Seine Auswölbung passt sich immer an die augenblickliche Position des Mauszeigers an. Bewege die Maus hin und her. Wenn der Bogen ein Halbkreis ist, wird dir das in einer Infobox angezeigt. Klicke mit der linken Maustaste, dann ist die Bogenlinie fertig.

Mit dem Halbkreis hast du eine geschlossene Linie erzeugt. Sie wird sofort mit einer Fläche gefüllt.

> Das ist ein Prinzip von SketchUp. Immer wenn auf einer Ebene ein Gebiet durch Linien umschlossen wird, entsteht in der Mitte ein Flächenelement.

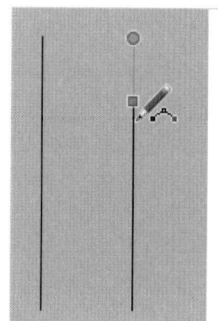

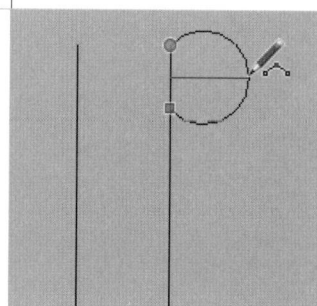

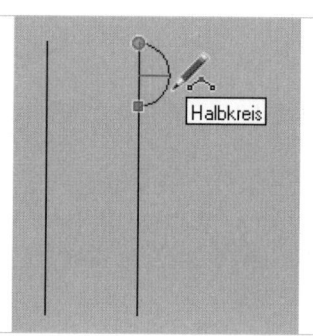

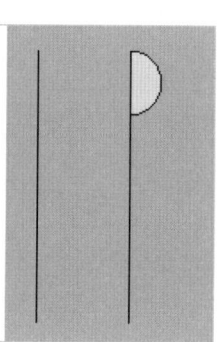

Eine Bogenlinie erstellst du in drei Schritten.

Nun machen wir mal ein kleines Experiment. Wähle das Radiergummi-Werkzeug in der Symbolleiste. Das Symbol ist ein rosafarbener Klotz. Du kannst die Funktion auch auswählen, indem du die Taste [E] drückst (*eraser*: engl. Radiergummi). Klicke mit dem Radiergummi-Werkzeug auf die Fläche im Halbkreis und versuche, sie zu löschen. Nichts passiert.

> Flächen kann man nicht mit der Radiergummifunktion löschen. Um eine Fläche zu entfernen, musst du sie mit dem Auswahlwerkzeug (Pfeil) anklicken und dann auf die [Entf]-Taste drücken.
>
> Wenn du eine einmal gelöschte Fläche wiederherstellen willst, musst du eine der Kanten an der Fläche mit dem Stift noch einmal nachzeichnen.

Entferne also die Fläche im Innern des Halbkreises. Zeichne dann weitere Halbkreise, bis dein Modell aussieht wie auf dem Bild.

Drudel

Dein erster Drudel ist fertig. Aber die Linien auf dem Bildschirm sind ziemlich dünn und unscheinbar. Im Abschnitt *Stile für Linien* werden wir den Darstellungsstil ändern, damit das Modell schöner aussieht. Aber zunächst kümmern wir uns noch um die beiden anderen Drudel.

Das Spiegelei auf dem Rücken

Zuerst zeichnest du eine waagerechte Linie mit dem Stiftwerkzeug. Genau in die Mitte soll ein Halbkreis. In diesem Fall ist es unpraktisch, das Bogenwerkzeug zu verwenden. Denn ein Bogen wird von Endpunkt zu Endpunkt definiert. Dagegen wird ein Kreis von der Mitte aus konstruiert:

- Wähle in der Symbolleiste das Kreiswerkzeug. Der Mauszeiger sieht nun aus wie ein Stift mit einem blauen Kreis.

- Gehe mit dem Mauszeiger in die Mitte der Linie. Sobald du in der Nähe der Mitte bist, rastet der Mauszeiger exakt im Mittelpunkt ein. Du siehst einen hellblauen Punkt und es erscheint eine Infobox mit dem Text »Mittelpunkt«.

- Klicke einmal mit der linken Maustaste. Der Mittelpunkt des Kreises ist festgelegt.

- Bewege die Maus nach außen. Es entsteht ein Kreis, der immer größer wird. Mit dem nächsten Klick legst du den Radius, also die Größe des Kreises fest. Fertig.

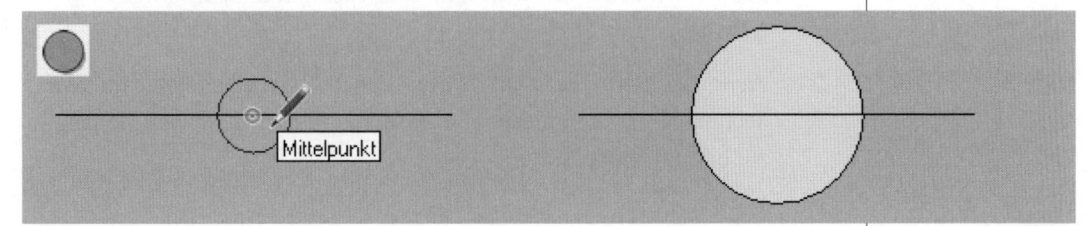

Der Kreis hat die waagerechte Linie an zwei Stellen geschnitten.

Kapitel 2

Die Welt aus Linien und Flächen

> Wenn zwei Linien sich kreuzen, werden sie automatisch *verschnitten*. An jedem Schnittpunkt entsteht ein neuer Endpunkt und die Linien zerfallen in mehrere Segmente. Das ist neu bei SketchUp 7.

In unserem Fall wurde der Kreis in zwei Hälften und die waagerechte Linie in drei Abschnitte unterteilt. Du kannst mit dem Auswahlwerkzeug (Pfeil) die verschiedenen Abschnitte anklicken. Du siehst dann, dass sie blau markiert sind.

Klicke mit dem Pfeil auf die obere Hälfte der Kreislinie (sie wird dann blau) und drücke anschließend die Taste `Entf`. Der obere Halbkreis und die eingeschlossene Fläche werden gelöscht.

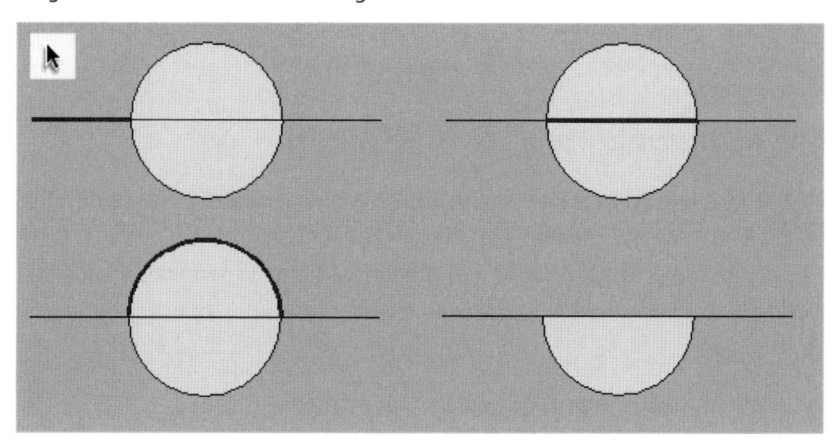

Zum Schluss zeichnest du die untere Linie. Sie soll den Halbkreis an der untersten Stelle berühren. Der Anfangspunkt dieser Linie ist also von zwei Bezugspunkten abgeleitet, dem Anfangspunkt der ersten Linie und dem untersten Punkt des Kreises.

≫ Wähle das Linienwerkzeug (Stiftsymbol oder Taste `L`). Berühre die beiden Bezugspunkte A und B jeweils für mindestens eine Sekunde, *ohne die Maustaste zu drücken*.

≫ Bewege den Mauszeiger vom tiefsten Punkt des Kreises langsam nach links. Der Mauszeiger muss eine rote gepunktete Spur hinter sich herziehen.

≫ Wenn der Stift genau unter dem Punkt A ist, erscheint eine zweite gepunktete Linie zu diesem Bezugspunkt. Sie ist grün, weil sie parallel zur grünen Achse ist.

Drudel

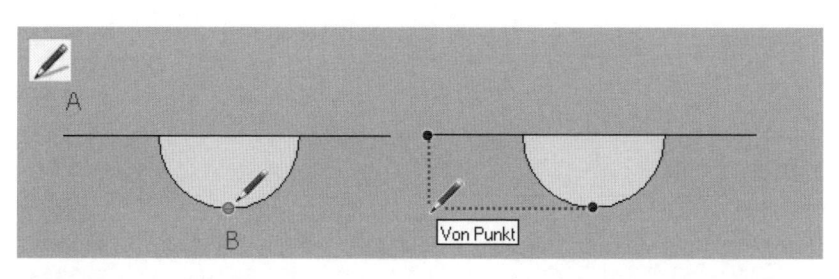

Ableitung von zwei Bezugspunkten.

➤ Klicke einmal mit der linken Maustaste. Nun hast du den Anfangspunkt der unteren Linie.

➤ Berühre mit dem Mauszeiger das rechte Ende der oberen Linie und mache diesen Punkt zum Bezugspunkt.

➤ Bewege den Mauszeiger so nach unten, dass eine grüne gepunktete Linie entsteht. Irgendwann rastet die Linie ein. Sie wird rot, weil sie genau waagerecht und parallel zur roten Koordinatenachse ist. Ihr rechter Endpunkt befindet sich genau unter dem Endpunkt der oberen Linie.

➤ Klicke mit der linken Maustaste und die untere Linie ist fertig.

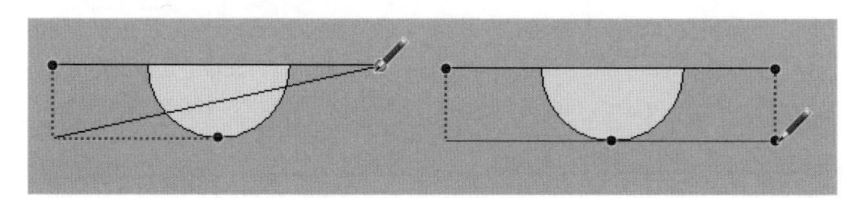

Ganz zum Schluss klickst du mit dem Auswahlwerkzeug (Pfeilsymbol anklicken oder Leertaste drücken) auf die Halbkreisfläche und drückst dann die `Entf`-Taste, um die Fläche zu löschen. Fertig ist das Spiegelei, das auf dem Rücken liegt.

Der Tintenfisch, der links abbiegen will

An diesem Beispiel erkläre ich dir, wie man Linien unterteilt und die Lage von Punkten und Linien nachträglich verändert.

➤ Zeichne mit dem Stift eine waagerechte Linie und setze einen Halbkreis darauf. Du weißt, wie das geht. Lösche die Fläche im Halbkreis.

➤ Klicke dann mit dem Auswahlwerkzeug (Pfeil) auf die gerade Linie, so dass sie blau markiert ist.

➤ Klicke mit der rechten Maustaste. Es erscheint ein Kontextmenü neben dem Mauszeiger. Wähle den Befehl UNTERTEILEN.

Kapitel 2 — Die Welt aus Linien und Flächen

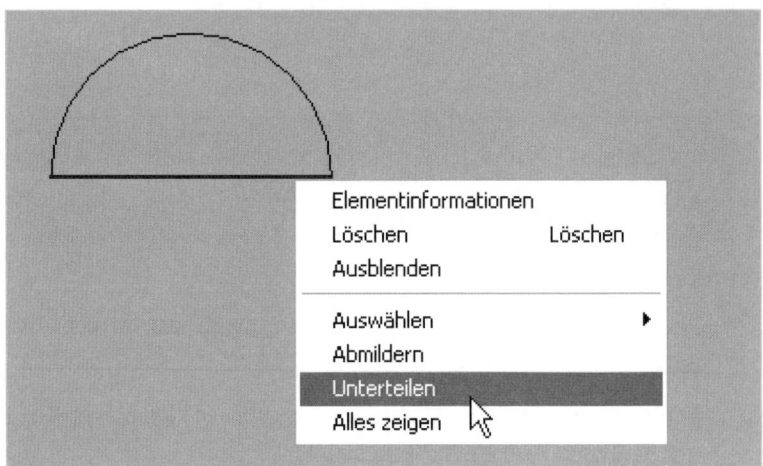

Weil ein Tintenfisch – auch Oktopus genannt – acht Arme hat, musst du die Linie in sieben Segmente aufteilen.

> Bewege den Mauszeiger auf der Linie hin und her. Du siehst rote quadratische Punkte, die die momentane Unterteilung der Linie in Segmente anzeigen. Da, wo der Mauszeiger steht, ist der Endpunkt des ersten Segments.

> Verschiebe den Mauszeiger so, dass die gewünschte Unterteilung erreicht wird. Die augenblickliche Anzahl von Segmenten wird im Wertefeld unten rechts angezeigt. Klicke mit der linken Maustaste, um die Unterteilung abzuschließen.

> Du kannst die gewünschte Anzahl von Segmenten auch als Zahl über die Tastatur eingeben. Vergiss nicht, die Eingabe mit ⏎ abzuschließen.

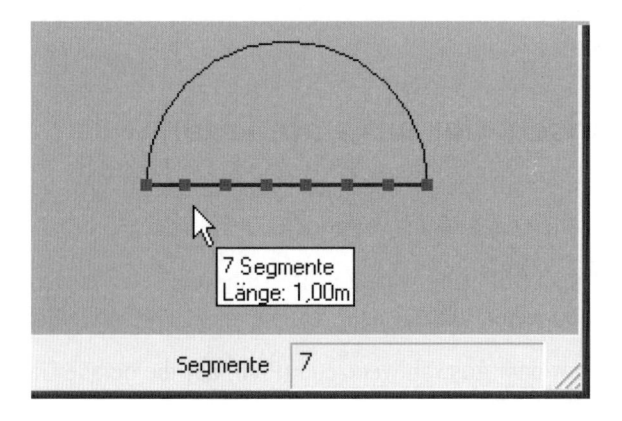

Nach der Unterteilung sieht die Linie aus wie vorher. Aber sie besteht nun aus mehreren Segmenten. Die Endpunkte und Mittelpunkte der Segmente

Drudel

sind neue Magnetpunkte, an denen der Mauszeiger kleben bleibt und die du für Konstruktionen verwenden kannst.

Als Nächstes zeichnest du die acht Arme des Oktopus als gleich lange parallele Linien. Das geht ganz leicht und schnell, weil das Ableitungssystem von SketchUp dir hilft.

≫ Wähle das Linienwerkzeug (Stift).

≫ Gehe mit dem Mauszeiger auf die waagerechte Linie (Unterseite des Oktopus-Kopfes) ein Stück rechts neben den linken Endpunkt. Der Mauszeiger rastet am Endpunkt des ersten Liniensegments ein und du siehst einen grünen Punkt. Klicke mit der linken Maustaste.

≫ Zeichne die erste Linie nach unten (grüne Richtung) und klicke links. Drücke die [Esc]-Taste, weil du jetzt eine neue Linie beginnen willst.

≫ Gehe mit dem Mauszeiger wieder auf die waagerechte Linie (Unterseite des Oktopus-Kopfes) ein Stück rechts neben den Anfangspunkt des ersten Arms. Der Mauszeiger rastet am Endpunkt des zweiten Liniensegments ein.

≫ Ziehe die zweite Linie in die grüne Richtung nach unten. Wenn der Mauszeiger ungefähr auf der Höhe des unteren Endes der Nachbarlinie ist, springt er von allein an die richtige Stelle, so dass die zweite Linie genauso lang ist wie die erste. Du siehst eine rot gepunktete Linie, die die Beziehung zum Nachbarpunkt anzeigt. Klicke mit der linken Maustaste. Der Endpunkt der zuletzt gezeichneten Linie wurde vom Ableitungssystem automatisch als Bezugspunkt gewählt.

≫ Zeichne die restlichen Arme des Oktopus. In ein paar Sekunden bist du fertig. Vergiss nicht, nach jeder Linie die [Esc]-Taste zu drücken.

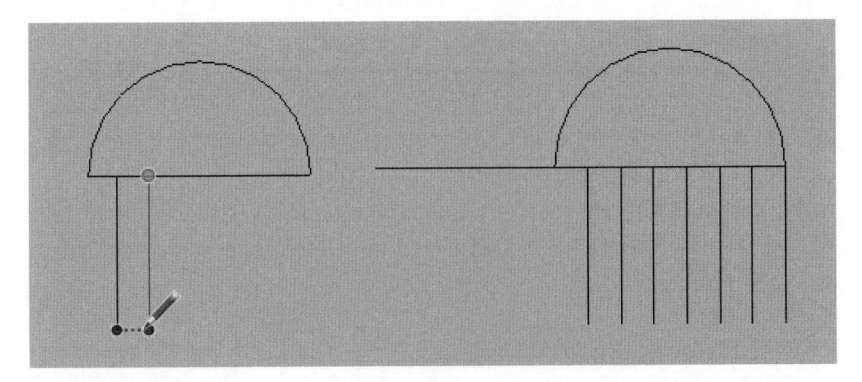

Die Geometrie der drei Drudel ist nun fertig. Im folgenden Abschnitt geht es darum, wie man ihre Ansicht verschönert.

Kapitel 2

Die Welt aus Linien und Flächen

Stile für Linien

Du kannst die Darstellung der Linien auf dem Bildschirm auf zwei grundsätzlich verschiedene Weisen verändern,

◇ durch Festlegung des Kantenstils im Menü ANSICHT.

◇ durch Auswahl und Veränderung eines allgemeinen Stils in der Dialogbox FENSTER|STILE.

> Ein Stil beschreibt das Aussehen eines Modells auf dem Bildschirm. Die Veränderung des Stils hat keinen Einfluss auf die Geometrie. Am besten arbeitest du bei deinen Projekten immer im gleichen Standardstil. In der Regel stellst du nur dann einen speziellen Stil ein, wenn das Modell fertig ist und du eine Ansicht deines Modells ausdrucken willst.

Kantenstile

Im Menü ANSICHT|KANTENSTILE kannst du das Aussehen der Linien einstellen. Durch Anklicken mit der Maus kannst du ein Häkchen vor eine Option setzen oder ein bereits gesetztes Häkchen wieder entfernen. Die Abbildung zeigt eine übliche Einstellung. Man kann die Linien sehen (obere Option), aber keiner der drei unteren Kantenstile ist ausgewählt.

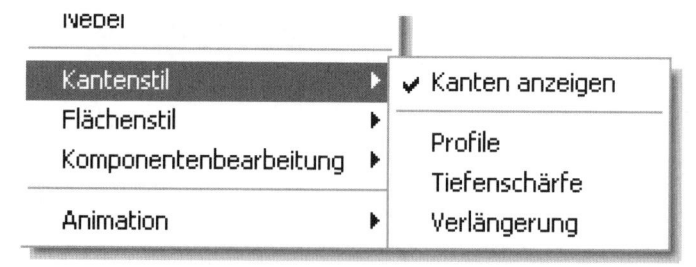

Nebel	
Kantenstil ▶	✓ Kanten anzeigen
Flächenstil ▶	Profile
Komponentenbearbeitung ▶	Tiefenschärfe
Animation ▶	Verlängerung

Im Stil PROFILE sind die Linien, die eine zusammenhängende Fläche umranden, dick und die inneren Linien dünn. Die Option VERLÄNGERUNG bewirkt, dass alle Kanten über ihre Endpunkte hinaus verlängert dargestellt werden. Im Stil TIEFENSCHÄRFE sind Linien im Hintergrund dünner als Linien im Vordergrund.

Stile für Linien

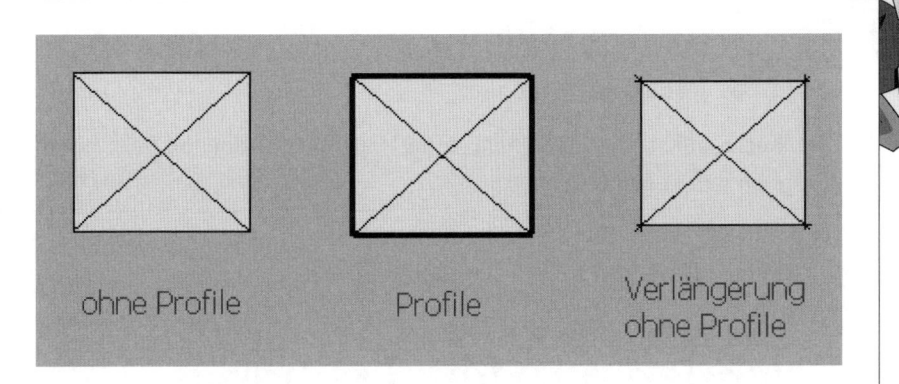

ohne Profile   Profile   Verlängerung ohne Profile

Allgemeine Stile

Nun gibt es noch eine ganz andere Art, den Stil der Darstellung deines Modells auf dem Bildschirm zu verändern. Klicke im Menü FENSTER auf das Feld STILE. Es erscheint eine Dialogbox wie im nächsten Bild. Normalerweise arbeiten wir immer im Standardstil für Perspektiv-Ansicht. Auf dem Bildschirm sieht man dann einen grünlichen Hintergrund und im oberen Bereich einen hellblauen Himmel. Aber jetzt stellen wir mal einen anderen Stil ein.

In der Mitte der Dialogbox siehst du rechts neben dem Häuschen ein einzeiliges Datenfeld. Klicke mit der Maus auf das schwarze Dreieck rechts neben dem Feld. Es klappt eine Liste mit den Namen verschiedener Stilsammlungen herunter. Eine dieser Sammlungen heißt GERADE LINIEN. Klicke darauf. Dann müsste die Dialogbox genauso aussehen wie auf dem Bild. In dem unteren großen Datenfeld siehst du Symbole für verschiedene Stile, die sich in der Dicke der Linien unterscheiden. Klicke auf den Stil 4 PIXEL BREITE LINIEN. Dann ist der Hintergrund weiß und nicht mehr grün und dein Drudel sieht aus wie auf dem Bild.

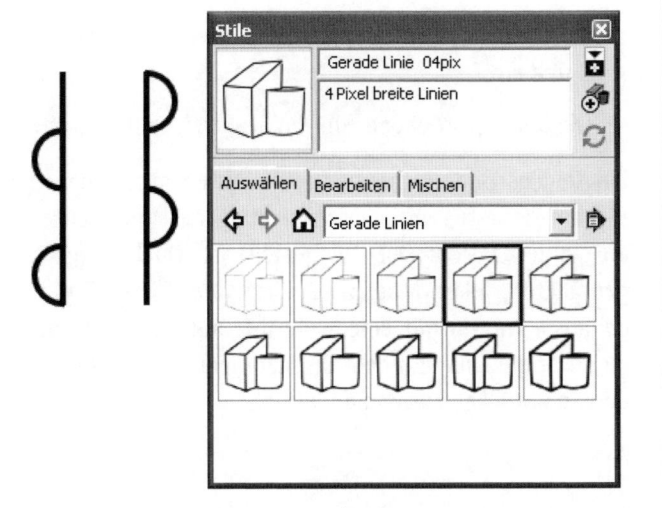

Dialogbox für Stile. Ausgewählt ist die Stilsammlung GERADE LINIEN.

Kapitel 2 — Die Welt aus Linien und Flächen

Nun solltest du für die nächsten Modelle wieder den Standardstil einstellen. Das geht am schnellsten so:

> Klicke auf das Haus-Symbol in der Mitte der Dialogbox links neben dem einzeiligen Datenfeld.

> Du siehst die Stile, die du für dein Modell bisher verwendet hast. Klicke auf STANDARDSTIL FÜR PERSPEKTIV-ANSICHT.

Zeichnen mit dem Freihandwerkzeug

Welchen Begriff stellt das folgende Bild dar?

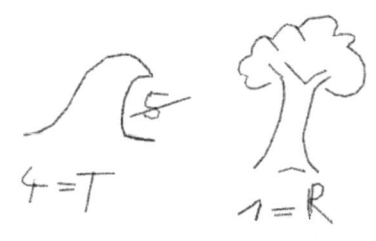

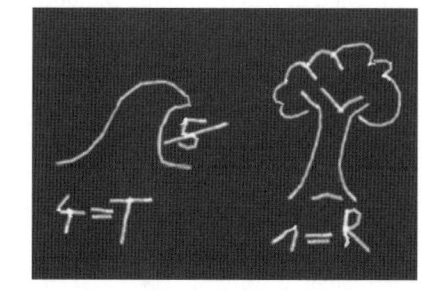

Freihandzeichnung in zwei unterschiedlichen Stilen.

Die Lösung heißt »Weltraum«. Die Zeichnung ist ein Beispiel für ein Rebus. Das ist Lateinisch und heißt auf Deutsch »durch Dinge«. Denn der Begriff wird ja durch Abbildungen von Gegenständen dargestellt. Die Wörter, die zu den Gegenständen gehören, müssen allerdings noch ein bisschen abgewandelt werden:

◇ 4 = T bedeutet: Ersetze den vierten Buchstaben des Wortes (Welle) durch ein T.

◇ Die durchgestrichene Fünf heißt: Streiche den fünften Buchstaben.

Ein solches Bild zeichnest du am besten mit dem Freihandwerkzeug. Das Symbol sieht aus wie eine verschlungene Linie. Achte wieder darauf, dass die Kameraansicht OBEN eingestellt ist. Du bewegst den Mauszeiger mit gedrückter linker Maustaste über den Bildschirm. Das geht praktisch genauso, wie du mit einem Bleistift auf ein Blatt Papier zeichnest. Allerdings ist die Linie auf dem Display nicht glatt und rund, sondern aus vielen geraden Stücken zusammengesetzt.

Linien im dreidimensionalen Raum

Am besten stellst du schon zu Beginn einen skizzenartigen Stil ein. Du kannst dann die optische Wirkung jedes Striches sofort sehen. Denn du willst ja nicht exakt konstruieren, sondern frei zeichnen.

- Öffne mit FENSTER|STILE die Dialogbox für Stile.
- Wähle im einzeiligen Datenfeld in der Mitte die Stilsammlung SKIZZENHAFTE KANTEN und suche dir einen schönen Stil aus.
- Zeichne das Bild mit dem Freihandwerkzeug.

Die skizzenhaften Stileinstellungen haben eine erstaunliche Wirkung. Jeder Strich sieht anders aus.

Wirklich gut zeichnen kannst mit dem Freihandwerkzeug eigentlich nur, wenn du keine Maus, sondern ein Grafik-Tablett verwendest.

Linien im dreidimensionalen Raum

Wenn du mit einem Bleistift auf einem Blatt Papier einen Gegenstand skizzierst, kannst du einfach drauflos zeichnen. Erst hier ein Strich, dann da ein Strich. Linie kommt zu Linie, bis die Skizze fertig ist. Das Gleiche gilt, wenn du – wie bei den vorigen Projekten – die Standardansicht OBEN eingestellt hast und ausschließlich in *einer* Ebene zeichnest.

Bei dreidimensionalen Modellen gehst du ganz anders vor. Eine Linie kann nicht einfach irgendwohin gesetzt werden. Denn dann weißt du nicht, wo sie sich im dreidimensionalen Koordinatensystem genau befindet. Du siehst ja immer nur eine zweidimensionale Projektion deines Modells.

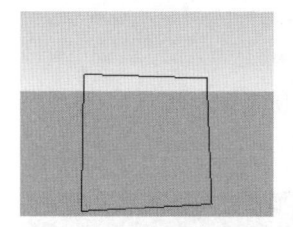

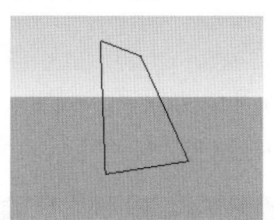

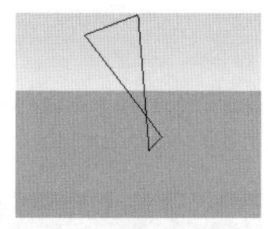

Verschiedene Ansichten einer Linienfigur. Eine einzelne Projektion lässt nicht erkennen, wie die Figur wirklich aussieht.

Bei der 3D-Modellierung mit SketchUp müssen Linien *konstruiert* werden. Bei jeder Linie musst du genau wissen, an welchen Stellen im Koordinatensystem sich die beiden Endpunkte befinden.

Kapitel 2 — Die Welt aus Linien und Flächen

Punkte verbinden

Am einfachsten konstruierst du eine neue Kante, indem du Punkte verbindest, die es schon gibt. Es ist ziemlich leicht, einen Punkt im Modell zu treffen, weil alle Punkte auf den Mauszeiger wie Magnete wirken. Wenn du eine Linie zu einem Punkt zeichnen willst, der dicht neben einem Endpunkt liegt, musst du die Ansicht des Modells stark vergrößern (mit dem Rollrad deiner Maus oder dem Zoom-Werkzeug), damit auf dem Bildschirm der Abstand zwischen dem magnetischen Endpunkt und dem Punkt, wo deine Linie enden soll, groß genug ist.

Wenn du den Mauszeiger über Linien oder Flächen führst, endet diese Linie in einem Punkt, der sich neben dem Bleistift befindet. Farbe und Form dieses beweglichen Mauszeiger-Punktes haben eine Bedeutung.

Der bewegliche Punkt neben dem Zeichenstift kann verschiedene Formen annehmen.

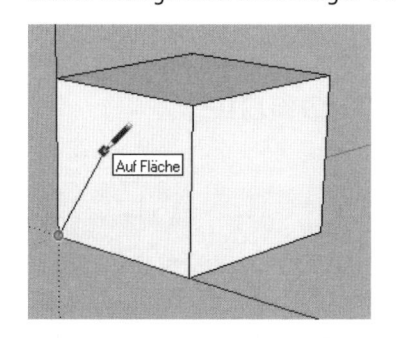

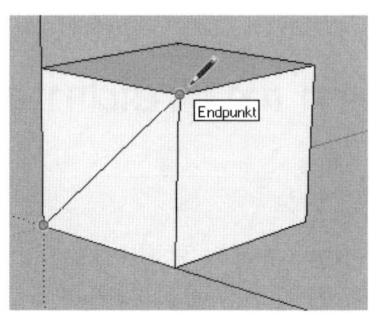

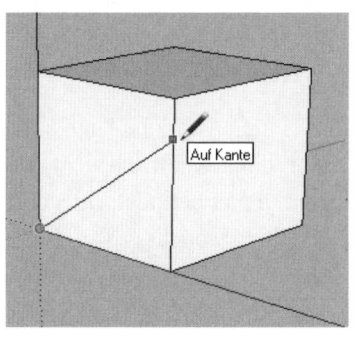

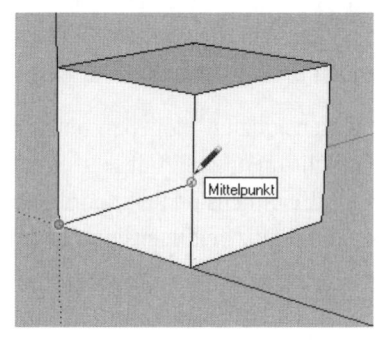

Die Bedeutungen der verschiedenen Formen des Mauszeiger-Punktes sind in der folgenden Tabelle zusammengestellt.

Aussehen	Bedeutung
Gelbe Kreisfläche	Ursprung des Koordinatensystems
Grüne Kreisfläche	Endpunkt eines Liniensegments
Hellblaue Kreisfläche	Mittelpunkt eines Liniensegments
Schwarze Kreisfläche	Bezugspunkt
Rotes Quadrat	Punkt auf einer Linie
Blaues Karo	Punkt auf einer Fläche

Linien im dreidimensionalen Raum

Linien in eine bestimmte Richtung zeichnen

Während du eine Linie zeichnest, zieht der Zeichenstift eine Linie hinter sich her. Die Farbe dieser Linie kann die Richtung anzeigen.

Wenn die Linie genau in Richtung einer der drei Koordinatenachsen liegt, erscheint sie in der Farbe dieser Achse. Wenn die Linie z. B. senkrecht nach oben geht, ist sie blau und es erscheint für einige Sekunden ein kleines Textfeld mit der Aufschrift »Auf blauer Achse«.

Wenn eine Linie in der gleichen Richtung wie eine andere bereits vorhandene Linie deines Modells liegt, wird sie magentafarben (rotviolett) und es erscheint für kurze Zeit der Text »Parallel zur Kante«. Das klappt sehr gut, wenn du eine Linie deines Modells verlängerst. Wenn du den Endpunkt einer Linie angeklickt hast, »ahnt« das System, dass die neue Linie in die gleiche Richtung gehen soll.

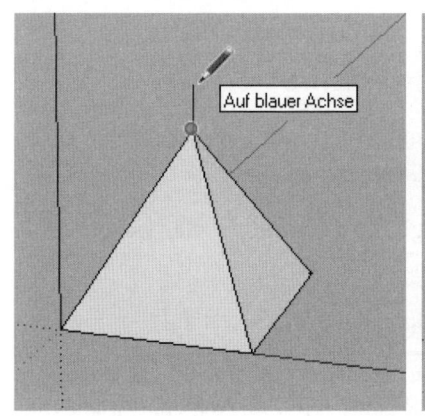

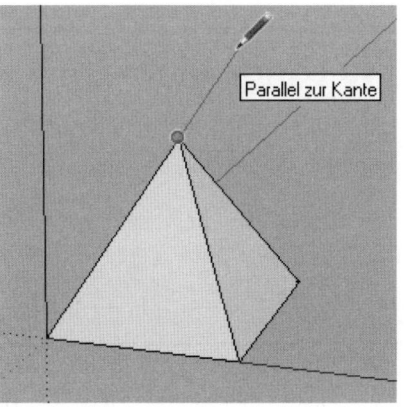

Die Farbe einer Linie zeigt ihre Richtung an.

Du kannst dem System aber auch ausdrücklich mitteilen, zu welcher Linie die neue Linie parallel sein soll. Die nächste Abbildung zeigt, wie du zu einer Diagonalen eines Rechtecks eine parallele Linie zeichnen kannst.

> Markiere die Bezugslinie (Diagonale) mit dem Auswahlwerkzeug (Pfeil). Sie wird dann blau.

> Wähle das Linienwerkzeug (Stift) und klicke auf den Anfangspunkt der neuen Linie.

> Berühre einmal die markierte Bezugslinie. Klicke sie aber *nicht* an!

> Ziehe nun die Linie in etwa parallel zur markierten Bezugslinie. Sie schnappt dann in der gewünschten Richtung ein und wird magentafarben. Für kurze Zeit erscheint der Schriftzug »Parallel zur Kante«.

Kapitel 2 — Die Welt aus Linien und Flächen

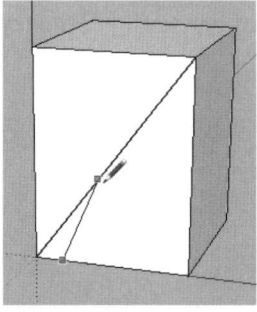

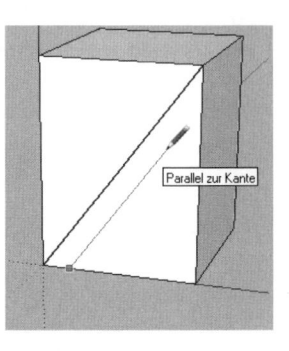

Wenn du die ⇧-Taste gedrückt hältst, wird die Richtung, in der du eine Linie zeichnest, fixiert. Der Mauszeiger wird dann nicht mehr von anderen Punkten angezogen und von seiner Bahn abgebracht, sondern er bleibt in der augenblicklichen Richtung. Die Linie, die der Stift hinter sich herzieht, sieht außerdem dicker aus.

Die Länge einer Linie exakt festlegen

Manchmal möchtest du eine Linie mit einer exakt vorgegebenen Länge zeichnen. Sagen wir, die Linie soll 1,20 Meter lang sein.

➢ Klicke mit dem Linienwerkzeug (Stift) an die Stelle, wo die Linie beginnen soll.

➢ Bewege den Stift in die Richtung, in die die Linie verlaufen soll.

➢ Gib über die Tastatur die Länge der Linie ein und drücke die ⏎-Taste. Beispiel: `1,2m` ⏎. Die Linie hat nun schlagartig die gewünschte Länge und an ihrem Ende erscheint ein grüner Endpunkt.

Die Längenangabe kann übrigens noch geändert werden (einfach neue Werte eingeben und ⏎ drücken), solange du den Mauszeiger nicht bewegst und damit eine neue Aktion beginnst.

Statt m (für Meter) kannst du auch andere Längeneinheiten wie Zentimeter, Millimeter oder Fuß (1 Meter entspricht 3,28 Fuß) verwenden: `120cm`, `1200mm`, `3,94'`.

Rechteck (R)

Das wichtigste Werkzeug für Flächen ist die Rechteck-Funktion. Ein Rechteck ist ein Viereck, bei dem alle Winkel 90° betragen. Wenn du ein Rechteck zeichnest, musst du nur zwei diagonal gegenüberliegende Eckpunkte bestimmen.

Rechteck (R)

- Klicke auf das Symbol der Rechteckfunktion in der Werkzeugleiste und drücke die Taste [R]. Der Mauszeiger sieht nun aus wie ein Stift mit einem kleinen Rechteck.

- Klicke auf die Stelle, an der das Rechteck beginnen soll. Das ist der erste Eckpunkt.

- Zwischen Mauszeiger und erstem Eckpunkt befindet sich nun ein Rechteck auf dem Display. Seine Größe und Lage ändert sich ständig, je nachdem wo sich der Mauszeiger gerade befindet. Im Wertefeld unten rechts siehst du die aktuellen Abmessungen des Rechtecks.

- Der zweite Eckpunkt kann auf zweierlei Weise festgelegt werden: (1) Bewege den Mauszeiger, ziehe das Rechteck auf die richtige Größe und klicke erneut. (2) Oder gib die Länge und Breite über die Tastatur ein und beende die Eingabe mit [↵]. Beide Werte müssen durch ein Semikolon getrennt sein. Beispiel: 1m;2m [↵].

Quadrat und Goldenes Rechteck

Während du ein Rechteck zeichnest, erscheint manchmal eine gestrichelte Diagonale und ein kleines Textfeld erscheint neben dem Stift. Darauf steht »Quadrat«, wenn dein Rechteck gerade ein Quadrat ist, oder »Goldener Schnitt«, wenn es gerade ein Goldenes Rechteck ist.

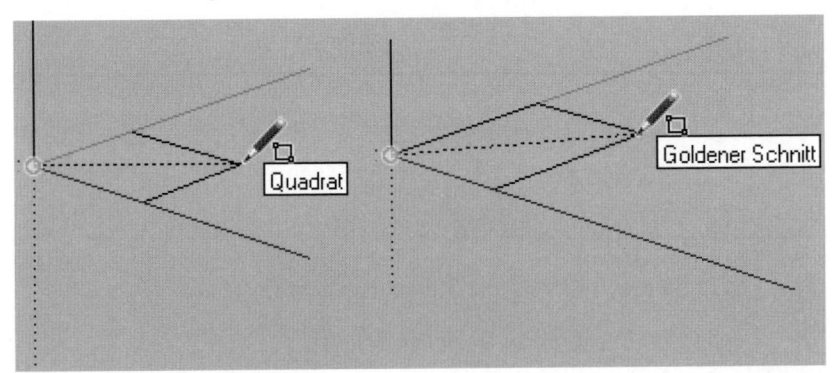

Quadrat und Goldenes Rechteck.

Ein Quadrat ist ein Rechteck, bei dem alle Seiten gleich lang sind. Was aber ist ein Goldenes Rechteck? Bei einem Goldenen Rechteck ist das Verhältnis der Seitenlängen im Goldenen Schnitt. Das ist ein Zahlenverhältnis von ungefähr 1 zu 1,168. Die exakte Definition lautet so:

Zwei Strecken a und b stehen im Verhältnis des Goldenen Schnittes, wenn sich die größere zur kleineren Strecke verhält wie die Summe aus beiden zur größeren.

Kapitel 2

Die Welt aus Linien und Flächen

Die folgende Abbildung zeigt eine Besonderheit. Wenn man von einem Goldenen Rechteck ein Quadrat abschneidet, ist der verbleibende Rest ebenfalls ein Goldenes Rechteck. Das Seitenverhältnis des kleinen Rechtecks a/b ist gleich dem Seitenverhältnis des großen Rechtecks (a+b)/a.

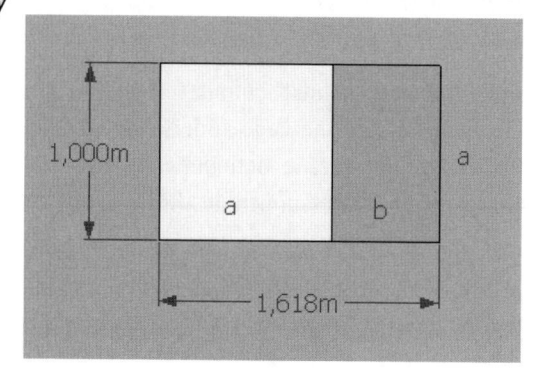

Goldenes Rechteck.

Goldene Spirale

Aus einem Goldenen Rechteck kannst du eine Goldene Spirale entwickeln (siehe Abbildung). Goldene Spiralen findet man auch in der Natur. Beispielsweise haben Schneckenhäuser diese Form.

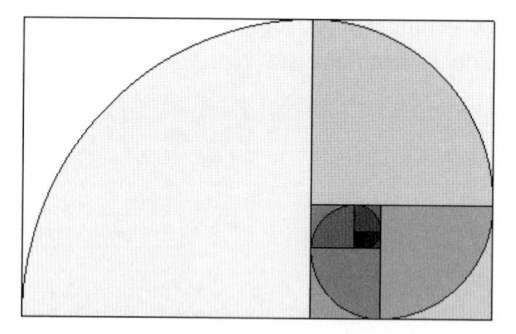

> Wähle im Menü KAMERA die Standardansicht OBEN.

> Zeichne ein Rechteck im Goldenen Schnitt.

> Zeichne links in das Goldene Rechteck ein möglichst großes Quadrat. Zeichne in das Quadrat von links unten nach rechts oben einen Bogen (Viertelkreis).

> Nun ist rechts neben dem Quadrat ein neues Goldenes Rechteck, das hochkant steht. Zeichne oben in das Rechteck ein möglichst großes Quadrat und in das Quadrat einen Bogen von links oben nach rechts unten.

> usw.

Kreis (C)

Zum Schluss noch zwei Tipps:

◇ Damit du die Bögen gut in die Quadrate einpassen kannst, solltest du das Längeneinrasten deaktivieren. Klicke im Menü FENSTER auf MODELL-INFORMATIONEN. Wähle in der linken Liste den Eintrag EINHEITEN und entferne das Häkchen an der Option LÄNGENEINRASTEN AKTIVIEREN.

◇ Eine Bogenlinie ist bei SketchUp nicht wirklich rund, sondern aus geraden Abschnitten zusammengesetzt. Damit die Bögen schön aussehen, solltest du die Anzahl der Seiten z. B. auf 48 setzen (voreingestellt ist 12). Das geht so: Unmittelbar, nachdem du das Bogenwerkzeug angeklickt hast, gibst du über die Tastatur 48 ↵ ein.

Bestimmung der Ebene eines neuen Rechtecks

Wenn du ein neues Rechteck konstruierst, wird es meistens waagerecht zwischen der roten und der grünen Achse aufgespannt. Du kannst aber durch die *Blickrichtung* erzwingen, dass das Rechteck in eine andere Ebene gezeichnet wird. Wenn du mit dem Werkzeug ROTIEREN die Ansicht so einstellst, dass du *von vorne* auf das Modell guckst, dann entsteht ein senkrechtes Rechteck zwischen der roten und der blauen Achse.

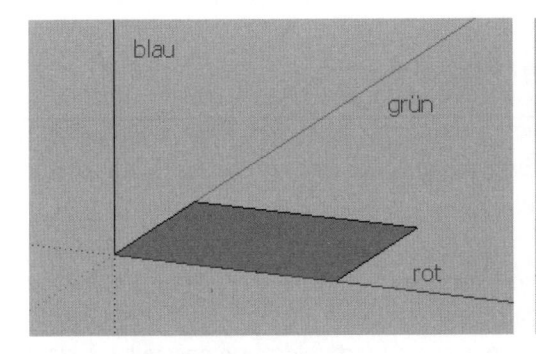

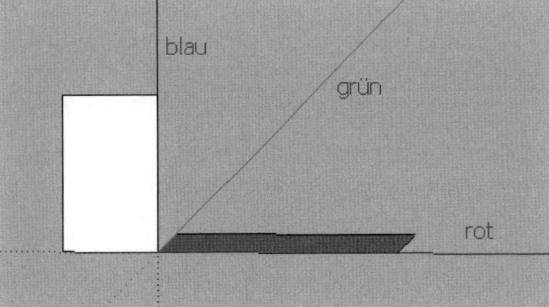

Kreis (C)

Wähle das Kreissymbol in der Werkzeugleiste oder drücke die Taste C (*circle*: engl. Kreis). Eine Kreisfläche erzeugst du mit dem Kreiswerkzeug durch zwei Klicks.

≫ Mit dem ersten Klick legst du den Mittelpunkt fest.

≫ Mit dem zweiten Klick bestimmst du den Radius.

Kapitel 2 — Die Welt aus Linien und Flächen

Nachdem du das Kreiswerkzeug ausgewählt hast, sieht der Mauszeiger aus wie ein Stift mit einem Kreis. Die Farbe des Kreises zeigt dir, in welcher Ebene die Kreisfläche gezeichnet wird. Die Farbe entspricht der Farbe der Achse, die zur Kreisfläche senkrecht steht. Ist der Kreis zum Beispiel blau, so ist er senkrecht zur blauen Achse des Koordinatensystems. Das heißt, der Kreis liegt auf einer waagerechten Ebene.

Ein Kreis senkrecht zur grünen Achse und ein Kreis senkrecht zur blauen Achse.

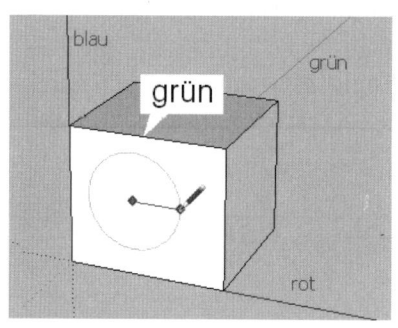

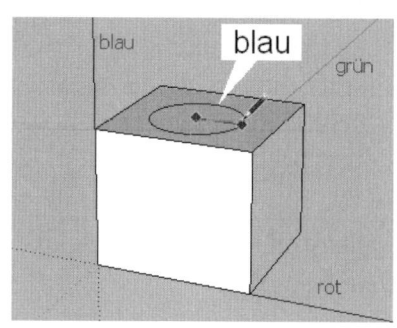

Wenn du keine Fläche hast, auf die du den Kreis zeichnest, kannst du – wie beim Rechteck – durch die Blickrichtung die räumliche Orientierung bestimmen. Schaust du eher von vorne auf das Modell (das heißt, die grüne Achse geht nach hinten), ist der Kreis grün und er steht senkrecht zur grünen Achse. Wenn du jetzt die ⇧-Taste gedrückt hältst, bleibt er in dieser Lage und du kannst ihn an einen beliebigen Punkt platzieren.

Änderung der Seitenzahl

Bei SketchUp ist ein Kreis nicht wirklich rund, sondern er ist eigentlich ein Vieleck und besteht aus lauter geraden Liniensegmenten. Das fällt aber erst ab einer gewissen Größe auf. Probiere es aus! Vergrößere einen Kreis sehr stark. Dann siehst du, dass er eckig ist. Voreingestellt ist eine Seitenzahl von 24. Wenn du einen sehr großen Kreis zeichnen willst, solltest du zuerst die Seitenzahl erhöhen. Unmittelbar, nachdem du auf das Kreiswerkzeug geklickt hast, erscheint unten rechts im Wertefeld die eingestellte Anzahl der Seiten. Gib nun über die Tastatur eine andere Zahl ein, am besten ein Vielfaches von 24 (z. B. 48). Schließe die Eingabe mit ↵ ab. Die Zahl im Wertefeld ändert sich entsprechend.

Mit einer Seitenzahl von 48 werden auch große Kreise rund.

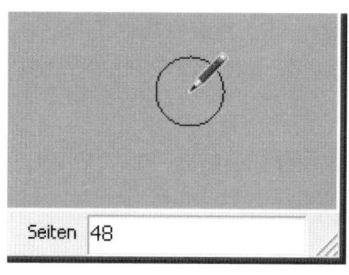

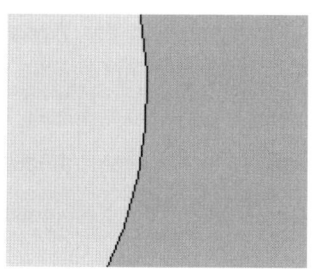

Vieleck (Polygon)

Diese Methode der Änderung der Seitenzahl klappt nur, wenn du das Kreiswerkzeug noch nicht benutzt hast, also direkt nach dem Klick auf das Kreissymbol.

Aber auch später kannst du noch die Seitenzahl ändern: Gib die gewünschte Seitenzahl über die Tastatur ein, dann den Buchstaben [S] und drücke [↵].

Diese Einstellung bleibt übrigens so lange erhalten, bis du sie wieder änderst.

Vieleck (Polygon)

Mit der Vieleckfunktion kannst du ein regelmäßiges Vieleck (Polygon) konstruieren. Regelmäßig heißt, dass alle Winkel und Seitenlängen gleich lang sind.

> Klicke in der Werkzeugleiste auf das Vieleck-Symbol. Es ist ein Dreieck.

> Gib über die Tastatur die Anzahl der Seiten ein, die dein Polygon haben soll, z.B. 6 [↵] für ein Sechseck. Der Mauszeiger sieht aus wie ein kleines blaues Polygon mit einem Stift in der Mitte. Das blaue Polygon hat die Anzahl von Ecken, die du eingestellt hast.

> Klicke an die Stelle, wo der Mittelpunkt des Polygons sein soll.

> Ziehe das Polygon auf die gewünschte Größe und drehe es, bis es genau die Lage hat, die du haben willst. Klicke dann erneut mit der linken Maustaste. Fertig.

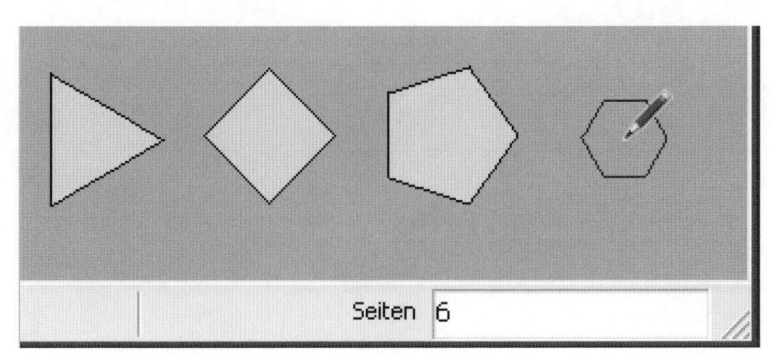

Regelmäßige Polygone (Vielecke).

Die Seiten eines Polygons sind zu einer Einheit verschmolzen. Wenn du mit dem Pfeil an einer Stelle auf den Rand eines Polygons klickst, werden alle Seiten auf einmal ausgewählt und sind blau. Angenommen, du willst eine

Kapitel 2 — Die Welt aus Linien und Flächen

einzelne Kante löschen, dann musst du zuerst den Rand in seine einzelnen Kanten auflösen.

- Klicke mit der Auswahlfunktion (Pfeil) auf den Rand des Polygons. Er wird blau.
- Drücke die rechte Maustaste und wähle den Befehl KURVE IN IHRE EINZELTEILE AUFLÖSEN.

Wenn du jetzt mit dem Pfeil auf eine Seite des Polygons klickst, wird nur diese eine Kante ausgewählt und kann z. B. gelöscht werden.

Die räumliche Lage des Polygons (senkrecht zur blauen, roten oder grünen Achse) kannst du auf die gleiche Weise wie beim Kreis einstellen.

Odyssee im Weltraum

Zum Schluss konstruieren wir eine Weltraumstation, ähnlich wie die in Stanley Kubriks berühmten Science-Fiction-Klassiker »2001 – Odyssee im Weltraum« (England 1968). Bei diesem Projekt verwendest du praktisch alle Techniken, die du in diesem Kapitel kennen gelernt hast.

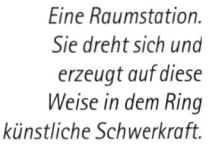

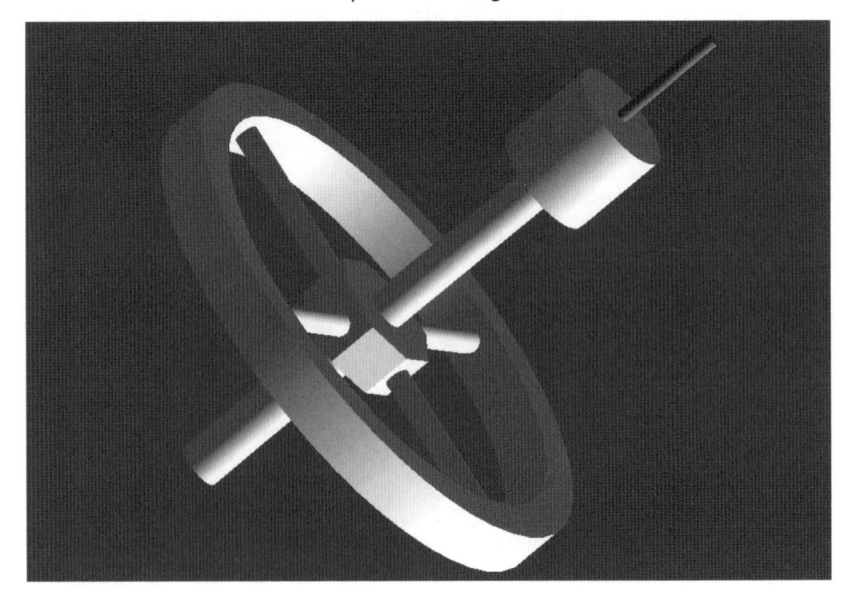

Eine Raumstation. Sie dreht sich und erzeugt auf diese Weise in dem Ring künstliche Schwerkraft.

Odyssee im Weltraum

Wir beginnen mit der Konstruktion des Ringes.

≫ Wähle im Menü KAMERA die Standardansicht OBEN und die PARALLELE PROJEKTION.

≫ Wähle das Kreiswerkzeug und stelle 48 Seiten ein, damit der Kreis schön rund aussieht. Zeichne um den Ursprung einen Kreis mit dem Radius 10 Meter.

≫ Zeichne ebenfalls um den Ursprung einen etwas kleineren Kreis. Lösche die Innenfläche, so dass ein Ring entsteht.

≫ Zeichne mit dem Vieleckwerkzeug um den Ursprung ein Achteck mit einem Radius von etwa 2 Metern.

≫ Gehe in die perspektivische Darstellung (ROTIEREN).

≫ Wähle DRÜCKEN/ZIEHEN (P). Klicke auf die Ringfläche und ziehe sie ein Stück hoch.

≫ Klicke auf die Achteckfläche und bewege den Mauszeiger auf die Oberkante des Rings. Die Achteckfläche wird genauso weit hoch gezogen. Klicke mit der linken Maustaste. Der Ring und das achteckige Prisma in der Mitte haben die gleiche Höhe.

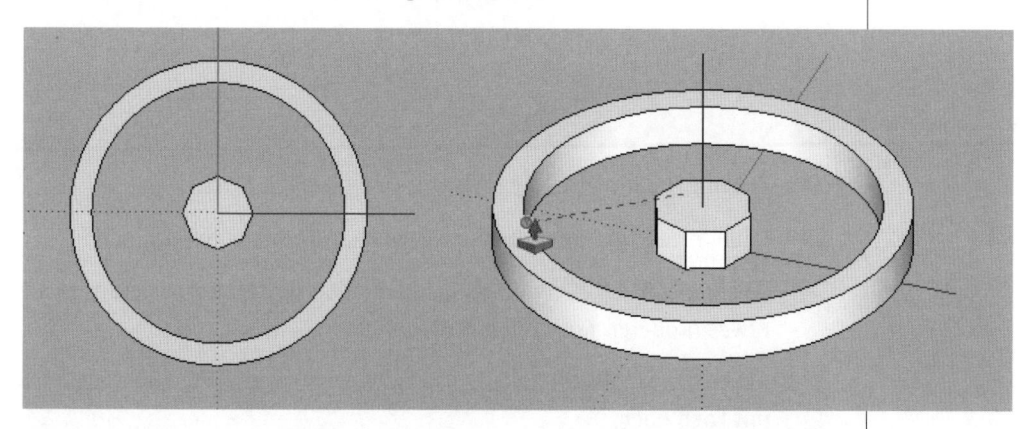

Auf vier der acht Seitenflächen des Prismas in der Mitte kommt nun ein Kreis.

≫ Zeichne von Mittelpunkt zu Mittelpunkt der Seitenkanten eine Linie quer über die Seitenfläche.

≫ Unterteile die Querlinie in vier Segmente.

≫ Zeichne um den Mittelpunkt der Querlinie einen Kreis, dessen Radius der Länge eines Segments entspricht.

Kapitel 2

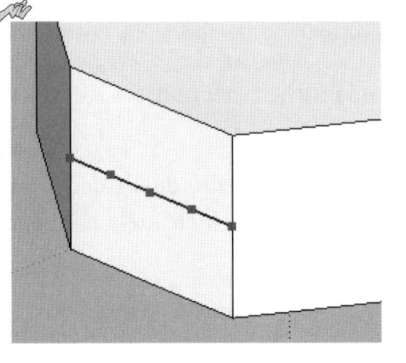

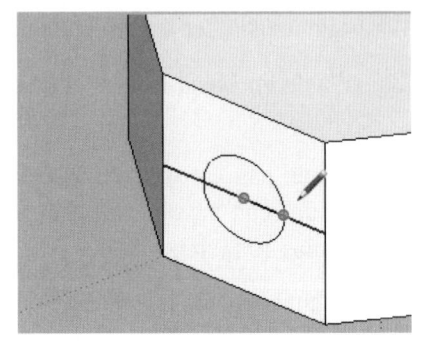

Die Welt aus Linien und Flächen

Erzeuge mit DRÜCKEN/ZIEHEN vier Rohre, die das Prisma in der Mitte mit dem äußeren Ring verbinden.

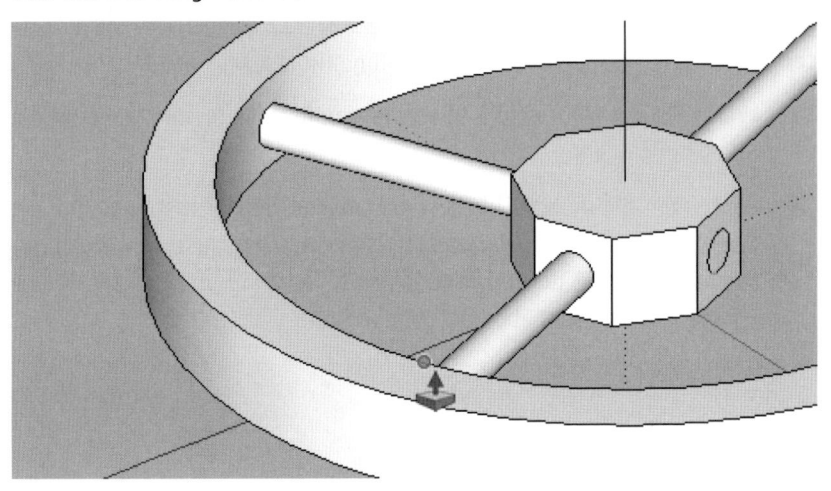

➣ Zeichne um die Mitte des Prismas einen kleinen Kreis.

➣ Bilde mit DRÜCKEN/ZIEHEN einen etwa acht Meter hohen Zylinder.

➣ Zeichne auf den Zylinder um die blaue Koordinatenachse herum einen etwas größeren Kreis (Radius etwa 2 m).

➣ Klicke die Ringfläche mit DRÜCKEN/ZIEHEN an und ziehe einen Zylinder mit Loch hoch.

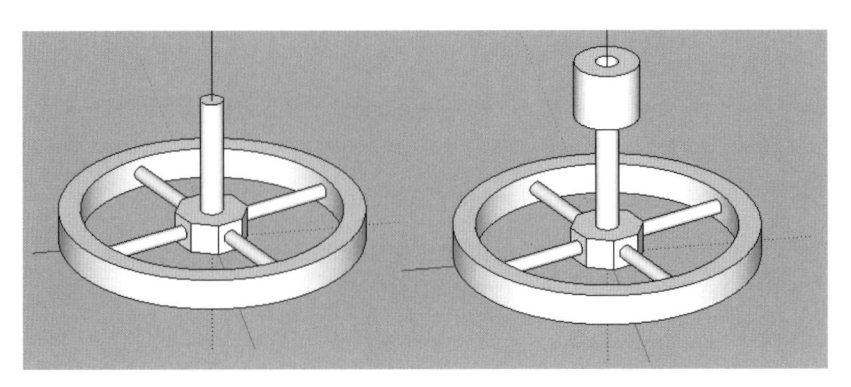

Lösche den kleinen Kreis (Loch) in der Mitte des Zylinders, so dass eine durchgehende Oberfläche entsteht. Ergänze weitere Zylinder um die Mittelachse des Raumschiffs. Färbe mit dem Farbeimerwerkzeug die Oberflächen weiß und grau ein. Fertig ist das Raumschiff.

Versuche nun, mit dem Werkzeug ROTIEREN das Raumschiff in dieselbe Position zu bringen wie auf dem ersten Bild dieses Abschnitts. Es klappt nicht? Richtig, die blaue Achse bleibt – im normalen Modus – beim Rotieren immer senkrecht. Man kann sozusagen die Kamera nicht schief stellen. Halte nun die Taste Strg gedrückt und versuche es noch einmal. Wenn du jetzt den Mauszeiger nach rechts oder links bewegst, neigt sich die blaue Achse. Lässt du die Strg-Taste wieder los und bewegst die Maus erneut, springt die blaue Achse wieder in die senkrechte Position und das Raumschiff steht wieder aufrecht.

Damit dein Raumschiff genauso aussieht wie auf dem Bild, musst du drei Einstellungen verändern:

- Im Menü ANSICHT|KANTENSTIL machst du alle Kanten unsichtbar.

- In der Dialogbox FENSTER|STILE sorgst du dafür, dass der Himmel nicht angezeigt wird und als Hintergrundfarbe Schwarz oder Dunkelblau eingestellt ist.

- In der Dialogbox FENSTER|SCHATTEN änderst du die Beleuchtung so, dass es fast kein Streulicht gibt und die beleuchteten Teile des Raumschiffs sehr hell und die schattigen Teile sehr dunkel erscheinen.

Zusammenfassung

- Jedes SketchUp-Modell ist aus Kanten (geraden Linien) und Flächen zusammengesetzt. Nur Flächen können mit Farbe oder einem anderen Material belegt sein.

- Linien zeichnest du mit den Werkzeugen LINIE, BOGEN und FREIHAND, Flächen erzeugst du mit den Werkzeugen KREIS, RECHTECK und VIELECK.

- Im Wertefeld rechts unten findest du interessante Informationen über die Linie oder Fläche, die du gerade zeichnest.

- Wenn du eine Begrenzungskante einer Fläche löschst, verschwindet auch die Fläche. Wenn du die fehlende Kante noch einmal zeichnest, entsteht wieder eine Fläche.

- Jeder Endpunkt und Mittelpunkt einer Kante wirkt wie ein Magnet und zieht den Mauszeiger magisch an.

Kapitel 2

Die Welt aus Linien und Flächen

- Wenn du einen Punkt mit dem Mauszeiger für ein paar Sekunden berührst (ohne zu klicken), wird er zum Bezugspunkt.
- Kanten können gleichmäßig unterteilt werden. Man erhält dann neue Punkte, die man für Konstruktionen verwenden kann.

Ein paar Fragen …

Frage 1: Worin unterscheidet sich ein Rechteck von einem Viereck, das du mit dem Polygonwerkzeug gezeichnet hast?

Frage 2: Welche Bedeutung hat es, wenn beim Zeichnen einer Linie der Punkt neben dem Stift eine blaue Raute ist?

Frage 3: Wie stellst du die Anzahl der Seiten eines Polygons oder eines Kreises ein?

Frage 4: Wie kannst du aus einem Polygon eine einzelne Kante entfernen?

… und ein paar Aufgaben

1. Das Pentagramm ist eines der ältesten magischen Symbole in der Kulturgeschichte. Was ist sein Geheimnis? Konstruiere ein Pentagramm mit der Polygon- und der Linienfunktion. Wähle die Standardansicht OBEN. Stelle die Genauigkeit der Zahlenwerte auf drei Stellen hinter dem Komma ein (FENSTER|MODELLINFORMATIONEN|EINHEITEN). Skaliere das Modell wie in der Abbildung. Die kürzeste Kante soll genau 1 Meter lang sein.

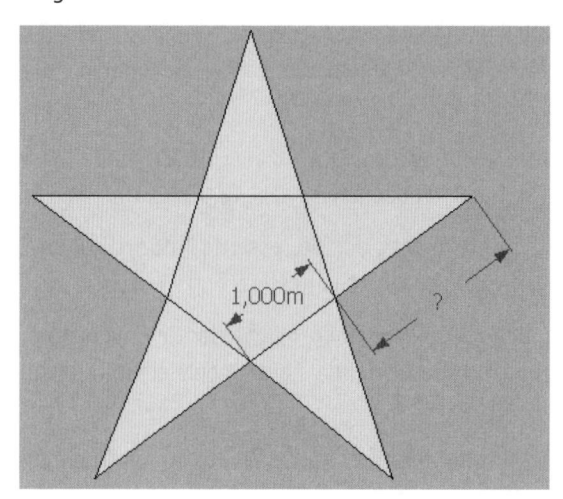

... und ein paar Aufgaben

2. Konstruiere ein Geländer wie in der Abbildung rechts. Beginne so, wie es im linken Bild dargestellt ist.

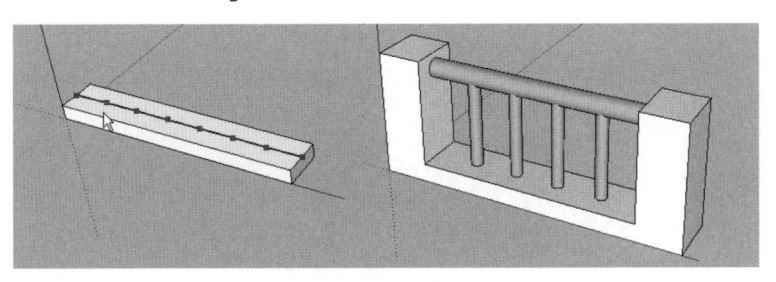

3
Modellieren durch Verformen

Manchmal beginnst du eine Konstruktion mit einem einfachen Körper, z. B. einem Quader, den du dann anschließend veränderst. In diesem Kapitel lernst du, wie du einen Körper verschieben, drehen, verformen und kopieren kannst. Es geht um folgende Fragen:

- Wie verschiebst du einen Körper mit Hilfe von Bezugspunkten an eine ganz bestimmte Stelle?
- Wie drehst du einen Körper um einen bestimmten Winkel?
- Wie kannst du durch Verschieben einer Linie oder eines Punktes einen Körper verformen?
- Wie kannst du Teile deines Modells skalieren, das heißt vergrößern oder verkleinern?
- Wie kannst du Teile deines Modells zu geschlossenen Gruppen zusammenfassen?
- Wie kannst du durch Skalieren von einzelnen Flächen Gegenstände (z. B. einen Kelch) modellieren?
- Wie kannst du Modellteile kopieren?

Kapitel 3

Modellieren durch Verformen

Werkzeuge zum Verändern von Körpern

Das ganze Kapitel dreht sich um die Verwendung der drei Werkzeuge VERSCHIEBEN/KOPIEREN, DREHEN und SKALIEREN.

◇ Das Symbol für die Verschiebefunktion sind zwei rote gekreuzte Doppelpfeile. Um diese Funktion zu wählen, kannst du auch einfach auf die Taste [M] drücken (*to move*: engl. bewegen). Wenn du das Werkzeug gewählt und einmal auf die [Strg]-Taste gedrückt hast, wird eine Kopie des ausgewählten Objekts erstellt und dann verschoben. Das Original bleibt an seinem Platz.

◇ Das Symbol für die Funktion DREHEN sind zwei rote gebogene Pfeile. Um die Funktion zu wählen, kannst du das Symbol anklicken oder die Taste [Q] drücken. Wie beim Verschieben kannst du mit der Drehfunktion auch kopieren.

◇ Mit dem Skalierwerkzeug kannst du Entitäten vergrößern oder verkleinern. Die Taste zum schnellen Auswählen der Funktion ist [S].

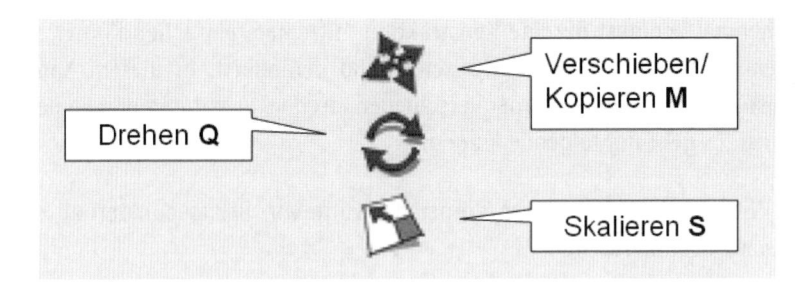

| Drehen **Q** | | Verschieben/Kopieren **M** |
| | | Skalieren **S** |

Eine mittelalterliche Stadtmauer

In diesem Projekt konstruierst du das Modell einer Stadtmauer wie in der Abbildung. Dabei verwendest du vor allem das Werkzeug VERSCHIEBEN/KOPIEREN. Schau dir das Bild an.

◇ Die Türme sehen alle gleich aus. Wir werden nur einen Turm konstruieren und ihn dann mehrmals kopieren.

◇ Auch die Mauern sehen alle gleich aus. Wir erstellen nur einmal eine Mauer und fertigen Kopien an. Einige Mauerstücke müssen gedreht und gespiegelt werden. Im Bereich des Stadttors werden die Mauerstücke ein bisschen abgewandelt.

Eine mittelalterliche Stadtmauer

◊ Das Modell ist aus unterschiedlichen Körpern zusammengesetzt. Viele davon haben schräge Flächen. Du siehst Pyramiden (Turmspitzen) und Prismen (Mauerstücke). Jede dieser Formen kannst du ganz leicht aus einem Quader entwickeln.

Eine Stadtmauer mit neun Türmen und einem Stadttor.

Der Turm

Du brauchst nur einen einzigen Punkt zu verschieben, um aus einem Quader einen Turm zu entwickeln.

≫ Zeichne mit dem Rechteckwerkzeug am Ursprung ein Quadrat.

≫ Mache mit DRÜCKEN/ZIEHEN daraus einen Quader.

≫ Zeichne auf die Oberseite des Quaders zwei Diagonalen.

≫ Klicke mit dem VERSCHIEBEN/KOPIEREN-Werkzeug den Schnittpunkt der beiden Diagonalen an und ziehe ihn genau senkrecht (in blauer Richtung) nach oben. Achte darauf, dass der Mauszeiger eine blaue gestrichelte Linie hinter sich herzieht. Wenn die Höhe stimmt, klicke nochmals mit der linken Maustaste.

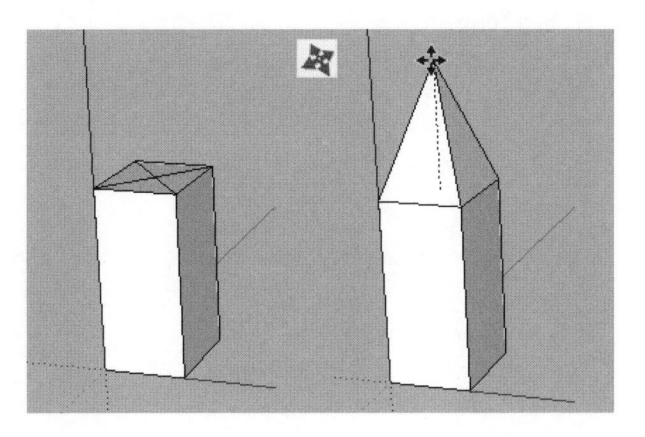

Durch Verschieben eines Punktes wird aus einem Quader ein Turm.

Kapitel 3

Modellieren durch Verformen

Das Fenster im Turm

In eine Turmwand soll nun ein Fenster mit Rundbogen eingelassen werden. Damit das Fenster genau in der Mitte der Seitenfläche ist, teilst du die untere Linie in fünf Segmente und verwendest die neuen Endpunkte als Bezugspunkte.

≫ Wähle die Kameraansicht VORNE.

≫ Wähle das Pfeilwerkzeug und klicke einmal auf die untere Linie des Turms.

≫ Klicke mit der rechten Maustaste und wähle den Befehl UNTERTEILEN. Teile die Linie in fünf Segmente.

≫ Wähle das Rechteckwerkzeug und berühre für eine Sekunde den Endpunkt des zweiten Segments auf der Grundlinie, ohne zu klicken. Das ist nun der erste Bezugspunkt. Bewege den Mauszeiger nach oben (in blauer Richtung), so dass er eine blaue Spur hinter sich herzieht (Bild 1).

≫ Wenn du mit dem Mauszeiger dort bist, wo die linke untere Ecke des Fensters sein soll, klicke mit der linken Maustaste. Nun muss der rechte untere Eckpunkt des Fensters gefunden werden. Bewege den Mauszeiger nach unten auf die Grundlinie des Turms auf den Endpunkt des dritten Segments, ohne zu klicken. Warte eine Sekunde. Jetzt ist dieser Punkt ein Bezugspunkt (Bild 2).

≫ Bewege den Mauszeiger nach oben und vervollständige das Rechteck mit einem Mausklick (Bild 3).

≫ Mit dem Bogenwerkzeug setzt du auf das Rechteck einen Halbkreis und entfernst die überflüssige Linie (Bild 4).

≫ Mit DRÜCKEN/ZIEHEN schiebst du die Fensterfläche ein Stückchen in den Turm.

Um ein Fenster genau in der Mitte der Turmseite zu zeichnen, kannst du Bezugspunkte verwenden.

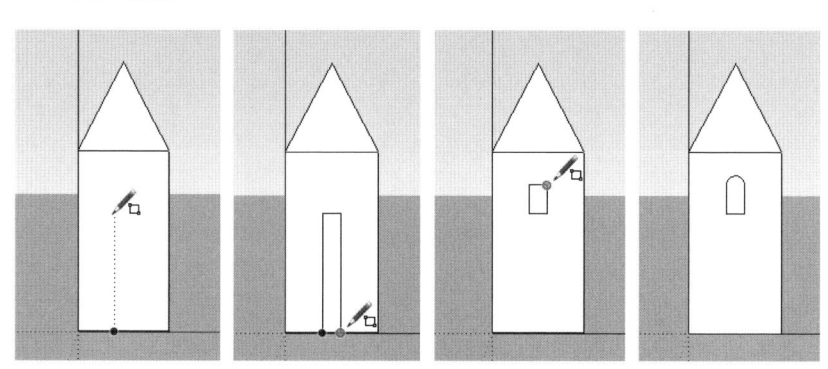

Eine mittelalterliche Stadtmauer

Eine Gruppe erstellen

Der Turm soll mehrmals verwendet werden. Da ist es praktisch, aus ihm eine Gruppe zu machen. Eine Gruppe ist ein Teilmodell. Eine Gruppe kannst du anklicken und als Ganzes verschieben oder kopieren, ohne Gefahr zu laufen, aus Versehen eine Einzelheit zu verändern. Bei großen Modellen ist es oft sinnvoll, zusammenhängende Teile zu einer Gruppe zusammenzufassen. Das geht so:

» Rahme mit dem Auswahlwerkzeug (Pfeil) den Turm komplett so ein, dass alle Teile blau markiert sind. (Klicke dazu links oberhalb des Turms und dann rechts unterhalb des Turms.)

» Drücke die rechte Maustaste und klicke im Kontextmenü auf GRUPPIEREN. Fertig. Der Turm ist nun eine Gruppe und von einem blauen »Drahtkasten« umrahmt.

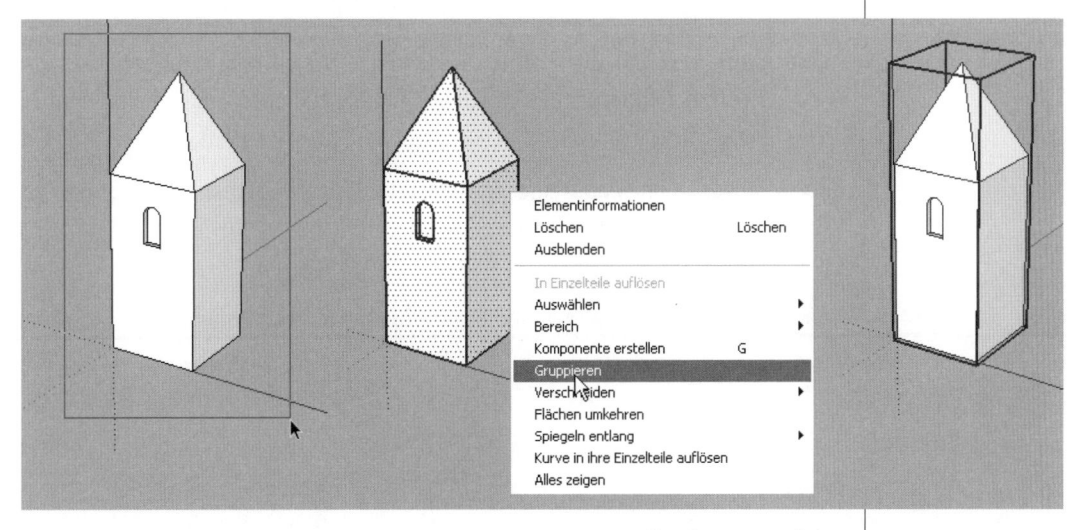

Eine Gruppe erstellen.

Wenn du in einer Gruppe etwas verändern willst, musst du sie erst öffnen. Doppelklicke auf die Turm-Gruppe mit dem Pfeil. Der blaue Kasten verschwindet und stattdessen siehst du jetzt einen größeren Kasten aus gestrichelten Linien (siehe nächste Abbildung ganz links). Nun kannst du die Gruppe bearbeiten.

Damit du die seitliche Mauer besser ansetzen kannst, unterteilst du die rechte Grundlinie des Turms in fünf Segmente. Du weißt, wie das geht.

Klicke mit dem Pfeil auf irgendeine Stelle außerhalb der Gruppe. Der Kasten aus gestrichelten Linien verschwindet. Du bist wieder außerhalb der Gruppe.

Kapitel 3

Modellieren durch Verformen

Die Mauer

Die Dicke der Mauer soll ein Fünftel der Seitenlänge des Turms betragen. Das mittlere Segment der Linie des Turms, die wir gerade unterteilt haben, benutzt du nun zur Konstruktion der Grundfläche der Mauer. Die Besonderheit: Du öffnest die Gruppe nicht, sondern greifst von außen auf die Endpunkte des Liniensegments zu.

>> Wähle das Rechteckwerkzeug. Klicke auf den linken Endpunkt des mittleren Segments der Turmlinie. Dieser Punkt ist »magnetisch« und leicht zu treffen. Wenn du ihn berührst, wird er durch eine kleine violette Kreisfläche markiert und neben dem Mauszeiger erscheint der Text »Endpunkt in Gruppe« (zweites Bild).

> Punkte in einer Gruppe, auf die du von außen zugreifst (ohne die Gruppe zu öffnen), sind violett.

>> Dann berührst du – ohne zu klicken – für ein paar Augenblicke den zweiten Endpunkt des mittleren Liniensegments und machst ihn zu einem Bezugspunkt.

>> Bewege den Mauszeiger in Richtung der roten Achse nach rechts und erstelle mit einem weiteren Klick ein waagerechtes Rechteck (drittes Bild).

>> Mit DRÜCKEN/ZIEHEN erstellst du die Mauer (rechtes Bild).

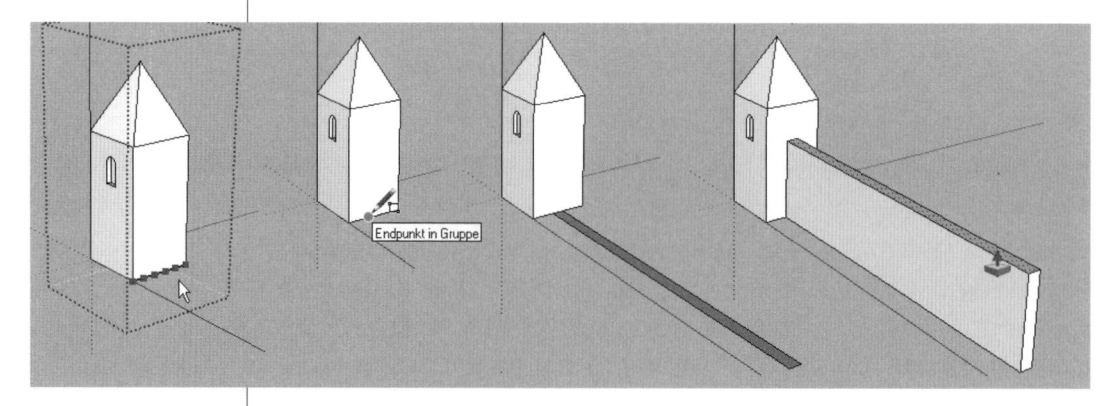

Nun machst du die Oberseite der Mauer schräg.

>> Klicke mit dem Pfeil auf die obere Vorderkante der Mauer, so dass sie blau wird. Beachte: Das Objekt, das verschoben werden soll, muss zuerst markiert werden.

>> Klicke mit dem Verschiebewerkzeug die Linie an.

Eine mittelalterliche Stadtmauer

≫ Bewege den Mauszeiger in Richtung der blauen Achse ein Stück nach unten und klicke nochmals (linkes Bild).

Wirf noch mal einen Blick auf das Bild am Anfang, das die komplette Stadtmauer zeigt. Jedes Mauerstück hat vorne zwei abgeschrägte Stützmauern. Die machst du als Nächstes.

≫ Unterteile die Grundlinie der Mauer in 17 Segmente.

≫ Zeichne auf die Mauer über dem sechsten Segment ein Rechteck.

≫ Klicke mit DRÜCKEN/ZIEHEN auf das Rechteck. Klicke auf einen vorderen Eckpunkt des Turms (rechtes Bild). Es entsteht ein Quader, der genauso weit wie der Turm nach vorne ragt (rechtes Bild).

So wird die Stützmauer abgeschrägt:

≫ Klicke mit dem Pfeil die obere Vorderkante des Quaders an.

≫ Drücke mit dem Verschiebewerkzeug die Linie ein Stück zurück (grüne Richtung). Achte auf die Farbe der Spur!

Die zweite Stützmauer soll über dem zwölften Segment der Mauergrundlinie entstehen. Verwende die Eckpunkte der ersten Stützmauer als Bezugspunkte!

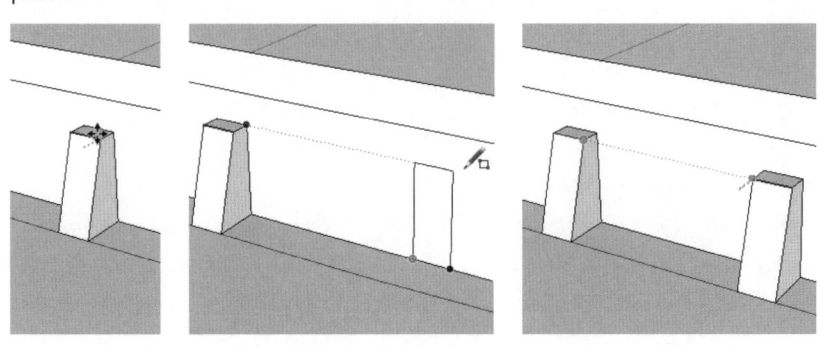

Mache nun aus der Mauer eine eigene Gruppe.

Kapitel 3

Modellieren durch Verformen

> Wähle das Auswahlwerkzeug, klicke links oberhalb der Mauer, dann rechts unterhalb der Mauer. Alle Teile der Mauer sind blau markiert.

> Klicke mit der rechten Maustaste und wähle im Kontextmenü den Befehl GRUPPIEREN.

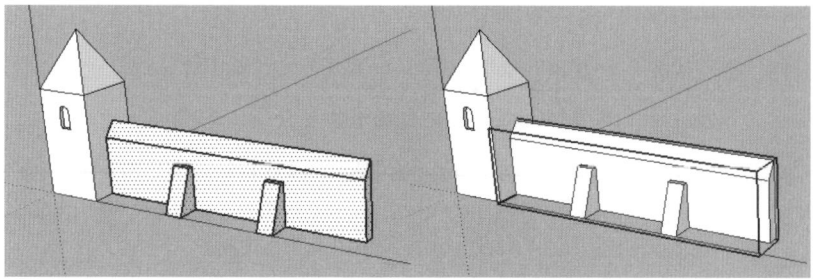

Links-rechts-Auswahl und Rechts-links-Auswahl

Mit dem Auswahlwerkzeug (es sieht aus wie ein Pfeil) kannst du beliebig viele Elemente deines Modells auf dem Bildschirm auswählen, indem du einen Kasten um die Auswahl ziehst. Was aber ist mit den Objekten, die sich nur teilweise in dem Auswahlkasten befinden?

Bei SketchUp ist es ein Unterschied, ob du die Auswahl links oder rechts beginnst.

Wenn du zuerst links oben klickst und dann rechts unten, entsteht ein Kasten mit einer *durchgezogenen Linie*. Nur die Objekte, die sich *vollständig innerhalb* des Kastens befinden, werden ausgewählt und sind blau markiert.

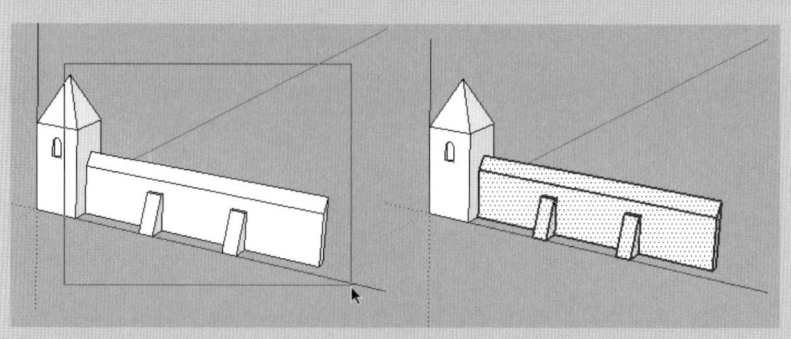

Links-rechts-Auswahl. Der Turm gehört nicht dazu.

Wenn du dagegen mit dem Auswahlwerkzeug zuerst rechts klickst und dann links, entsteht ein Kasten mit einer *gestrichelten Linie*. Alle Objekte, die sich *wenigstens teilweise* in dem Kasten befinden, sind ausgewählt.

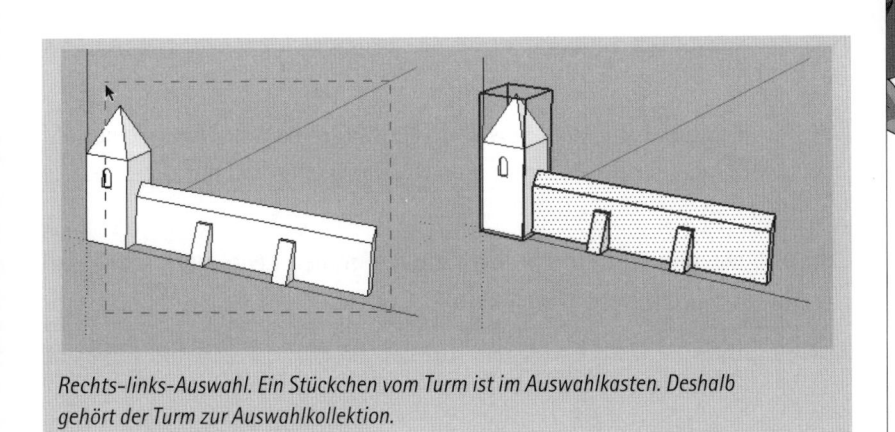

Eine mittelalterliche Stadtmauer

Rechts-links-Auswahl. Ein Stückchen vom Turm ist im Auswahlkasten. Deshalb gehört der Turm zur Auswahlkollektion.

Den Turm kopieren

Mit der Steuerungstaste machst du aus dem Verschiebewerkzeug ein Kopierwerkzeug. Du erstellst nun eine Kopie des Turms und verschiebst sie exakt an das Ende der Mauer. Dabei benutzt du wieder Bezugspunkte.

- Markiere mit dem Auswahlwerkzeug (Leertaste) den Turm. Du erinnerst dich: Das Objekt, das verschoben werden soll, muss zuerst markiert werden.

- Wähle das Werkzeug VERSCHIEBEN/KOPIEREN (M). Der Mauszeiger sieht aus wie zwei gekreuzte Doppelpfeile.

- Drücke einmal die Taste Strg und lasse sie wieder los. Neben dem Mauszeiger erscheint ein kleines Pluszeichen.

- Klicke die untere linke Ecke des Turms an.

- Bewege den Mauszeiger entlang der roten Achse. Es entsteht eine Kopie des Turms, die dem Mauszeiger folgt.

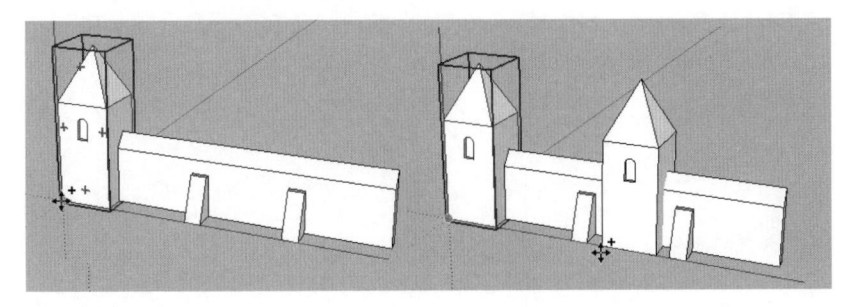

Kapitel 3 — Modellieren durch Verformen

Nun muss der neue Turm genau an das Ende der Mauer gesetzt werden. Das geht so:

≫ Bewege den Turm so an das Ende der Mauer, dass der Mauszeiger auf dem Endpunkt der Mauer einrastet. Warte eine Sekunde, aber drücke nicht die Maustaste (linkes Bild).

≫ Schiebe nun den Turm in Richtung der grünen Achse nach vorne und klicke mit der linken Maustaste.

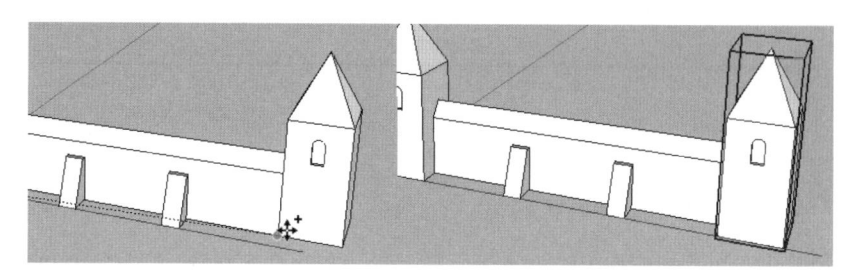

Berühre zuerst den Endpunkt der Mauer (nicht klicken) und schiebe dann den Turm nach vorne.

Nun schiebst du eine Kopie der Mauer nach rechts und setzt sie an den Turm an.

≫ Markiere mit dem Auswahlwerkzeug (Leertaste) die Mauer.

≫ Wähle VERSCHIEBEN/KOPIEREN (M) und drücke einmal die Strg-Taste. Neben dem Mauszeiger ist ein kleines Plus.

≫ Klicke auf den unteren linken Eckpunkt der Mauer (Bild 1).

≫ Verschiebe die Kopie der Mauer entlang der roten Achse nach rechts, bis der angeklickte Punkt genau auf der rechten Grundlinie des Turms ist.

Das war einfach! Diesmal brauchtest du nicht zuerst einen Bezugspunkt zu bestimmen. So kannst du also eine beliebig lange Stadtmauer aus Türmen und Mauerabschnitten zusammenbauen.

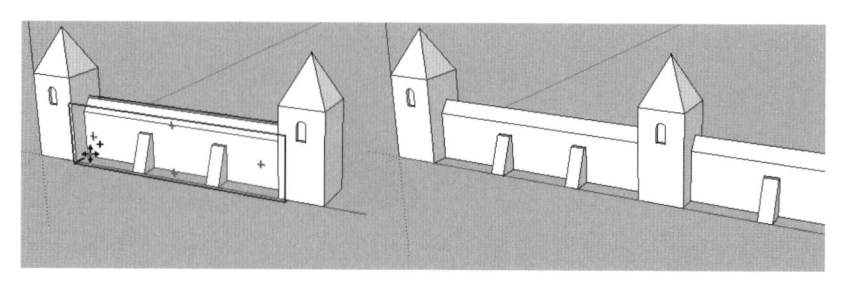

Eine mittelalterliche Stadtmauer

Drehen und Spiegeln

Bis jetzt erstreckt sich die Stadtmauer nur von links nach rechts entlang der roten Achse. Im nächsten Schritt soll nun ein Mauerabschnitt konstruiert werden, der von vorne nach hinten in Richtung der grünen Achse verläuft. Wenn man weiß, wie es geht, braucht man dafür nur ein paar Sekunden.

> Markiere mit der Auswahlfunktion (Leertaste) von rechts nach links ein Mauerstück mit zwei Türmen (linkes Bild).

> Kopiere und verschiebe das Mauerstück weit genug so nach hinten, dass du es später drehen kannst, ohne dass es die vordere Mauer berührt (rechtes Bild).

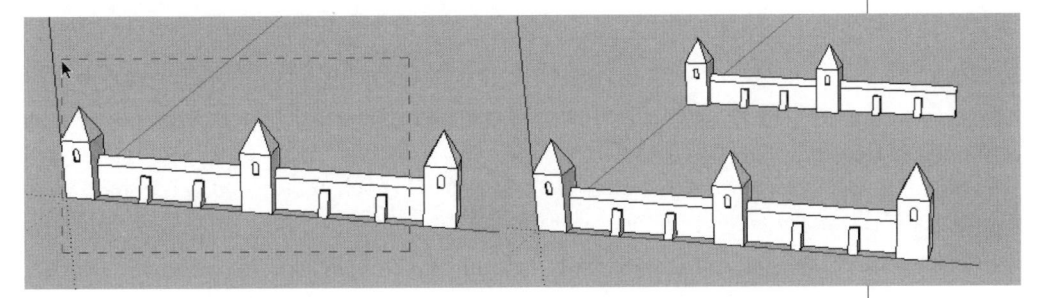

Nun kommt das Drehwerkzeug zum Einsatz. Das Symbol in der Werkzeugleiste sieht aus wie zwei rote gebogene Pfeile. Wähle das Symbol oder drücke die Taste [Q]. Weil du in der waagerechten Ebene drehen willst, stellst du nun die Kameraansicht OBEN ein. Das kannst du im Menü KAMERA|STANDARDANSICHTEN machen oder du klickst in der Symbolleiste auf das Icon, das ein Haus von oben zeigt (siehe erstes Bild links oben in der Ecke).

> Der Mauszeiger sieht nun aus wie zwei schwarze gebogene Pfeile, die von einem kreisrunden Winkelmesser umgeben sind. Die Farbe des Winkelmessers zeigt seine Lage im Raum an. Sie entspricht der Farbe der Koordinatenachse, die zu ihm senkrecht steht. In unserem Fall ist der Winkelmesser zunächst blau.

> Bewege den Mauszeiger über den Bildschirm auf den Turm. Wenn er die Turmspitze berührt, wird er schwarz und ändert seine Orientierung. Er liegt nicht mehr waagerecht. Warum? Der Winkelmesser legt sich immer flach auf die Oberfläche, auf der er sich gerade befindet. Aber auf einer Spitze findet er keine eindeutige Lage. Für uns ist das schlecht. Denn wir wollen die Mauer auf der waagerechten Ebene drehen. Die Drehachse muss parallel zur blauen Achse sein.

Kapitel 3 — Modellieren durch Verformen

> Bewege den Mauszeiger wieder vom Turm weg und sorge dafür, dass er blau aussieht (erstes Bild). *Halte die Umschalttaste gedrückt.* So bleibt die räumliche Orientierung (Drehachse) erhalten, auch wenn du den Mauszeiger auf die Turmspitze setzt. Wenn du die ⇧-Taste gedrückt hältst, hast du die Richtung der Drehachse festgelegt.

> Als Nächstes bestimmst du den Punkt, um den gedreht werden soll (Drehpunkt). Klicke genau auf die Turmspitze. Der Winkelmesser bleibt an dieser Stelle hängen, auch wenn du den Mauszeiger woanders hinbewegst. Es ist so, als ob du ihn mit einer Heftzwecke an diesem Punkt befestigt hättest (zweites Bild).

> Du kannst nun im Prinzip auf einen beliebigen Punkt innerhalb oder außerhalb der Mauer klicken. Dieser zweite Punkt ist sozusagen die Stelle, an der du das Objekt zum Drehen anfasst. Achte auf den Winkelmesser! Er verlässt zwar nicht den Drehpunkt, aber er dreht sich mit. Beim Klick ist er fest und es entsteht eine gepunktete Führungslinie vom Drehpunkt zum Mauszeiger (erstes Bild).

> Bewege den Mauszeiger im Uhrzeigersinn um den Drehpunkt herum. Der Winkelmesser bleibt, wie er ist. Aber die Mauer und die Führungslinie folgen der Mausbewegung. Im Wertefeld rechts unten wird der Winkel angezeigt, um den gedreht worden ist (rechtes Bild). Drehe also die Mauer um 90° und klicke dann mit der linken Maustaste. Du kannst aber auch den Winkel über die Tastatur eingeben: 90 ↵.

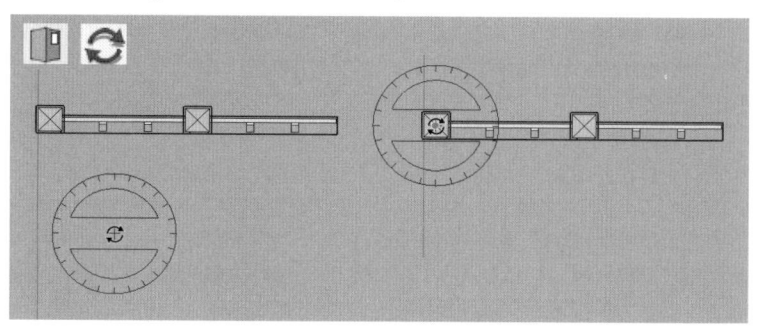

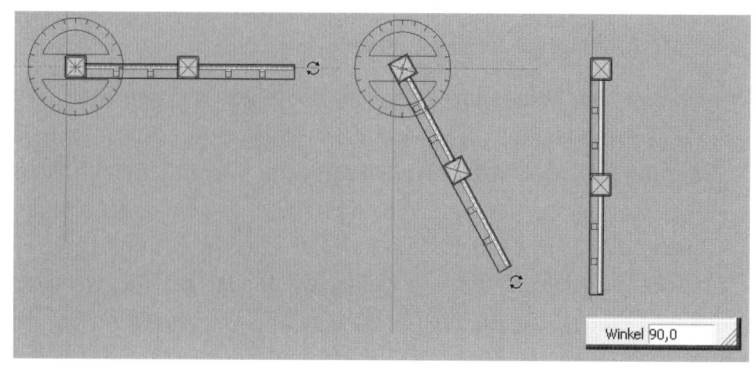

Eine mittelalterliche Stadtmauer

Raster für den Drehwinkel

Es ist ziemlich leicht, durch Drehen mit der Maus genau den 90°-Winkel zu treffen, weil SketchUp ein Raster verwendet. Voreingestellt ist ein Raster von 15°. Das heißt, bei einer Drehung mit der Maus rastet das gedrehte Objekt in 15°-Schritten – also bei Winkeln wie 15°, 30°, 45° usw. – ein.

Dieses Raster kannst du im Menü FENSTER|MODELLINFORMATIONEN|EINHEITEN ändern oder ganz ausschalten.

Nun wählst du die Funktion VERSCHIEBEN/KOPIEREN (Doppelpfeil) und schiebst die Mauer in grüner Richtung nach unten, bis sie an den Turm stößt. Achte auf die Spur, die dem Mauszeiger folgt. Sie muss grün sein.

Von der linken Mauer machst du eine Kopie und schiebst sie ein Stück nach rechts. Damit die Stützmauern nach außen zeigen, musst du sie entlang der roten Achse spiegeln. Sorge dafür, dass der Mauerabschnitt blau markiert ist, und drücke einmal die rechte Maustaste. Im Kontextmenü wählst du die Funktion SPIEGELN|ENTLANG ROTE ACHSE. Nun sieht dein Modell ungefähr so aus wie auf dem zweiten Bild.

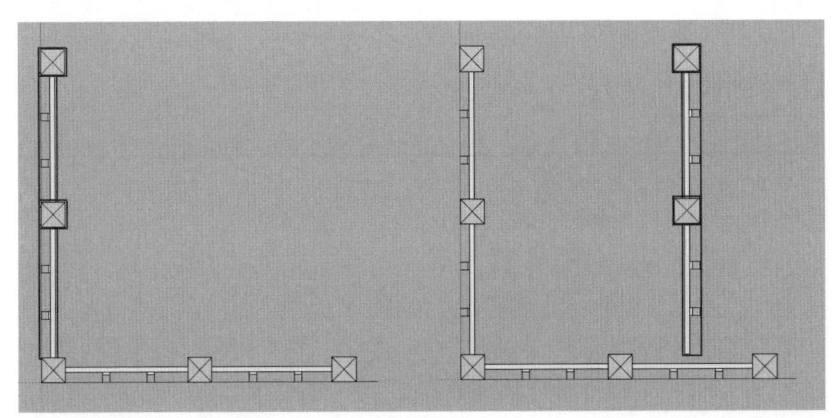

Nun musst du die Mauer exakt an den unteren rechten Turm ansetzen. Dabei benutzt du wieder einen Bezugspunkt.

- Stelle sicher, dass das zu verschiebende Mauerstück blau markiert ist.
- Wähle das Werkzeug VERSCHIEBEN/KOPIEREN (M) und klicke auf einen rechten Eckpunkt eines Turms aus dem Mauerstück, das du verschieben willst (erstes Bild).
- Verschiebe ein Stück nach rechts in Richtung der roten Achse. Sobald die gepunktete Linie hinter dem Mauszeiger rot ist, drückst du die ⇧-Taste und hältst sie gedrückt. Die rote Spur wird nun dick und

Kapitel 3

Modellieren durch Verformen

die Verschieberichtung ist fixiert (festgelegt). Das Mauerstück bewegt sich nur noch nach rechts oder links.

> Klicke einen rechten Eckpunkt des unteren Turms an (zweites Bild). Die Mauer bewegt sich (in der roten Richtung) so weit mit, dass der am Anfang angeklickte Punkt genau über dem zuletzt angeklickten Bezugspunkt liegt.

> Nun fehlt nur noch oben ein Stück Mauer. Du kopierst aus der unteren Mauer den Mittelteil, spiegelst ihn entlang der grünen Achse und setzt ihn oben ein.

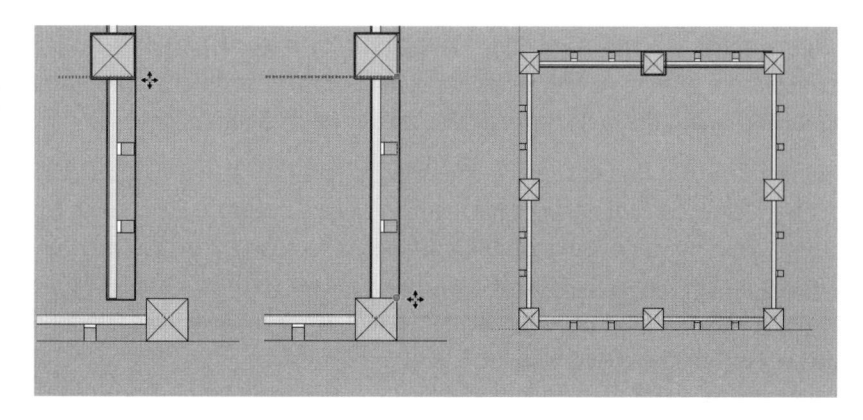

Das Stadttor

Als Nächstes nehmen wir uns das Stadttor vor. Das Bild zeigt dir, was du machen musst. Schiebe den mittleren Turm ein Stück nach links, fertige eine Kopie an und schiebe sie nach rechts.

Eine mittelalterliche Stadtmauer

Zwischen den beiden Türmen ist nun eine Lücke. Dort soll das Stadttor eingebaut werden. Aber die Lücke ist noch nicht groß genug. Aus den beiden Türmen ragen noch Mauerstücke. Die werden wir als Nächstes entfernen. Zurzeit ist das Modell aus lauter Gruppen aufgebaut. Das ist auch gut so. Denn die Gruppen kann man leicht kopieren und verschieben. Wenn du mit dem Gedanken spielst, die Stadtmauer später noch einmal weiter zu entwickeln und z. B. größer zu machen, solltest du die aktuelle Version abspeichern (z. B. unter dem Namen *stadtmauer_1*) und dann unter einem neuen Namen noch einmal speichern (z. B. als *stadtmauer_2*). Dann kannst du die erste Version später wieder laden.

Denn nun löst du die Gruppen in Einzelteile auf. Das hat im jetzigen Stadium der Entwicklung zwei Vorteile:

◇ Du kannst leichter die überflüssigen Mauerstückchen am Stadttor entfernen.

◇ Du kannst schneller die Flächen deines Modells einfärben.

Vorsicht beim Auflösen von Gruppen! Wenn du die Gruppen eines Modells einmal in Einzelteile aufgelöst hast, ist es später fast unmöglich, die ursprünglichen Gruppen wiederherzustellen.

➢ Markiere mit der Auswahlfunktion (Leertaste) das gesamte Modell.

➢ Klicke mit der rechten Maustaste und wähle im Kontextmenü den Befehl IN EINZELTEILE AUFLÖSEN. Die blauen »Drahtkästen« sind nun verschwunden. Die Gruppen gibt es nicht mehr. Das Modell besteht nur noch aus Flächen und Linien.

Noch kannst du die aus den Türmen herausragenden Mauerstückchen nicht entfernen. (Versuche es!) Du musst zuerst die beiden Türme mit den Mauern verschneiden. Beim Verschneiden entstehen an allen Schnittpunkten neue Punkte und die Linien werden in Segmente aufgeteilt, die man dann auch einzeln löschen kann.

➢ Markiere mit dem Auswahlwerkzeug (Leertaste) die beiden Türme und die angrenzenden Mauerstücke (erstes Bild).

➢ Klicke mit der rechten Maustaste und wähle im Kontextmenü den Befehl VERSCHNEIDEN|AUSWAHL VERSCHNEIDEN. Wenn du genau hinguckst, siehst du, dass an den Schnittflächen zwischen Mauer und Turm neue Linien entstanden sind.

Nun kannst du mit dem Radiergummi alle überflüssigen Linien entfernen.

Kapitel 3 — Modellieren durch Verformen

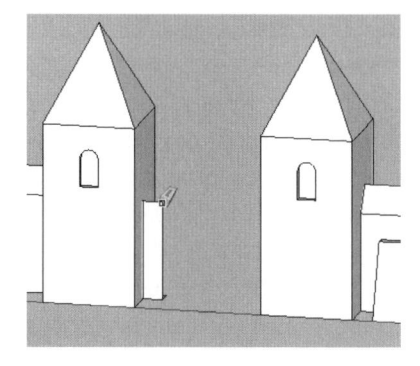

Nun musst du bloß noch das Stadttor konstruieren und das Modell einfärben. Das bekommst du sicher alleine hin.

Die Hauptverwaltung der Biber-AG

Kennst du den Informatik-Biber? International heißt dieser Wettbewerb *Bebras*. Das ist das litauische Wort für Biber. In Litauen entstand nämlich im Jahre 2004 die Idee: etwa 15 Aufgaben, die man online in 40 Minuten lösen muss. Es werden keine besonderen Vorkenntnisse erwartet. Ein Wettbewerb für alle, der jeden Herbst in mehreren europäischen und einigen außereuropäischen Ländern stattfindet. 2008 waren allein in Deutschland mehr als 50.000 Schülerinnen und Schüler mit dabei.

Warum erzähle ich das? Was hat der Informatik-Biber mit SketchUp zu tun? Nun, zu den meisten Aufgaben gehören auch Abbildungen. Manchmal braucht man eine dreidimensionale Darstellung, um die Aufgabe besser zu verstehen.

Hast du Lust, ein bisschen zu knobeln? Jetzt kommt eine Beispielaufgabe aus dem Wettbewerb 2008. Anschließend erkläre ich dir, wie das SketchUp-Modell, das der Abbildung zugrunde liegt, konstruiert wurde.

Die Biber-AG

Das Hauptgebäude der Biber-AG hat sieben Türme. Sechs äußere Türme (mit A bis F bezeichnet) stehen um einen Mittelturm M herum. Benachbarte äußere Türme sind auf allen Stockwerken durch Übergänge miteinander verbunden. Zum Mittelturm M gibt es aber nur je einen Übergang im Erdgeschoss. Es gibt in jedem Turm Treppen – aber keine Aufzüge.

Die Hauptverwaltung der Biber-AG

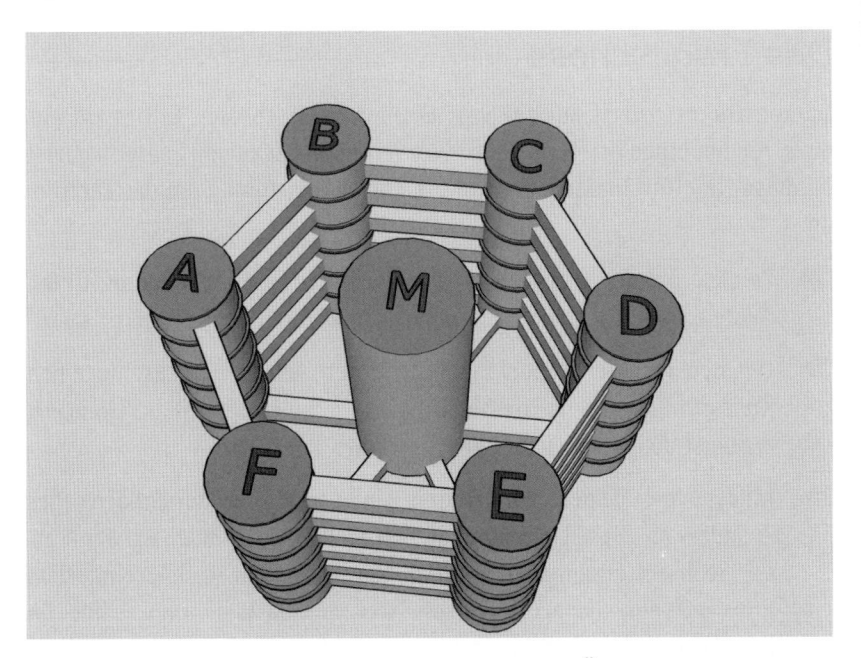

Der Weg von einem Turm zum anderen durch einen Übergang dauert genau zweimal so lang wie der Wechsel von einem Stockwerk zum nächsten innerhalb eines Turms.

Die Biber fragen sich bei jedem Weg durch das Gebäude – z.B. von D2 (2. Stock in Turm D) nach C4 (4. Stock in Turm C) –, ob es schneller wäre, durch den Mittelturm M zu laufen.

Für welchen der folgenden Wege ist das der Fall?

A) Von E2 nach A4

B) Von C4 nach F4

C) Von D2 nach B1

D) Von A1 nach D6

Aufgabe: Wolfgang Pohl, Illustration: Michael Weigend

Die Konstruktion des Gebäudes

Hast du die Lösung gefunden? Am Ende dieses Abschnitts erfährst du, welche Antwort richtig ist. Wenn du mehr über den Biber-Wettbewerb wissen möchtest, kannst du im Internet nachsehen: *http://www.informatik-biber.de*. Dort findest du auch weitere Aufgaben.

Nun aber zum 3D-Modell. Du konstruierst zuerst – Etage für Etage – die äußeren Türme und fügst zum Schluss den Mittelturm hinzu.

Kapitel

Modellieren durch Verformen

3

Das Erdgeschoss

Du konstruierst zuerst nur ein Segment des Erdgeschosses. Es besteht aus einer runden Etage des Turms und zwei Verbindungsgängen. Später kopierst du dieses Teil fünf Mal und ordnest die Kopien kreisförmig um das Zentrum an.

> Zeichne um den Ursprung ein waagerechtes Sechseck (Radius 10 m). Achte darauf, dass zwei Eckpunkte auf der roten Achse liegen.

> Um den rechten Eckpunkt auf der roten Achse zeichnest du einen Kreis mit Radius 2 m. Lösche die Linien im Innern. Mit DRÜCKEN/ZIEHEN erzeugst du einen Zylinder der Höhe 2 m.

> Mildere die beiden senkrechten Linien auf der Seitenfläche des Zylinders ab. Diese Linien sind an den Stellen entstanden, wo der Kreis das Sechseck geschnitten hat. Das Abmildern geht so: Klicke mit dem Pfeil auf eine Linie, drücke die rechte Maustaste und wähle im Kontextmenü den Befehl ABMILDERN.

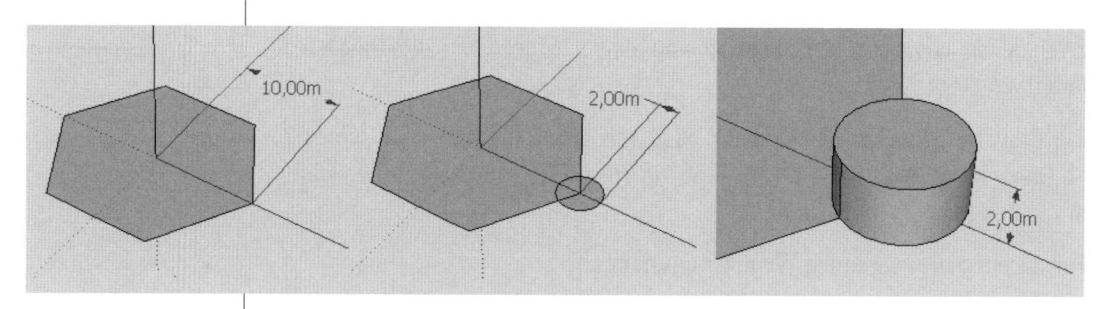

Nun konstruierst du einen Gang vom Mittelpunkt des Koordinatenkreuzes bis zum Mittelpunkt des Zylinders. Alle Gänge haben einen Querschnitt von 1 m x 1 m.

> Zeichne mit dem Linienwerkzeug (Stift) ein Quadrat wie im ersten Bild. Beginn im Ursprung. Zeichne eine Linie der Länge 0,5 m nach rechts entlang der grünen Achse. Damit die Linie die richtige Länge bekommt, kannst du über die Tastatur 0,5 ↵ eingeben. Dann zeichnest du eine Linie der Länge 1 m nach oben genau in Richtung der blauen Achse usw.

> Stelle im Menü ANSICHT|FLÄCHENSTIL den Röntgenmodus ein. Du kannst auch in der Symbolleiste auf das Icon klicken, das aussieht wie ein gläserner Kasten. Nun kannst du den Mittelpunkt der Zylindergrundfläche sehen. Es ist eine Ecke des großen Sechsecks.

> Mit DRÜCKEN/ZIEHEN erstellst du den Gang.

Die Hauptverwaltung der Biber-AG

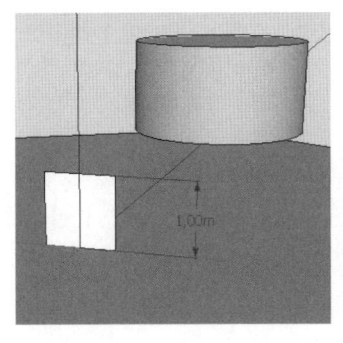

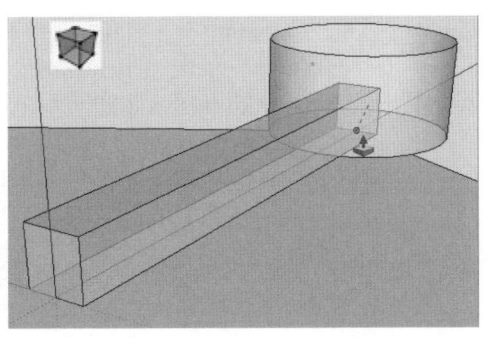

Entlang einer Seite des Sechsecks konstruierst du nun den zweiten Gang. Dazu musst du zuerst ein Quadrat zeichnen, das genau senkrecht zu dieser Linie steht.

≫ Wieder zeichnest du das Quadrat mit dem Linienwerkzeug. Die erste Linie ist die schwierigste. Denn sie muss senkrecht zur Seitenlinie des Sechsecks sein. Diese Linie ist also von der Sechsecklinie abgeleitet. Klicke einmal mit dem Pfeil auf das Sechseck, so dass es blau markiert ist.

≫ Wähle das Linienwerkzeug (Stift) und klicke auf den Eckpunkt des Sechsecks (siehe erstes Bild). Bewege den Mauszeiger nach rechts und bewege ihn so lange vorsichtig in verschiedene Richtungen, bis die Linie, die er hinter sich herzieht, magentafarben ist (rotviolett). Dann erscheint eine Infobox mit dem Text »Senkrecht zur Kante«. Jetzt hältst du die ⇧-Taste gedrückt und fixierst damit die Zeichenrichtung. Zeichne eine Linie der Länge 0,5 m (erstes Bild).

≫ Der Rest ist einfach. Du zeichnest eine Linie der Länge 1 m nach oben in Richtung der blauen Achse usw., bis das Quadrat vollständig ist (zweites Bild).

≫ Mit DRÜCKEN/ZIEHEN machst du aus dem Quadrat einen Gang, der bis zum Mittelpunkt des Zylinders geht. Damit du den Mittelpunkt erkennst, muss wieder der Röntgenmodus eingestellt sein.

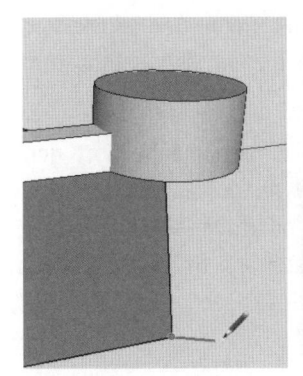

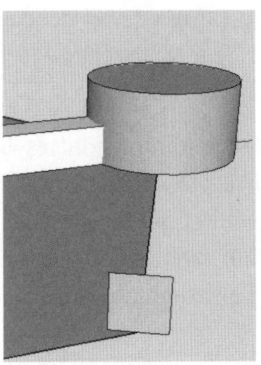

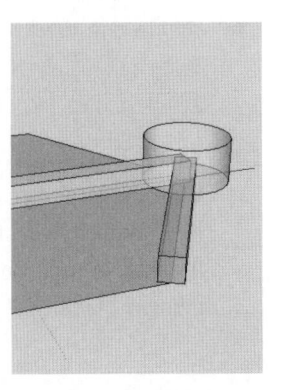

Kapitel 3 — Modellieren durch Verformen

Auf den Zylinder kommt nun eine runde Platte. Zeichne um den Mittelpunkt der Zylinderoberseite einen Kreis, der ein Stückchen über den Zylinderrand hinausragt (erstes Bild).

> Manchmal hast du Schwierigkeiten, den Mittelpunkt einer Kreisfläche zu finden. Berühre dann mit dem Mauszeiger für einige Sekunden die Kreislinie. Dann wird ihr Mittelpunkt »magnetisch« und der Mauszeiger rastet dort leicht ein.

Drücke mit DRÜCKEN/ZIEHEN die Fläche zwischen den beiden Kreisen ein Stück nach oben, so dass ein Ring entsteht (zweites Bild). Entferne den mittleren (kleineren) Ring. Nun hast du eine durchgehende Fläche.

Das große Sechseck hat nun seine Schuldigkeit getan und kann gelöscht werden. Färbe die Oberflächen deines Modells mit dem Farbeimer ein (drittes Bild).

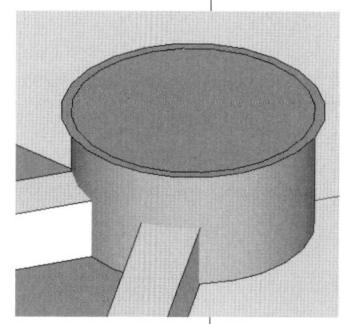

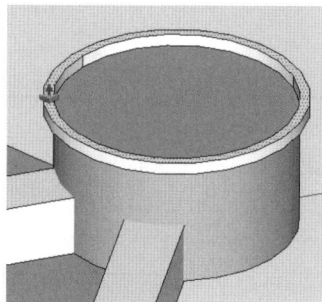

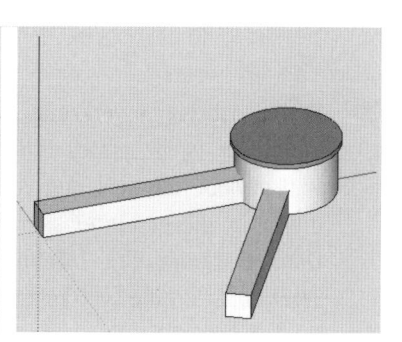

Im nächsten Schritt wird das bisherige Modell fünf Mal kopiert und alle Kopien kreisförmig um das Zentrum herum angeordnet. Das geht mit dem Werkzeug DREHEN (Q)

- Markiere mit dem Pfeil das gesamte Modell so, dass alle Teile blau markiert sind.

- Stelle die Standardansicht OBEN ein.

- Wähle das Werkzeug DREHEN (zwei gebogene Pfeile) und drücke die Taste `Strg`. Neben dem Mauszeiger erscheint ein kleines Plus zum Zeichen, dass jetzt kopiert wird.

- Klicke genau auf den Ursprung (drittes Bild) und mache dort den Winkelmesser des Drehwerkzeuges fest. Wenn du den Mittelpunkt nicht sofort findest, musst du mit der Lupe oder dem Mausrad näher herangehen. Klicke ein zweites Mal am besten ein Stück rechts von deinem Modell. Jetzt entsteht die Kopie.

Die Hauptverwaltung der Biber-AG

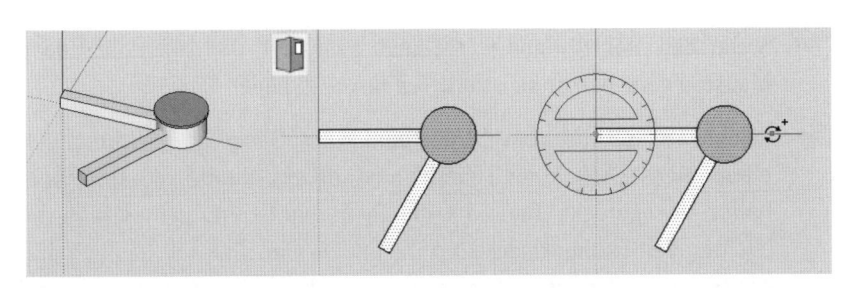

Drehe die Kopie um genau 60 Grad nach rechts (im Uhrzeigersinn). Das kannst du z. B. so machen:

- Drehe ein Stückchen.
- Gib auf der Tastatur die Zahl 60 ein und drücke ⏎. Die Kopie springt an die richtige Stelle (erstes Bild).

Nun könntest du diese Aktion einfach noch vier Mal wiederholen. Es gibt aber eine schnellere Möglichkeit. Gib über die Tastatur X5 ⏎ ein. Dann wird die letzte Kopieraktivität insgesamt fünf Mal ausgeführt. Das Modell sieht nun aus wie auf dem zweiten Bild.

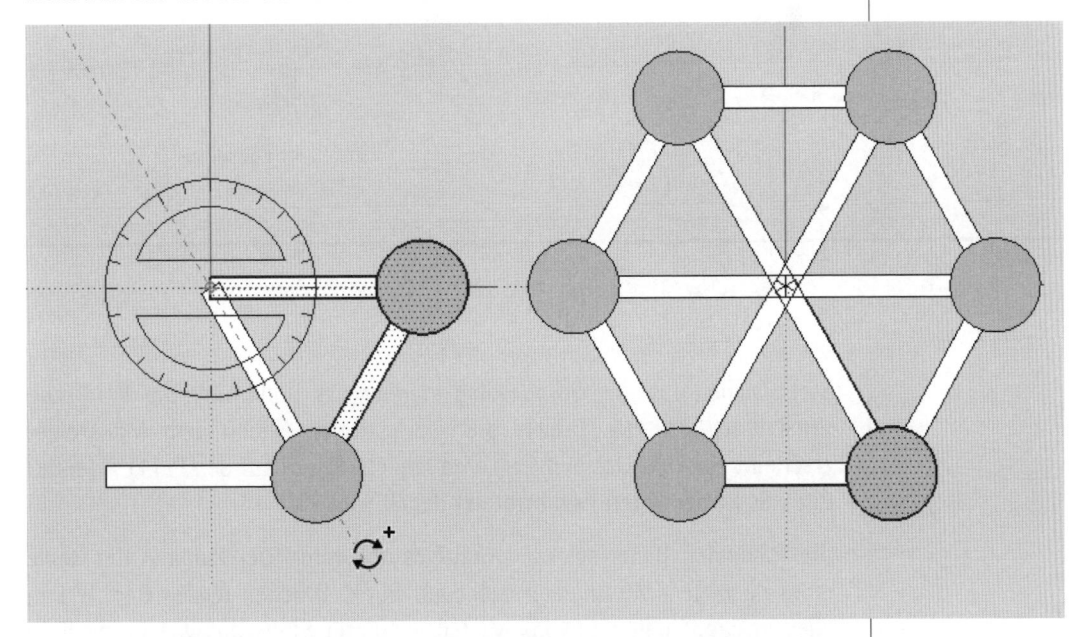

Bis auf den Innenturm, den wir ganz am Ende erschaffen, ist das Erdgeschoss des Gebäudes fertig. Diese Etage soll gleich kopiert werden. Doch dazu müssen wir erst noch eine Vorbereitung treffen: Du brauchst nämlich für das exakte Platzieren der Kopie zwei Punkte, die man leicht finden kann.

Kapitel 3 — Modellieren durch Verformen

≫ Stelle den Röntgenmodus ein und gehe mit der Lupe oder dem Mausrad ganz nah an den vorderen linken Zylinder.

≫ Zeichne eine Linie vom Schnittpunkt der Gänge in Richtung der blauen Achse. Sobald die Linie blau ist, drückst du die ⇧-Taste und hältst sie gedrückt. Dann ist die Richtung fixiert und es fällt dir leichter, den Endpunkt der Linie zu finden. Die Linie soll nämlich auf der Oberseite der Turm-Etage enden. Der Punkt des Mauszeigers wird dort zu einem winzigen roten Quadrat (erstes Bild).

≫ Schau dir das Modell von mehreren Seiten an und vergewissere dich, dass die Linie richtig ist.

Nun markierst du das gesamte Modell mit dem Pfeil und machst es zu einer Gruppe (zweites Bild).

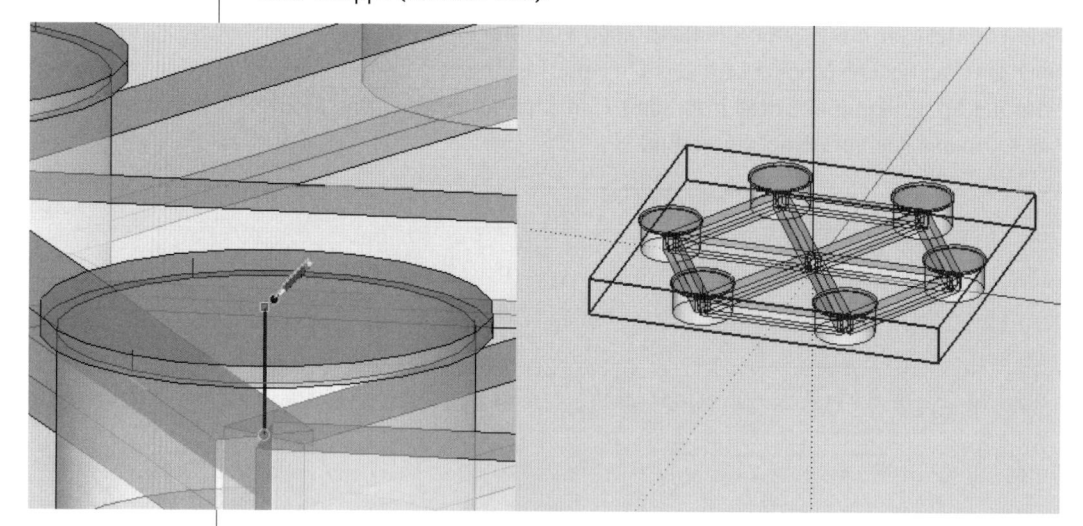

Stelle sicher, dass die Gruppe blau markiert ist, und wähle das Werkzeug VERSCHIEBEN/KOPIEREN. Drücke die Strg-Taste. Neben dem Mauszeiger erscheint ein Plus. Das heißt, es wird kopiert. Klicke auf den Punkt A (erstes Bild). Es ist der untere Schnittpunkt der Gänge.

Die folgenden Bilder zeigen, worauf es ankommt: Der Punkt A der Kopie muss nach dem Verschieben exakt auf Punkt B liegen (erstes Bild). Wenn alles geklappt hat, sieht das Modell an dieser Stelle aus wie im zweiten Bild.

Die Hauptverwaltung der Biber-AG

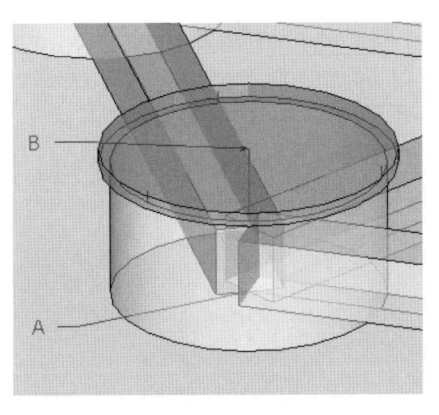

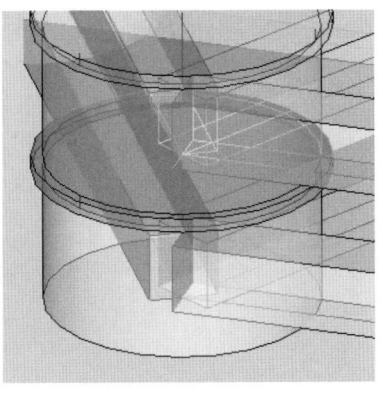

In der zweiten Etage müssen nun die Gänge zur Mitte entfernt werden. Doppelklicke auf die obere Gruppe mit dem Pfeil. Sie öffnet sich. Um sie herum erscheint ein grauer »Drahtkasten« und das restliche Modell (das Erdgeschoss) verblasst. Entferne die Mittelgänge mit dem Radiergummi.

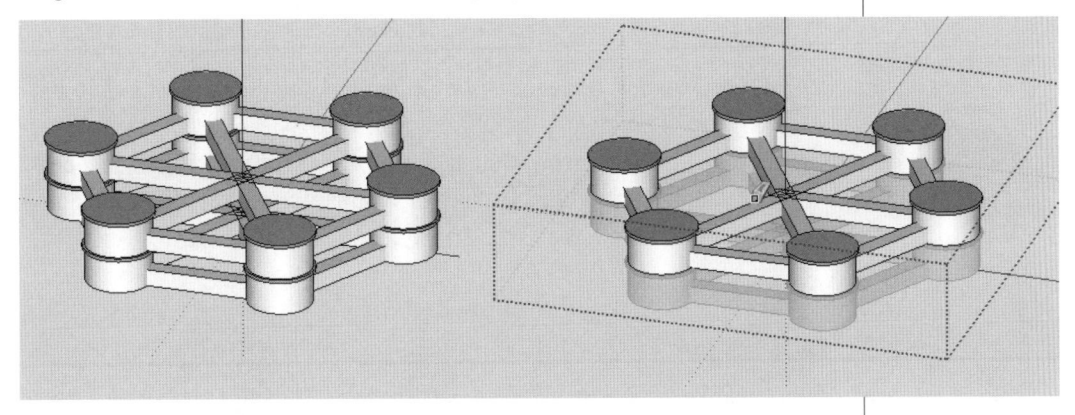

Verlasse wieder die Gruppe, indem du mit dem Pfeil irgendwohin außerhalb der Gruppe klickst. Klicke einmal auf die Gruppe mit der ersten Etage, damit sie blau markiert ist. Dann gehst du wieder ganz nah an den vorderen linken Turm und kopierst die erste Etage in Richtung der blauen Achse – genauso, wie du es vorhin mit dem Erdgeschoss gemacht hast.

Aber jetzt brauchst du gleich vier Kopien. Drücke deshalb nach dem ersten Kopiervorgang die Tasten X4 ↵. Augenblicklich sieht dein Modell aus wie im ersten Bild.

Jetzt konstruierst du den Mittelturm. Damit dich das bisherige Modell nicht stört, versteckst du es einfach:

≫ Markiere mit dem Pfeil das gesamte Modell.
≫ Drücke die rechte Maustaste und wähle den Befehl AUSBLENDEN.

Kapitel 3

Modellieren durch Verformen

Du zeichnest um den Mittelpunkt des Koordinatenkreuzes einen Kreis mit Radius 3 m und ziehst ihn zu einem Zylinder hoch. Jetzt kannst du wieder alles einblenden. Wähle im Menü BEARBEITEN den Befehl EINBLENDEN|ALLE.

Nun kannst du die Höhe des Turms mit DRÜCKEN/ZIEHEN richtig einstellen.

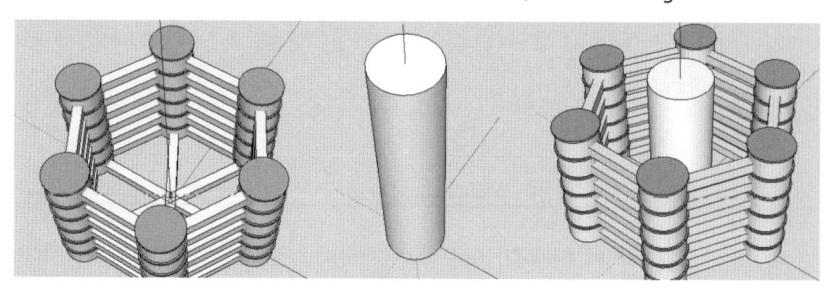

Auf den Mittelturm setzt du noch ein Dach und färbst es mit der gleichen Farbe ein, die du für die Dächer der Außentürme verwendet hast.

So übernimmst du die Farbe einer Fläche: Wähle das Farbeimer-Werkzeug. In der Dialogbox klickst du auf die Schaltfläche mit der Pipette. Der Mauszeiger sieht nun auch aus wie eine kleine Pipette. Klicke mit der Pipette im Modell auf die Fläche, deren Farbe du übernehmen willst (hier: das Dach eines Außenturms). In der Dialogbox MATERIALIEN ist nun diese Farbe als aktuelle Farbe eingestellt.

Ganz zum Schluss die Lösung der Biber-Aufgabe. Richtig ist die Antwort D.

Modellieren durch Skalieren (S)

Mit dem Skalierwerkzeug kannst du Entitäten vergrößern oder verkleinern. Die Taste zum schnellen Auswählen der Funktion ist [S]. In diesem Abschnitt konstruieren wir verschiedene Trinkgefäße durch Skalieren.

Konstruiere mit dem Kreiswerkzeug und DRÜCKEN/ZIEHEN einen Zylinder und entferne die obere Fläche, so dass ein Becher entsteht. Wähle mit dem Pfeilwerkzeug die gesamte Geometrie aus und drücke die Taste [S].

Modellieren durch Skalieren (S)

Es erscheint ein Begrenzungskasten aus gelben Linien mit 26 giftgrünen Würfeln an der Oberfläche. Man nennt sie Anfasser. An ihnen kannst du die Geometrie anfassen und vergrößern oder verkleinern. Dabei gibt es zwei Klickmethoden:

◇ Anfasser anklicken, linke Maustaste gedrückt lassen, Maus bewegen, linke Maustaste loslassen.

◇ Anfasser anklicken und Maustaste wieder loslassen, Maus bewegen, linke Maustaste drücken und wieder loslassen.

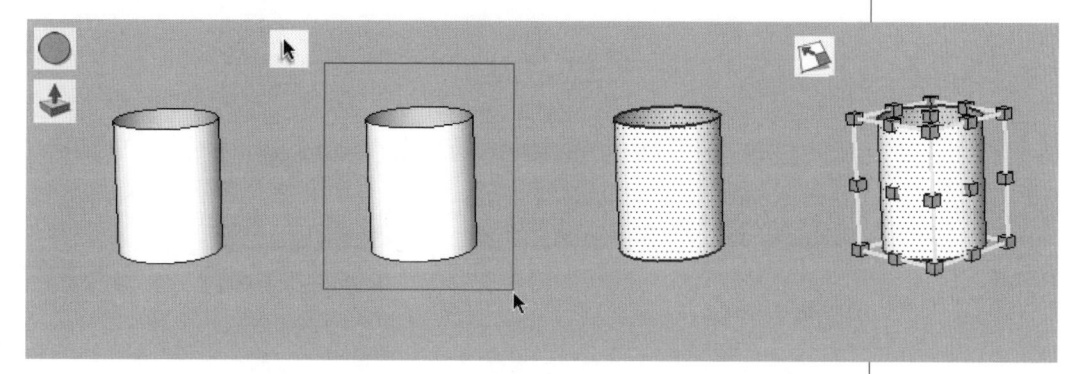

Durch die Wahl des Anfassers kannst du entscheiden, in welcher Richtung die Ausdehnung der Geometrie verändert werden soll.

◇ Wenn du den Begrenzungskasten an einer Ecke anfasst, wird das ausgewählte Teilmodell proportional in alle drei Dimensionen ausgedehnt oder geschrumpft (siehe Bild).

◇ Wenn du auf einen Anfasser in der Mitte einer Fläche klickst, wird in Richtung der Koordinatenachse skaliert, die zu der Fläche senkrecht ist.

Probiere das Skalieren aus! Klicke auch auf die anderen Fasspunkte und beobachte die Wirkung. Achte auch auf den Mauszeiger. Er sieht aus wie ein Doppelpfeil und stellt durch seine Lage dar, in welcher Richtung du skalierst.

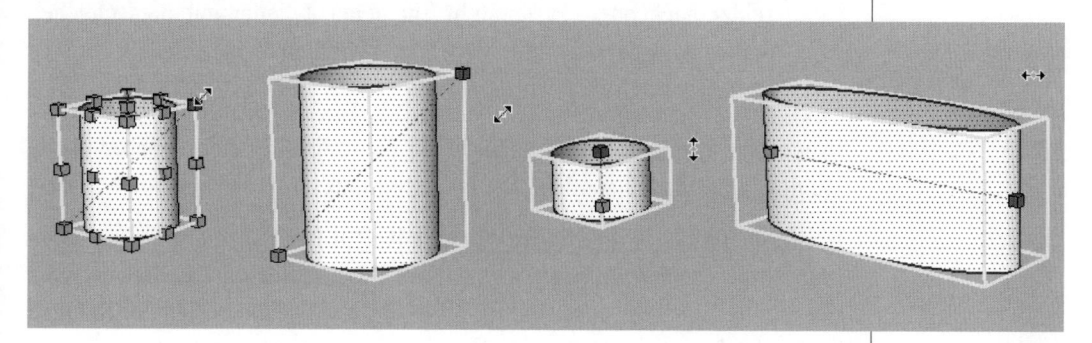

Kapitel 3

Modellieren durch Verformen

Der Fixpunkt der Skalierung

Normalerweise bleibt beim Skalieren der Punkt gegenüber dem Anfasser, den du mit der Maus anklickst, fest an seiner Position. Dieser Fixpunkt ist rot, während du skalierst. Wenn du jedoch die Strg-Taste gedrückt hältst, erscheint plötzlich der Mittelpunkt des Körpers rot. Er ist nun der Fixpunkt. Wenn du jetzt den Anfasser mit der Maus bewegst, verändert das ausgewählte Modell seine Größe in beide Richtungen. Der Mittelpunkt bleibt ortsfest.

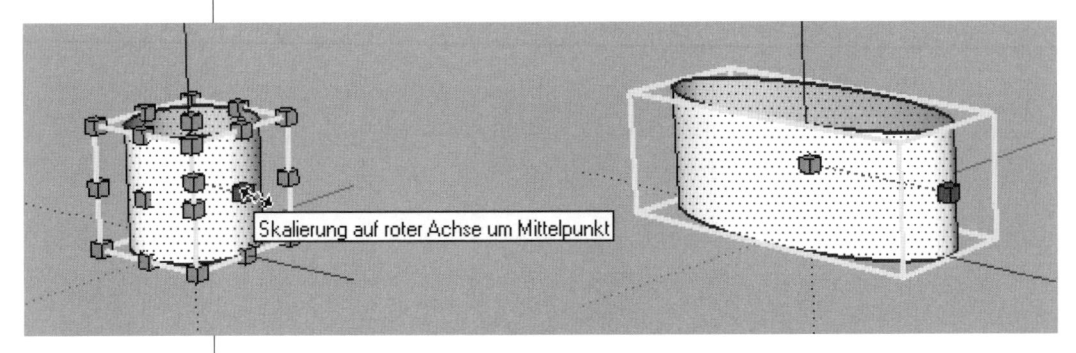

Wie macht man aus drei Zylindern einen Kelch?

Mit dem Skalierwerkzeug kannst du auch einzelne Linien, die Teil eines dreidimensionalen Körpers sind, verändern.

Erstelle mit dem Kreiswerkzeug und DRÜCKEN/ZIEHEN einen Zylinder. Auf den Zylinder setzt du einen zweiten Zylinder. Das geht so:

- ≫ Wähle DRÜCKEN/ZIEHEN (P) und drücke die Strg-Taste. Neben dem Mauszeiger erscheint ein Pluszeichen.

- ≫ Klicke auf die obere Kreisfläche des Zylinders und bewege den Mauszeiger nach oben. Es entsteht ein neuer Zylinder mit dem gleichen Radius wie der darunter liegende. Zwischen beiden Teilen ist eine neue Fläche entstanden.

Nach dem gleichen Verfahren fügst du noch einen dritten Zylinder hinzu, so dass dein Modell aussieht wie im ersten Bild.

Entferne die obere Kreisfläche. Klicke mit dem Pfeil die Kreislinie zwischen den oberen beiden Zylindern an (zweites Bild). Wähle das Skalierwerkzeug. Es erscheint um die ausgewählte Kreislinie ein zweidimensionaler Rahmen mit acht Anfassern. Halte die Taste Strg gedrückt und klicke auf einen Anfasser an einer Ecke des Rahmens. Verkleinere den Kreis. Die beiden an-

Zusammenfassung

grenzenden Zylinder verformen sich (drittes Bild). Skaliere auch den unteren Kreis und forme so ein Kelchglas.

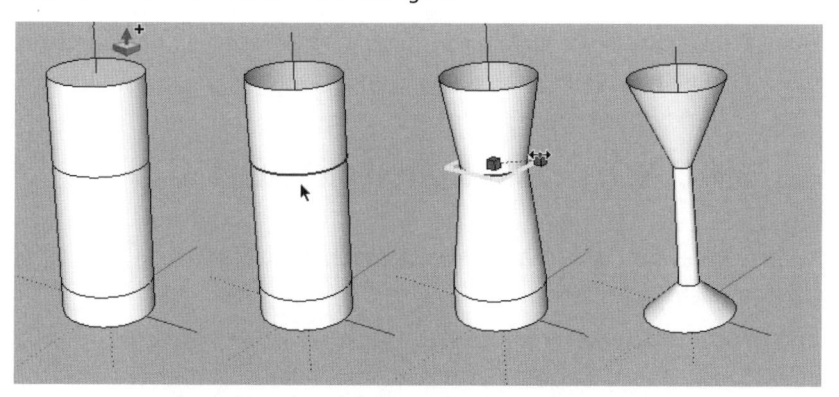

Zusammenfassung

◇ Bevor du ein Objekt verschiebst, drehst oder skalierst, musst du es mit dem Auswahlwerkzeug auswählen, so dass es blau markiert ist.

◇ Wenn du einen einzelnen Punkt oder eine Linie eines Körpers verschiebst, ändern sich auch alle anhängenden Linien. Der Körper wird verformt.

◇ Die Länge der Strecke, um die ein Objekt verschoben wird, oder den Winkel, um den ein Objekt gedreht wird, kannst du auch über die Tastatur eingeben. Du beendest die Eingabe mit ⏎.

◇ Wenn du die Strg-Taste drückst, kannst mit dem Verschiebe- und dem Drehwerkzeug Objekte kopieren.

◇ Durch Skalieren kannst du die Ausdehnung eines Körpers in verschiedene Richtungen ändern. Die Richtung bestimmst du durch den Anfasser, den du anklickst.

◇ Durch Skalieren einzelner Linien in einem Körper kannst du seine Form ändern.

Ein paar Fragen ...

Frage 1: Welche Bedeutung hat die Tastatureingabe x 10 ⏎?

Frage 2: Wie ändert sich beim Verschieben und Kopieren der Mauszeiger, wenn du die Strg-Taste gedrückt hast?

Kapitel 3

Modellieren durch Verformen

Frage 3: Wann brauchst du beim exakten Verschieben eines Objekts den Röntgenmodus?

Frage 4: Warum ist es »gefährlich«, eine Gruppe wieder in die Einzelteile aufzulösen?

... und ein paar Aufgaben

1. Entwickle die Figuren aus einem Quader. Tipp: Verschiebe eine Linie, eine Fläche oder Punkte.

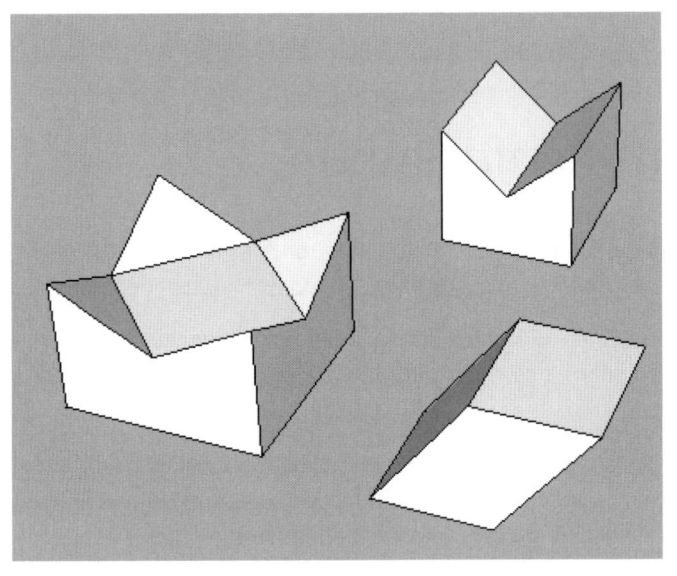

2. Konstruiere das Raumschiff Columbia, das in der amerikanischen Weltraummission Apollo 11 im Juli 1969 zum Mond flog.

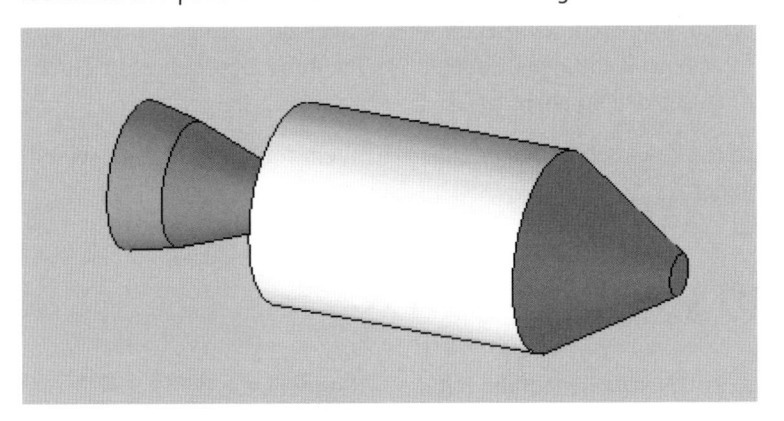

Command and Service Module (CSM) Columbia der Apollo-Mission. Auf dem Flug zum Mond saßen vorne in der Kapsel drei Astronauten. Länge 11,03 m, Durchmesser 3,9 m.

4
Flächen, die über Pfade wandern – Extrusion

Dieses Kapitel beschäftigt sich mit dem Folge-mir-Werkzeug. Seltsamer Name, aber nützliches Tool. Damit kannst du praktisch alle Gegenstände herstellen, die einen konstanten Querschnitt haben: gebogene Rohre, Stahlträger, Kabel, Büroklammern oder Seile. Auch rotationssymmetrische Körper wie Kegel, Kugeln oder gedrechselte Figuren lassen sich mit FOLGE-MIR erzeugen.

◎ Wie konstruierst du komplizierte Pfade?

◎ Wie sorgst du dafür, dass die Querschnittsfläche senkrecht zum Anfang des Pfades steht?

◎ Wie erzeugst du mit FOLGE-MIR gebogene Rohre und Kegel?

◎ Wie verwendest du FOLGE-MIR für Designaufgaben?

Kapitel 4

Flächen, die über Pfade wandern – Extrusion

Das Folge-mir-Werkzeug

»Folge mir!«, sagte die Spur zu einer Fläche. Die Fläche gehorchte und es entstand entlang der Spur ein Körper mit dem Querschnitt der Fläche.

Etwas Ähnliches passiert, wenn du einen Spritzbeutel zum Plätzchenbacken verwendest: Du füllst den Spritzbeutel mit Plätzchenteig. Dann drückst du den Teig durch eine Tülle auf das Backblech und bildest eine Spur. Die Form der Öffnung an der Tülle (Düse) bestimmt den Querschnitt der Spur.

So etwas nennt man auch eine Extrusion (lateinisch *extrudere* = herausstoßen). Um das Folge-mir-Werkzeug verwenden zu können, brauchst du zwei Dinge:

◆ Eine *Spur*. Das ist eine zusammenhängende Linie ohne Verzweigung.

◆ Eine *Fläche*. Sie sollte senkrecht zum Anfang der Spur stehen.

Ein gewinkeltes Rohr

Als erstes Beispiel konstruieren wir ein gewinkeltes Rohr. Die Spur ist eine gewinkelte Linie und der Querschnitt des Rohrs ist eine Ringfläche. Es klingt im ersten Moment vielleicht seltsam, aber eine solche Konstruktion beginnt man am besten mit einem Quader. Denn dann kann man am besten Fläche und Spur senkrecht zueinander konstruieren.

≫ Zeichne mit den Werkzeugen RECHTECK (R) und DRÜCKEN/ZIEHEN (P) einen Quader.

≫ Zeichne auf die Oberseite des Quaders die Spur und auf die Vorderseite mit dem Kreiswerkzeug (C) den Querschnitt des Rohrs.

≫ Lösche mit dem Radiergummi alle Linien und Flächen des Quaders.

≫ Die Innenfläche des kleineren Kreises kannst du nicht mit dem Radiergummi löschen. Klicke sie mit dem Auswahlwerkzeug (Pfeil) an und drücke die Taste [Entf].

Der Quader dient als Hilfsmittel und wird dann wieder gelöscht.

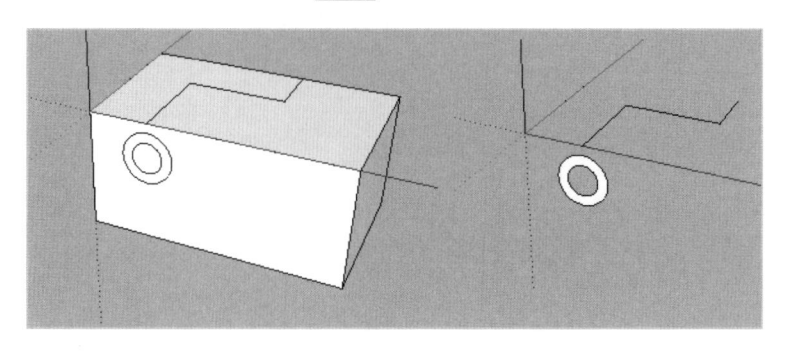

Das Folge-mir-Werkzeug

Für das Extrudieren gibt es nun zwei Vorgehensweisen. Das ist die erste Methode:

- Wähle das Folge-mir-Werkzeug. Das Symbol sieht aus wie eine kleine runde Scheibe mit einem roten Pfeil und einer kleinen gebogenen Linie. Der Mauszeiger ändert seine Form und sieht genauso aus wie das Symbol.

- Klicke auf die Ringfläche (linke Maustaste) und halte die Maustaste gedrückt.

- Bewege den Mauszeiger auf die Spur. Es entsteht ein kleines rotes Quadrat auf der Linie und die Ringfläche wird bis zu dieser Stelle extrudiert.

- Bewege den Mauszeiger weiter entlang der gewinkelten Linie bis an ihr Ende. Lasse dann die linke Maustaste los. Fertig.

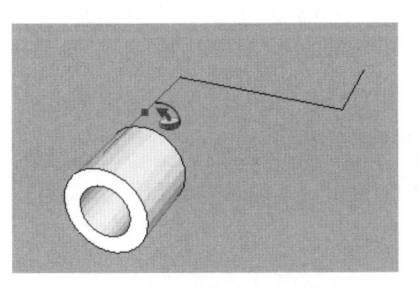

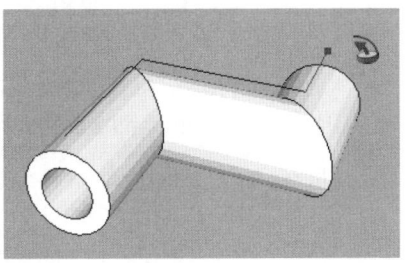

Erste Methode: Bewege mit dem Folge-mir-Werkzeug die Querschnittsfläche entlang der Spur.

Die zweite Methode geht so:

- Wähle das Auswahlwerkzeug und halte die [Strg]-Taste gedrückt. Klicke auf alle Segmente der Spur, so dass sie blau markiert sind.

- Wähle das Folge-mir-Werkzeug (die blaue Markierung verschwindet) und klicke auf die Ringfläche. Augenblicklich entsteht das Rohr in seiner vollen Länge.

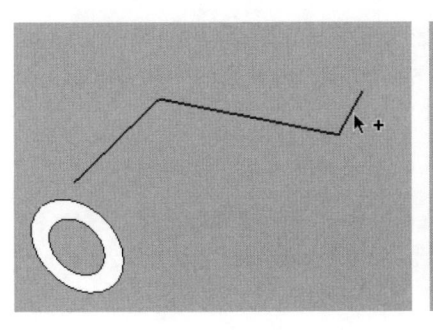

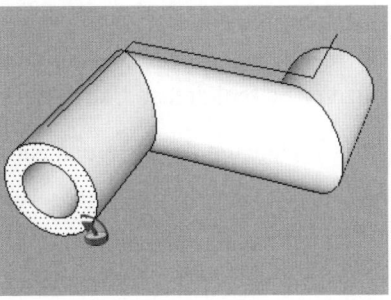

Zweite Methode: Markiere zuerst die Spur und klicke dann mit FOLGE-MIR auf die Querschnittsfläche.

Kapitel 4

Flächen, die über Pfade wandern – Extrusion

Bilderrahmen

Bei einem Bilderrahmen ist die Spur ein Rechteck und die Fläche das Profil des Rahmenholzes.

> Zeichne ein waagerechtes Rechteck. Beginne am Ursprung. Das ist die Spur.

> Vergrößere die Ansicht und zeichne am Ursprung ein kleines Rechteck, das senkrecht auf dem ersten Rechteck steht. Daraus entsteht der Querschnitt des Rahmens.

> Zeichne an die obere rechte Ecke des kleinen Rechtecks einen Kreis. Lösche die überflüssigen Linien. Fertig ist die Querschnittsfläche.

Zeichne ein Rechteck für die Spur und senkrecht dazu das Profil des Rahmenholzes.

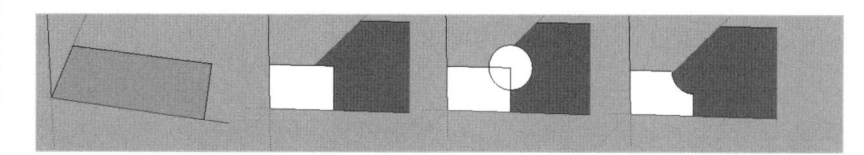

> Klicke mit dem Auswahlwerkzeug einmal auf das große Rechteck. Damit wird sein Rand zur Spur für die Extrusion.

> Klicke mit dem Folge-mir-Werkzeug auf die Profilfläche. Augenblicklich entsteht der Bilderrahmen.

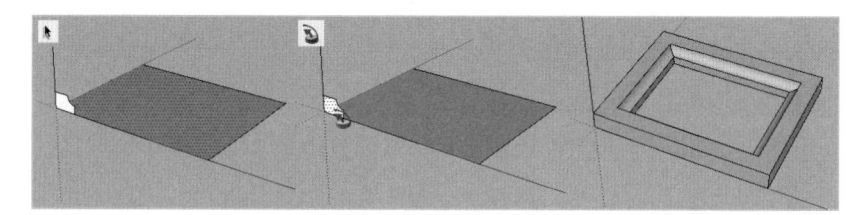

Markiere die Innenfläche des Rechtecks und klicke mit dem Folge-mir-Werkzeug auf die Querschnittsfläche.

Wie formt man einen Kegel?

Eine Turmspitze hat oft die Form eines Kegels. Ein Kegel entsteht, wenn du ein rechtwinkliges Dreieck um eine seiner Katheten (das sind die beiden kürzeren Seiten) drehst. Und so gehst du vor:

> Zeichne um den Ursprung einen waagerechten Kreis.

> Zeichne ein rechtwinkliges Dreieck wie in der Abbildung. Eine Kathete liegt auf der blauen Achse, die andere geht vom Ursprung zur Kreislinie.

Modell eines Stuhls aus Stahlrohr

- Klicke mit dem Auswahlwerkzeug (Pfeil) auf den Kreis. Der ist nun die Spur für die Extrusion.
- Klicke mit dem Folge-mir-Werkzeug auf die Innenfläche des Dreiecks. Augenblicklich entsteht der Kegel.

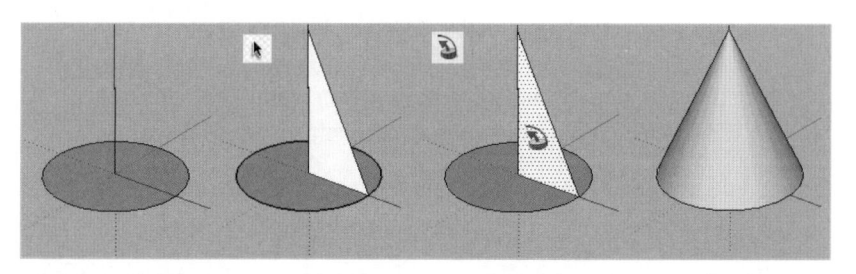

Mit dem Folge-mir-Werkzeug wird aus einem Kreis und einem Dreieck ein Kegel.

Wenn du als Spur eine Kreislinie nimmst, kannst du alle rotationssymmetrischen Körper formen. Dazu gehören Kugeln, gedrechselte Schachfiguren, Vasen, Raketendüsen und die wesentlichen Bauteile eines Kugelschreibers.

Modell eines Stuhls aus Stahlrohr

Stühle wie auf dem Bild kann man jeden Tag sehen. Sie sind leicht und bequem, billig herzustellen und lassen sich stapeln. Und wenn man nervös ist, kann man wunderbar auf ihnen wippen. Das Design heißt *Cesca* und stammt von Marcel Breuer, einem der Meister des Bauhauses in Dessau. Er entwarf den Freischwinger Ende der 1920er Jahre für die berühmte Möbelfabrik Thonet.

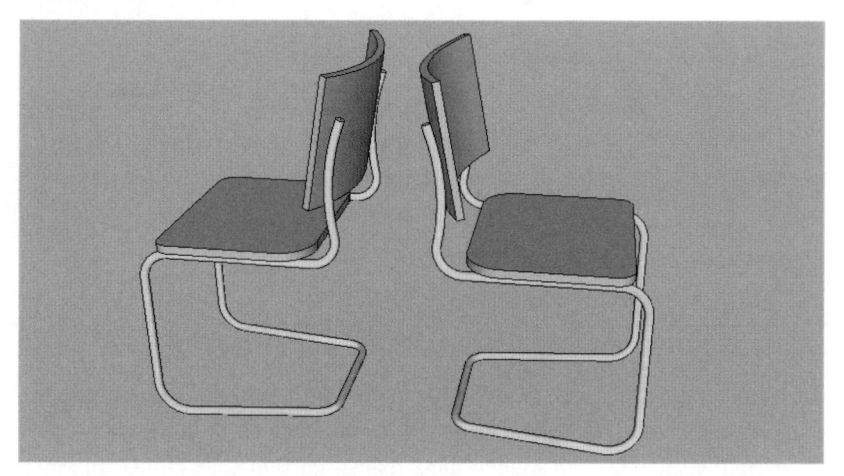

Der Cesca-Kragstuhl von Marcel Breuer (1902–1981).

Kapitel 4

Flächen, die über Pfade wandern – Extrusion

Im Wesentlichen besteht der Stuhl aus einem durchgehenden Stahlrohr und zwei Brettern. Wir fangen mit dem Rohr an. Dazu konstruieren wir zuerst den Pfad. Dann ziehen wir mit FOLGE-MIR eine kreisrunde Fläche darüber und erzeugen so das gebogene Rohr.

Der Konstruktionspfad für das Rohr

Wir konstruieren den Stuhl so, dass wir von vorne auf ihn sehen, als wollten wir uns gleich hinsetzen. Die Rückenlehne ist im Hintergrund.

> Stelle im Menü KAMERA die Standardansicht RECHTS und die PARALLELE PROJEKTION ein.

> Zeichne an den Ursprung zwei Rechtecke mit den Maßen wie im ersten Bild. Der Abstand zwischen der unteren und der mittleren Linie ist um etwa drei bis vier Zentimeter kleiner als die Sitzhöhe des Stuhls. (Es kommen noch der Rohrdurchmesser und die Dicke der Sitzfläche dazu.)

> Zeichne mit dem Bogenwerkzeug Bögen wie im zweiten Bild ein. Entferne dann alle überflüssigen Linien mit dem Radiergummi.

> Wechsle in eine perspektivische Ansicht und drücke die Fläche in Richtung der roten Achse in die dritte Dimension (drittes Bild).

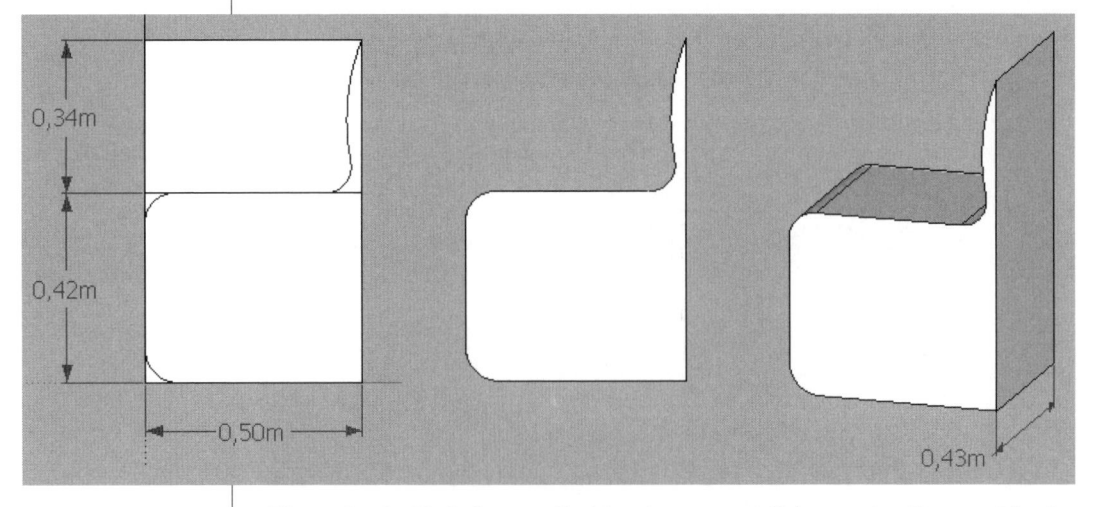

Die optimale Sitzhöhe von Stühlen hängt natürlich von der Körpergröße der Leute ab, die darauf Platz nehmen sollen. Wenn du einen Stuhl für dich selbst entwerfen willst und dein Modell ganz realistisch sein soll, kannst du einen passenden Wert aus der folgenden Tabelle verwenden (nach DIN ISO 5970).

Modell eines Stuhls aus Stahlrohr

Größe	Körpergröße	Sitzhöhe
6	173 cm und mehr	46 cm
5	158 bis 172 cm	42 cm
4	143 bis 157 cm	38 cm
3	128 bis 142 cm	34 cm

Nun kümmerst du dich um die Unterseite des Stuhls. Damit der Stuhl gestapelt werden kann, laufen die Rohre nach hinten zusammen.

≫ Stelle im Menü KAMERA die Standardansicht UNTEN und PARALLELE PROJEKTION ein.

≫ Zeichne im Abstand von etwa 5 cm von der Hinterkante des Körpers eine Linie ein, die parallel zur roten Achse verläuft. Unterteile diese Linie in neun Segmente (erstes Bild).

≫ Füge weitere Linien und Bögen wie in den Bildern hinzu.

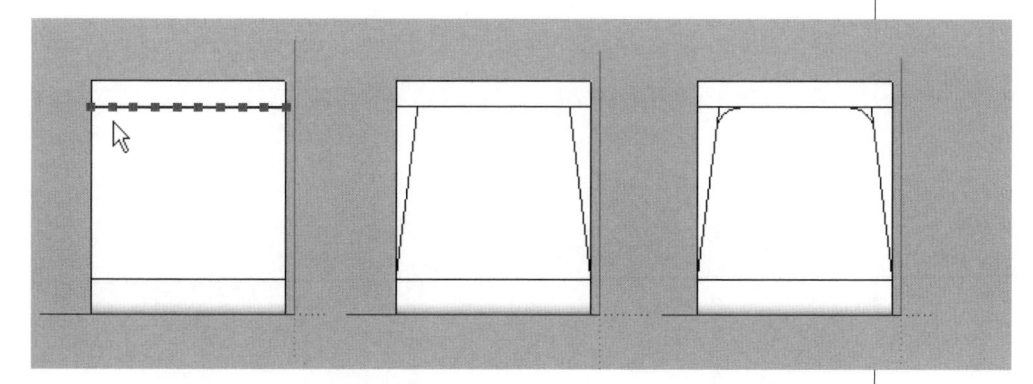

Nun ist der Pfad für das Rohr bereits fertig. Gehe in eine perspektivische Ansicht und lösche mit dem Radiergummi alle überflüssigen Linien, bis dein Modell aussieht wie auf dem zweiten Bild.

Kapitel 4

Flächen, die über Pfade wandern – Extrusion

Konstruktion des Rohrquerschnitts

Das Rohr hat einen kreisförmigen Querschnitt. Du stehst nun vor dem Problem, eine Kreisfläche zu konstruieren, die genau senkrecht auf einem Ende des Pfades (oben an der Rückenlehne) steht. Das machen wir jetzt auf ziemlich raffinierte Weise, indem wir zuerst einen Kasten konstruieren.

> Klicke mit dem Pfeil auf den langgestreckten Bogen am Ende der Rückenlehne (erstes Bild A). Die Bogenlinie ist dann blau markiert. Klicke rechts und wähle im Kontextmenü den Befehl KURVE IN IHRE EINZELTEILE AUFLÖSEN.

> Eine Bogenlinie ist bei SketchUp nicht wirklich rund, sondern besteht aus lauter geraden Liniensegmenten. Das oberste Linienstück benutzt du nun, um einen Kasten zu konstruieren. Zeichne eine Linie vom Endpunkt des obersten Liniensegments in Richtung der roten Achse bis zur gegenüberliegenden Seite des Stuhls. Es entsteht eine Fläche wie im zweiten Bild.

> Mit DRÜCKEN/ZIEHEN bildest du nach rechts einen Kasten (drittes Bild).

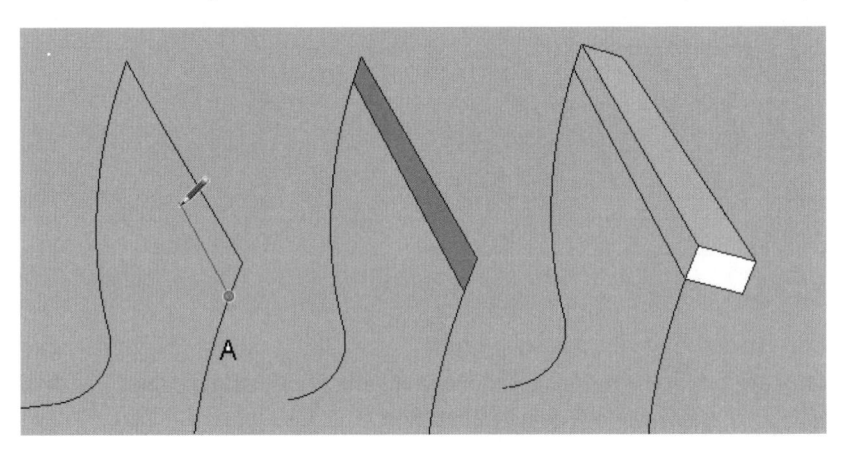

Die Oberseite des Kastens steht genau senkrecht auf dem letzten Segment der Bodenlinie. Das ist wichtig für die Extrusion.

> Zeichne um den Eckpunkt des Kastens einen kleinen Kreis mit dem Radius 1 cm (= 0,01 m).

> Entferne dann alle überflüssigen Linien. Vergiss auch nicht die beiden Linien im Innern des Kreises (zweites Bild).

Modell eines Stuhls aus Stahlrohr

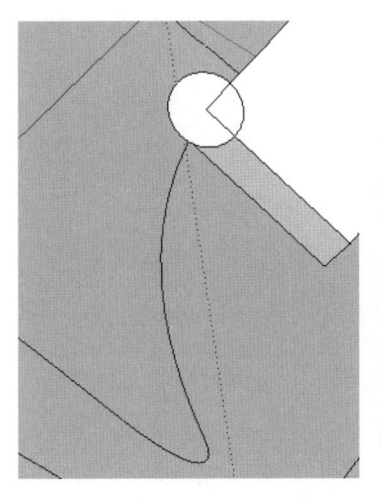

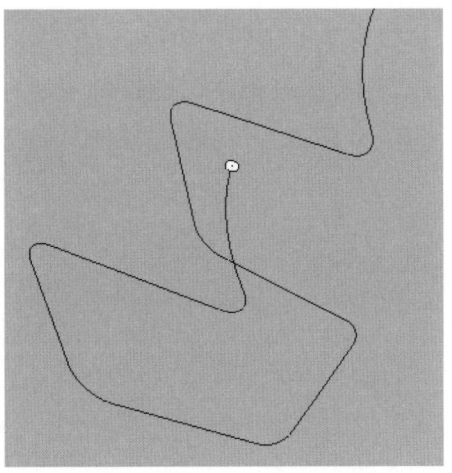

Extrusion

Für die Extrusion musst du zuerst mit dem Auswahlwerkzeug (Pfeil) den gesamten Pfad markieren und dann mit FOLGE-MIR die Kreisfläche anklicken. Nun besteht aber der Pfad aus vielen Einzelstücken. Die könntest du jetzt alle einzeln mit dem Pfeil bei gedrückter [Strg]-Taste anklicken. Viel schneller geht es so:

- Klicke mit dem Pfeil auf das erste Liniensegment des Pfades unterhalb der Kreisfläche.

- Klicke mit der rechten Maustaste und wähle im Kontextmenü den Befehl AUSWÄHLEN|ALLE VERBUNDENEN.

Der gesamte Pfad ist nun blau markiert und somit ausgewählt. Klicke nun mit dem Folge-mir-Werkzeug auf die Kreisfläche. Augenblicklich entsteht das Rohrgestell wie im ersten Bild. Es enthält nun leider ganz viele Kreislinien – immer dort, wo zwei Segmente des Pfades zusammenkommen. Die musst du nun abmildern. Am schnellsten geht das so:

- Wähle mit dem Pfeil das gesamte Gestell aus, so dass es blau markiert ist.

- Klicke rechts und wähle im Kontextmenü den Befehl KANTEN ABMILDERN/GLÄTTEN.

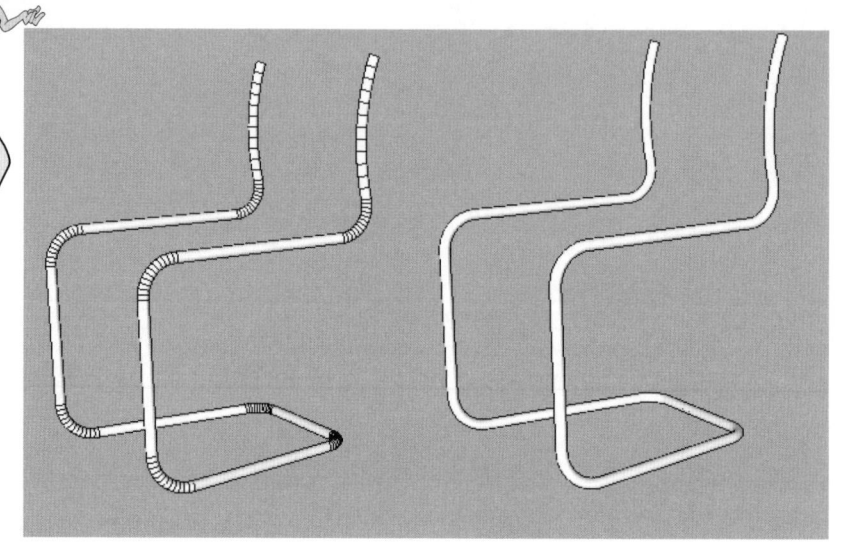

Kapitel 4 — Flächen, die über Pfade wandern – Extrusion

Aus dem Rohrgestell solltest du eine Gruppe machen. Das erleichtert später das Verschieben und Einfärben.

Die Sitzfläche

Die Sitzfläche konstruierst du am besten direkt an dem Ort, an dem sie sich befinden soll.

- Wähle im Menü KAMERA die Standardansicht OBEN und die PARALLELE PROJEKTION.
- Zeichne wie im ersten Bild auf die waagerechten Rohrabschnitte ein Rechteck.
- Mache aus dem Rechteck mit DRÜCKEN/ZIEHEN einen flachen Quader.
- Ziehe die Vorderfläche des Quaders und seine beiden Seitenflächen mit DRÜCKEN/ZIEHEN noch ein Stückchen heraus, so dass das Brett ein kleines bisschen größer wird (zweites Bild).

Modell eines Stuhls aus Stahlrohr

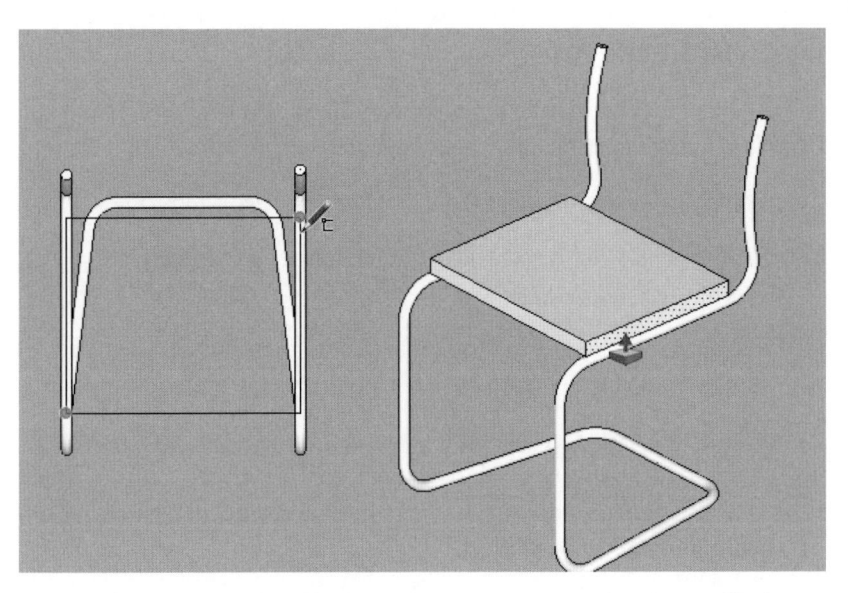

Runde den Quader an den Ecken ab. Verwende zuerst das Bogen-Werkzeug (A) und dann DRÜCKEN/ZIEHEN (P).

Mache auch aus der Sitzfläche eine eigene Gruppe.

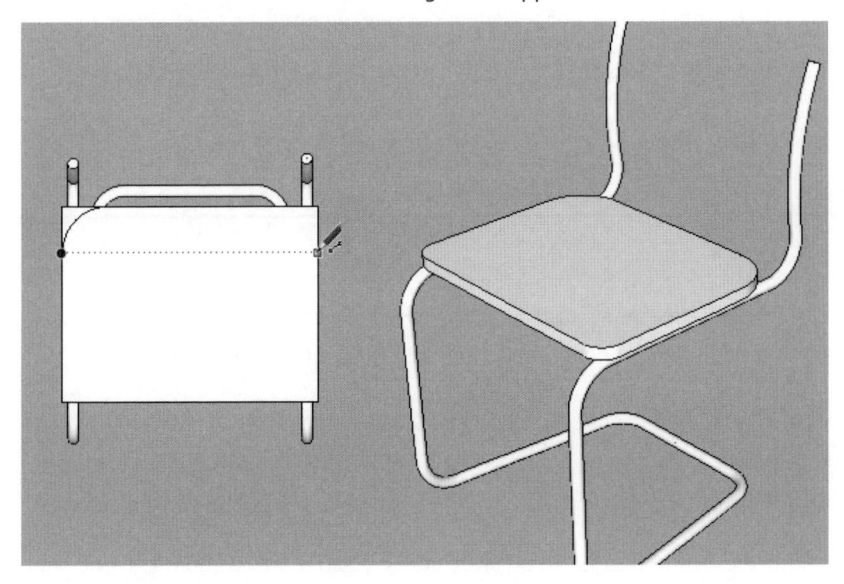

Kapitel 4

Flächen, die über Pfade wandern – Extrusion

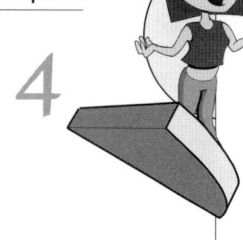

Die Rückenlehne

Bei der Rückenlehne gehst du anders vor. Du konstruierst sie separat am Ursprung und schiebst sie dann anschließend an die richtige Stelle.

- Stelle die Standardansicht OBEN und PARALLELE PROJEKTION ein.

- Verstecke das Rohrgestell und die Sitzfläche, damit sie nicht stören (Rechtsklick, AUSBLENDEN).

- Zeichne vom Ursprung aus entlang der roten Achse einen Bogen (erstes Bild), der so breit ist wie die Sitzfläche des Stuhls.

- Wähle mit dem Pfeil die Bogenlinie aus, so dass sie blau ist. Wähle das Versatz-Werkzeug, klicke einmal auf die Bogenlinie und dann einen Zentimeter oberhalb. Es entsteht eine zweite Bogenlinie, die um einen Zentimeter versetzt ist.

- Verbinde mit dem Linienwerkzeug jeweils die beiden Enden der Bogenlinien so, dass eine Fläche entsteht.

- Wechsle in eine Perspektivansicht und drücke die Fläche zu einem gebogenen Brett hoch. Mache die Rückenlehne zu einer Gruppe.

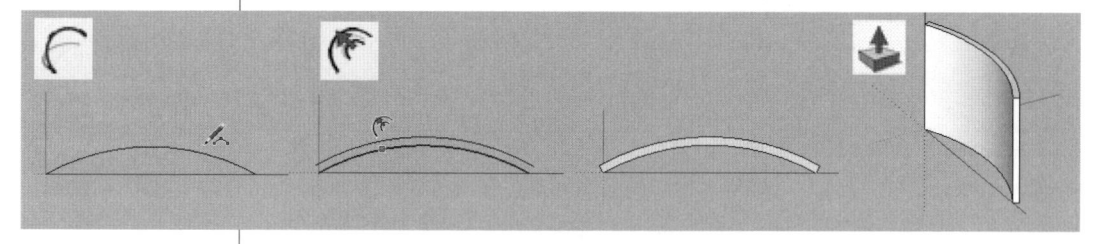

Die Rückenlehne muss nun noch ein Stück um die rote Achse gedreht und dann an den beiden nach oben ragenden Rohr-Enden befestigt werden.

> Ein Objekt kannst du oft besser und genauer an eine bestimmte Stelle schieben, wenn du in mehreren Schritten vorgehst. Verschiebe immer nur in Richtung *einer* Koordinatenachse. Achte auf die Farbe der Spur.

Stelle die Standardansicht RECHTS und PARALLELE PROJEKTION ein und verschiebe und drehe die Rückenlehne wie im Bild. Achte darauf, dass du immer nur in Richtung der blauen oder grünen Achse verschiebst. Die Farbe der Spur beim Verschieben gibt die Richtung an.

Zusammenfassung

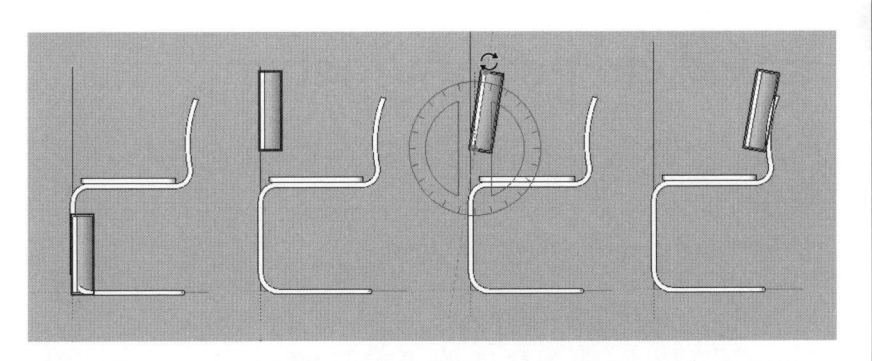

Wechsle dann in die Standardansicht OBEN und kontrolliere, ob die Rückenlehne in der Mitte der beiden hochragenden Rohr-Enden liegt – ansonsten korrigierst du ihre Lage in Richtung der roten Achse. Wenn die Rückenlehne zu schmal sein sollte, machst du sie mit SKALIEREN breiter.

Zum Schluss färbst du die drei Teile (Gruppen) deines Modells ein. Fertig ist der Freischwinger-Stuhl.

Zusammenfassung

◇ Für eine Extrusion mit dem Folge-mir-Werkzeug brauchst du eine zusammenhängende unverzweigte Linie (Spur) und eine Querschnittsfläche.

◇ Die Querschnittsfläche muss senkrecht zum Anfangsstück der Spur sein.

◇ In vielen Fällen kannst du einen Quader verwenden, um dafür zu sorgen, dass die Querschnittsfläche senkrecht zur Spur ist. Zeichne Spur und Fläche auf zwei benachbarte Flächen des Quaders.

◇ Ist die Spur ein Kreis, kannst du mit FOLGE-MIR rotationssymmetrische Körper erzeugen.

Ein paar Fragen ...

Frage 1: Welche Aktivitäten im Alltag sind Extrusionen?

Frage 2: Inwiefern ist DRÜCKEN/ZIEHEN ein Spezialfall einer Extrusion?

Frage 3: Warum kannst du durch eine einfache Extrusion keine Banane modellieren?

Kapitel 4

Flächen, die über Pfade wandern – Extrusion

... und ein paar Aufgaben

1. Modelliere durch Extrusion einer Kreisfläche eine Büroklammer.
2. Entwickle das Modell eines Fußballstadions. Die zweite Abbildung enthält Hinweise, wie du vorgehen kannst.

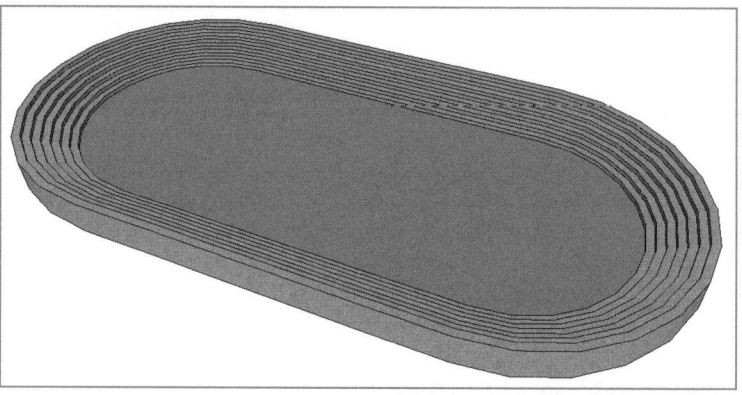

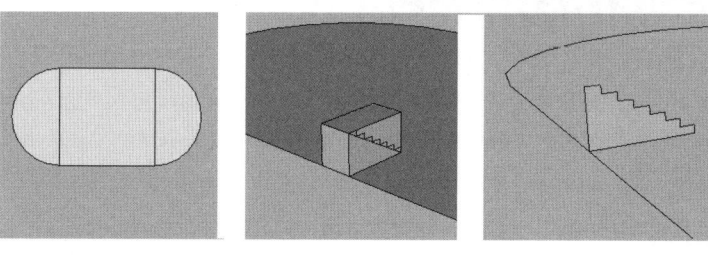

3. Entwickle aus einem Quader einen Imbusschlüssel.

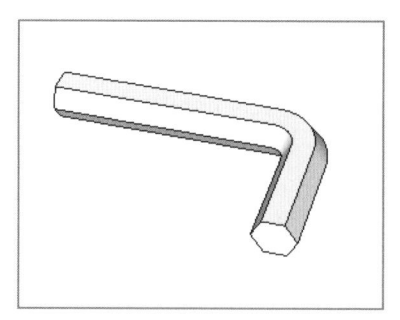

5
Rosetten und gotische Bauornamente

Wer 3D-Modellierung betreibt, muss sich auch in der zweiten Dimension auskennen, weil räumliche Gebilde letztlich aus Linien und Flächen bestehen. In diesem Kapitel geht es um folgende Punkte:

◎ Im Mathematikunterricht in der Schule hast du gelernt, wie man geometrische Figuren mit Zirkel und Geodreieck konstruiert. Wie geht das mit SketchUp?

◎ Es gibt viele interessante Grafiken, die aus vielen einzelnen Flächen zusammengesetzt sind. Beispiele sind Rosetten und Mandalas. Wie kann man mit wenig Aufwand solche Anordnungen gestalten?

◎ Verzierungen an Gebäuden (Bauornamente) sind überwiegend zweidimensional. Du kennst bestimmt die hohen gotischen Kirchenfenster. Der obere Teil ist aus Kreisbögen konstruiert. Wie modelliert man ein solches Fenster mit SketchUp?

Kapitel 5

Rosetten und gotische Bauornamente

Rosetten

Wenn man einen Zirkel bekommen hat, ist die erste Übung, eine Rosette zu zeichnen. Das Wort bedeutet eigentlich »kleine Rose«. In der Architektur nennt man runde Fenster, die an eine geöffnete Rosenblüte erinnern, so. Eine der größten Fensterrosen besitzt die berühmte Kathedrale *Notre Dame* im Zentrum von Paris. Das Fenster über dem Eingang hat übrigens einen Durchmesser von zwölf Metern, ist also höher als ein Einfamilienhaus.

> Bei allen zweidimensionalen Konstruktionen solltest du eine besondere Ansicht einstellen. Gehe in das Menü KAMERA und wähle die PARALLELE PROJEKTION. Klicke dann auf STANDARDANSICHTEN|OBEN. Du blickst dann von oben auf das Modell und siehst nur die grüne und die rote Achse. Alles, was du zeichnest, liegt auf der gleichen Ebene, nämlich auf der waagerechten Ebene, die durch den Ursprung des Koordinatensystems geht. Du brauchst dir also keine Gedanken über die dritte Dimension zu machen. Aber Vorsicht! Benutze nicht das Werkzeug für dreidimensionales Rotieren! Dann taucht die dritte Koordinatenachse wieder auf und es ist nicht mehr garantiert, dass deine Linien auf die waagerechte Ebene gezeichnet werden.

Eine einfache Rosette

Zeichne um den Ursprung einen Kreis. Achte darauf, dass der zweite Klick genau auf einer Koordinatenachse liegt (linkes Bild). Dann gibt es später sauberere Schnittpunkte, die immer genau auf den Eckpunkten der SketchUp-Kreise liegen. (Bei SketchUp ist ein Kreis ja eigentlich ein Vieleck.)

Zeichne um den rechten Schnittpunkt des Kreises mit der roten Achse einen zweiten Kreis mit dem gleichen Radius (mittleres Bild). Die beiden Kreise schneiden sich an zwei Stellen. Zeichne um den oberen Schnittpunkt einen dritten Kreis mit dem gleichen Radius (rechtes Bild).

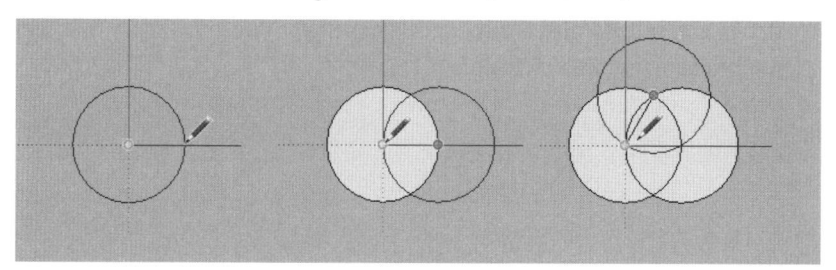

Das Rosettenfenster von St. Etienne

Mache so weiter, bis eine Rosette wie im linken Bild entsteht. Färbe die Flächen.

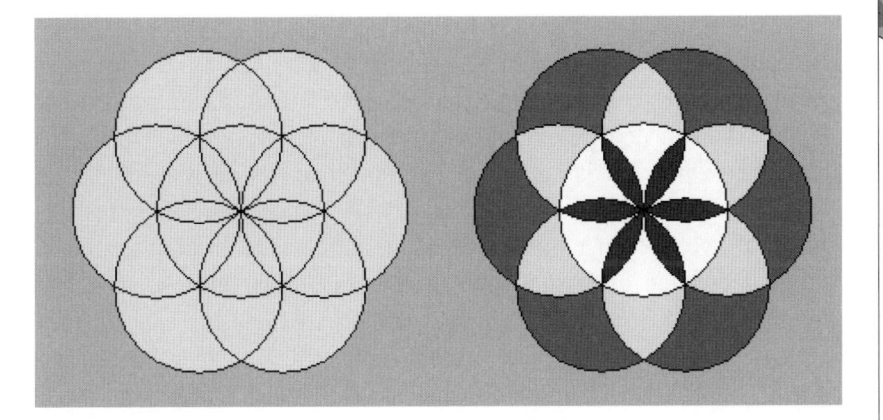

Eine einfache Rosette aus gleich großen Kreisen.

Erweiterung

Du kannst das Grundmodell einer Rosette erweitern, indem du um die *äußeren* Schnittpunkte der Kreise weitere Kreise ziehst.

Wenn du gleichartige Flächen mit der gleichen Farbe ausmalst, machst du die Struktur der Rosette besonders deutlich.

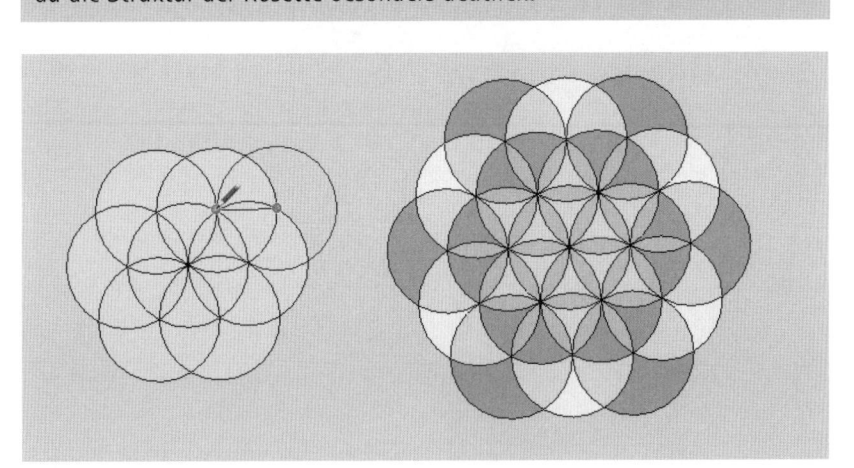

Das Rosettenfenster von St. Etienne

Die berühmte Rosette von Notre Dame in Paris ist ziemlich kompliziert. Zu kompliziert für dieses Buch. Etwas einfacher – aber dennoch sehr schön und sehr bekannt – ist das Rosettenfenster der Kirche St. Etienne in

Kapitel 5 — Rosetten und gotische Bauornamente

Beauvais (Nordfrankreich). In diesem Abschnitt konstruieren wir eine zweidimensionale Version dieses Fensters.

> **Die Zahl zwölf.** Es ist kein Zufall, dass die Rosette von St. Etienne aus zwölf Teilen besteht. Die Zwölf spielt in unsere Kultur eine besondere Rolle. Schon in den frühen Hochkulturen in Mesopotamien haben die Menschen entdeckt, dass es in einem Sonnenjahr zwölf Mal Vollmond gibt. Das Ziffernblatt einer Uhr zeigt zwölf Stunden. Eine Minute hat fünf mal zwölf Sekunden und eine Stunde fünf mal zwölf Minuten. Eine volle Umdrehung umfasst 30 Mal zwölf Grad. Viele Dinge werden im Dutzend (zwölf Stück) verkauft. Früher hatten Baumeister immer eine Schnur dabei, die in zwölf gleich lange Abschnitte aufgeteilt war. Wenn man damit ein Dreieck mit den Seitenlängen 3, 4 und 5 bildet, hat man einen rechten Winkel (90°) zwischen den beiden kürzeren Seiten. Im Christentum gibt es die zwölf Apostel und die Europaflagge hat zwölf Sterne.

Das Rosettenfenster der Kirche St. Etienne in Beauvais.

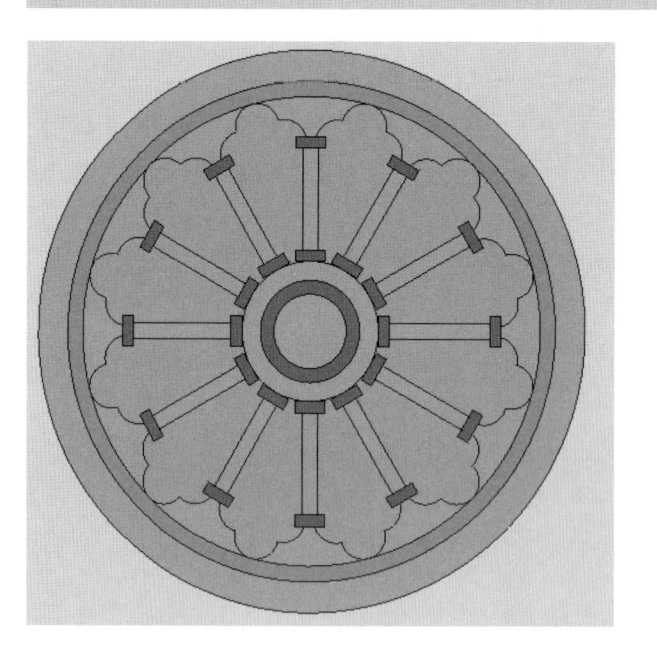

Ein einzelnes Segment der Rosette

Die Rosette besteht aus zwölf gleichen Teilen (Segmenten), die um einen Mittelpunkt herum symmetrisch angeordnet sind. Du konstruierst zunächst ein einzelnes Segment, das du dann später kopieren wirst.

Das Rosettenfenster von St. Etienne

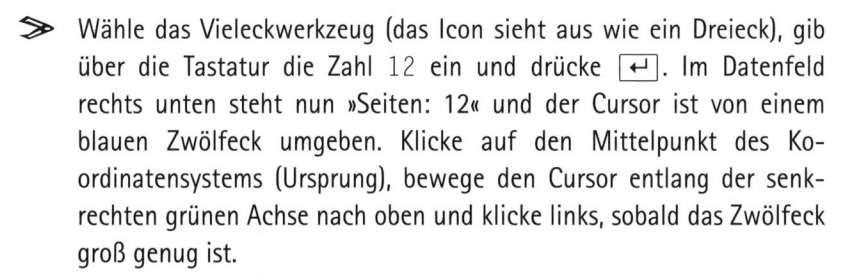

- Wähle das Vieleckwerkzeug (das Icon sieht aus wie ein Dreieck), gib über die Tastatur die Zahl 12 ein und drücke ⏎. Im Datenfeld rechts unten steht nun »Seiten: 12« und der Cursor ist von einem blauen Zwölfeck umgeben. Klicke auf den Mittelpunkt des Koordinatensystems (Ursprung), bewege den Cursor entlang der senkrechten grünen Achse nach oben und klicke links, sobald das Zwölfeck groß genug ist.

- Wähle das Kreiswerkzeug, gib die Zahl 48 ein und drücke ⏎, damit der Kreis aus 48 (anstatt 24) Segmenten besteht und runder aussieht.

- Klicke mit dem Kreiswerkzeug auf den Mittelpunkt der ersten Seite des Zwölfecks – oben rechts neben der grünen Achse. Zeichne einen Kreis, dessen Durchmesser etwas kleiner ist als die Zwölfeckseite (erstes Bild).

- Zeichne mit dem Winkelmesser eine Mittelsenkrechte auf die Zwölfeckseite mit dem Kreis. Das geht so: Klicke mit dem Winkelmesser auf den Mittelpunkt der Seite, dann auf den rechten Eckpunkt. Drehe dann den Winkelmesser gegen den Uhrzeigersinn, bis unten rechts im Datenfeld ein Winkel von 90° angezeigt wird. Klicke mit der linken Maustaste und die Mittelsenkrechte erscheint als gestrichelte Linie.

- Zeichne mit dem Linienwerkzeug eine Linie vom Mittelpunkt des Kreises entlang der Mittelsenkrechten nach oben bis zum Kreis.

- Zeichne um den Mittelpunkt dieser neuen Linie einen kleineren Kreis, der durch den Mittelpunkt des größeren Kreises geht.

- Ergänze noch zwei weitere Kreise wie im rechten Bild.

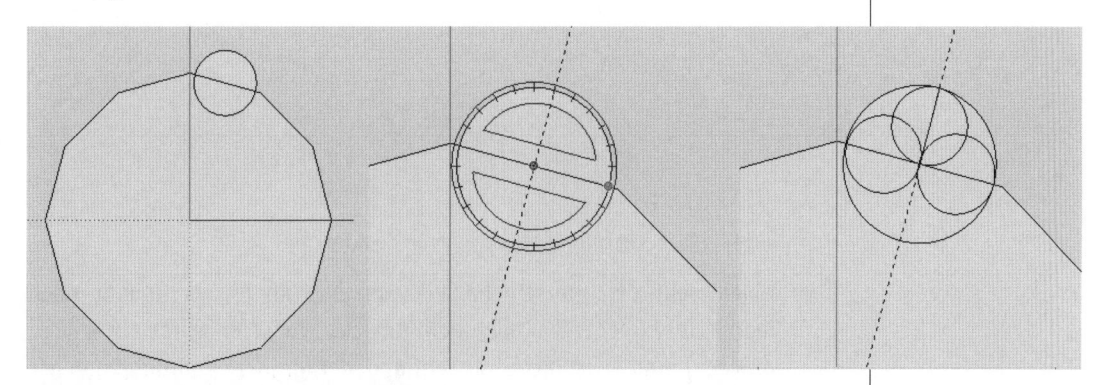

Wir starten die Konstruktion mit einem Zwölfeck.

- Lösche mit dem Radiergummi alle Hilfslinien, so dass dein Modell aussieht wie im ersten Bild.

Kapitel 5

Rosetten und gotische Bauornamente

> Wir beginnen nun mit der Konstruktion einer Säule der Rosette. Zeichne zuerst einen Kreis irgendwo auf der grünen Achse. Ziehe eine Linie quer durch den Kreis. Danach kannst du den Kreis wieder löschen.

> Aus der Linie entwickelst du ein kleines Rechteck, das symmetrisch zur grünen Achse ist. Wie erkennst du, dass die untere Linie genauso lang ist wie die obere? Ganz einfach. Während du die untere waagerechte Linie in Richtung der roten Achse zeichnest, erscheinen irgendwann übereinander zwei schwarze Punkte (drittes Bild), die durch eine feine grüne gestrichelte Linie verbunden sind. So zeigt dir das Ableitungssystem von SketchUp, dass beide Punkte exakt übereinander liegen und die beiden waagerechten Linien gleich lang sind. Mehr zum Ableitungssystem kannst du in Kapitel 2 nachlesen.

> Vervollständige das Rechteck und rahme es mit dem Auswahlwerkzeug (Leertaste) komplett ein. Verschiebe das Rechteck mit dem Werkzeug VERSCHIEBEN/KOPIEREN (M) entlang der grünen Achse, bis es die linke Bogenlinie berührt. Das kriegst du nur mit dem Ableitungssystem von SketchUp exakt hin. Klicke mit dem Verschiebewerkzeug das Rechteck in der Mitte der oberen Kante an. Du kannst es nun auf dem Bildschirm hin und her bewegen. Berühre jetzt den Punkt der Bogenlinie, an den das Rechteck »angekoppelt« werden soll. Es erscheint an dieser Stelle ein dicker Punkt. Bewege dann das Rechteck nach links. Es rastet an der grünen Achse ein und du siehst zwei Punkte wie im letzten Bild.

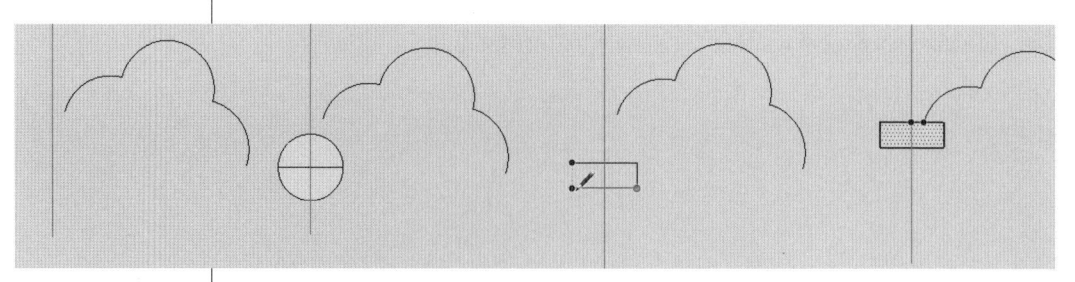

Konstruiere ein kleines Rechteck und kopple es an die Bogenlinie.

> Mache mit dem Verschiebewerkzeug eine Kopie des (immer noch markierten) Rechtecks (nach dem Ankicken des Werkzeugs auf `Strg` drücken) und verschiebe sie entlang der grünen Koordinatenachse nach unten.

> Ergänze zwischen den beiden Rechtecken zwei senkrechte Linien (nächster Abschnitt, erstes Bild).

> Fertig ist das Segment der Rosette.

Das Rosettenfenster von St. Etienne

Das Segment im Kreis kopieren

≫ Markiere das gesamte Segment mit dem Pfeil (Auswahlwerkzeug).

≫ Wähle das Werkzeug DREHEN und drücke einmal die [Strg]-Taste. Denn du willst ja kopieren. Über dem Cursor, der nun aussieht wie zwei gebogene Pfeile, erscheint ein kleines Pluszeichen.

≫ Klicke den Mittelpunkt des Koordinatensystems an. Der blaue Winkelmesser bleibt dort kleben.

≫ Klicke auf einen Punkt in der ausgewählten Figur und bewege den Cursor nach rechts. Eine Kopie der Figur aus Säule und Bogenlinien dreht sich mit.

≫ Drehe um genau 30° im Uhrzeigersinn. Achte auf die Winkelangabe im Datenfeld rechts unten. Klicke dann mit der linken Maustaste. Normalerweise rastet der Cursor bei 30° ein, so dass du diesen Winkel exakt finden kannst. Du kannst aber auch 30 [↵] über die Tastatur eingeben.

≫ Gib über die Tastatur X11 [↵] ein. Die letzte Operation wird dann elf Mal ausgeführt. Das heißt, elf Kopien werden erstellt und kreisförmig um den Ursprung angeordnet.

≫ Zum Schluss brauchst du nur noch einige Kreise hinzuzufügen und die Flächen farbig auszumalen.

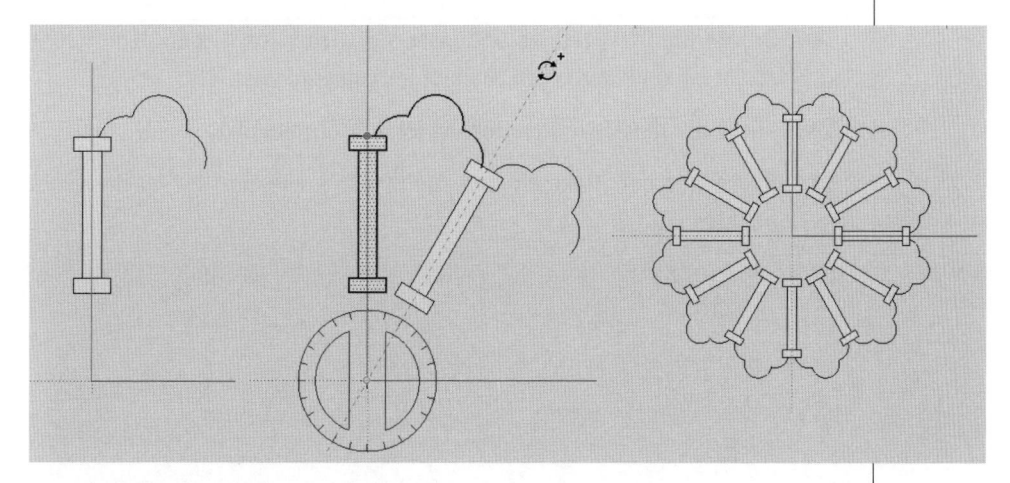

Ein einzelnes Segment wird kopiert und gedreht.

Kapitel

5

Rosetten und gotische Bauornamente

Mandalas

Wahrscheinlich hast du irgendwann einmal ein Mandala ausgemalt. Das Wort Mandala stammt aus der alten indischen Sprache Sanskrit und bedeutet Kreis oder Rad. Mandalas kennt man in vielen Kulturen der Welt. Es sind kreisförmige symmetrische Figuren, die manchmal eine religiöse Bedeutung haben und die Ordnung des Universums darstellen sollen. Auch Rosetten (siehe voriger Abschnitt) sind Beispiele für Mandalas. Manche Leute färben Mandalas, um zu meditieren und innere Ruhe zu finden. Im Internet findest du viele Anregungen für Mandalas. Lasse dich inspirieren! Als Beispiel konstruieren wir ein Mandala aus verschlungenen quadratischen Rahmen.

≫ Zeichne mit dem Vieleckwerkzeug um den Ursprung ein Quadrat (erstes Bild).

≫ Zeichne in das Quadrat ein zweites kleineres Quadrat. Lösche die Innenfläche, so dass ein Rahmen entsteht (zweites Bild).

≫ Markiere den Rahmen mit dem Auswahlwerkzeug (Leertaste) und verschiebe ihn nach oben.

≫ Der Rahmen ist immer noch markiert. Wähle das Werkzeug DREHEN. Der Mauszeiger sieht nun aus wie zwei gebogene Pfeile. Um ihn herum ist ein Winkelmesser.

≫ Drücke die ⸢Strg⸥-Taste und lasse sie wieder los. Neben dem Mauszeiger ist ein Pluszeichen. Du bist im Kopiermodus.

≫ Klicke auf den Ursprung. Dort ist jetzt der Drehpunkt.

≫ Klicke auf den Rahmen und drehe die Kopie um 45° nach rechts (rechtes Bild).

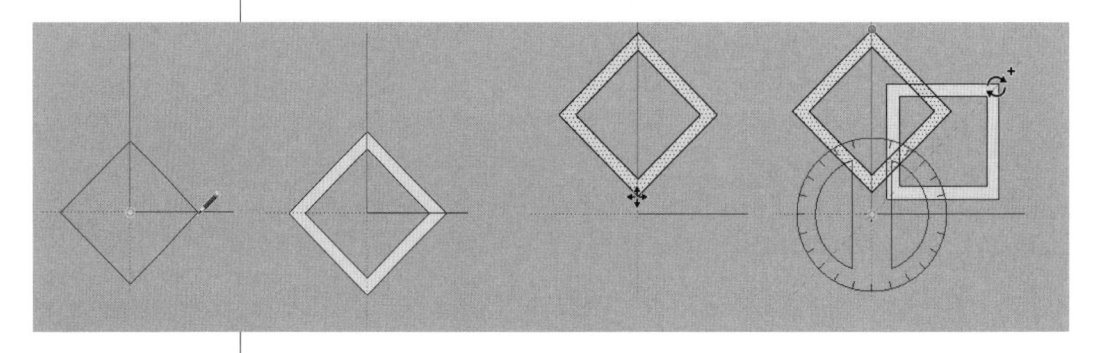

Ein gotisches Kirchenfenster

➤ Gib über die Tastatur X7 ⏎ ein. Dann wird der Kopiervorgang sieben Mal ausgeführt und dein Modell sieht aus wie im linken Bild.

➤ Entferne einige Linien an den Stellen, wo sich zwei Rahmen schneiden. Achte darauf, dass die Rahmen verschlungen sind wie im rechten Bild.

Ein gotisches Kirchenfenster

Was ist Gotik?

Die Gotik ist ein Architekturstil, der im 12. Jahrhundert in Frankreich aufkam und bis zur Mitte des 16. Jahrhunderts währte. Viele alte Kirchen bei uns sind im gotischen Stil gebaut. Ein gotisches Bauwerk erkennst du leicht an den spitzen Bögen im Mauerwerk, über Türen und Fenstern.

Fenster sind in gotischen Bauwerken besonders wichtig. Die Verglasung eines gotischen Bauwerks kostete damals mehr als der Rohbau. In der Gotik kommen Geometrie und Kunst zusammen. Die alten Baumeister haben die Kirchenfenster mit Lineal und Zirkel gestaltet. Die zweidimensionale Zeichnung eines gotischen Fensters oder einer Dekoration im Mauerwerk nennt man *Maßwerk*. Das Maßwerk eines gotischen Fensters besteht aus einem rechteckigen Teil, auf dem das *Bogenfeld* sitzt. Die Linie zwischen Rechteck und Bogenfeld nennt man *Kämpferlinie*, ihre Endpunkte rechts und links sind die *Kämpferpunkte*.

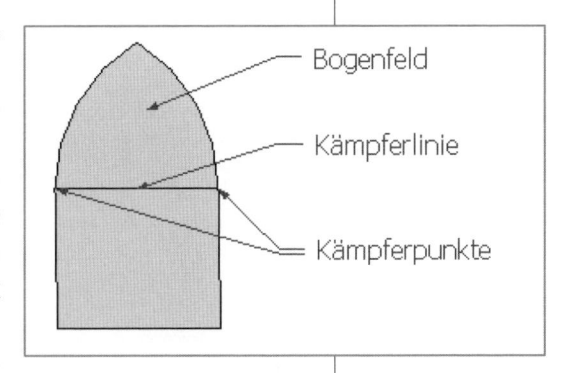

Kapitel 5

Rosetten und gotische Bauornamente

Das Maßwerk eines gotischen Fensters

Stelle im Menü KAMERA die PARALLELE PROJEKTION und die Standard-Kameraposition OBEN ein. Zeichne ein Rechteck – z. B. in den Maßen 1 m mal 2 m. Die Oberkante des Rechtecks ist unsere Kämpferlinie.

Als Nächstes zeichnest du um die Kämpferpunkte zwei Kreise, deren Radius so lang ist wie die Kämpferlinie. Nun ist bei SketchUp ein Kreis nicht wirklich ein Kreis, sondern ein Polygon (Vieleck) mit standardmäßig 24 Seiten. Damit das Bogenfeld schön glatt aussieht, solltest du die Anzahl der Segmente eines Kreises auf 48 erhöhen. Dazu gehst du so vor:

≫ Wähle das Kreiswerkzeug. Der Cursor sieht nun aus wie ein Bleistift mit einem blauen Kreis. Unten rechts steht »Seiten: 24«.

≫ Tippe auf der Tastatur die Zahl 48 ein und drücke auf die ⏎-Taste. Im Datenfeld rechts unten steht nun »48«. Von nun an sind die Kreise, die du zeichnest, Polygone mit 48 Seiten und sehen runder aus als die normalen Kreise.

≫ Zeichne Kreise um die beiden Kämpferpunkte wie im ersten Bild. Der Radius der Kreise ist jeweils genau die Länge der Kämpferlinie.

≫ Entferne mit dem Radierwerkzeug alle überflüssigen Linien, so dass dein Modell aussieht wie im rechten Bild.

Die Grundform des gotischen Fensters.

≫ Zeichne eine senkrechte Linie, die das gesamte bisherige Fenster in zwei Hälften teilt.

Ein gotisches Kirchenfenster

- Konstruiere über jeder Hälfte ein Bogenfeld.
- Zeichne einen Kreis um den linken Kämpferpunkt, der durch den Mittelpunkt der rechten Kämpferlinie geht (rechtes Bild).

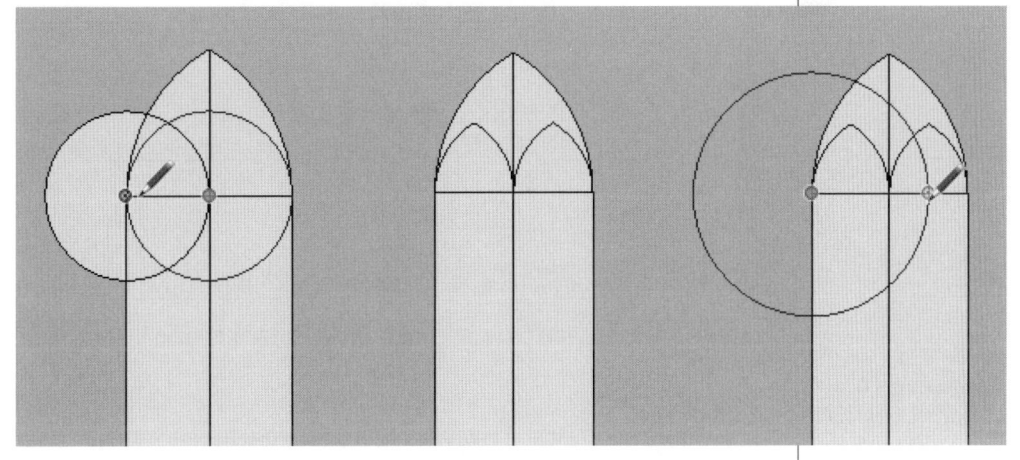

- Zeichne um den Schnittpunkt des Kreises mit der oberen senkrechten Linie einen Kreis, der die beiden kleineren Bogenfelder berührt (erstes Bild).
- Markiere durch eine kleine waagerechte Linie den Mittelpunkt des letzten Kreises. Die senkrechte Linie innerhalb des Kreises wird so in zwei Hälften aufgeteilt (rechtes Bild).
- Wähle das Vieleckwerkzeug und sorge dafür, dass es Quadrate zeichnet (4 ⏎ eingeben). Zeichne um den Mittelpunkt des Kreises ein Quadrat, dessen Radius halb so groß ist wie der Radius des Kreises (rechtes Bild).

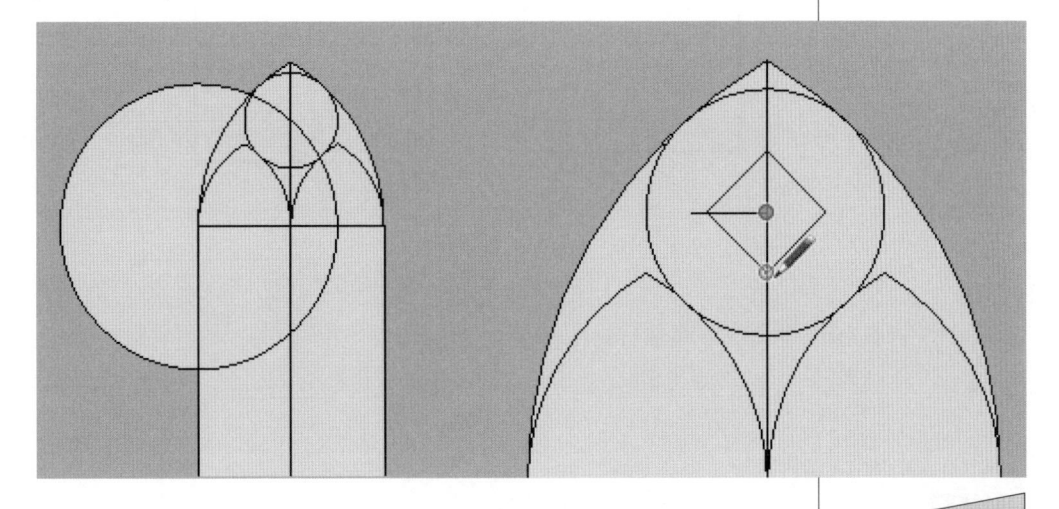

Kapitel 5

Rosetten und gotische Bauornamente

Zeichne um die Eckpunkte des Quadrates Kreise, die jeweils durch den Mittelpunkt des Quadrates gehen.

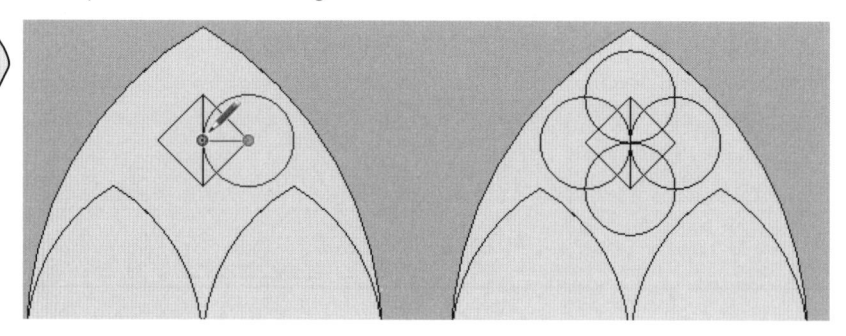

Lösche überflüssige Linien, so dass dein Modell aussieht wie im linken Bild.

Mit dem Versatzwerkzeug zeichnest du Versatzlinien wie im rechten Bild.

Maßwerk des Gotik-Fensters, rechts mit Versatzlinien.

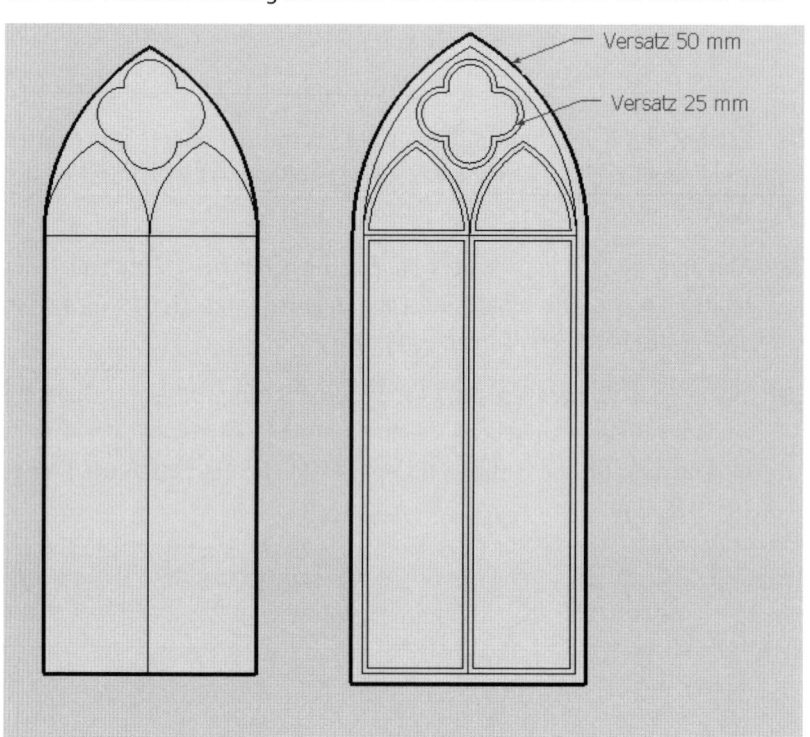

Versatz 50 mm
Versatz 25 mm

Vom Maßwerk zum 3D-Modell

Wechsle in die perspektivische Darstellung. Lösche einige überflüssige Linien zwischen benachbarten Rahmenflächen. Mit DRÜCKEN/ZIEHEN ziehst du die Rahmenflächen ein Stück nach oben. Der äußere Rahmen, der etwas breiter ist und das gesamte Fenster einfasst, wird ein Stückchen höher gezogen als die mittleren Rahmen.

Gotische Ornamente

In diesem Abschnitt lernst du einige weitere gotische Ornamente (Verzierungen) kennen, die du in Kirchenfenstern, an den Mauern mittelalterlicher Gebäude oder auch in alten Buchmalereien finden kannst. Sorge dafür, dass im Menü KAMERA die PARALLELE PROJEKTION und die Standard-Kameraposition OBEN eingestellt sind.

Vierpass

Das gotische Fenster aus dem letzten Abschnitt enthält einen Vierpass aus vier Kreisen, die kreuzförmig angeordnet sind und sich in der Mitte *überschneiden*. Jetzt zeichnen wir einen Vierpass, bei dem sich die Kreise nur *berühren*.

Kapitel 5 — Rosetten und gotische Bauornamente

- Zeichne mit dem Vieleckwerkzeug um den Ursprung ein Quadrat, das auf der Spitze steht (linkes Bild).

- Zeichne um jede Ecke des Quadrats einen Kreis, der genau durch die Mitte der angrenzenden Seiten geht.

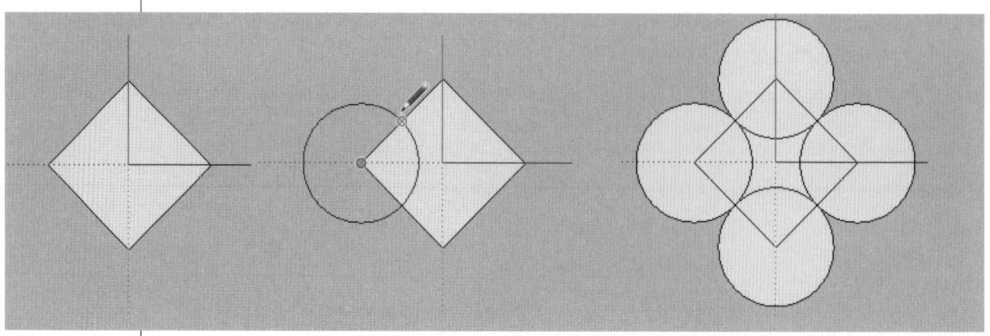

- Zeichne um den Ursprung einen Kreis, der die kleineren Kreise außen berührt.

- Entferne überflüssige Linien und färbe die Flächen ein.

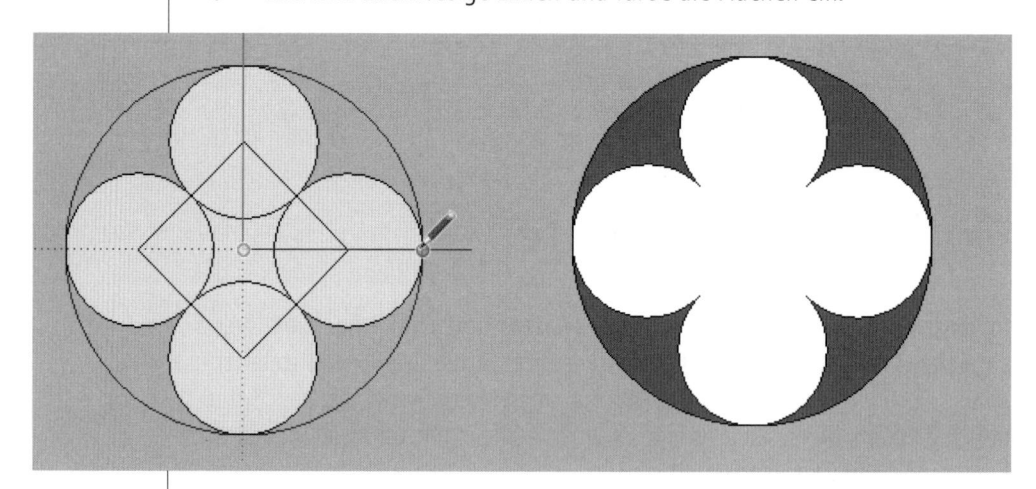

Die Fischblase

- Beginne mit einer senkrechten Linie. Unterteile sie in vier Segmente. Das machst du so: Klicke die Linie mit der rechten Maustaste an, wähle im Kontextmenü UNTERTEILEN und gib über die Tastatur 4 ⏎ ein.

- Zeichne um zwei Unterteilungspunkte zwei Kreise wie im linken Bild.

- Zeichne um den Mittelpunkt der Linie einen Kreis wie im mittleren Bild.

- Lösche mit dem Radiergummi-Werkzeug überflüssige Linien und färbe mit dem Farbeimer-Werkzeug die Flächen ein (rechtes Bild).

Gotische Ornamente

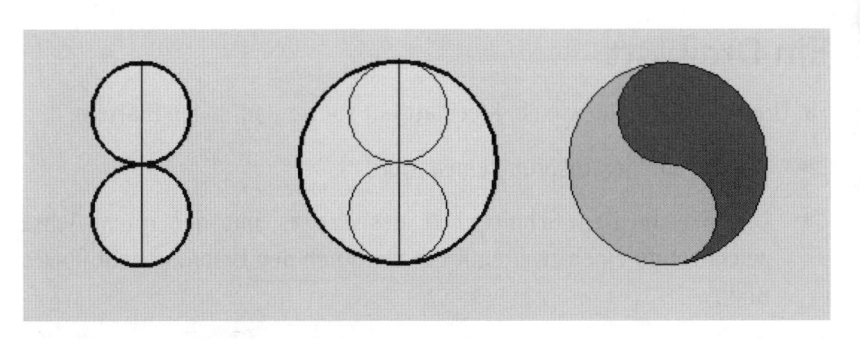

Konstruktion einer Fischblase aus einem Zweipass.

Der Dreischneuß

Aus drei sich berührenden Kreisen kannst du einen Dreischneuß entwickeln. Der Begriff Schneuß ist übrigens eine Nebenform von Schneise und ein altes deutsches Wort für Schlinge.

➢ Konstruiere mit dem Polygonwerkzeug ein gleichseitiges Dreieck mit dem Ursprung als Mittelpunkt und zeichne Kreise wie im linken Bild.

➢ Entferne einige Linien, so dass drei Flammen entstehen (mittleres Bild).

➢ Konstruiere mit dem Versatz-Werkzeug in jeder Flamme eine Versatzlinie mit dem gleichen Abstand.

➢ Entferne mit dem Radiergummi überflüssige Linien an den Spitzen der Flammen.

➢ Stelle eine perspektivische Ansicht ein (ROTIEREN). Ziehe mit DRÜCKEN/ZIEHEN die Versatzflächen ein Stück hoch, so dass ein dreidimensionales Ornament entsteht.

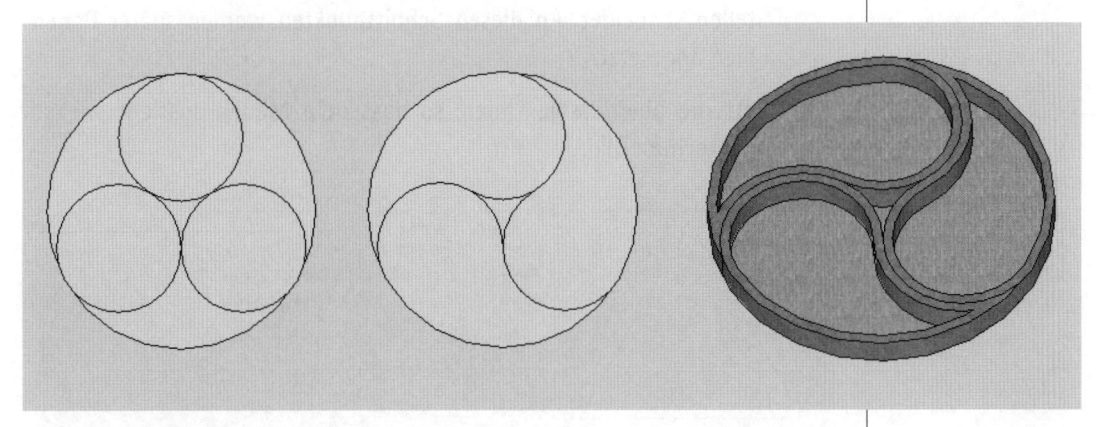

Dreischneuß – Maßwerk und dreidimensionales Ornament.

Kapitel 5

Rosetten und gotische Bauornamente

Ein Dreiblatt

Ein Dreiblatt sieht aus wie ein Kleeblatt mit spitz zulaufenden Blättern.

≫ Zeichne um den Ursprung einen Kreis.

≫ Um den rechten Schnittpunkt des Kreises mit der roten Achse zeichnest du einen zweiten Kreis, der durch den Ursprung geht (linkes Bild).

≫ Zeichne um den unteren Schnittpunkt der beiden Kreise einen dritten Kreis wie im mittleren Bild.

≫ Verbinde die Mittelpunkte der drei Kreise durch gerade Linien. Es entsteht ein gleichseitiges Dreieck (rechtes Bild).

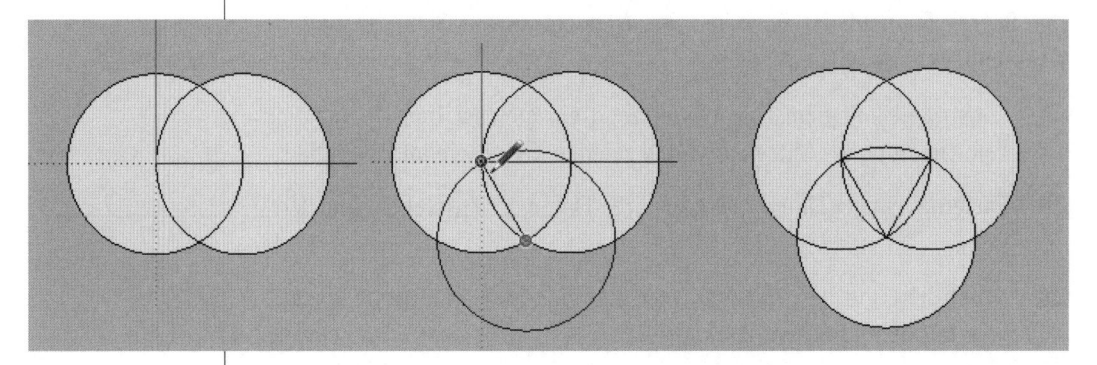

≫ Zeichne von jeder Ecke des Dreiecks eine Linie zum Mittelpunkt der gegenüberliegenden Seite. SketchUp zeigt dir, wo der Mittelpunkt exakt liegt.

≫ Die drei neuen Linien schneiden sich alle im Mittelpunkt des Dreiecks. Zeichne um diesen Mittelpunkt einen Kreis, der das Dreieck an sechs Stellen schneidet. An diesen Schnittpunkten werden später Bogenlinien angesetzt.

≫ Entferne überflüssige Linien, so dass dein Modell aussieht wie auf dem rechten Bild.

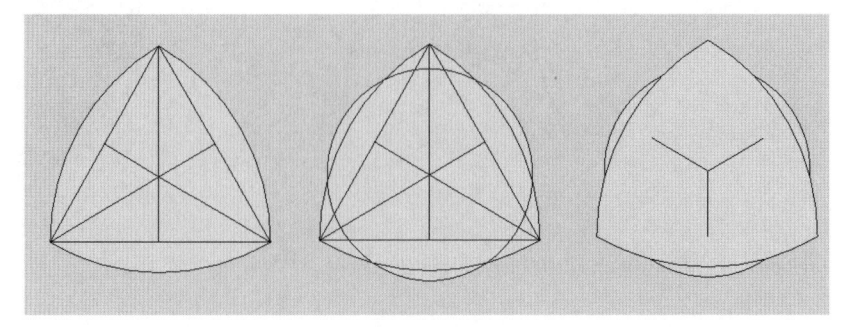

Zusammenfassung

Zeichne einen kleineren Kreis um den Mittelpunkt (linkes Bild). Er bestimmt, wo sich die Blätter des Dreiblatts in der Mitte treffen.

Nun kommt das Bogenwerkzeug zum Einsatz. Wähle es im Menü ZEICHNEN oder in der erweiterten Werkzeugleiste aus. Die Konstruktion eines Bogens besteht aus drei Teilen:

- Klicke zuerst auf den Anfangspunkt des Bogens. In unserem Fall ist das ein Schnittpunkt auf dem äußeren Kreis (A).

- Klicke dann auf den Endpunkt des Bogens. Hier ist das ein Schnittpunkt auf dem inneren Kreis (B).

- Schließlich muss du die Krümmung des Bogens festlegen. Bewege den Cursor hin und her! Du siehst, dass sich die Endpunkte nicht verändern, aber der Bogen mal kleiner und mal größer wird. Die Bogenlinie muss möglichst glatt an die benachbarten Linien anschließen. Ein gutes Ergebnis erzielst du, wenn du den Cursor an den Endpunkt C der geraden Linie bringst, die vom Mittelpunkt ausgeht. Im Idealfall wird die Bogenlinie türkis. Da ist eine Tangente – also ein völlig glatter Übergang – entstanden.

- Entferne noch überflüssige Linien und färbe das Dreiblatt.

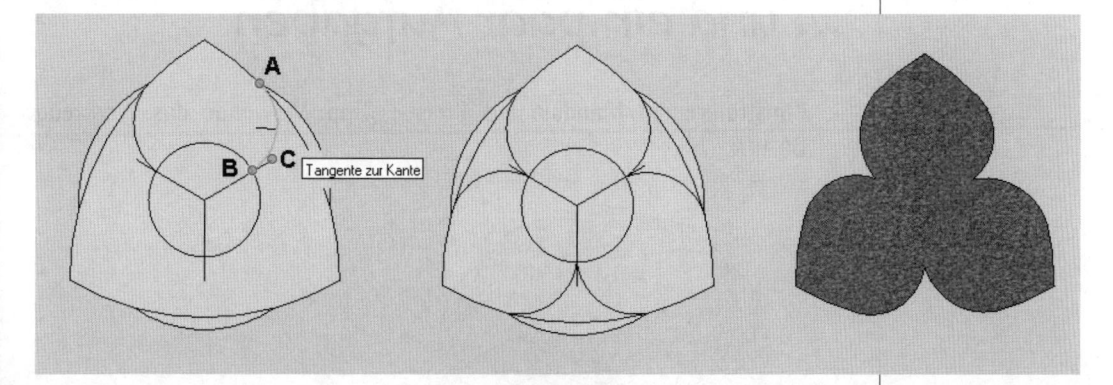

Zusammenfassung

◊ Für zweidimensionale Konstruktionen solltest du eine besondere Ansicht einstellen. Wähle im Menü KAMERA die PARALLELE PROJEKTION und die Standard-Kameraposition OBEN oder VORNE.

◊ Ein zweidimensionales Maßwerk ist die Grundlage für ein gotisches Fenster oder Ornament.

Kapitel 5 — Rosetten und gotische Bauornamente

- Ein gotisches Maßwerk enthält viele Kreisabschnitte. Beim Kreiswerkzeug solltest du eine höhere Anzahl von Seiten (z. B. 48) einstellen, damit die Kreisabschnitte rund aussehen.

- Für das Design von Rosetten und Mandalas ist das Werkzeug DREHEN im Modus KOPIEREN nützlich. Du konstruierst einen kleinen Ausschnitt der Figur und verteilst Kopien kreisförmig um den Mittelpunkt.

Ein paar Fragen ...

Frage 1: Wie schaltest du bei den Werkzeugen DREHEN und VERSCHIEBEN/KOPIEREN den Kopiermodus ein und aus?

Frage 2: Gotik ist ein Architekturstil. In welchem Land und in welchem Jahrhundert kam die Gotik auf?

Frage 3: Wie stellst du ein, wie viele Seiten das Polygon hat, das mit dem Vieleckwerkzeug gezeichnet wird?

Frage 4: Was ist eine Kämpferlinie?

... und ein paar Aufgaben

1. Konstruiere ein Mandala aus Kreisen. Tipp: Verwende das Werkzeug DREHEN.

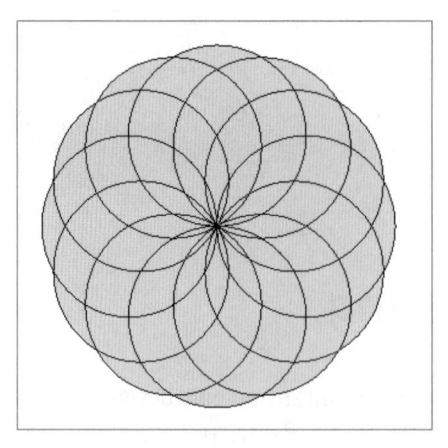

2. Konstruiere ein Mandala aus verschlungenen Streifen wie in der ersten Abbildung.

... und ein paar Aufgaben

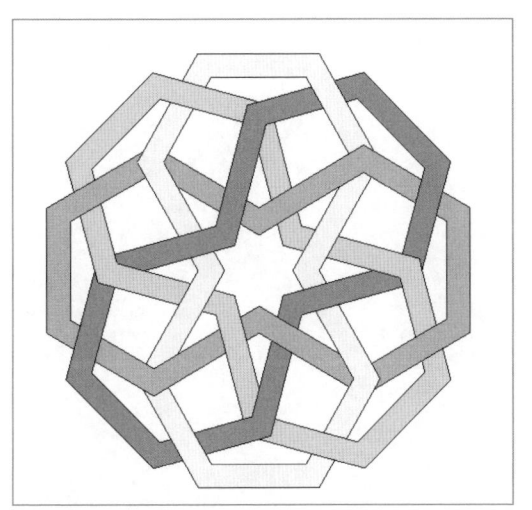

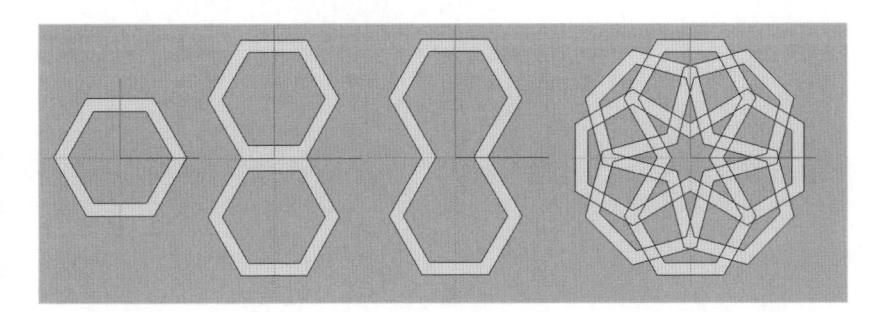

Das folgende Bild zeigt die Vorgehensweise.

6
Optische Täuschungen

Im Grunde ist jedes Foto oder Landschaftsgemälde eine optische Täuschung. Denn es ist ein zweidimensionales Abbild einer dreidimensionalen Szenerie. Dem menschlichen Auge wird vorgetäuscht, es sehe dreidimensionale Gegenstände. Dabei ist in Wirklichkeit das Bild flach. In diesem Kapitel erfährst du etwas über speziellere optische Täuschungen, vor allem solche, die den Eindruck von Bewegung vermitteln.

◉ Wie konstruierst du mit SketchUp zweidimensionale geometrische Figuren?

◉ Wie verwendest du Gruppen?

◉ Wie erstellst du durch Kopieren und Drehen Anordnungen aus vielen Gruppen?

◉ Wie veränderst du den Hintergrund deines Modells?

Kapitel 6 — Optische Täuschungen

Geheimnisvolle Bewegung

Schau auf das Bild und bewege deinen Kopf ein wenig hin und her. Sieht es nicht aus, als ob die inneren Quadrate sich selbstständig machen und herumwandern? Diese Erscheinung nennt man Bewegungsillusion. Kannst du erkennen, worin sich die Quadrate im Innern von denen außen unterscheiden? Richtig, die inneren Quadrate sind ein Spiegelbild der äußeren. Der Eindruck von Bewegung entsteht, wenn eine Figur stufenweise Helligkeitsunterschiede enthält. Bei den Quadraten im Inneren ist links und unten ein schwarzer Streifen, in der Mitte sind sie grau und rechts und oben ist ein weißer Streifen. Dadurch entsteht in unserem Gehirn die Vorstellung, dass sie sich von links nach rechts bewegen. Bei den äußeren Quadraten ist es genau umgekehrt.

Bewegungsillusion. Die inneren Quadrate scheinen sich nach rechts zu bewegen.

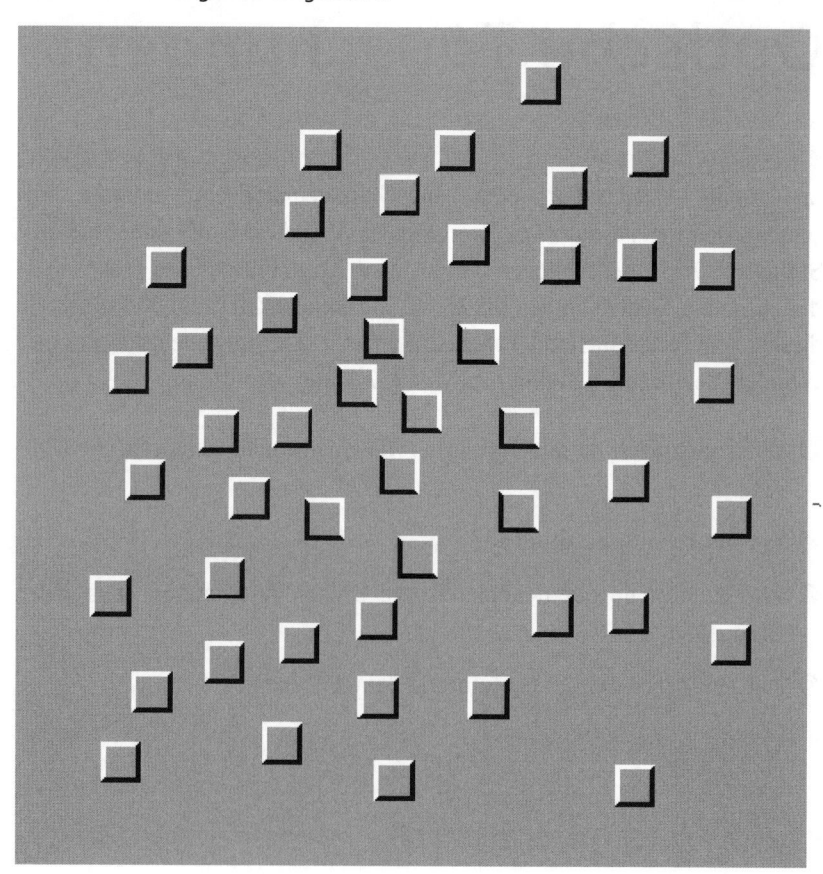

Geheimnisvolle Bewegung

Ein Quadrat zeichnen

- Stelle die Ansicht OBEN und im Menü KAMERA die PARALLELE PROJEKTION ein.

- Zeichne mit dem Rechteck-Werkzeug ein Quadrat. Beginne im Mittelpunkt des Koordinatensystems (Ursprung). Wenn dein Rechteck die Form eines Quadrats hat, erscheint im Innern eine gestrichelte Diagonale und neben dem Cursor ein kleines Textfeld mit der Aufschrift »Quadrat«.

- Zeichne mit dem Versatzwerkzeug ein inneres Quadrat.

- Ziehe eine Diagonale durch das Quadrat.

- Lösche das mittlere Liniensegment der Diagonalen und färbe mit dem Farbeimer-Werkzeug die obere Randfläche hell, das mittlere Quadrat in einem Farbton mittlerer Helligkeit und den unteren Rand dunkel.

- Die Kanten der Figur stören die Illusion und sollten unsichtbar gemacht werden. Klicke im Menü ANSICHT auf das Feld KANTENSTIL und entferne die Häkchen vor KANTEN ANZEIGEN. Dann sieht dein Quadrat aus wie im rechten Bild.

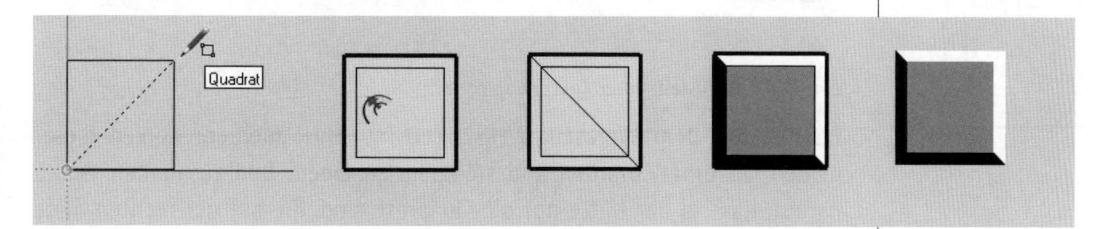

Ein Quadrat mit zweifarbigem Rand zeichnen.

Mache nun aus der Zeichnung eine Gruppe. Das geht so: Rahme mit dem Auswahlwerkzeug (Leertaste) die Figur ein, drücke die rechte Maustaste und wähle im Kontextmenü GRUPPIEREN.

Kapitel 6

Optische Täuschungen

Das Bild zusammenstellen

Als Nächstes kopierst du das Quadrat und spiegelst die Kopie:

- Klicke mit dem Pfeil die Gruppe mit dem Quadrat an, so dass sie durch einen blauen Rahmen markiert ist. Wähle das Werkzeug VERSCHIEBEN/KOPIEREN und drücke einmal kurz die [Strg]-Taste. Der Cursor sieht aus wie ein Kreuz aus Doppelpfeilen mit einem Plus.

- Klicke auf eine Ecke des Quadrats und bewege den Cursor nach rechts (linkes Bild). Es entsteht eine Kopie. Mit einem Linksklick schließt du den Kopiervorgang ab.

- Klicke nun mit dem Pfeil (Auswahlfunktion) auf die Kopie des Quadrats und klicke dann mit der rechten Maustaste. Wähle im Kontextmenü SPIEGELN ENTLANG|ROTE KOORDINATENACHSE. Du hast nun zwei spiegelbildliche Quadrate wie im rechten Bild.

Eine Kopie der Instanz anfertigen und spiegeln.

Erstelle mit dem Werkzeug VERSCHIEBEN/KOPIEREN mehrere Kopien dieser beiden Quadrat-Varianten und stelle sie zu einem Bild zusammen. Achte darauf, dass in der Mitte nur die Quadrate sind, die auf der rechten Seite einen hellen Rand haben. Darum herum liegen die Quadrate, deren rechter Rand dunkel ist. So entsteht ein Bild wie in der ersten Abbildung dieses Abschnitts.

Der Hintergrund

Vielleicht willst du die Farbe des Hintergrunds verändern. Das geht so:

- Öffne die Dialogbox FENSTER|STILE.
- Wähle den Reiter BEARBEITEN.
- Klicke auf die Schaltfläche HINTERGRUND (im rechten Bild eingekreist).
- Entferne die Häkchen in den Checkboxen vor HIMMEL und BODEN.

Die Illusion von Baingio Pinna

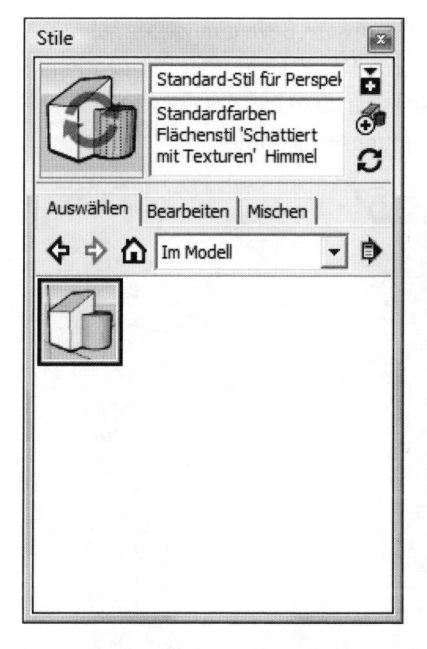

Nun sieht man in der Umgebung des Modells keinen Boden und Himmel mehr, sondern nur noch den Hintergrund. Um die Farbe des Hintergrunds zu ändern, klickst du auf das Quadrat rechts neben dem Wort HINTERGRUND. Dann öffnet sich eine neue Dialogbox, in der du Farbton und Helligkeit der Hintergrundfarbe einstellen kannst.

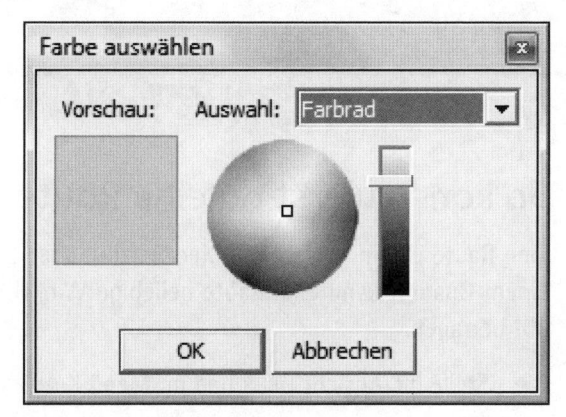

Die Illusion von Baingio Pinna

Schau auf den schwarzen Punkt in der Mitte und bewege deinen Kopf vor und zurück. Plötzlich scheinen sich die äußeren Ringe aus Rauten zu drehen. Und zwar in entgegengesetzte Richtungen! Diese optische Täuschung wurde von dem italienischen Psychologen Baingio Pinna entwickelt und ist nach ihm benannt. Die Ursache der Scheinbewegung liegt wieder in

Kapitel 6 — Optische Täuschungen

der Farbabstufung hell-mittel-dunkel, die unsere Bewegungswahrnehmung irritiert. Der Punkt in der Mitte ist wichtig. Denn wenn man auf den Punkt guckt, geraten die beiden Ringe in den Randbereich des Blickfelds (Peripherie). Und nur dort tritt der Wahrnehmungseffekt auf.

Bewegungsillusion nach Biangio Pinna.

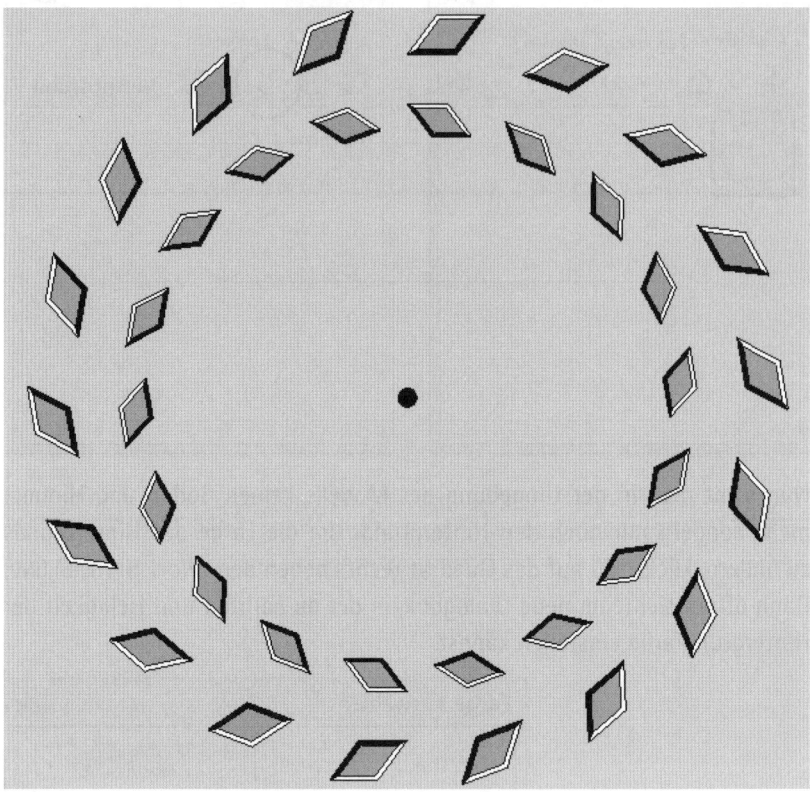

So konstruierst du eine Raute

Eine Raute ist ein Viereck mit vier gleich langen Seiten. Im Unterschied zu einem Quadrat kann eine Raute beliebige Winkel haben. Sie müssen nicht 90° betragen.

≫ Stelle die Ansicht OBEN und im Menü KAMERA die PARALLELE PROJEKTION ein.

≫ Wähle das Werkzeug VIELECK und gib über die Tastatur 4 ⏎ ein. Der Mauszeiger sieht aus wie ein Stift, dessen Spitze von einem Quadrat umgeben ist.

≫ Zeichne um den Ursprung ein Quadrat, dessen rechte Ecke auf der roten Achse liegt (linkes Bild). Das geht so: Klicke auf den Ursprung.

Die Illusion von Baingio Pinna

Ziehe den Mauszeiger waagerecht nach rechts entlang der roten Achse. Wenn das Quadrat groß genug ist, klicke links.

≫ Zeichne in das Quadrat ein zweites, kleineres Quadrat (mittleres Bild).

≫ Zeichne vom linken Eckpunkt des äußeren Quadrats Linien um den oberen und unteren Eckpunkt des inneren Quadrats (rechtes Bild).

≫ Mache das Gleiche auf der rechten Seite.

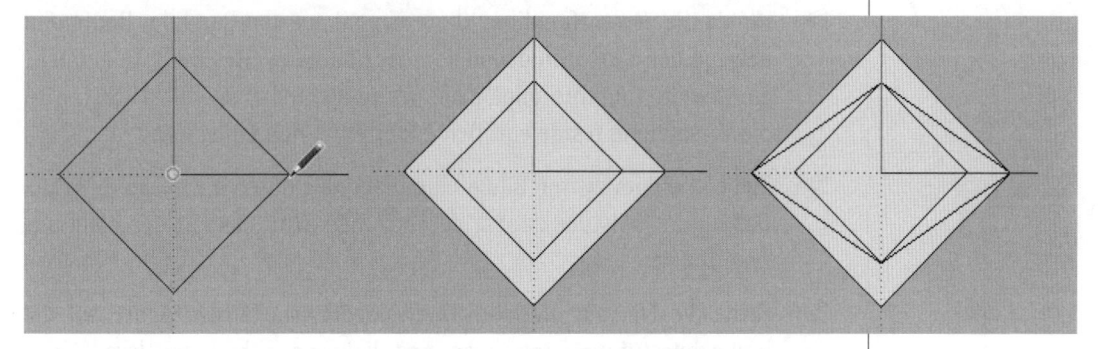

≫ Entferne mit dem Radiergummi alle überflüssigen Linien (erstes Bild). Jetzt hast du eine Raute. Denn alle Seiten des Vierecks sind gleich lang.

≫ Markiere mit dem Auswahlwerkzeug (Leertaste) die gesamte Raute.

≫ Wähle das Werkzeug DREHEN und klicke auf den linken Eckpunkt der Raute. Der Winkelmesser haftet nun an diesem Punkt. Klicke auf den unteren Eckpunkt der Raute.

≫ Drehe die Raute, bis der untere Eckpunkt genau auf der roten Achse liegt (drittes Bild). Du kannst genauer drehen, wenn du mit dem Mauszeiger nach außen (vom Drehpunkt weg) gehst.

≫ Wähle VERSCHIEBEN/KOPIEREN (M) und klicke auf den linken Eckpunkt der (immer noch markierten) Raute. Verschiebe die Raute entlang der roten Achse nach rechts, bis der Eckpunkt genau im Ursprung liegt (rechtes Bild).

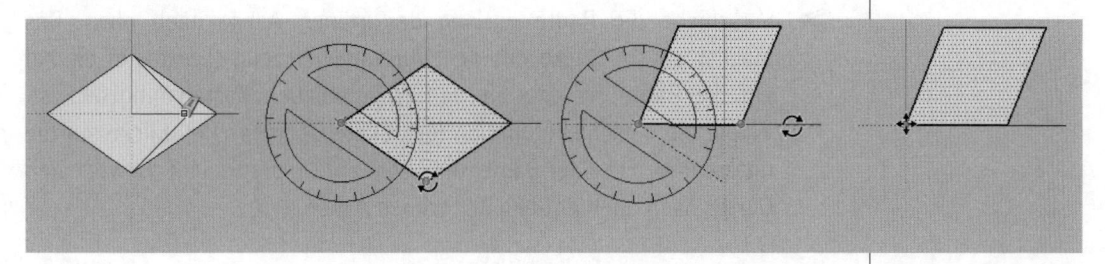

Kapitel 6

Optische Täuschungen

Rand hinzufügen

Damit es zum Bewegungseffekt kommt, muss die Raute mehrere Farben mit einer Helligkeitsstufung von dunkel nach hell besitzen. Deshalb bekommt die Raute jetzt einen zweifarbigen Rand.

- Klicke mit dem Auswahlwerkzeug (Leertaste) auf die Innenfläche der Raute. Sie erscheint jetzt gepunktet.

- Wähle die Versatzfunktion. Klicke einmal auf den Rand der Raute und bewege den Cursor in das Innere der Raute (zweites Bild). Es entsteht eine zweite rautenförmige Linie. Wenn du nochmals links klickst, wird die Versatzlinie festgelegt. Deine Raute hat nun einen Rand.

- Ziehe – wie im dritten Bild – eine Diagonale durch die gesamte Raute. Das innere Teilstück kannst du entfernen. Nun besteht der Rand aus zwei Hälften.

- Färbe die Flächen mit drei unterschiedlichen Farben. Achte auf die Helligkeitsstufen: Rand oben und links ganz hell, mittlere Fläche mittelhell, Rand unten und rechts dunkel. Am einfachsten nimmst du die Farben Weiß, Grau und Schwarz.

- Mache aus der Raute eine Gruppe.

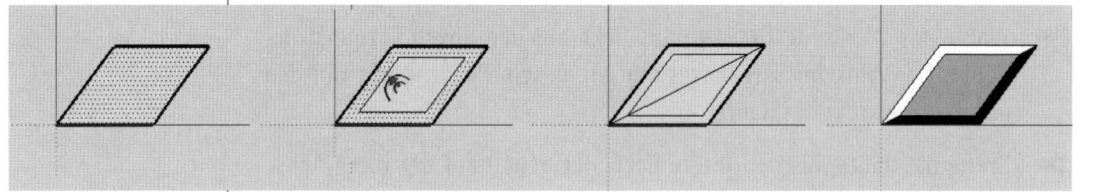

Konstruiere eine Raute mit Rand.

Die zweite Raute

Konstruiere nun ein Teilstück der beiden Ringe, das aus zwei Rauten besteht.

- Verschiebe die Raute entlang der grünen Achse nach oben. Das machst du so: Klicke mit dem Auswahlwerkzeug (Leertaste) einmal auf die Raute, so dass sie von einem blauen Kasten umgeben ist. Wähle die Verschiebefunktion (gekreuzte Doppelpfeile). Klicke auf die untere linke Ecke der Raute, die genau im Ursprung liegt. Bewege den Cursor nach oben entlang der grünen Achse.

Die Illusion von Baingio Pinna

≫ Mache eine Kopie der Raute: Klicke mit dem Auswahlwerkzeug (Leertaste) auf die Raute, so dass sie blau markiert ist. Wähle das Werkzeug VERSCHIEBEN/KOPIEREN und drücke einmal die ⌞Strg⌟-Taste. Über dem Cursor, der aussieht wie zwei gekreuzte Doppelpfeile, erscheint ein kleines Pluszeichen. Klicke nun auf den unteren linken Eckpunkt der Raute, der sich genau auf der grünen Achse befindet. Es entsteht eine Kopie der Rautengruppe. Bewege sie ein Stück nach unten entlang der grünen Achse und klicke dann mit der linken Maustaste.

≫ Klicke mit dem Auswahlwerkzeug (Leertaste) auf die zweite Raute.

≫ Klicke rechts und wähle im Kontextmenü SPIEGELN ENTLANG|ROTE ACHSE.

≫ Wähle das Skalierungswerkzeug und klicke auf die Raute. Um die Gruppe sieht man einen Kasten mit acht kleinen grünen Quadraten. Klicke auf das grüne Quadrat rechts oben und ziehe es ein Stück nach links unten. Die Raute wird kleiner. Wenn die Größe stimmt, klicke mit der linken Maustaste.

≫ Rahme mit dem Auswahlwerkzeug die beiden Gruppen ein und erstelle eine neue Gruppe.

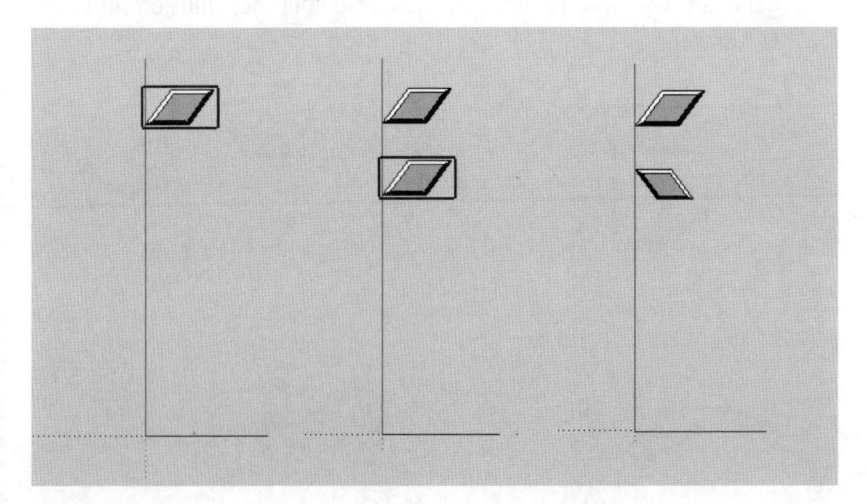

Eine zweite Raute erstellen und verändern.

Kopieren und Drehen

≫ Klicke mit dem Auswahlwerkzeug auf die Rautengruppe.

≫ Wähle die Drehfunktion und drücke einmal die ⌞Strg⌟-Taste, um den Kopiermodus einzustellen. Der Cursor hat nun die Gestalt von zwei gebogenen Pfeilen mit einem kleinen Pluszeichen und ist umgeben von einem kreisrunden Winkelmesser.

Kapitel 6 — Optische Täuschungen

➤ Klicke auf den Mittelpunkt des Koordinatensystems. Der Winkelmesser muss nun an dieser Stelle hängen bleiben, wenn du den Cursor bewegst. (Wenn der Cursor den Winkelmesser mitnimmt, ist irgendetwas schiefgelaufen. Dann beginne wieder bei Schritt 1 dieses Abschnitts.)

➤ Klicke nun auf einen Punkt in der Rautengruppe. Es entsteht eine Kopie der Gruppe. Bewege den Cursor ein Stück nach rechts. Die Kopie bewegt sich um den Ursprung mit. Nun bestimmst du den Drehwinkel. Gib über die Tastatur die Zahl 20 ein und drücke die ⏎-Taste. Dann wird die Kopie gegenüber dem Original um 20° nach rechts gedreht.

➤ Eine volle Umdrehung sind 360°. Wenn zwischen den Rautenpaaren ein Winkel von 20° liegt, muss die Operation KOPIEREN UND DREHEN 17 Mal ausgeführt werden. Gib über die Tastatur X17 ⏎ ein. Nun hast du zwei Ringe aus Rauten.

➤ Zeichne einen kleinen Kreis um den Ursprung und fülle ihn mit schwarzer Farbe. Wenn du noch die Hintergrundfarbe ändern willst, gehe so vor wie im letzten Abschnitt bei der Illusion mit den Quadraten.

Rauten 17 Mal kopieren und um 20 Grad um den Mittelpunkt drehen.

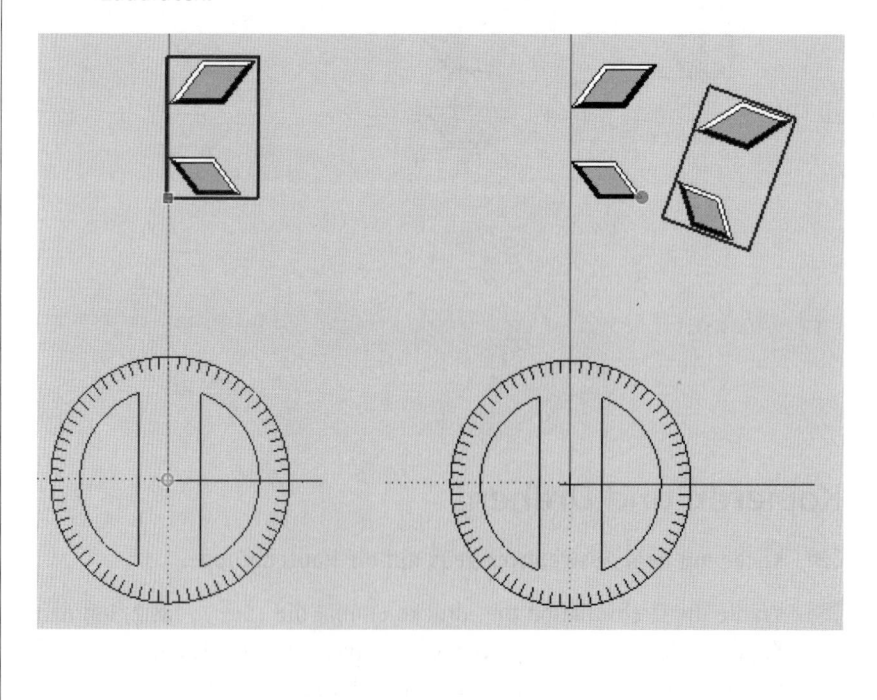

Ein unmögliches Bild

Schau dir das Bild an. Unmöglich! So etwas gibt es doch gar nicht!

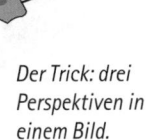

Der Trick: drei Perspektiven in einem Bild.

Mache ein kleines Experiment. Bedecke mit der Hand die untere Würfelreihe. Dann scheinen die Würfel der linken Seite im Hintergrund zu sein und die rechten Würfel im Vordergrund. Wenn du die obere Würfelreihe abdeckst, ist es genau umgekehrt. Die Würfel, die ganz links sind, scheinen sich hinten zu befinden, und die rechte Würfelreihe ist weiter vorne.

Hier wurden also verschiedene Perspektiven gemischt. Nicht alles, was auf den ersten Blick dreidimensional aussieht, ist es auch. Dieses Bild ist *keine* Projektion eines dreidimensionalen Modells. Man kann es auch nicht mit SketchUp als 3D-Modell aus Würfeln konstruieren.

Dagegen ist es aber ziemlich leicht, die Illusion als zweidimensionales Bild auf eine Fläche zu zeichnen. Als Erstes konstruierst du eine *sechseckige Fläche*, die aussieht wie ein Würfel:

Kapitel 6 — Optische Täuschungen

- Wähle im Menü KAMERA die PARALLELE PROJEKTION und die Standardansicht OBEN.

- Wähle das Vieleckwerkzeug und gib über die Tastatur 6 ⏎ ein. Der Cursor sieht nun aus wie ein Stift, der von einem regelmäßigen Sechseck umgeben ist.

- Klicke den Mittelpunkt (Ursprung) des Koordinatenkreuzes an. Bewege den Cursor entlang der grünen Achse nach oben und erzeuge mit einem weiteren Klick ein Sechseck wie in der Abbildung links.

- Ziehe vom Mittelpunkt aus drei Linien und färbe mit dem Farbeimer die Flächen mit drei unterschiedlichen Farben ein.

- Ziehe mit dem Auswahlwerkzeug (Leertaste) einen Kasten um die gesamte Figur und klicke mit der linken Maustaste. Alle Einzelteile sind nun blau markiert.

- Klicke mit der rechten Maustaste und wähle im Kontextmenü den Befehl GRUPPIEREN.

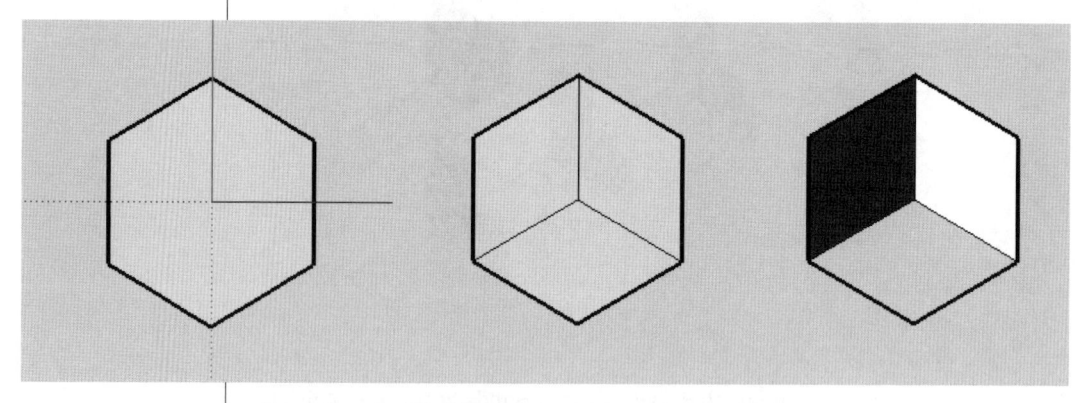

Konstruiere eine Würfelfläche und erstelle daraus eine Gruppe.

Als Nächstes zeichnest du ein gleichseitiges Dreieck, das so groß ist, dass auf jede Seite fünf Würfel-Flächen passen.

- Wähle das Vieleckwerkzeug und gib über die Tastatur 3 ⏎ ein, damit du mit dem Werkzeug ein Dreieck zeichnen kannst.

- Klicke auf eine beliebige Stelle der Arbeitsfläche. Dort ist nun der Mittelpunkt des neuen Dreiecks. Ziehe jetzt den Mauszeiger waagerecht in Richtung der roten Achse. Wenn die Richtung stimmt, siehst du eine rote Spur vom Mittelpunkt des Dreiecks zum Stift. Außerdem erscheint ein kleines Textfeld AUF ROTER ACHSE. Wenn das Dreieck groß genug ist, klicke links.

Ein unmögliches Bild

» Wähle VERSCHIEBEN/KOPIEREN (zwei gekreuzte Doppelpfeile) und klicke auf den Mittelpunkt der Würfelfläche. Verschiebe die Würfelfläche exakt auf den linken Eckpunkt des Dreiecks.

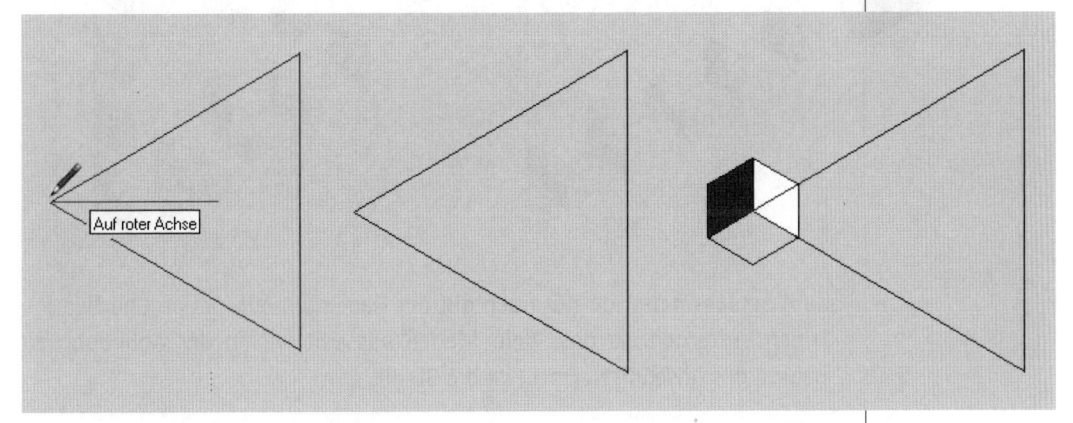

Als Nächstes muss die Würfelfläche mehrmals kopiert und auf die Seiten des Dreiecks verteilt werden. Ein Array (Feld) von Entitäten entsteht, wenn man mehrere Kopien der Entität mit gleichem Abstand entlang einer Linie verteilt. Du erzeugst drei Arrays aus Würfelflächen. Und das geht so:

» Wähle die erste Würfelfläche links mit dem Auswahlwerkzeug (Pfeil) aus.

» Wähle VERSCHIEBEN/KOPIEREN (M) und drücke einmal auf die [Strg]-Taste. Über dem Cursor erscheint ein kleines Pluszeichen.

» Klicke genau auf die Mitte der Würfelfläche (Sechseck). Es entsteht eine Kopie. Schiebe sie so nach rechts, dass ihr Mittelpunkt genau auf der rechten Ecke des Dreiecks steht.

» Du hast nun festgelegt, wo sich der Anfang und das Ende des Arrays befinden. Nun musst du noch angeben, wie oft die Würfelfläche kopiert werden soll. Gib über die Tastatur /4 ein. Im Datenfeld rechts unten steht nun »/4«. Sobald du die [↵]-Taste gedrückt hast, passiert Folgendes: Von der Würfelfläche werden insgesamt vier Kopien angefertigt (dazu gehört auch die eine, die du gerade verschoben hast) und über den Bereich zwischen der Würfelfläche links und der rechten unteren Ecke des Dreiecks verteilt (siehe Abbildung links).

» In der gleichen Weise setzt du Würfelflächen (Sechsecke) auf die anderen Seiten des Dreiecks: Markiere mit dem Auswahlwerkzeug die letzte Würfelfläche unten rechts. Wähle das Verschiebewerkzeug, klicke in die Mitte der markierten Würfelfläche. Verschiebe die Kopie nach oben usw. Danach sollte dein Bild aussehen wie in der Abbildung rechts.

Kapitel 6

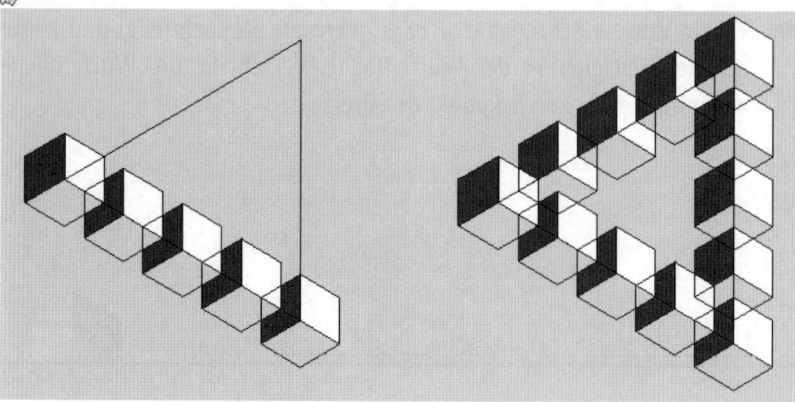

Optische Täuschungen

Zum Schluss musst du nur noch mit der Radiergummifunktion überflüssige Linien entfernen, so dass dein Modell aussieht wie in der Abbildung zu Beginn des Abschnitts. Fertig ist die 3D-Illusion!

Zusammenfassung

- Grafische Elemente mit drei unterschiedlich hellen Bereichen in der Reihenfolge hell, mittel, dunkel scheinen sich zu bewegen (Bewegungsillusion).

- Zur Konstruktion geometrischer Figuren verwendest du bei SketchUp besser keine Kreise, sondern regelmäßige Polygone, die du mit dem Vieleckwerkzeug zeichnest. Besonders nützlich ist das Quadrat. Die gewünschte Seitenzahl gibst du über die Tastatur ein, sobald du das Vieleckwerkzeug gewählt hast.

- Bei einem *Array* sind mehrere Exemplare einer Figur (z. B. Gruppe) über einen Bereich gleichmäßig verteilt. Du definierst ein Array so: Setze eine Figur an den Anfang des Bereichs, eine Kopie an das Ende und gib über die Tastatur / ... ⏎ ein. Nach dem Schrägstrich kommt eine Zahl.

- Durch geschicktes Kopieren mit den Werkzeugen zum Drehen und Verschieben kannst du aus wenigen grafischen Elementen eine interessante Struktur aufbauen.

Ein paar Fragen ...

Frage 1: Bei einem mathematischen Kreis sind alle Punkte gleich weit vom Mittelpunkt entfernt. Gilt das auch für einen SketchUp-Kreis?

... und ein paar Aufgaben

Frage 2: Welche Aufgabe hat der dicke Punkt in der Mitte der Illusion mit den zwei Ringen aus Rauten?

Frage 3: Was ist der Unterschied zwischen einer Raute und einem Quadrat?

Frage 4: Eine Raute kannst du auch mit den Werkzeugen VIELECK und SKALIEREN erzeugen. Wie gehst du vor?

... und ein paar Aufgaben

1. Welche Zahl kannst du auf dem Bild erkennen? Lasse den Blick über das Bild schweifen. Die Elemente, die zu den Ziffern gehören, scheinen sich nach rechts zu bewegen, die anderen nach links. Konstruiere eine solche Bewegungsillusion, die Information enthält (Jahreszahl, Alter, Initialen ...).

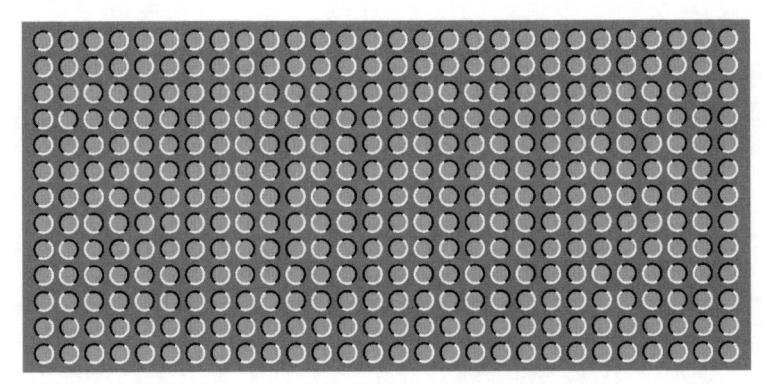

2. Das Bild zeigt eine Parallelillusion. Die waagerechten Linien sind zwar exakt gerade und parallel, sehen aber ziemlich verbogen aus. Durch geschicktes Kopieren kannst du ein solches Bild in ein paar Minuten erstellen.

7
Anschauungsmodell eines Kernkraftwerks

3D-Modelle werden oft zur Veranschaulichung technischer Anlagen verwendet. Ein Anschauungsmodell ist *keine* verkleinerte Darstellung des Originals. In diesem Kapitel konstruieren wir ein Modell eines Kernkraftwerks. In der Wirklichkeit ist eine solche Anlage unglaublich kompliziert. Ein Wirrwarr von Mauern, Rohren und Maschinen, das kein Mensch alleine durchschaut. Ein Anschauungsmodell soll aber nur einige grundsätzliche Dinge verständlich machen. Es ist eine starke Vereinfachung. Alles das, was man gar nicht erklären will und was deshalb unwichtig ist, wird weggelassen. Komplizierte Rohrleitungen mit vielen Krümmungen und Windungen werden im Modell so einfach wie möglich dargestellt.

Außerdem sind in einem richtigen Kernkraftwerk viele Teile hinter Wänden versteckt und schlecht erkennbar. Im Modell werden sie sichtbar gemacht und können zusätzlich noch durch Farben besonders hervorgehoben werden. Ein Anschauungsmodell kann ein richtiges Kunstwerk sein.

Was sind hier die Vorteile von 3D? Erstens: Häufig sind in einem 3D-Modell die Einzelteile besser erkennbar als in einer zweidimensionalen Zeichnung. Zweitens: Wenn du einmal ein 3D-Modell entwickelt hast, kannst du daraus ganz leicht und schnell viele unterschiedliche Abbildungen gewinnen. Du lässt das Modell, wie es ist, und wählst nur verschiedene Blick-

Kapitel 7

Anschauungsmodell eines Kernkraftwerks

winkel und Modellausschnitte. Diese Bilder kannst du als Illustrationen in einer Präsentation, einem Artikel oder Referat verwenden.

Im Einzelnen geht es in diesem Kapitel um folgende technische und gestalterische Fragen:

- Wie konstruierst du mit dem Folge-mir-Werkzeug Rohrleitungen und Behälter?
- Wie verwendest du Gruppen?
- Wie kannst du Gruppen ausblenden und wieder einblenden?
- Wie verwendest du (zweidimensionale) Texte, um den Aufbau deines Modells zu erklären?
- Wie setzt du Farben ein, um dein Modell möglichst verständlich zu machen?
- Wie verteilst du Elemente deines Modells auf Layer?

Wir bauen ein Atomkraftwerk

Ein Atomkraftwerk besteht im Prinzip aus drei Teilen:

◇ Im Kernreaktor wird Wärme erzeugt.

◇ Mit Hilfe der Wärme wird Wasser zum Kochen gebracht und Wasserdampf erzeugt. Dieser Dampf treibt eine Turbine an. Sie dreht sich schnell. Aus Wärme wird Bewegung.

◇ Die Turbine ist über eine Achse mit einem Generator verbunden, der Strom erzeugt. Aus Bewegung wird Elektrizität.

Die Abbildung zeigt ein Modell des modernsten Reaktortyps. Das ist der Europäische Druckwasserreaktor, der in den 1990er Jahren entwickelt worden ist.

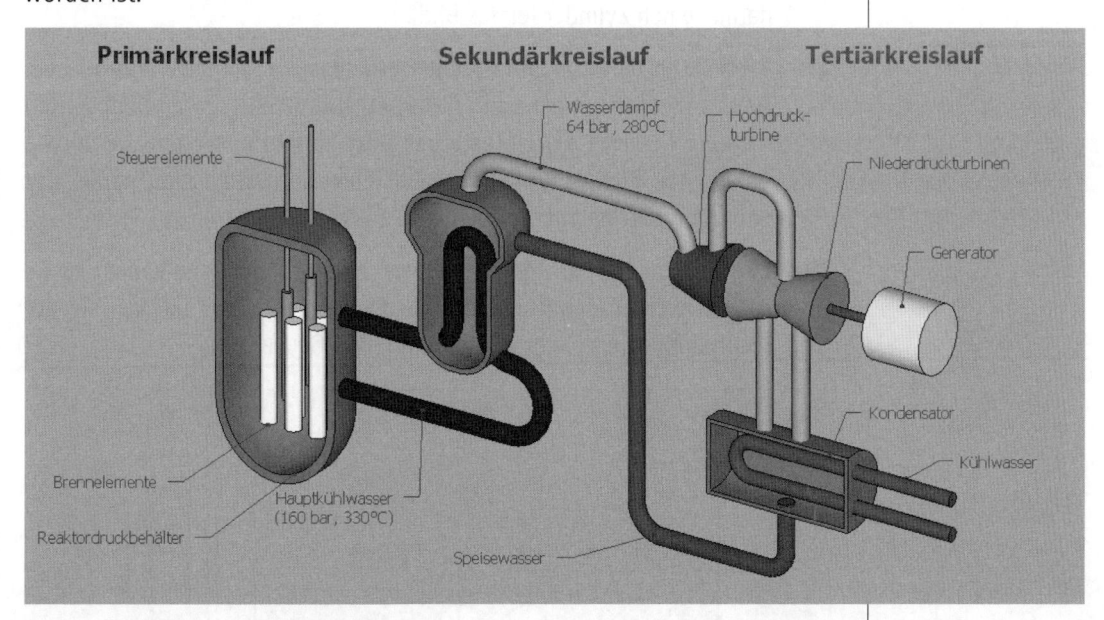

Anschauungsmodell eines Druckwasserreaktors.

Im Innern des Reaktors

Wie funktioniert eigentlich ein Kernreaktor? Im Innern eines druckfesten Behälters befinden sich Stäbe, die man Brennelemente nennt. Natürlich brennen sie nicht wirklich, aber sie werden sehr heiß. In ihnen findet nämlich die Kernreaktion statt. Die Brennelemente enthalten ein Metall mit dem Namen Uran-235. Wenn Neutronen auf die Kerne der Uran-Atome treffen, zerspringen sie in kleinere Stücke. Dabei wird Energie frei. Außerdem entstehen wieder neue Neutronen, die nun zu anderen Uran-Atomen fliegen und sie zerspringen lassen. Das nennt man eine Ketten-

Kapitel 7

Anschauungsmodell eines Kernkraftwerks

reaktion. Damit nicht zu viele Neutronen entstehen, befinden sich zwischen den Brennstäben Steuerelemente. Sie fangen Neutronen auf. Die Steuerelemente kann man mit Motoren herunterlassen und hochziehen. Wenn die Steuerstäbe ganz heruntergefahren sind, können keine Neutronen mehr zwischen den Brennelementen hin und her fliegen. Die Kettenreaktion stoppt und der Reaktor wird abgeschaltet. Wenn die Steuerelemente hochgezogen werden, kommt die Kettenreaktion wieder in Gang. Je höher die Steuerelemente sind, desto mehr Atome werden gespalten und desto heißer werden die Brennelemente. So wird die Kernreaktion gesteuert.

Die Brennelemente

Und so konstruierst du mit SketchUp die Brennelemente.

> Zeichne am Ursprung einen Kreis und mache mit DRÜCKEN/ZIEHEN daraus einen Zylinder (erstes Bild).

> Wechsle in die Standardansicht OBEN (das Symbol sieht aus wie ein Haus von oben), mache mit VERSCHIEBEN/KOPIEREN (roter Doppelpfeil) mehrere Kopien (`Strg`-Taste gedrückt halten) und ordne sie an wie im zweiten Bild. Achte beim Verschieben darauf, dass du immer nur entlang der roten oder grünen Achse verschiebst.

> Mache aus den fünf Brennelementen eine Gruppe. Dann kannst du sie später leichter einfärben. Wähle die Elemente aus, klicke mit der rechten Maustaste und wähle den Befehl GRUPPIEREN.

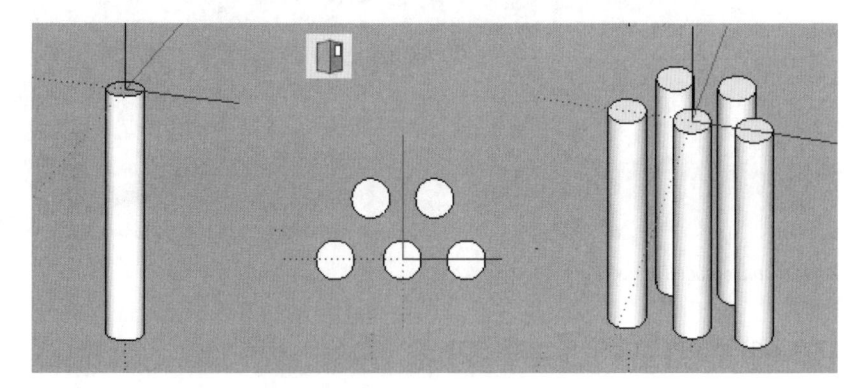

Die Steuerelemente

Verstecke die Brennelemente. Wähle mit dem Pfeil-Werkzeug die Gruppe aus, so dass sie durch einen Kasten aus blauen Linien markiert ist, klicke mit der rechten Maustaste und wähle im Kontextmenü den Befehl AUSBLENDEN.

Wir bauen ein Atomkraftwerk

Nun ist der Bildschirm wieder leer und du kannst im Ursprung des Koordinatenkreuzes ein Steuerelement konstruieren:

> Zeichne um den Ursprung einen Kreis und drücke ihn mit DRÜCKEN/ZIEHEN nach unten (blaue Achse). Es entsteht ein Zylinder.

> Zeichne auf die Oberseite einen kleineren Kreis und ziehe ihn zu einem langen Zylinder nach oben.

> Mache aus dem Steuerelement eine Gruppe.

> Wechsle in die Standardansicht OBEN und blende die Brennelemente wieder ein (BEARBEITEN|EINBLENDEN|ALLE).

> Markiere das Steuerelement mit dem Pfeil, wähle VERSCHIEBEN/KOPIEREN und schiebe es zuerst entlang der roten Achse nach links zwischen die beiden Brennstäbe und dann entlang der grünen Achse ein Stück nach oben.

> Halte die `Strg`-Taste gedrückt und schiebe eine Kopie des Steuerelements entlang der roten Achse nach rechts.

Schaue dir nun dein Modell aus einem anderen Blickwinkel an. Steuerelemente und Brennelemente sind auf einer Höhe. In diesem Zustand ist der Reaktor abgeschaltet.

Nun möchtest du verdeutlichen, dass man die Steuerelemente herauf- und herunterfahren kann. Wie kannst du das zum Ausdruck bringen? Ganz einfach. Ziehe einfach die Steuerstäbe jeweils ein Stückchen nach oben (blaue Achse) und zwar in unterschiedliche Höhe (letztes Bild). Das lässt den Betrachter erkennen, dass sie beweglich sind.

Zum Schluss machst du aus dem gesamten bisherigen Modell eine Gruppe.

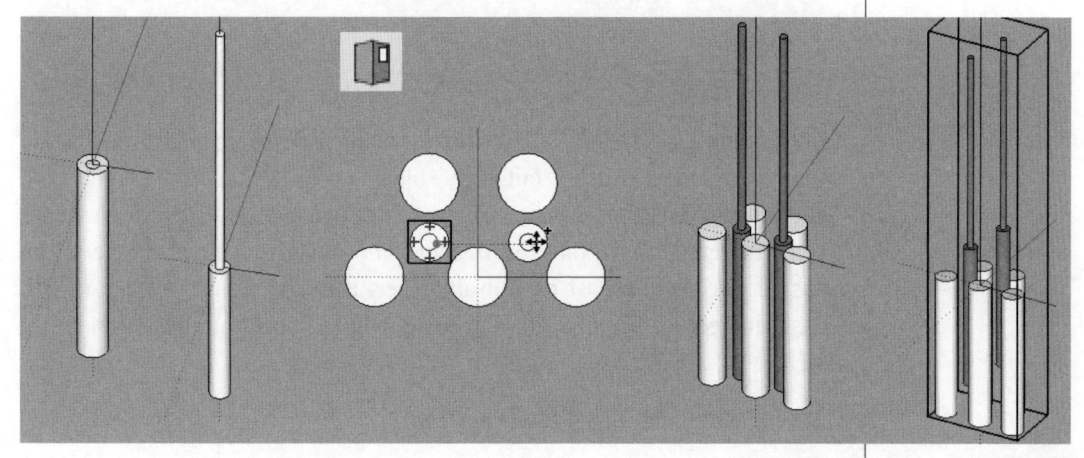

Kapitel 7

Anschauungsmodell eines Kernkraftwerks

Der Reaktordruckbehälter

Um die Brenn- und Steuerelemente herum konstruierst du nun den Reaktordruckbehälter. In einem Kernkraftwerk ist dieser Behälter mit Wasser gefüllt. Durch die heißen Brennstäbe wird es auf 330°C aufgeheizt. Durch den hohen Druck von 160 bar bleibt es bei dieser Temperatur flüssig. Wir konstruieren nur eine Hälfte des Reaktorbehälters, damit sein Innenleben sichtbar bleibt.

> Wähle die Standardansicht OBEN und verschiebe die Gruppe mit Brenn- und Steuerelementen in Richtung der grünen Achse nach oben.

> Zeichne einen Kreis um den Ursprung. Achte darauf, dass du den Stift entlang der roten Achse bewegst (zweites Bild). Der Kreis ist ja eigentlich kein Kreis, sondern ein Vieleck. Und du musst dafür sorgen, dass eine Ecke genau auf der roten Achse liegt. Warum? Dazu kommen wir gleich.

> Lösche die Innenfläche des Kreises.

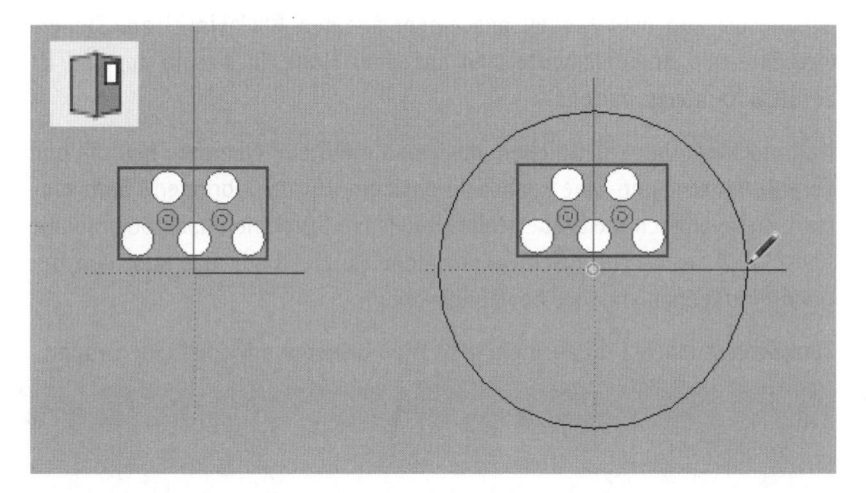

Nun kommt ein kleiner, aber wichtiger Kniff. Die Kreislinie brauchst du später für eine Extrusion mit dem Folge-mir-Werkzeug. Eine Fläche wird entlang der Kreislinie bewegt. Diese Fläche wirst du auf der roten Achse konstruieren. Und sie muss senkrecht zum Beginn der Kreislinie sein. Um das zu erreichen, drehst du nun den Kreis ein klein wenig so nach rechts, dass ein gerades Segment des Kreises genau senkrecht auf der roten Achse steht.

> Markiere mit dem Pfeil den Kreis.

> Wähle das Drehwerkzeug (zwei rote gebogene Pfeile) und klicke den Ursprung an.

Wir bauen ein Atomkraftwerk

≫ Klicke – wie im ersten Bild dargestellt – auf den Mittelpunkt des Liniensegments des Kreises, das die rote Achse berührt.

≫ Bewege den Mauszeiger nach unten und klicke genau auf die rote Achse (zweites Bild). Die Kreislinie wird um genau 7,5° gedreht.

≫ Ziehe genau auf der roten Achse eine waagerechte Linie durch den Kreis und lösche den unteren Halbkreis (drittes Bild). Fertig ist die Führungslinie für die Extrusion.

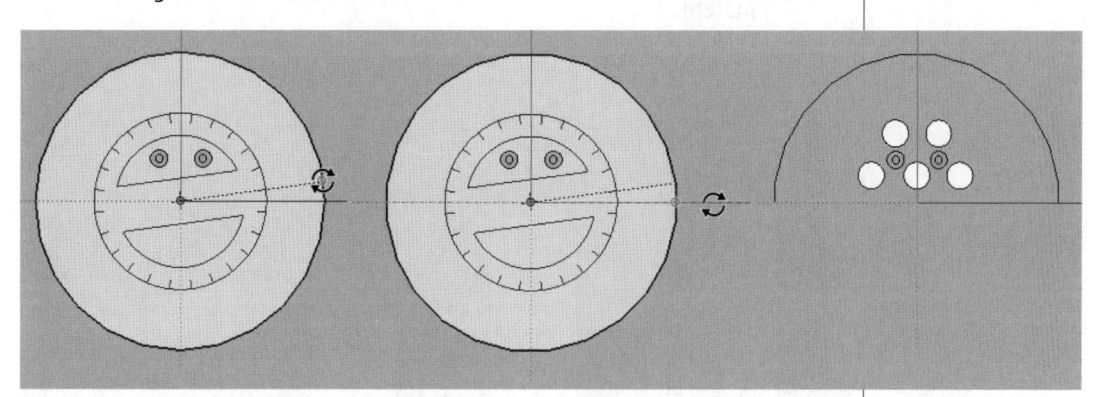

Nun konstruierst du die Querschnittsfläche der Behälterwandung. Sie wird später entlang des Halbkreises bewegt.

≫ Stelle die Standardansicht VORNE ein.

≫ Zeichne links von der blauen Achse ein Rechteck wie im ersten Bild. Es sollte ganz innerhalb des Halbkreises liegen und die Kreislinie nicht berühren. Danach kannst du die Gruppe mit Brenn- und Steuerelementen ausblenden.

≫ Zeichne Bogenlinien auf das Rechteck, lösche überflüssige Linien und bilde eine Fläche wie im zweiten Bild.

≫ Markiere mit dem Pfeil und gedrückter [Strg]-Taste alle Linienstücke der Fläche mit Ausnahme der Linie, die genau auf der blauen Achse liegt.

≫ Stelle mit dem Mausrad eine möglichst große Ansicht der Fläche ein, um genauer arbeiten zu können.

≫ Wähle das Versatzwerkzeug. Klicke einmal auf die markierte Linie und bewege dann den Mauszeiger auf das Innere der Fläche. Es entsteht eine Versatzlinie. Klicke mit der linken Maustaste, wenn die Versatzlinie den richtigen Abstand zur markierten Linie hat.

≫ Entferne die nun überflüssige Linie des Rechtecks, die genau auf der blauen Achse liegt.

Kapitel 7

Anschauungsmodell eines Kernkraftwerks

» Schließe die beiden parallelen Linien an den Enden oben und unten zu einer Fläche. Wichtig! Vergrößere die Ansicht sehr stark und kontrolliere, ob die beiden kurzen senkrechten Linien genau auf der blauen Achse liegen. Eventuell musst du mit dem Stift nachkorrigieren.

» Markiere mit dem Pfeil den Halbkreis und klicke mit dem Folge-mir-Werkzeug auf die Extrusionsfläche. Der Behälter (bzw. seine Hälfte) entsteht.

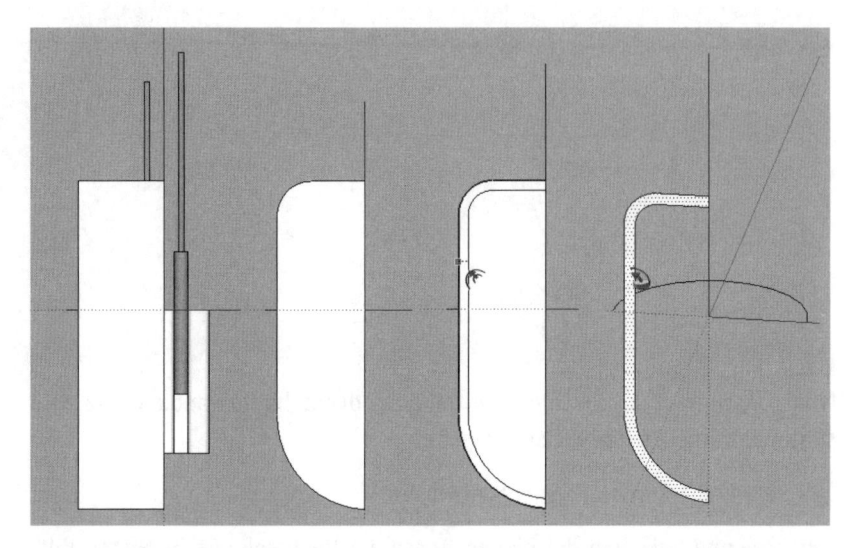

Dein Modell sieht nun aus wie auf dem nächsten Bild links. Entferne die überflüssige Halbkreislinie und mache aus dem Reaktorbehälter samt Inhalt eine Gruppe.

Der Primärkreislauf

Ein Atomkraftwerk enthält viele Rohre, durch die Wasser oder Dampf fließt. Damit das Modell einfach und übersichtlich wird, legst du alle Rohrleitungen auf die senkrechte Ebene, die durch die blaue und die rote Achse geht. Alle Rohre konstruierst du nach folgender Vorgehensweise:

◊ Du stellst die Standardansicht VORNE und PARALLELE PROJEKTION ein (Menü KAMERA) und zeichnest mit den Werkzeugen LINIE und BOGEN einen Pfad, der den Verlauf der Rohrleitung bestimmt.

◊ An ein Ende der Spur konstruierst du einen Kreis, der an dieser Stelle genau senkrecht zum Pfad liegt.

◊ Mit dem Folge-mir-Werkzeug erzeugst du entlang dem Pfad das Rohr.

Du beginnst mit dem Rohr für den Primärkreislauf. Durch dieses Rohr fließt das extrem heiße Wasser, das vom Kernreaktor kommt. Die Spur sieht aus

Wir bauen ein Atomkraftwerk

wie im mittleren Bild. An den Punkt A zeichnest du einen Kreis. Das wird die Querschnittsfläche des Rohrs. Gehe so vor:

- Stelle mit dem Werkzeug ROTIEREN (blaue 3D-Pfeile) die Ansicht so ein, dass du fast ganz von der rechten Seite auf den Reaktorbehälter schaust.

- Wähle das Kreiswerkzeug. Bewege den Mauszeiger, bis der Kreis um den Mauszeiger rot ist. Dann hat er die richtige Lage. Halte die ⇧-Taste gedrückt, damit diese Lage fixiert wird.

- Klicke auf den Beginn des Pfades (letztes Bild) und zeichne den Kreis.

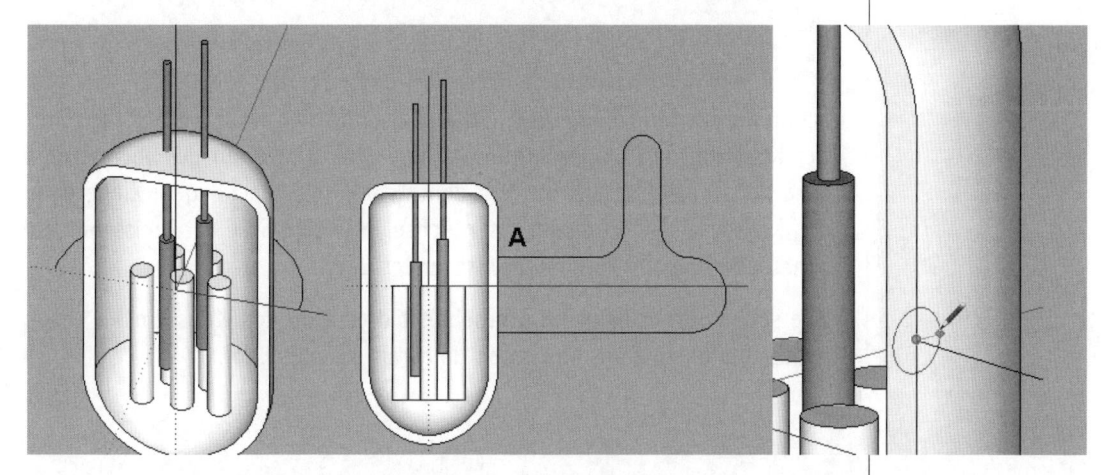

Markiere Spur und Kreis und mache daraus eine Gruppe. Es ist besser, wenn du jetzt noch nicht die Extrusion vornimmst. Dann kannst du leichter das nächste Bauteil, den Dampferzeuger, konstruieren.

Der Dampferzeuger

Im Dampferzeuger wird mit der Wärme des Druckwassers aus dem Reaktor das Wasser des Sekundärkreislaufs zum Kochen gebracht.

Stelle die Standardansicht VORNE ein und konstruiere wie in der Abbildung die Querschnittsfläche für die Wand des Dampferzeugers. Zwar kreuzt diese Fläche die Führungslinie für das Rohr des Primärkreislaufs. Aber das macht nichts, weil die Führungslinie in einer Gruppe eingekapselt ist.

> Wenn du durch eine Gruppe eine Linie zeichnest, wird die Linie *nicht* mit den Linien in der Gruppe verschnitten. Das heißt, es entstehen keine Schnittpunkte und die Linie wird nicht in Segmente zerteilt. Durch die Gruppierung werden Linien geschützt.

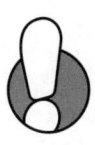

Kapitel 7

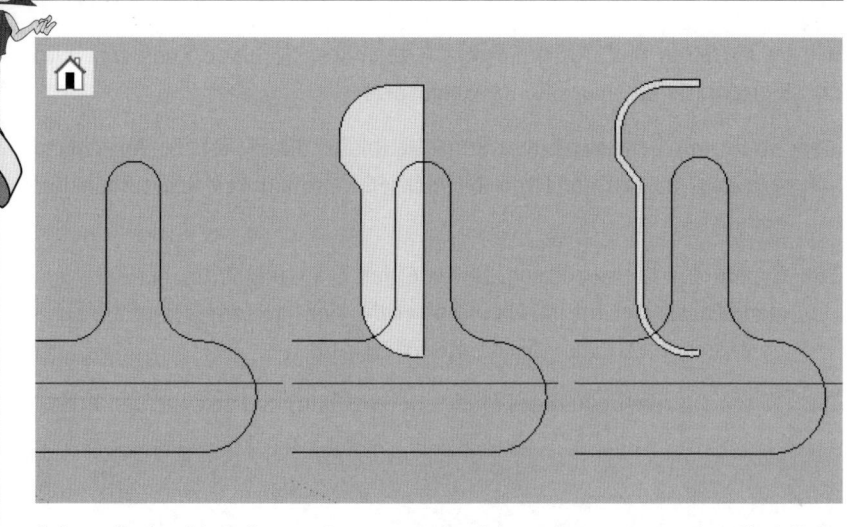

Anschauungsmodell eines Kernkraftwerks

Schau dir das Modell von oben an und zeichne eine waagerechte Kreislinie. Der Kreis um den Mauszeiger muss blau sein. Klicke auf die obere rechte Ecke der Querschnittsfläche, um den Mittelpunkt festzulegen. Ziehe dann den Kreis so in Richtung der roten Achse, dass eine Ecke der Kreissegmente genau oberhalb der roten Achse ist (erstes Bild).

Wie schon vorher beim Reaktorbehälter drehst du den Kreis um 7,5° nach rechts und machst aus ihm einen Halbkreis (rechtes Bild).

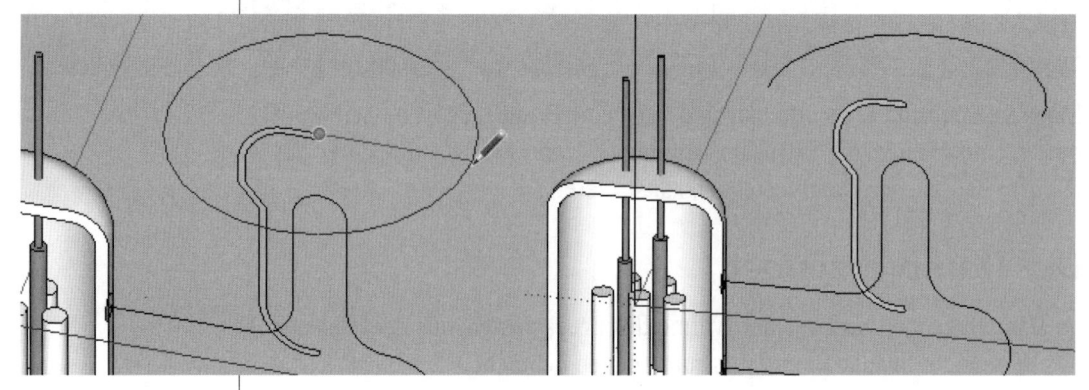

Bewege mit dem Folge-mir-Werkzeug die Querschnittsfläche über den Halbkreis und erschaffe auf diese Weise das Modell des Dampferzeugers (erstes Bild). Vergiss nicht, aus ihm eine Gruppe zu machen und den überflüssigen Halbkreis zu löschen.

Dann öffnest du durch einen Doppelklick mit dem Pfeil die andere Gruppe und erzeugst das Rohr des Primärkreislaufs durch Extrusion der Kreisfläche (zweites Bild).

Wir bauen ein Atomkraftwerk

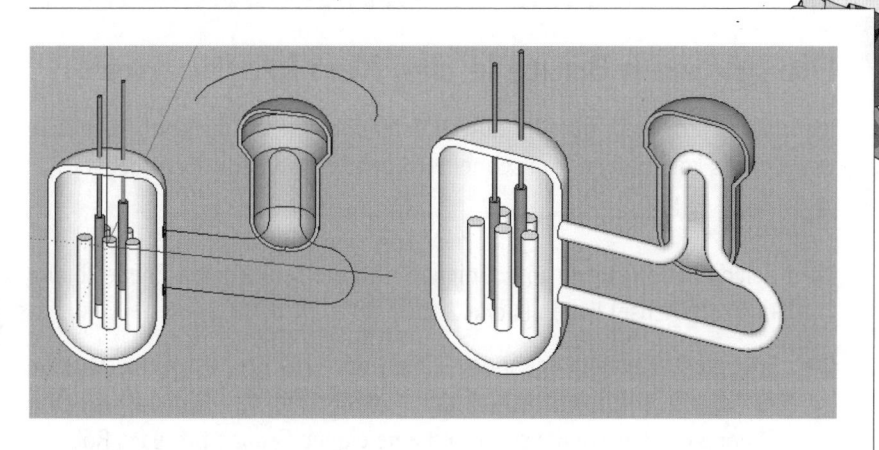

Dampf für die Turbinen

Der heiße Dampf aus dem Dampferzeuger schießt durch ein Rohr in die Hochdruckturbine und dreht sie. Danach hat er immer noch so viel Energie, dass er mehrere Niederdruckturbinen antreiben kann. Die Abbildung zeigt dir, wie du das Zuleitungsrohr konstruierst:

≫ Wähle die Kameraansicht VORNE und zeichne die Spur aus Bögen und geraden Linien.

≫ Wechsle in die Ansicht OBEN und setze einen Kreis für den Rohrquerschnitt mitten auf den Dampferzeuger.

≫ Lösche innerhalb der Kreisfläche alle überflüssigen Linien und mache mit dem Folge-mir-Werkzeug ein Rohr.

≫ Mache das Rohr zu einer Gruppe.

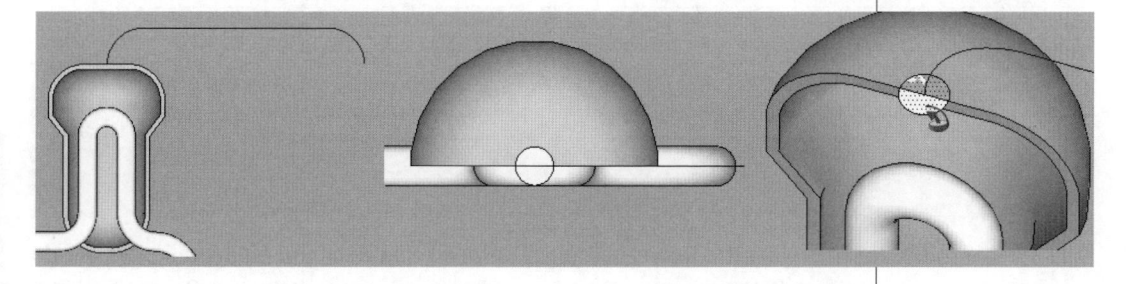

Kapitel

Anschauungsmodell eines Kernkraftwerks

7 Die anderen Bauteile des Kernkraftwerks

Ich glaube, jetzt hast du eine gute Vorstellung, wie du die restlichen Teile des Modells konstruierst. Am schnellsten geht es, wenn du so vorgehst:

» Stelle die Ansicht VORNE ein.

» Zeichne alle Flächen und Linien, die in der senkrechten Ebene (blaue und rote Achse) liegen (siehe Bild).

» Gruppiere zusammengehörige Linien oder Flächen. Also eine Gruppe für die Querschnittsflächen der Turbine und des Generators, eine Gruppe für den Kondensator und eine eigene Gruppe für jedes Rohr.

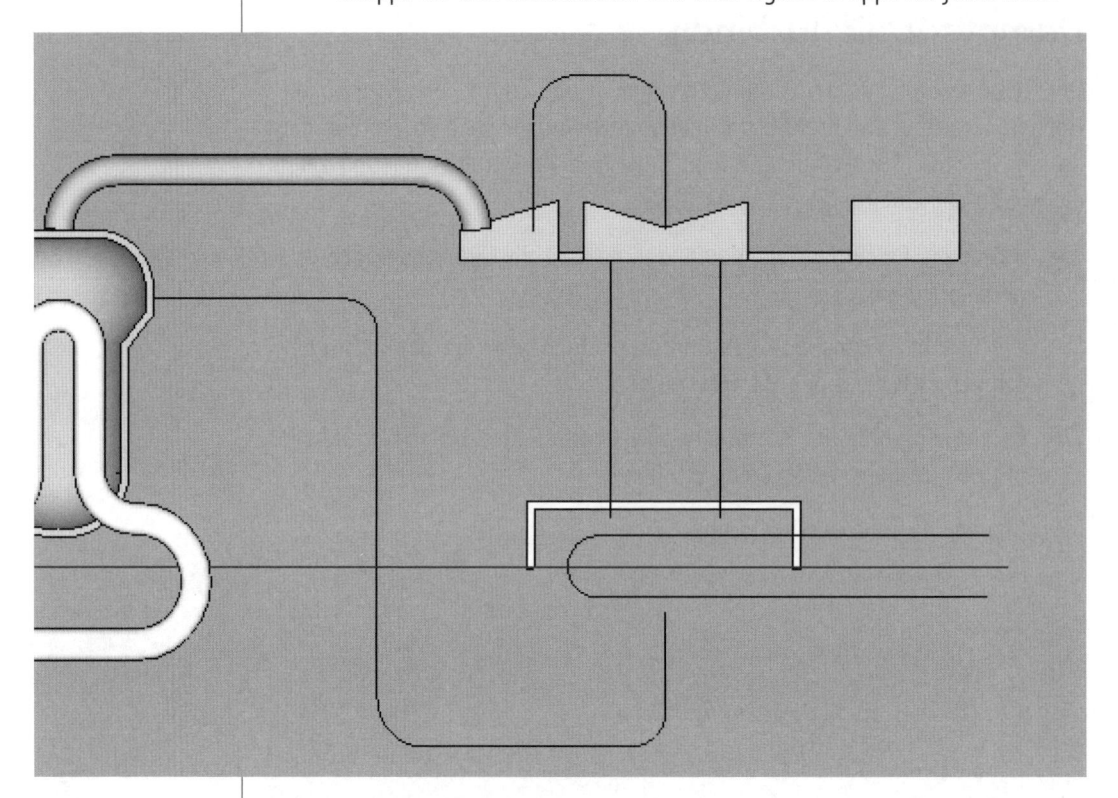

Als Nächstes vervollständigst du nach und nach die Modellteile, für die du gerade Gruppen angelegt hast. Blende zunächst alle neuen Gruppen wieder aus, damit die Bildschirmansicht nicht zu kompliziert wird. Dann blendest du in der Dialogbox FENSTER|GLIEDERUNG jeweils die Gruppe ein, die du bearbeiten willst. Du öffnest die Gruppe und vervollständigst das Teilmodell.

Am Beispiel der Turbinen erkläre ich dir, was ich meine:

Wir bauen ein Atomkraftwerk

≫ Suche in der Dialogbox FENSTER|GLIEDERUNG die Gruppe, die du für die Turbinen und den Generator angelegt hast. Die Namen der ausgeblendeten Gruppen erscheinen in der Gliederung blass und kursiv. Wenn du einen Gruppennamen anklickst, siehst du die Gruppe blass auf der Arbeitsfläche.

≫ Wenn du die richtige Gruppe in der Gliederung gefunden hast, klickst du mit der rechten Maustaste und wählst im Kontextmenü den Befehl EINBLENDEN. Die Gruppe erscheint nun auf der Arbeitsfläche.

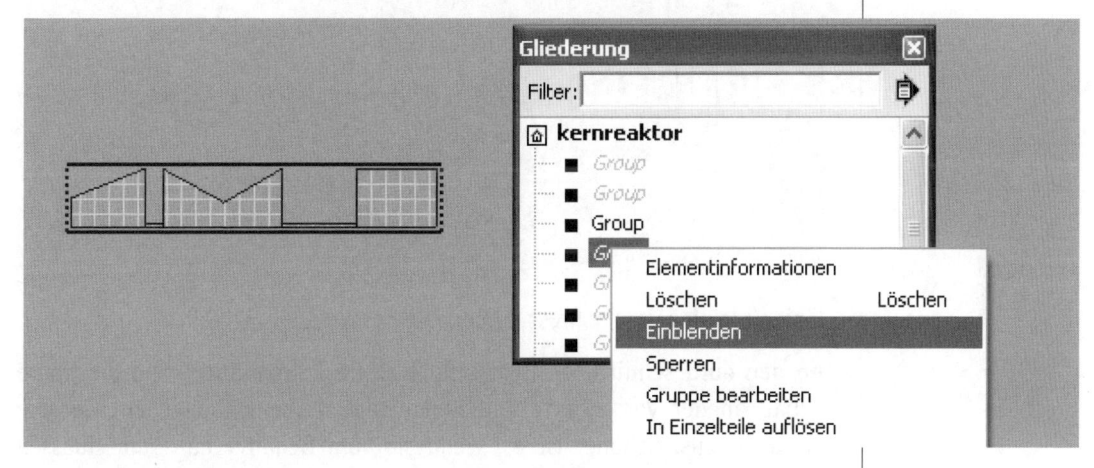

≫ Mit dem Auswahlwerkzeug (Pfeil) doppelklickst du auf die Gruppe und öffnest sie auf diese Weise zum Bearbeiten. Um die Flächen erscheint ein Kasten aus gestrichelten Linien (zweites Bild).

≫ Zeichne um den linken unteren Eckpunkt der Flächen einen Kreis senkrecht zur roten Achse (zweites Bild).

≫ Wähle mit dem Pfeil die Kreislinie aus, so dass sie blau markiert ist, und klicke mit dem Folge-mir-Werkzeug die trapezförmige Querschnittsfläche der Hochdruckturbine an. Es entsteht ein Kegelstumpf, der diese Turbine darstellt.

≫ In der gleichen Weise entwickelst du den Rest dieser Gruppe.

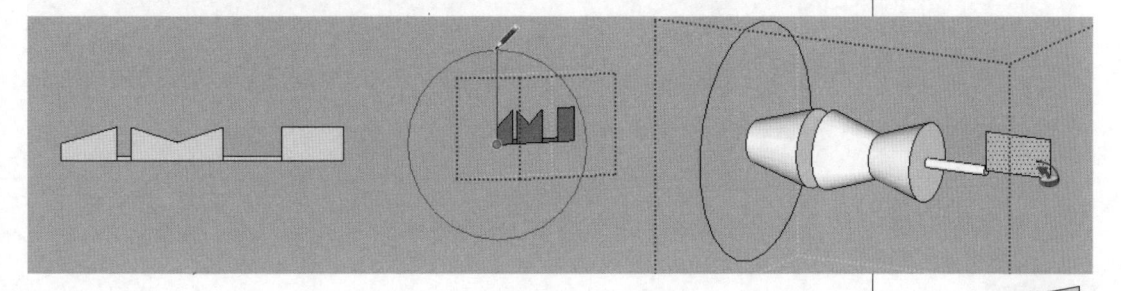

Kapitel 7

Anschauungsmodell eines Kernkraftwerks

Das Modell nachbearbeiten

Dein Modell sieht nun aus wie auf dem folgenden Bild.

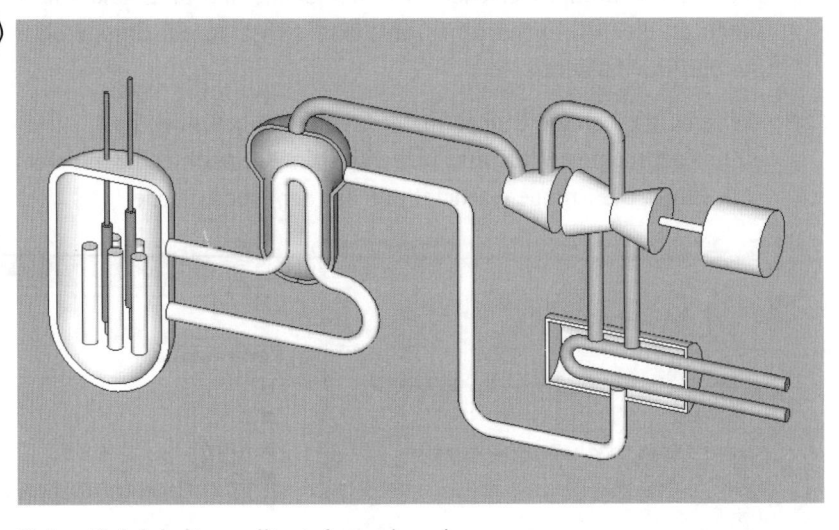

Einige Kleinigkeiten solltest du noch verbessern.

An den aufgeschnittenen Behältern (z. B. Reaktorbehälter) sind die Rohre genau an der Vorderkante und ragen nach vorne ein bisschen über die Kante hinaus. Schöner ist es, wenn sie vom Behälter ganz umschlossen sind. Lösung: Ziehe mit DRÜCKEN/ZIEHEN die Vorderfläche der Behälterhälften ein Stück nach vorne (erstes Bild).

Beim Kondensator ragen die Rohre zu weit ins Innere. Lösung: Drücke mit DRÜCKEN/ZIEHEN die Stirnflächen der Rohre ein wenig zurück (zweites Bild).

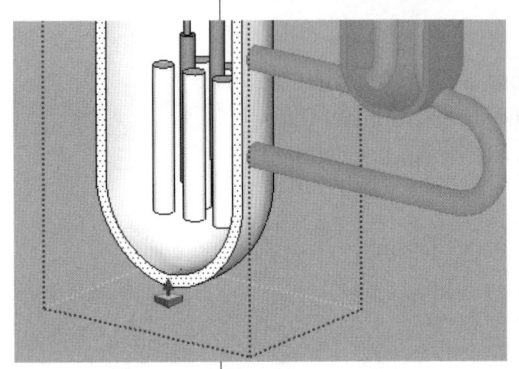

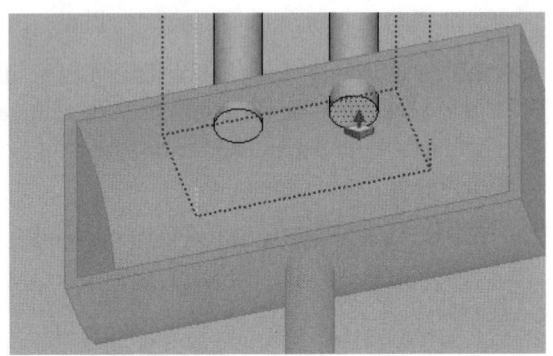

Ein Modell beschriften

Das Modell einfärben

Nun wird es Zeit, die Teile des Modells einzufärben. Wähle das Farbeimerwerkzeug. In der Material-Dialogbox stellst du die gewünschte Farbe ein und klickst auf die Gruppe, die du einfärben willst. Dann werden alle Flächen innerhalb der Gruppe in der gewünschten Farbe dargestellt. Der Reaktordruckbehälter besteht aus mehreren Teilen. Deshalb musst du diese Gruppe durch Doppelklicken mit dem Pfeil erst zur Bearbeitung öffnen, bevor du die Einzelteile einfärbst.

In einem Anschauungsmodell brauchen die Farben nicht der Wirklichkeit zu entsprechen. Besser ist es, die Farben so zu wählen, dass sie helfen, das Modell zu verstehen. Für die Rohre der drei Wasserkreisläufe habe ich folgende Farben verwendet:

- Primärkreislauf: Violett
- Sekundärkreislauf: Blau (Hellblau für den Dampf und Dunkelblau für das flüssige Speisewasser)
- Tertiärkreislauf: Olivgrün

Für die Turbinen habe ich Rottöne verwendet, und zwar Dunkelrot für die Hochdruckturbine und Hellrot für die Niederdruckturbinen.

Ein Modell beschriften

In diesem Abschnitt fügen wir mit dem Werkzeug TEXT zweidimensionale Beschriftungen in das Modell ein. Diese Texte gehören eigentlich nicht zum 3D-Modell selbst, sondern sind eine Zusatzinformation. Sie bleiben immer dem Betrachter zugewandt. Wenn du ein Modell drehst, kann es sein, dass sie den Blick verstellen.

Bevor du dein Modell beschriftest, solltest du es deshalb mit den Werkzeugen ROTIEREN (blaue 3D-Pfeile), SCHWENKEN (Hand) und ZOOM (Lupe oder Mausrad) in eine Ansicht bringen, die dir für eine Abbildung geeignet erscheint. Dann kannst du die Textelemente so anbringen, dass sie gut zu lesen sind.

Kapitel 7

Anschauungsmodell eines Kernkraftwerks

Das Textwerkzeug

Die Textfunktion findest du im Menü TOOLS und in der Werkzeug-Symbolleiste. Das Symbol zeigt ein kleines Rechteck mit den Buchstaben *ABC*, an dem ein kleiner Pfeil sitzt. Mit dem Textwerkzeug kannst du dein Modell mit zwei Arten von Textelementen versehen: Führungstexte und Bildschirmtexte.

Klicke mit dem Textwerkzeug auf den Reaktorbehälter. Es erscheinen ein Pfeil und eine Box mit dem Text »Group«. Den Pfeil nennt man *Führungslinie* und den Text *Führungstext*. Überschreibe einfach den vorgegebenen Text.

Die Texte sind immer dem Betrachter zugewandt. Du kannst das Modell drehen und wenden, wie du willst – die Schrift ist immer lesbar.

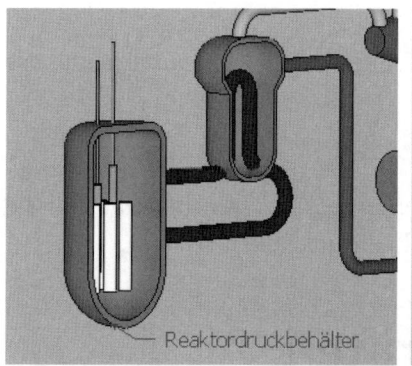

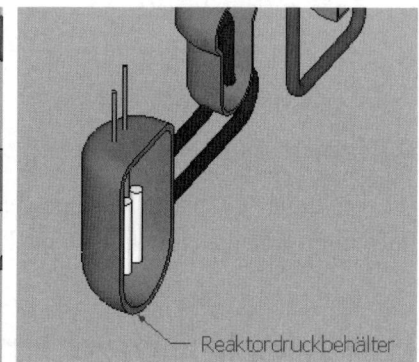

Wenn du mit dem Textwerkzeug auf eine freie Stelle in deinem Modell klickst, erscheint kein Pfeil, sondern nur eine Textbox, in die du beliebigen Text schreiben kannst, z. B. eine Überschrift für dein Modell. SketchUp nennt dies *Bildschirmtext*.

> Stell dir vor, du schaust durch ein Fenster auf das Modell. Die Bildschirmtexte liegen dann auf der Glasscheibe. Wenn du dich mit dem Fenster um das Modell herumbewegst, ändert sich zwar die Ansicht des Modells, aber die Texte bleiben auf der Fensterscheibe da, wo sie sind.

Im Falle des Kernkraftwerks ist es sinnvoll, die Bezeichnungen für die drei Kühlwasserkreisläufe über das Modell als Bildschirmtext zu schreiben: Primärkreislauf, Sekundärkreislauf, Tertiärkreislauf. Die Buchstaben sollen groß und fett sein. Außerdem soll die Farbe eines jeden Schriftzugs der Farbe der zugehörigen Rohrleitungen entsprechen (Violett, Blau und Olivgrün). So kann ein Betrachter leichter die Texte den Bildelementen zuordnen.

Layer verwenden

→ Wähle das Textwerkzeug und klicke auf eine freie Fläche links oberhalb des Modells.

→ Schreibe in die Textbox das Wort Primärkreislauf.

→ Klicke mit dem Auswahlwerkzeug (Pfeil) auf den Text. Klicke mit der rechten Maustaste und wähle im Kontextmenü ELEMENTINFORMATIONEN.

→ Es öffnet sich eine Dialogbox. Hier kannst du Farbe, Typ und Größe der Buchstaben einstellen (siehe Bild).

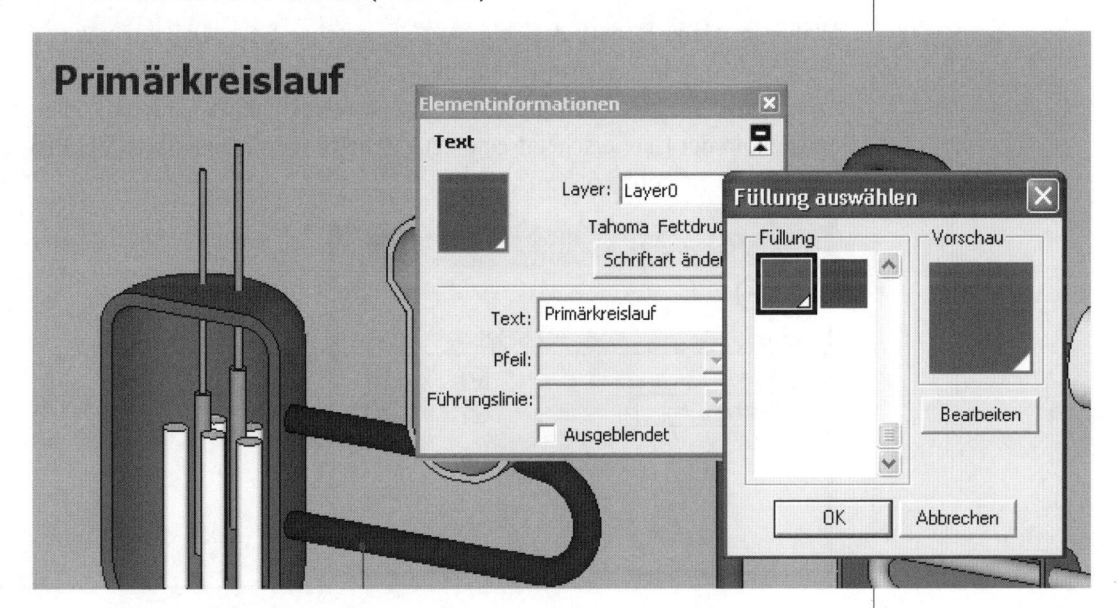

Layer verwenden

Das englische Wort *Layer* bedeutet Ebene oder Schicht. Eine Erdbeertorte besteht aus Schichten: Boden, Erdbeeren, Tortenguss, Sahne. Wenn man von Schichten redet, meint man normalerweise Sachen, die übereinander liegen. Ein Layer bei SketchUp ist etwas anderes. Ein Layer ist einfach nur eine Sammlung von Objekten. Mehr nicht. Es gibt kein Übereinander. Bei jedem SketchUp-Modell gibt es einen vorgegebenen Standardlayer. Er heißt *Layer0*. Alle Elemente des Modells (Flächen, Linien, Gruppen, Textelemente usw.) sind zunächst einmal diesem Standardlayer zugeordnet. Er kann weder umbenannt noch gelöscht werden. Aber du kannst weitere Layer einrichten und die Elemente deines Modells darauf verteilen.

Du kannst die Teile deines Modells verschiedenen Layern zuordnen. Bei komplizierten Modellen helfen Layer, die Übersicht zu behalten.

Kapitel 7 — Anschauungsmodell eines Kernkraftwerks

Wenn du bestimmte Teile deines Modells aus anderen Blickwinkeln betrachten willst und mehrere unterschiedliche Abbildungen für ein Referat oder einen Artikel machen möchtest, stören die Führungstexte. Denn sie hast du nur für eine einzige bestimmte Ansicht gemacht. Du kannst aber ganz leicht alle Beschriftungen ausblenden, wenn du sie einem speziellen Layer zuordnest. Wie das geht, erkläre ich in diesem Abschnitt.

Einen neuen Layer einrichten

Wähle im Menü FENSTER das Feld LAYER. Es erscheint eine Dialogbox wie in der Abbildung. In der Liste ist allerdings zunächst nur *Layer0* eingetragen. Er kann weder umbenannt noch gelöscht werden. Klicke auf das Pluszeichen. In der Liste erscheint eine neue Zeile für den neuen Layer. Gib ihm den Namen Beschriftung.

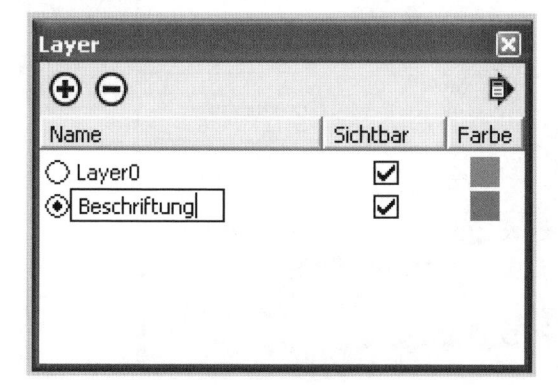

Klicke mit dem Auswahlwerkzeug (Pfeil) und der rechten Maustaste auf ein Textelement (z. B. *Wasserdampf, 64 bar, 280°C*) und wähle im Kontextmenü den Befehl ELEMENTINFORMATIONEN. Es öffnet sich eine Dialogbox wie in der Abbildung. Klicke auf das kleine Dreieck neben dem oberen Textfeld hinter *Layer:* und wähle den Layer *Beschriftung* aus.

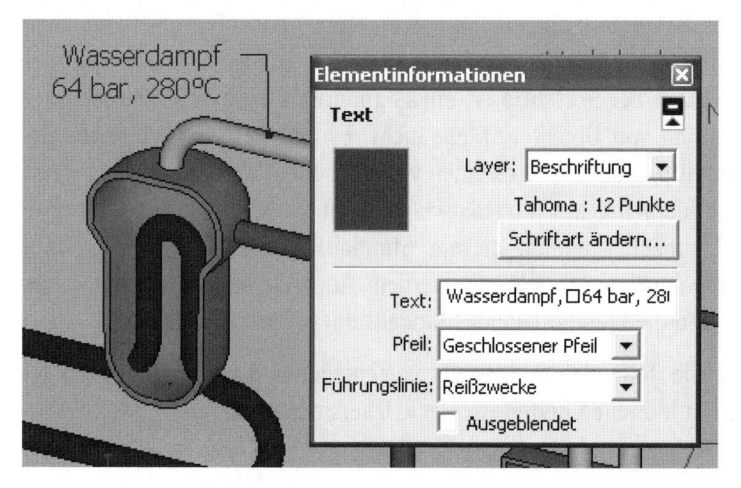

Zusammenfassung

Lasse die Dialogbox ELEMENTINFORMATIONEN, wie sie ist, und klicke mit der linken Maustaste ein anderes Textelement an. Der Inhalt der Dialogbox ändert sich und bezieht sich auf das nun ausgewählte Element. Wähle wieder als Layer *Beschriftung* aus. Auf diese Weise kannst du alle Textelemente (Führungstexte) nacheinander dem Layer *Beschriftung* zuordnen.

Du kannst nun ganz leicht alle Beschriftungen auf einen Schlag ausblenden.

➣ Öffne die Dialogbox FENSTER|LAYER.

➣ Klicke auf den (runden) Radiobutton vor *Layer0* und mache damit diesen Standardlayer zum aktuellen Layer. Beachte: Der aktuelle Layer kann nicht ausgeblendet werden.

➣ Entferne in der Spalte SICHTBAR das Häkchen hinter dem Eintrag BESCHRIFTUNG. Damit sind alle Textelemente (die dieser Schicht zugeordnet sind) unsichtbar.

Zusammenfassung

◆ Einen aufgeschnittenen Behälter (z. B. Reaktor) für ein Anschauungsmodell erzeugst du durch eine Extrusion um einen Halbkreis. Dabei ist es wichtig, dass die Querschnittfläche senkrecht zum ersten Segment des Halbkreises liegt.

◆ So konstruierst du ein Rohr: Zeichne den Verlauf des Rohrs als Linie aus geraden Segmenten und Bögen. Setze an ein Ende des Pfades senkrecht eine Kreisfläche. Extrudiere die Kreisfläche mit dem Folge-mir-Werkzeug.

◆ Durch Gruppieren kannst du Elemente vor (versehentlichem) Verschneiden mit neuen Linien schützen.

◆ Mit dem Textwerkzeug kann man zweidimensionale Texte dem Modell hinzufügen. Diese Texte sind immer dem Betrachter zugewandt. Ein zweidimensionaler Text kann alleine stehen (Bildschirmtext) oder über eine Führungslinie mit einem Punkt des Modells verbunden sein (Führungstext).

◆ Die Farben der Teile eines Anschauungsmodells müssen nicht der Wirklichkeit entsprechen. Sie sollen so gewählt werden, dass ein Betrachter den Aufbau des Modells gut verstehen kann.

◆ Elemente deines Modells kannst du einem Layer zuordnen. Du kannst in der Dialogbox FENSTER|LAYER einen Layer ein- und ausblenden.

Kapitel 7

Anschauungsmodell eines Kernkraftwerks

Ein paar Fragen ...

Frage 1: Welche Vorteile hat ein dreidimensionales Modell gegenüber einer zweidimensionalen Zeichnung?

Frage 2: Warum war es wichtig, für die Teile des Kraftwerkmodells Gruppen anzulegen?

Frage 3: In einem Modell hast du Bildschirmtext und Führungstext. Nun änderst du die Ansicht mit der Hand (Schwenken). Worin unterscheiden sich Führungstext und Bildschirmtext beim Ändern der Ansicht?

Frage 4: Elemente eines Modells kann man in einer Gruppe zusammenfassen und/oder einem Layer zuordnen. Was sind die Unterschiede zwischen Gruppe und Layer?

... und ein paar Aufgaben

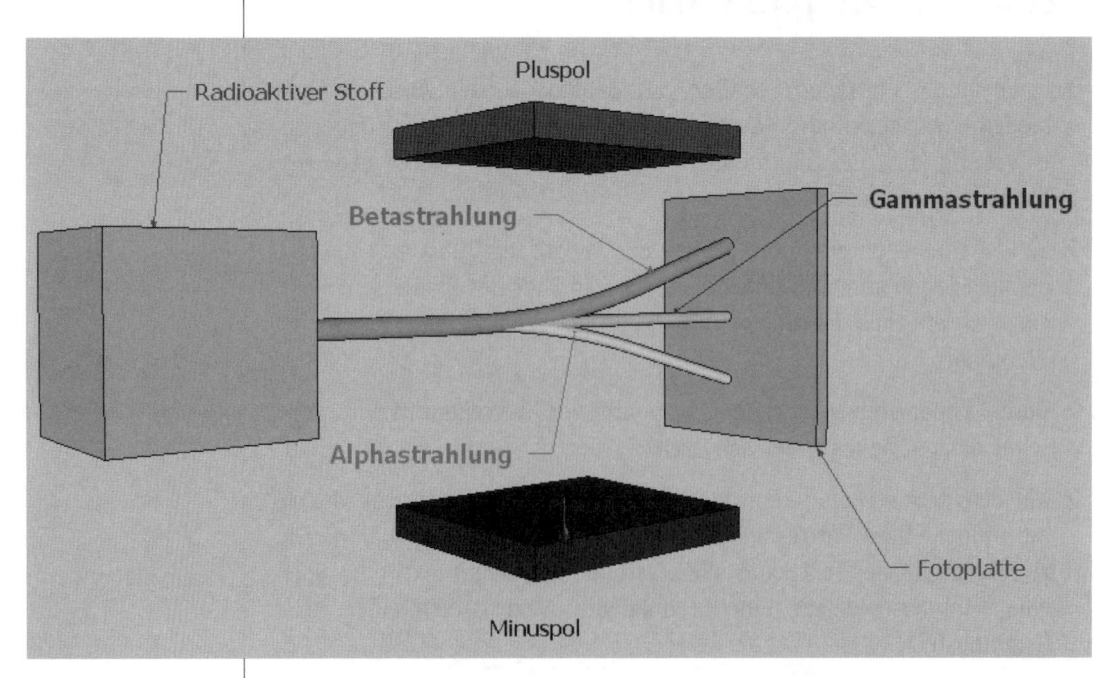

1. Es gibt drei Arten radioaktiver Strahlung: Alpha-, Beta- und Gammastrahlung. Man kann sie unterscheiden, indem man einen radioaktiven Strahl zwischen zwei elektrisch geladene Platten leitet. Die Alphastrahlen werden vom Minuspol angezogen und die Betastrahlen vom Pluspol. Die Gammastrahlen werden gar nicht abgelenkt. Entwickle ein 3D-Modell, das dies veranschaulicht.

... und ein paar Aufgaben

Ein paar Tipps zur Vorgehensweise: Entwickle die Strahlen mit dem Folgemir-Werkzeug. In der Ansicht VORNE zeichnest du zuerst die Spuren der Strahlen (gerade Linien und Bögen). Das erste gerade Stück ist bei allen drei Spuren gleich. Zeichne auf die Vorderseite des Blocks mit dem radioaktiven Material um den Endpunkt der Spur einen kleinen Kreis und extrudiere. Mache aus dem Strahl eine Gruppe und blende sie aus. Nun musst du für den nächsten Strahl den Kreis und das gerade Stück der Spur noch einmal zeichnen.

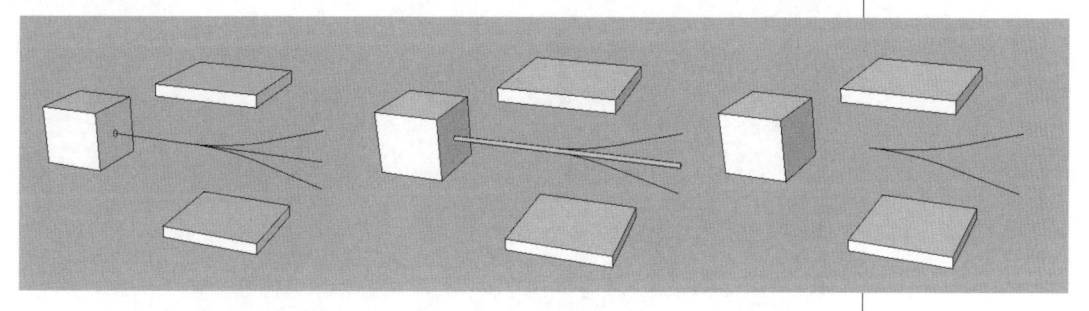

2. Entwickle ein SketchUp-Modell, das den Aufbau einer Destillationsapparatur veranschaulicht.

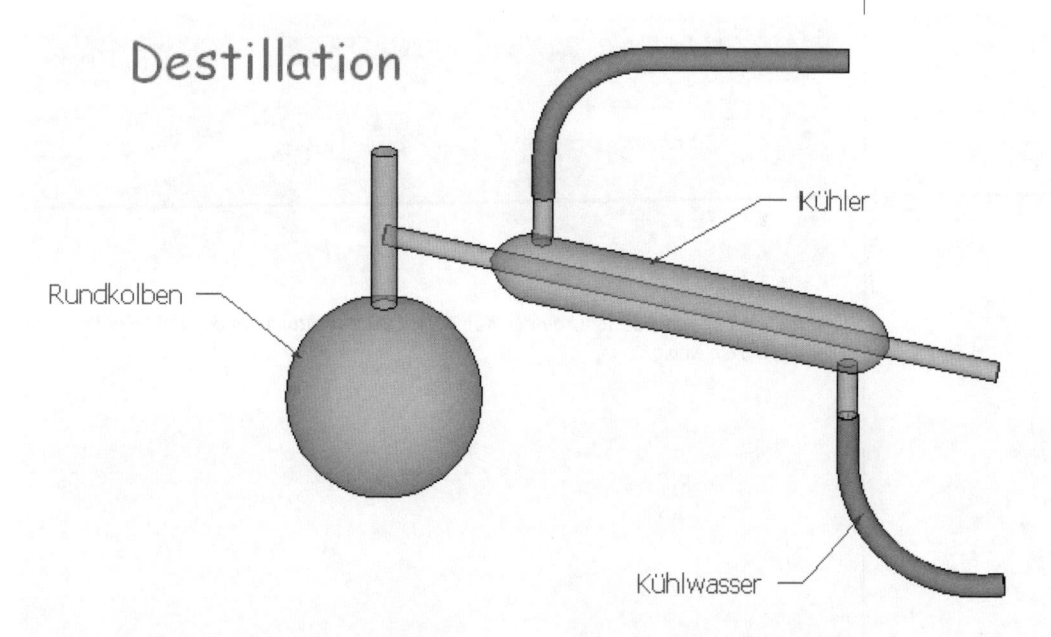

Tipp: Konstruiere die Einzelteile (Rundkolben, Kühler, Rohrstückchen für Kühlwasserzufluss) getrennt und mache sie zu Gruppen. Beginne jede Einzelkonstruktion im Ursprung. Blende die anderen Gruppen aus, damit sie nicht stören. Die folgenden Bilder geben dir einige Hinweise, wie du vorgehen kannst.

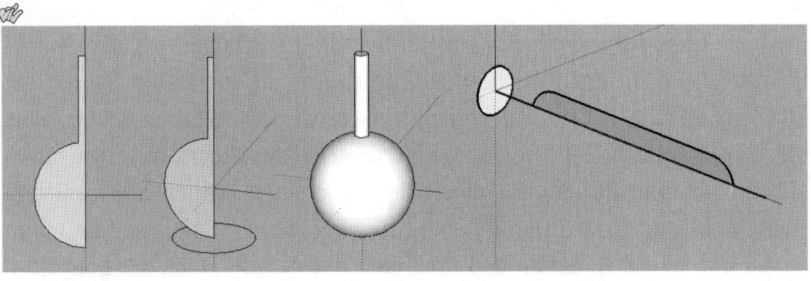

Kapitel 7 — Anschauungsmodell eines Kernkraftwerks

Rundkolben und Kühler werden nacheinander als Einzelteile konstruiert.

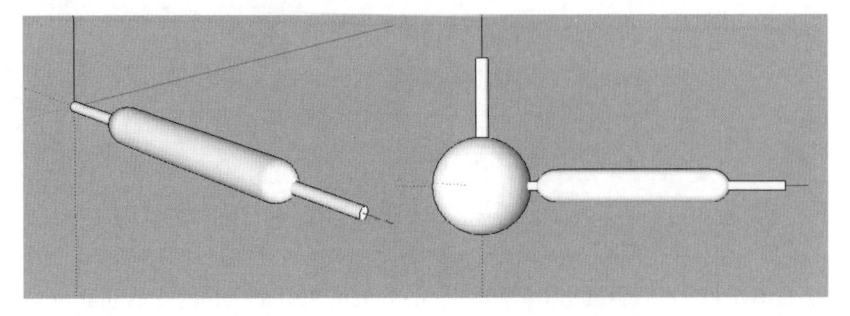

Am Ende setzt du die Einzelteile zusammen.

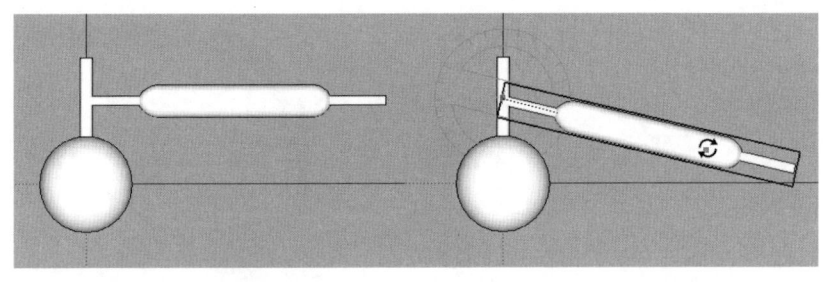

In der Ansicht VORNE schiebst du den Kühler (in blauer Richtung) an den richtigen Platz und drehst ihn ein wenig.

8
Eine Wohnung einrichten

In der Google 3D-Galerie, die du über das Internet erreichen kannst, gibt es viele vorgefertigte Komponenten. Das sind dreidimensionale Modelle, die du als Bauteile für ein größeres Modell verwenden kannst. Die Google 3D-Galerie ist wie ein Warenhaus für Komponenten. Im Englischen heißt sie deshalb auch 3D Warehouse. Zum Glück ist hier alles kostenlos. In diesem Kapitel geht es um die Gestaltung einer Wohnungseinrichtung mit vorgefertigten Möbeln. Du findest Antworten auf folgende Fragen:

◎ Wie entwickelst du ein 3D-Modell einer Wohnung mit Türen und Fenstern?

◎ Wie findest du in der Google 3D-Galerie Komponenten und setzt sie in dein Modell ein?

◎ Wie veränderst du eine importierte Komponente?

◎ Wie trägst du in dein Modell Längen- und Flächenangaben ein?

Kapitel 8

Eine Wohnung einrichten

Der Grundriss

Überlege dir zunächst, was du eigentlich vorhast.

◇ Vielleicht möchtest du selbst die Raumaufteilung einer Wohnung ganz nach deinen Vorstellungen gestalten.

◇ Oder du modellierst ganz exakt dein Zimmer, in dem du gerade wohnst.

◇ Möglicherweise möchtest du auch einen historischen Raum nachbilden – etwa den Rittersaal einer Burg.

In jedem Fall beginnst du dein Projekt mit einem Grundriss. Mache dir zuerst eine kleine Bleistiftskizze, um eine ungefähre Vorstellung zu entwickeln, wie die geplanten Räumlichkeiten in etwa aussehen.

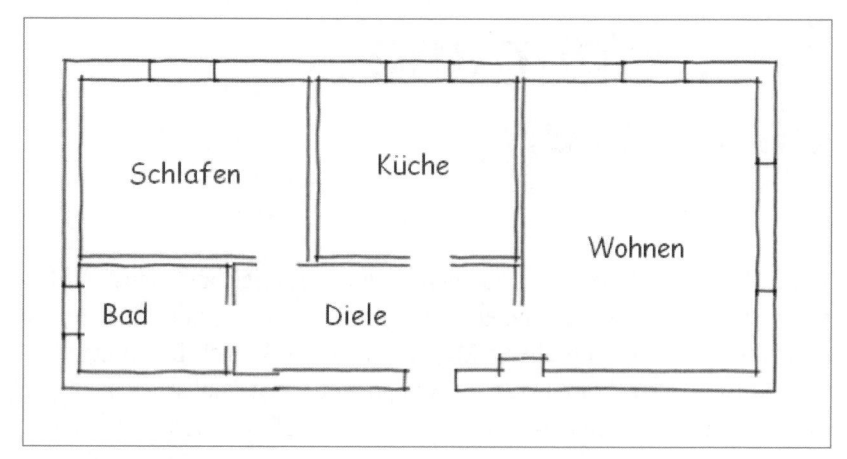

Dann beginnst du die Arbeit mit SketchUp. Stelle im Menü KAMERA die Standardansicht OBEN und die PARALLELE PROJEKTION ein. Dann entsteht der Grundriss auf einer waagerechten Fläche, die durch den Ursprung des Koordinatensystems geht.

Zeichne zuerst die Umrisse der Mauern. Die Mauern in einer Wohnung haben eine unterschiedliche Dicke. Tragende Wände sind etwa 25 bis 30 cm dick – je nachdem wie dick die Putzschicht ist. Auf ihnen ruht die darüberliegende Decke. Nichttragende Wände sind dünner. Sie dienen nur der Abtrennung der Räume und müssen keine Last tragen. Zusammen mit dem Putz haben sie meist eine Dicke von etwa 15 cm.

Wie zeichnet du mit dem Linienwerkzeug die Grundfläche einer Wand der Dicke 15 cm? Bei SketchUp kannst du Bemaßungen über die Tastatur eingeben. Nehmen wir an, du hast schon eine Linie und willst nun eine parallele Linie im Abstand 15 cm konstruieren.

Der Grundriss

- Zeichne eine Linie senkrecht zur ersten Linie (linkes Bild).
- Gibt über die Tastatur 0,15 ⏎ ein. Der Mauszeiger (Stift) springt nun auf einen Punkt im Abstand von 0,15 m zum Anfangspunkt der Linie.
- Zeichne von diesem Punkt aus die zweite parallele Linie der Wand.

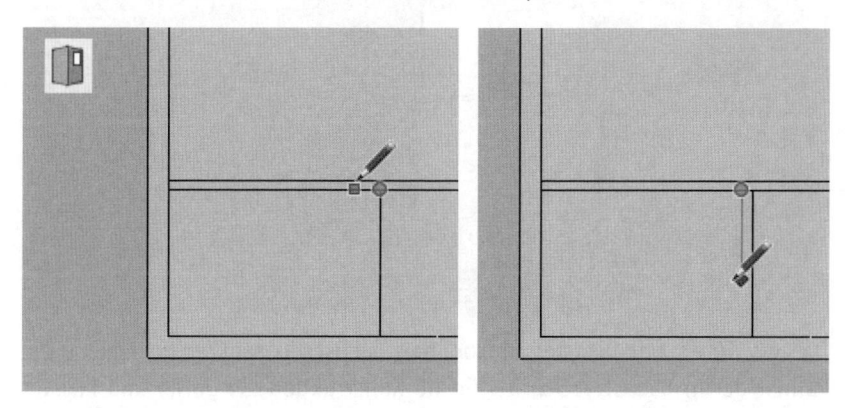

Als Nächstes zeichnest du durch die Grundflächen der Mauern kleine Linien, um Türen und Fenster zu markieren (siehe Bild). Innentüren sind etwa 80 bis 90 cm breit. Die Eingangstür zur Wohnung ist etwas breiter, z. B. etwa 1 m.

Entferne überflüssige Linien zwischen angrenzenden Wänden. Dann wird das Hochziehen der Wände im nächsten Schritt einfacher.

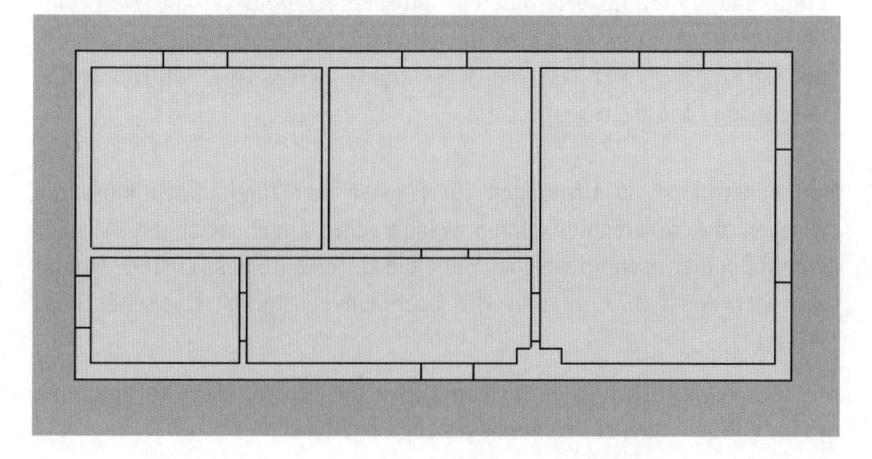

Kapitel 8

Eine Wohnung einrichten

Wände modellieren

Mit DRÜCKEN/ZIEHEN kannst du die Wände hochziehen. Eine typische Raumhöhe ist 2,50 m.

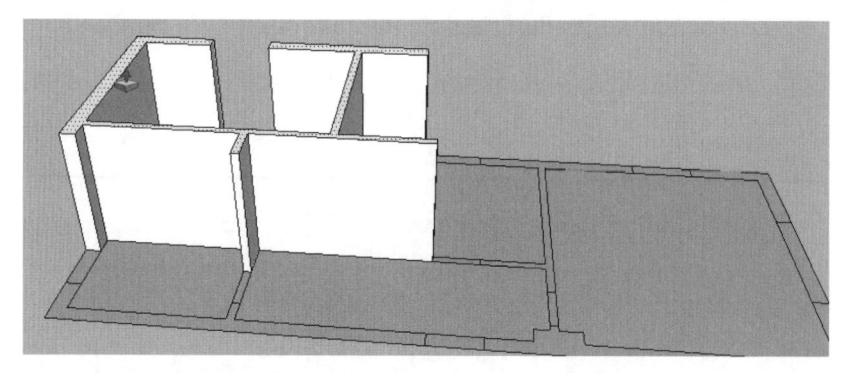

Da, wo Türen und Fenster hinkommen, siehst du senkrechte Linien. Die kannst du im nächsten Schritt für die Konstruktion der Türen und Fenster verwenden. Störe dich nicht daran, dass die Flächen unterschiedliche Farben haben. Später wirst du sie sowieso anders einfärben.

> Warum haben Flächen manchmal unterschiedliche Farben? Bei SketchUp hat jede Fläche eine Vorder- und eine Rückseite, für die es unterschiedlich voreingestellte Standardfarben gibt. Die Farbe der einen Seite ist Weiß und die Farbe der anderen Seite Taubengrau. Welche Seite die Vorderseite ist, hängt davon ab, in welcher Reihenfolge du die Randlinien der Fläche gezeichnet hast. Mit dem Befehl FLÄCHEN UMKEHREN kannst du Vorder- und Rückseite vertauschen.

Nun konstruierst du Öffnungen für Fenster und Türen. Dazu musst du zwischen die senkrechten Linien waagerechte Linien zeichnen. Miss in deinem Zimmer nach, in welcher Höhe die Unterkante des Fensters beginnt (typischer Wert: 0,77 m) und wie hoch ein Fenster ist (typischer Wert 1,45 m).

Mit DRÜCKEN/ZIEHEN drückst du von außen die Fensterfläche so durch die gesamte Wand, dass ein rechteckiges Loch entsteht.

Nachdem du das erste Fensterloch mit exakten Längenmaßen konstruiert hast, kannst du für die anderen Fenster Punkte ableiten. Berühre mit dem Stift einen Eckpunkt der Fensteröffnung, ohne zu klicken, und bewege dann den Stift zu der Stelle, wo die entsprechende Ecke der neuen Fensteröffnung sein soll (siehe Abbildung).

Fenster modellieren

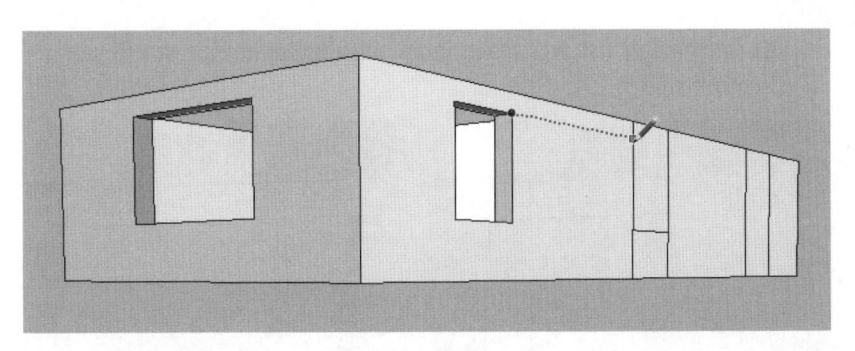

Nach den Fenstern kommen die Türen dran. Eine Tür ist meist 2 m hoch. Dann brauchst du nur noch überflüssige Linien zu entfernen. Fertig sind die Wände deines Wohnungsmodells!

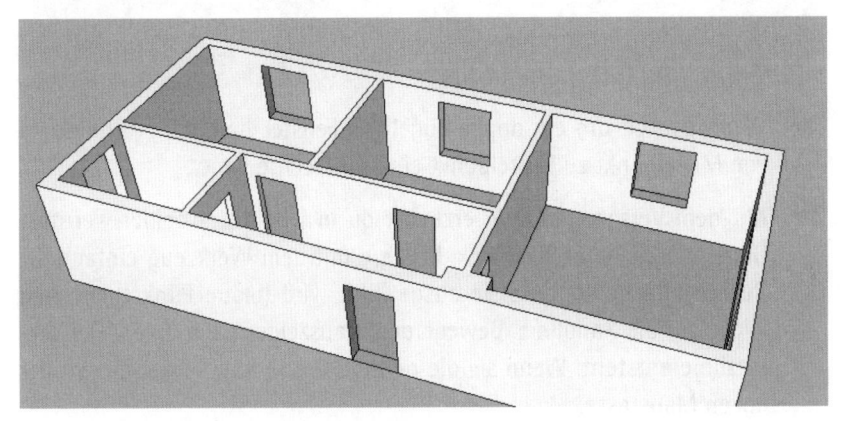

Fenster modellieren

Bis jetzt hast du nur rechteckige Öffnungen im Mauerwerk. In diesem Abschnitt setzen wir Fenster mit Glas und Rahmen hinein. Ich zeige dir zwei leicht unterschiedliche Methoden, wie du Fenster konstruieren kannst.

Das Fenster als Teil der Wand

Wenn du ein *einmaliges* Fenster konstruierst, das du nicht kopieren willst, geht es am schnellsten so:

- Zeichne eine Linie der Fensteröffnung nach. Es bildet sich wieder eine neue Fläche und die Öffnung ist geschlossen (linkes Bild auf der Folgeseite).

- Drücke mit DRÜCKEN/ZIEHEN diese Fläche um 0,20 m nach innen. Eine typische Außenwand eines Hauses ist 30 cm dick. Meist liegen die

Kapitel 8 — Eine Wohnung einrichten

Fenster möglichst weit nach innen versetzt, damit sie vor Regen geschützt sind.

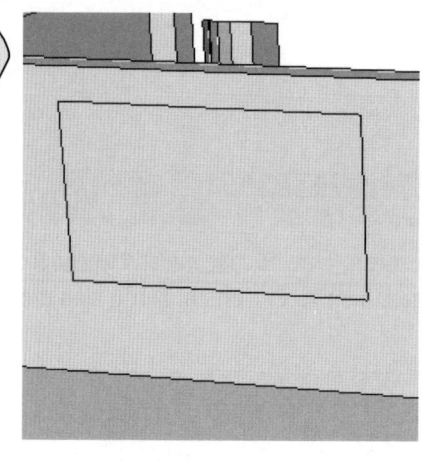

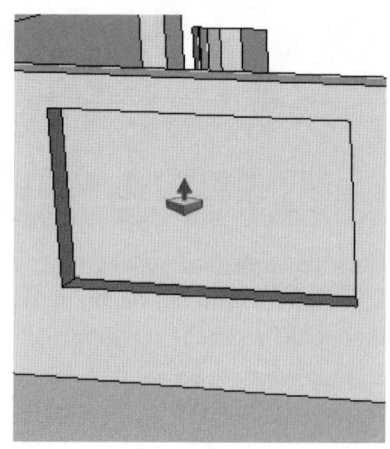

- Wenn es sich um ein doppelflügeliges Fenster handelt, zeichnest du von Mittelpunkt zu Mittelpunkt eine senkrechte Linie.

- Mit dem Versatzwerkzeug erzeugst du in jedem der beiden Fensterflügel ein kleineres Rechteck. Berühre mit dem Werkzeug einfach die Rechteckfläche so, dass sie ausgewählt wird (blaue Pünktchen), und klicke auf die Randlinie. Bewege den Mauszeiger nach innen. Die Versatzlinie entsteht. Wenn sie die richtige Größe hat, klickst du mit der linken Maustaste.

- Wähle DRÜCKEN/ZIEHEN und drücke einmal kurz die `Strg`-Taste (neue Fläche). Neben dem Mauszeiger erscheint ein kleines Pluszeichen. Klicke auf die Randfläche und ziehe den Fensterrahmen ein kleines Stückchen (z. B. 3 cm) heraus (rechtes Bild).

- Auch auf der Innenseite des Fensters modellierst du auf die gleiche Weise den Fensterrahmen. Fertig.

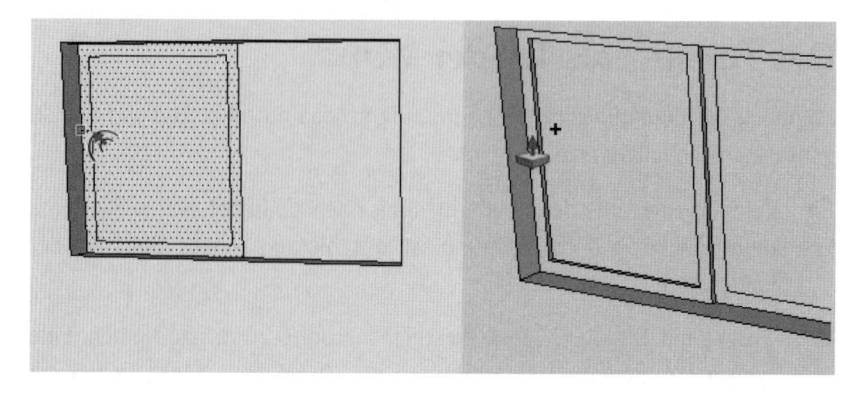

Anstreichen, Fliesen legen und Teppich verlegen

Das Fenster als eigene Gruppe

Manche Fenster heben exakt die gleiche Größe. In diesem Fall ist es besser, das Fenster als unabhängige Gruppe zu konstruieren, die du anschließend leicht kopieren und verschieben kannst.

- Markiere mit dem Auswahlwerkzeug das gesamte Modell und mache es zu einer Gruppe. Die Linien, mit denen du jetzt das Fenster konstruierst, verschneiden dann nicht mit dem Rest des Modells.

- Stelle den Flächenstil RÖNTGEN ein.

- Zeichne auf den Innenflächen der Fensteröffnung ein Rechteck für die Fensterscheibe. Die Fensterscheibe sollte einen Abstand von etwa 0,2 m zur Außenkante haben (linkes Bild).

- Den Rest des Fensters konstruierst du wie im letzten Abschnitt.

- Mache aus dem Fenster eine Gruppe.

- Wähle VERSCHIEBEN/KOPIEREN und drücke einmal die `Strg`-Taste. Neben dem Mauszeiger erscheint ein kleines Plus (Kopiermodus).

- Klicke auf eine äußere Ecke des Fensters und verschiebe die Kopie exakt in Richtung einer passenden Koordinatenachse (rot oder grün) zur nächsten Öffnung, in die das Fenster soll.

- Klicke auf die passende Ecke der Fensteröffnung. Fertig ist das Kopieren.

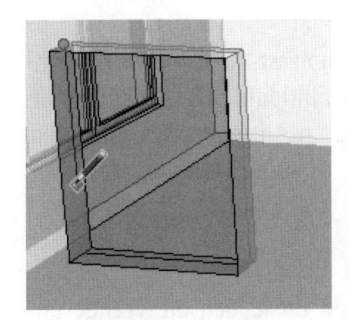

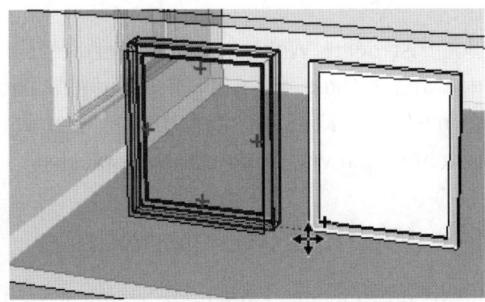

Anstreichen, Fliesen legen und Teppich verlegen

Mit dem Farbeimerwerkzeug kannst du nun alle Oberflächen bearbeiten. Wenn du das Symbol mit dem Farbeimer anklickst, öffnet sich das Materialien-Fenster, in dem du Farben und Texturen aussuchen kannst.

Kapitel 8 — Eine Wohnung einrichten

Du findest spezielle Textursammlungen für Fliesen, Holzparkett und Teppichböden. Wenn dir die Auswahl nicht ausreicht, kannst du bei Google noch ein Material-Bonuspack herunterladen.

Wenn du wegen der Fenster aus den Wänden deines Modells eine Gruppe gemacht hast, solltest du sie wieder auflösen. Klicke mit dem Auswahlwerkzeug (Leertaste) und der rechten Maustaste auf die Gruppe und wähle im Kontextmenü IN EINZELTEILE AUFLÖSEN.

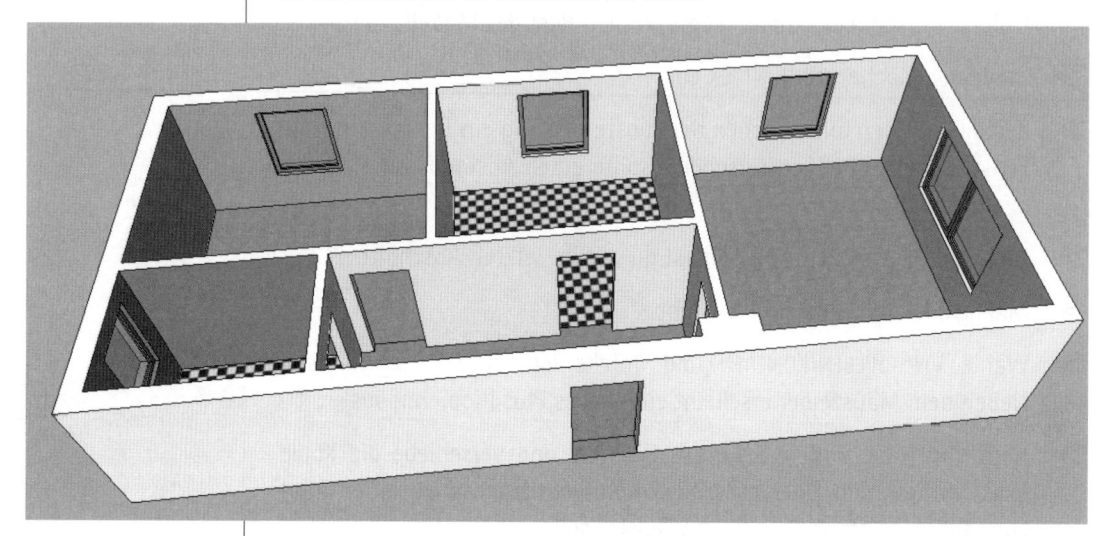

Die Wohnung einrichten

Noch ist deine Wohnung ganz leer. Jetzt kümmerst du dich um die Einrichtung. Google bietet dir viele vorgefertigte Einrichtungsgegenstände als so genannte Komponenten: Möbel, Badewannen, Duschen, Waschbecken, Leuchten und was du sonst noch brauchst.

Die Wände ausblenden

Bevor du mit dem Einrichten beginnst, solltest du jedoch die Wände unsichtbar machen. Sonst wird das genaue Platzieren der Teile schwierig. Am besten gehst du so vor:

- Sorge dafür, dass die Wohnung keine eigene Gruppe ist. Falls dies doch der Fall ist, musst du sie zunächst in Einzelteile auflösen.
- Wähle mit dem Auswahlwerkzeug (Leertaste) das gesamte Modell aus (linkes Bild), so dass alle Teile blau markiert sind.

Die Wohnung einrichten

- Halte die ⇧-Taste gedrückt. Neben dem Mauszeiger erscheint ein Plus- und ein Minuszeichen.

- Klicke mit gedrückter ⇧-Taste auf alle Böden in deinem Modell. Sie werden damit aus der Auswahl entfernt und tragen keine Markierung aus blauen Pünktchen mehr.

- Klicke rechts auf eines der ausgewählten Elemente und wähle im Kontextmenü den Befehl GRUPPIEREN. Wenn alles geklappt hat, hast du nun alle Wände und Fenster in einer Gruppe zusammengefasst.

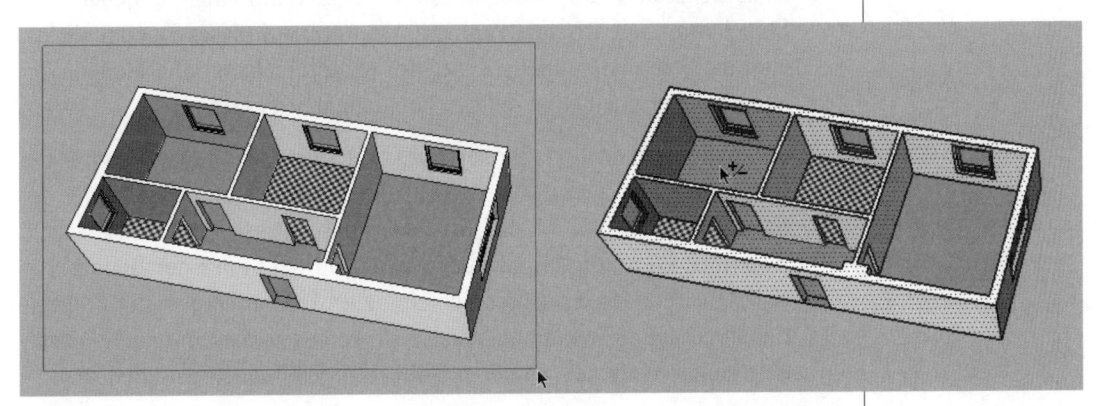

Klicke diese Gruppe rechts an und wähle den Befehl AUSBLENDEN. Jetzt siehst du nur noch die Böden deiner Wohnung.

Übrigens: In der Dialogbox FENSTER|ELEMENTINFORMATIONEN kannst du der (ausgeblendeten) Gruppe auch einen Namen geben. Dann kannst du sie im Gliederungsfenster leichter erkennen (siehe Bild).

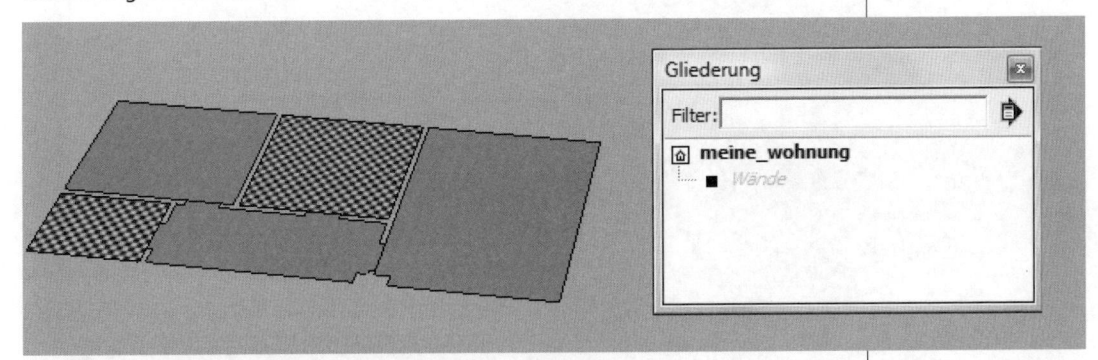

Komponenten verwenden

Eine Komponente ist ein dreidimensionales Teilmodell. Auf deinem Rechner ist schon eine kleine Sammlung von Komponenten gespeichert. Weitere Komponenten findest du in der Google-3D-Galerie (auf Englisch: *3D Warehouse*). Öffne die Dialogbox FENSTER|KOMPONENTEN. Achte darauf, dass

Kapitel 8 — Eine Wohnung einrichten

der erste Reiter AUSWAHL gewählt ist. Im unteren Bereich des Fensters wird dir meist direkt eine Sammlung von Komponenten angezeigt.

In das mittlere Eingabefeld (im Bild steht gerade Google darin) kannst du einen Suchbegriff eingeben, z. B. *Möbel*. Wenn du dann auf die Lupe rechts daneben klickst, erscheint in dem Bereich darunter eine Liste von Sammlungen.

Jeder Listeneintrag besteht aus zwei Teilen:

- ◇ Links siehst du ein Symbol (im Bild ein Sessel) auf einem angedeuteten Stapel von quadratischen Papieren. Wenn du auf dieses Symbol klickst, wird die Sammlung aus dem Internet heruntergeladen. Die Modelle der Sammlung erscheinen in deinem Komponenten-Fenster.

- ◇ Im rechten Teil ist Text. Zuoberst der Name der Sammlung, darunter der Name des Autors und meist eine kurze Beschreibung. Der Name der Sammlung (im Bild MÖBEL) ist blau und unterstrichen. Das ist ein Hyperlink. Wenn du darauf klickst, wirst du direkt mit der Google-3D-Galerie verbunden. Es öffnet sich ein neues Fenster, in dem du Informationen zu dieser Sammlung findest. Du kannst in diesem neuen Fenster eine Komponente auswählen und direkt in dein Modell einfügen.

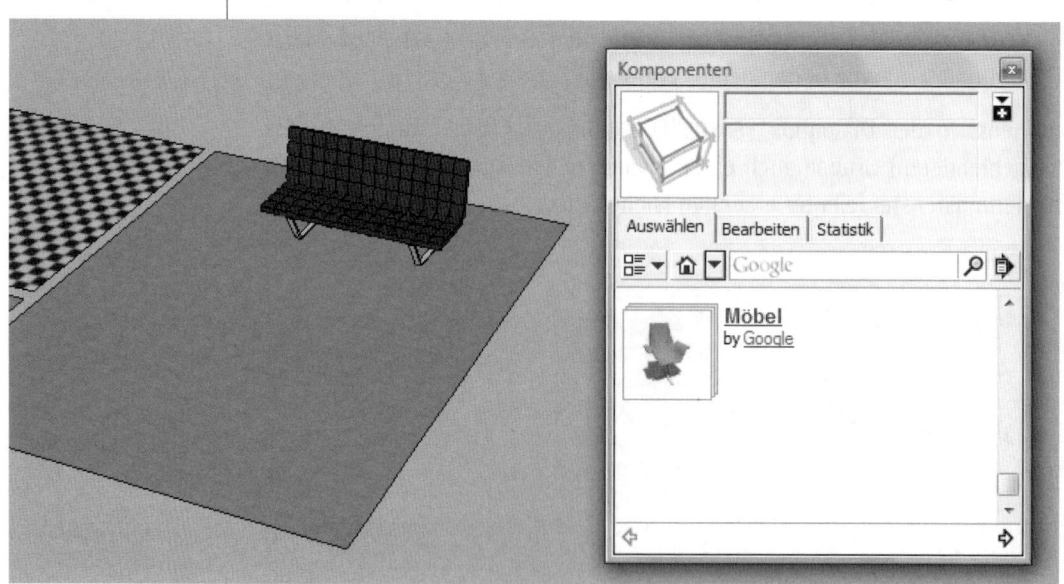

Wenn du eine Komponente ausgewählt hast, erscheint in einem blauen Kasten eine Instanz dieser Komponente auf der Arbeitsfläche. Du kannst sie mit der Maus an die richtige Position setzen. Eventuell musst du sie noch drehen oder auf die richtige Größe skalieren.

Die Wohnung einrichten

Komponenten nachbearbeiten

Komponenten, die du heruntergeladen hast, kannst du meistens noch verändern. Manchmal hat aber der Autor seine Komponente vor Veränderung geschützt.

Im Bild siehst du eine dunkle Couch und einen hellen Sitzwürfel. Beide sind Instanzen von importierten Komponenten. Vielleicht möchtest du, dass der Sitzwürfel die gleiche Farbe hat wie die Couch.

- Klicke auf das Farbeimer-Symbol, damit sich das Fenster MATERIALIEN öffnet (im Bild rechts).

- Klicke auf die Pipette im MATERIALIEN-FENSTER (im Bild eingekreist). Der Mauszeiger sieht nun aus wie eine Pipette.

- Klicke auf das dunkle Polster, dessen Farbe du übernehmen möchtest. Im Farbfeld erscheint nun die ausgewählte Farbe und der Mauszeiger verwandelt sich in einen Farbeimer.

- Nun besteht die Instanz des hellen Sitzwürfels aus mehreren Teilen. Unter dem Polster sind noch Füße. Du willst aber nur das Polster und nicht die Füße neu einfärben. Doppelklicke mit dem Auswahlwerkzeug (Leertaste) auf die Sitzwürfel-Instanz und öffne sie zur Bearbeitung.

- Wähle das Farbeimer-Werkzeug und klicke auf das Polster des Sitzwürfels. Es wird nun mit der gewählten Farbe belegt.

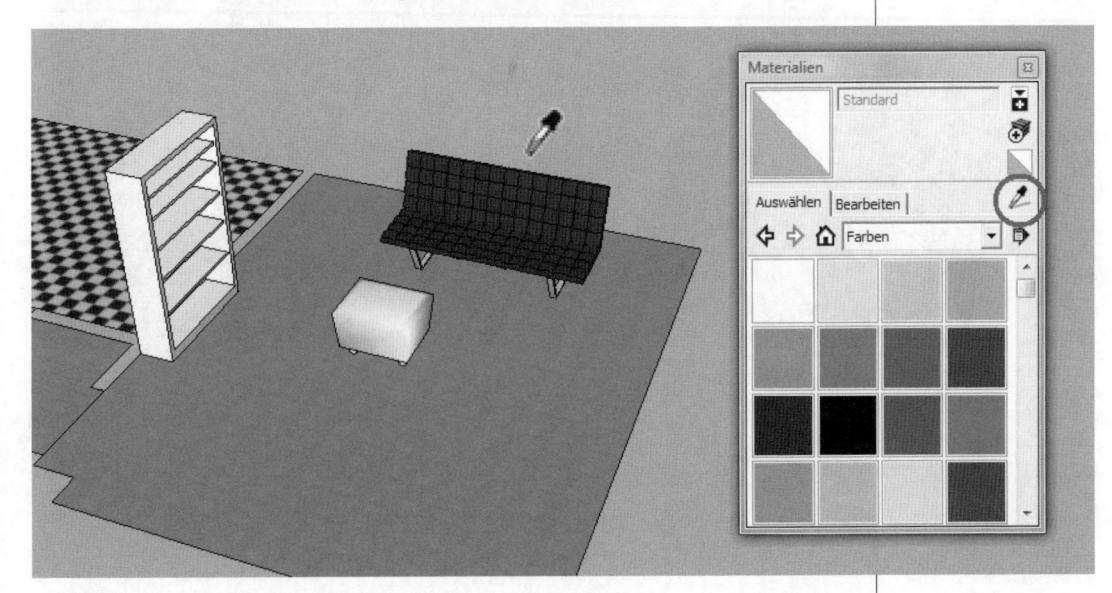

Du kannst auch die Form einer Komponente verändern. Du musst nur auf die Instanz in deinem Modell mit dem Auswahlwerkzeug (Leertaste) dop-

Kapitel 8 — Eine Wohnung einrichten

pelklicken und kannst sie dann bearbeiten. Mache aus einem einfachen Standard-Regal ein ausgefallenes Designer-Möbelstück!

Wenn du die Inneneinrichtung fertig hast, blendest du die Wände deines Modells wieder ein. Das geht auf zweierlei Weise:

◆ Wähle im Menü den Befehl BEARBEITEN|EINBLENDEN|ALLE.

◆ Klicke in der Dialogbox FENSTER|GLIEDERUNG mit der rechten Maustaste auf die Gruppe mit den Wänden. Wähle im Kontextmenü den Befehl EINBLENDEN.

Abmessungen

Ein Wohnungsmodell kannst du z. B. verwenden, um die Einrichtung einer Wohnung zu planen. Dann ist es ganz praktisch, wenn das Modell Längenmaße enthält.

Wähle das Werkzeug ABMESSUNG, das Symbol zeigt einige Striche und die Zahl 3 (siehe Bild links oben). Klicke damit auf eine Linie und bewege dann den Mauszeiger von der Linie weg. Du siehst eine Längenabmessung wie im Bild. Mit dem nächsten Klick legst du die Position der Abmessung fest.

Wenn du in der Originalwohnung die Wände streichen oder fliesen willst, brauchst du die Fläche der betroffenen Wände in Quadratmetern. Mit dieser Angabe kannst du planen, wie viele Fliesen oder wie viel Farbe du benötigst.

Wähle das Werkzeug TEXT. Das Symbol zeigt eine Art Fähnchen mit den Buchstaben »ABC«. Klicke auf eine Fläche und bewege den Mauszeiger von der Fläche weg. Es entsteht eine Flächenangabe in Quadratmetern.

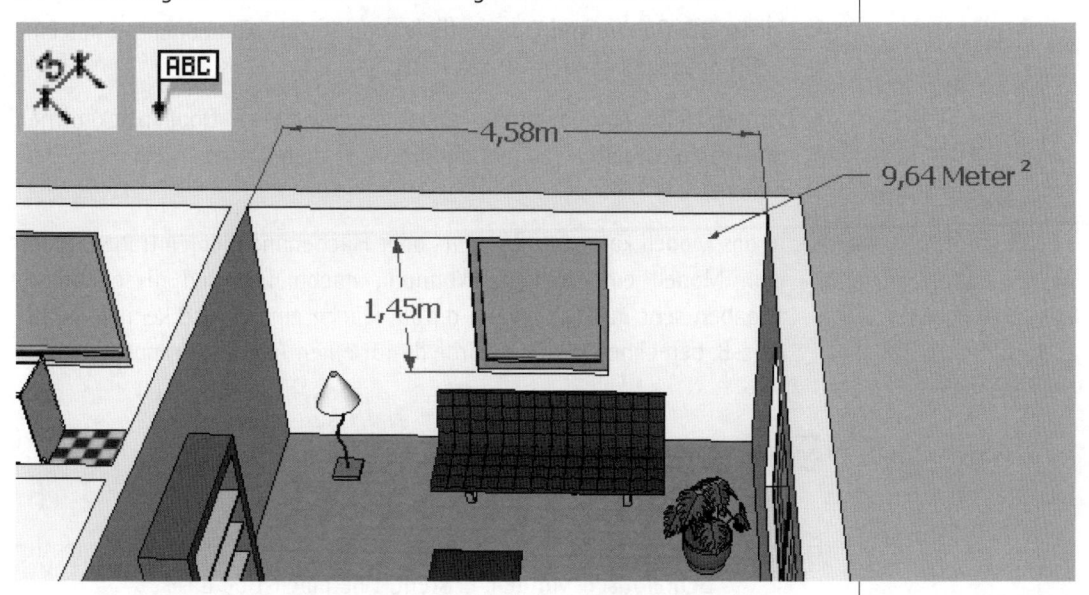

Kapitel 8 — Eine Wohnung einrichten

Zusammenfassung

- In der Standardansicht OBEN zeichnest du mit dem Linienwerkzeug den Grundriss der Wohnung.
- Fenster und Türen markierst du mit Querlinien durch die Grundfläche einer Wand.
- Du kannst die Länge einer Linie über die Tastatur eingeben. Schließe die Eingabe mit ⏎ ab.
- Mit DRÜCKEN/ZIEHEN machst du aus dem Grundriss ein dreidimensionales Modell der Wände.
- Auf den Wänden sind senkrechte Linien an den Stellen, wo Fenster und Türen sein sollen. Konstruiere dort Öffnungen.
- Wenn du ein Fenster kopieren willst, musst du zuerst die Wände der Wohnung zu einer Gruppe machen. Dann verschneiden die neuen Linien nicht mit dem bisherigen Modell.
- In der 3D-Galerie von Google findest du fertige Komponenten mit Einrichtungsgegenständen für das Haus.
- Vorgefertigte Komponenten kannst du mit einem Doppelklick öffnen und nachbearbeiten (anders einfärben, skalieren oder in der Form verändern).
- In das Modell kannst du Längen- oder Flächenangaben eintragen. Wenn dein Modell eine richtige Wohnung nachbildet, sind diese Zahlenangaben sehr nützlich. Wenn du die Fläche einer Wand kennst, kannst du z. B. berechnen, wie viel Farbe du für einen Anstrich brauchst.

Ein paar Fragen ...

Frage 1: Du möchtest, dass der Stuhl die gleiche Farbe hat wie der Schreibtisch, vor dem er steht. Wie machst du das?

Frage 2: Warum solltest du die Wände deiner Wohnung zu einer Gruppe machen?

Frage 3: Welchen Vorteil hat es, wenn dein Rechner online ist, während du eine Wohnung gestaltest?

Frage 4: Wie kannst du eine Kommode, die für deine Diele zu breit ist, ganz leicht schmaler machen?

... und ein paar Aufgaben

1. Lade aus der 3D-Galerie einen Tisch und mache ihn breiter. Tipp: Verschiebe zuerst die rechten Beine und das rechte Querbrett nach rechts.

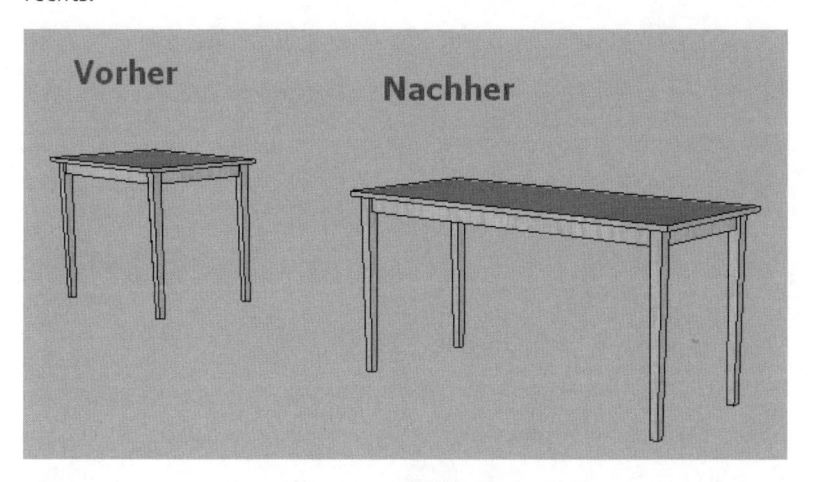

2. Lade aus der 3D-Galerie eine Kommode und entferne einige Teile.

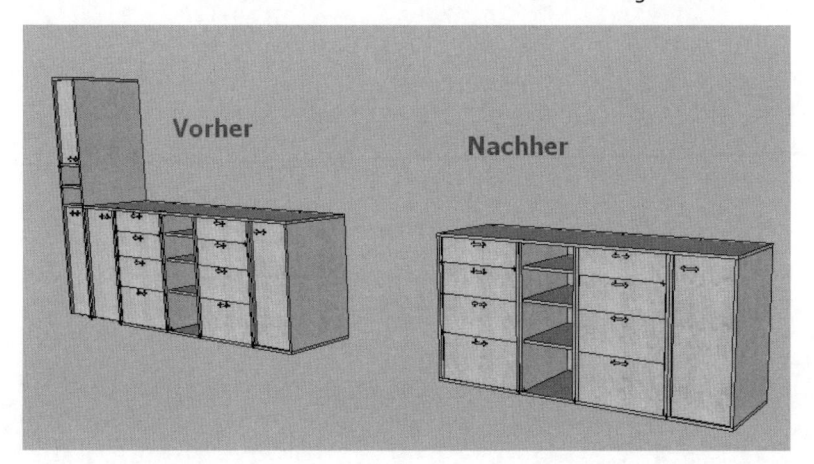

9
Mit Komponenten modellieren

Komponente kommt vom lateinischen Wort *componere*. Das bedeutet zusammensetzen. Wenn wir mit Komponenten modellieren, setzen wir ein Modell aus Teilen zusammen, und diese Teile bestehen manchmal wieder aus Teilen. Alle größeren Modelle bestehen aus Komponenten. Sie helfen, den Überblick zu behalten und können die Modellierung vor allem dann sehr erleichtern, wenn gleiche Teile häufiger vorkommen.

- Was sind Komponenten und Instanzen?
- Worin unterscheiden sich Komponenteninstanzen von Gruppen?
- Wie erstellst du eigene Komponenten?
- Wie kannst du Komponenten aus Instanzen anderer Komponenten zusammensetzen?
- Wie kannst du eine Komponente überarbeiten?

Kapitel 9 — Mit Komponenten modellieren

Was sind Komponenten?

Stell dir vor, du bist Architekt oder Städteplaner und sollst eine Siedlung aus Einfamilienhäusern planen. Alle Häuser in der Straße sehen gleich aus. Sie sind von *einem* Typ. Alle sind nach dem gleichen Plan gebaut.

In solchen Fällen verwendest du Komponenten. Eine Komponente ist ein Teilmodell. Von einer Komponente kannst du beliebig viele Exemplare (man nennt sie *Instanzen*) erzeugen. Komponenten sind nicht das Gleiche wie Gruppen. Die Instanzen einer Komponente sind nämlich keine selbstständigen Entitäten, sondern sie hängen zeitlebens mit der Definition der Komponente zusammen. Doch dazu später mehr.

Erstellen wir zunächst einmal das Modell eines Hauses und machen daraus eine Komponente:

> Konstruiere mit RECHTECK, DRÜCKEN/ZIEHEN und der Linienfunktion ein ganz einfaches Haus.

> Rahme mit dem Auswahlwerkzeug das ganze Haus so ein, dass es komplett blau markiert ist.

> Klicke mit der rechten Maustaste und wähle im Kontextmenü den Befehl KOMPONENTE ERSTELLEN.

> Es erscheint eine Dialogbox wie in der Abbildung. Außerdem ist in der ausgewählten Geometrie ein neues kleines Koordinatensystem.

> Trage unbedingt in das Feld NAME: einen sinnvollen Namen für deine Komponente ein (z. B. Haus). Außerdem kannst du – wenn du professionell arbeitest – in das nächste Feld BESCHREIBUNG: einen zusätzlichen Kommentar schreiben. Bei großen Projekten mit vielen Komponenten kann das sehr nützlich sein.

> Sorge dafür, dass unten vor AUSWAHL DURCH KOMPONENTE ERSETZEN ein Häkchen ist.

> Lasse die anderen Voreinstellungen, wie sie sind, und klicke auf die Schaltfläche ERSTELLEN.

Damit ist die Definition der Komponente fertig. Das, was du auf dem Bildschirm siehst, ist eine Instanz deiner Komponente.

Was sind Komponenten?

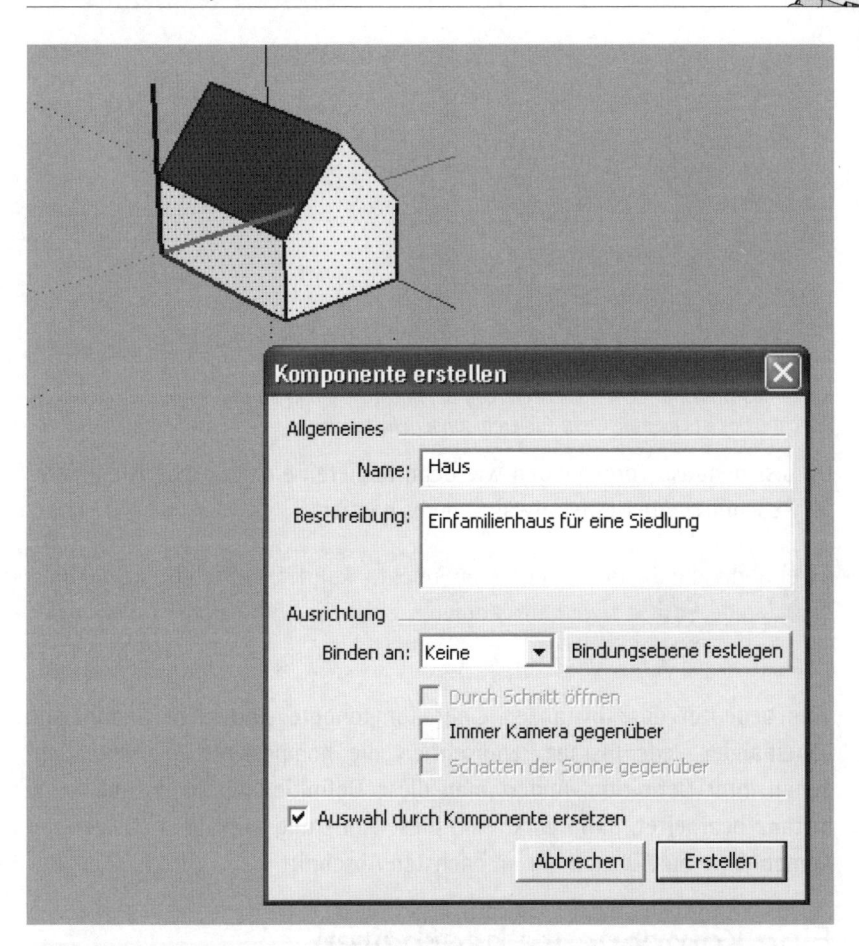

Ein neue Komponente erstellen. Die Komponente hat ein eigenes Koordinatensystem.

Mehrere Instanzen einer Komponente erstellen

Mit dem Werkzeug VERSCHIEBEN/KOPIEREN kannst du weitere Instanzen der Komponente erzeugen.

≫ Markiere die Instanz (das Haus) mit dem Auswahlwerkzeug (Pfeil).

≫ Wähle VERSCHIEBEN/KOPIEREN (zwei rote gekreuzte Doppelpfeile) und drücke einmal kurz die Taste ⌈Strg⌉. Neben dem Mauszeiger muss ein Pluszeichen stehen.

≫ Klicke auf eine Ecke der Instanz und schiebe die Kopie an die gewünschte Position.

Kapitel 9 — Mit Komponenten modellieren

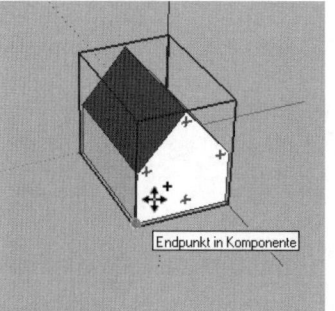

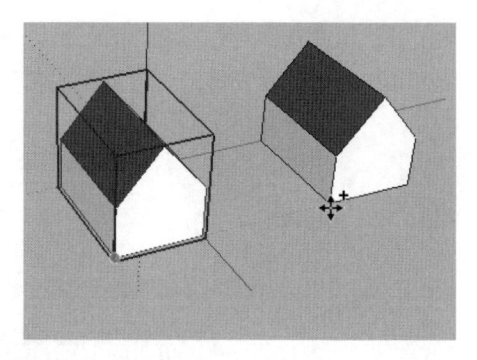

Klicke das Haus mit dem Kopierwerkzeug an einem Eckpunkt an und kopiere es mehrmals. Beachte: Das ist eigentlich kein Kopieren, sondern Instanzieren.

Du bist genauso vorgegangen wie beim Kopieren einer Gruppe (siehe letzter Abschnitt). Aber es ist etwas anderes passiert.

> Wenn du die Instanz einer Komponente kopierst, entsteht keine unabhängige Entität (wie beim Kopieren einer Gruppe), sondern eine neue Instanz der Komponente.

Was bedeutet das? Instanzen einer Komponente sind nicht unabhängig voneinander. Jede Instanz repräsentiert die Komponente und entspricht genau ihrer Definition. Ändert man diese Definition ab, indem man eine Instanz bearbeitet, dann wirkt sich diese Änderung auf alle Instanzen der Komponente aus. Dazu mehr im nächsten Abschnitt.

Eine Komponente bearbeiten

Nehmen wir an, du hast in deinem Modell sechs Häuser zu einer Siedlung angeordnet. Jedes Haus ist eine Instanz einer einzigen Komponente namens *Haus*. Nun gefällt dir aber dieser Haustyp nicht. Du möchtest, dass die Häuser an der Seite einen Geräteschuppen als Anbau haben. Dann musst du lediglich die Definition der Komponente überarbeiten und alle Instanzen übernehmen diese Veränderung. Und so gehst du vor:

≫ Klicke mit dem Auswahlwerkzeug doppelt auf eine Instanz. Oder du klickst einmal mit der rechten Maustaste und wählst im Kontextmenü den Befehl KOMPONENTE BEARBEITEN.

Was sind Komponenten?

- Die Instanz der Komponente ist von einer gestrichelten Box umgeben. Der Rest des Modells ist nur noch schemenhaft zu erkennen. Außerdem erscheint ein kleines Koordinatensystem mit kurzen Achsen.

- Bearbeite die Komponente. In diesem Beispiel zeichnest du einen Anbau an eine Hauswand (verwende RECHTECK, DRÜCKEN/ZIEHEN und das Linienwerkzeug). Du erkennst, dass alle Änderungen sofort von den anderen Instanzen der Haus-Komponente übernommen werden. Sie sind auf magische Weise miteinander verbunden.

- Du beendest die Bearbeitung, indem du mit der Auswahlfunktion irgendwohin außerhalb der Komponente klickst.

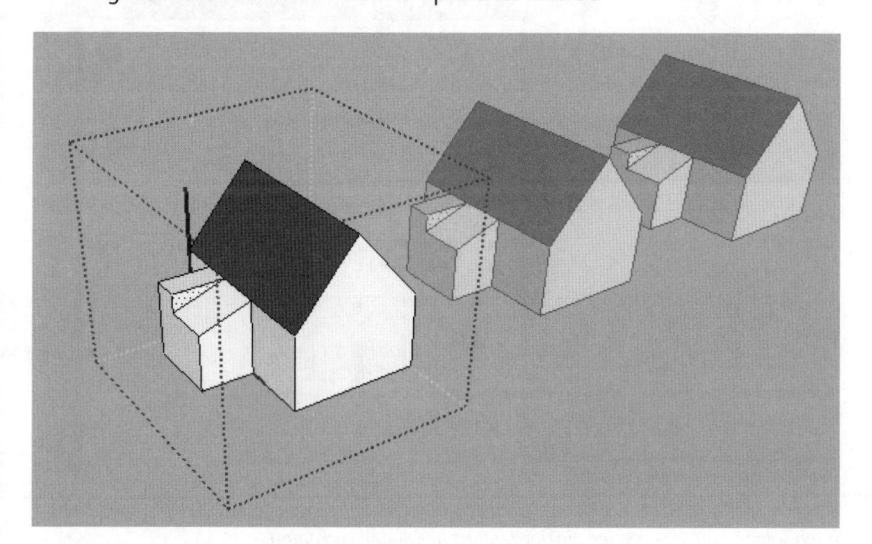

Eine Änderung der Komponente wird von allen Instanzen übernommen.

Die Übersicht aller Komponenten

Wenn du im Menü FENSTER das Feld KOMPONENTEN auswählt, erscheint eine Dialogbox mit einer Übersicht aller Komponenten deines Modells. In diesem Beispiel sind das nur zwei: die menschliche Figur, die du zu Beginn der Sitzung gelöscht hast, und die neue Komponente, die du gerade selbst erstellt hast. Du siehst: Eine Komponentendefinition bleibt ein Teil des Modells (und wird mit dem Modell gespeichert), auch wenn in dem Modell keine einzige Instanz dieser Komponente verwendet wird.

Kapitel 9 — Mit Komponenten modellieren

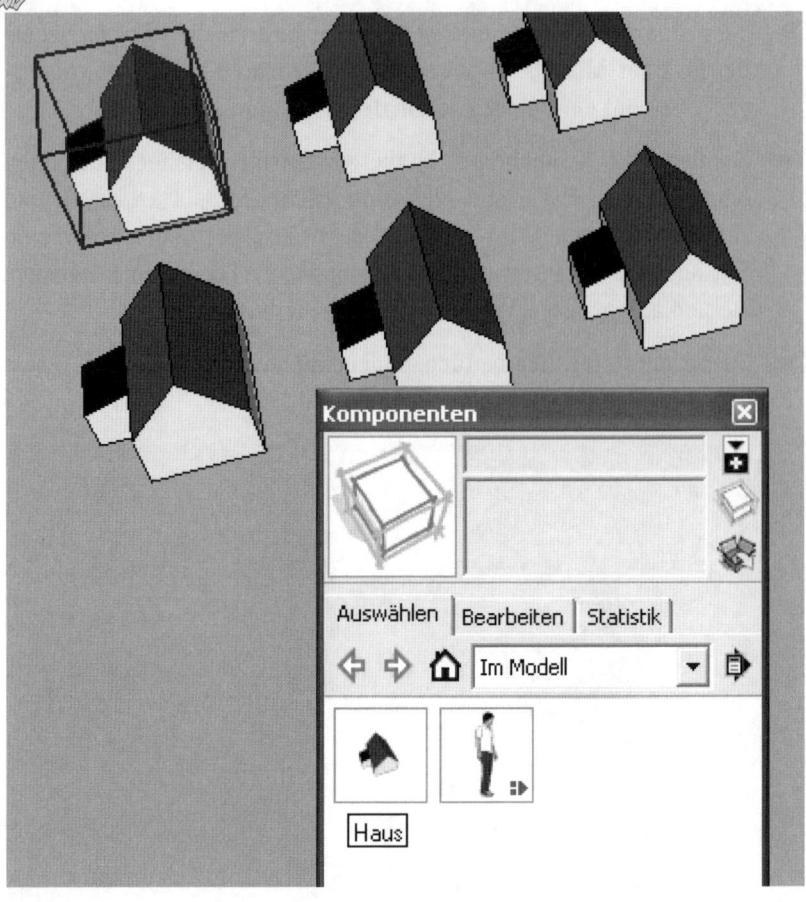

Das Fenster KOMPONENTEN zeigt eine Übersicht aller Komponenten deines Modells. Es enthält auch solche, von denen keine einzige Instanz im Modell vorkommt.

Eine Variante einer Komponente erstellen

Nehmen wir an, du willst nun ein einzelnes Haus deiner Siedlung etwas verändern. Die anderen Häuser sollen so bleiben, wie sie sind. Im Prinzip musst du für dieses etwas andere Haus eine eigene Komponente erschaffen. Das geht so:

➤ Wähle die Auswahlfunktion (Leertaste) und klicke mit der rechten Maustaste auf eine Instanz (hier ein Haus), die du für die Bearbeitung verwenden möchtest.

➤ Wähle im Kontextmenü EINDEUTIG MACHEN. Durch diesen Befehl wird eine neue Komponente erschaffen und dieser Instanz zugeordnet.

Was sind Komponenten?

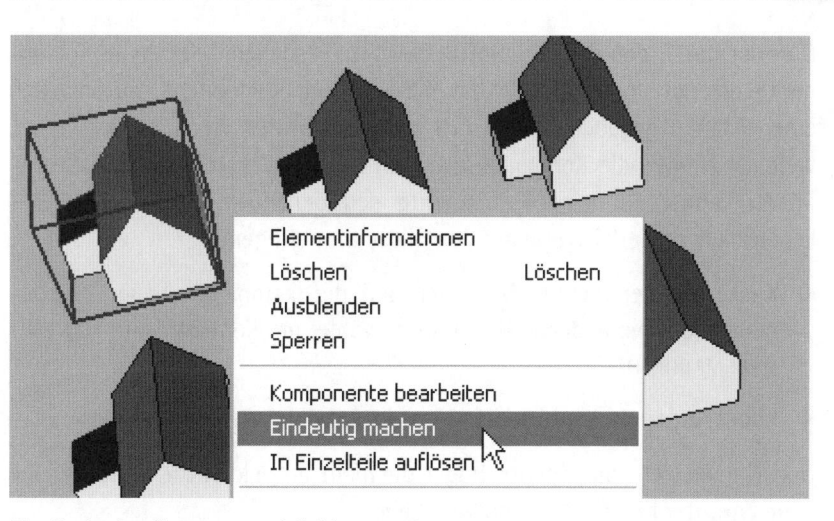

Eine Kopie einer Komponentendefinition erstellen.

≫ Doppelklicke auf die ausgewählte Instanz und öffne sie zur Bearbeitung.

≫ Verändere die Komponente. In unserem Beispiel wird der Anbau mit DRÜCKEN/ZIEHEN etwas vergrößert. Beachte, dass die anderen Häuser sich nicht verändern. Denn sie gehören jetzt zu einer anderen Komponente.

≫ Wenn du fertig bist, klicke mit der Auswahlfunktion (Leertaste) irgendwohin außerhalb des gepunkteten Komponentenkastens.

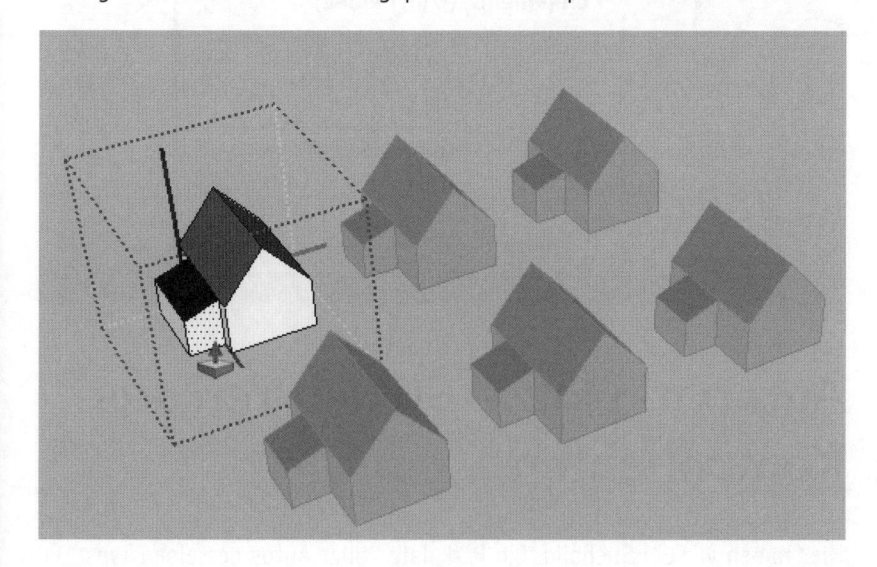

Die Komponente bearbeiten.

Kapitel 9

Mit Komponenten modellieren

Du hast durch den Befehl EINDEUTIG MACHEN insgeheim eine neue Komponente erzeugt und SketchUp hat dieser neuen Komponente automatisch einen Namen gegeben. Aber es ist natürlich besser, wenn *du* bestimmst, welchen Namen die Komponente tragen soll. Im Fenster ELEMENTINFORMATIONEN kannst du deine Komponente neu benennen. Du kannst dieses Fenster auf zweierlei Weise auf den Bildschirm bringen:

◆ Klicke mit der rechten Maustaste auf die Instanz der neuen Komponente (das veränderte Haus) und wähle im Kontextmenü ELEMENTINFORMATIONEN.

◆ Klicke in der oberen Menüleiste auf FENSTER|ELEMENTINFORMATIONEN.

Den Namen der Komponente trägst du *nicht* im Feld NAME, sondern eine Zeile darunter hinter DEFINITIONSNAME ein.

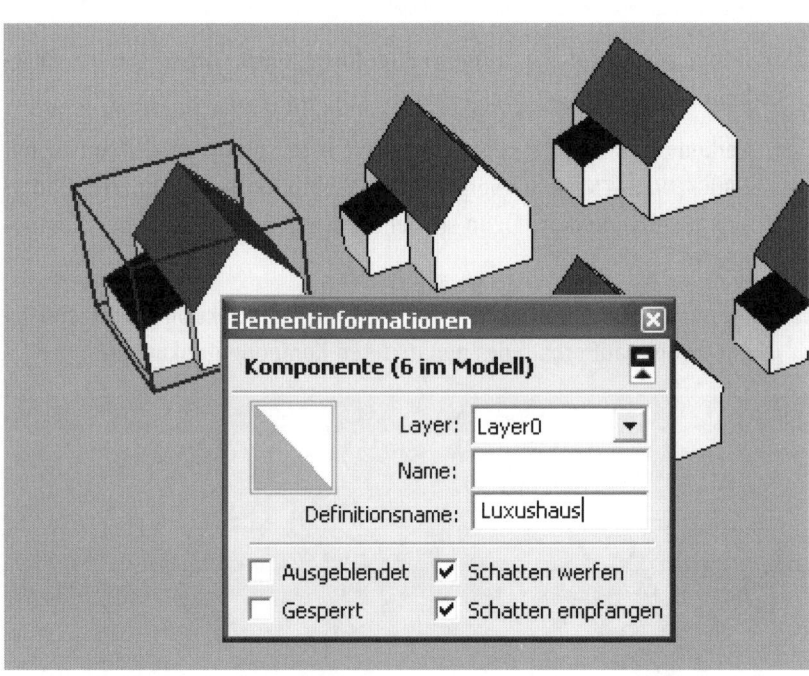

Der neuen Komponentendefinition einen Namen geben.

Autoparkplatz – Strukturen aus Komponenten

Hier haben wir ein Suchbild. Ein Parkplatz voller Autos desselben Typs. Die Farbe ist unterschiedlich, aber ansonsten sehen sie alle gleich aus. Oder? Schau genau hin! Drei Autos unterscheiden sich von allen anderen.

Autoparkplatz – Strukturen aus Komponenten

Drei Autos sind anders als die anderen. Hast du sie schon entdeckt?

Das Modell besteht aus vielen Instanzen einer einzigen Komponente namens *Auto*. Jedes Auto ist aus einer Instanz der Komponente *Karosserie* und vier Instanzen derselben Komponente *Rad* zusammengesetzt.

Die Autos haben (fast) alle die gleiche Form, aber unterscheiden sich in der Farbe des Lacks. Dagegen haben die Fenster wiederum alle exakt das gleiche Aussehen. Wie macht man das? Das – und einige andere Tricks bei der Modellierung mit Komponenten – lernst du bei diesem Projekt.

Das Rad

Wir beginnen mit dem Rad. Du entwickelst es mit dem Folge-mir-Werkzeug durch eine Extrusion entlang einer Kreisbahn.

> Als Erstes zeichnest du den Querschnitt des Rades (erstes Bild). Stelle dazu die Kamera-Standardansicht OBEN ein. Deine Zeichnung entsteht dann auf der waagerechten Grundebene, die sich über die grüne und der rote Achse spannt.

> Nun zeichnest du einen Kreis für die Extrusion. Er muss senkrecht auf der Querschnittsfläche stehen. Deshalb wechselst am besten zur Kamera-Standardansicht VORNE. Zeichne einen Kreis um die grüne Achse und lösche die Innenfläche, so dass nur die Kreislinie übrig bleibt. (Klicke die Fläche mit dem Auswahlwerkzeug an und drücke dann die Taste `Entf`.)

Kapitel 9 — Mit Komponenten modellieren

≫ Nun kommen wir zur Extrusion. Stelle die Standardansicht ISO so ein, dass du die Querschnittsfläche und den Kreis gleichzeitig sehen kannst. Klicke mit dem Auswahlwerkzeug (Pfeil) den Kreis an, so dass er blau markiert ist. Wähle das Folge-mir-Werkzeug und klicke den kreisförmigen Teil der Querschnittsfläche an (letztes Bild). Augenblicklich entsteht ein Reifen.

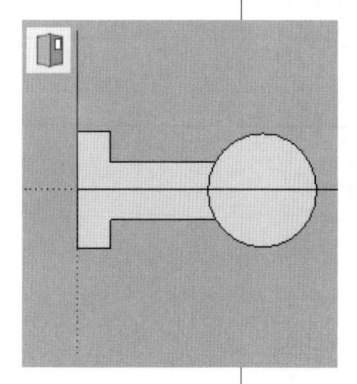

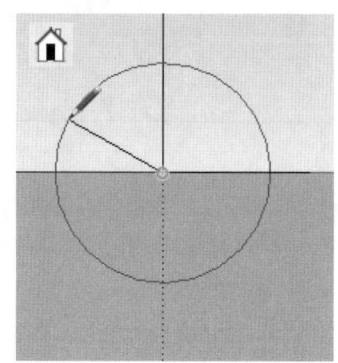

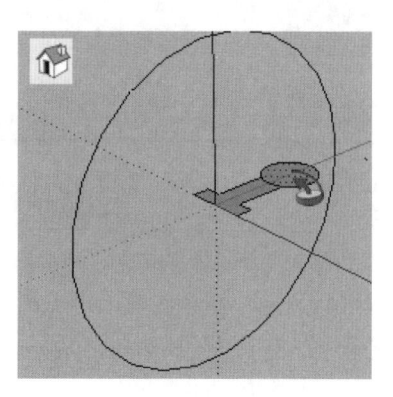

Vorbereitung einer Extrusion: Querschnittsfläche und Spur zeichnen.

≫ Du markierst wieder mit dem Pfeil die Kreisspur und klickst dann mit dem Folge-mir-Werkzeug auf die Querschnittsfläche der Felge und Radnabe.

≫ Dein Rad sieht nun aus wie im zweiten Bild. Die Form ist im Prinzip fertig.

≫ Lösche mit dem Radiergummi die überflüssige Kreislinie.

≫ Mit dem Farbeimer färbst du den Reifen und die Flächen im Innenteil des Rades ein.

≫ Praktisch ist noch eine Linie auf der Radnabe. Ihren Mittelpunkt kannst du später zum exakten Platzieren benutzen, wenn du die Räder an die Karosserie montierst.

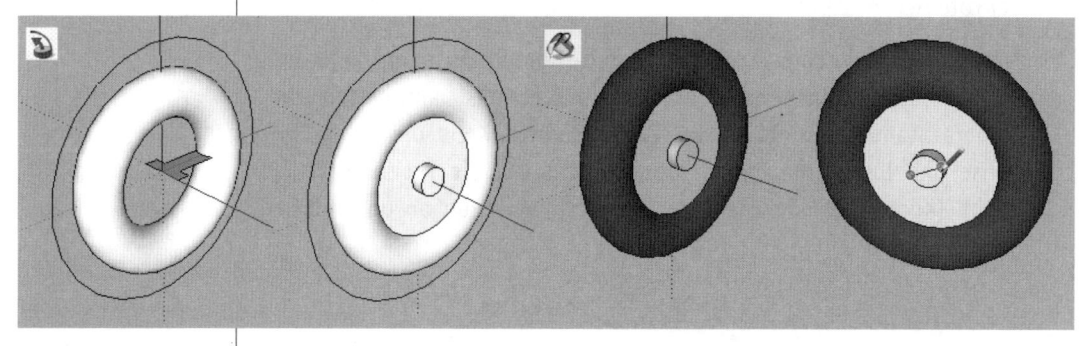

Die Linie auf der Radnabe bietet später einen Punkt zum Anfassen und genauen Platzieren des Rades.

Autoparkplatz – Strukturen aus Komponenten

Fertig ist das Rad. Mache nun eine Komponente daraus.

- Ziehe mit dem Auswahlwerkzeug eine Box um die gesamte Zeichnung, so dass alle Elemente blau markiert sind. Klicke mit der rechten Maustaste und wähle im Kontextmenü den Befehl KOMPONENTE ERSTELLEN.

- Gib in der Dialogbox einen sinnvollen Namen ein und klicke auf die Schaltfläche ERSTELLEN.

- Zum Schluss kannst du die eine Instanz des Rades löschen, damit der Bildschirm frei ist für die Konstruktion der Karosserie.

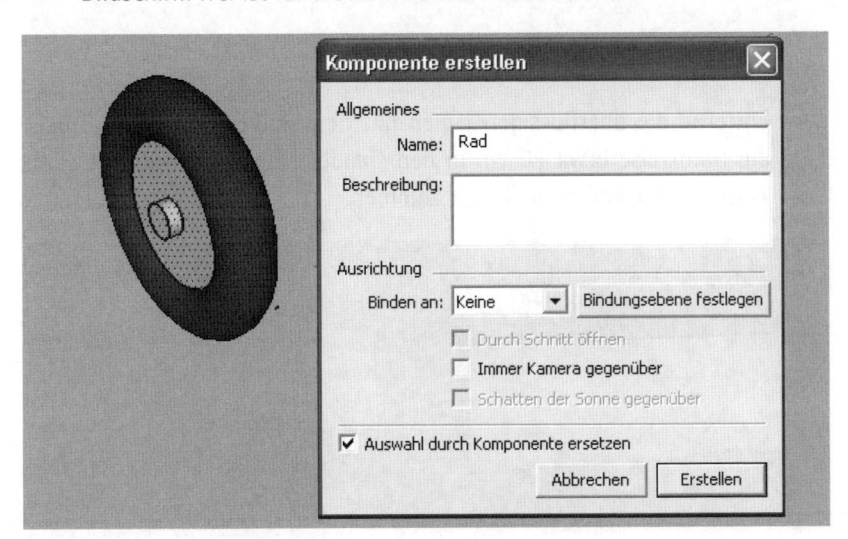

Die Karosserie

- Die Konstruktion der Karosserie beginnst du mit einem Quader. Zeichne zuerst ein waagerechtes Rechteck und drücke es mit DRÜCKEN/ZIEHEN hoch. Am besten wählst du realistische Maße, die im ersten Bild eingetragen sind. Diese Maßangaben musst du in deinem Modell natürlich nicht eintragen.

- Zeichne auf die Unterseite des Quaders zwei Linien wie im zweiten Bild. Diese Linien brauchst du später, um die Räder exakt zu montieren.

- Zeichne Kreise für die Radkästen. Gehe mit dem Kreiswerkzeug zuerst auf die Mitte der Seitenfläche des Quaders und halte dann die ⇧-Taste gedrückt, damit der Kreis am Mauszeiger in der gleichen Lage bleibt (er muss grün sein).

Kapitel 9 — Mit Komponenten modellieren

> Achte darauf, dass die Kreise groß genug sind. Ein Radius von 45 cm ist normalerweise in Ordnung. Tipp: Damit der zweite Kreis genauso groß ist wie der erste, leite den Radius vom ersten Kreis ab.

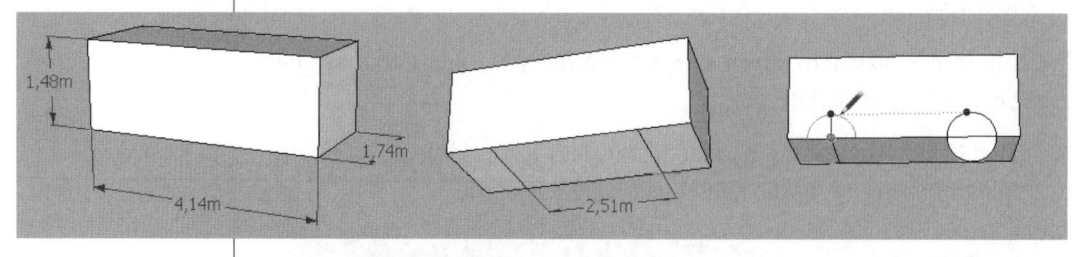

Die Konstruktion beginnt mit einem Quader.

> Entferne die überflüssigen Linien mit dem Radiergummi und drücke die Halbkreise etwa 20 cm in den Quader hinein. Das sind die Radkästen, in die später die Räder kommen.

> Als Nächstes zeichnest du die Umrisse der Karosserie mit den Werkzeugen LINIE und BOGENLINIE. Damit du präziser arbeiten kannst, wähle die Kamera-Standardansicht VORNE. Achte darauf, dass die waagerechte Linie unter den Fenstern wirklich genau waagerecht ist (rote Richtung).

> Mit DRÜCKEN/ZIEHEN drückst du die äußeren Flächen durch den ganzen Quader. Nun kann man schon die Form deines Autos gut erkennen.

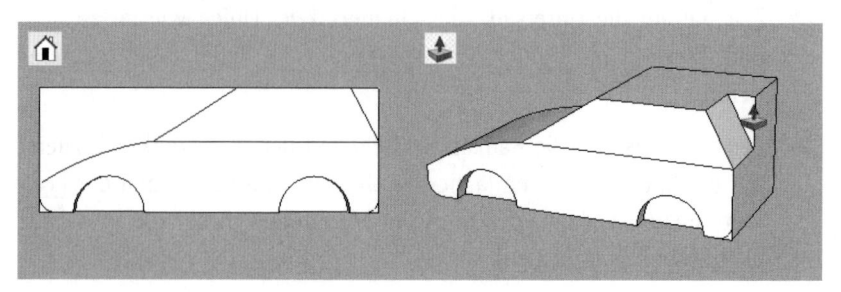

200

Autoparkplatz – Strukturen aus Komponenten

Jetzt kommt etwas Raffiniertes. Die Dachfläche wird mit VER-SCHIEBEN/KOPIEREN etwas schmaler gemacht.

> Klicke mit dem Auswahlwerkzeug (Leertaste) die hintere Linie der Dachfläche an. Wähle im Kontextmenü den Befehl UNTERTEILEN. Bewege den Mauszeiger so lange über die Linie, bis eine Unterteilung in zehn Segmente entstanden ist (erstes Bild). Klicke dann mit der linken Maustaste. Jetzt sieht die Linie zwar genauso aus wie vorher, aber es sind auf der Linie neue (unsichtbare) Endpunkte entstanden, die du im nächsten Schritt benutzt.

> Klicke mit dem Auswahlwerkzeug auf die linke Seitenlinie des Daches, so dass sie blau markiert ist. Wähle nun das Werkzeug VERSCHIEBEN/KOPIEREN und klicke die blau markierte Seitenlinie des Daches am vorderen Endpunkt an. Verschiebe die gesamte Linie bis zum nächsten unsichtbaren Endpunkt der unterteilten Vorderkante des Daches. Die linke obere Seitenfläche des Autos klappt ein Stück zur Mitte. Mache das Gleiche auf der rechten Seite (zweites Bild).

> Zeichne mit dem Versatzwerkzeug die Fenster ein (drittes Bild).

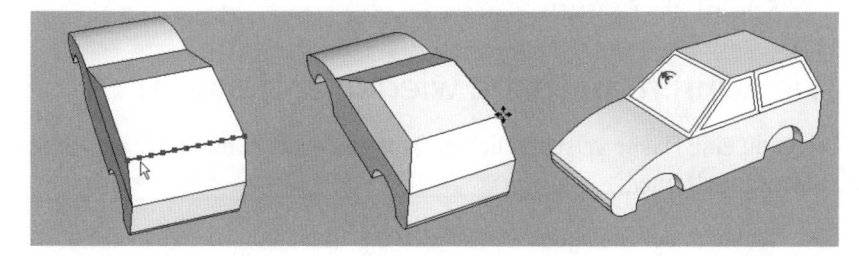

Mit dem Farbeimer färbst du die Fenster grau ein. Ja, ich weiß, Fenster sind eigentlich durchsichtig. In der Dialogbox MATERIALIEN gibt es auch Glas. Aber du willst ja eigentlich das Innere der Autos gar nicht sehen. Deshalb wählst du in diesem Fall besser einen undurchsichtigen Grauton. Wichtig: Die anderen Flächen lässt du so, wie sie sind. Wenn du versehentlich eine Fläche eingefärbt hast, die eigentlich ohne Farbe bleiben soll, benutze das Standardmaterial, um die Farbe wieder zu entfernen (siehe nächster Abschnitt).

> Eine Fläche innerhalb einer Komponente, die mit einem Material belegt ist, nimmt später keine andere Farbe oder Textur mehr an, wenn eine Instanz der Komponente komplett eingefärbt wird.

Mit dem Radiergummi kannst du nun die meisten Linien abmildern. Halte die Taste [Strg] gedrückt und klicke die Linien an, die abgemildert werden sollen. Diese Linien sind dann nicht mehr sichtbar und die benachbarten Flächen sehen abgerundet aus (zweites Bild).

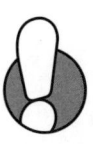

Kapitel 9 — Mit Komponenten modellieren

Die Linien, die die Fenster und die Radkästen einfassen, milderst du *nicht* ab.

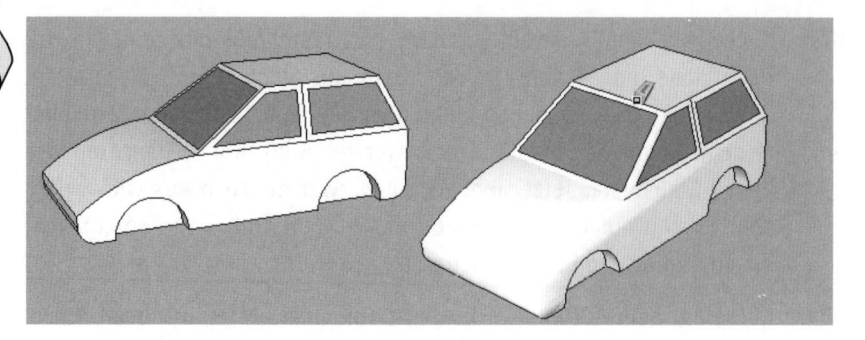

Nun kannst du deine Zeichnung in eine Komponente umwandeln:

- Markiere mit dem Auswahlwerkzeug (Pfeil) die gesamte Karosserie, so dass alle Teile blau markiert sind.
- Klicke rechts und wähle im Kontextmenü den Befehl KOMPONENTE ERSTELLEN.
- Gib in der Dialogbox als Name Karosserie ein und klicke auf die Schaltfläche ERSTELLEN.

Wie kann man Farbe wieder entfernen?

Wenn du eine Fläche versehentlich gefärbt hast, kannst du später die Farbe so wieder entfernen:

- Wähle in der Dialogbox MATERIALIEN das Standardmaterial. Klicke dazu auf das kleine Quadrat in der Dialogbox (rechts oben), das aus einem graublauen und einem weißen Dreieck zusammengesetzt ist.
- Klicke mit dem Farbeimer auf die Fläche, deren Farbe du löschen möchtest.

Die Räder montieren

Du hast nun eine Instanz der Komponente *Karosserie* auf der Arbeitsfläche. Nun müssen vier Räder an die richtigen Stellen gesetzt werden. Alles zusammen wird dann am Ende eine neue Komponente namens *Auto*.

- Öffne die Dialogbox FENSTER|KOMPONENTEN. Ziehe vier Instanzen der Komponente RAD auf die Arbeitsfläche und bringe sie – so gut es geht – in die Nähe der Radkästen der Karosserie.

Autoparkplatz – Strukturen aus Komponenten

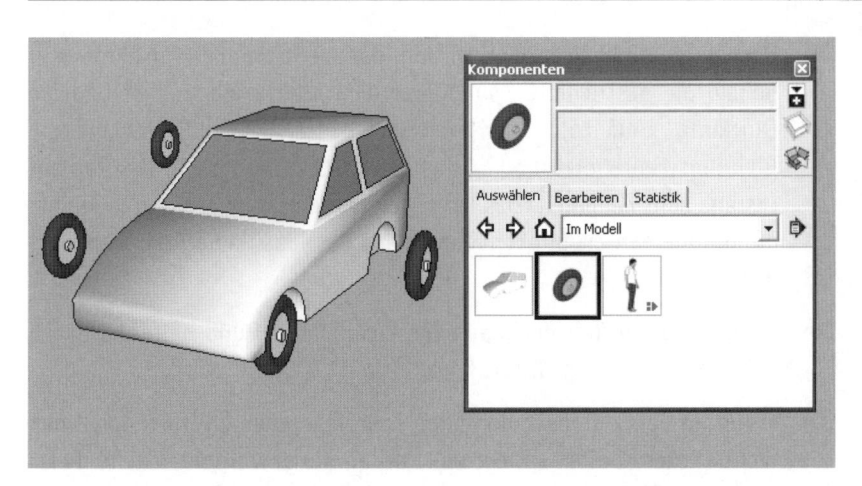

Nun werden die Räder exakt an die richtigen Stellen gebracht. Ich zeige dir eine trickreiche Technik, die du in vielen ähnlichen Situationen verwenden kannst.

> Der Mittelpunkt der Radnabe dient als Fasspunkt zum Verschieben des Rades. Zielpunkt ist der Endpunkt einer der beiden Linien auf der Unterseite der Karosserie.

> Wähle mit dem Werkzeug ROTIEREN einen Blickwinkel so, dass du beide Punkte sehen kannst.

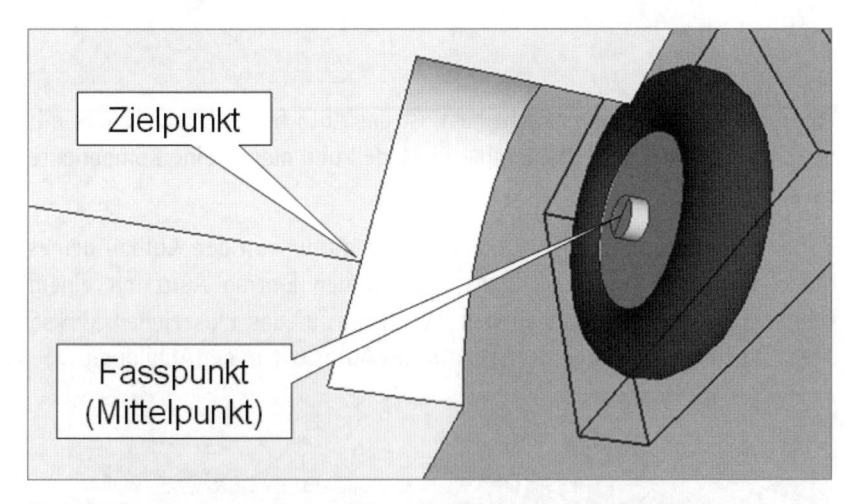

Ab jetzt ist die genaue Reihenfolge aller Aktionen ganz wichtig.

> Klicke zuerst mit dem Auswahlwerkzeug (Pfeil) das Rad an, so dass um die Instanz herum ein blauer Kasten erscheint.

> Suche mit dem Werkzeug VERSCHIEBEN/KOPIEREN (roter Doppelpfeil) den Mittelpunkt der Radnabe, klicke mit der linken Maustaste und lasse sie wieder los. Jetzt folgt das Rad der Mausbewegung.

Kapitel 9 — Mit Komponenten modellieren

> Bewege das Rad in roter Richtung, das heißt parallel zur Karosserie. Sobald die gestrichelte Spur hinter dem Mauszeiger rot ist und die Quickinfo »Auf roter Achse« erscheint (erstes Bild), stimmt die Richtung. Halte jetzt die ⇧-Taste gedrückt. Dann bleibt das Rad auf Distanz zum Zielpunkt. Das ist der eigentliche Trick. Denn nun kannst du in Ruhe den Zielpunkt suchen, ohne dass das Rad dir die Sicht verdeckt.

> Suche also nun mit der Maus den Zielpunkt auf und halte die ganze Zeit die ⇧-Taste gedrückt (zweites Bild).

> Wenn du den Zielpunkt gefunden hast, lasse die ⇧-Taste los. Noch nicht klicken! Sofort springt das Rad an die gewünschte Stelle. Fasspunkt und Zielpunkt liegen exakt aufeinander.

> Erst jetzt klickst du mit der linken Maustaste. Das Rad ist montiert.

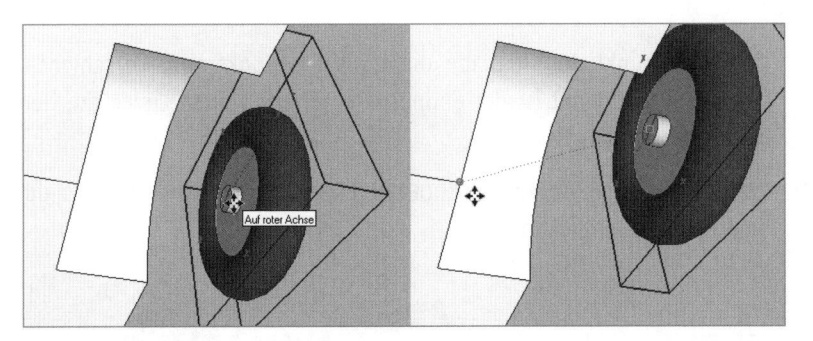

Wenn du alle Räder angebracht hast, ist das Auto fertig. Markiere nun mit dem Auswahlwerkzeug das komplette Modell und mache eine Komponente daraus. Nenne sie Auto.

In der Dialogbox FENSTER|GLIEDERUNG kannst du dir nun den Aufbau deines Modells ansehen. Eventuell siehst du nur den Eintrag AUTO mit einem kleinen Pluszeichen links daneben. Wenn du auf das Pluszeichen klickst, siehst du eine Darstellung der Struktur des Autos wie in der Abbildung.

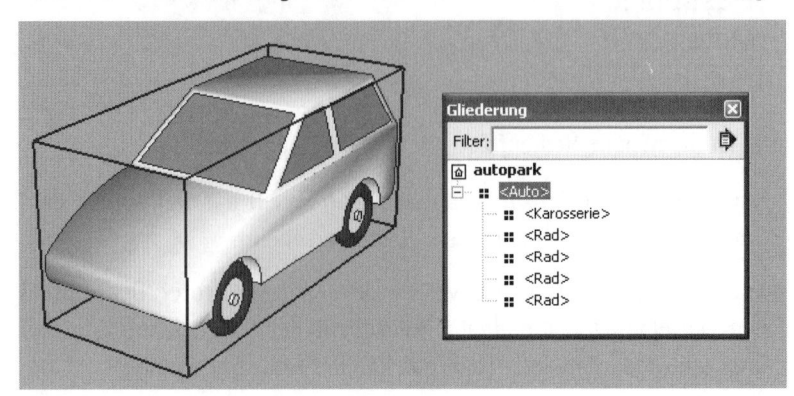

Autoparkplatz – Strukturen aus Komponenten

Nun erstellst du durch Kopieren ein ganzes Feld von Autos.

- Stelle die Standardansicht OBEN ein.

- Wähle das Werkzeug VERSCHIEBEN/KOPIEREN (M). Drücke einmal die Taste [Strg] und lasse sie wieder los. Neben dem Mauszeiger ist ein kleines Pluszeichen. Du bist jetzt im Kopiermodus.

- Klicke auf das Auto. Es entsteht eine Kopie. Verschiebe die Autoinstanz ein Stück nach oben (in grüner Richtung) und klicke mit der linken Maustaste (linkes Bild).

- Gib über die Tastatur X9 [↵] ein. Der Kopiervorgang wird nun wiederholt, so dass insgesamt neun Kopien entstehen (rechtes Bild).

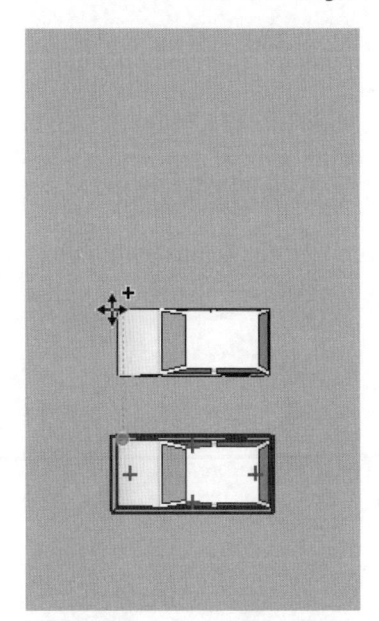

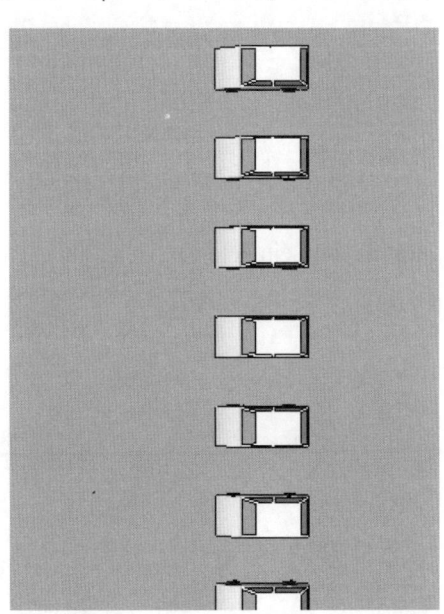

Nun kopierst du die ganze Autoreihe:

- Markiere die Reihe mit dem Auswahlwerkzeug (Leertaste).

- Wähle VERSCHIEBEN/KOPIEREN (M) und stelle den Kopiermodus ein (Taste [Strg] drücken).

- Klicke ein Auto der markierten Autoreihe an und verschiebe die Kopie ein Stück nach links (rote Richtung).

- Wiederhole den Kopiervorgang mit X9 [↵].

Kapitel 9

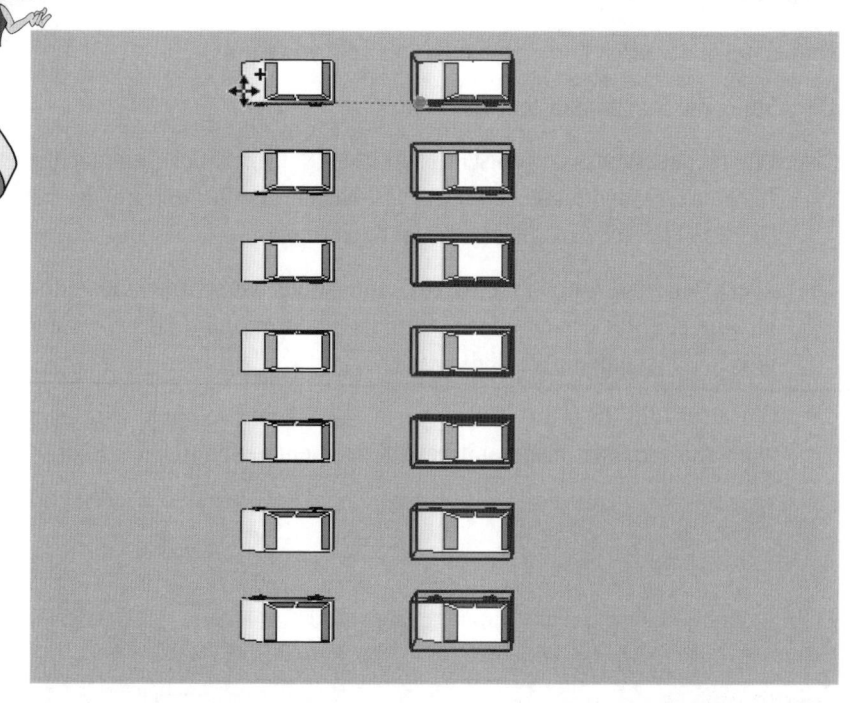

Mit Komponenten modellieren

Jetzt hast du ein Feld von völlig gleichen Instanzen der Komponente *Auto*.

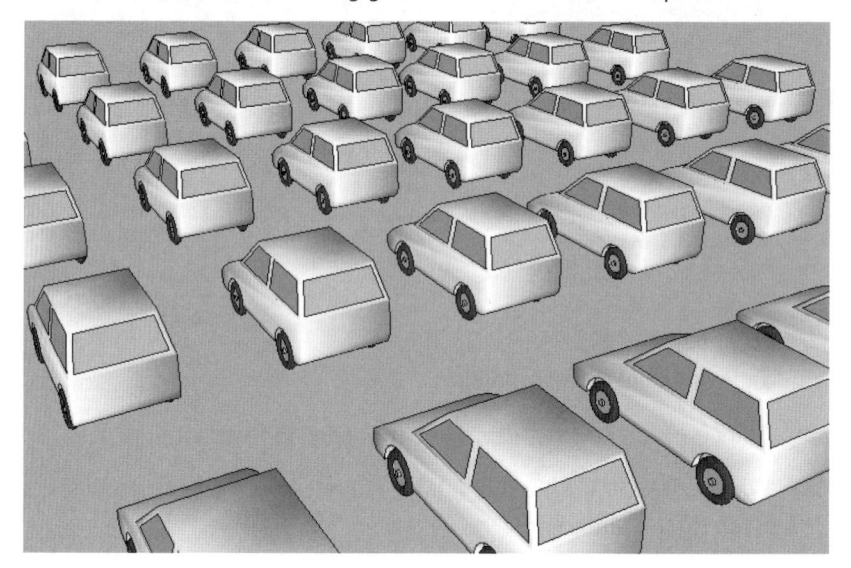

Mit dem Farbeimer kannst du die Instanzen unterschiedlich einfärben. Du wählst im Fenster MATERIALIEN eine Farbe und klickst dann mit der Maus eine Auto-Instanz an. Nur das Blech nimmt die neue Farbe an. Die Fensterscheiben und Räder bleiben, wie sie sind. Denn sie besitzen ja schon eine Farbe.

Zusammenfassung

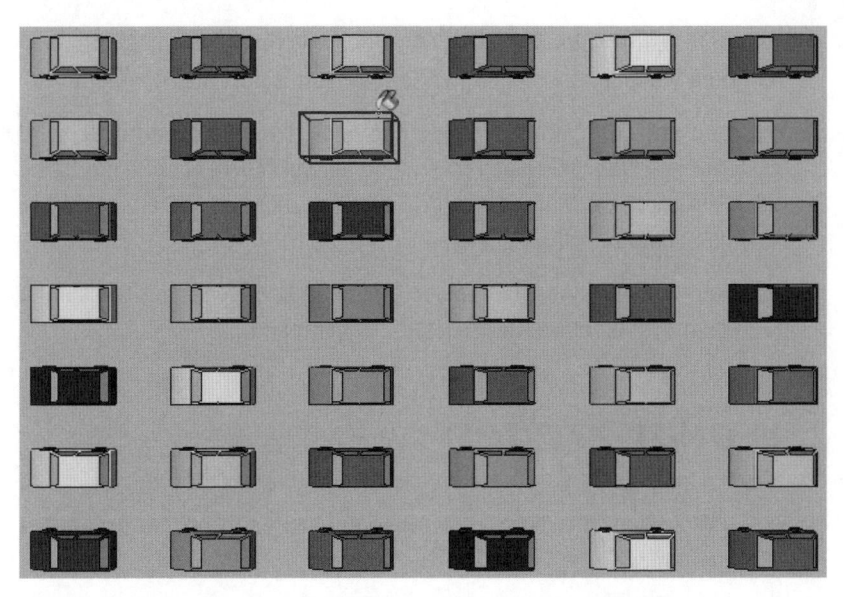

Zum Schluss wandelst du bei einigen Autos die Form ab. Angenommen, du willst bei einem Auto ein Rad entfernen. Dann gehst du so vor:

➤ Klicke mit dem Auswahlwerkzeug (Leertaste) ein Auto an, so dass es von einem blauen Kasten umgeben ist.

➤ Klicke mit der rechten Maustaste und wähle im Kontextmenü den Befehl EINMALIG MACHEN. So entsteht eine neue Komponente, die du jetzt veränderst. Wenn du das nicht machst, werden alle Autos ihr Rad verlieren.

➤ Mit dem Auswahlwerkzeug (Leertaste) doppelklickst du auf die Komponenteninstanz und öffnest sie zur Bearbeitung.

➤ Lösche ein Rad. Nur dieses eine Auto hat nun ein Rad weniger.

Zusammenfassung

◆ In einer Komponente ist ein kleineres 3D-Modell definiert.

◆ Von einer Komponente kann man mehrere Instanzen erzeugen. Sie haben immer die gleiche Form.

◆ Eine Komponente kann aus Instanzen anderer Komponenten aufgebaut sein.

◆ In der GLIEDERUNG (Menü FENSTER) kannst du dir die Zusammensetzung einer Komponente aus Instanzen anderer Komponenten ansehen.

Mit Komponenten modellieren

- Wenn du eine Komponente nachträglich veränderst, wird die Veränderung von allen Instanzen der Komponente sofort übernommen.
- Wenn du mit dem Farbeimer eine Komponenteninstanz einfärbst, wird die Farbe nur von den Flächen angenommen, denen noch keine Farbe (oder ein anderes Material) zugewiesen worden ist. Bereits gefärbte Flächen behalten ihr Aussehen.
- Den Namen einer Komponente und einige andere Eigenschaften kannst du in dem Fenster ELEMENTINFORMATIONEN verändern.

Ein paar Fragen ...

Frage 1: Was sind die Vorteile von Komponenteninstanzen gegenüber Gruppen?

Frage 2: Angenommen, du löschst im Fenster KOMPONENTEN eine Komponente. Was ändert sich dann bei deinem Modell auf der Arbeitsfläche?

Frage 3: Wie kann man möglichst schnell zehn Instanzen einer Komponente erzeugen?

Frage 4: Wie kann man am schnellsten eine neue Komponente erzeugen, die nur ein kleines bisschen von einer bereits gegebenen Komponente abweicht?

... und ein paar Aufgaben

1. Wenn du bei der Gestaltung einer Bewegungsillusion (siehe Kapitel 6) Komponenten anstelle von Gruppen verwendest, kannst du besser experimentieren. Denn dann kannst du nachträglich das Element, das sich bewegen soll, immer wieder verändern und die Wirkung im Gesamtbild beobachten. Konstruiere das folgende Bild und verwende eine Komponente für die Ente. Gestalte die Komponente so, dass die Enten (scheinbar) über das Wasser schwimmen.

... und ein paar Aufgaben

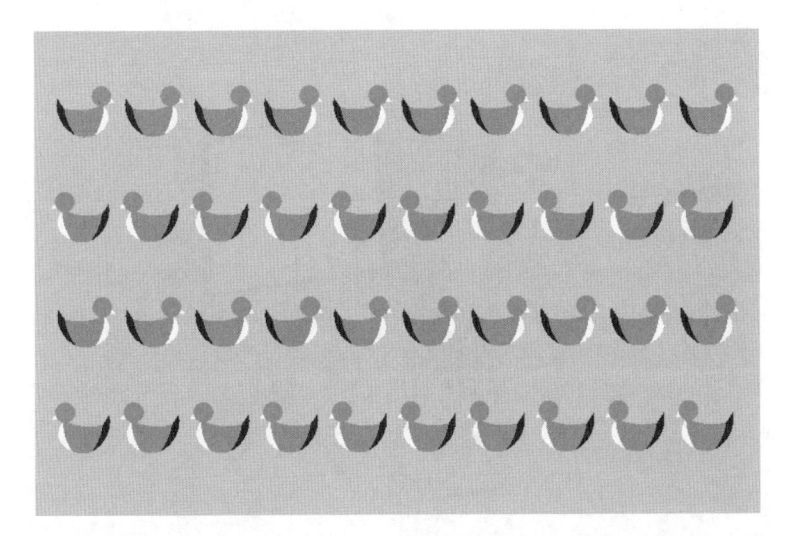

2. Konstruiere eine Stadtmauer wie in der Abbildung. Setze sie aus Instanzen von drei Komponenten zusammen: Turm, Mauersegment, Mauersegment mit Tor.

Tipps: Konstruiere zuerst das Mauersegment ohne Tor. Erzeuge dann eine Kopie. Klicke die Kopie mit dem Auswahlwerkzeug rechts an und wähle in dem Kontextmenü EINMALIG MACHEN an. Es entsteht eine neue Komponente. Ergänze dann in der neuen Komponente das Tor (Umrisse zeichnen und durch die Mauer drücken).

Um Türme und Mauersegmente exakt zu verbinden, schaust du dir das Modell von unten an. Wähle die Mittelpunkte der Seitenlinien an der Unterseite als Fasspunkt und Zielpunkt und gehe genauso vor wie im Abschnitt über den Autopark.

Kapitel 9

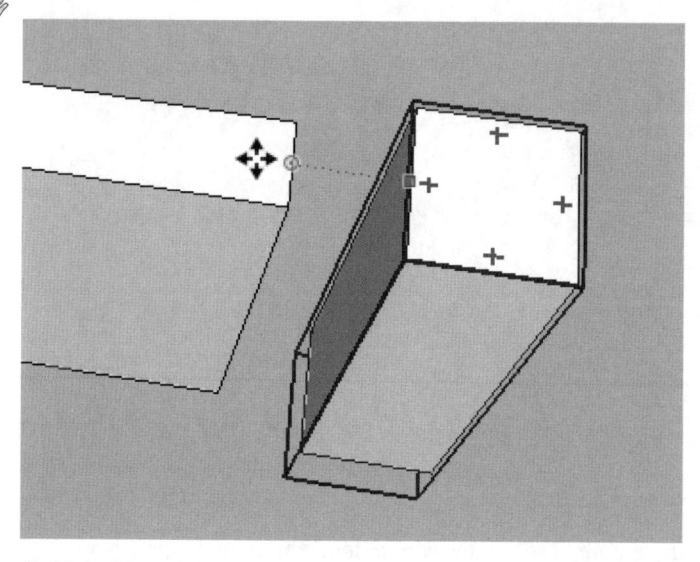

Mit Komponenten modellieren

Du blickst hier auf die Unterseite einer Mauer (links) und eines Turms (rechts). Die ⇧-Taste ist gedrückt. Wenn du sie loslässt, springt der Turm an die Mauer.

3. Konstruiere ein Muster wie in der Abbildung aus Komponenten: eine Komponente für ein Quadrat, eine Komponente für die Anordnung aus vier Quadraten und eine Komponente für das gesamte Bild.

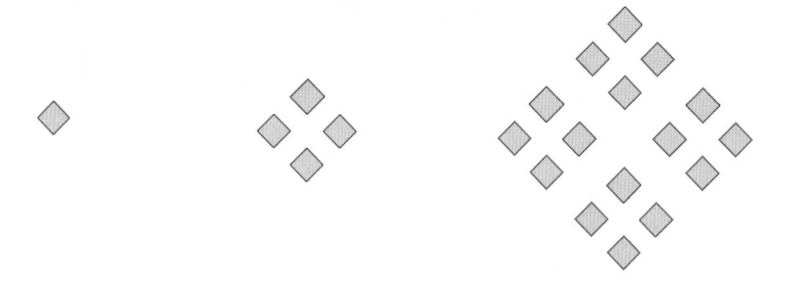

Erzeuge mit möglichst wenig Aufwand die folgenden Bilder, indem du Komponenten abwandelst.

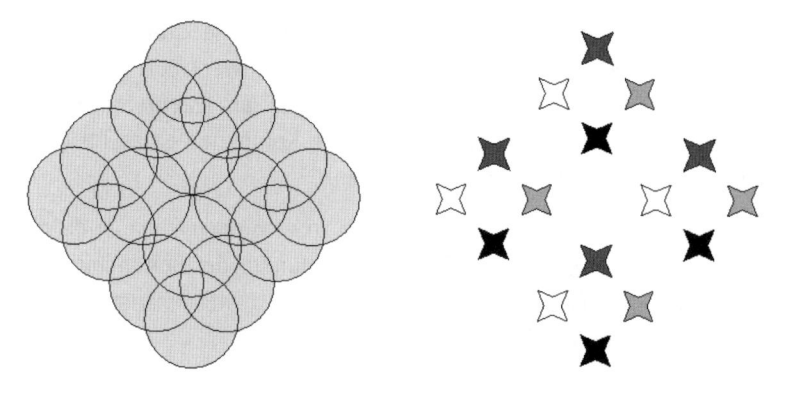

10
Einfache Figuren

Dreidimensionale Modellierung ist nicht nur Technik. Künstler gestalten dreidimensionale Objekte nicht nur aus reiner Lust an der Kreation. Sie wollen über ihre Skulpturen dem Betrachter auch etwas mitteilen. Das Kunstwerk ist eine Botschaft. Häufig steht der Mensch im Mittelpunkt. Menschliche oder menschenähnliche Figuren kennst du als Kunstobjekte aus dem Museum, als Statuen in der Kirche oder auf öffentlichen Plätzen, als Puppen oder Spielfiguren.

In diesem Kapitel lernst du, wie man mit SketchUp einfache Figuren entwickelt und zu interessanten Szenen zusammenstellt. Dabei steht das Gestalterische stärker im Mittelpunkt. Im Einzelnen geht es um folgende Techniken:

◎ Drechseln mit SketchUp. Wie kannst du Figuren durch eine Extrusion mit dem Folge-mir-Werkzeug herstellen?

◎ Wie ordnest du viele Figuren auf einer Fläche an?

◎ Wie kannst du Figuren aus Komponenten aufbauen?

◎ Wie machst du einen 3D-Comic mit Sprechblasen?

Kapitel | Einfache Figuren

10 Schachfiguren

Spielst du Schach? Auch wenn du kein Schachspieler bist, kennst du sicherlich die gedrechselten Holzfiguren, die die Krieger einer Armee darstellen sollen. Weil das Spiel so bekannt ist, gibt es in unserer Sprache viele Redewendungen aus der Welt des Schachs: Wenn du deinem Vater zuerst von einer guten Deutscharbeit erzählst und ihn dann um mehr Taschengeld bittest, ist das ein raffinierter Schachzug. Und wenn jemand nicht mehr weiterweiß, fühlt er sich schachmatt.

Aus einem 3D-Modell mit Schachfiguren kannst du eine interessante Illustration machen. Das Bild mit den Bauern könnte z. B. zu einem Aufsatz über Minderheiten oder einem Artikel über staatliche Planung der Landwirtschaft passen.

Wenn du Bauern auf einem Schachbrett aus einer interessanten Perspektive darstellst oder etwas verfremdest, hast du eine wirkungsvolle Illustration.

In diesem Abschnitt zeige ich dir, wie du in einer halben Stunde ein Modell wie in der Abbildung entwickeln kannst. Es besteht aus zwei Komponenten, dem Schachbrett und dem Bauern. In diesem Projekt übst du folgende Techniken: Extrusion, Linien unterteilen, von einer Komponente viele Kopien anfertigen, exakt platzieren und über einen Bereich verteilen (Array).

Ein Bauer

Die einfachste und vielleicht symbolträchtigste Figur des Schachspiels ist der Bauer. Gedrechselte Schachfiguren wie in der obigen Abbildung nennt man übrigens Staunton-Figuren. Der britische Schachjournalist und zu seiner Zeit weltbeste Schachspieler Howard Staunton hatte diese Form im 19. Jahrhundert als Standard für Schachturniere eingeführt.

Schachfiguren

Gedrechselte Figuren sind rotationssymmetrisch. Stell einen Bauern auf den Tisch. Schaue ihn dir von der Seite an und drehe ihn dabei. Er sieht immer gleich aus. Rotationssymmetrische Körper kannst du bei SketchUp leicht durch die Extrusion einer Fläche über eine Kreisbahn erstellen. Du zeichnest zuerst an die senkrechte (blaue) Achse eine Fläche mit dem Profil der Figur. Dann zeichnest du einen Kreis um die blaue Achse und machst schließlich mit dem Folge-mir-Werkzeug die Extrusion.

Wähle die Vorderansicht (das Symbol sieht aus wie die Giebelseite eines Hauses mit Tür) und stelle im Menü KAMERA die PARALLELE PROJEKTION ein.

Zeichne an den Ursprung des Koordinatenkreuzes ein Rechteck. Die Größe ist im Prinzip gleichgültig, da du später dein Modell neu skalieren kannst. Wenn du allerdings dein Modell von vornherein mit realistischen Maßen anlegen möchtest, sollte das Rechteck nicht größer als 2 cm mal 4 cm sein (achte auf das Wertefeld rechts unten). In diesem Fall musst du noch etwas beachten. Um millimetergenau zeichnen zu können, muss die Rasterung richtig eingestellt sein.

- Wähle den Menüpunkt FENSTER|MODELLINFORMATIONEN.
- Gib als Genauigkeit 0,001m ein.
- Stelle im Feld rechts neben LÄNGENEINRASTEN AKTIVIEREN den Wert 0,001m ein.

Beginne die Zeichnung des Profils oben auf dem Rechteck. Wähle das Werkzeug für Bogenlinien. Für den Kopf des Bauern zeichnest du nun einen Halbkreis. Das geht in drei Schritten:

- Klicke oben links auf eine Ecke des Rechtecks. Das ist der Anfangspunkt des Bogens.
- Klicke ein Stück weiter unten auf die linke Kante des Rechtecks. Das ist der Endpunkt des Bogens.
- Bewege den Mauszeiger nach rechts, bis die Linie magentafarben wird und die Meldung »Halbkreis« erscheint, und klicke mit der linken Maustaste.

Zeichne nun das restliche Profil. Am besten zeichnest du zuerst nur gerade Liniensegmente mit dem Linienwerkzeug (Stift).

Kapitel 10 — Einfache Figuren

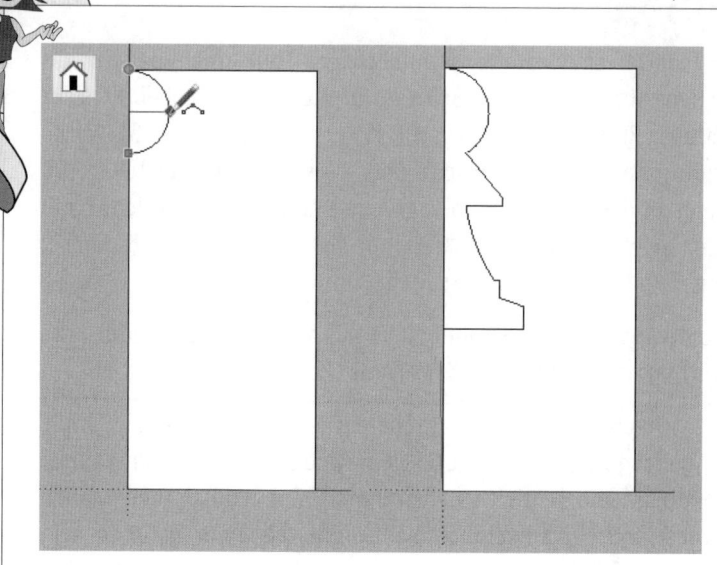

Zeichne das Profil auf ein Rechteck.

> Füge nun mit dem Bogenwerkzeug an den Stellen, wo das Profil abgerundet sein soll, Bogenlinien ein.

> Entferne die überflüssigen geraden Liniensegmente.

> Klicke auf die untere Linie des Rechtecks, so dass sie blau wird, und verschiebe sie mit dem Verschiebewerkzeug nach oben (blaue Richtung) bis zur Unterseite des Profils.

> Markiere mit dem Auswahlwerkzeug (Pfeil) die gesamte Fläche und verschiebe sie nach unten (blaue Richtung) bis zur waagerechten roten Achse.

> Entferne alle überflüssigen Linien.

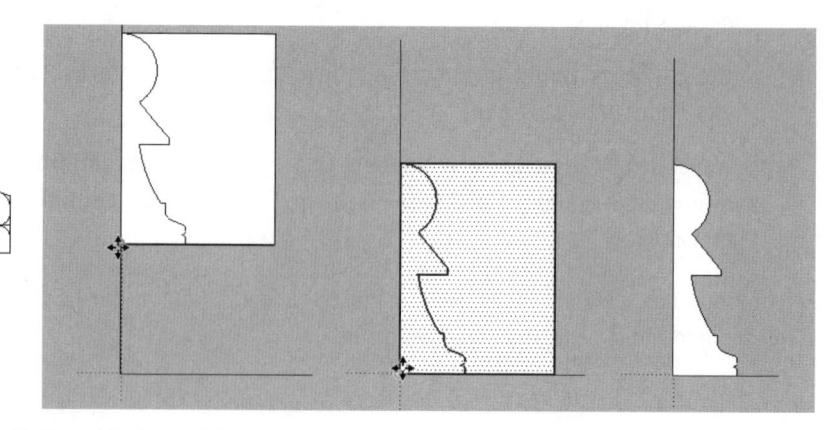

Ergänze einige Bogenlinien, um das Profil abzurunden, verschiebe die Fläche zum Ursprung und entferne überflüssige Linien.

Schachfiguren

> Wechsle wieder in die perspektivische Darstellung und zeichne einen Kreis um die blaue Achse.

> Damit du später einen Bauern präzise platzieren kannst, brauchst du einen deutlichen Anfasspunkt in der Mitte der Unterseite. Dafür zeichnest du auf die Kreisfläche zwei Linien, die sich genau in der Mitte kreuzen.

> Klicke mit dem Auswahlwerkzeug (Pfeil) bei gedrückter [Strg]-Taste auf die vier Segmente des Kreises, so dass der gesamte Kreis blau gefärbt ist. Neben dem Pfeil des Mauszeigers muss ein kleines Pluszeichen zu sehen sein. Der Kreis ist nun als Extrusionspfad markiert.

> Wähle das Folge-mir-Werkzeug und klicke einmal auf die Profilfläche. Fertig ist dein Bauer!

> Markiere mit dem Pfeilwerkzeug die gesamte Geometrie des Bauern, klicke rechts und erstelle eine Komponente. Gibt ihr einen sinnvollen Namen, z. B. Bauer.

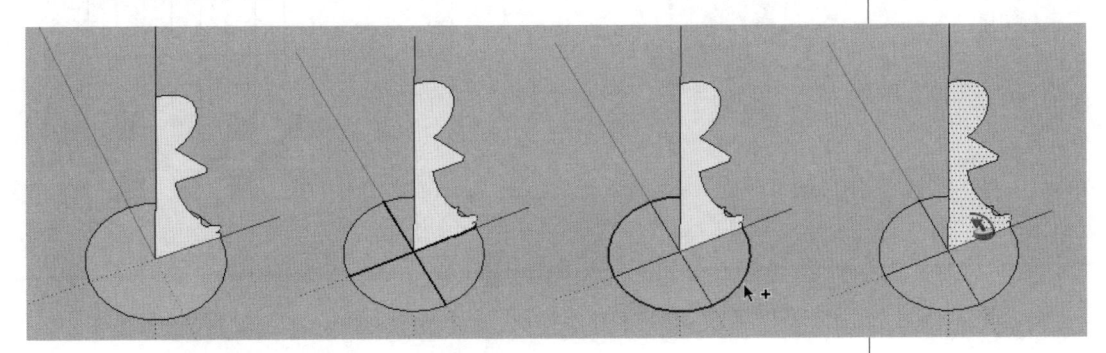

Du extrudierst die Profilfläche entlang eines Kreises um die blaue Achse.

Das Schachbrett

Die zweite Komponente, die wir benötigen, ist das Schachbrett. Am besten löschst du zunächst den Bauern von der Arbeitsfläche. Du hast ja die Komponente gespeichert.

> Zeichne mit dem Rechteckwerkzeug in der Waagerechten – d.h. zwischen der roten und der grünen Achse – ein Quadrat. Die Seitenlänge sollte etwa 16 Mal so groß sein wie der Durchmesser eines Bauern. Achte auf das Wertefeld rechts unten!

> Wähle das Werkzeug DRÜCKEN/ZIEHEN und ziehe die Fläche des Quadrats ein Stück nach oben, so dass ein flacher Quader entsteht.

> Wähle die Ansicht von oben (das Symbol zeigt ein Hausdach von oben) und klicke im Menü KAMERA auf PARALLELE PROJEKTION.

Kapitel 10

Einfache Figuren

> Klicke mit dem Auswahlwerkzeug (Pfeil) auf die linke Seite des Quadrats, so dass sie blau markiert ist. Klicke dann mit der rechten Maustaste und wähle in dem Kontextmenü den Befehl UNTERTEILEN. Verschiebe den Mauszeiger so, dass acht Segmente entstehen. Du kannst auch über die Tastatur die Zahl 8 und ⏎ eingeben.

> Zeichne mit dem Linienwerkzeug (Stift) von den neuen Endpunkten der linken Kante aus waagerechte Linien zur gegenüberliegenden Seite.

> Unterteile ebenso die obere Kante des Quadrats in acht Stücke und zeichne senkrechte Linien.

> Fülle die Flächen mit heller und dunkler Farbe. Benutze dazu das Farbeimerwerkzeug. Fertig ist das Schachbrett!

> Mache das Schachbrett zu einer Komponente.

Konstruiere ein Schachbrett.

Bauern auf dem Schachbrett platzieren

Das nächste Ziel ist, das Schachbrett komplett mit Bauern zu besetzen. Als Erstes wechselst du wieder in die perspektivische Darstellung. Öffne im Menü FENSTER die Dialogbox KOMPONENTEN und klicke auf das Quadrat mit der Miniaturdarstellung deines Bauern. Auf der Arbeitsfläche erscheint nun eine Instanz der Komponente *Bauer*, die du irgendwo durch einen Mausklick platzierst. Nun kann es sein, dass die Größe des Bauern nicht zum Schachbrett passt. Kein Problem! Du kannst das Schachbrett neu skalieren:

> Doppelklicke auf das Schachbrett und öffne auf diese Weise die Komponente.

> Wähle das Maßband und klicke auf den linken und den rechten Endpunkt einer Kante des Quadrats. Im Wertefeld und in der kleinen Infobox neben dem Mauszeiger erscheint die Länge dieser Linie.

Schachfiguren

≫ Gib über die Tastatur die gewünschte Länge ein. Sie sollte etwa 16 Mal so groß sein wie der Durchmesser des Bauern. Die Längenangabe besteht aus einer Zahl und der Längeneinheit, z. B. »0,50m«. Schließe die Eingabe mit ⏎ ab. Es erscheint eine kleine Dialogbox. Klicke auf die Schaltfläche JA.

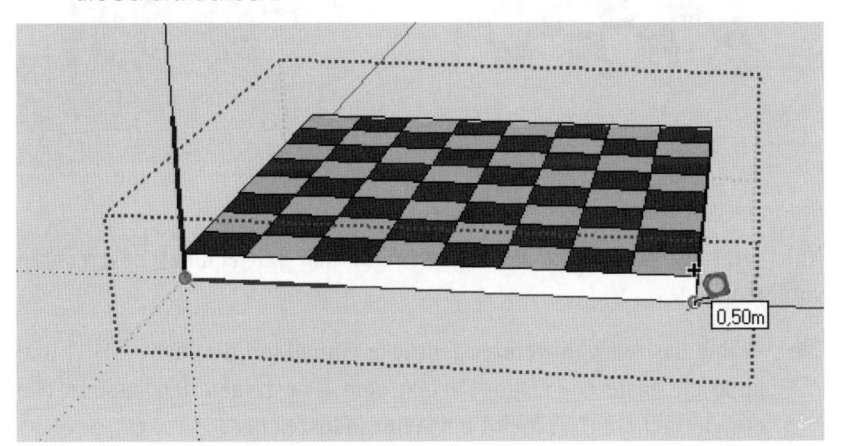

Skalieren einer Komponente mit dem Maßbandwerkzeug.

Nun musst du 64 Bauern auf das Schachbrett setzen. Jeder Bauer muss exakt in die Mitte eines Feldes. Keine Angst, mit der richtigen Technik geht das ganz schnell. Du erzeugst durch Kopieren eine Bauernreihe und diese kopierst du wieder sieben Mal.

≫ Damit das exakte Platzieren funktioniert, musst du zuerst dein Schachbrett vorbereiten. Zeichne wie in der Abbildung in drei Eckfeldern Diagonalen ein. Diese Linien brauchst du als Ziele für das genaue Platzieren. Sie werden später wieder gelöscht.

≫ Gehe nun mit der Lupe oder deinem Mausrad ganz nah an die linke vordere Ecke des Schachbretts. Wähle im Menü ANSICHT den Flächenstil RÖNTGEN oder klicke in der Werkzeugleiste auf das Symbol, das aussieht wie ein durchsichtiger Kasten. Nun kannst du das Innere des Bauern sehen.

≫ Wähle mit dem Pfeil den Bauern aus, so dass er von einem blauen Rahmen umgeben ist.

≫ Wähle das Werkzeug VERSCHIEBEN/KOPIEREN. Der Mauszeiger sieht nun aus wie ein Doppelpfeil.

≫ Klicke zuerst auf die Mitte des Kreuzes auf der Unterseite des Bauern. Bewege dann den Mauszeiger auf den Mittelpunkt der Diagonalen auf dem linken vorderen Feld des Schachbretts und klicke mit der linken Maustaste.

Kapitel 10 — Einfache Figuren

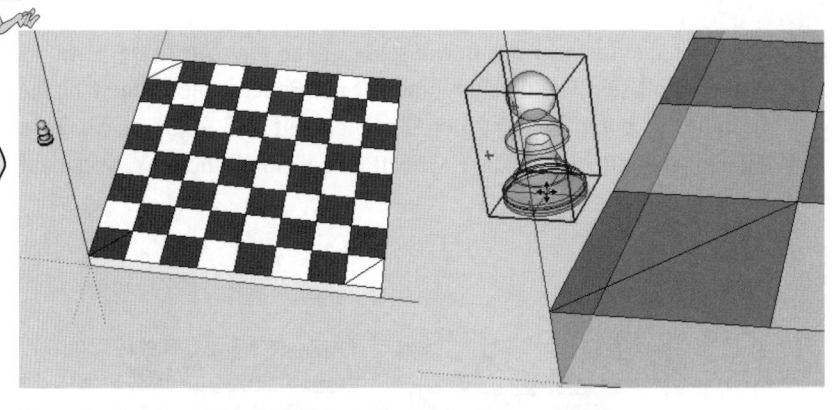

Den ersten Bauern auf das Spielfeld setzen.

Nun setzt du eine Kopie des Bauern auf den Mittelpunkt des rechten vorderen Feldes.

≫ Wähle das Auswahlwerkzeug, drücke einmal auf die Taste [Strg] und lasse die Taste wieder los. Neben dem Mauszeiger, der aussieht wie ein Vierfachpfeil, erscheint ein kleines Pluszeichen.

≫ Klicke genau auf die Mitte des Kreuzes auf der Unterseite des Bauern. Verschiebe den Mauszeiger nach rechts, es erscheint eine Kopie des Originalbauern. Setze diesen zweiten Bauern genau in die Mitte des rechten Feldes auf dem Schachbrett.

Gib nun über die Tastatur /7 [↵] ein. Es entstehen weitere Kopien des Bauern, die gleichmäßig über die erste Zeile des Schachbretts verteilt werden.

≫ Markiere nun mit dem Pfeil die gesamte Bauernreihe.

≫ Wähle VERSCHIEBEN/KOPIEREN und klicke wieder kurz auf die [Strg]-Taste.

≫ Klicke auf die Mitte des ersten Bauern und platziere die neue Bauernreihe auf die hintere Reihe des Schachfelds.

Huhn und Hahn

Gib über die Tastatur wieder /7 ⏎ ein. Nun ist das gesamte Schachbrett voller Bauern. Mit dem Farbeimer kannst du die verschiedenen Bauer-Instanzen unterschiedlich einfärben.

Huhn und Hahn

Die Möglichkeiten, mit SketchUp Figuren zu formen, sind begrenzt. Gesichter oder andere organische, unregelmäßige Körper kann man nur schlecht oder gar nicht modellieren. Du musst dich immer auf einfache Formen beschränken. Aber gerade darin liegt auch ein Reiz! Schau dich mal in deiner Wohnung oder in Kunsthandwerk-Geschäften um. Viele dekorative Figuren sind sehr einfach aufgebaut und lassen sich mit SketchUp konstruieren. In diesem Projekt modellieren wir ein Huhn und einen Hahn. Diese Figuren kannst du zu kleinen Szenen zusammenstellen. Wenn du noch Sprechblasen hinzufügst, kannst du einen richtigen 3D-Comic gestalten.

Mit 3D-Figuren kannst du einen Cartoon zusammenstellen.

Kapitel 10 — Einfache Figuren

Wir entwickeln zunächst einen Hahn. Aus dem kannst du später leicht ein Huhn gewinnen, indem du einfach nur den Hahnenkamm weglässt. Der Hahn wird etwa einen Meter groß und schaut in die Richtung der grünen Achse.

Der Körper

Der Körper des Hahns sieht aus wie eine Keule. Er entsteht durch die Extrusion einer Fläche um einen Kreis. Stelle im Menü KAMERA die Standardansicht VORNE und die PARALLELE PROJEKTION ein.

Zeichne mit dem Stift eine Linie vom Ursprung entlang der blauen Achse nach oben. Der runde Teil der Fläche besteht aus vier Bogenlinien. Zeichne eine Form, die etwa so aussieht wie auf dem Bild. Die ideale Form bekommst du wahrscheinlich nicht auf Anhieb hin. Macht nichts! Hauptsache, es sind vier Bogenlinien.

Die Profilfläche für den Körper besteht aus einer geraden Linie und vier Bogenlinien.

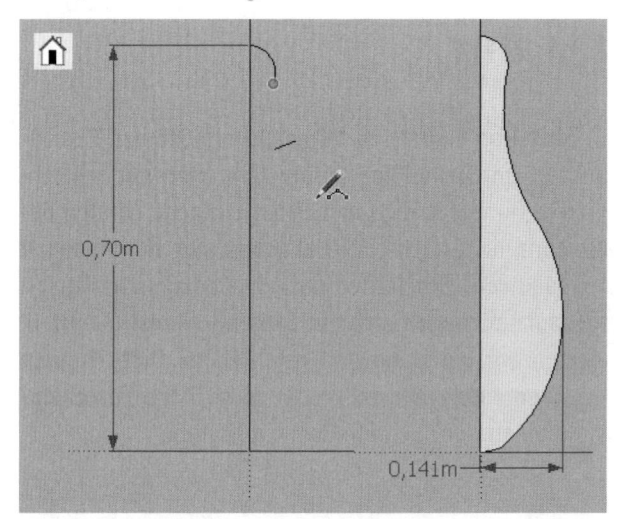

Die Kurve kannst du nachbearbeiten. Jede der vier Bogenlinien besteht aus drei Punkten: zwei Endpunkte und ein Mittelpunkt. Jeden dieser Punkte kannst du mit dem Werkzeug VERSCHIEBEN/KOPIEREN (roter Vierfachpfeil) verschieben. Der mittlere Punkt einer Bogenlinie bestimmt ihre Krümmung. Verschiebe die Punkte der Bogenlinie so lange, bis dir die Form der Kurve gefällt.

Nun musst du daran denken, dass später an den Körper noch ein Schnabel und zwei Beine gesetzt werden. Zeichne gerade Linien wie im rechten Bild. Die erste Linie geht vom Ursprung entlang der blauen Achse. An ihr oberes Ende wird später der Schnabel und der Hahnenkamm gesetzt. An die Enden der beiden anderen Linien kommen die Beine.

Huhn und Hahn

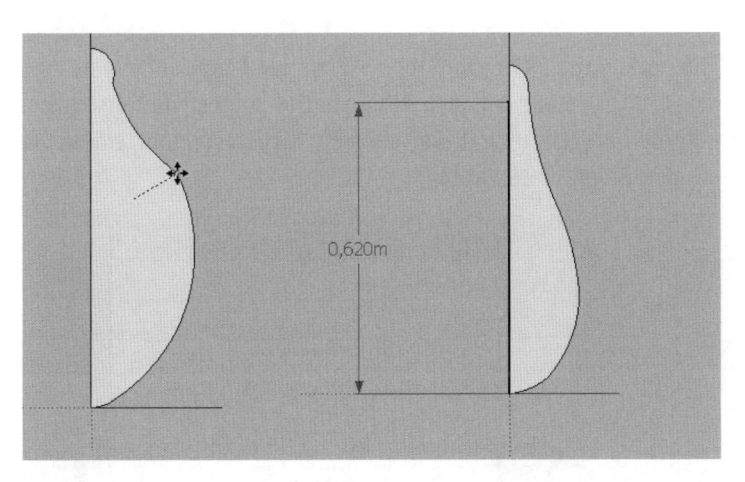

Die Kurve kann mit VERSCHIEBEN/KOPIEREN nachbearbeitet werden.

Wechsle nun in eine perspektivische Ansicht. Zeichne um den Ursprung einen waagerechten Kreis.

Bewege das Kreiswerkzeug, bis der Kreis neben dem Mauszeiger blau ist, halte die ⇧-Taste gedrückt (dann behält der Kreis seine waagerechte Lage) und klicke auf den Ursprung. Ziehe den Kreis und klicke nochmals, sobald er die richtige Größe hat.

Markiere mit dem Pfeil den Kreis, so dass er blau markiert ist, und klicke mit dem Folge-mir-Werkzeug auf die Profilfläche. Es entsteht eine kegelartige Form mit einigen Querlinien. Sie liegen an den Stellen, wo die Bogenlinien zusammenstoßen. Die musst du jetzt abmildern.

Wähle den Radiergummi und halte die Strg-Taste gedrückt. Jetzt löscht der Radiergummi nicht mehr, sondern mildert ab. Gehe mit dem Radiergummi bei gedrückter linker Maustaste (und immer noch gedrückter Strg-Taste über die unerwünschten Querlinien und mache sie unsichtbar.

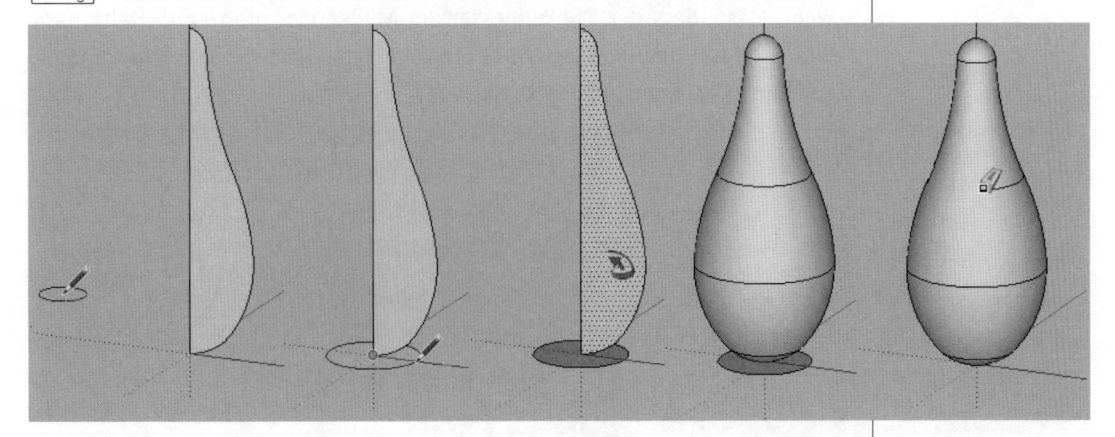

Kapitel 10 — Einfache Figuren

Markiere die gesamte Figur mit dem Pfeil und speichere sie als Komponente ab. Die Instanz auf der Arbeitsfläche solltest du verstecken. Klicke den Körper an, klicke mit der rechten Maustaste und wähle im Kontextmenü den Befehl AUSBLENDEN.

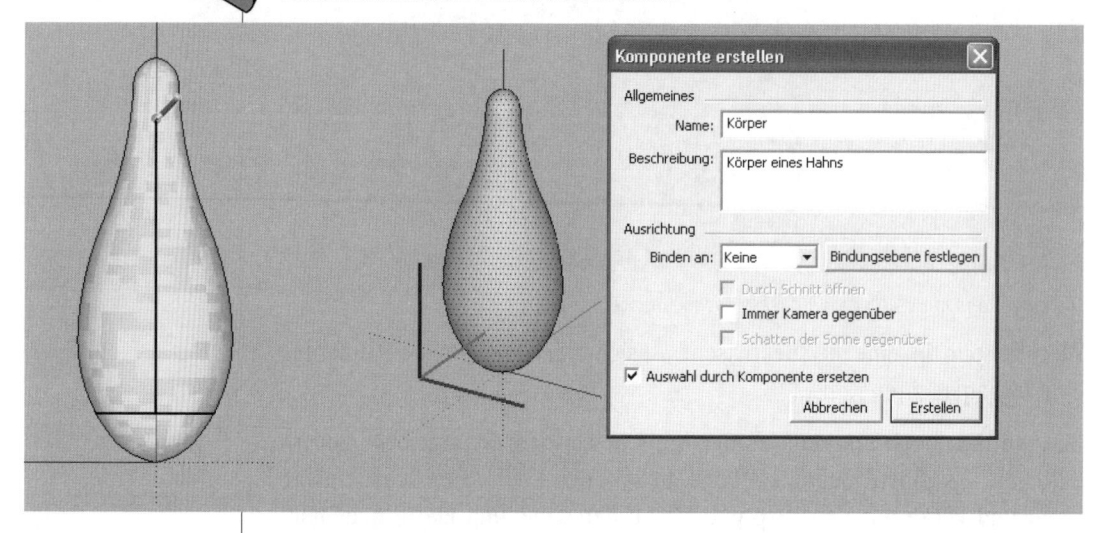

Der Schnabel

Der Schnabel des Hahns wird ebenfalls durch eine Extrusion geformt. Stelle die Kameraansicht RECHTS ein und zeichne eine Profilfläche wie im linken Bild. Die kurze waagerechte Linie, die ein Stück nach links geht, dient später zur Befestigung des Schnabels im Innern des Vogelkörpers.

Ändere mit dem Werkzeug ROTIEREN die Kameraposition so, dass du fast von vorne auf die Profilfläche des Schnabels guckst. Dann ist es leichter, einen Kreis um die grüne Achse zu zeichnen. Wähle das Kreiswerkzeug und bewege es so, dass der Winkelmesser am Mauszeiger grün wird. Halte dann die ⇧-Taste gedrückt (so bleibt die Lage des Winkelmessers erhalten) und zeichne einen Kreis um den Ursprung.

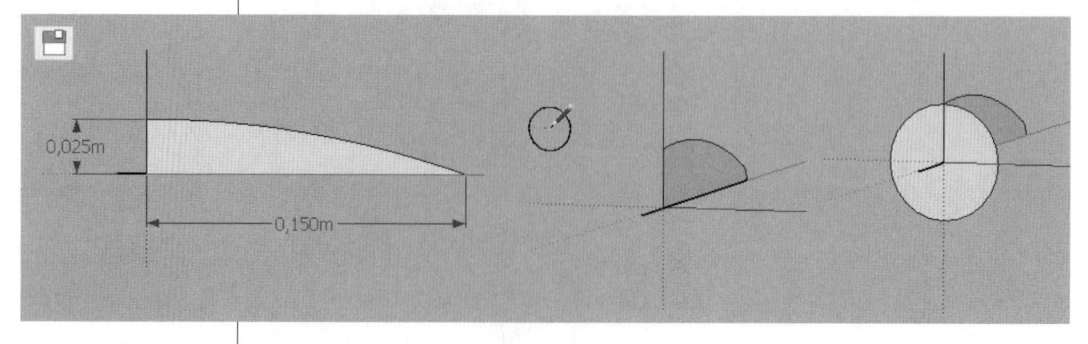

Klicke mit dem Pfeil den Kreis an, so dass er blau wird. Wähle das Folgemir-Werkzeug und klicke einmal auf die Profilfläche des Schnabels. Mache

Huhn und Hahn

aus dem Schnabel eine Komponente und blende die Instanz auf dem Bildschirm aus. (Rechtsklicken und AUSBLENDEN auswählen.)

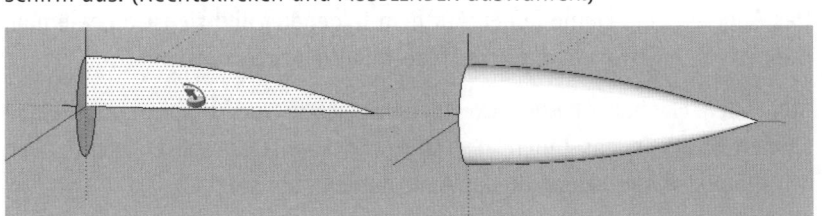

Der Kamm

Wähle im Menü KAMERA die Vorderansicht und die PARALLELE PROJEKTION. Zeichne mit dem Linienwerkzeug eine Figur wie im ersten Bild und füge dann Bogenlinien ein.

Achte darauf, dass der Kamm unten ein bisschen schmaler ist als der Kopf des Hahns.

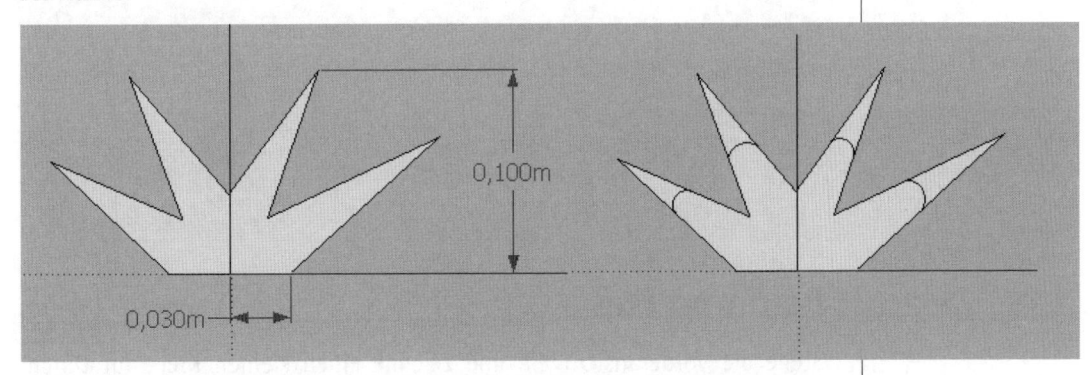

Entferne die überflüssigen Linien und forme mit DRÜCKEN/ZIEHEN einen dreidimensionalen Hahnenkamm. Die störenden Linien auf der Oberseite kannst du abmildern (nicht löschen). Speichere den Kamm als Komponente ab und blende ihn aus.

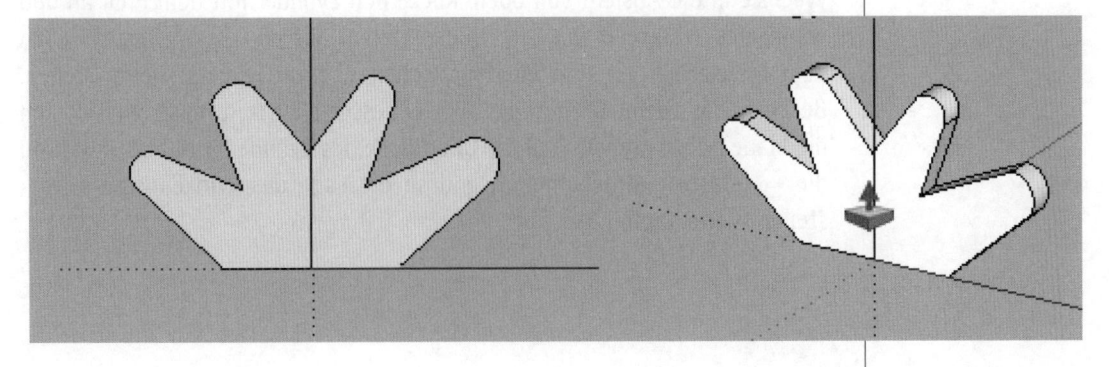

Kapitel 10 — Einfache Figuren

Das Auge

Das Auge ist eine kleine Kugel. Auf dem folgenden Bild siehst du, wie man es durch eine Extrusion mit dem Folge-mir-Werkzeug konstruiert.

Stelle den Flächenstil RÖNTGEN ein und zeichne vom Ursprung aus einen kleinen Strich in das Innere der Kugel. So kannst du später leichter den Mittelpunkt finden, wenn du das Auge an den Kopf setzt.

SketchUp hat manchmal Probleme mit der Extrusion sehr kleiner Flächen. Deshalb haben wir die Kugel erst einmal zu groß gemacht (mit Radius 0,02 m). Mit dem Skalierwerkzeug verkleinerst du sie nun auf ein Viertel (Faktor 0,25). Schiebe die Instanz an die Seite, damit sie bei der nächsten Konstruktion nicht stört. Du kannst jetzt auch schon einmal mit VER-SCHIEBEN/KOPIEREN eine zweite Instanz des Auges erstellen.

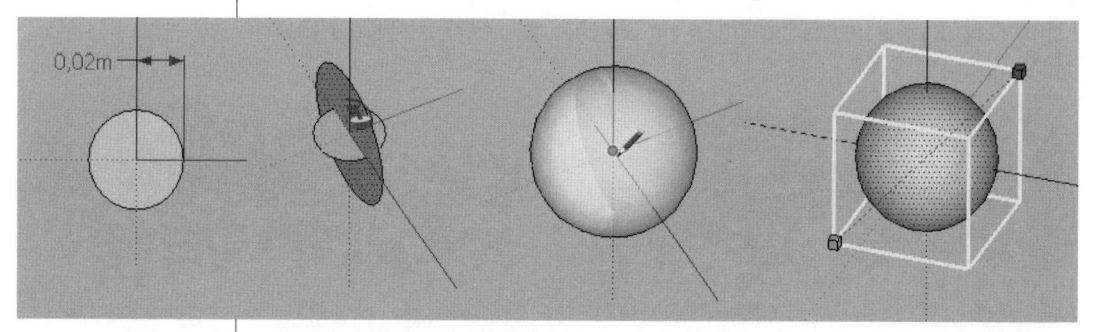

Bein und Fuß

Stelle die Vorderansicht ein und zeichne einen kleinen Kreis mit Durchmesser 0,01 m. Mit DRÜCKEN/ZIEHEN machst du daraus einen Zylinder nach vorne entlang der grünen Achse. Das ist die mittlere Kralle des Hahns. Wichtig: Mache sie zu einer Gruppe.

Wechsle in die Ansicht von oben. Klicke den Zylinder mit dem Pfeil an und wähle das Werkzeug DREHEN. Drücke einmal auf die [Strg]-Taste. Neben dem Mauszeiger ist nun ein Pluszeichen und du kopierst beim Drehen. Beachte, dass beim Drehen der Winkelmesser blau sein muss, weil du um die blaue Achse drehst. Weil die Oberfläche des Zylinders rund ist, musst du die [⇧]-Taste gedrückt halten und so die Lage des Winkelmessers feststellen (siehe Kapitel 3).

Huhn und Hahn

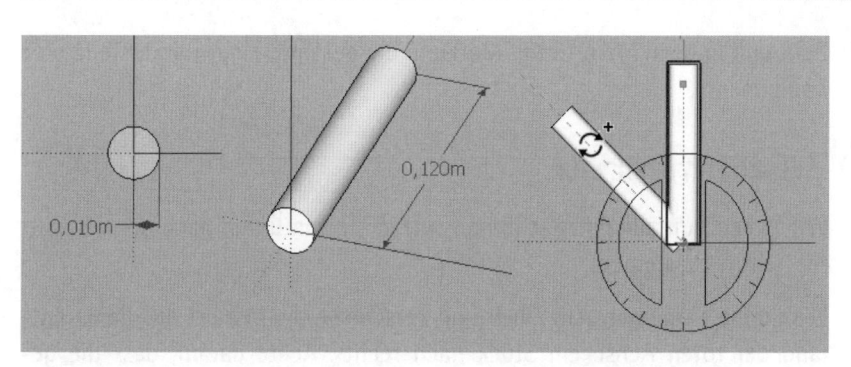

Auf diese Weise erstellst du die drei vorderen Krallen. Dann wechselst du in die Seitenansicht. Wähle mit dem Pfeil die mittlere Kralle. Sie ragt weiter nach vorne als die anderen. Kopiere und drehe die mittlere Kralle um 90 Grad nach oben. Sie wird das Bein des Hahns. Doppelklicke auf das Bein und öffne so die Gruppe. Verlängere mit DRÜCKEN/ZIEHEN den Zylinder um etwa 0,1 m.

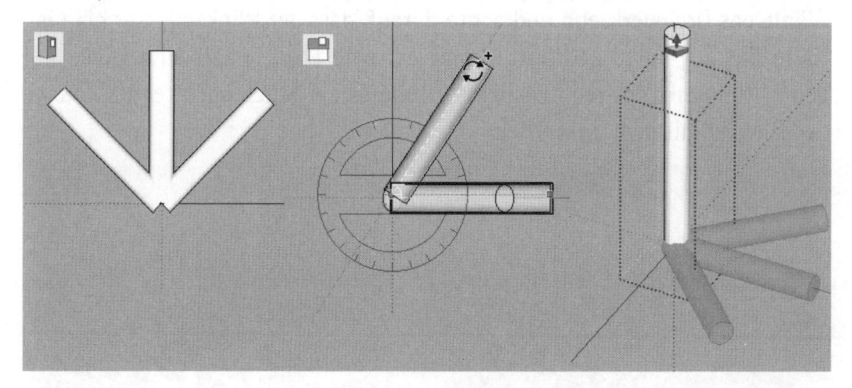

Nun fehlt noch die hintere Kralle des Hahns. Doppelklicke auf die mittlere Kralle und öffne so die Gruppe. Mit DRÜCKEN/ZIEHEN verlängerst du die Rückseite um etwa 0,1 m.

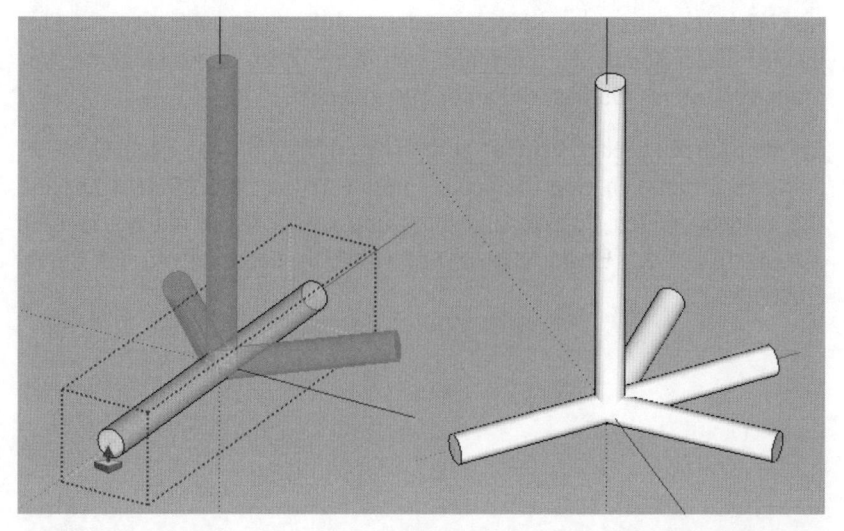

Kapitel 10 — Einfache Figuren

Bein und Fuß sind nun fertig. Markiere die gesamte Figur und erstelle eine Komponente.

Zusammenbau

Wir haben nun alle Einzelteile und setzen sie von unten nach oben Schritt für Schritt zusammen.

Wähle die Kameraansicht OBEN und verschiebe die Instanz des Beins entlang der roten Achse ein Stück nach rechts. Achte darauf, dass die gepunktete Spur, die der Mauszeiger hinter sich herzieht, rot ist. Nur dann stimmt die Richtung.

Wähle VERSCHIEBEN/KOPIEREN, drücke einmal kurz auf die [Strg]-Taste und erstelle eine Kopie des Beins. Schiebe sie entlang der roten Achse ein Stück nach links. Dein Modell muss nun aussehen wie auf dem linken Bild.

Wähle das Drehwerkzeug und achte darauf, dass der Winkelmesser blau ist. Halte die [⇧]-Taste gedrückt, damit er seine Lage behält, und klicke auf den Mittelpunkt des rechten Beins. Drehe es ein Stück nach rechts. Mache das Gleiche mit dem linken Bein.

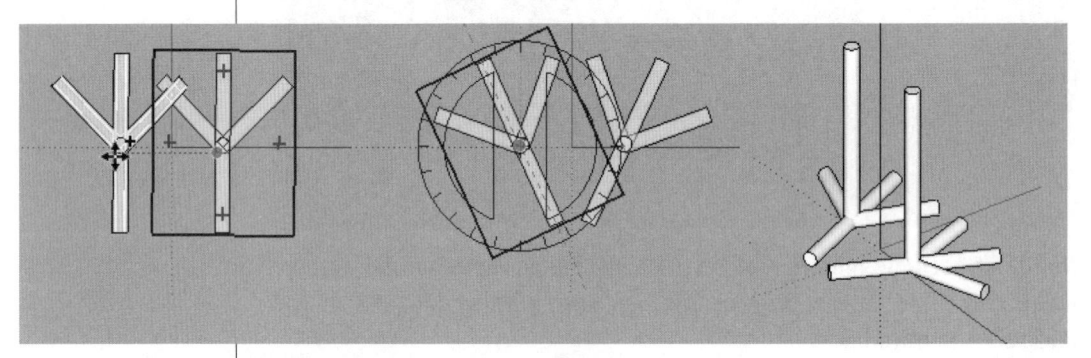

Als Nächstes muss der Körper wieder sichtbar gemacht werden. Eine Instanz dieser Komponente befindet sich immer noch in der Mitte des Koordinatensystems. Du hast sie ja nur ausgeblendet.

Um den Körper wieder sichtbar zu machen, klickst du auf FENSTER|GLIEDERUNG. Es öffnet sich eine Dialogbox, die die Teile deines Modells anzeigt. Die ausgeblendeten Objekte sind blass und kursiv. Klicke mit der rechten Maustaste auf den Eintrag KÖRPER und wähle im Kontextmenü den Befehl EINBLENDEN.

Huhn und Hahn

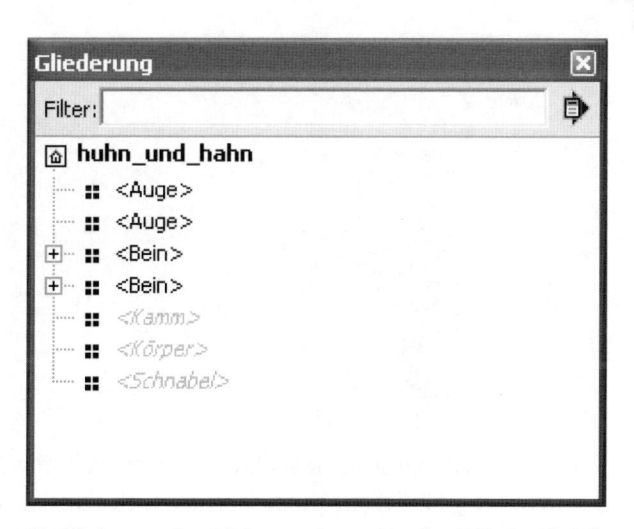

Die Gliederung zeigt sichtbare und ausgeblendete Teile des Modells.

Der Körper des Hahns ist wieder zu sehen. Wähle die Kameraansicht VORNE und den Flächenstil RÖNTGEN. Bewege den Körper mit dem Verschiebewerkzeug genau in Richtung der blauen Achse nach oben, bis er sich in der richtigen Position befindet. Achte wieder auf die Spur, die der Mauszeiger hinter sich herzieht. Sie muss blau sein.

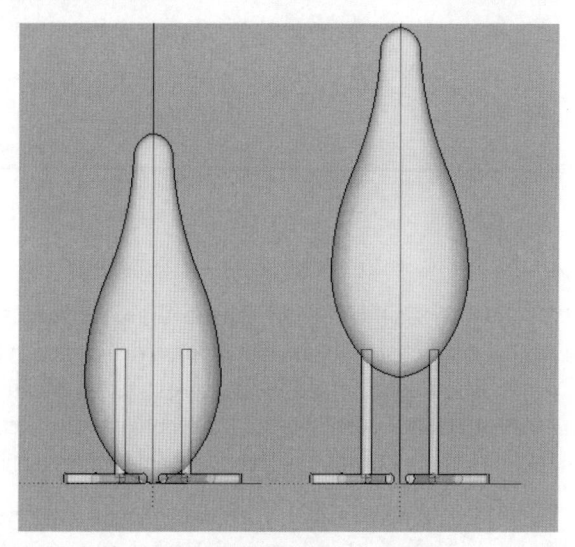

Blende die Schnabel-Instanz wieder ein und wähle sie mit dem Pfeil aus, so dass sie blau markiert ist. Klicke mit dem Verschiebewerkzeug auf das Ende der kleinen Linie (Punkt B) und bewege diesen Punkt genau auf A. (Er rastet dort ein.)

Kapitel 10 — Einfache Figuren

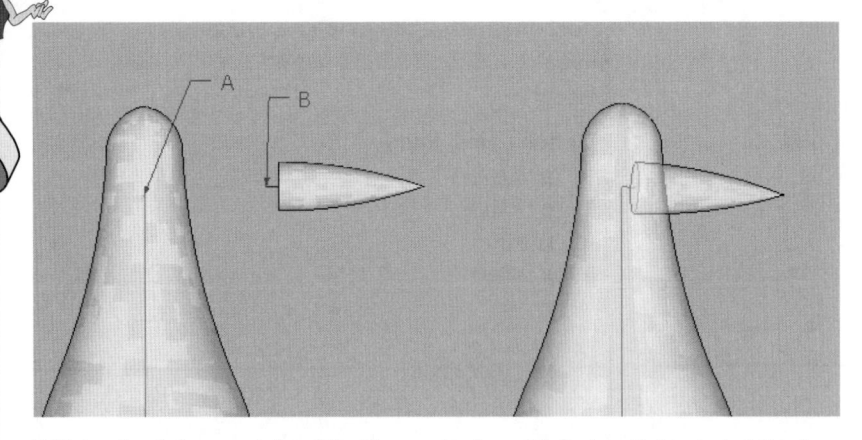

Wähle die Seitenansicht. Markiere mit dem Pfeil den Schnabel. Mit dem Drehwerkzeug klickst du genau auf den Gelenkpunkt. Achte darauf, dass der Winkelmesser rot ist, denn du willst um die rote Koordinatenachse drehen. (Halte die ⇧-Taste gedrückt, während du den Mauszeiger auf den Drehpunkt bewegst.) Drehe den Schnabel um etwa 15 ° nach unten.

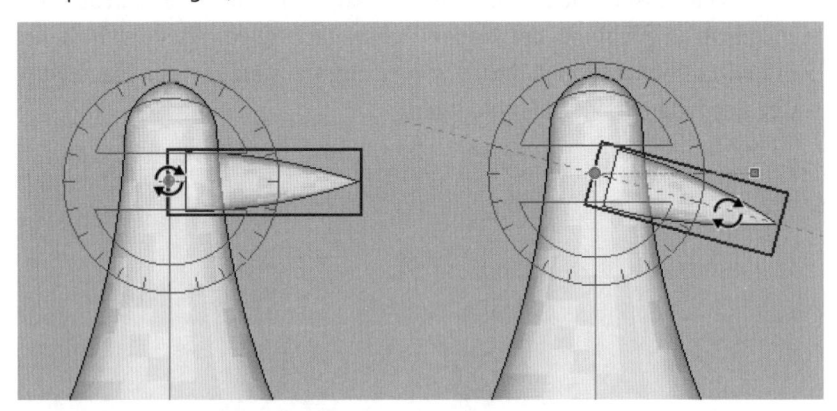

Als Nächstes sind nun die Augen dran. Bewege sie mit VERSCHIEBEN/KOPIEREN möglichst nah an den Kopf. Wie immer, wenn du etwas auf eine runde Oberfläche setzen willst, sorgst du im Menü ANSICHT dafür, dass vor AUSGEBLENDETE GEOMETRIE ein Häkchen ist. Die Rechtecke, aus denen der keulenförmige Körper des Hahns zusammengesetzt ist, sind nun erkennbar.

Stelle die Kameraansicht VORNE ein. Suche zwei geeignete Punkte für die Augen, die symmetrisch zum Schnabel angeordnet sind. Damit du später beim Verschieben der Augen diese Punkte in dem Liniengestrüpp wiederfindest, musst du sie deutlich hervorheben. Das geht am schnellsten und sichersten, indem du eine versteckte Linie einblendest:

- Klicke mit dem Pfeil (Auswahlwerkzeug) eine an den Punkt angrenzende Linie an.

- Klicke rechts und wähle im Kontextmenü den Befehl ABMILDERUNG AUFHEBEN.

Huhn und Hahn

≫ Klicke nochmals rechts und wähle den Befehl EINBLENDEN.

Und so platzierst du ein Auge auf den gewählten Kontaktpunkt:

Verschiebe das Auge »nach Gefühl« möglichst nah an den Zielpunkt. Gehe ganz nah an den Ort des Geschehens heran (Mausrad oder Lupe). Klicke mit dem Pfeil auf das Auge. Es wird blau markiert. Kannst du den kleinen Strich im Innern erkennen? An einem Ende dieser Linie ist der Mittelpunkt der Kugel. Wähle VERSCHIEBEN/KOPIEREN und klicke genau auf den Mittelpunkt. Klicke dann das zweite Mal auf den Zielpunkt. Wechsle mit ROTIEREN den Blickwinkel und kontrolliere, dass das Auge richtig sitzt.

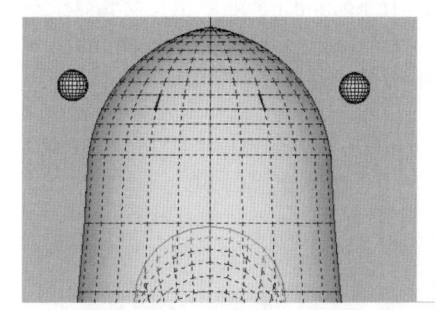

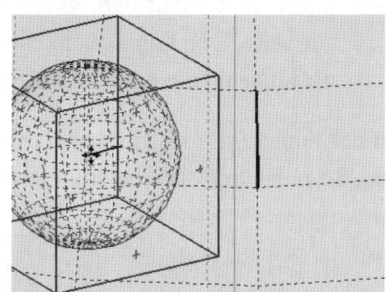

Mit dem Kamm wirst du weniger Probleme haben. Eine Instanz des Kamms befindet sich zurzeit noch unsichtbar am Ursprung des Koordinatenkreuzes. Gehe in die GLIEDERUNG und sorge dafür, dass der Kamm wieder eingeblendet wird.

Wähle die Standardansicht VORNE. Klicke einmal mit dem Pfeil auf den Kamm und verschiebe ihn mit dem Verschiebewerkzeug in die blaue Richtung nach oben. (Achte beim Verschieben auf die Farbe der Spur und fixiere die Richtung, indem du die ⇧-Taste gedrückt hältst.)

Dann wechselst du in die Seitenansicht und schiebst den Kamm ein ganz kleines Stückchen nach links in die grüne Richtung, bis er mittig auf dem Kopf sitzt.

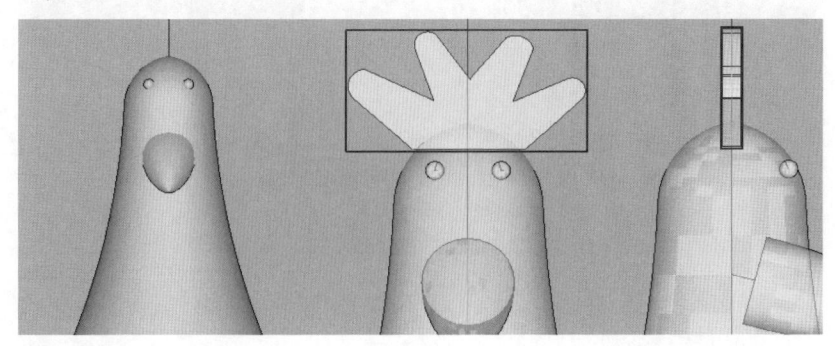

Geschafft! Der Hahn ist komplett. Du kannst seine Einzelteile nun mit dem Farbeimerwerkzeug einfärben. Für den Kamm und Schnabel wählst du ein

Kapitel 10 — Einfache Figuren

dunkles Rot, die Augen werden schwarz, der Körper hellbeige und die Beine braun.

Nun bekommt der Hahn eine Schwester. Erstelle zunächst eine Kopie des Hahns. Das geht so:

> Markiere mit dem Pfeil den gesamten Hahn, so dass alle seine Teile von blauen Kästen umgeben sind.

> Wähle das Werkzeug VERSCHIEBEN/KOPIEREN und drücke einmal die [Strg]-Taste. Neben dem Mauszeiger ist ein Pluszeichen.

> Klicke einmal auf den markierten Hahn und bewege den Mauszeiger zur Seite. Eine Kopie aller Teile ist entstanden. Klicke noch einmal, um die Kopie an die momentane Stelle zu setzen.

In der Kopie entfernst du den Hahnenkamm und färbst den Körper anders ein. Beide Figuren speicherst du jeweils als Komponenten ab.

Huhn und Hahn

Eine Sprechblase

Eine 3D-Figur zu konstruieren, ist ganz schön aufwändig. Aber wenn du einmal eine oder zwei Figuren entwickelt hast, kannst du relativ schnell Varianten erstellen. Du kannst sie unterschiedlich einfärben, die Beine oder den Körper verdrehen und Szenen zusammenstellen. Wenn sich die Figuren unterhalten sollen, brauchst du Sprechblasen mit Text. So erstellst du eine Sprechblase:

- Zeichne einen Kreis.
- Verforme mit dem Skalierwerkzeug den Kreis zu einem Oval.
- Ergänze mit dem Stift einige Linien und das Oval zu einer Sprechblase.
- Wähle die Funktion 3D-TEXT. Das Symbol sieht aus wie ein dreidimensionaler Buchstabe A. Gib den Text ein, wähle eine geeignete Schriftgröße und sorge dafür, dass vor dem Attribut EXTRUDIERT kein Häkchen erscheint. So wird der Text nicht dreidimensional, sondern flach. Das sieht bei einer Sprechblase besser aus.

- Klicke auf die Schaltfläche PLATZIEREN und setze den Text auf die Fläche der Sprechblase.
- Wenn die Größe des Textes nicht passt, skaliere ihn.
- Färbe den Text mit dem Farbeimer schwarz ein.
- Speichere die Sprechblase als Komponente ab.
- Wähle im Menü FENSTER die Funktion KOMPONENTEN. In der Dialogbox siehst du eine Übersicht aller Komponenten des Modells.

Kapitel **10** Einfache Figuren

➢ Wähle die Komponente *Sprechblase*. Klicke auf den Reiter BEARBEITEN. Sorge dafür, dass vor IMMER KAMERA GEGENÜBER ein Häkchen gesetzt ist. Jetzt kannst du die Sprechblase immer gut lesen, gleichgültig aus welchem Blickwinkel du das Modell betrachtest.

Zusammenfassung

◇ Einen achsensymmetrischen Körper wie eine Kugel, eine Keule oder eine gedrechselte Schachfigur kannst du durch eine Extrusion über einen Kreis erzeugen.

◇ Wenn du die Profilfläche für die Extrusion konstruierst, wählst du meist die Standardansicht VORNE oder OBEN.

◇ Runde Linien setzt du aus mehreren Bogenlinien zusammen. Die Endpunkte und den Mittelpunkt einer Bogenlinie – er bestimmt die Krümmung – kannst du nachträglich noch verschieben und so die Form ändern.

◇ Figuren kannst du aus mehreren Einzelteilen zusammensetzen. Du konstruierst jedes Teil am Ursprung des Koordinatenkreuzes und speicherst es dann in einer Komponente. Die Instanz auf dem Bildschirm blendest du aus, um Platz für die nächste Konstruktion zu haben.

Ein paar Fragen ...

Frage 1: Wie machst du aus einem Kreis ein Oval?

Frage 2: Wie kannst du ein ausgeblendetes (und somit unsichtbares) Objekt wieder einblenden?

... und ein paar Aufgaben

Frage 3: Welche Bedeutung hat die ⬒-Taste, wenn du einen Kreis zeichnen oder ein Objekt drehen willst?

Frage 4: Wie setzt du ein Objekt auf eine gewölbte Oberfläche?

Frage 5: Wie sorgst du dafür, dass ein Objekt (z.B. eine Sprechblase) immer der Kamera zugewandt ist?

... und ein paar Aufgaben

1. Erstelle mehrere Instanzen des Hahns. Zerlege jede Instanz in die Einzelteile (Rechtsklicken und im Kontextmenü IN EINZELTEILE AUFLÖSEN wählen). Verändere jede Instanz, indem du die Teile verformst, verdrehst oder anders einfärbst. Versuche auf diese Weise, Figuren wie in der folgenden Abbildung zu entwickeln.

2. Konstruiere andere Schachfiguren, zum Beispiel einen Turm.

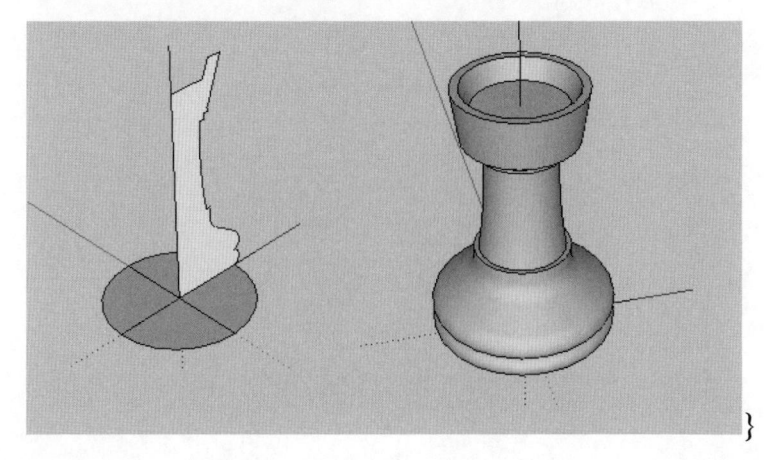

11
Roboter und Gelenkpuppen

Gelenkpuppen sind vereinfachte Nachbildungen von Menschen und anderen Lebewesen, bei denen Kopf, Rumpf und Gliedmaßen bewegt werden können. Dazu gehören Spielzeuge wie Teddybären und Barbiepuppen, Gliederpuppen, die Künstler als Zeichenvorlage verwenden, oder Marionetten, bei denen die beweglichen Teile durch Fäden gesteuert werden. Auch menschenähnliche Roboter – Androiden – sind äußerlich wie Puppen aufgebaut. Wenn du eine Gelenkpuppe als digitales 3D-Modell entwickelt hast, kannst du sie anschließend leicht in unterschiedliche Positionen bringen und damit dreidimensionale Illustrationen oder ganze Bildergeschichten gestalten.

◉ Wie konstruierst du die Elemente einer Figur so, dass du sie später leicht an andere Teile ansetzen und nachträglich verdrehen kannst?

◉ Wie setzt du einen Roboter oder eine Puppe aus Einzelteilen exakt zusammen?

◉ Wie verdrehst du die Gliedmaßen eines Roboters oder einer Gelenkpuppe, um bestimmte Körperhaltungen einzustellen?

Kapitel 11

Roboter und Gelenkpuppen

Roboter

Roboter lassen sich gut mit SketchUp konstruieren, weil sie aus relativ einfachen Teilen zusammengesetzt sind. In diesem Abschnitt erfährst du, wie man da vorgehen kann. Das Design unseres Modells ist an einen Roboter angelehnt, der in der amerikanischen Science-Fiction-Komödie *Mars Attacks* von Tim Burton aus dem Jahre 1996 vorkommt. In dem Film sitzt oben in der Kuppel ein ziemlich bösartiger Marsianer und steuert die Maschine.

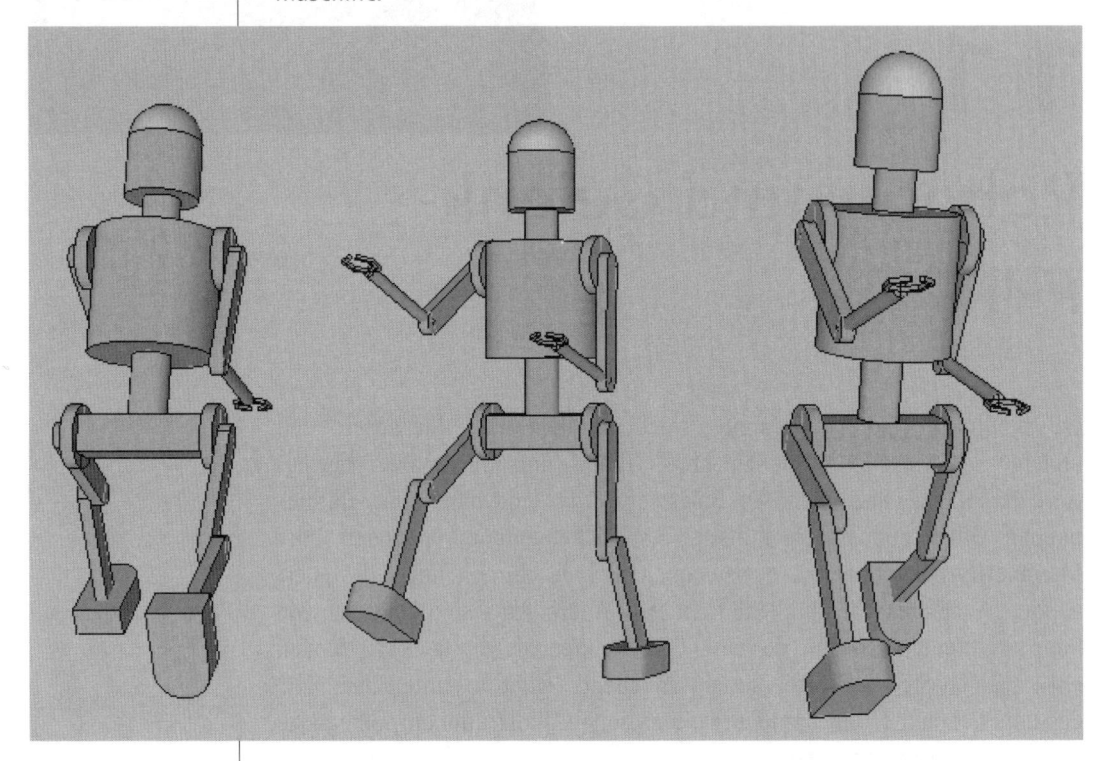

Der Rumpf

Wir werden den Roboter so konstruieren, dass er nach vorne, in Richtung der grünen Achse schaut. Das solltest du dir zwischendurch immer wieder in Erinnerung rufen. Es ist gut, wenn alle Teile so konstruiert werden, dass man sie sofort – ohne erst drehen zu müssen – zusammensetzen kann. Dann kommt man nicht so schnell durcheinander.

Den Rumpf bauen wir von unten nach oben auf. Wir beginnen mit der unteren Querachse, an die später die Beine montiert werden.

>> Stelle die Kameraansicht OBEN ein und zeichne mit dem Linienwerkzeug ein Rechteck um den Ursprung (erstes Bild).

Roboter

» Aus dem Rechteck machst du mit DRÜCKEN/ZIEHEN einen Quader.

» Zeichne oben auf den Quader um den Ursprung herum einen Kreis und ziehe einen Zylinder hoch.

» Auf die quadratischen Stirnflächen des Quaders zeichnest du mit dem Stift Diagonalen ein. So hast du in der Mitte jeder Seite einen deutlich erkennbaren Punkt, an den später ein Bein des Roboters gesetzt werden kann.

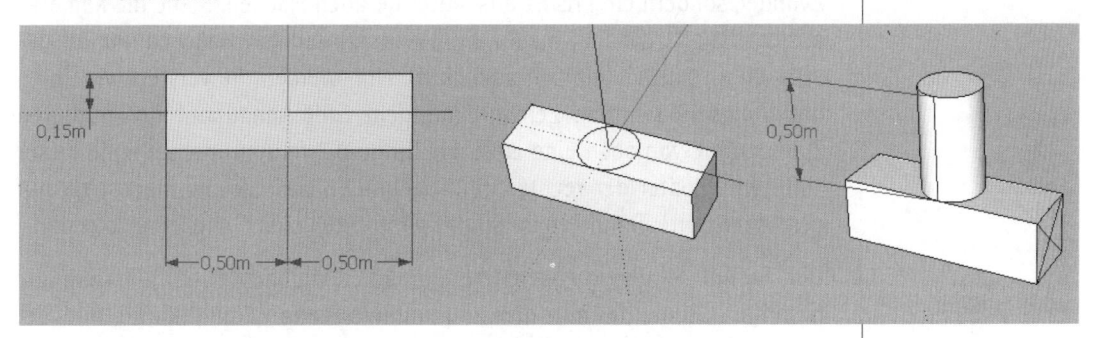

» Wähle wieder die Standardansicht OBEN und zeichne auf die Oberseite des Zylinders einen größeren Kreis mit Radius 0,5 m.

» Es entsteht um die Oberseite des Zylinders ein Ring. Ziehe die Ringfläche mit DRÜCKEN/ZIEHEN einen Meter hoch.

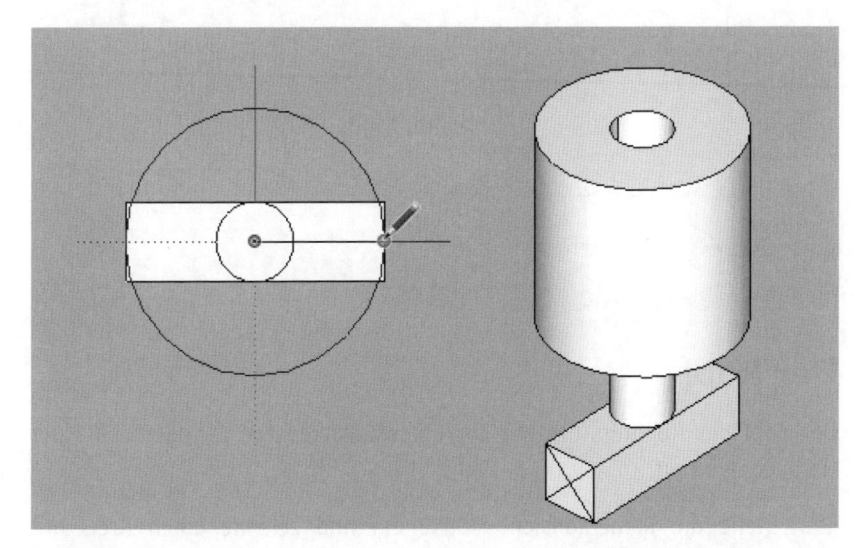

Als Nächstes schließt du das Loch in der Mitte der Zylinderoberfläche. Aber wie? Der Kreis besteht aus lauter geraden Liniensegmenten. Wenn du eine dieser Linien mit dem Stift nachziehst, entsteht im Inneren eine neue Fläche.

Die neue Kreisfläche ziehst du mit DRÜCKEN/ZIEHEN 0,3 m hoch. Das ist sozusagen der Hals. Oben auf den Hals wird wieder durch ein Kreuz der

Kapitel 11

Roboter und Gelenkpuppen

Mittelpunkt markiert. Du benötigst ihn später, um den Kopf genau in der Mitte auf den Hals zu setzen.

Nun brauchst du noch die Gelenkstellen für die Arme des Roboters. Sie sollen in genau gleicher Höhe an beiden Seiten des dicken Zylinders angebracht werden. Das Problem ist, dass der Zylinder rund ist und es sehr schwierig ist, auf einer runden Fläche einen ganz bestimmten Punkt zu finden. Aber der Zylinder sieht nur rund aus. Eigentlich ist er gar kein Zylinder, sondern ein Prisma aus lauter geraden Flächen. Stelle die Kameraansicht RECHTS ein und mache im Menü ANSICHT ein Häkchen vor AUSGEBLENDETE GEOMETRIE (einfach anklicken). Nun werden die versteckten Linien des Zylinders sichtbar. Zeichne mit dem Stift genau auf der mittleren Zylinderlinie von oben eine Linie der Länge 0,2 m. Am unteren Ende dieser Linie wird später der rechte Arm angebracht. Das Gleiche machst du auf der linken Seite. Dann kannst du die versteckten Linien wieder ausblenden.

Der Rumpf ist fertig. Speichere ihn als Komponente ab. Markiere die gesamte Geometrie mit dem Auswahlwerkzeug (Pfeil), klicke mit der rechten Maustaste und wähle im Kontextmenü das Kommando KOMPONENTE ERSTELLEN. Die Instanz auf dem Bildschirm kannst du löschen, damit du nun den Kopf konstruieren kannst.

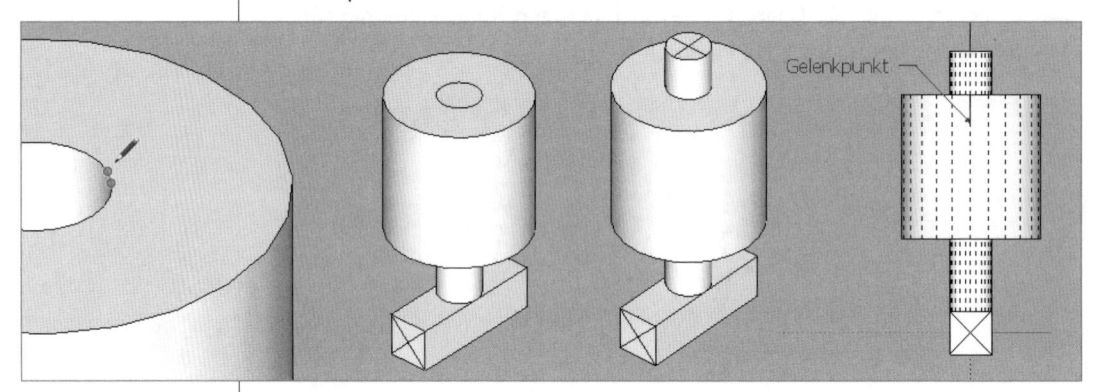

Der Kopf

Der Kopf des Roboters besteht aus einem senkrechten Zylinder und einer Halbkugel darauf.

≫ Stelle die Kameraansicht VORNE ein und zeichne einen Kreis mit Radius 0,3 m.

≫ Zeichne mit dem Stift entlang der roten und blauen Achse Linien und zerteile so den Kreis in Viertel. Die Linie nach unten ist etwa 1 m lang und geht also über den Kreis hinaus. Sie wird später durch die Unter-

Roboter

seite des Zylinders gehen und so einen Kontaktpunkt für die Montage des Kopfes auf dem Hals liefern.

- Wechsle in eine perspektivische Darstellung, entferne alle überflüssigen Linien des Kreises, so dass nur noch ein Viertel übrig bleibt.
- Zeichne einen waagerechten Kreis um den Ursprung.
- Klicke mit dem Pfeil auf den waagerechten Kreis und dann mit dem Folge-mir-Werkzeug auf das Kreisviertel. Fertig ist die Kuppel.
- Erzeuge mit DRÜCKEN/ZIEHEN aus der Unterseite der Kuppel einen Zylinder der Länge 0,5 m.
- Auf dem Zylinder sind lauter Längslinien zu sehen. Mit dem Radiergummi kannst du sie abmildern. Halte die Strg-Taste gedrückt und klicke mit dem Radiergummi auf die Längslinien. Dann werden sie nicht gelöscht, sondern nur abgemildert. Der Zylinder erscheint rund.
- Erstelle für den Kopf eine Komponente.

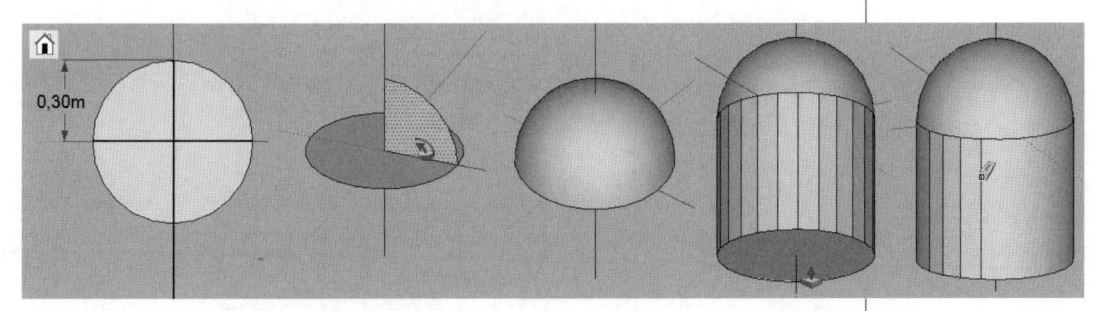

Die Gelenkscheibe

Da, wo Arme und Beine an den Rumpf des Roboters gesetzt sind, befinden sich Gelenkscheiben.

- Wähle die Kameraansicht RECHTS und zeichne um den Ursprung einen Kreis mit Radius 0,25 m.
- Aus dem Kreis machst du mit DRÜCKEN/ZIEHEN eine Scheibe der Dicke 0,1 m.
- Wechsle wieder in die Seitenansicht und zeichne auf beide Oberflächen der Scheibe zwei Linien, die durch den Mittelpunkt gehen. Die beiden Mittelpunkte sind die Gelenkpunkte, an denen eine Scheibe mit dem Rumpf und den Gliedmaßen des Roboters verbunden ist.
- Speichere die Scheibe als Komponente ab.

Kapitel 11 — Roboter und Gelenkpuppen

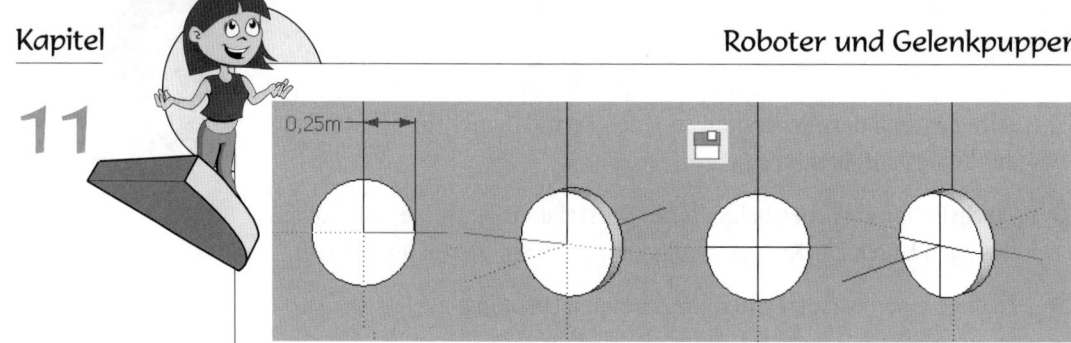

Beinsegment

Beine und Oberarme des Roboters bestehen aus abgerundeten Quadern. Beachte, dass du von hinten auf den Roboter schaust. Oberarme und Beine hängen von oben nach unten.

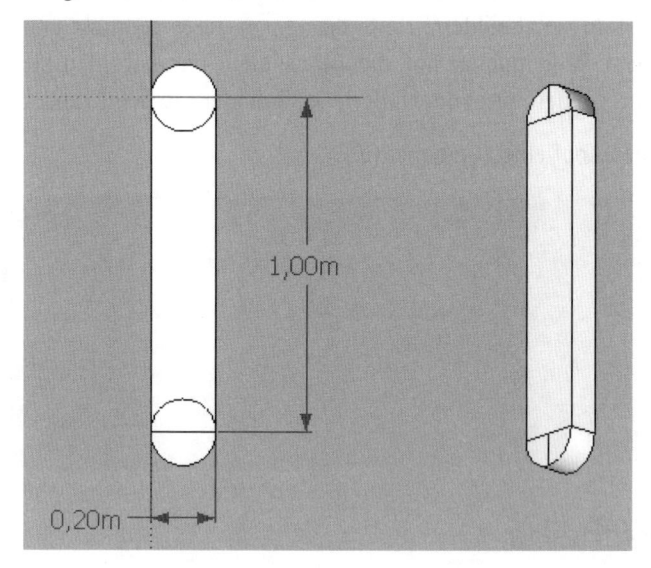

> Wähle die Standardansicht RECHTS und zeichne ein Rechteck mit zwei Kreisen wie im Bild links.

> Entferne zunächst die beiden kürzeren Seiten des Rechtecks, so dass eine zusammenhängende Fläche entsteht.

> Mit DRÜCKEN/ZIEHEN machst du aus dieser Fläche einen dreidimensionalen Körper, der genau 0,1 m dick ist.

> Zeichne mit dem Stift *auf jeder Seite* des Körpers Linien wie im rechten Bild ein. Die Schnittpunkte werden später wieder als Gelenkpunkte zum exakten Zusammensetzen dienen. Bevor du diese Linien zeichnest, wählst du am besten wieder eine Seitenansicht.

> Erstelle eine eigene Komponente für diesen Körper und lösche die Instanz auf der Arbeitsfläche.

Roboter

Der Fuß

≫ Wähle die Standardansicht OBEN und zeichne eine Figur wie im ersten Bild.

≫ Forme daraus mit DRÜCKEN/ZIEHEN einen Körper wie im zweiten Bild.

≫ Zeichne auf der Oberseite eine Linie, die in der Mitte eines geraden Abschnitts der Oberkante beginnt und exakt 0,15 m nach innen ragt. Am Ende dieser Linie wird später der Fuß an den Unterschenkel montiert. Der Unterschenkel – er ist 0,1 m dick – wird dann genau in der Mitte des Fußes sein. Rechne nach: 0,15 + 0,1 + 0,15 = 0,4

≫ Fertig ist der Fuß. Speichere ihn als Komponente ab.

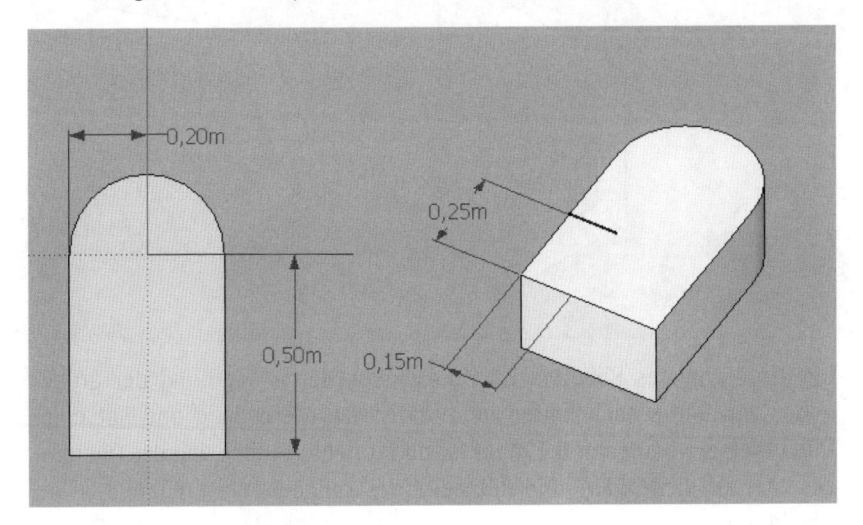

Unterarm und Greifer

Der Unterarm ist ein waagerechter Zylinder, an dessen vorderem Ende ein Greifer aus zwei Fingern sitzt. Du beginnst mit der Konstruktion eines Fingers.

≫ Wähle die Ansicht OBEN und zeichne mit dem Vieleckwerkzeug (das Symbol sieht aus wie ein Dreieck) um den Ursprung ein Sechseck.

≫ Mit dem Versatzwerkzeug zeichnest du im Innern der Fläche eine zweite Sechsecklinie im Abstand von etwa 0,03 m.

≫ Die beiden Sechsecke sind zusammenhängende Linien und müssen nun in Einzelsegmente zerlegt werden. Markiere mit dem Auswahlwerkzeug die gesamte Figur, klicke mit der rechten Maustaste und wähle im Kontextmenü den Befehl IN EINZELTEILE AUFLÖSEN.

Kapitel 11

Roboter und Gelenkpuppen

> Nun kannst du mit dem Radiergummi überflüssige Liniensegmente entfernen. Ergänze oben eine Bogenlinie und unten eine gerade Linie, so dass wieder eine geschlossene Fläche wie im mittleren Bild entsteht.

> Mit DRÜCKEN/ZIEHEN formst du einen Körper wie im rechten Bild. Auf die gerade Vorderfläche zeichnest du ein Kreuz, um den Mittelpunkt dieses Rechtecks zu markieren.

> Speichere den Finger als Komponente ab.

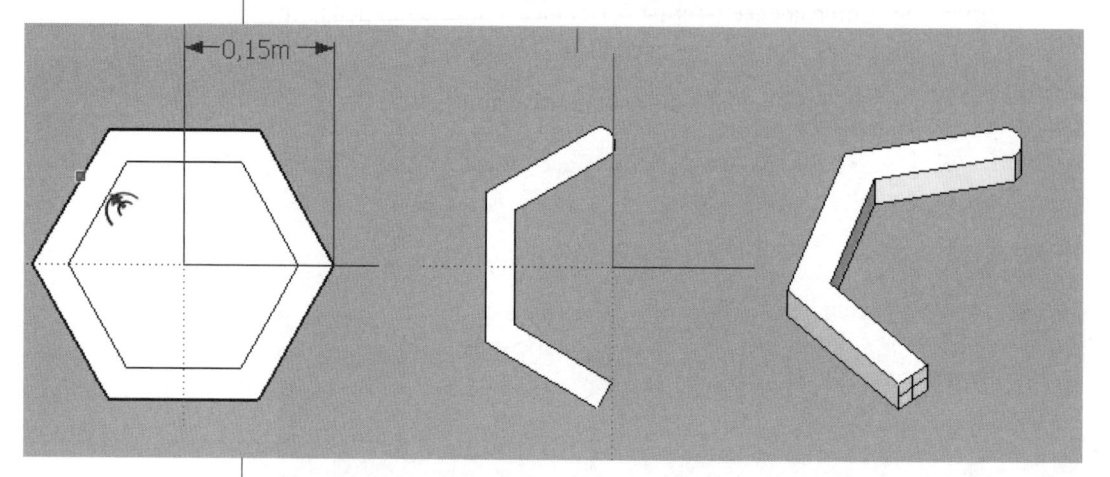

Der Unterarm des Roboters ist ein Zylinder, der in Richtung der grünen Achse von vorne nach hinten geht. Er ist ein Meter lang und hat einen Durchmesser von genau 0,1 m. Er ist damit genauso dick wie der Oberarm. Zeichne auf die Vorder- und Rückseite des Zylinders ein Kreuz wie in der Abbildung.

Von dem Finger brauchst du zwei Instanzen. Eine davon spiegelst du entlang der roten Achse: Klicke sie mit dem Pfeil an, klicke mit der rechten Maustaste und wähle den Befehl SPIEGELN ENTLANG|ROTE KOMPONENTENACHSE.

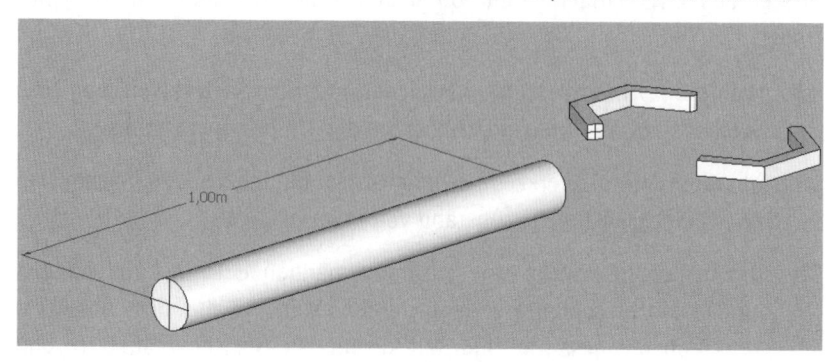

Roboter

Die Finger werden nun an den Unterarm gesetzt. Die Punkte A und B müssen genau aufeinanderliegen. Wie man zwei Teile exakt zusammensetzt, wurde in Kapitel 9 beschrieben.

Als Nächstes drehst du die beiden Finger ein wenig nach außen. Wähle dazu zunächst die Kameraansicht OBEN.

- Klicke mit dem Pfeil die Finger-Instanz an, die du drehen möchtest.
- Wähle das Drehwerkzeug (zwei runde rote Pfeile). Sorge dafür, dass der Winkelmesser am Mauszeiger blau ist. Halte dann die ⇧-Taste gedrückt, damit der Winkelmesser immer blau bleibt und seine räumliche Orientierung nicht ändert. Klicke dann genau auf den Gelenkpunkt A. Das ist der Drehpunkt.
- Klicke ein zweites Mal irgendwo oberhalb des Fingers.
- Bewege den Mauszeiger. Der Finger dreht sich mit.
- Den kompletten Unterarm markierst du mit dem Auswahlwerkzeug und machst aus ihm eine Komponente.

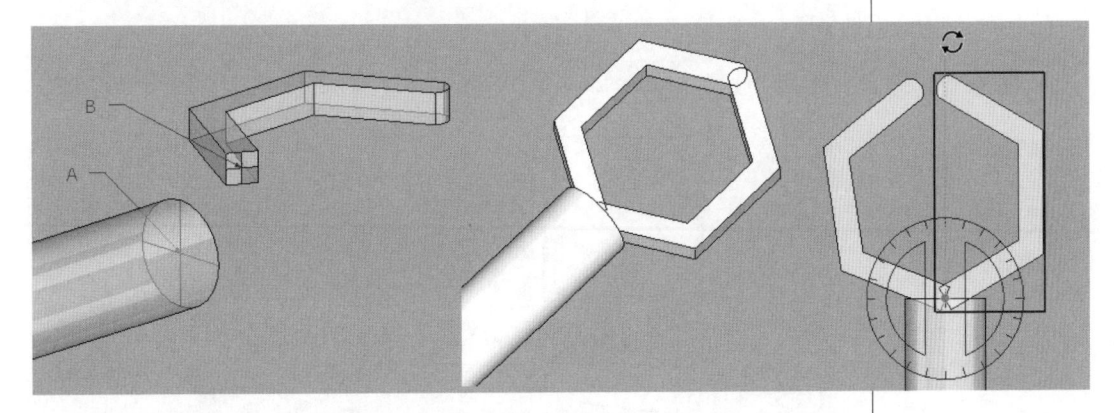

Die Einzelteile zusammensetzen

Nun hast du für alle Einzelteile Komponenten. Aus der Dialogbox FENSTER|KOMPONENTEN kannst du dir nach und nach Instanzen der Komponenten auf die Arbeitsfläche holen und sie zusammensetzen. Am besten beginnst du mit dem Rumpf.

Kapitel 11

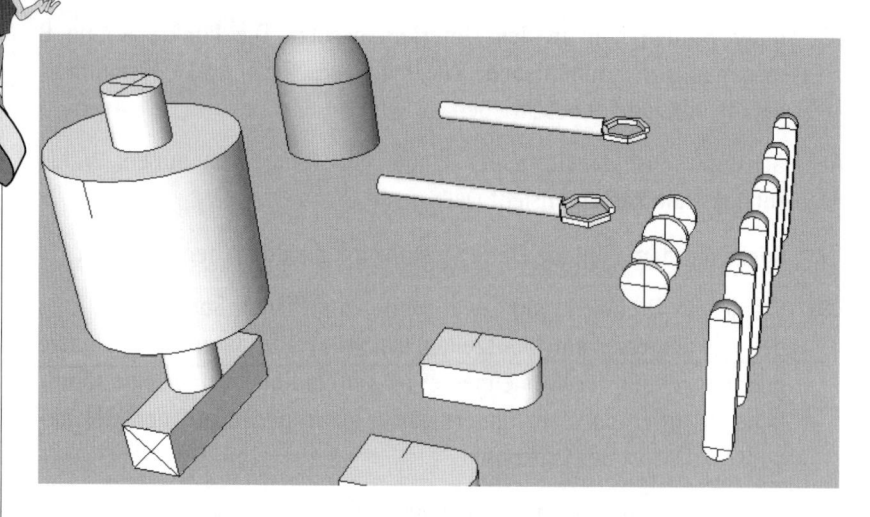

Roboter und Gelenkpuppen

Der Roboter sieht nun aus wie im folgenden Bild. Belege die Oberflächen der Bauteile mit Farben oder Texturen.

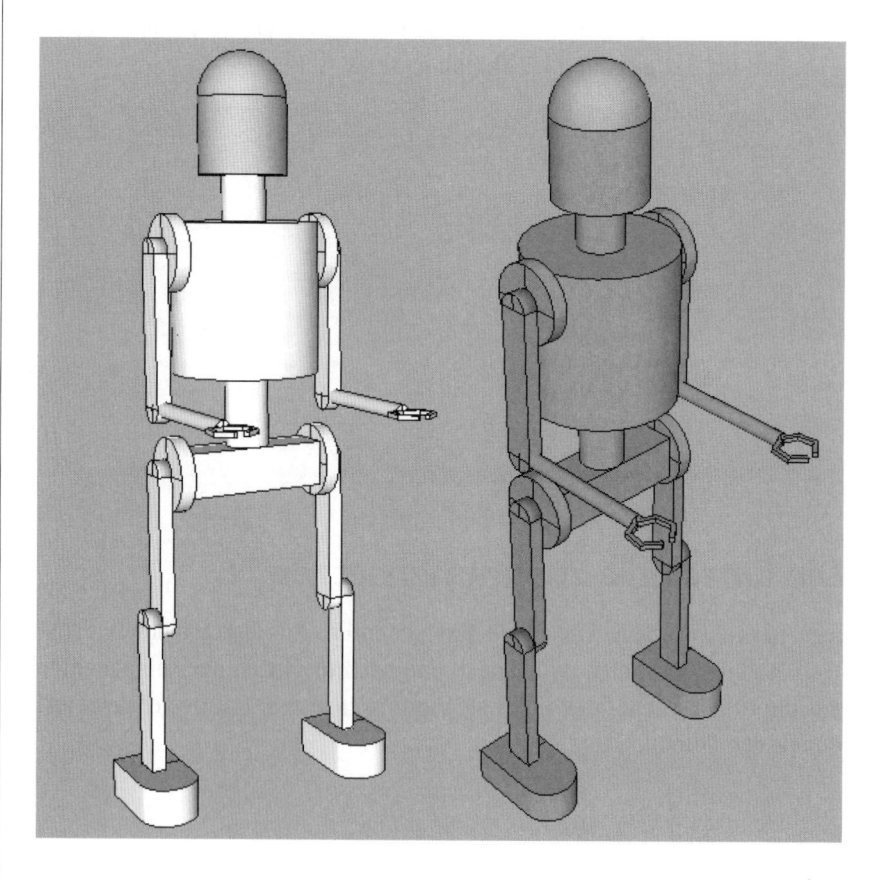

Roboter

Den Roboter in Position bringen

Frisch zusammengebaut steht der Roboter aufrecht und hat die Unterarme nach vorne gestreckt. Um ihn in eine interessantere Körperhaltung zu bringen, musst du die Gliedmaßen um die Gelenke verdrehen. So gehst du zum Beispiel vor, wenn das rechte Bein angehoben werden soll.

- Wähle die Standardansicht RECHTS.

- Wähle das Auswahlwerkzeug, halte die [Strg]-Taste gedrückt (neben dem Mauszeiger ist ein Pluszeichen) und klicke auf alle Teile des rechten Beins: Oberschenkel, Unterschenkel und Fuß.

- Verdrehe mit dem Werkzeug DREHEN das gesamte Bein um den oberen Gelenkpunkt des Oberschenkels.

- Sorge dafür, dass der Unterschenkel und der Fuß ausgewählt sind, und drehe diese beiden Teile um den oberen Gelenkpunkt des Unterschenkels.

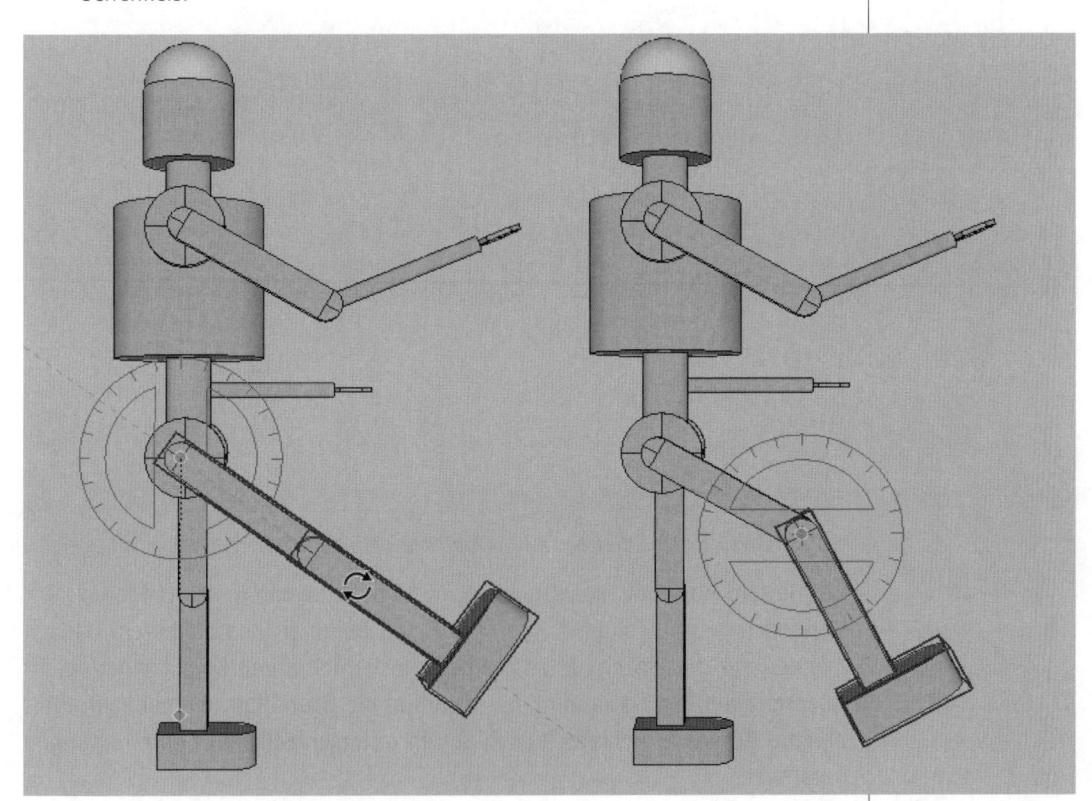

Kapitel Roboter und Gelenkpuppen

11 Teddybär

Eine der bekanntesten Stoffpuppen ist der Teddybär. Im Jahre 1903 wurden die ersten Teddybären von der deutschen Spielwarenherstellerin Margarete Steiff verkauft. Seinen Namen hat er von dem amerikanischen Präsidenten Theodore »Teddy« Roosevelt, der sich auf einer Jagd einmal geweigert hatte, ein Bärenbaby zu erschießen.

Drei Teddybären mit unterschiedlichen Oberflächen in unterschiedlichen Körperhaltungen.

In diesem Abschnitt konstruieren wir einen Teddybären als 3D-Modell. Wir erstellen getrennt Kopf, Körper, Arme und Beine als Komponenten. Danach setzen wir die Einzelteile zusammen. Arme, Beine und Kopf können leicht gedreht werden. So kann man – wenn du die Grundfigur einmal hast – mit wenig Aufwand mehrere Teddybären in unterschiedlichen Körperhaltungen erstellen.

Teddybär

Der Rumpf

Der Rumpf des Teddybären entsteht dadurch, dass ein Oval um seine Längsachse gedreht wird.

> Wähle im Menü KAMERA die Standardansicht OBEN und PARALLELE PROJEKTION.

> Zeichne um den Ursprung einen Kreis mit dem Radius 0,13 m.

> Wähle das Skalierwerkzeug und strecke den Kreis in Richtung der blauen Achse etwa um den Faktor 1,3.

> Nun kümmerst du dich um die Gelenkpunkte. Das sind die Stellen, an denen später Kopf, Arme und Beine am Rumpf befestigt werden. Zeichne Linien wie im dritten Bild.

> Du wechselst die Kameraposition so, dass du von schräg oben auf dein Modell guckt. Entferne die Linien im Innern der ovalen Fläche.

> Wähle das Kreiswerkzeug und zeichne einen waagerechten Kreis um den Ursprung. Achte darauf, dass der Kreis um den Mauszeiger blau ist.

> Klicke mit dem Auswahlwerkzeug (Pfeil) auf den Kreis, so dass er blau markiert ist. Klicke mit dem Folge-mir-Werkzeug auf die ovale Fläche.

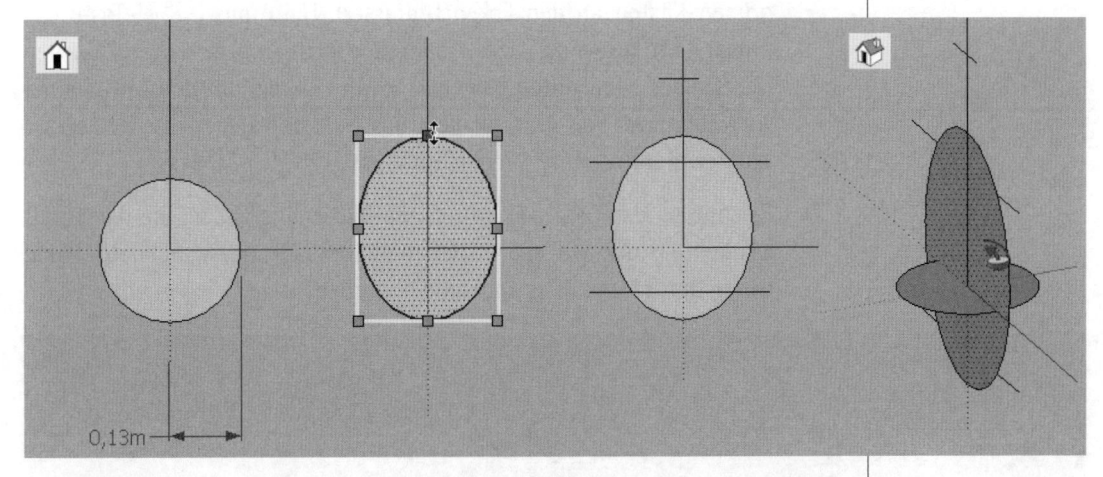

Dein Modell sieht nun aus wie in der folgenden Abbildung. Störend sind die Linien auf der Oberfläche. Du kannst sie abmildern (und damit unsichtbar machen), indem du sie bei gedrückter [Strg]-Taste mit dem Radiergummi anklickst. Aus diesem Modell machst du eine Komponente z. B. mit dem Namen *Rumpf*. Dann kannst du das Modell auf dem Arbeitsfeld löschen, denn du brauchst den Platz für die nächste Konstruktion.

Kapitel 11

Roboter und Gelenkpuppen

Der Kopf

Der Kopf besteht aus mehreren Einzelteilen, die du zuerst jedes für sich anfertigst. Wir beginnen mit dem Schädel.

> Wähle die Standardansicht VORNE und zeichne um den Ursprung einen Kreis.

> Als Nächstes machst du aus dem Kreis ein Oval. Wähle das Skalierwerkzeug und klicke damit auf den Kreis. Es erscheint ein Rahmen mit grünen Kästen an den Ecken (Anfasser). Halte die [Strg]-Taste gedrückt und klicke auf den mittleren oberen Anfasser. Wenn du den Mauszeiger nach unten bewegst, wird der Kreis um den Mittelpunkt zu einem Oval verformt. Skaliere das Oval auf den Faktor 0,8. Dieser Wert wird im Wertefeld rechts unten angezeigt.

> Zeichne an das Oval wie im rechten Bild einige Linien. Sie dienen als Markierung der Stellen, an denen später Nase (bzw. Schnauze) und Ohren des Bärenkopfes angebracht werden.

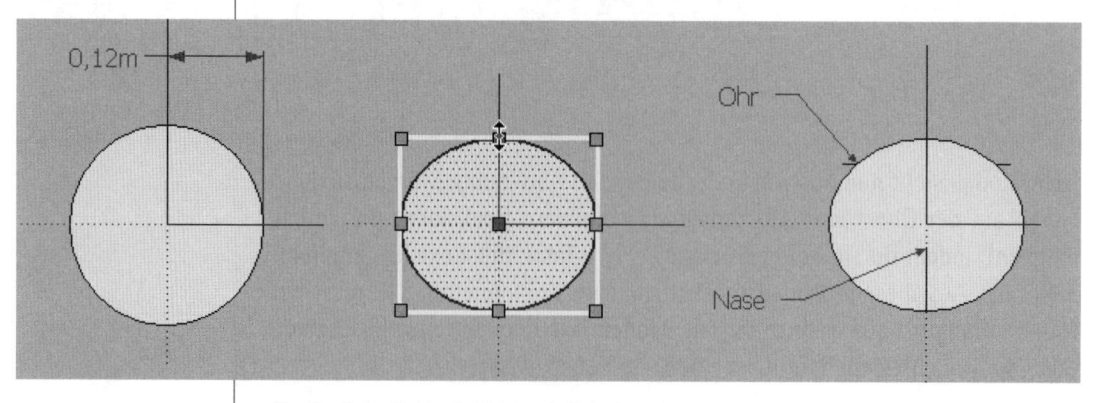

Das Profil des Teddy-Schädels mit Gelenkpunkten.

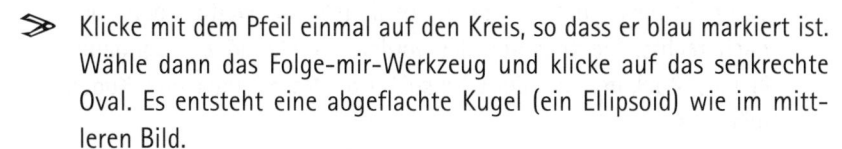

Teddybär

> Wechsle nun die Perspektive und schau dir dein Modell von schräg oben an. Zeichne um den Ursprung einen waagerechten Kreis.

> Klicke mit dem Pfeil einmal auf den Kreis, so dass er blau markiert ist. Wähle dann das Folge-mir-Werkzeug und klicke auf das senkrechte Oval. Es entsteht eine abgeflachte Kugel (ein Ellipsoid) wie im mittleren Bild.

> Mit dem Skalierwerkzeug drückst du diesen Körper in der grünen Richtung noch ein Stück zusammen. Der Skalierfaktor sollte etwa 0,8 betragen. Achte auf das Wertefeld rechts unten.

> Damit ist der Schädel fertig. Markiere ihn komplett mit dem Pfeil und mache aus ihm eine Komponente. Lösche die Instanz dieser Komponente, damit die Arbeitsfläche wieder frei ist.

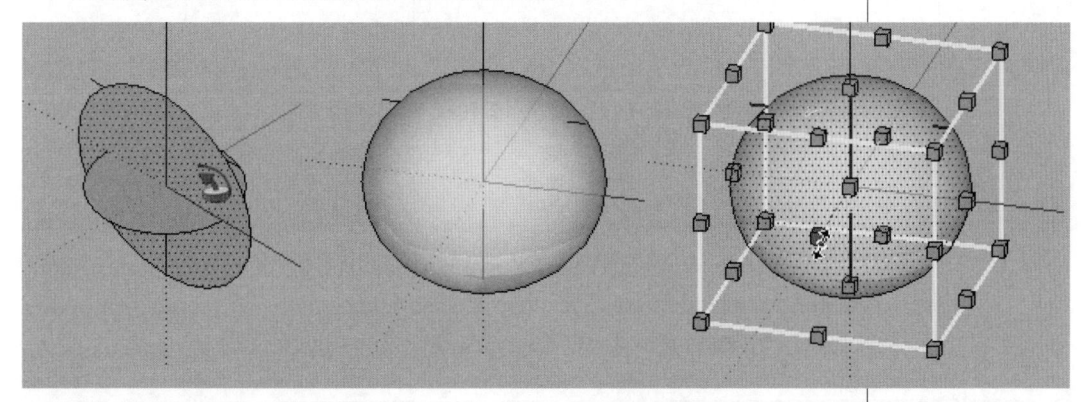

Nun ist die Schnauze an der Reihe.

> Wähle die Standardansicht RECHTS. Konstruiere eine Profilfläche wie in den ersten beiden Bildern dargestellt ist. Sie sollte etwa 7 cm hoch sein.

> Stelle die Standardansicht VORNE ein und zeichne um die grüne Achse einen Kreis, der die Oberkante der Profilfläche berührt.

> Schau dir die Figur von schräg oben an und klicke mit dem Pfeil den Kreis an, damit er blau markiert ist.

> Klicke mit dem Folge-mir-Werkzeug auf die Profilfläche der Schnauze.

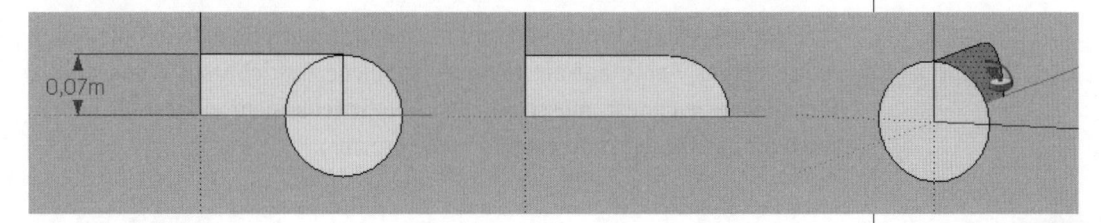

0,07m

> Drücke die Schnauze in blauer Richtung ein bisschen zusammen.

Kapitel 11 — Roboter und Gelenkpuppen

> Zeichne zwei Linien in grüner Richtung. Sie dienen als Markierung für das spätere Zusammensetzen. Die erste Linie beginnt im Ursprung und geht nach links. Die zweite beginnt etwas weiter oben und geht nach rechts. Sie tritt aus der vorderen Wölbung der Schnauze ein kleines Stück heraus. Hier wird später die Nase (eine kleine Kugel) angebracht.

> Markiere die Schnauze, speichere sie als Komponente und mache die Arbeitsfläche wieder frei.

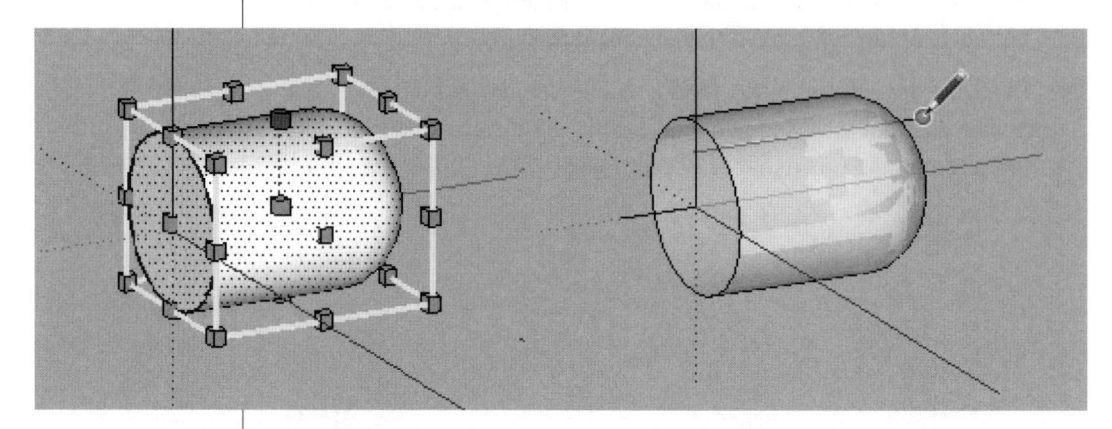

Konstruiere nun eine kleine Kugel mit Radius 0,02 m, wie es in der Abbildung dargestellt ist. Speichere sie als Komponente. Wir brauchen später mehrere Instanzen dieser Kugel als Nase und Augen.

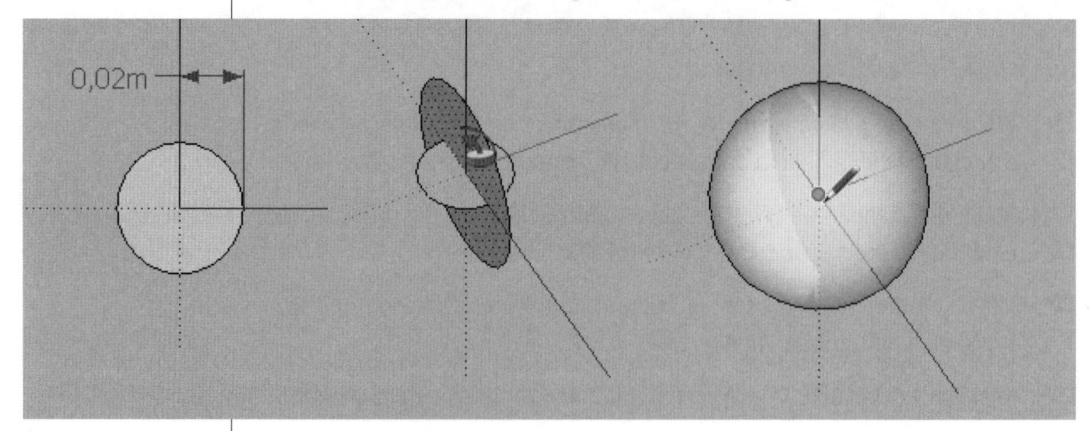

Das Ohr des Teddys konstruierst du als tellerförmiges Gebilde um die grüne Achse herum. Achte auf die richtige räumliche Ausrichtung! Wenn du die Profilfläche zeichnest, musst du zuvor die Seitenansicht eingestellt haben. Auch für das Ohr legst du eine Komponente an.

Teddybär

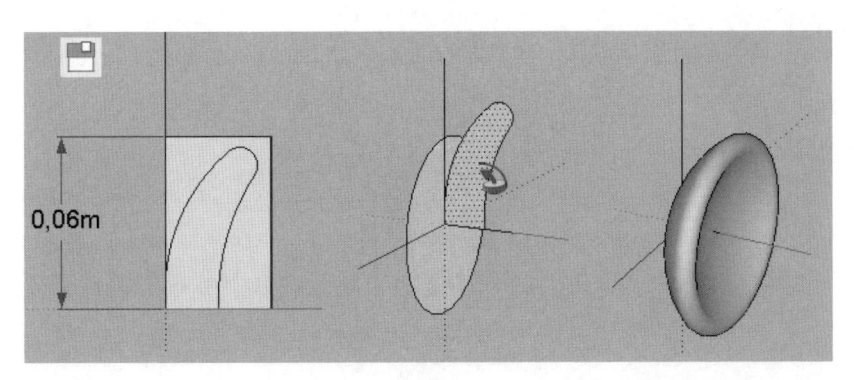

Nun hast du alle Einzelteile des Kopfes als Komponenten vorliegen. Das nächste Bild gibt einen Überblick. Wichtig für das Zusammensetzen sind die Gelenkpunkte, die ich mit Buchstaben markiert habe.

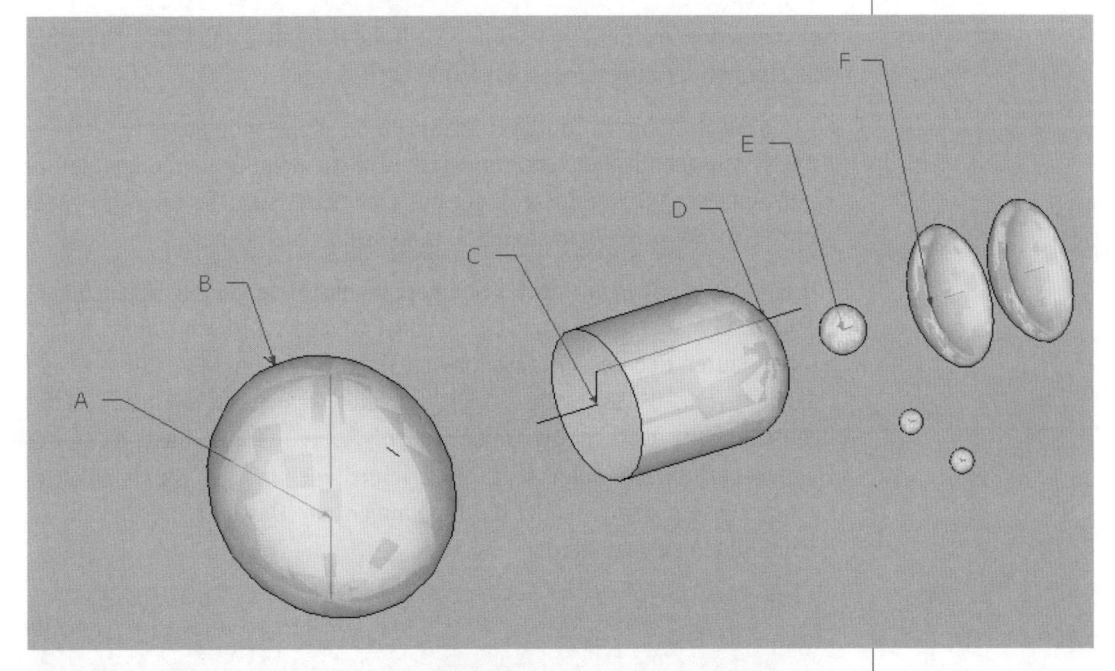

» Sorge dafür, dass die Arbeitsfläche leer ist.

» Öffne die Dialogbox FENSTER|KOMPONENTEN und erzeuge eine Instanz des Schädels und der Schnauze.

» Stelle den Flächenstil RÖNTGEN ein und schiebe mit dem Werkzeug VERSCHIEBEN/KOPIEREN die Schnauze so in den Schädel, dass die Punkte A und C genau aufeinanderliegen.

» Mit dem Skalierwerkzeug drückst du die Schnauze ein wenig zusammen, bis es gut aussieht.

Kapitel 11

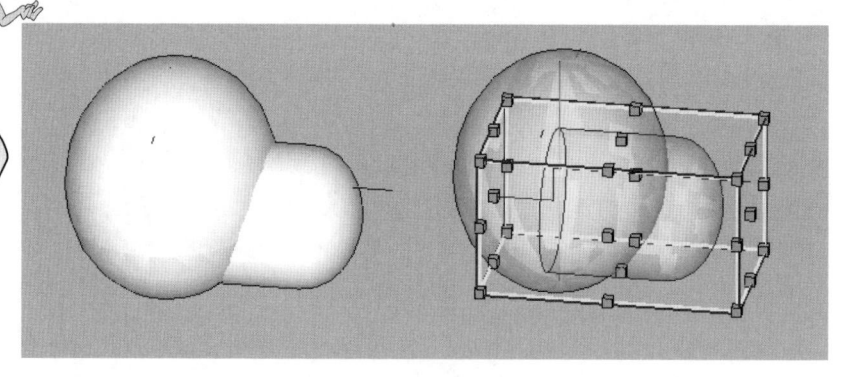

Roboter und Gelenkpuppen

Erzeuge eine Instanz des Ohrs und schiebe sie so an den Schädel, dass die Punkte F und B übereinstimmen. Auf die gleiche Weise befestigst du auch das linke Ohr.

Setze eine Instanz der Kugel vorne so auf die Schnauze des Teddys, dass der Mittelpunkt der Kugel genau auf Punkt D sitzt.

Für die Augen brauchst du zwei Instanzen der Kugel-Komponente. Verkleinere sie mit dem Skalierwerkzeug auf die Hälfte. Beim Skalieren benutzt du einen Anfasser (grüner Kasten), der auf einer Ecke sitzt. So wird die Kugel nicht verformt, sondern in allen drei Dimensionen verkleinert.

Für die Augen haben wir noch keine Kopplungspunkte auf der Schädeloberfläche. Das machen wir jetzt. Der Schädel ist nicht wirklich rund, sondern ist aus lauter Rechtecken zusammengesetzt. Setze im Menü ANSICHT ein Häkchen vor AUSGEBLENDETE GEOMETRIE. Jetzt kannst du die versteckten Rechtecke als gestrichelte Linien sehen. Achte darauf, dass *nicht* der Flächenstil RÖNTGEN eingestellt ist. Zeichne wie im Bild rechts in zwei Rechtecken auf dem Schädel die Diagonalen ein. Das sind die Stellen, an die die Augen gesetzt werden.

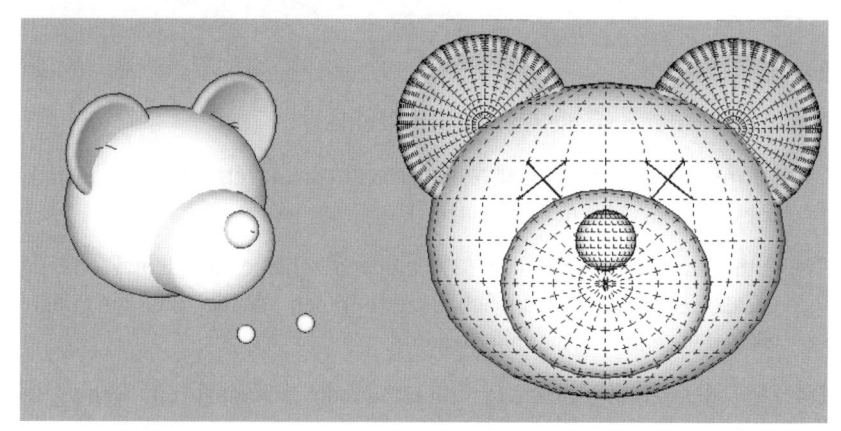

Teddybär

Der Kopf des Teddys ist nun fast fertig. Du musst nur noch die Hilfslinien verstecken (nicht entfernen), die an verschiedenen Stellen aus der Figur herausragen. So gehst du vor:

- Doppelklicke mit dem Auswahlwerkzeug (Leertaste) auf eine Instanz (z. B. die Schnauze), um sie zu öffnen.
- Klicke die Hilfslinie einmal an, so dass sie blau markiert ist.
- Klicke rechts und wähle im Kontextmenü den Befehl AUSBLENDEN.

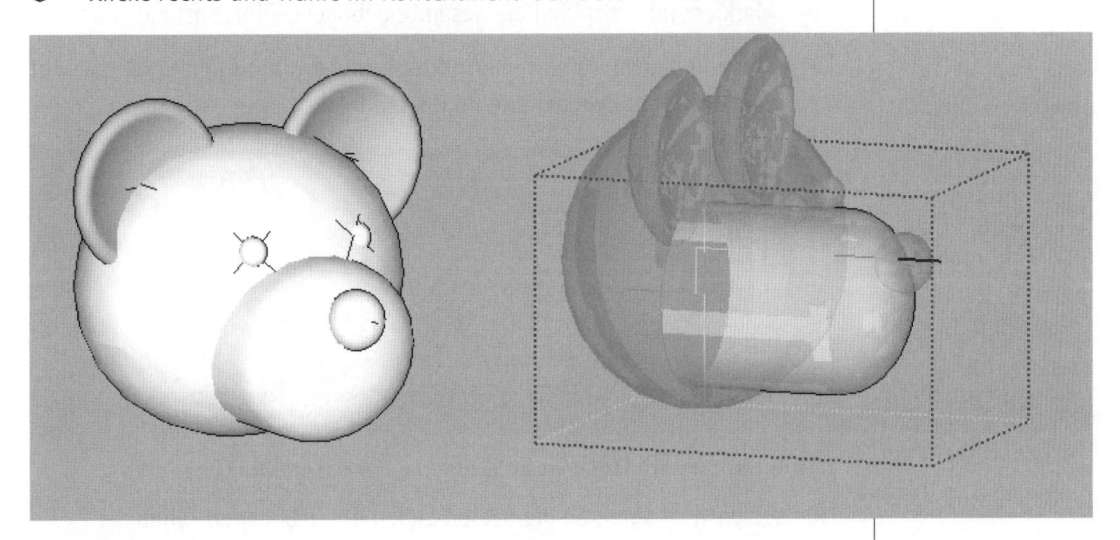

Der Arm

Du brauchst nur den rechten Arm zu konstruieren. Den linken Arm erzeugst du daraus einfach durch Spiegeln. Du formst den Arm durch eine Extrusion, indem du mit dem Folge-mir-Werkzeug eine Kreisfläche entlang einer gebogenen Linie ziehst. An die beiden Enden setzt du jeweils eine Kugel.

- Wähle die Ansicht VON OBEN und zeichne ein Rechteck, das in Richtung der grünen Achse ungefähr 20 cm lang ist.
- Auf das Rechteck kommt die Linie, die den Verlauf des Arms bestimmt. Es wird die Führungslinie für die Extrusion. Die Arme von Teddybären sind meistens gebogen. Zeichne zuerst den Verlauf des Arms aus geraden Linien und runde erst im zweiten Schritt den Knick durch eine Bogenlinie ab.

Kapitel 11

Roboter und Gelenkpuppen

≫ Schau dir das Modell von schräg oben an, entferne einige überflüssige Linien und drücke die rechts abgerundete Fläche vier Zentimeter nach oben (zweites Bild). Jetzt hast du vor der Linie eine senkrechte Fläche. Das macht es leichter, einen Kreis für den Querschnitt des Arms zu zeichnen.

≫ Entferne alle überflüssigen Linien, so dass nur die Profilfläche (Kreis) und die gebogene Führungslinie bleibt (drittes Bild).

≫ Markiere mit dem Pfeil die gesamte gebogene Führungslinie.

≫ Klicke mit dem Folge-mir-Werkzeug auf die Kreisfläche. Es entsteht ein gebogener Zylinder wie im letzten Bild.

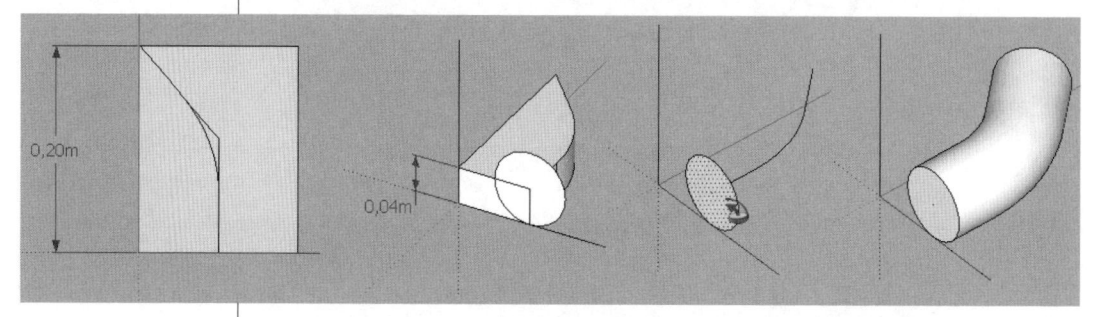

Ein Arm entsteht durch Extrusion einer Kreisfläche über eine gebogene Linie.

Nun setzen wir Kugeln an die beiden Enden des gebogenen Zylinders.

≫ Stelle im Menü ANSICHT den Flächenstil RÖNTGEN ein. Jetzt kannst du die Führungslinie im Innern des Arms erkennen.

≫ Erzeuge eine Instanz der Kugel. Setze sie mit ihrem Mittelpunkt genau auf das vordere Ende der Führungslinie.

≫ Mit dem Skalierwerkzeug vergrößerst du die Kugel-Instanz um den Mittelpunkt ([Strg]-Taste gedrückt halten), bis sie etwas größer ist als der Arm. Das ist ein Schultergelenk des Teddys.

≫ Setze auf die gleiche Weise eine Kugel an das vordere Ende des Arms. Sie modelliert eine Hand des Teddys.

Hand und Schultergelenk werden durch Kugeln modelliert.

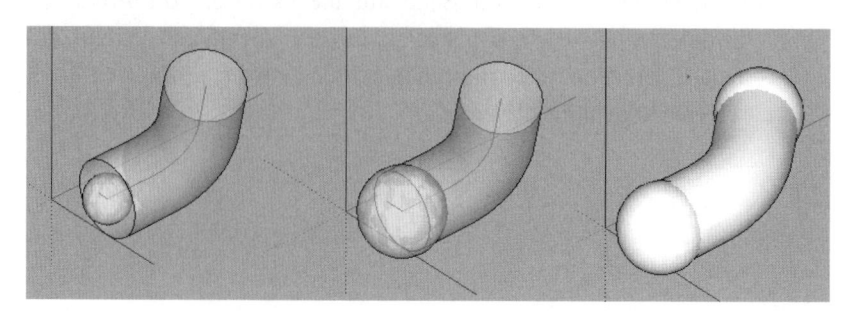

Teddybär

Das Bein

Wir beginnen mit dem Fuß. Du formst ihn aus einer Kugel durch dreimaliges Skalieren.

- Erzeuge eine Instanz der Kugel-Komponente. Sie hat einen Durchmesser von 4 cm.

- Klicke die Kugelinstanz mit dem Skalierwerkzeug an. Klicke dann auf einen Anfasser an einer Ecke. Vergrößere die Kugel proportional in allen Dimensionen um den Faktor 3. Achte auf das Wertefeld rechts unten! Dort steht der Skalierungsfaktor.

- Flache die Kugel in Richtung der grünen Achse um den Faktor 0,5 ab. Diesmal verwendest du den Anfasser vorne in der Mitte. Die Figur sieht nun aus wie eine Linse.

- Zum Schluss verlängerst du den Körper nach oben in der blauen Richtung. Fertig ist der Fuß.

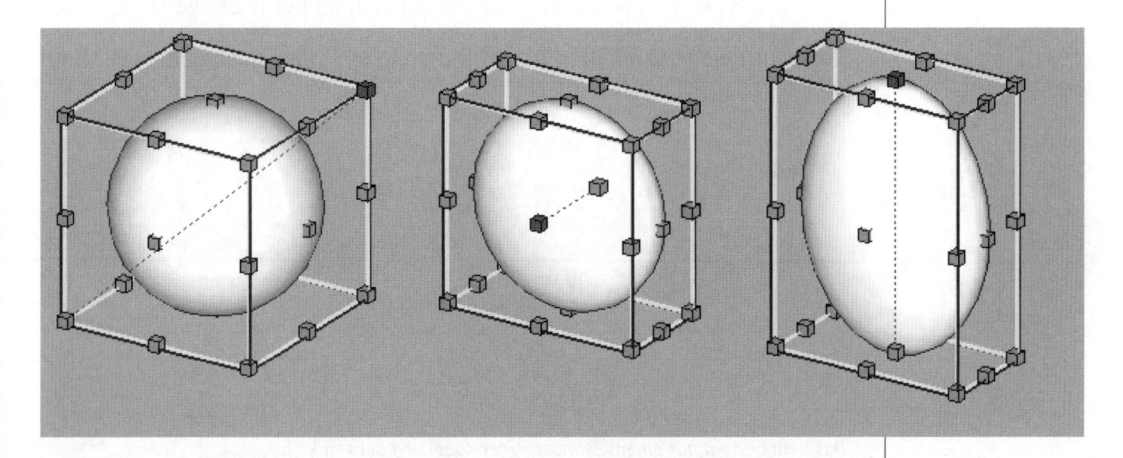

Wenn du eine Instanz einer Komponente mit dem Skalierwerkzeug verformst, bleibt die Komponente selbst unverändert. In diesem Beispiel sieht die Komponente *Kugel* immer noch aus wie eine Kugel und nicht wie ein Fuß.

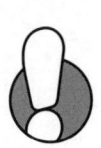

Kapitel 11 — Roboter und Gelenkpuppen

Das eigentliche Bein modellierst du durch einen Zylinder.

Wähle die Standardansicht VORNE und zeichne um den Ursprung einen Kreis mit dem Radius 0,04 m. Mit DRÜCKEN/ZIEHEN formst du einen Zylinder der Länge 0,25 m.

Erzeuge eine Instanz der Kugel-Komponente und setze sie genau in den Ursprung des Koordinatenkreuzes, da, wo auch der Zylinder beginnt.

Wähle das Skalierwerkzeug und vergrößere die Kugelinstanz proportional um ihren Mittelpunkt ([Strg]-Taste gedrückt halten).

Setze nun den Fuß an die andere Seite des Zylinders. Am besten gehst du so vor:

≫ Stelle den Röntgenstil für Flächen ein. Setze den Fuß mit seinem Mittelpunkt genau auf den Ursprung. (Den Ursprung kann man immer leicht treffen.)

≫ Verschiebe den Fuß entlang der grünen Achse bis ans Ende des Zylinders. (Entlang einer Achse kann man immer leicht verschieben.)

≫ Verschiebe den Fuß in blauer Richtung ein Stück nach oben, bis es gut aussieht.

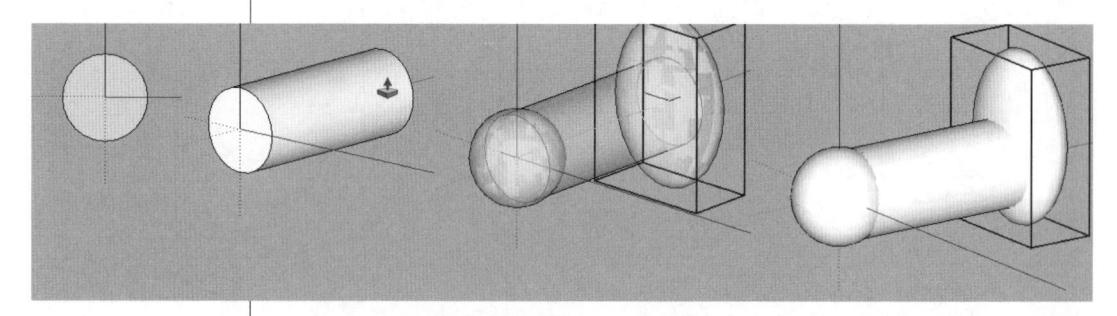

Das Bein besteht aus einem Zylinder, einer Kugel und dem Fuß.

Teddybär

Den Teddy zusammensetzen

Nun hast du Komponenten für alle Einzelteile des Teddys. Du musst jetzt nach und nach Instanzen dieser Komponenten erzeugen und zusammenbauen.

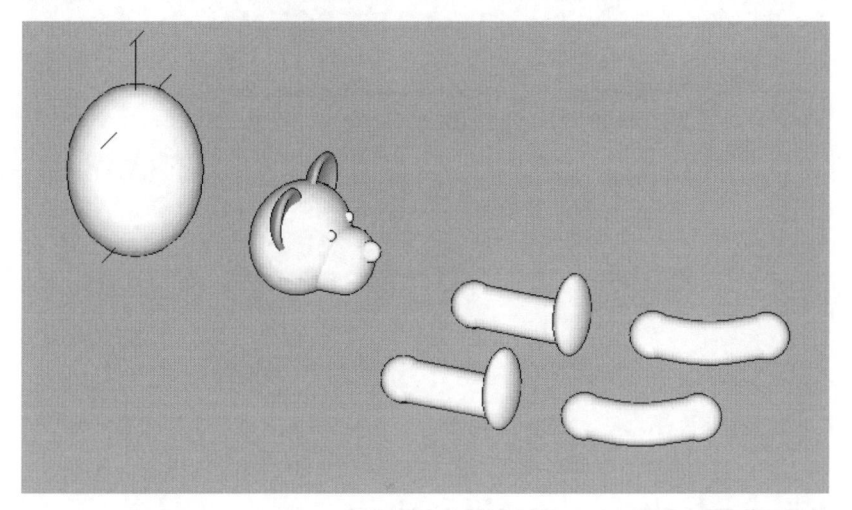

Die Einzelteile des Teddys.

Am besten beginnst du mit dem Rumpf des Teddys. In der folgenden Abbildung wird gezeigt, wie du ein Bein an den Rumpf setzt. Mit dem Werkzeug VERSCHIEBEN/KOPIEREN klickst du zuerst auf den Gelenkpunkt B im Inneren des Beins. Dann bewegst du den Mauszeiger zu Punkt A (das Bein folgt der Bewegung) und klickst erneut. Das Bein ist fertig montiert.

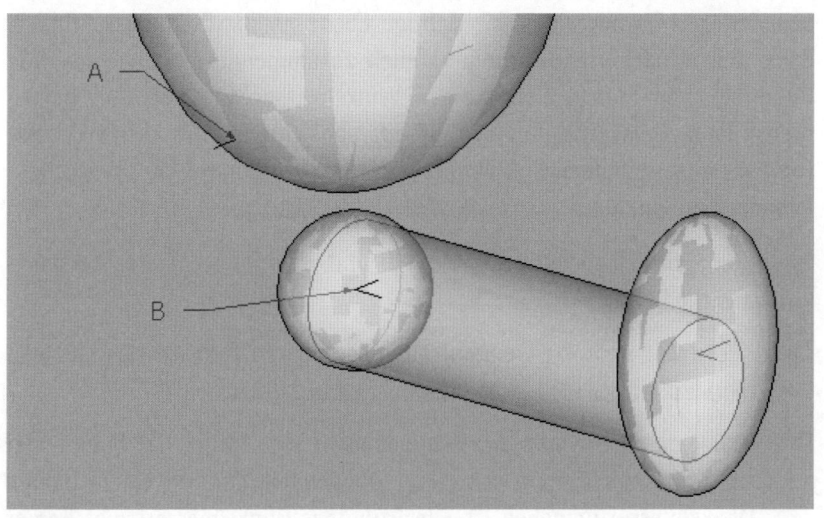

Nun kannst du die Teile deines Teddy mit dem Farbeimerwerkzeug einfärben oder die Oberflächen mit Texturen belegen.

Kapitel 11

Roboter und Gelenkpuppen

Körperhaltungen einstellen

Schon der erste Teddybär, den Margarete Steiff 1903 verkaufte, hatte Gelenke. Arme, Beine und den Kopf konnte man verdrehen und so verschiedene Körperhaltungen einstellen. Auch dein SketchUp-Teddybär ist so konstruiert, dass du die Körperteile leicht verdrehen kannst. Eine Schwierigkeit ist allerdings, die richtige Ebene für die Drehung zu finden, denn dein Modell ist aus runden Teilen zusammengesetzt und an einer Rundung kann man schlecht einen Winkelmesser ansetzen. Am besten drehst du ausschließlich in den Standardansichten OBEN, UNTEN, VORNE, HINTEN. Dann ist immer eine Ebene vorgegeben. So drehst du den rechten Arm nach außen:

- Stelle den Flächenstil RÖNTGEN ein und wähle die Kamera-Standardansicht OBEN.

- Klicke mit dem Pfeil einmal auf den rechten Arm, so dass er blau markiert ist.

- Wähle das Drehwerkzeug (zwei gebogene rote Pfeile). Der Mauszeiger sieht nun aus wie ein schwarzer Doppelpfeil, der von einem *blauen* Winkelmesser umgeben ist. Die Farbe des Winkelmessers gibt immer die Drehachse an. Wenn der Winkelmesser genau waagerecht liegt, ist die Drehachse genau senkrecht (blaue Richtung). Nun kommt der entscheidende Trick: Drücke die ⇧-Taste und halte sie gedrückt. So hält der Winkelmesser seine Lage und bleibt blau, gleichgültig, wohin du

Zusammenfassung

ihn bewegst. Ansonsten passt sich der Winkelmesser der Oberfläche an, auf die er gelegt wird. Und da wir lauter runde Oberflächen haben, ändert er dann ständig seine Lage.

- Bewege den Mauszeiger (bei gedrückter ⇧-Taste) genau auf den Gelenkpunkt des rechten Arms und klicke einmal kurz mit der linken Maustaste. Nun hast du den Drehpunkt bestimmt. Die ⇧-Taste kannst du nun loslassen.

- Klicke irgendwo ein zweites Mal.

- Drehe den Arm mit der Maus nach außen und klicke erneut. Fertig.

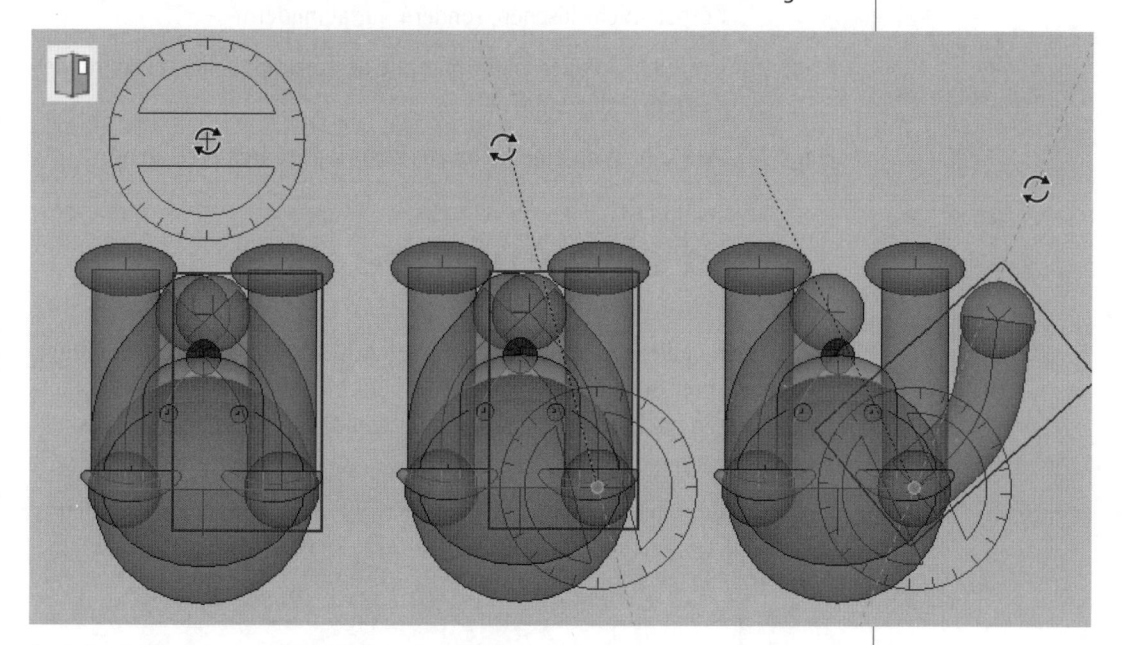

So drehst du den rechten Arm nach außen.

Zusammenfassung

◇ Jedes Teil braucht leicht erkennbare Markierungen der Stellen, an den andere Teile befestigt werden.

◇ Einzelteile sollten möglichst so konstruiert werden, dass man sie nachher ohne vorige Drehung zusammensetzen kann.

◇ Wenn du Teile mit gewölbter Oberfläche drehst, solltest du eine der Standardansichten OBEN, VORNE, HINTEN, RECHTS oder LINKS verwenden. Die Lage des Drehwerkzeugs hältst du mit gedrückter Strg-Taste fest.

Kapitel 11 — Roboter und Gelenkpuppen

◊ Von einer Komponente kannst du mehrere Instanzen erzeugen und unterschiedlich skalieren (vergrößern oder verkleinern), drehen, spiegeln oder einfärben. Die Veränderung dieser Eigenschaften einer Instanz hat keine Auswirkungen auf die Definition der Komponente – solange du die Komponente nicht durch Doppelklick öffnest.

Ein paar Fragen ...

Frage 1: Warum sollte man Markierungslinien auf der Oberfläche eines Körpers nicht löschen, sondern nur abmildern?

Frage 2: In welchen Fällen muss man die versteckten Linien eines runden Körpers einblenden?

Frage 3: Wie kannst du eine Reihe aus zehn Teddybären erzeugen?

... und eine Aufgabe

1. Auf der beiliegenden CD ist das SketchUp-Modell einer Gliederpuppe. Drehe ihre Gliedmaßen und stelle verschiedene Gesten und Körperhaltungen nach: laufend, springend, sitzend, auf etwas zeigend usw.

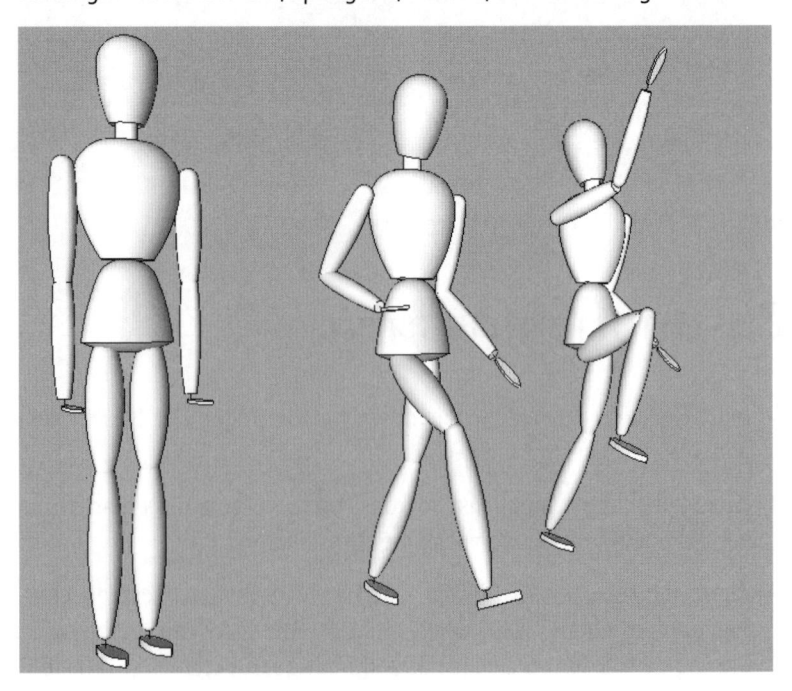

12
Der Hafentempel von Xanten

Vor zweitausend Jahren bauten die Römer in der Nähe des heutigen Xanten direkt an den Rhein die Stadt Colonia Ulpia Traiana. Sie gehörte zu den 150 wichtigsten Städten des römischen Imperiums. Wer damals über den Rhein fuhr, konnte schon von Weitem den Hafentempel sehen. Er ist das Wahrzeichen des Archäologischen Parks, der sich heute auf dem Gelände der römischen Stadt befindet. Dort arbeiten Wissenschaftler, machen Ausgrabungen und erforschen die gefundenen Überreste der römischen Kultur. Unter anderem versuchen sie, römische Gebäude, Kleidung und Gebrauchsgegenstände nachzubilden, zu rekonstruieren. Und genau das machen wir auch in diesem SketchUp-Projekt: Wir rekonstruieren ein antikes Bauwerk, von dem nur noch einige Trümmer erhalten sind. Folgende Punkte spielen eine wichtige Rolle:

- Wie zeichnest du den Grundriss eines Gebäudes auf der Basis eines Satellitenfotos?

- Wie kannst du das Foto einer Seitenansicht für die Entwicklung eines Modells nutzen?

- Wie konstruierst du eine Treppe?

- Wie verwendest du für Gebäudeteile Gruppen und blendest sie während der Konstruktion ein und aus?

Kapitel 12

Der Hafentempel von Xanten

Der Hafentempel

Die Abbildung zeigt das Ziel: ein 3D-Modell des 2000 Jahre alten Hafentempels von Xanten.

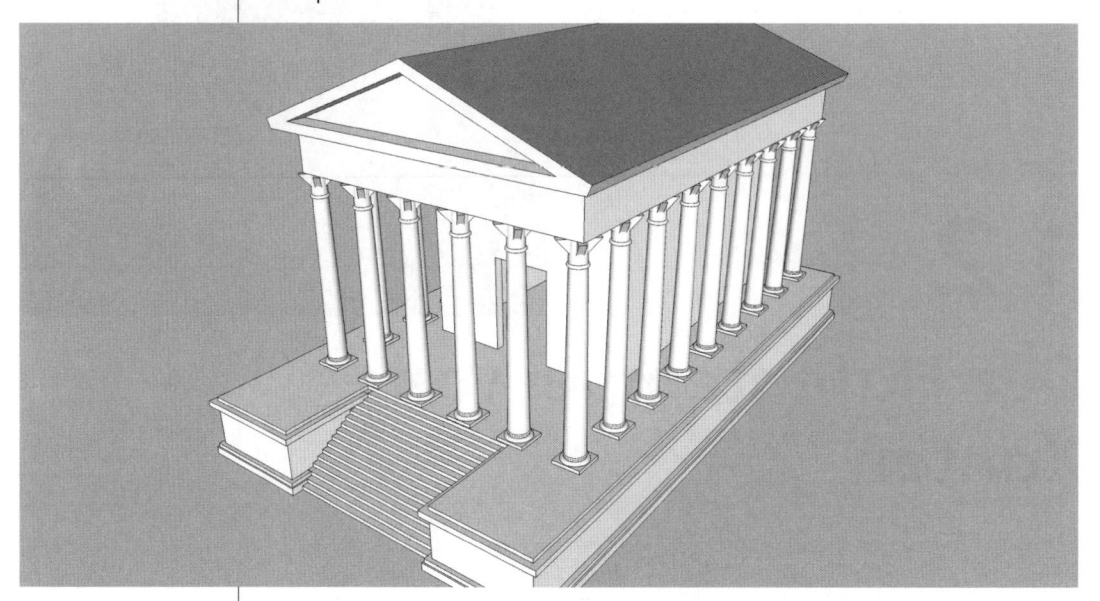

3D-Modell eines römischen Tempels (Hafentempel, Xanten).

Den Sockel, die Treppe und das Dach, die jeweils nur einmal vorkommen, werden wir jeweils als Gruppe anlegen. Für die Säulen konstruieren wir eine einzige Komponente, von der wir mehrere Instanzen erzeugen. Nähere Informationen über den Tempel findest du im Internet auf den Webseiten des Archäologischen Parks (http://www.apx.de).

Der Grundriss

Ein Teil des Tempels ist rekonstruiert worden. Über Google Maps kannst du dir ein Satellitenfoto anschauen. Du erkennst die Umrisse des Sockels, andeutungsweise auch die Treppe, die Säulen und die Grundmauern des Kultraums (Cella) im Innern zwischen den Säulen.

Der Grundriss

Die Grundmauern des Hafentempels von oben.

Dieses Satellitenfoto verwenden wir nun für den Grundriss. Du findest es auch auf der beiliegenden CD. Aber vielleicht möchtest du selbst ein eigenes Satellitenbild erstellen. Das geht so:

- Öffne einen Webbrowser (z. B. Firefox oder Internet Explorer) und besuche die Suchmaschine Google.

- Klicke in der oberen Zeile auf Maps.

- Gib als Suchbegriffe z. B. `Hafentempel` und `Xanten` ein. Starte die Suche, indem du ⏎ drückst.

- In dem Kartenfeld der Google-Maps-Seite sind vier Schaltflächen. Klicke auf die Schaltfläche SATELLIT.

- Wenn du einen guten Bildausschnitt gefunden hast, mache einen Screenshot. Bei vielen Rechnern musst du dazu die Taste Druck betätigen. Der Bildschirminhalt ist nun gespeichert.

- Öffne ein Grafikprogramm, z. B. Paint auf Windows-Rechnern. Dabei wird normalerweise gleich ein neues, leeres Bild-Dokument geöffnet.

- Drücke die Tastenkombination Strg V. Der gespeicherte Screenshot wird in das Dokument eingefügt. Speichere die Bilddatei in deinem Projektordner, in dem sich auch dein SketchUp-Modell befinden soll, z. B. unter dem Namen `hafentempel.jpg` ab.

Kapitel 12

Der Hafentempel von Xanten

Starte nun ein neues SketchUp-Modell und speichere es in deinem Projektordner ab. Als Erstes importierst du die Bilddatei mit dem Screenshot.

- Stelle die Standardansicht OBEN ein. Auf diese Weise wird das Bild auf die waagerechte Ebene durch die rote und grüne Achse gelegt.

- Wähle den Befehl DATEI|IMPORTIEREN. Es öffnet sich eine Dialogbox zum Importieren von Bilddateien.

- Achte darauf, dass rechts die Option ALS BILD VERWENDEN eingestellt ist. Wähle die Bilddatei mit dem Screenshot aus. Um die Verzeichnisse deines Rechners zu durchsuchen, klickst du auf das kleine schwarze Dreieck rechts neben dem Adressfeld. Wenn du die Datei gefunden hast, klickst du auf die Schaltfläche ÖFFNEN.

- Die Dialogbox schließt sich und auf dem Bildschirm siehst du das Bild in einem blauen Kasten. Es »klebt« am Mauszeiger. Mit dem ersten Mausklick (links) legst du die Position der linken unteren Ecke fest. Dann stellst du durch eine Mausbewegung die Größe ein. Mit dem nächsten Mausklick hast du die Größe festgelegt. Das Bild ist nun Teil deines Modells.

- Verschiebe nun das Bild so, dass die linke untere Ecke des Tempel-Grundrisses – an der Seite, wo die Treppe ist – im Ursprung liegt. Drehe das Bild so um den Ursprung, dass die Längsseite des Tempels sich in Richtung der grünen Achse erstreckt.

- Zeichne mit dem Rechteckwerkzeug den Umriss des Tempels, lösche die Innenfläche und zeichne eine waagerechte Linie möglichst genau durch die vordere Säulenreihe (zweites Bild). Es ist wichtig, dass in deinem Grundriss nur rechte Winkel (90°) vorkommen.

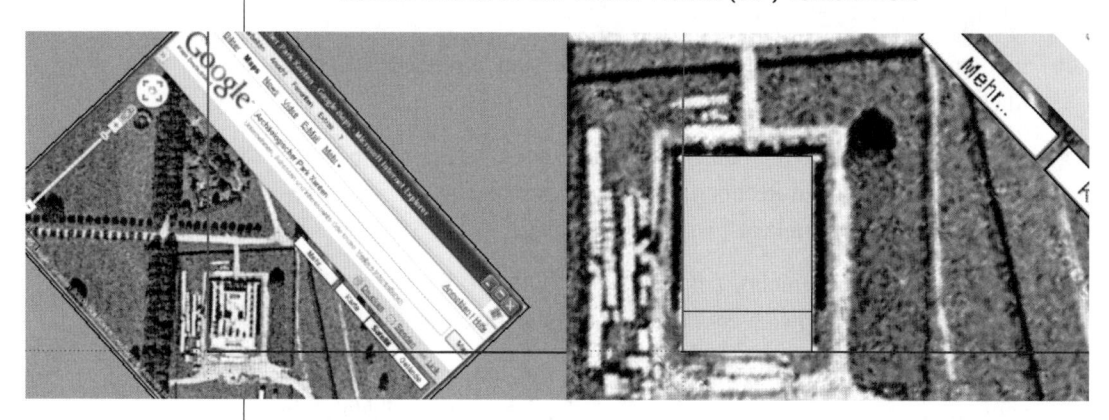

Den Grundriss skalieren

Das Satellitenbild hat nun seine Schuldigkeit getan. Du kannst es löschen.

Als Nächstes musst du den Grundriss skalieren. Momentan hat er eine zufällige Größe. Nun kannst du im Internet nachlesen, dass das Fundament des Tempels 24 Meter breit ist.

➤ Klicke mit dem Maßband auf den linken unteren Eckpunkt des Grundrisses und dann auf den rechten unteren Eckpunkt. Im Wertefeld erscheint die Länge dieser Linie.

➤ Gib über die Tastatur 24m ein und drücke dann ⏎. Es erscheint eine kleine Dialogbox, in der du gefragt wirst, ob du die Größe des Modells ändern willst. Klicke auf die Schaltfläche JA.

Ein Foto von der Frontansicht importieren und anpassen

Für die weiteren Konstruktionen benutzen wir nun ein Foto aus dem Archäologischen Park Xanten. Es zeigt die Teilrekonstruktion des Tempels, die man im Park besichtigen kann, ziemlich genau von vorn. Du findest das Foto auf der beiliegenden CD unter dem Dateinamen hafentempel_front.jpg, aber auch im Internet im Webauftritt des Archäologischen Parks (http://www.apx.de).

Stelle die Ansicht VORNE ein und importiere das Bild. Dann wählst du eine perspektivische Ansicht und schiebst (in grüner Richtung) das Foto hinter die Grundfläche (erstes Bild).

Das importierte Foto ist zwar eine geschlossene Einheit, aber es erscheint nicht in der Gliederung. Prüfe es nach! Damit du es später leichter ein- und ausblenden kannst, solltest du es jetzt in eine Gruppe umwandeln und dieser Gruppe einen Namen geben. Das geht so:

➤ Sorge dafür, dass das Bild ausgewählt und blau markiert ist.

➤ Klicke mit der rechten Maustaste und wähle im Kontextmenü den Befehl IN EINZELTEILE AUFLÖSEN. Der blaue Kasten um das Bild verschwindet.

➤ Markiere mit dem Pfeil das gesamte Bild, klicke mit der rechten Maustaste und wähle den Befehl GRUPPIEREN. Das Bild ist nun wieder von einem blauen Kasten umgeben.

Kapitel 12 — Der Hafentempel von Xanten

> Klicke mit der rechten Maustaste und wähle im Kontextmenü den Befehl ELEMENTINFORMATIONEN. Gib in der Dialogbox einen Namen für diese Gruppe ein (z. B. *Bild*).

Das Foto von der Frontansicht wird hinter den Grundriss gesetzt und dann angepasst.

Für den nächsten Schritt brauchst du etwas Geduld und Geschick. Das Bild muss jetzt an die Grundfläche angepasst werden.

> Stelle im Menü KAMERA die Standardansicht VORNE und die PARALLELE PROJEKTION ein. Nun siehst du zwar das Bild, aber nicht mehr die Grundfläche, weil sie genau parallel zur Blickrichtung liegt.

> Setze im Menü ANSICHT|KANTENSTIL ein Häkchen vor PROFILE. Jetzt siehst du die vordere Linie der Grundfläche ganz dick.

> Verschiebe das Bild so, dass die linke untere Ecke des Sockels genau im Ursprung ist. Dort beginnt ja auch die Grundfläche.

> Drehe das Bild ein wenig so, dass die Unterseite des Sockels auf dem Bild genau waagerecht auf der roten Achse liegt.

> Nun beginnt die Fummelarbeit. Skaliere mit dem Skalierwerkzeug das Bild so (benutze einen Anfasser in einer Ecke zum proportionalen Skalieren), dass der Sockel auf dem Foto genauso breit ist wie die Grundfläche. Zwischendurch musst du das Bild immer wieder verschieben (zweites Bild).

> Wenn das Bild richtig liegt, zeichnest du für den nächsten Konstruktionsschritt eine senkrechte Linie (in der blauen Richtung) am linken Rand der Treppe. Diese Linie endet genau an der Oberkante des Sockels (zweites Bild).

Der Sockel

Das Foto kannst du nun verstecken. Klicke mit der rechten Maustaste und wähle den Befehl AUSBLENDEN.

Mit DRÜCKEN/ZIEHEN erzeugst du aus der Grundfläche einen Quader in der Höhe der senkrechten Linie, die du vorher gezeichnet hast. Mit dieser Linie kannst du den Treppenausschnitt konstruieren (Bild 1). Achte darauf, dass er nicht zu nah an der Querlinie liegt, auf die später die vorderen Säulen gesetzt werden. Lasse mindestens 1,5 Meter Abstand.

Nun konstruierst du das Profil des Sockels.

» Blende das Bild über die Dialogbox FENSTER|GLIEDERUNG wieder ein.

» Stelle die Standardansicht VORNE und die PARALLELE PROJEKTION sowie den Flächenstil RÖNTGEN ein.

» Zeichne mit dem Linienwerkzeug an der linken Kante des Sockels das Profil nach (zweites Bild).

» Nun wechselst du wieder in die perspektivische Darstellung. Markiere die gesamte Oberkante des Sockels und klicke mit dem Folge-mir-Werkzeug auf die kleinen Profilflächen.

» Zum Schluss machst du aus dem Sockel eine Gruppe und gibst ihr (in der Dialogbox FENSTER|ELEMENTINFORMATIONEN) einen Namen (z. B. *Sockel*).

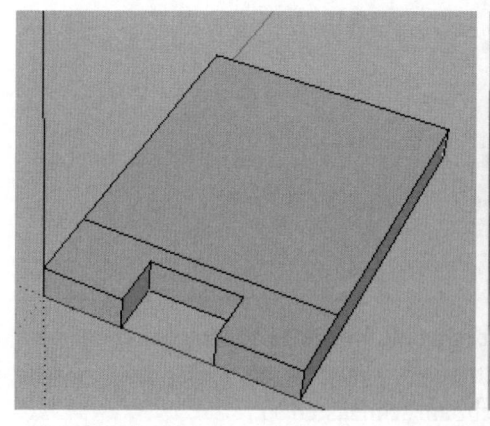

Kapitel | Der Hafentempel von Xanten

12 Die Treppe

Zeichne wie in der Abbildung die Umrisse des Treppenausschnitts nach. Es entsteht eine neue Fläche wie im zweiten Bild. Wichtig ist, dass diese Fläche nicht Teil der Sockel-Gruppe ist. Sie liegt außerhalb. Aus dieser Fläche konstruierst du nun die Treppe. Sie wird später an den Rändern den Sockel teilweise durchdringen. So brauchst du nicht mühsam die Stufen einzupassen.

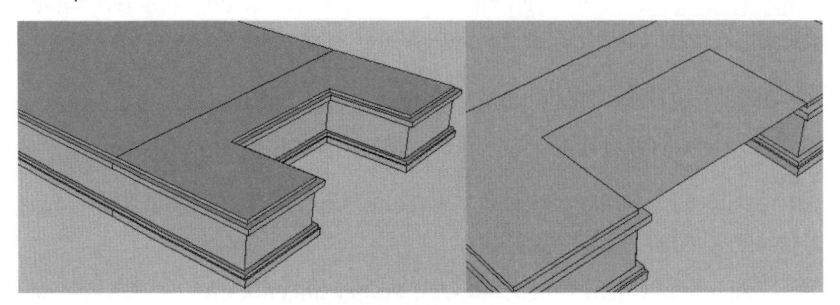

Im Röntgenmodus zeichnest du vom vorderen linken Eckpunkt aus eine senkrechte Linie (blaue Richtung) exakt nach unten bis auf den Grund des Sockels (erstes Bild) und dann noch eine Diagonale wie im zweiten Bild. Lösche die neu entstandene dreieckige Fläche. Die Sockelgruppe kannst du jetzt ausblenden.

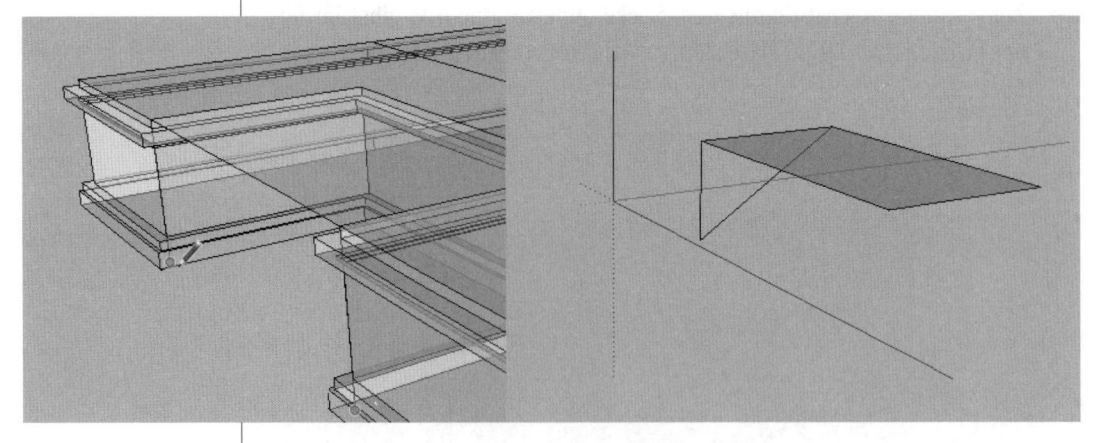

Wenn ich richtig gezählt habe, besitzt die Treppe 16 Stufen. Die werden wir jetzt auf raffinierte Weise konstruieren. Zunächst unterteilst du die Fläche in 16 gleiche Abschnitte. Das geht am schnellsten so:

≫ Markiere mit dem Pfeil die vordere Kante der Fläche.

≫ Wähle das Werkzeug VERSCHIEBEN/KOPIEREN und drücke einmal die [Strg]-Taste. Neben dem Mauszeiger ist ein Plus und der Kopiermodus ist eingeschaltet.

Die Treppe

- Klicke auf den linken Endpunkt der Vorderkante und klicke dann exakt auf den linken Endpunkt der Hinterkante der Fläche.

- Gib über die Tastatur /16 ein und drücke ⏎. Es entstehen 16 Linien auf der Fläche (wobei die letzte genau auf der Flächenkante liegt) wie im zweiten Bild. Man sagt auch: Es wurde ein *Array* aus 16 Linien gebildet.

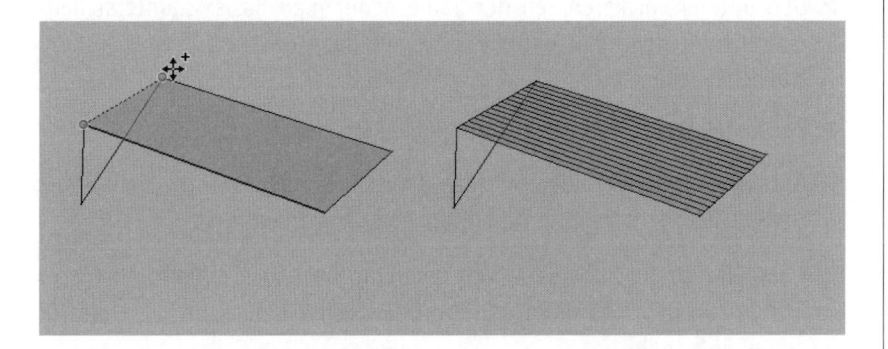

Ein Array ist eine gleichmäßige Anordnung von Elementen eines Typs.

Mit DRÜCKEN/ZIEHEN kannst du nun leicht die Stufen erzeugen. Beginne vorne und drücke die erste Stufe ganz nach unten. Beachte beim Drücken Folgendes:

- Klicke einmal die Stufenfläche an.

- Klicke dann mit dem Mauszeiger den Schnittpunkt der weiter unten liegenden Stufe mit der seitlichen Diagonalen an. Den Schnittpunkt kannst du leicht erkennen. Es erscheint nämlich ein kleines rotes Kreuz, wenn du mit dem Mauszeiger in seine Nähe kommst.

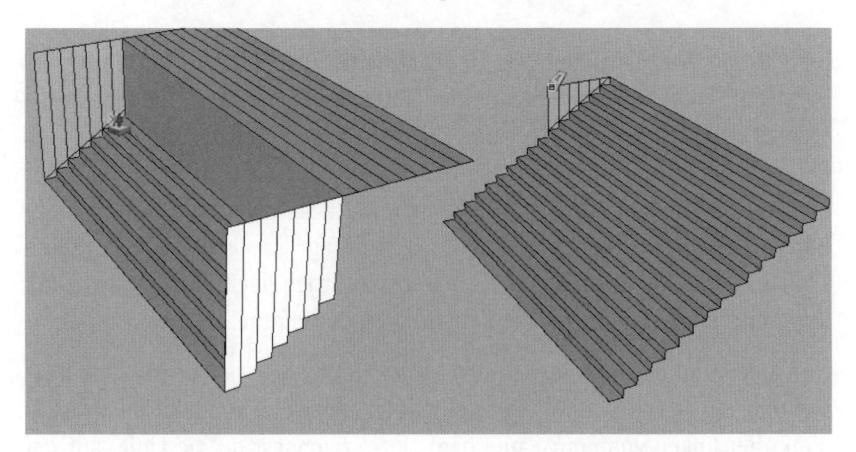

Zum Schluss machst du aus der fertigen Treppe eine Gruppe. Gib dieser Gruppe in der Dialogbox FENSTER|ELEMENTINFORMATIONEN den Namen *Treppe*.

Kapitel 12

Der Hafentempel von Xanten

Die korinthischen Säulen

26 korinthische Säulen tragen das Dach des Tempels. An den Schmalseiten siehst du sechs Säulen und an den Längsseiten jeweils neun. Eine antike Säule besteht aus drei Teilen:

◇ Den unteren, dickeren Teil der Säule nennt man Basis. Zuunterst liegt eine quadratische Platte, die Plinthe, die das Gewicht auf eine größere Fläche verteilen soll.

◇ Der lange gerade Teil mit kreisrundem Querschnitt heißt Schaft.

◇ Auf dem Schaft befindet sich das Kapitell. Bei der korinthischen Säule sieht es aus, als ob steinerne Blätter herausragen würden.

Wir werden nun die linke Säule auf dem Foto nachkonstruieren. Als Erstes verschiebst du das Foto entlang der grünen Achse genau auf die Linie für die erste Säulenreihe.

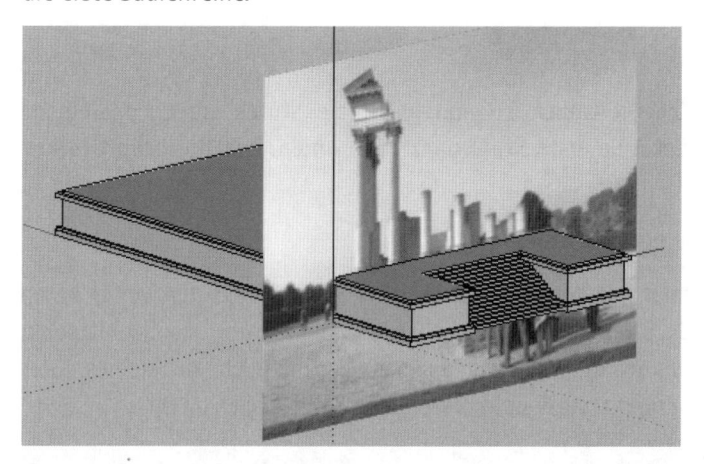

Blende den Sockel wieder aus und betrachte dein Modell von vorne bei paralleler Projektion. Zeichne von der Mitte der Säulenbasis aus eine senkrechte Linie nach oben bis zum Dach. In dieser Perspektive kannst du übrigens die Plinthe (quadratische Bodenplatte) der Säule nicht sehen. Aber auf anderen Bildern kann man erkennen, dass sie denselben Durchmesser hat wie der untere Wulst der Säule. Zeichne am linken Rand des unteren Wulstes der Säule einen kleinen senkrechten Strich nach oben (erstes Bild). Ihn brauchen wir gleich für die Konstruktion der Plinthe.

Nun kannst du das Bild wieder ausblenden. Stelle eine perspektivische Darstellung ein (zweites Bild). Du weißt jetzt, an welcher Stelle der Mittelpunkt der linken vorderen Säule liegt. Jetzt zeichnest du die Linie, auf der später alle Säulen angeordnet werden.

Die korinthischen Säulen

- Öffne durch einen Doppelklick die Sockel-Gruppe zur Bearbeitung. Es erscheint eine Box aus grauen, gestrichelten Linien.
- Markiere mit dem Pfeil bei gedrückter ⌈Strg⌉-Taste drei Kanten der Oberseite des Sockels.
- Zeichne eine Versatzlinie, die durch den Mittelpunkt der Säule (am Fuße des langen senkrechten Striches) geht (zweites Bild). Dann verlässt du wieder die Gruppe, indem du mit dem Pfeil außerhalb der Gruppe irgendwohin klickst.

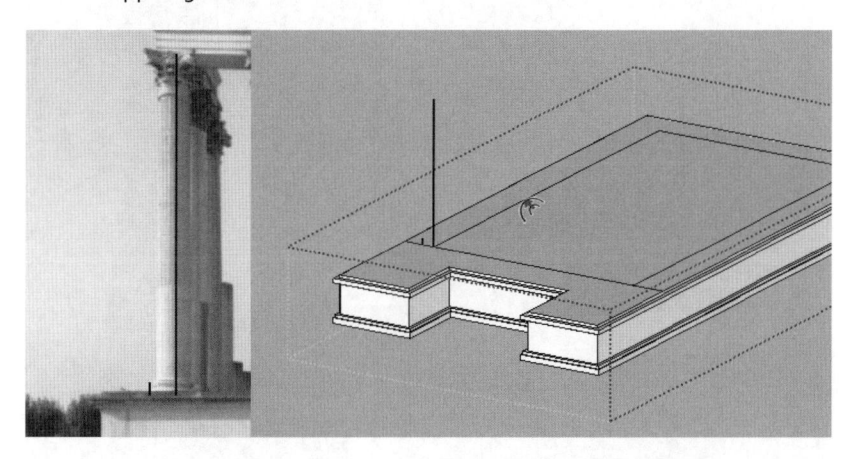

Das nächste Bild zeigt dir, wie du die Plinthe konstruierst. Wähle das Vieleckwerkzeug und gib über die Tastatur 4 ↵ ein. Damit stellst du die Seitenzahl des Vielecks ein. Klicke zuerst auf den Mittelpunkt der Säule und dann auf den Fuß des kleinen senkrechten Strichs. Es entsteht ein Quadrat wie im ersten Bild. Durch seine Ecken zeichnest du ein äußeres Quadrat. Verwende Ableitungen! Lösche die inneren Linien und mache mit DRÜCKEN/ZIEHEN einen flachen Quader.

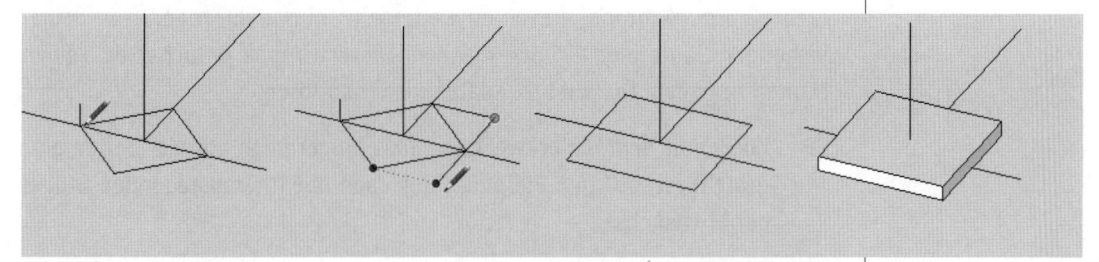

Den restlichen Teil der Basis und den Schaft entwickelst du durch eine Extrusion um die Mittelachse der Säule, die du ja schon gezeichnet hast.

Blende das Foto wieder ein und verschiebe es ein ganz kleines Stückchen so nach oben (blaue Richtung), dass der untere Wulst der Säulenbasis auf der Plinthe liegt (erstes Bild). Dann zeichnest du mit dem Bogen und dem Linienwerkzeug das Profil der Säule nach. Wichtig, dass du bei den ersten

Kapitel 12 — Der Hafentempel von Xanten

Linien in einer perspektivischen Ansicht bleibst, damit du auch wirklich auf dem Foto zeichnest und nicht in einer anderen Ebene. Nach den ersten Linien kannst du in die Ansicht VORNE und PARALLELE PROJEKTION wechseln (zweites Bild). Die Profilfläche schließt du oben mit einer waagerechten Linie (rote Richtung) zur Mittelachse ab. Es entsteht eine Fläche.

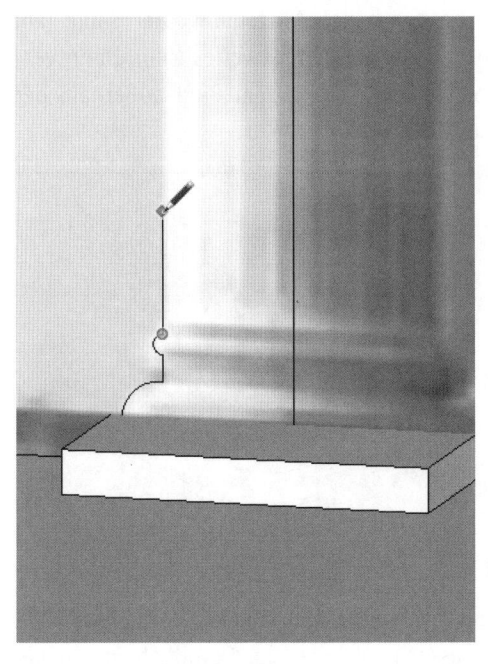

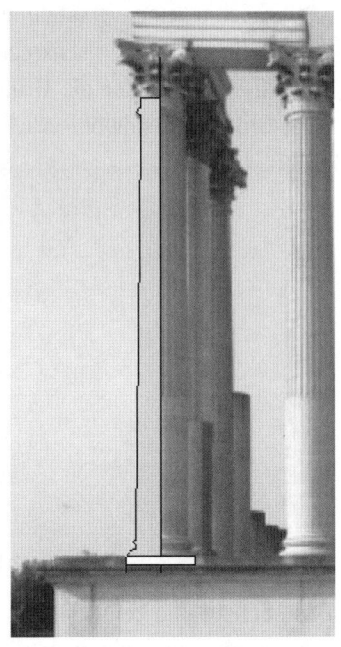

Nun blendest du das Bild und den Sockel aus. Klicke mit dem Kreiswerkzeug auf die Spitze der Mittelachse und zeichne einen waagerechten Kreis (blau). Den benutzt du als Führungsspur für die Extrusion der Profilfläche (zweites Bild).

Nun bleibt noch das Kapitell. Wir modellieren es durch eine stark vereinfachte Form. Achtung! Bevor es weitergeht, musst du zuerst aus deiner bisherigen Säule eine Gruppe machen. Dieser Gruppe brauchst du keinen Namen zu geben. Du wirst sie später wieder auflösen.

- Klicke mit dem Vieleckwerkzeug (das immer noch auf vier Seiten eingestellt ist) auf den Fußpunkt des nach oben herausragenden Stücks der Mittelachse.

- Bewege den Mauszeiger in Richtung der roten Achse, bis ein kleines Quadrat entstanden ist. Es muss deutlich innerhalb der kreisförmigen Oberfläche der Säule liegen.

- Mit DRÜCKEN/ZIEHEN ziehst du das Quadrat zu einem Prisma nach oben – exakt bis zum oberen Endpunkt der Mittelachse.

Die korinthischen Säulen

> Auf dieses Prisma setzt du wie im dritten Bild mit dem Vieleckwerkzeug ein größeres Quadrat. Während du das Quadrat aufziehst, musst du den Stift in der roten Richtung bewegen. Lösche die Innenfläche des großen Quadrats.

> Wähle DRÜCKEN/ZIEHEN und drücke die [Strg]-Taste. Ziehe an allen vier Seiten des quadratischen Prismas einen Quader heraus, der bis zur Kante des großen Quadrats geht (letztes Bild). Warum musst du die [Strg]-Taste drücken? Durch die [Strg]-Taste bestimmst du, dass beim Ziehen eine neue Anfangsfläche entsteht. (Probiere aus, was passiert, wenn du sie nicht drückst!)

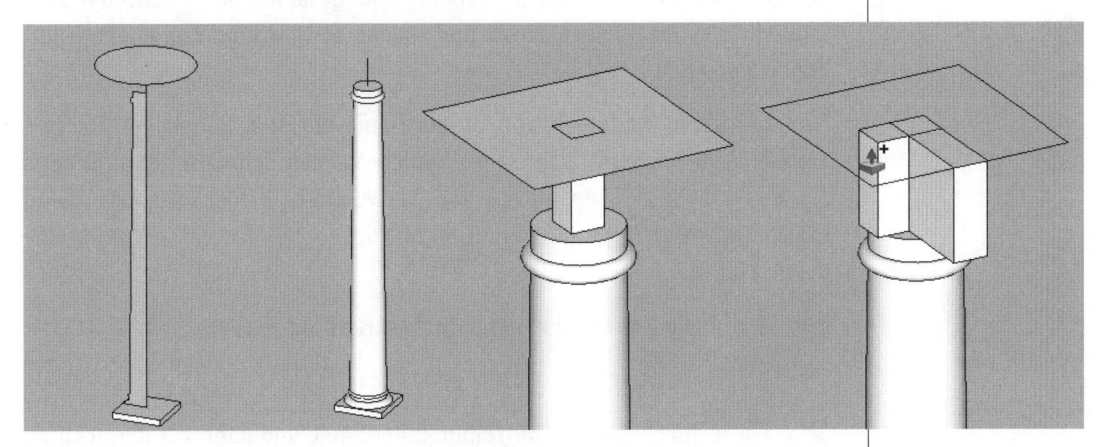

Aus den vier Quadern, die seitlich herausragen, machst du nun durch Verschieben von Kanten dreieckige Prismen. Das geht so:

> Klicke mit dem Pfeil die vordere untere Kante eines Quaders an und markiere sie.

> Klicke mit VERSCHIEBEN/KOPIEREN einen Eckpunkt der markierten Kante an und klicke dann auf den passenden Eckpunkt im Innern der Säule (erstes Bild).

Die Form, die du gerade konstruiert hast, liegt außerhalb der Gruppe für die Säule. Und das ist gut so. Denn auf diese Weise ist die Kreisfläche auf der Säule noch unverändert. Öffne durch einen Doppelklick mit dem Pfeil die Säulengruppe. Mit DRÜCKEN/ZIEHEN ziehst du die Fläche zu einem Zylinder nach oben – bis zum Ende der Mittelachse. Die seitlich herausragenden Dreiecksprismen werden nun teilweise durch den neuen Zylinder eingehüllt.

Kapitel 12

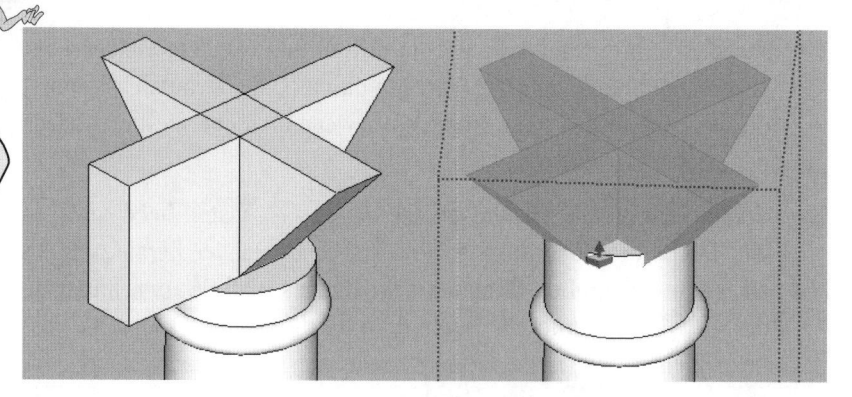

Der Hafentempel von Xanten

Verlasse wieder die Gruppe, markiere die gesamte Säule einschließlich Kapitell mit dem Pfeilwerkzeug und mache aus ihr eine Komponente mit dem Namen *Säule*.

Nun kannst du weitere Instanzen der Säule auf dem Sockel des Tempels verteilen. Du erinnerst dich: sechs Säulen auf den Schmalseiten und neun Säulen auf den Längsseiten. Du verwendest wieder das Werkzeug VERSCHIEBEN/KOPIEREN in Kombination mit der [Strg]-Taste. Die Vorderreihe machst du so:

≫ Wähle die Ansicht OBEN und die PARALLELE PROJEKTION.

≫ Wähle VERSCHIEBEN/KOPIEREN und drücke [Strg].

≫ Klicke zuerst auf den Mittelpunkt der Säule und dann auf den rechten Eckpunkt der Versatzlinie, die du für die Säulen angelegt hast.

≫ Gib über die Tastatur /5 [↵] ein. Es entsteht eine Anordnung wie im zweiten Bild.

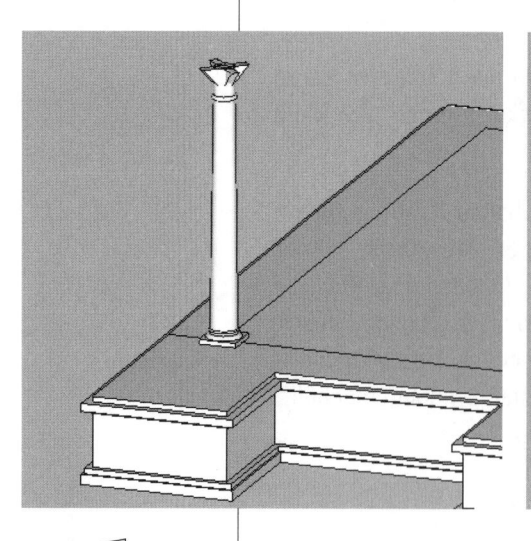

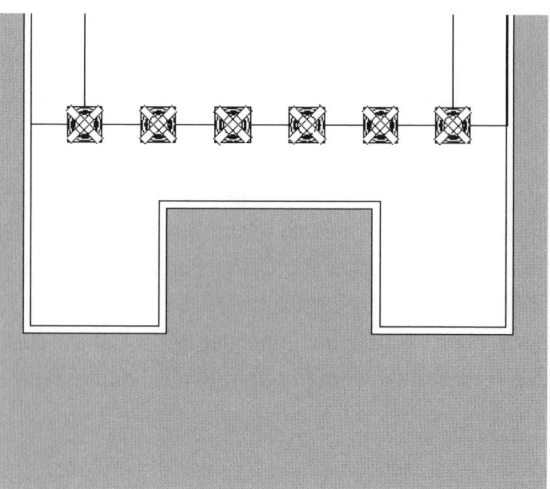

Das Tempeldach

Das Tempeldach

Zur Orientierung für die Konstruktion des Dachs blendest du wieder das Foto ein. Auf die Ebene des Fotos zeichnest du den Querschnitt des Dachs. Du beginnst mit einem Rechteck. Du zeichnest es nicht mit dem Rechteckwerkzeug, sondern Linie für Linie mit dem Stift. Wichtig ist, dass alle Linien exakt auf der Ebene des Fotos liegen müssen. Wenn die Linien nicht auf einer Ebene liegen, entsteht später keine Fläche. Deshalb beginnst du die Zeichnung an dem oberen linken Eckpunkt des Rechtecks (Punkt A auf dem linken Bild). Dass der Stift auf der Oberfläche des Fotos ist, erkennst du an Form und Farbe des Zeichenpunktes neben dem Stift. Er muss aussehen wie ein violettes Karo. Beachte auch die Farbe der Spur, die der Stift hinter sich herzieht. Sie muss bei den senkrechten Linien blau und bei den waagerechten Linien rot sein.

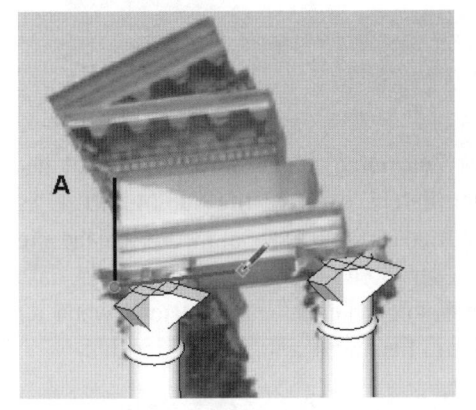

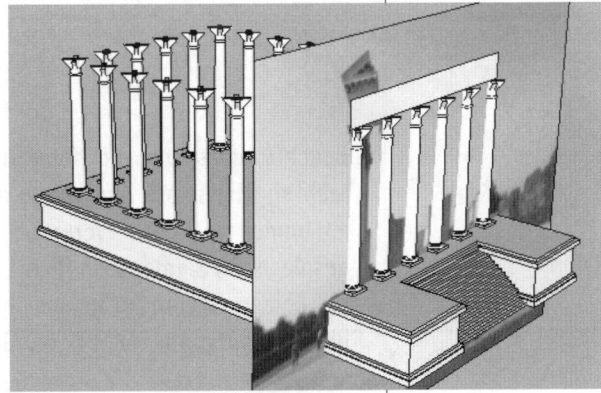

Nun wechselst du in die Standardansicht VORNE bei paralleler Projektion. Weil das Dach nach vorne über die Säulen hinausragt, musst du die Linien des Giebels parallel nach unten versetzt nachzeichnen. Die Linie, die schräg nach oben geht, machst du so lang, dass sie über die Mitte des Tempels hinausgeht.

Kapitel 12

Der Hafentempel von Xanten

Das Dach des Tempels ist vollkommen symmetrisch zur senkrechten Ebene, die von vorne nach hinten durch den Dachfirst geht. Das heißt, die rechte Hälfte des Daches ist ein Spiegelbild der linken Hälfte. Diese Eigenschaft nutzen wir jetzt aus.

- Zuerst blendest du das Foto und alle anderen Teile des Tempels aus. Ziehe mit dem Pfeil *von rechts* eine gestrichelte Auswahlbox wie im oberen rechten Bild. Alle Teile, die die Auswahlbox berühren, werden ausgewählt. Klicke mit der rechten Maustaste und wähle im Kontextmenü den Befehl AUSBLENDEN.

- Markiere mit dem Pfeil die gesamte Zeichnung und kopiere sie in Richtung der roten Achse nach rechts.

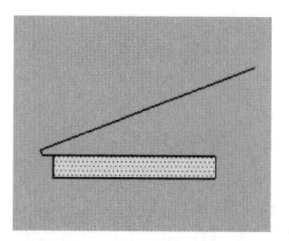

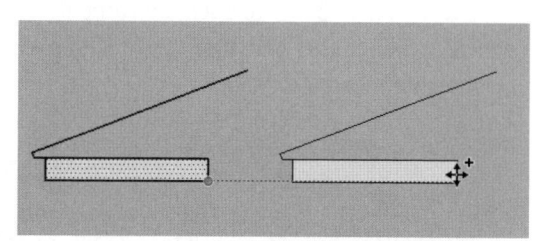

Beachte, dass nun die Kopie der Zeichnung markiert ist. Klicke mit der rechten Maustaste und wähle den Befehl SPIEGELN ENTLANG|ROTE ACHSE. Es ist immer noch das Werkzeug VERSCHIEBEN|KOPIEREN aktiv. Verschiebe die gespiegelten Elemente in Richtung der roten Achse so weit nach links, dass die beiden Rechtecke genau übereinander liegen. Das ist leicht, wenn du die Zeichnung an einem Eckpunkt des Rechtecks anfasst (rechtes Bild).

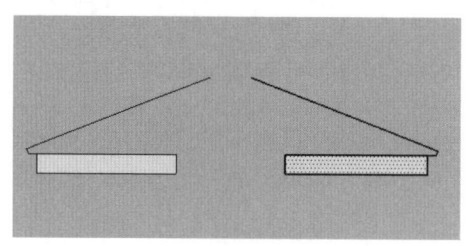

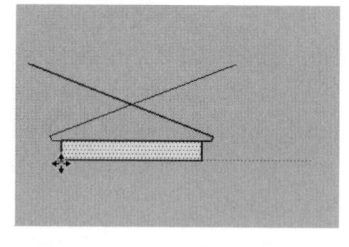

Nanu, über dem Rechteck ist keine Flächenfüllung zu sehen, obwohl sich die beiden schrägen Linien geschnitten haben. Du musst ein bisschen nachhelfen. Zeichne mit dem Stift eine der Kanten nach. Dann entsteht die neue Fläche. Mit dem Stift zeichnest du in das Innere der Giebelfläche ein Dreieck (erstes Bild).

Du wechselst nun in eine perspektivische Darstellung, blendest die Säulen wieder ein und formst mit DRÜCKEN/ZIEHEN das Dach (zweites Bild). Ein Tipp: Wenn du das erste Mal eine Fläche zu einem Körper herausziehst, drückst du die `Strg`-Taste, damit eine neue Grenzfläche entsteht.

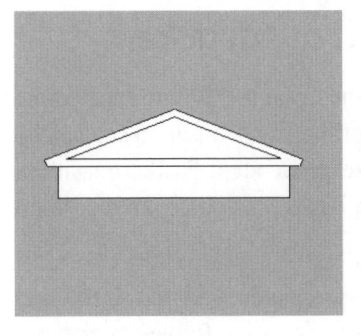

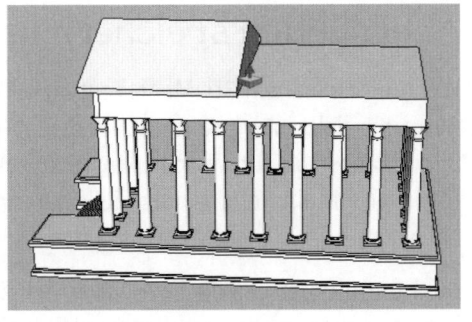

Das Modell vervollständigen und nachbearbeiten

Den Rest des Hafentempels kannst du sicher alleine konstruieren. Es fehlt eigentlich nur noch der Kultraum im Innern, die Cella.

Vielleicht ist dir aufgefallen, dass die Treppe in einem Punkt noch nicht der Wirklichkeit entspricht: Im Hafentempel reicht die Treppe bis an die quadratischen Grundplatten (Plinthen) der Säulen, im Modell nicht. Das kannst du aber in zwei Schritten nachträglich ändern:

» Blende die Treppe aus und öffne die Sockel-Gruppe. Schiebe mit DRÜCKEN/ZIEHEN die oberste Fläche des Treppenausschnitts nach hinten bis an die Plinthen der Säulen (linkes Bild). Auch einige darunter liegende Flächen muss du nach hinten verschieben.

» Blende die Treppe ein und stelle den Röntgen-Modus ein. Mit dem Skalierwerkzeug vergrößerst du die Treppengruppe in Richtung der grünen Achse, bis sie den vergrößerten Treppenausschnitt wieder genau ausfüllt. (Verwende den Anfasser in der Mitte der Hinterseite der Treppe.)

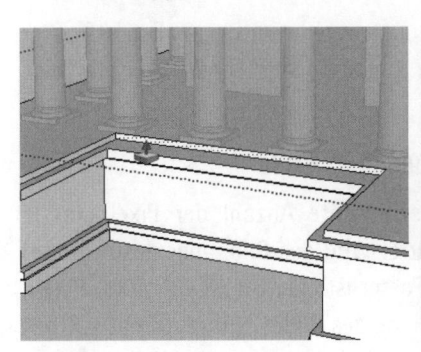

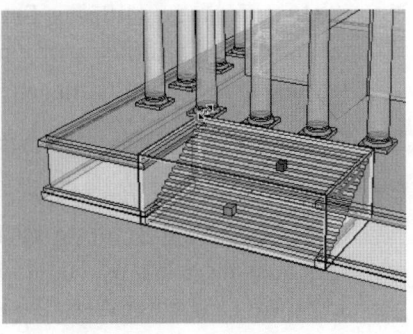

Nachbearbeitung des Sockels und Skalierung der Treppe in Richtung der grünen Achse.

Kapitel 12

Der Hafentempel von Xanten

Abbildungen speichern und ausdrucken

Wenn du einmal ein 3D-Modell entwickelt hast, kannst du mit ganz wenig Aufwand viele interessante 2D-Bilder anfertigen und ausdrucken. Solche Bilder kannst du für verschiedenste Zwecke verwenden: Postkarten, Illustrationen für ein Referat oder vielleicht ein Poster, das du dir an die Wand hängst.

Du kannst unterschiedliche Blickwinkel ausprobieren und mit Licht und Schatten experimentieren. Das Modell bleibt wie es ist. Du veränderst nur die Ansicht. Wenn du zufrieden bist, wählst du in der Menüleiste den Befehl DATEI|EXPORTIEREN|2D-GRAFIK. Damit erzeugst du von der augenblicklichen Ansicht deines Modells auf dem Bildschirm ein digitales Foto.

Es öffnet sich ein Fenster, in dem du ein Verzeichnis, einen Dateinamen und ein Dateiformat für das Bild (z. B. png) festlegst.

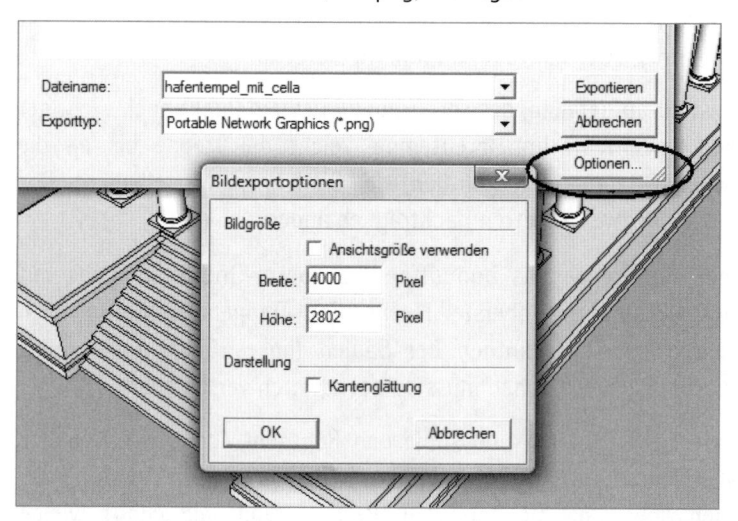

Und so kannst du die Auflösung des Bildes – das heißt die Anzahl der Bildpunkte – einstellen:

> Klicke auf die Schaltfläche OPTIONEN rechts unten im Exportfenster (eingekreist). Es öffnet sich ein kleines neues Fenster für die Einstellung der Bildexportoptionen.

> Entferne den Haken vor *Ansichtsgröße verwenden*.

> Trage in das Feld *Breite* die gewünschte Anzahl der Pixel ein. Je größer diese Zahl ist, desto schärfer wird das Bild, aber desto größer wird auch die Bilddatei. Für ein Poster ist eine Breite von 4000 Pixeln schon ein ganz guter Wert. Die Höhe des Bildes wird automatisch berechnet.

Zusammenfassung

Wenn alles fertig eingestellt ist, klickst du in dem kleineren Fenster *Bildexportoptionen* auf OK und dann im größeren Fenster auf die Schaltfläche EXPORTIEREN. Dann wird das Bild aus den 3D-Modelldaten berechnet und gespeichert.

Deine gespeicherten 2D-Bilder kannst du mit einem Grafikprogramm (z. B. Microsoft Paint) öffnen und ausdrucken.

Zusammenfassung

◇ Mit dem Befehl DATEI|IMPORTIEREN kannst du eine Bilddatei (z. B. mit einem Satellitenfoto) in dein SketchUp-Projekt einbauen. Vorher solltest du eine geeignete Standardansicht (z. B. OBEN für das Satellitenfoto) einstellen.

◇ 16 Treppenstufen kannst du so konstruieren: Zeichne eine waagerechte Fläche mit der Länge und Breite der Treppe. Kopiere die Vorderkante und schiebe die Kopie auf die Hinterkante der Fläche. Gib über die Tastatur /16 ⏎ ein und erzeuge so ein Array von Linien auf der Fläche. Schiebe jedes der 16 Flächenelemente ein Stück nach unten.

◇ Eine korinthische Säule besteht aus Basis, Schaft und Kapitell.

◇ Komplizierte Formen – wie ein korinthisches Kapitell – muss man manchmal durch einfache Formen nachbilden. Ein Modell ist immer eine Vereinfachung.

◇ Eine symmetrische Form (z. B. Querschnitt des Tempeldachs) kann man so konstruieren: Zeichne eine Hälfte der Form, kopiere sie, spiegele die Kopie und führe die beiden Hälften zusammen.

Ein paar Fragen ...

Frage 1: Wir haben das Modell des Tempels teilweise nach einem Foto konstruiert. Welche Ungenauigkeiten treten bei diesem Verfahren auf?

Frage 2: Warum haben wir aus dem Modell der korinthischen Säule eine *Komponente* und nicht eine Gruppe gemacht?

Frage 3: Welche Aufgabe hat die Plinthe einer korinthischen Säule?

Frage 4: Mit welchem Werkzeug machst du in einer einzigen Aktion aus einem Quader ein dreieckiges Prisma?

Kapitel 12

Der Hafentempel von Xanten

... und eine Aufgabe

1. Zwischen den Säulen des Tempels befindet sich der Kultraum (Cella). Darin stand ein Podium mit einer Skulptur der (heute unbekannten) Gottheit, der der Tempel gewidmet war. Die folgende Abbildung zeigt Ausschnitte aus einer Bauzeichnung. Konstruiere mit diesen Angaben ein 3D-Modell der Cella.

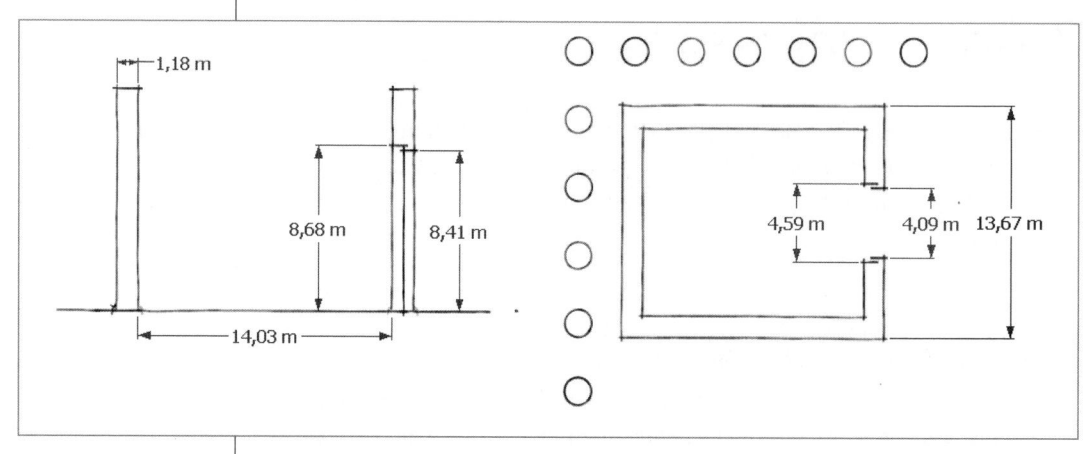

Skizze zum Aufbau der Cela des Hafentempels. Links: Seitenansicht. Rechts: Grundriss.

13
Eine Burg rekonstruieren

Man schätzt, dass im deutschen Sprachraum etwa 20.000 mittelalterliche Burgen angelegt worden sind. Von den meisten existieren heute nur noch Ruinen. Bestimmt gibt es auch in der Nähe deines Wohnortes Reste einer Burg. Vielleicht hast du dich schon einmal gefragt, wie denn das Gebäude früher einmal ausgesehen hat, als es noch vollständig erhalten war. In diesem Abschnitt rekonstruieren wir eine kleine Burg als SketchUp-Modell. Als Grundlage verwenden wir Bilder vom Grundriss, Fotos von Einzelheiten und Zeichnungen von Archäologen. Solche Dokumente findest du auch zu den Burgen in deiner Gegend. Frage einfach im örtlichen Museum nach.

Folgende Punkte spielen in diesem Kapitel eine wichtige Rolle:

◉ Wie kannst du Fotos, Zeichnungen und Längenangaben für die Entwicklung eines Modells nutzen?

◉ Wie modelliert man unebenes Gelände?

◉ Wie fügst du in einen runden Turm Fenster, Schießscharten und Türen ein?

◉ Wie verwendest du für Gebäudeteile Gruppen, gibst ihnen Namen und blendest sie während der Konstruktion ein und aus?

Kapitel 13

Eine Burg rekonstruieren

Burg Hardenstein

In Witten an der Ruhr befinden sich die Ruinen der kleinen Wasserburg Hardenstein. Das Hauptgebäude wurde im 14. Jahrhundert errichtet. Heute stehen nur noch ein Teil der Wehrtürme und Reste der Grundmauern. Für das 3D-Modell verwende ich Abbildungen, die mir der Verein Burgfreunde Hardenstein e. V. (Witten) zur Verfügung gestellt hat. Alle Bilddateien sind auf der beiliegenden CD. Du findest sie aber auch im Internet.

Rekonstruktion der Burg Hardenstein (Witten) nach einer Studie der Burgfreunde Hardenstein e. V.

Wir konstruieren die Burg aus mehreren Teilen, für die wir Gruppen bilden: die Türme, das Hauptgebäude, den Südostflügel, die Schildmauer mit Wehrgang, die Brücken und das Gelände.

Wenn du ein aufwändiges Modellierungsprojekt planst, solltest du dir überlegen, welchen Verwendungszweck das Modell später hat. Willst du mit dem Modell Abbildungen erzeugen, die die Burg aus verschiedenen Blickwinkeln zeigen? Oder einen Rundflug um die Burg mit einem Hubschrauber simulieren? In diesem Fall reicht es, die Außenansicht zu modellieren. Oder willst du einen Film drehen, der einen Rundgang durch die Räume der Burg zeigt? Dann wird das Modell komplizierter. Denn du musst auch die Innenwände, Türen und Fußböden konstruieren. In diesem Abschnitt beschränken wir uns auf die Außenansicht.

Das Modell soll so einfach wie möglich werden. Manche Dinge lasse ich weg. Du kannst sie später immer noch hinzufügen, wenn du mehr Wirklichkeitsnähe haben möchtest. Die wichtigste Vereinfachung ist, dass ich alle

Grundriss und Südwestturm

Mauern mit *rechten Winkeln* konstruiere. In Wirklichkeit sind sie bei einer mittelalterlichen Burg meist krumm und schief. Aber rechte Winkel machen das Konstruieren mit SketchUp erheblich einfacher. Später kann man außerdem immer noch alle Eckpunkte verschieben und die Formen des Modells dem Original stärker angleichen.

Grundriss und Südwestturm

Zuerst importierst du eine Bilddatei mit dem Grundriss der Burg und skalierst sie.

- Stelle die Standardansicht OBEN und PARALLELE PROJEKTION ein.

- Importiere von der CD die Bilddatei grundriss_erdgeschoss.jpg (DATEI|IMPORTIEREN).

- Mache aus dem Bild eine Gruppe: Markiere mit dem Pfeil das Bild, löse es in Einzelteile auf und gruppiere anschließend das Bild. In der Dialogbox FENSTER|ELEMENTINFORMATIONEN gibst du der Gruppe den Namen Grundriss.

> Gruppennamen sind bei diesem Projekt besonders wichtig. Sie erleichtern es dir, mit der Dialogbox FENSTER|GLIEDERUNG Modellteile ein- und auszublenden.

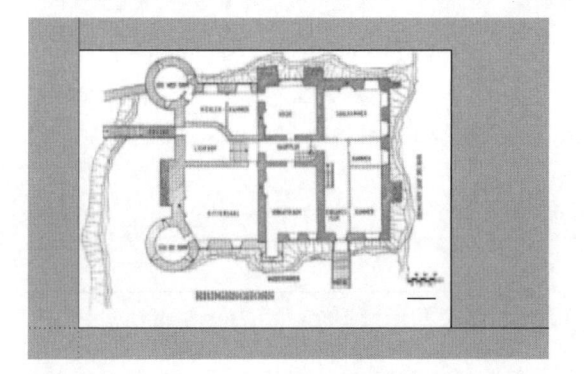

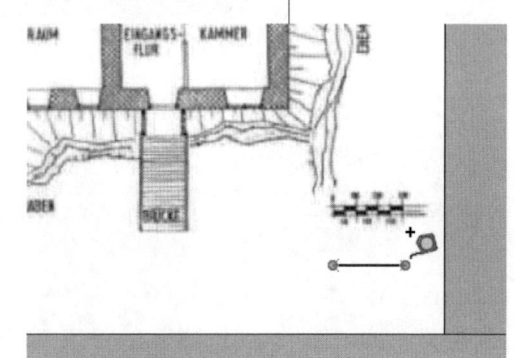

Nun skalierst du mit dem Maßbandwerkzeug den Grundriss. Auf dem Grundriss ist rechts unten ein kleiner Maßstab zu sehen. Seine Länge entspricht genau drei Metern. Leider kannst du nicht direkt das Bild zum Skalieren deines Modells verwenden. Zeichne deshalb auf das Bild eine Linie, die genauso lang wie der Maßstab ist. Klicke mit dem Maßband zuerst auf den linken und dann auf den rechten Endpunkt dieser Linie und gib über die Tastatur die Länge ein: 3m ↵. SketchUp fragt zur Sicherheit

Kapitel 13 — Eine Burg rekonstruieren

nach, ob du das Modell neu skalieren möchtest. Klicke auf die Schaltfläche JA.

Zeichne so genau wie möglich mit dem Kreiswerkzeug die Grundfläche des Südwestturms nach. Kopiere den Kreis und ziehe die Kopie in der roten Richtung auf die Grundfläche des zweiten Turms. Mit dem Rechteckwerkzeug zeichnest du, so gut es geht, die Grundfläche des Hauptgebäudes nach. Es wird nicht genau passen. Aber das macht nichts. Modellieren heißt Vereinfachen.

Wechsle in eine perspektivische Darstellung und ziehe mit DRÜCKEN/ZIEHEN die drei Flächen ein Stück nach oben. Diese drei Körper wirst du nun benutzen, um jetzt ein Bild zu skalieren, das die Burg von der Seite zeigt.

Wähle die Ansicht LINKS und importiere die Datei mit der Südansicht der Burg. Schiebe das Bild rechts neben den Grundriss (siehe Abbildung). Dann machst du aus dem Bild eine Gruppe mit dem Namen *Südansicht*.

Wähle die Ansicht LINKS und PARALLELE PROJEKTION. Stelle den Röntgenmodus ein, damit die Flächen durchscheinen. Verschiebe das Bild in Richtung der blauen und grünen Achse und skaliere es proportional, bis es genau zu den Turmstümpfen passt (zweites Bild). Um proportional (in alle Richtungen gleichmäßig) zu skalieren, musst du einen Anfasser nehmen, der auf einer Ecke der Skalierbox sitzt.

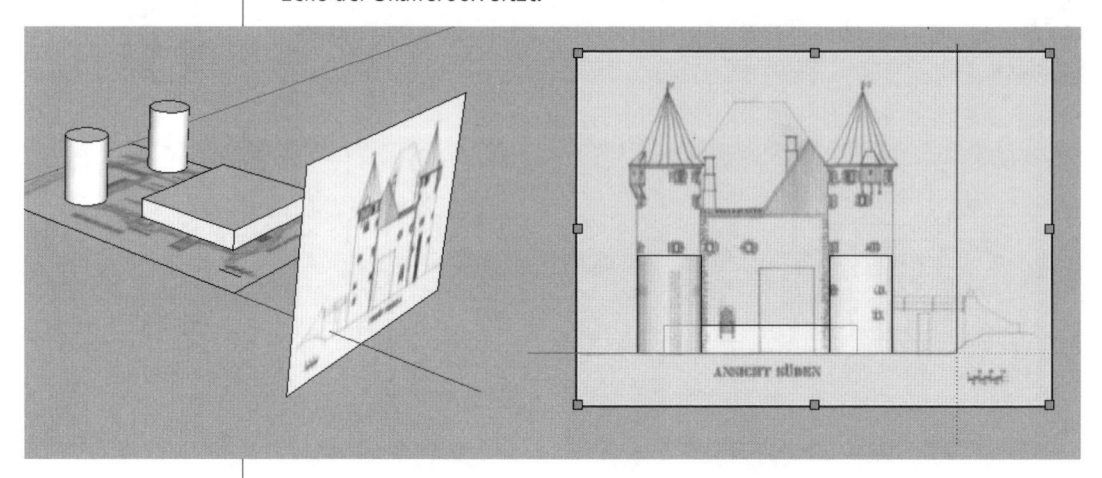

Den Stumpf des rechten Turms kannst du wieder löschen. Er wurde nur zum Skalieren gebraucht. Nun entwickelst du aus dem linken Zylinder den Südwestturm.

Grundriss und Südwestturm

Der Südwestturm

Im ersten Schritt ziehst du einen Zylinder hoch, der aus mehreren Abschnitten besteht. Dazu zeichnest du mit dem Linienwerkzeug auf das Bild mit der Südansicht einige kleine Striche, die die Abschnitte markieren: (1) Oberkante des Turms, (2) Traufe (untere, breiteste Stelle des Dachs), (3) die Stelle, an der der Dachkegel etwas eingeschnürt ist, (4) Dachspitze.

Wähle nun das Werkzeug DRÜCKEN/ZIEHEN. Mit den Strichen kannst du ganz leicht und präzise die Zylinderabschnitte formen. Du gehst jedes Mal so vor:

- Drücke die Strg -Taste.
- Klicke auf die Zylinderoberfläche.
- Klicke auf den zugehörigen Strich. Die Oberseite des Zylinders springt in die richtige Höhe.

Aus dem obersten Zylinderabschnitt formst du einen Kegel. Du verkleinerst die obere Kreisfläche auf einen Punkt (mittleres Bild). Das geht so:

Sorge dafür, dass kein Element deines Modells markiert ist. Wähle das Werkzeug VERSCHIEBEN/KOPIEREN. Der Mauszeiger sieht nun aus wie ein Kreuz aus Doppelpfeilen.

Berühre mit dem Mauszeiger den oberen Kreis des Zylinders. Der Kreis ist nun wahrscheinlich blau markiert. Wenn du jetzt mit der linken Maustaste klicken würdest, würdest du den gesamten Kreis verschieben. Aber das willst du nicht. Gehe mit dem Mauszeiger die Kreislinie entlang. Der kleine Punkt neben dem Mauszeiger springt von Endpunkt zu Endpunkt der Kreissegmente. (Du erinnerst dich: Bei SketchUp ist ein Kreis nicht wirklich rund, sondern ist aus geraden Liniensegmenten zusammengesetzt.) Irgendwann verschwindet die blaue Markierung des Kreises. Dann hast du mit dem Mauszeiger einen Endpunkt erreicht, der vom Kreismittelpunkt aus in Richtung einer Koordinatenachse liegt. Jetzt klickst du mit der linken Maustaste. Bewege den Mauszeiger, bis der Kreis zu einem Punkt geschrumpft ist. Klicke dann ein zweites Mal. Fertig.

Die anderen Kreislinien des Turms veränderst du durch proportionales Skalieren um den Mittelpunkt (rechtes Bild):

- Wähle die Ansicht LINKS, die PARALLELE PROJEKTION und den Flächenstil RÖNTGEN.
- Klicke mit dem Auswahlwerkzeug (Pfeil) auf die Kreislinie, die du skalieren willst.

Kapitel 13 — Eine Burg rekonstruieren

> Wähle das Skalierwerkzeug und halte die ⌈Strg⌉-Taste gedrückt, damit du um den Mittelpunkt skalierst.

> Bewege den Mauszeiger nach rechts oder links, bis die Größe zum Bild der Südansicht im Hintergrund passt.

Mache aus dem Turm eine Gruppe. Diesmal lohnt es sich nicht, der Gruppe einen Namen zu geben, weil wir sie später wieder auflösen müssen.

Wechsle in die Ansicht LINKS und PARALLELE PROJEKTION und ziehe eine Kopie der Turm-Gruppe in (grüner Richtung) auf die Position des zweiten Turms.

Beide Türme kannst du nun wieder ausblenden, damit sie bei der weiteren Modellierung nicht stören.

Das Hauptgebäude

Das Hauptgebäude

Blende die Südansicht aus und stelle die Standardansicht RECHTS ein. Für die Modellierung des Hauptgebäudes importierst du das Bild mit der Nordansicht, machst es zu einer Gruppe und passt es an das Modell an – so wie du es mit der Südansicht gemacht hast. Auf das Bild zeichnest du mit dem Linienwerkzeug einige Striche, die markante Stellen markieren: (1) Höhe der Stützmauern, (2) Oberkante der Mauer, (3) Traufe, (4) Abschnitte des Schornsteins, (5) Dachfirst.

Ein Tipp: Dicht zusammen liegende Linien sollten unterschiedliche Längen haben. Dann kannst du sie später leichter treffen.

Mit DRÜCKEN/ZIEHEN ziehst du den Quader des Hauptgebäudes auf Höhe 2 hoch (erstes Bild). Du gehst genauso vor wie im letzten Abschnitt, als du den Zylinder für den Turm konstruiert hast.

Drücke die ⌈Strg⌉-Taste (neue Anfangsfläche) und ziehe die Fläche ein kleines Stückchen bis zur Höhe der Traufe hoch.

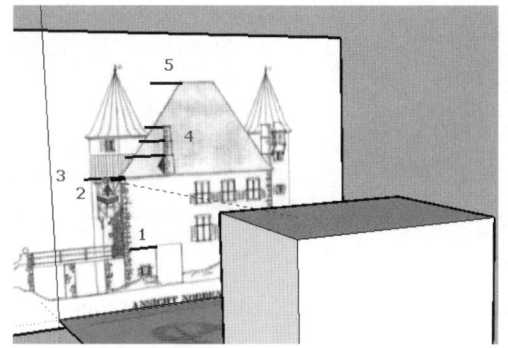

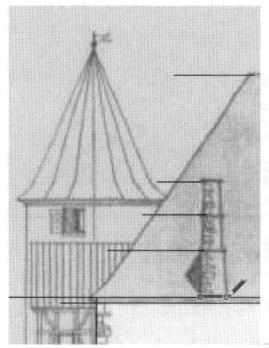

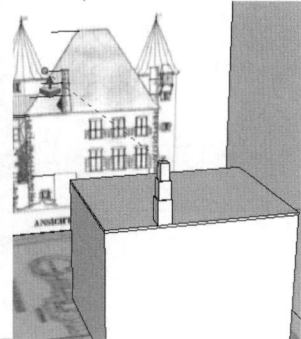

Als Nächstes modellierst du den Schornstein. Wechsle wieder in die Ansicht LINKS und ziehe auf der vorderen Oberkante des Quaders genau dort eine waagerechte Linie, wo der Schornstein das Dach berührt (mittleres Bild). Mit dieser Linie zeichnest du auf die Oberseite des Quaders ein Quadrat für die Grundfläche des Schornsteins.

Mit DRÜCKEN/ZIEHEN ziehst du das Quadrat zu einem neuen Quader hoch. Verwende die passende Hilfslinie auf dem Bild, um die richtige Höhe zu finden. Achtung! Neben dem Mauszeiger des Drücken/Ziehen-Werkzeugs muss ein Pluszeichen stehen. Wenn nicht, drückst du die ⌈Strg⌉-Taste. Es ist ganz wichtig, dass der Schornstein eine eigene Grundfläche hat, die ihn vom Quader des Gebäudes trennt.

Kapitel 13

Eine Burg rekonstruieren

Mit dem Versatzwerkzeug zeichnest du auf der Oberseite der ersten Schornsteinstufe ein etwas kleineres Quadrat (Abstand vom Rand 0,1 m). Ziehe es mit DRÜCKEN/ZIEHEN zur zweiten Stufe hoch. Und so weiter. Zum Schluss markierst du den Schornstein und machst ihn zu einer Gruppe. Er muss von dem Rest des Gebäudes getrennt sein, weil wir gleich das Dach konstruieren, aus dem der Schornstein herausragt.

Vorher kannst du noch schnell die beiden Stützmauern konstruieren. Zeichne auf dem Grundriss Rechtecke und ziehe sie zu Quadern bis zur Hilfslinie 1 hoch (linkes Bild). Verschiebe dann mit VERSCHIEBEN/KOPIEREN die Oberkante nach hinten (zweites Bild unten).

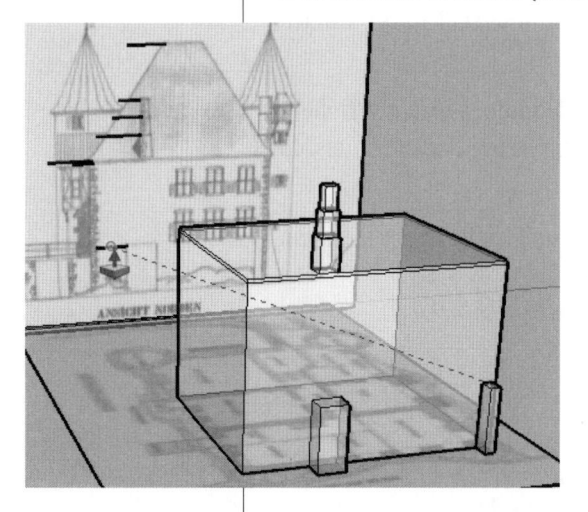

Das Dach

Nun konstruieren wir das Dach. Es ragt an allen Seiten ein bisschen über die Mauern.

Der Schornstein stört. Schiebe ihn einfach in grüner Richtung vom Dach.

Klicke mit dem Skalierwerkzeug auf die obere Fläche des Gebäudequaders. Es entsteht ein Skalierrahmen mit acht giftgrünen Würfeln (Anfasser). Wähle einen Anfasser an einer Ecke, drücke die Strg -Taste und halte sie gedrückt und ziehe die Fläche ein Stückchen auseinander. So skalierst du proportional um den Mittelpunkt der Fläche. Im Wertefeld wird der Skalierfaktor angezeigt. Er sollte etwa 1,02 bis 1,04 betragen.

Zeichne von Mittelpunkt zu Mittelpunkt der Seitenkanten eine Linie quer über die Oberseite des Daches (linkes Bild). Markiere diese Linie und ziehe sie in blauer Richtung nach oben. Tipp: Fixiere die Verschieberichtung mit der ⇧ -Taste und verwende die Hilfslinie auf dem Bild mit der Nordansicht (rechtes Bild).

Das Hauptgebäude

Wähle die Ansicht RECHTS und verschiebe die Eckpunkte der Dachfirst-Linie in grüner Richtung so zur Mitte hin, dass die Ansicht mit dem Hintergrundbild übereinstimmt. Dann kannst du den Schornstein wieder auf seine korrekte Position verschieben.

Die Fenster in der Nordansicht

An der Burg Hardenstein gibt es verschiedene Fenstertypen, von denen jeweils mehrere Exemplare vorkommen. Für jeden Fenstertyp konstruierst du eine Komponente, von der du später mehrere Instanzen erzeugst. Das Fenster wird am besten direkt auf einem Bild entwickelt und dann erst an die richtige Position verschoben. Wie du dabei vorgehst, erkläre ich nun ausführlich am Beispiel der Fenster des Hauptgebäudes, die man auf der Nordansicht sehen kann.

> Versuche nicht, die Umrisse des Fensters exakt von der Vorlage abzuzeichnen. Nimm die Vorlage zur Orientierung, aber *konstruiere* das Fenster selbst. Verwende auf geschickte Weise die Werkzeuge RECHTECK und VERSATZ, damit deine Konstruktion rechte Winkel hat und symmetrisch ist.

Kapitel 13

Eine Burg rekonstruieren

> Wähle die Standardansicht RECHTS und die PARALLELE PROJEKTION.

> Konstruiere den Fensterrahmen (erstes Bild). Verwende die Werkzeuge RECHTECK, VERSATZ und BOGEN.

> Zeichne jeweils von Mittelpunkt zu Mittelpunkt der Kanten des inneren Rechtecks eine Linie, wodurch ein Kreuz entsteht.

> Mit dem Versatzwerkzeug zeichnest du die Fensterscheiben (mittleres Bild). Den Versatzabstand kannst du auch über die Tastatur eingeben (z. B. 8 cm). Lösche dann das Kreuz in der Mitte.

> Mit DRÜCKEN/ZIEHEN ziehst du die äußeren und inneren Rahmen ein Stück nach vorne in die dritte Dimension (rechtes Bild).

> Mache aus dem Fenster eine Komponente und gib ihr einen Namen (z. B. *großes Fenster oben*)

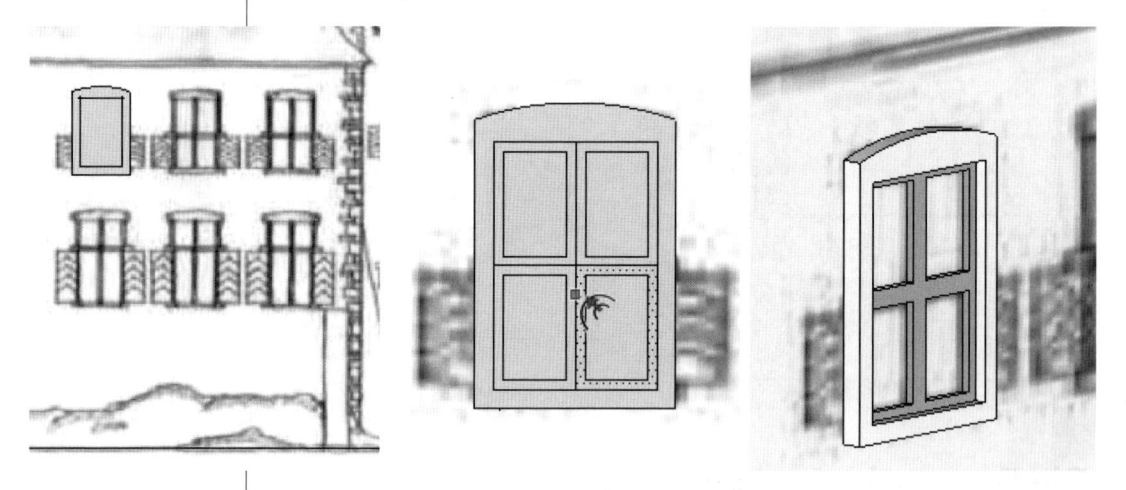

In der gleichen Weise konstruierst du eine Komponente für das untere Fenster. (Oder verwende einfach den ersten Fenstertyp auch für die unteren Fenster.)

Von den beiden Komponenten ist ja bereits jeweils eine Instanz auf dem Foto in deinem Modell. Diese markierst du (linkes Bild) und verschiebst sie exakt in der roten Richtung auf die Wand des Hauptgebäudes (rechtes Bild). Für das Verschieben stellst du am besten die Ansicht VORNE und PARALLELE PROJEKTION ein. Die Fenster sollten ein bisschen in die Wand eindringen – so ist es auch in der Wirklichkeit.

Das Hauptgebäude

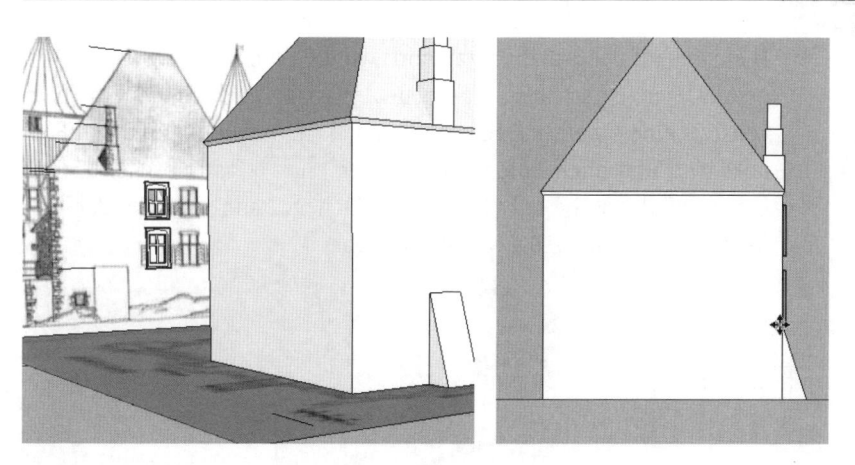

Nanu! Das Fensterkreuz kann man nicht mehr sehen. Es ist nun von der Hauswand bedeckt. Dieses Problem werden wir später lösen.

Wähle VERSCHIEBEN/KOPIEREN und drücke einmal die [Strg]-Taste, so dass ein Pluszeichen neben dem Mauszeiger zu sehen ist (Kopiermodus). Kopiere die Instanzen der Fenster so, dass du nun zwei Reihen aus jeweils drei Fenstern hast.

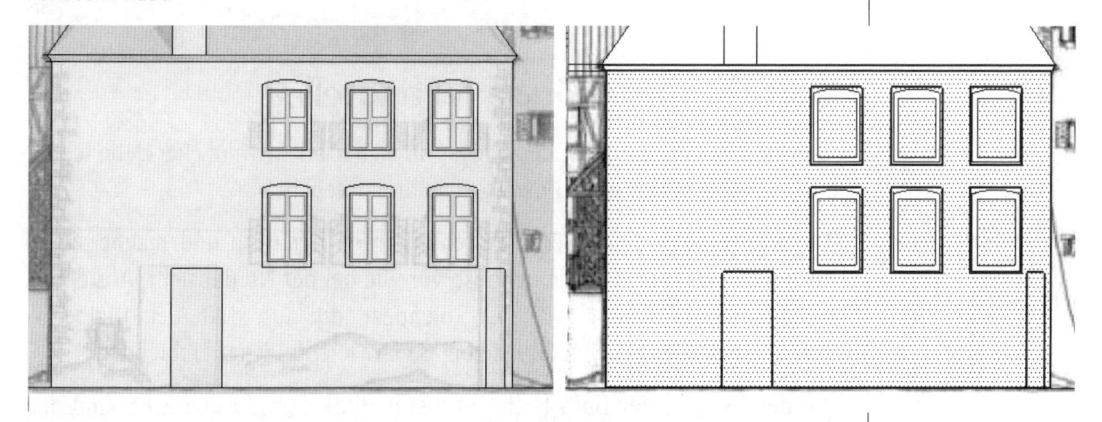

Fenster in der Wand des Hauptgebäudes, links im Röntgenmodus und rechts in normaler Ansicht. Die Fensterkreuze werden durch die Wandfläche verdeckt.

Jetzt sorgst du dafür, dass man die Fensterkreuze wieder sehen kann. Dazu musst du die Fenster-Instanzen mit der Wand des Hauptgebäudes verschneiden.

> Sorge dafür, dass das Hauptgebäude keine Gruppe ist, sonst klappt das Verschneiden nicht. (Der Schornstein soll aber eine Gruppe bleiben.)

> Markiere mit dem Auswahlwerkzeug (Pfeil) die Fenster und (zumindest) die Wand des Hauptgebäudes, auf der sie sich befinden.

> Klicke mit der rechten Maustaste und wähle im Kontextmenü den Befehl VERSCHNEIDEN|AUSWAHL VERSCHNEIDEN.

Kapitel 13

Eine Burg rekonstruieren

Nun sind auf der Wand überall dort, wo die Wand ein Fenster berührt, neue Linien entstanden. Das bedeutet, dass auch im Innern jedes Fensters eine separate Fläche entstanden ist, die du nun mit dem Pfeil anklicken und dann durch Drücken der `Entf`-Taste löschen kannst (erstes Bild). Lösche alle diese Innenflächen. Dann sind die (dahinter liegenden) Fensterkreuze wieder sichtbar.

Das Hauptgebäude fertigstellen

Den Rest des Hauptgebäudes kriegst du sicher alleine hin. Hier gebe ich dir nur ein paar allgemeine Hinweise, wie du vorgehst.

Importiere auch die anderen Seitenansichten der Burg und mache sie zu Gruppen mit Namen. Gehe genauso vor wie bei der Nordansicht. Ansichten, die du gerade nicht brauchst, blendest du aus. Mit der Dialogbox FENSTER|GLIEDERUNG kannst du sie bei Bedarf leicht wieder einblenden.

An der Ostseite der Burg (siehe nächstes Bild) lässt du den Erker und den Eingang, zu dem eine Brücke führt, weg. Beides werden wir später als gesonderte Gruppen konstruieren.

Das Hauptgebäude

Fertige vom Schornstein zwei Kopien an und verschiebe sie an die richtigen Positionen auf dem Dach des Hauptgebäudes. Dafür ist es hilfreich, wenn du ein oder zwei Dachflächen ausblendest. Wenn du eine Dachfläche, die du gerade ausgeblendet hast, wieder einblenden willst, verwendest du am besten den Befehl BEARBEITEN|EINBLENDEN|LETZTE.

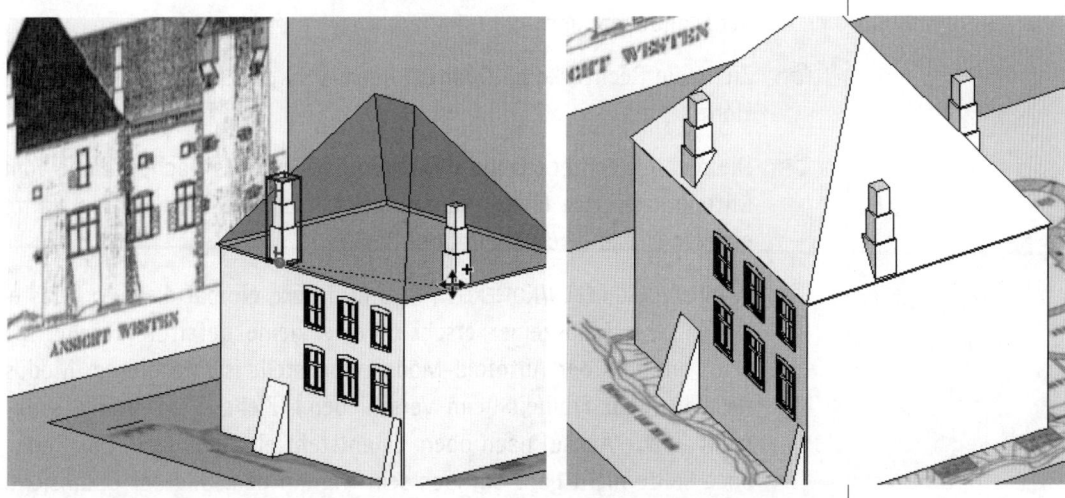

Zum Schluss fasst du das Hauptgebäude als Gruppe zusammen. Gib ihr einen Namen (z. B. *Hauptgebäude*), damit du sie in der Gliederung leicht finden kannst.

Kapitel Eine Burg rekonstruieren

13

Der Südostflügel

Da wir nur die Außenansicht der Burg modellieren, können wir das Mauerwerk des Nebengebäudes – des Südostflügels – als einfachen Quader konstruieren. Auf dem Grundriss sieht es komplizierter aus. Doch die innen liegenden Mauern interessieren uns nicht. Später durchdringen sich die Gebäudeteile und die Vereinfachungen im Innern sieht man nicht.

- Blende alle Teile, die du jetzt nicht brauchst, aus und stelle die Ansicht OBEN und PARALLELE PROJEKTION ein.

- Zeichne wie im ersten Bild Rechtecke auf den Grundriss. Achte darauf, dass die Grundfläche des Südostflügels groß genug ist. Zwischen dem Südostflügel und dem Hauptgebäude darf auf keinen Fall eine Lücke entstehen. (Eventuell blendest du das Hauptgebäude noch einmal kurz ein.)

- Blende die Ostansicht ein und zeichne eine Hilfslinie ein, die die Höhe der Wände markiert.

- Ziehe die Rechtecke zu Quadern hoch. Verwende die Hilfslinie für die Höhe.

- Die rechte Rechteckfläche ist die Grundfläche des Daches. Ziehe vom Mittelpunkt ihrer linken Kante zum Mittelpunkt der rechten Kante eine Linie. Das wird der First des Daches.

- Wähle VERSCHIEBEN/KOPIEREN (M) und drücke einmal die Alt-Taste. Neben dem Mauszeiger erscheint eine kleine gefaltete Fläche. Sie zeigt an, dass der Autofold-Modus eingestellt ist. (In diesem Modus hast du mehr Freiheit beim Verschieben.). Ziehe die Firstlinie senkrecht (blaue Achse) nach oben. Es entsteht ein Spitzdach. Das Spitzdach sollte nicht ganz so hoch sein wie auf dem Bild der Ostansicht. Später werden wir die genaue Dachform noch nachkorrigieren, damit sie zum Hauptgebäude passt.

- Konstruiere die Fenster.

- Blende das Hauptgebäude ein. Verschiebe den rechten Eckpunkt des Firstes des Südostflügels exakt nach rechts in die rote Richtung, bis er die Dachfläche des Hauptgebäudes berührt oder sogar durchdringt (rechtes Bild).

- Mache aus dem Südostflügel eine Gruppe.

Die Schildmauer

Du hast es vielleicht schon bemerkt. Der Übergang zwischen beiden Dächern ist leider nicht ganz sauber. Das Nebengebäude wurde erst Jahrhunderte nach dem Hauptgebäude errichtet. Und man weiß leider nicht so ganz genau, wie die beiden Dächer verbunden waren. Direkt am Übergang sitzt außerdem noch ein Erker, der zum Teil die zusammenstoßenden Dächer abdeckt. Am besten korrigierst du den First des Südostflügels erst später (durch Verschieben), wenn du diesen Erker konstruiert hast.

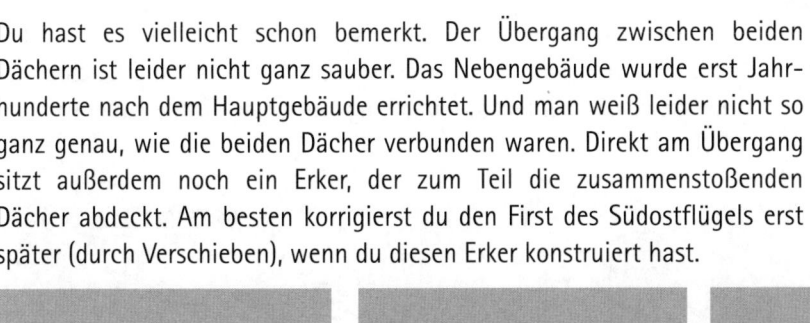

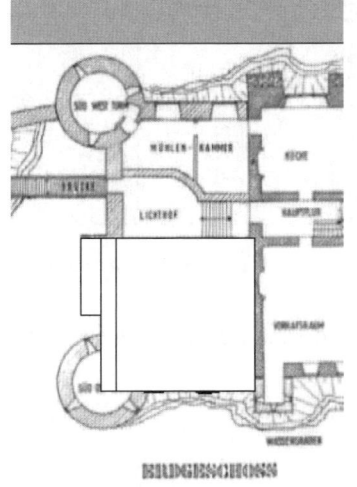

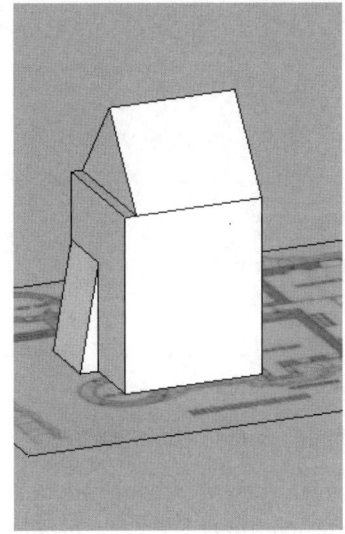

Die Schildmauer

Zwischen den Wehrtürmen und den Gebäuden befinden sich hohe Mauern, die die gesamte Anlage von der Umgebung abschirmen. Wir konstruieren diese Schildmauer als L-förmige Einheit, die den Südwestturm durchdringt. Das ist am einfachsten.

> Zeichne von oben auf den Grundriss die L-förmige Grundfläche der Schildmauer. Sie sollte sicherheitshalber mit den Grundflächen des Hauptgebäudes und des Südostflügels überlappen, damit auf keinen Fall Lücken entstehen (linkes Bild auf der Folgeseite).

> Blende das Bild mit der Südansicht ein und ziehe die Grundfläche zur Mauer hoch (mittleres Bild).

> Auf dieser Seite sind keine Fenster mit Rahmen, sondern oben nur zwei Öffnungen (Schießfenster), durch die früher die Burg mit Armbrust und Hakenbüchse verteidigt wurde. Unten ist ein Eingang, der

Kapitel 13 — Eine Burg rekonstruieren

über eine Brücke erreicht wurde. Wähle die Standardansicht LINKS, stelle den transparenten Flächenstil ein (RÖNTGEN) und zeichne die Umrisse von Schießfenstern und Eingang auf die Schildmauer (rechtes Bild).

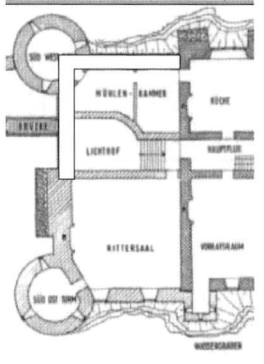

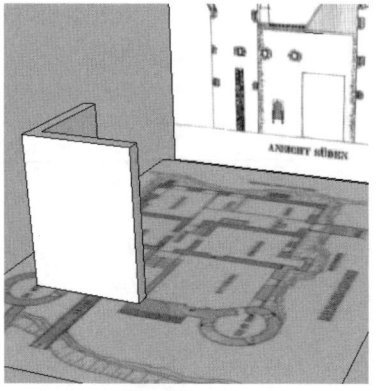

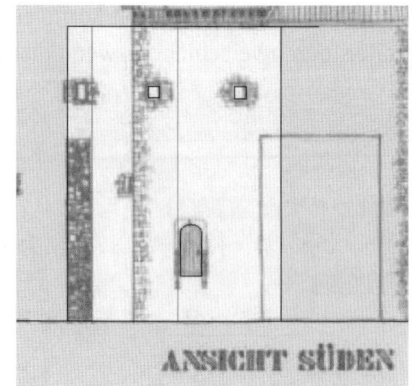

> Mit DRÜCKEN/ZIEHEN erstellst du aus den Umrissen die Schießfenster und den Eingang.

> Blende den Südwestturm ein.

> Konstruiere den Wehrgang wie auf dem mittleren Bild. Auf ihm bewegten sich früher Schützen, die die Burg verteidigten.

> Zeichne auf den Grundriss eine Fläche und bilde mit DRÜCKEN/ZIEHEN aus ihr den Boden des Lichthofes, dessen Höhe auf einer Ebene mit dem Eingang liegt (rechtes Bild).

> Mache aus der Schildmauer mit dem Wehrgang eine Gruppe.

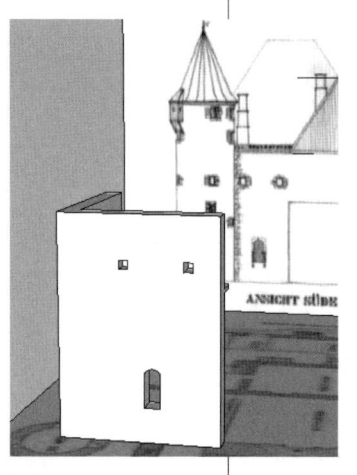

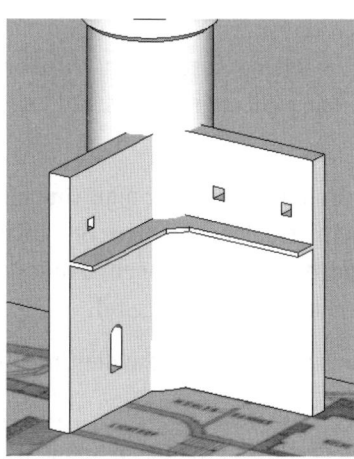

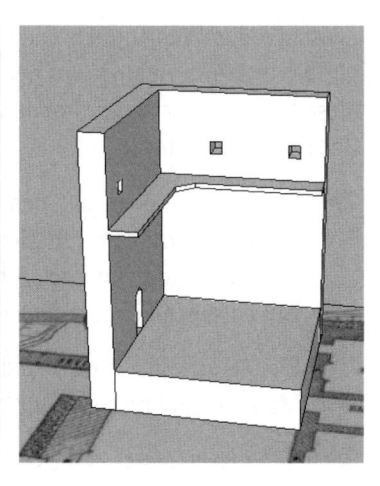

Der Erker mit Steinsockel

An der Südseite des Hauptgebäudes sitzt ein Erker aus Fachwerk mit steinernem Sockel.

> Blende die Ostansicht ein und zeichne auf das Bild Hilfslinien.

> Zeichne auf den Grundriss ein Rechteck für die Grundfläche des Sockels. Sie sollte mit der Grundfläche des Hauptgebäudes ein wenig überlappen, um eine Lücke sicher zu vermeiden.

> Mit DRÜCKEN/ZIEHEN erzeugst du drei aufeinanderliegende Quader für Sockel, Fachwerkerker und Dach. Verwende die Hilfslinien für die Höhe der Quader und denke daran, die ⌈Strg⌉-Taste zu drücken, damit neue Flächen entstehen.

> Verbreitere mit DRÜCKEN/ZIEHEN die oberen Quader und forme das Dach.

> Ziehe den hinteren Endpunkt des Firstes ein Stück nach hinten.

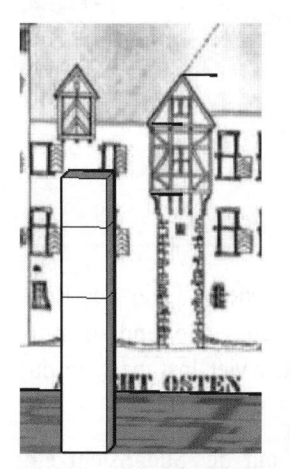

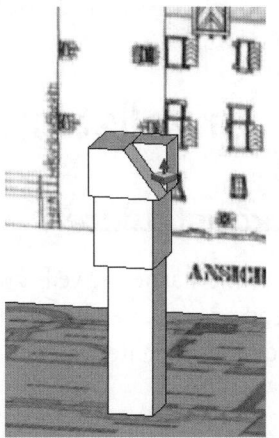

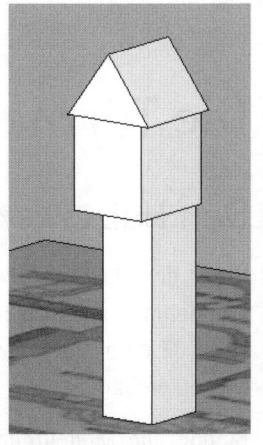

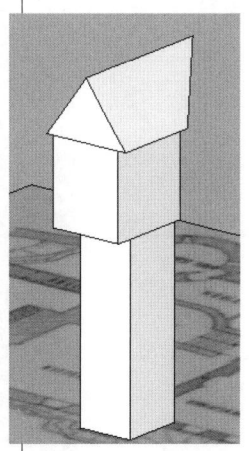

Etwas aufwändig ist die Zeichnung des Fachwerks. Schau dir auf dem Bild an, wie es aufgebaut ist, und konstruiere es nach. Versuche gar nicht erst, das Fachwerk Linie für Linie abzuzeichnen. Dazu ist die Tuschezeichnung zu ungenau.

Ein Tipp: Wähle eine bestimmte Breite für alle Balken, z.B. 18 cm. Wenn du mit dem Stift eine Linie zeichnest, die 18 cm lang sein soll, ziehe die Linie ein Stück in die gewünschte Richtung und gib die Länge über die Tastatur ein: 18CM ↵. SketchUp merkt sich diesen Wert. Beim nächsten Zeichnen mit dem Linienwerkzeug springt der Stift meist automatisch auf die gewünschte Länge. (Achte auf das Wertefeld rechts unten.)

Kapitel 13 — Eine Burg rekonstruieren

Wenn du das Fachwerk fertig hast, drückst du die Flächen zwischen den Balken um ein kleines Stückchen nach innen. Sorge dafür, dass alle Flächen gleich weit eingedrückt sind (Ableitung verwenden).

Konstruiere die Stützbalken unter dem Fachwerkteil. Zum Schluss machst du aus dem Erker eine Gruppe.

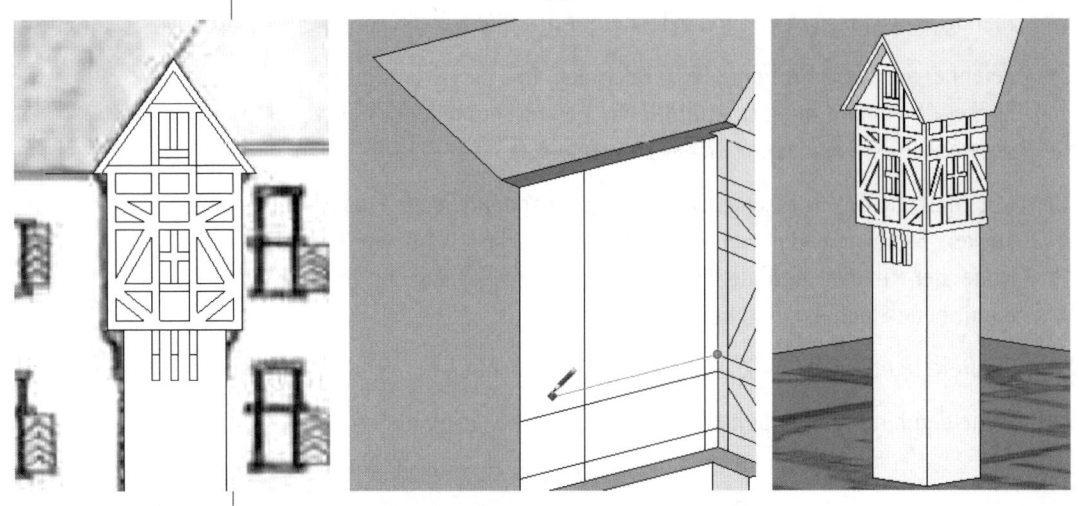

Die Türme vervollständigen

Den Holzerker konstruieren

Unter den Dächern der Türme hängen jeweils zwei kleine Erker aus Holz. Wir nehmen vereinfachend an, dass sie alle gleich aussehen, und konstruieren deshalb eine einzige Komponente, von der wir vier Instanzen in das Modell einbauen.

Blende alle Modellteile aus und blende das Bild mit der Südansicht ein. Dort sieht man einen Erker ziemlich genau von vorne.

> Zeichne auf das Bild ein Rechteck um den Mittelteil des Erkers mit dem kleinen Fenster. Mit DRÜCKEN/ZIEHEN machst du daraus einen Quader wie auf dem ersten Bild.

> Stelle den Röntgenmodus ein und ziehe nach oben und unten jeweils einen weiteren Quader (zweites Bild).

> Entwickle aus dem oberen Quader das Dach.

> Entwickle aus dem unteren Quader einen diagonalen Stützpfeiler (rechtes Bild). Kopiere diesen Balken zwei Mal, wodurch der Erker durch drei Stützbalken mit der Wand verbunden ist.

Die Türme vervollständigen

→ Speichere den Erker als Komponente ab und lösche die Instanz auf dem Bildschirm.

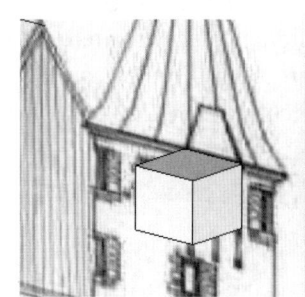

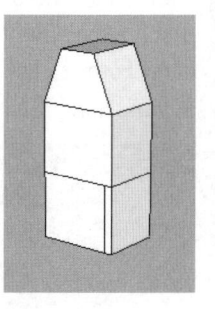

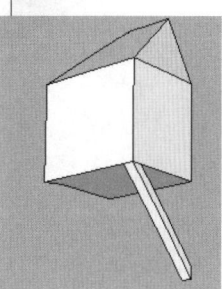

Instanzen des Holzerkers platzieren

Instanzen der Komponente mit dem Holzerker müssen nun an die Türme angebracht werden. Jeder Turm erhält zwei Erker. So gehst du vor:

→ Blende den Turm ein und wähle die Ansicht VORNE.

→ Öffne durch einen Doppelklick mit dem Pfeil die Turm-Gruppe.

→ Ziehe aus der Dialogbox FENSTER|KOMPONENTEN eine Instanz des Erkers auf die Arbeitsfläche. Platziere sie in der richtigen Höhe links vom Turm (erstes Bild).

→ Wechsle in die Ansicht OBEN und schiebe den Erker mittig so an den Turm, dass das Dach des Erkers ein wenig das Dach des Turms durchdringt.

→ Mit dem Werkzeug ROTIEREN drehst du den Erker um den Mittelpunkt des Daches ein Stück nach links (gegen den Uhrzeigersinn).

→ Mache mit ROTIEREN eine Kopie (Strg -Taste drücken) und drehe sie um etwa 90° nach rechts (drittes Bild).

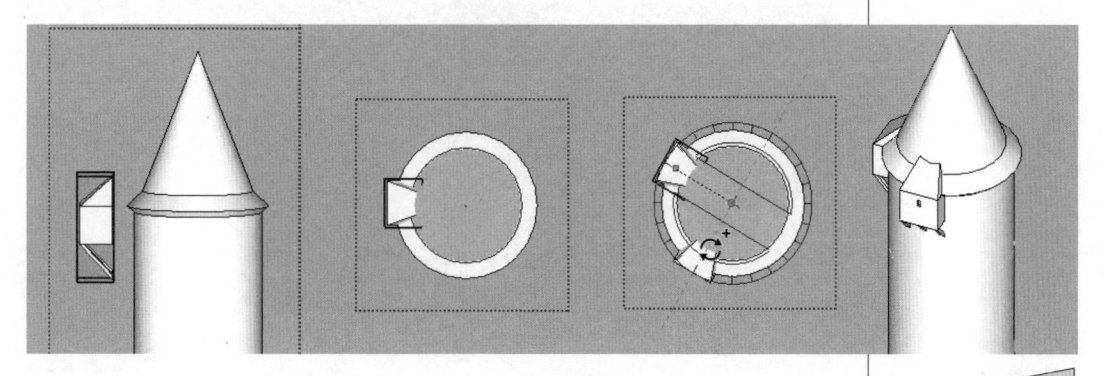

Kapitel 13

Eine Burg rekonstruieren

Schießfenster und Scharten

Die Wehrtürme dienten der Verteidigung der Burg. Aus den Erkern konnte man Steine herunterwerfen und aus Schießfenstern und Scharten wurde geschossen. Einige Schießscharten sind in der Burgruine noch erhalten. Auf dem Foto siehst du eine *Schlüsselscharte*. Ihre Form erinnert an ein Schlüsselloch. Daneben ist das (vereinfachte) SketchUp-Modell.

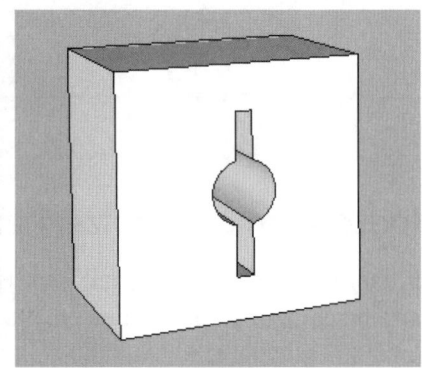

Erstelle eine Komponente mit einer Schlüsselscharte und setze sie so in die Turmoberfläche, dass sie noch ein Stück herausragt und zu erkennen ist.

Um weitere Instanzen der Schlüsselscharte auf gleicher Höhe in die Turmoberfläche zu setzen, schaust du dir das Modell von unten an. Klicke mit dem Auswahlwerkzeug die Schlüsselscharte an, so dass sie blau markiert ist. Wähle das Werkzeug DREHEN und setze den Winkelmesser genau in die Mitte der Turmunterseite. Drücke einmal die [Strg]-Taste, um den Kopiermodus einzuschalten, und drehe die neuen Instanzen der Schlüsselscharte-Komponente an passende Stellen.

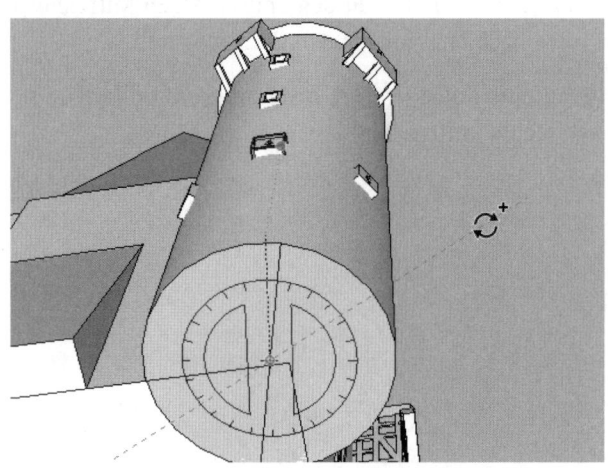

Das Gelände modellieren

Wenn du von einem Detail einer Burgruine ein genaues Modell machen willst, solltest du selbst ein paar Fotos machen. Am besten bittest du jemanden, einen Gegenstand mit bekannter Größe (z.B. ein Papiertaschentuch) neben das Objekt zu halten. Dann kannst du zu Hause die exakten Maße ausrechnen.

Das Papiertaschentuch kannst du zu Hause ausmessen und damit die exakte Größe der Schießscharte (Schlitzscharte) ermitteln.

Das Gelände modellieren

Burg Hardenstein war eine Wasserburg. An der Nordseite floss die Ruhr entlang und an den anderen Seiten hatte man einen Graben ausgehoben. Über zwei Brücken konnten die Bewohner in das Hauptgebäude gelangen. Bevor du die Brücken konstruierst, solltest du die Burg in ein passendes Gelände setzen.

Wähle die Dialogbox FENSTER|VOREINSTELLUNGEN. Klicke in der Liste links auf ERWEITERUNGEN und setze dann auf der rechten Seite einen Haken vor den Eintrag SANDKISTENFUNKTIONEN. Es erscheint eine neue Symbolleiste.

» Wähle das Werkzeug ZEICHNEN|SANDKISTE|NEUE WEICHE FLÄCHE. Der Mauszeiger sieht nun aus wie ein Bleistift mit einem kleinen quadratischen Raster daneben.

» Klicke auf den Ursprung des Koordinatenkreuzes.

Kapitel 13 — Eine Burg rekonstruieren

> Bewege den Mauszeiger auf der roten Achse um mindestens 70 m nach rechts. Es entsteht eine graue Linie mit kleinen Seitenstrichen in regelmäßigen Abständen. Klicke erneut.

> Bewege den Mauszeiger um mindestens 70 m nach hinten in Richtung der grünen Achse und klicke erneut.

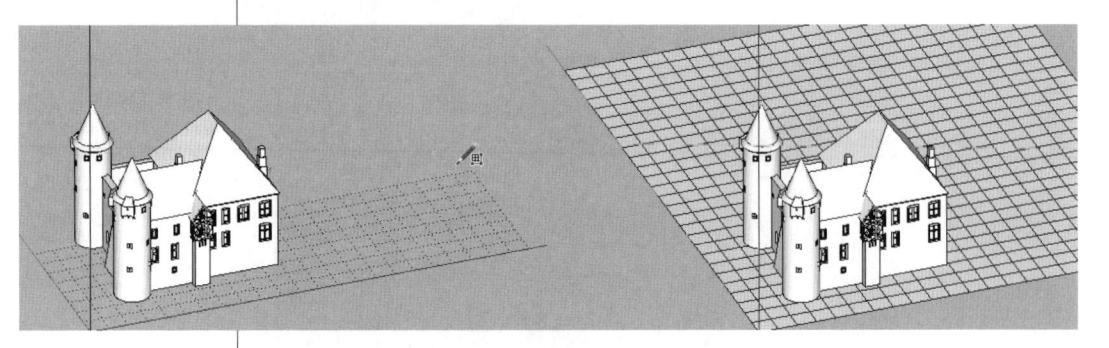

Eine in etwa quadratische Rasterfläche ist entstanden, eine *Sandkiste*. Sie kannst du später zu einem hügeligen Gelände verformen. Zunächst aber verschiebst du sie so nach links vorne, dass die Burg ungefähr in der Mitte steht.

Dann wechselst du in die Ansicht VORNE und verschiebst die Sandkiste etwa einen Meter so nach oben, dass die Burg in ihr versinkt.

Die Sandkiste ist wie eine Gruppe eine geschlossene Einheit. Um sie bearbeiten zu können, musst du sie durch einen Doppelklick mit dem Pfeil öffnen. Wähle das Werkzeug TOOLS|SANDKISTE|FORMEN. Sobald du mit dem Mauszeiger nun die Sandkiste berührst, bekommt er die Form eines blauen Doppelpfeils mit einer winzigen gewellten Fläche daneben. Außerdem ist er von einem roten Kreis umgeben. Schau auf das Wertefeld. Dort steht der Radius dieses Kreises. Voreingestellt sind 10 m. Mit dem Formwerkzeug kannst du die Oberfläche der Sandkiste an der Stelle des Mauszeigers anheben und absenken. Klicke eine Stelle an und bewege den Mauszeiger nach oben oder unten. Es ist, als ob du mit Sand einen Hügel aufschüttest oder in den Sand ein Loch gräbst. Die Übergänge zur Nachbarschaft sind fließend. Der rote Kreis legt den Bereich fest, in dem die Form verändert wird. Du kannst seinen Radius verändern. Gib einfach den gewünschten Radius über die Tastatur ein und drücke ⏎ , z. B. 5m ⏎ .

Die große Brücke

Mit dem Formwerkzeug gestaltest du das Gelände um die Burg herum. Denke daran, dass sie von einem Graben umgeben ist, wie im rechten Bild. Ab und zu solltest du dir das Modell von unten ansehen. Pass auf, dass alle Teile der Burg in das Gelände eintauchen und keine Ecke in der Luft schwebt.

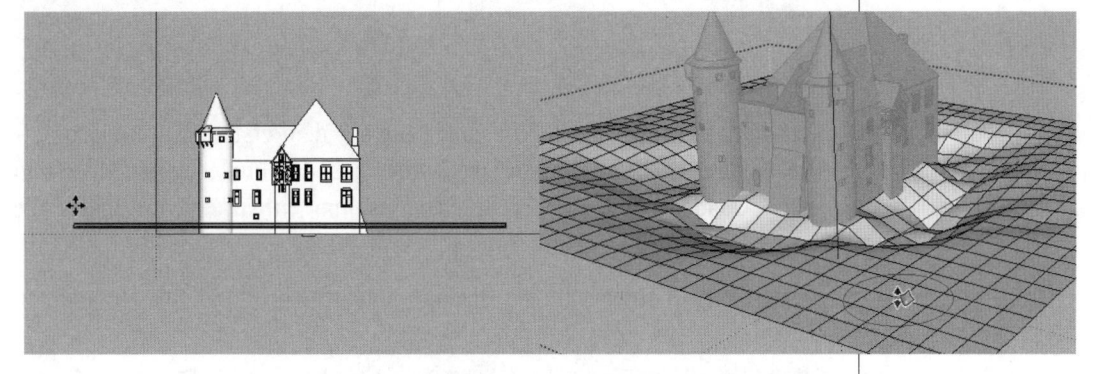

Die Linien auf dem Raster der Sandkistenfläche kannst du durch ABMILDERN (Radiergummi-Werkzeug mit gedrückter ⌈Strg⌉-Taste) unsichtbar machen.

Die große Brücke

Vom Eingang im Hauptgebäude führt eine Brücke über den Wassergraben. Es existieren keine Originalpläne oder -bilder, die das Aussehen dieser Brücke dokumentieren. Die Darstellung auf der Tuscheskizze der Rekonstruktionsstudie ist nur eine Vermutung. Es gibt aber in alten Texten Beschreibungen dieser Brücke. Sie besagen Folgendes:

◇ Die Brücke war aus Holz.

◇ Sie führte zu einer steinernen Treppe.

◇ In der Mitte des Grabens wurde sie durch einen steinernen Pfeiler abgestützt.

Auf dieser Grundlage konstruierst du dein Modell. Beginne mit dem Eingang. Er liegt an der Vorderseite des Hauptgebäudes in einer Lücke zwischen den unteren Fenstern.

Kapitel 13

Eine Burg rekonstruieren

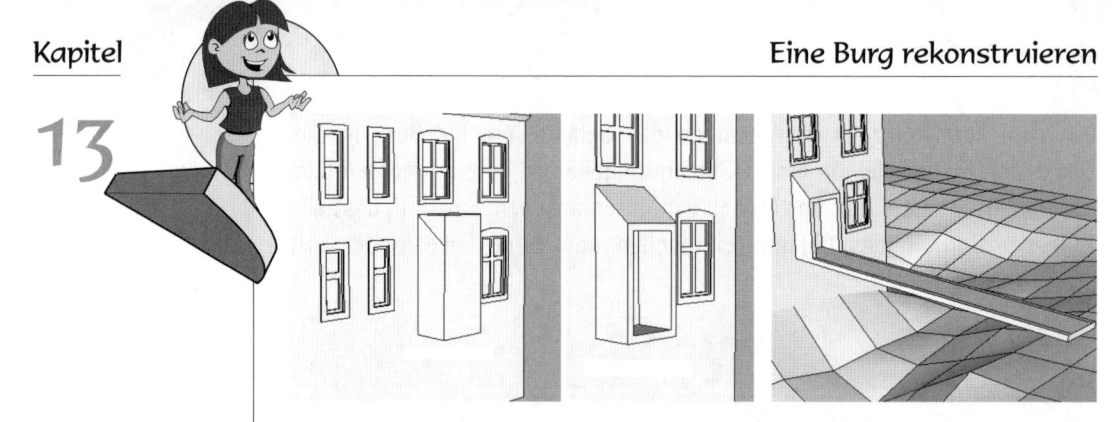

Blende das Gelände aus und ziehe – wie auf dem ersten Bild dargestellt – drei Quader nach unten: den Sockel am Haus, den Pfeiler in der Mitte und einen Quader am Ende der Brücke. Aus ihm entwickelst du später die Treppe.

Konstruiere an einer Seite ein Geländer und schiebe eine Kopie zur anderen Seite.

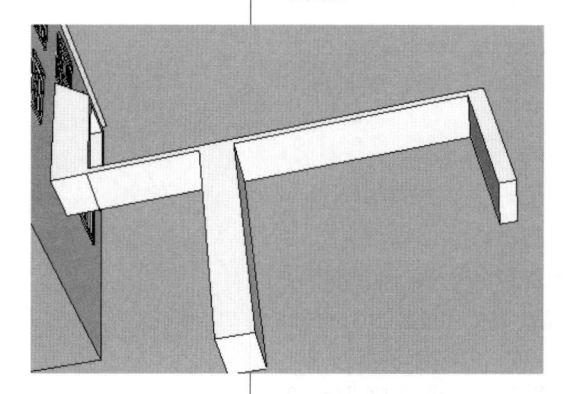

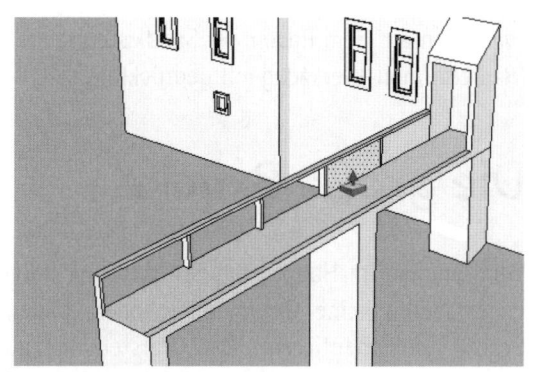

Verbreitere mit DRÜCKEN/ZIEHEN den schmalen Quader am Ende der Brücke. Dabei entstehen an der Oberseite zwei Linien in Verlängerung des Brückengeländers. Wie praktisch! Die beiden schmalen Flächen kannst du gleich zu Mauern hochziehen. Blende das Gelände ein. Pass auf, dass Pfeiler und Quader für die Treppe nicht zu kurz sind und in das Gelände eintauchen.

Die Treppe soll oben einen Absatz haben. Zeichne wie im zweiten Bild eine Linie ein, an der die letzte Stufe enden soll (A).

Zeichne an der rechten Außenwand des Treppenquaders eine senkrechte und eine waagerechte Linie ein, die dem Treppenabsatz entsprechen (B). Am besten stellst du dafür den Röntgenmodus ein.

Nun zeichnest du eine diagonale Linie von Punkt B hinunter zu dem Punkt, an dem die Vorderseite der Treppe in die Oberfläche des Geländes eintaucht (Linie C). Sie markiert den Verlauf der Treppenstufen. Konstruiere dazu eine parallele Linie, die den Verlauf der seitlichen Mauern der Treppe darstellt.

Letzte Arbeiten

Die Treppe soll 13 Stufen bekommen. Teile die Linie C in 13 Segmente auf. Kopiere die Grundlinie der Treppe 13 Mal über die Fläche bis zur Linie A. Weißt du noch, wie das geht?

- Grundlinie mit dem Pfeil markieren.
- VERSCHIEBEN/KOPIEREN wählen und [Strg] drücken.
- Grundlinie am linken Endpunkt anklicken, Linie A am linken Endpunkt anklicken.
- Über die Tastatur /13 [↵] eingeben. Es entsteht ein Array aus 13 Linien.

Nun hast du die Oberflächen der Treppenstufen. Du drückst sie mit DRÜCKEN/ZIEHEN nach unten. Dabei verwendest du die Diagonale C. Klicke zuerst auf die Oberseite der Stufe und dann auf den zugehörigen Endpunkt der gleichmäßig unterteilten Linie C (rechtes Bild).

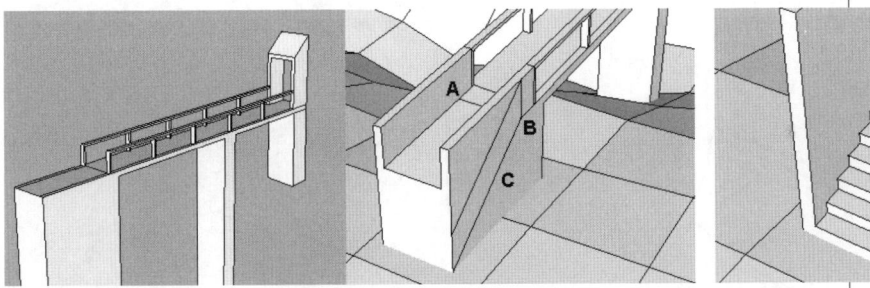

Zum Schluss bearbeitest du noch die seitlichen Mauern so, dass sie wie ein Geländer schräg nach unten führen, und ziehst die Frontfläche der Treppe ein Stück nach vorne. Sie sollte in etwa so aussehen wie auf dem Bild im nächsten Abschnitt.

Letzte Arbeiten

Nun ist das Modell schon fast fertig. Einige Dinge müssen noch ergänzt und nachgearbeitet werden. Damit das Buch nicht aus den Nähten platzt, gebe ich dir nur einige Anregungen, wie du dein Projekt vervollständigen kannst.

- ◇ Am Eingang zwischen den Türmen muss noch eine zweite Brücke konstruiert werden.
- ◇ Wahrscheinlich ist es notwendig, den Dachfirst des Südostflügels so zu verändern, dass der Übergang zum Dach des Hauptgebäudes schön

Kapitel 13 — Eine Burg rekonstruieren

wird. Möglicherweise musst du die Firstlinie tiefer setzen und ihren rechten Endpunkt verschieben.

- Am Südostflügel kannst du noch einen Holzerker ergänzen.
- Der Wehrgang einer Schildmauer ist normalerweise überdacht. Im Internet findest du viele Bilder solcher Wehrgänge.
- An der Giebelseite des Südostflügels ist ein Mauervorsprung. Man weiß nicht so genau, wie diese Stelle der Burg ausgesehen hat. Möglicherweise war die Oberseite der Mauer mit einem schmalen Dach versehen, damit das Regenwasser besser ablaufen konnte.

Farben und Texturen

Das ganze Gebäude muss noch eingefärbt werden. Die Mauern und Fenstereinfassungen waren aus Ruhrsandstein. Hierfür solltest du eine Sandfarbe verwenden. Die Teile aus Holz (Balken, Brücken, Fensterkreuze) färbst du braun ein. Bei dem Bild zu Beginn des Kapitels hatte ich die Dächer ziegelrot eingefärbt, weil es nett aussieht und in der Schwarzweißdarstellung einen schönen Kontrast ergibt. Aber realistisch ist diese Farbe nicht. Die Dächer der Burg waren mit schweren Schindeln aus Ruhrsandstein bedeckt. Diese boten einen guten Brandschutz. Denn in den rauen Zeiten des Mittelalters kam es gelegentlich vor, dass Angreifer versuchten, die Burg durch Feuerpfeile in Brand zu setzen.

Du kannst auch mit Texturen experimentieren. Das folgende Bild zeigt die Burg mit hellbraunen Schindeln auf dem Dach und kleinen Holzschindeln auf dem hölzernen Vorbau des Haupteingangs. Du erkennst das Problem. Auf großen Flächen – wie dem Dach des Hauptgebäudes – sehen Texturen

Zusammenfassung

meist nicht gut aus. Das relativ kleine Bild mit der Textur wird auf der Fläche ständig wiederholt und ergibt dann ein sonderbares – unnatürliches – Muster. Die Holzschindeln auf kleinen Erkerdächern sehen dagegen ganz passabel aus.

Zusammenfassung

- Bilder des Grundrisses und von Seitenansichten eines Gebäudes können in ein Modell importiert werden und bieten eine gute Orientierung für die Modellierung.

- In der Dialogbox FENSTER|ELEMENTINFORMATIONEN kannst du einer Gruppe einen Namen geben.

- Mit VERSCHIEBEN/KOPIEREN kannst du die Größe eines Kreises verändern. Du verschiebst einen Endpunkt eines Kreissegments, das vom Mittelpunkt aus gesehen in der Richtung einer Koordinatenachse liegt.

- Auf eine runde Oberfläche (z. B. Turmwandung) platzierst du ein Element (z. B. Fenster) in zwei Schritten: (1) Setze es gerade in der richtigen Höhe und mit der richtigen Eindringtiefe auf die Oberfläche. (2) Positioniere es durch eine Drehung um den Mittelpunkt des Kreises, der den Querschnitt des runden Körpers bildet.

- Mit dem Werkzeug TOOLS|SANDKISTE|NEUE WEICHE FLÄCHE kannst du eine neue Sandkiste als horizontale, rechteckige Fläche erzeugen.

- Mit dem Werkzeug TOOLS|SANDKISTE|FORMEN kannst du in einer Sandkiste einen kreisförmigen Bereich anheben und absenken. Auf diese Weise kannst du eine hügelige Landschaft gestalten. Den Radius der Formungsfläche gibst du über die Tastatur ein.

Kapitel 13 — Eine Burg rekonstruieren

Ein paar Fragen ...

Frage 1: Welchen Vorteil hat es, wenn man einer Gruppe einen Namen gibt?

Frage 2: Welche Bedeutung hat die [Alt]-Taste beim Verschieben einer Kante eines Körpers?

Frage 3: Du möchtest mit VERSCHIEBEN/KOPIEREN die Größe eines Kreises verändern. Wie findest du heraus, welchen Punkt auf dem Kreis du anklicken musst?

Frage 4: Welches Problem kann auftreten, wenn man Texturen (z. B. Dachschindeln) für große Flächen verwendet?

... und eine Aufgabe

1. Ergänze in deinem Modell Fensterläden. Hinweis: Bearbeite eine Fensterkomponente, konstruiere einen Fensterladen und speichere ihn als Komponente ab. Instanzen dieser Fensterladen-Komponente kannst du auch für andere Fenster verwenden.

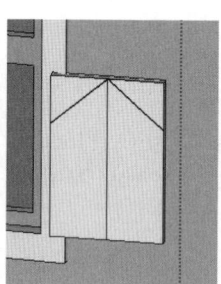

14
Blick in den Mikrokosmos

Manche Dinge sind so klein, dass man sie nicht sehen kann. Selbst mit einem Rasterelektronenmikroskop kann man einen Virus (ich meine einen echten Virus und keinen Computervirus) nur in groben Umrissen erkennen. Atome kann man praktisch gar nicht sichtbar machen. Naturwissenschaftler verwenden deshalb 3D-Modellierung, um sich von winzigen Strukturen eine anschauliche Vorstellung zu verschaffen. Und genau darum geht es in diesem Kapitel.

- Wie kannst du mit SketchUp das Modell eines Wassermoleküls konstruieren?
- Wie konstruierst du das Ionengitter von Natriumchlorid?
- Wie veranschaulichst du die atomare Struktur von Graphit und Diamant?
- Wie entwickelst du mit Hilfe von Komponenten ein Modell eines Grippevirus?
- Im Innern eines Grippevirus sind spiralförmige RNA-Moleküle. Wie konstruierst du eine Spirale?

Kapitel 14

Blick in den Mikrokosmos

Aufbau eines Kochsalz-Kristalls

Schau dir mal ein Kochsalzkristall (z. B. auf einer Salzstange) unter der Lupe an. Er sieht aus wie ein Würfel. In jeder Ecke ist ein rechter Winkel. Woran liegt das?

Kochsalz (die Chemiker nennen es Natriumchlorid) ist aus positiv geladenen Natrium-Ionen und negativ geladenen Chlorid-Ionen aufgebaut. Beide Ionen sind kugelförmig. Sie ziehen sich gegenseitig an, weil sie unterschiedlich geladen sind. Deshalb ist Kochsalz so fest. Die Ionen sind winzig klein. Natrium-Ionen haben einen Radius von 95 pm. Ein Pikometer (pm) ist ein milliardstel Millimeter. Die Chlorid-Ionen sind fast doppelt so groß. Ihr Radius ist 181 pm. Wegen dieses Größenverhältnisses bilden Natrium- und Chlorid-Ionen eine Anordnung wie in der folgenden Abbildung. Und deshalb sind Kochsalzkristalle würfelförmig.

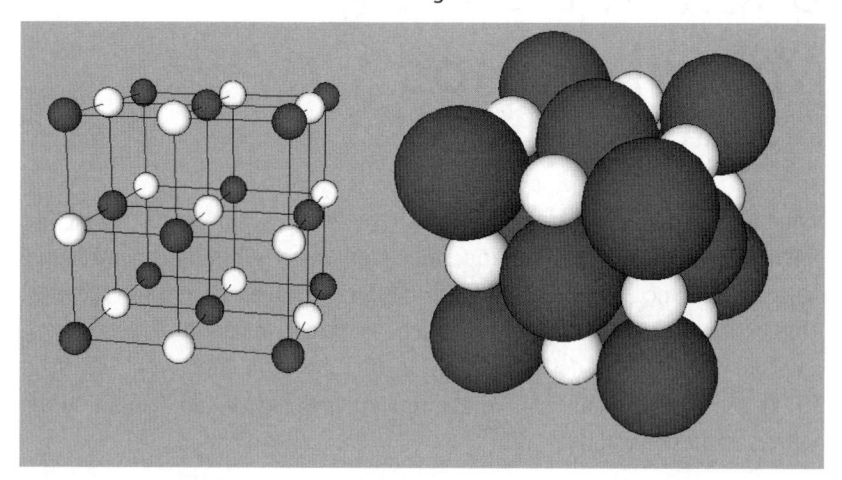

In diesem Projekt entwickeln wir diese beiden Modelle im Maßstab eins zu einer Billion. Das heißt, ein Meter in unserem Modell entspricht einem Pikometer in der Wirklichkeit. Leider kennt SketchUp keine Pikometer. Wir ersetzen deshalb einfach Pikometer durch Meter.

Das Ionengitter aus gleich großen Kugeln

Im ersten Projekt stellen wir Natrium- und Chlorid-Ionen als gleich große, aber unterschiedlich gefärbte Kugeln dar. Dieses Modell soll vor allem die Anordnung der Kugeln verdeutlichen. Du erstellst für jeden Kugeltyp eine eigene Komponente. Wichtig ist, dass jede Kugel einen deutlich erkennbaren Mittelpunkt hat. Denn später sollen die Kugeln auf die Eckpunkte eines dreidimensionalen Gitters gesetzt werden.

Aufbau eines Kochsalz-Kristalls

» Konstruiere eine Kugel um den Ursprung. Sie sollte einen Radius von etwa 40 m haben. Du erinnerst dich: Wir modellieren im Maßstab eins zu einer Billion. Im Kapitel 10 kannst du genauer nachlesen, wie man Kugeln konstruiert.

» Markiere die Kugel mit dem Auswahlwerkzeug (Leertaste) und blende sie aus.

» Zeichne mit dem Linienwerkzeug (L) an den Ursprung einen kleinen Winkel. Der Knick markiert den Mittelpunkt der Kugel.

» Blende die Kugel wieder ein (BEARBEITEN|EINBLENDEN|ALLE).

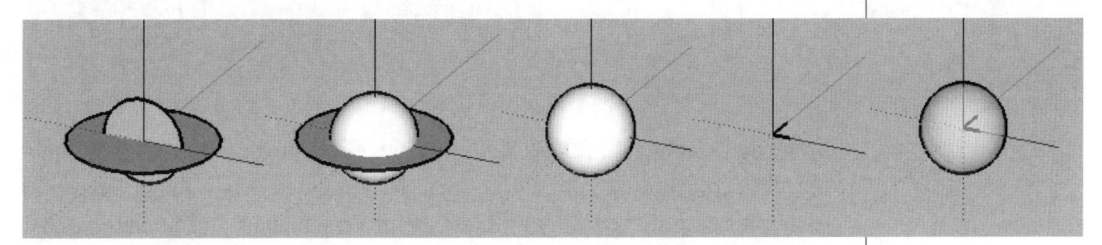

Fertige von der Kugel eine Kopie an. Färbe beide Kugeln unterschiedlich ein und speichere sie als Komponenten ab. Verwende z. B. die Namen *Natrium* (helle Kugel) und *Chlor* (dunkle Kugel).

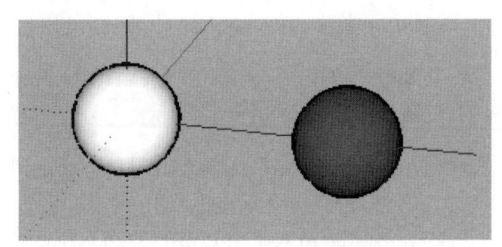

Blende die beiden Kugel-Instanzen aus (oder lösche sie), um jetzt Platz für die Konstruktion des Gitters zu haben.

» Zeichne ein Rechteck, dessen eine Ecke im Ursprung liegt. Gib über die Tastatur 564m;564m ⏎ ein.

» Ziehe mit DRÜCKEN/ZIEHEN (P) aus dem Quadrat einen Quader (beliebiger Höhe) hoch. Gib über die Tastatur 564m ⏎ ein. Nun hast du einen Würfel der Kantenlänge 564 m.

» Lösche alle Flächen (mit dem Pfeil rechts anklicken und im Kontextmenü LÖSCHEN auswählen).

Kapitel 14 — Blick in den Mikrokosmos

> Zeichne weitere Linien ein, so dass ein Gitter wie im rechten Bild entsteht. Lösche immer sofort die Flächen, die entstehen, wenn eine neue Linie gezeichnet worden ist.

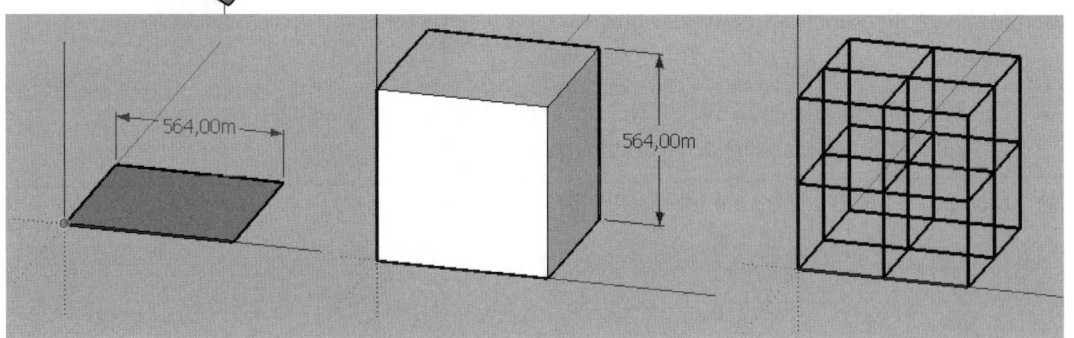

Stelle den Flächenstil RÖNTGEN ein und setze die dunklen und hellen Kugeln auf die Schnittpunkte der Gitterlinien. Neben einer hellen Kugel (Natrium) ist immer eine dunkle Kugel (Chlor). Beim Verschieben und Kopieren gehst du jeweils so vor:

> Wähle mit dem Pfeil (Leertaste) die Kugel aus, die du verschieben oder von der du eine Kopie anfertigen willst. Sie ist dann von einem blauen Kasten umgeben (linkes Bild).

> Wähle VERSCHIEBEN/KOPIEREN (M). Wenn du kopieren willst, drücke einmal auf die ⸤Strg⸥-Taste.

> Klicke exakt auf den Knick des kleinen Winkels, der sich im Innern der Kugel befindet (linkes Bild). Dort ist der Mittelpunkt der Kugel. Eventuell musst du mit ZOOM (Mausrad) ganz nah an die Kugel herangehen.

> Klicke auf den Schnittpunkt im Gitter, auf den die Kugel gesetzt werden soll.

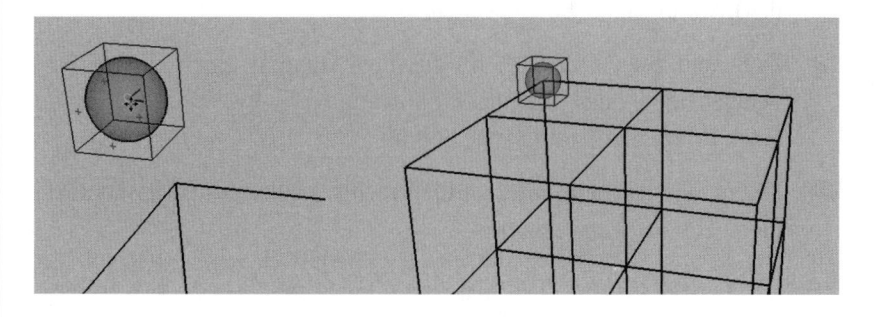

Aufbau eines Kochsalz-Kristalls

Ein Modell mit realistischen Ionengrößen

Aus dem Gitter-Modell des letzten Abschnitts entwickeln wir nun ein Modell mit realistischen Ionengrößen. Es soll veranschaulichen, wie die Natrium- und Chlorid-Ionen, die ja unterschiedliche Durchmesser haben, den Raum ausfüllen.

- Speichere dein Projekt ab und speichere es dann noch einmal unter einem anderen Namen ab.

- Doppelklicke auf eine helle Natrium-Kugel in dem Gittermodell. Die Instanz der Komponente wird geöffnet und kann nun bearbeitet werden (erstes Bild). Nun blendest du in zwei Schritten alles aus, was bei der Bearbeitung stört.

- Wähle in der Menüleiste den Befehl ANSICHT|KOMPONENTENBEARBEITUNG|REST DES MODELLS AUSBLENDEN. Die Arbeitsfläche sieht nun aus wie im zweiten Bild. Die dunklen Kugeln und das Gitter sind verschwunden.

- Wähle in der Menüleiste den Befehl ANSICHT|KOMPONENTENBEARBEITUNG|ÄHNLICHE KOMPONENTEN AUSBLENDEN. Nun werden alle anderen Instanzen der Natrium-Komponente versteckt. Du siehst nur noch die eine geöffnete Instanz (rechtes Bild). Und das ist für die Bearbeitung sehr wichtig.

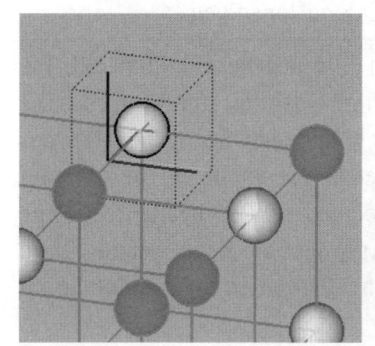

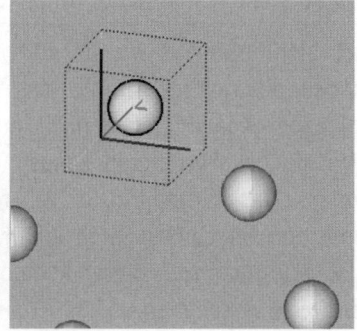

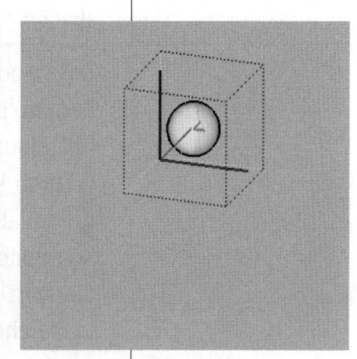

Die Natrium-Kugel muss nun so skaliert werden, dass ihr Radius exakt 95 m beträgt. Bei unserem Maßstab von eins zu einer Billion entspricht das dem tatsächlichen Radius von 95 Pikometer.

- Wähle die Standardansicht VORNE.

- Zeichne mit dem Linienwerkzeug (L) eine Linie vom Mittelpunkt der Kugel in Richtung der roten Achse bis zum Rand (zweites Bild).

- Wähle das Maßband-Werkzeug (T). Der Mauszeiger sieht nun aus wie ein kleines Maßband. Sorge dafür, dass daneben *kein* Pluszeichen zu

Kapitel 14 — Blick in den Mikrokosmos

sehen ist. Wenn neben dem Maßband ein kleines Pluszeichen ist, zeichnest du mit diesem Werkzeug Führungslinien. Aber das willst du jetzt nicht. Eventuell musst du die `Strg`-Taste drücken, um den Modus zu ändern.

≫ Klicke zuerst auf den Mittelpunkt und dann auf den rechten Endpunkt der waagerechten Linie (drittes Bild). Im Wertefeld rechts unten erscheint die momentane Länge dieser Linie (Radius der Kugel).

≫ Gib über die Tastatur den gewünschten Radius der Kugel ein: 95M ↵. SketchUp fragt dich, ob du die Komponente neu skalieren möchtest. Antworte mit *Ja*. Im nächsten Augenblick ist die Kugel vergrößert (rechtes Bild).

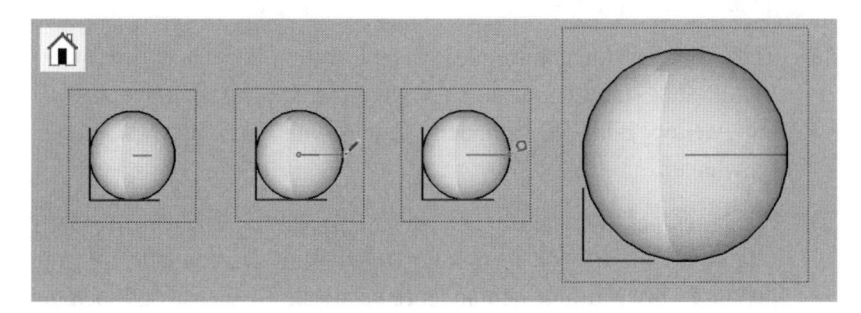

Weil du eine *Komponente* bearbeitet hast, haben nun alle Instanzen dieser Komponente (Natrium-Ionen) die neue Größe. In der gleichen Weise skalierst du auch die Komponente für die Chlorid-Ionen neu.

Das Modell sieht nun aus wie im ersten Bild (Flächenstil RÖNTGEN). Die Kugeln haben die richtige Größe, aber ihre Position stimmt nicht. Die Mittelpunkte der Kugeln liegen nicht mehr auf den Schnittpunkten des Gitters. Wie du das korrigieren kannst, erkläre ich nun am Beispiel der Chlorid-Ionen. Das Grundprinzip ist folgendes: Du bearbeitest eine Komponente und verschiebst ihren Inhalt so, dass die Kugel genau richtig platziert ist. Alle Instanzen dieser Komponente werden dann automatisch in gleicher Weise verschoben.

≫ Entferne im Menü ANSICHT|KOMPONENTENBEARBEITUNG die Häkchen vor den beiden Feldern REST DES MODELLS AUSBLENDEN und ÄHNLICHE KOMPONENTEN AUSBLENDEN.

≫ Öffne durch einen Doppelklick mit dem Auswahlwerkzeug die Instanz des Chloridions an der linken oberen Ecke (linkes Bild). Wichtig ist, dass du sowohl den Mittelpunkt der Kugel (Winkellinie) als auch die Ecke des Gitters – wohin die Kugel verschoben werden soll – gut sehen kannst.

Diamant

- Markiere mit dem Auswahlwerkzeug die gesamte Kugel einschließlich der Linien in ihrem Innern.
- Wähle VERSCHIEBEN/KOPIEREN (M) und klicke auf den Mittelpunkt der Kugel.
- Klicke exakt auf den Eckpunkt des Gitters, wo das Zentrum des Chloridions sitzen soll. Du erkennst, dass nun auch alle anderen Instanzen dieser Komponente richtig platziert sind.

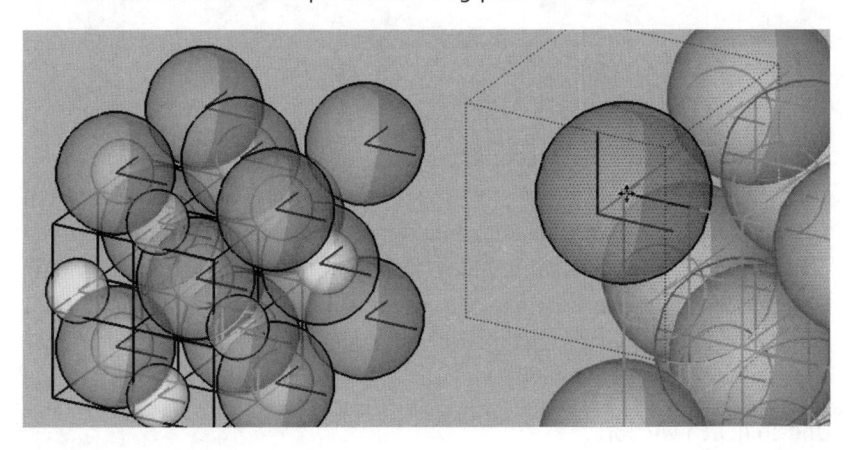

Diamant

Die teuersten Edelsteine sind Diamanten. Bevor man einen Diamanten in ein Schmuckstück setzt, schleift man ihn und bringt ihn in eine besondere Form mit vielen glatten Flächen (Facetten). Der bekannteste Schliff ist der Brillantschliff. Wegen der hohen Lichtbrechung des Diamanten und der vielen Flächen, die das Licht reflektieren, hat ein Brillant einen ganz besonderen Glanz (frz. *brillant* »glänzend, strahlend«).

Nichts ist härter als ein Diamant. Deshalb verwendet man Diamantpulver als Schleifmaterial, wenn ein besonders harter Stoff – wie Stahl oder Glas – bearbeitet werden soll. Chemisch gesehen besteht Diamant – wie Graphit und Holzkohle – aus Kohlenstoff. Wenn man einen Diamanten an der Luft auf etwa 800° erhitzt, fängt er an zu brennen, so wie die Holzkohle auf einem Grill. Ein ziemlich teures Experiment.

Kapitel 14

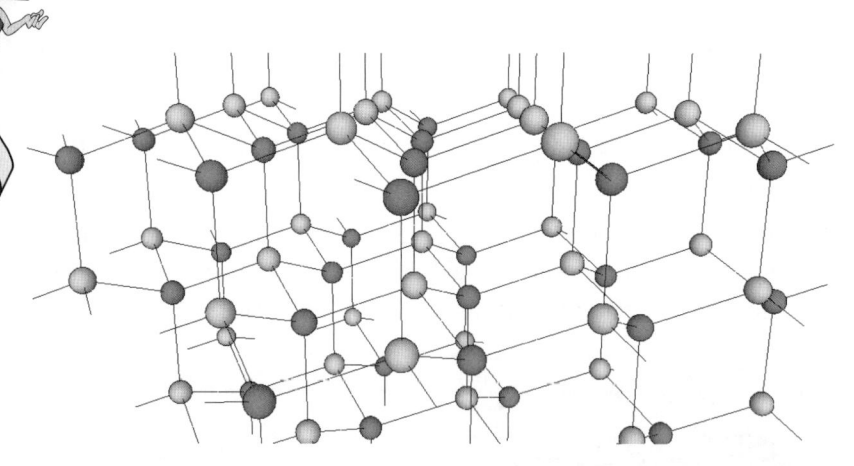

Blick in den Mikrokosmos

Der Diamant ist deshalb so hart, weil jedes Kohlenstoffatom mit vier anderen Kohlenstoff-Atomen verbunden ist. Und diese vier benachbarten Kohlenstoff-Atome sind vollkommen symmetrisch angeordnet. Eigentlich ganz einfach. Aber bei ganz vielen Kohlenstoff-Atomen ergibt das eine Struktur, die man sich kaum noch vorstellen kann. Die Abbildung zeigt einen Ausschnitt aus der Diamantstruktur, die wir in diesem Projekt entwickeln.

Und so gehen wir vor:

◇ Zuerst konstruieren wir einen regelmäßigen Tetraeder. Das ist ein Körper, der aus vier gleichseitigen Dreiecken zusammengesetzt ist.

◇ Aus dem Tetraeder entwickeln wir das Modell eines Kohlenstoffatoms. Es besteht aus einer kleinen Kugel im Zentrum mit vier »Bindungsarmen«.

◇ Wir fertigen eine Kopie an, die wir zweimal spiegeln. Diese beiden Versionen des Kohlenstoffatoms speichern wir als Komponenten ab.

◇ Aus vielen Instanzen dieser Komponenten setzen wir die Diamantstruktur zusammen.

Bei diesem Projekt entwickelst du eine Konstruktion, die hauptsächlich aus Linien besteht. Damit du die Linien besser erkennen kannst, solltest du im Menü ANSICHT|KANTENSTIL das Feld PROFILE anklicken. Dann siehst du die Linien ganz dick.

Diamant

Der Tetraeder

Ein Tetraeder besteht aus vier gleichseitigen Dreiecken. Wie du in dem nächsten Bild sehen kannst, steckt in jedem Würfel ein regelmäßiger Tetraeder. Deshalb beginnst du deine Konstruktion mit einem Würfel.

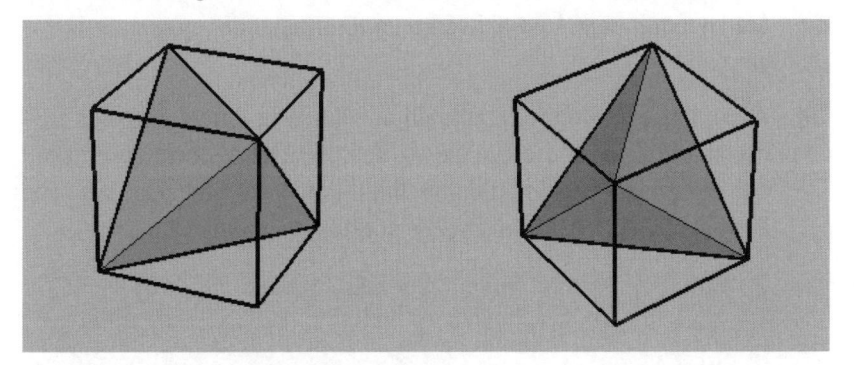

➤ Wähle das Rechteckwerkzeug (R) und zeichne am Ursprung ein beliebiges Rechteck. Gib über die Tastatur 1m;1m ⏎ ein. Das Rechteck wird zum Quadrat mit der Seitenlänge 1 Meter.

➤ Mit DRÜCKEN/ZIEHEN (P) machst du aus dem Quadrat einen Würfel. Gib über die Tastatur 1m ⏎ ein (erstes Bild).

➤ Um die Flächen auszublenden, wählst du den Flächenstil DRAHTGITTER. Zeichne auf die Ober- und Unterseite des Würfels Diagonalen wie im zweiten Bild ein.

➤ Lösche alle anderen Linien des Würfels.

➤ Verbinde mit dem Linienwerkzeug (L) die Endpunkte der beiden Linien wie im vierten Bild. Fertig ist der Tetraeder.

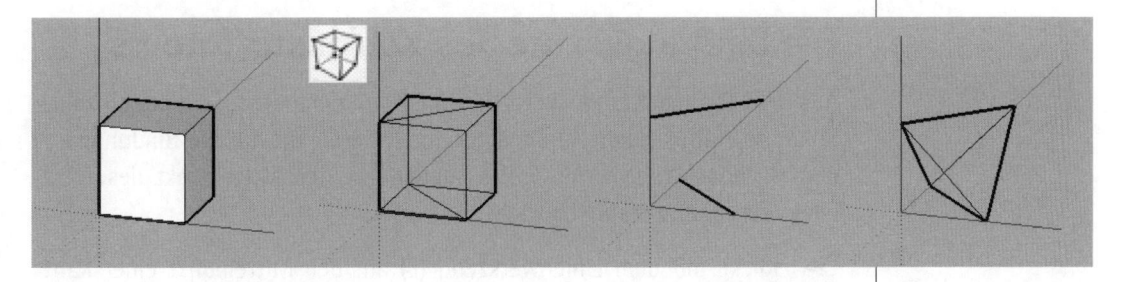

Kapitel 14 — Blick in den Mikrokosmos

Als Nächstes musst du den Tetraeder in zwei Schritten so drehen, dass eine Fläche waagerecht mit einer Ecke auf der roten Achse liegt. Das machst du so:

- Wähle die Ansicht OBEN (erstes Bild).
- Markiere mit dem Auswahlwerkzeug (Leertaste) den gesamten Tetraeder.
- Klicke mit dem Drehwerkzeug (Q) auf die linke untere Ecke der ausgewählten Figur und drehe sie so, dass die rechte obere Ecke genau auf der roten Achse ist (zweites Bild). Das dritte Bild zeigt die neue Position des Tetraeders in einer perspektivischen Darstellung.

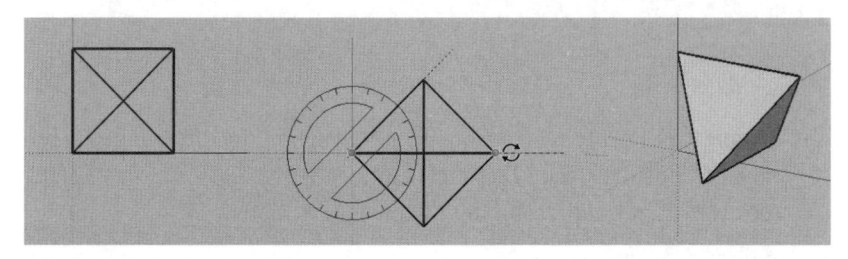

Wähle die Ansicht VORNE und sorge dafür, dass die gesamte Figur ausgewählt ist. Drehe die Figur so, dass sie aussieht wie im Bild.

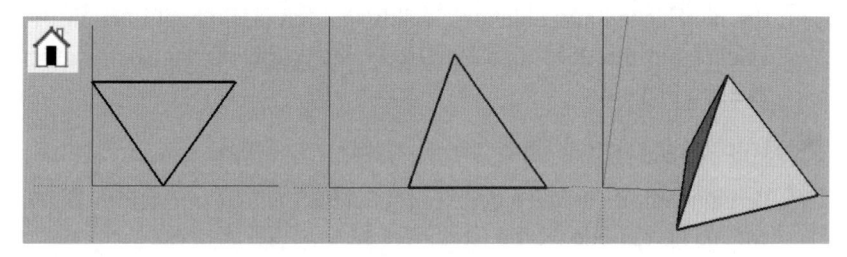

Die Bindungsarme des Kohlenstoffatoms

Aus dem Tetraeder entwickelst du nun eine Komponente, die ein einzelnes Kohlenstoffatom darstellt. Zunächst modellieren wir nur die Bindungen zu den Nachbar-Atomen. Als Erstes suchen wir den Mittelpunkt des Tetraeders. Das geht erstaunlich leicht.

- Klicke mit dem Linienwerkzeug (L) auf den Mittelpunkt einer Kante des Tetraeders. Wenn du den Mittelpunkt getroffen hast, entsteht neben dem Stift ein hellblauer Punkt.
- Zeichne eine Linie bis zum Mittelpunkt der gegenüberliegenden Seite. Achte auf den hellblauen Punkt (erstes Bild).

Diamant

> Zeichne in gleicher Weise eine Linie zwischen den Mittelpunkten der beiden anderen Kanten des Tetraeders. Der Schnittpunkt dieser beiden neuen Linien ist der Mittelpunkt des Tetraeders (zweites Bild).

> Ziehe vom Mittelpunkt eine Linie zu jedem Eckpunkt des Tetraeders. Lösche alle anderen Linien.

Am besten beginnst du mit dem Löschen schon, wenn du die Linien zeichnest, damit das Bild nicht zu unübersichtlich wird. Alles, was überflüssig ist, wird entfernt.

Nun hast du die tetraedrischen Bindungen des Kohlenstoffatoms. Zwischen allen Linien ist am Mittelpunkt der gleiche Winkel, nämlich 109,47°.

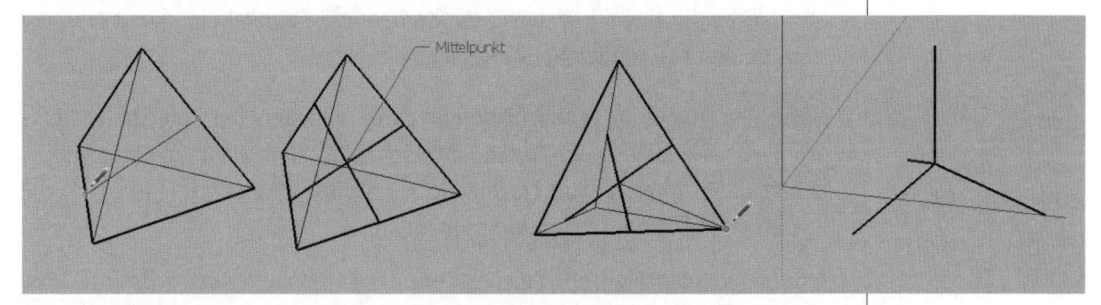

Um das Zentrum der Figur konstruierst du nun eine Kugel. Sie stellt das Kohlenstoffatom dar. Tatsächlich ist das Atom größer. Es berührt seine Nachbar-Atome. Aber wenn man es so darstellen würde, könnte man die Struktur kaum noch erkennen.

> Wähle die Linienfigur aus und mache sie zu einer Gruppe. So verhinderst du, dass die Linien mit der Kugel verschnitten werden, die du nun konstruierst.

> Du kannst nun wieder den Flächenstil SCHATTIERT MIT TEXTUREN einstellen. Konstruiere nun um den Mittelpunkt der Figur eine Kugel.

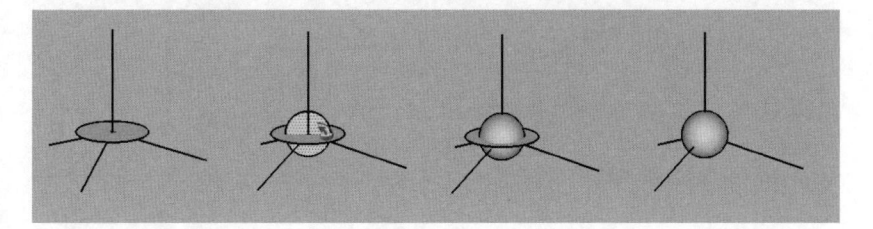

Kapitel 14 — Blick in den Mikrokosmos

Zwei Komponenten

Mache mit VERSCHIEBEN/KOPIEREN eine Kopie der ersten Figur. Die Kopie musst du nun zweimal spiegeln (entlang der roten und der blauen Achse), damit sie so aussieht wie im Bild rechts:

- ≫ Markiere mit dem Auswahlwerkzeug (Leertaste) die Figur.
- ≫ Klicke mit der rechten Maustaste und wähle im Kontextmenü den Befehl SPIEGELN ENTLANG|ROTE ACHSE.
- ≫ Klicke nochmals mit der rechten Maustaste und wähle im Kontextmenü den Befehl SPIEGELN ENTLANG|BLAUE ACHSE.
- ≫ Färbe die Kugel in der rechten Komponente dunkel ein, damit man die beiden Figuren leichter unterscheiden kann.

Natürlich gibt es in Wirklichkeit nur einen einzigen Typ von Kohlenstoffatom. Unsere beiden Varianten unterscheiden sich allein in ihrer räumlichen Lage. Aber die unterschiedliche Färbung erleichtert es später, die Struktur des Diamanten zu durchschauen.

Jede der beiden Figuren speicherst du als Komponente ab, z. B. unter den Namen *Atom 1* und *Atom 2*. Mit Instanzen dieser Komponenten baust du nun die Diamantstruktur auf. Später kannst du noch die Komponenten bearbeiten und beobachten, wie sich die Änderungen auf das Gesamtbild auswirken.

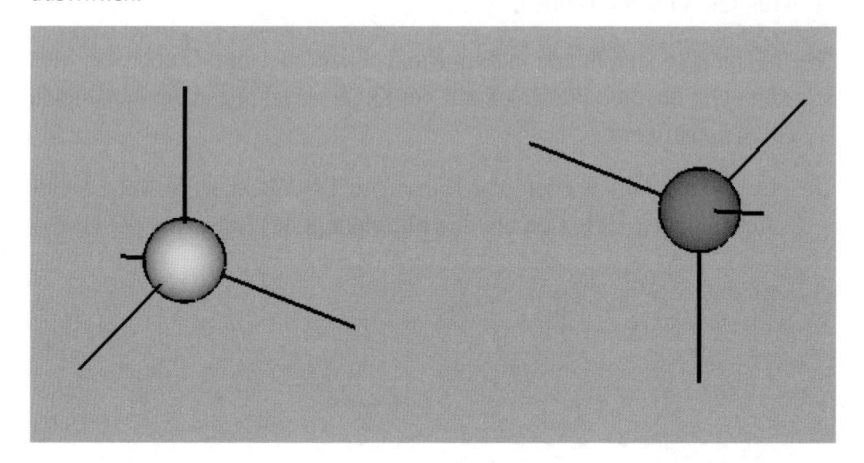

Diamant

Die Diamantstruktur

Instanzen der beiden Komponenten – sie stellen ein Kohlenstoffatom in unterschiedlicher Lage dar – kannst du leicht zusammenfügen. Das Bild zeigt, wie es geht:

- Markiere mit dem Auswahlwerkzeug (Leertaste) eine Instanz, so dass um sie herum ein blauer Kasten ist.

- Wähle das Werkzeug VERSCHIEBEN/KOPIEREN (M). Klicke auf das Ende eines Bindungsarms eines Kohlenstoffatoms (linkes Bild).

- Klicke auf den Endpunkt eines passenden Bindungsarms eines anderen Kohlenstoffatoms (rechtes Bild). Fertig.

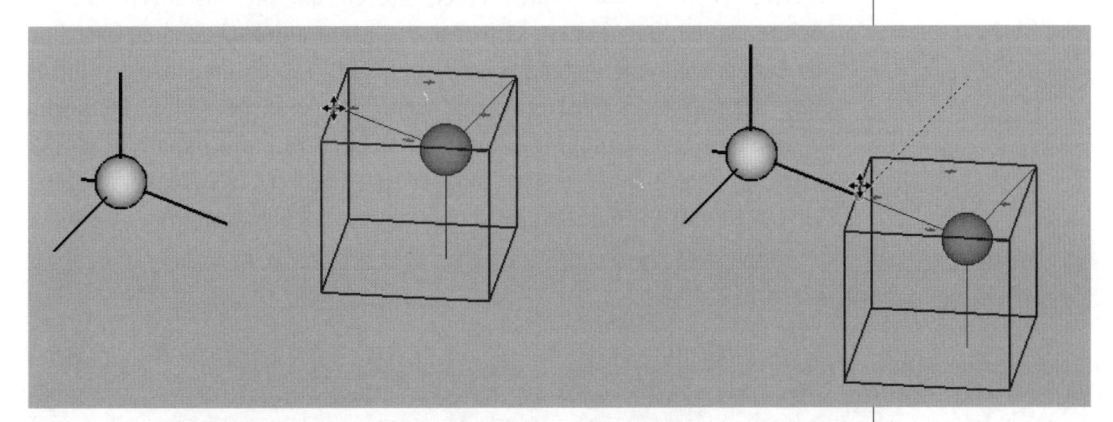

In den nachfolgenden Schritten verwendest du den Kopiermodus von VERSCHIEBEN/KOPIEREN. Du musst vor jedem Kopiervorgang einfach auf die Strg-Taste drücken. Neben dem Pfeilkreuz des Mauszeigers erscheint ein kleines Pluszeichen. Achte beim Kopieren auf drei Dinge:

◇ Die Instanz, die du kopieren willst, muss markiert sein (blauer Kasten).

◇ Neben ein helles Atom (senkrechter Arm nach oben) kommt immer ein dunkles (senkrechter Arm nach unten).

◇ Zwei Atome werden immer so zusammengesetzt, dass die beiden zusammenstoßenden Bindungsarme eine gerade Linie (ohne Knick) bilden.

So kannst du Schritt für Schritt die Diamantstruktur zusammenbauen.

Kapitel 14 — Blick in den Mikrokosmos

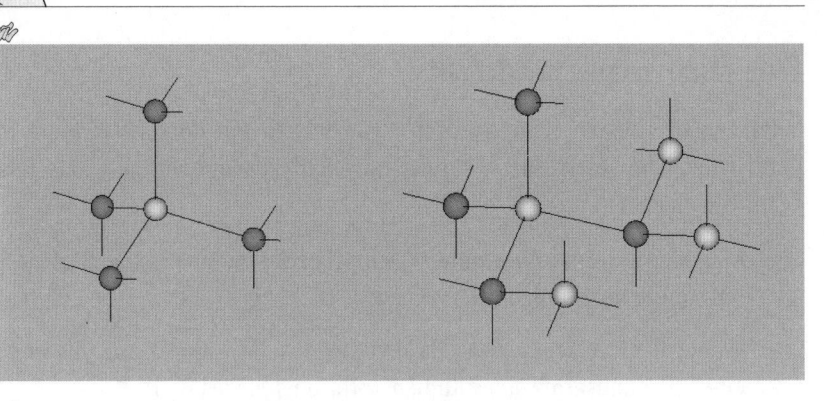

Wenn du eine sehr große Struktur aufbauen willst, kannst du natürlich auch mehrere Atome auf einmal kopieren. Mit dem Auswahlwerkzeug (Leertaste) ziehst du einfach einen Kasten um die Instanzen, die du kopieren willst. Dabei entsteht jedoch ein kaum durchschaubares Gestrüpp von Linien, weil jede Instanz von einem blauen Kasten umgeben ist (linkes Bild). Deshalb ist es ganz praktisch, wenn du die ausgewählten Instanzen zunächst zu einer Gruppe zusammenfasst (rechtes Bild). Dann gibt es nur einen großen Auswahlkasten und es ist leichter, mit dem Werkzeug VERSCHIEBEN/KOPIEREN gezielt den Endpunkt eines Bindungsarms zu treffen.

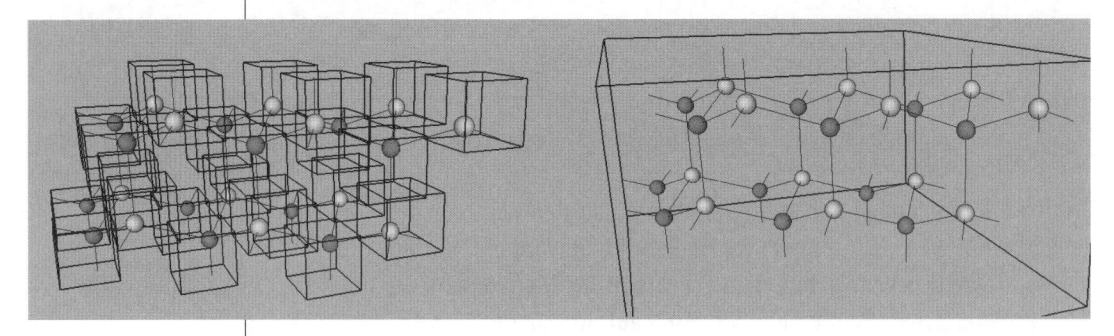

Wenn du viele Instanzen auf einmal kopieren willst, mache aus ihnen eine Gruppe.

So eine große Struktur sieht ganz schön kompliziert aus. Wenn du dir mit ROTIEREN (O) das Modell von allen Seiten ansiehst, bekommst du ein gewisses Gefühl für die räumliche Anordnung der vielen Kohlenstoff-Atome. Aber von 3D-Modellen macht man ja auch zweidimensionale Abbildungen. Und da möchte man gerne Verwirrung vermeiden und das Modell so darstellen, dass die Regelmäßigkeit der Struktur besonders augenfällig wird. Da kann es manchmal besser sein, im Menü KAMERA die parallele Projektion (rechtes Bild) anstelle der perspektivischen Darstellung (linkes Bild) zu wählen.

Diamant

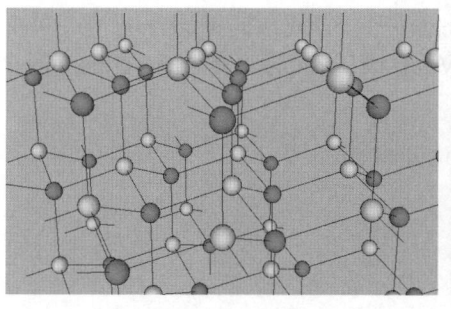

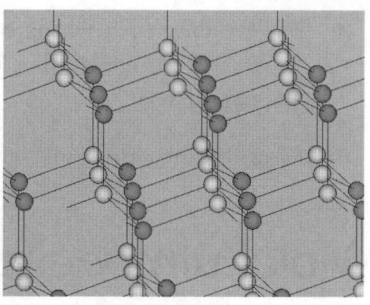

Perspektivische Darstellung (links) und parallele Projektion (rechts).

Eine andere Darstellung des Diamantmodells

Man kann sich die Struktur des Diamanten auch als Ansammlung von geknickten Schichten aus Kohlenstoff-Atomen vorstellen. Jede Schicht besteht aus Sechsecken (siehe Abbildung). Ein Kohlenstoffatom in einem »Tal« ist mit einem Kohlenstoffatom auf einem »Berg« der darunter liegenden Schicht verbunden.

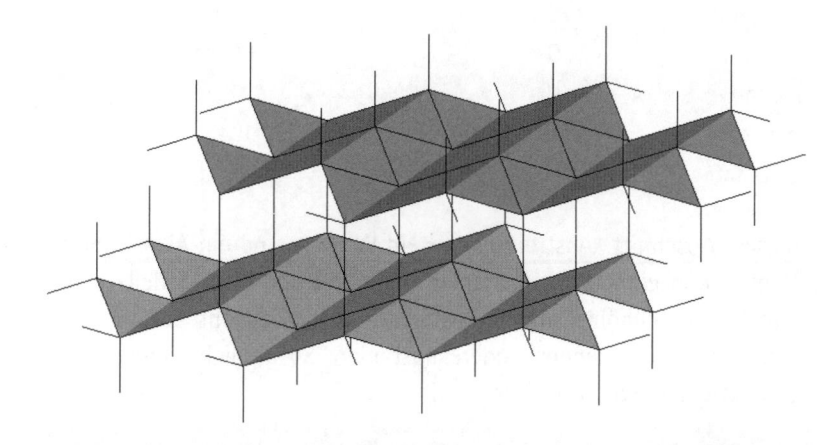

Und so entwickelst du aus deinem Diamantmodell diese Variante:

≫ Speichere dein Projekt unter einem anderen Namen ab.

≫ Entferne aus den beiden Komponenten jeweils die Kugel im Inneren.

≫ Markiere das gesamte Modell und löse die Instanzen in Einzelteile auf.

≫ Zeichne zwischen den Schnittpunkten (wo vorher die Kugeln saßen) waagerechte Linien. Es entstehen neue dreieckige und rechteckige Flächen. Wenn eine senkrechte Fläche entsteht, lösche sie gleich wieder. Die Flächen auf den waagerecht orientierten Schichten lässt du bestehen.

Kapitel 14

Blick in den Mikrokosmos

> Mildere die neuen waagerechten Linien ab. Klicke sie mit dem Pfeil (Leertaste) mit der rechten Maustaste an und wähle im Kontextmenü den Befehl ABMILDERN.

> Färbe die Schichten unterschiedlich ein.

Molekülmodelle

Moleküle sind Gebilde, die aus mehreren Atomen zusammengesetzt sind. Atome kann man sich als winzig kleine Kugeln vorstellen. Atome eines chemischen Elements sind alle genau gleich groß. Die Tabelle zeigt die Atomradien einiger Elemente. Die Einheit für den Radius ist Pikometer (1 pm = 0,000000000001 m).

Element	Symbol	Atomradius
Chlor	Cl	99 pm
Kohlenstoff	C	77 pm
Sauerstoff	O	66 pm
Stickstoff	N	70 pm
Schwefel	S	104 pm
Wasserstoff	H	37 pm

In diesem Abschnitt konstruieren wir ein Wasser- und ein Alkoholmolekül. Hast du schon einmal aus Kastanien und Streichhölzern Modelle gebaut? Du steckst Streichhölzer in eine Kastanie und steckst dann auf die herausragenden Streichholzenden andere Kastanien. So ähnlich werden wir bei diesen Projekten auch vorgehen.

Zwei Moleküle: Wasser (links) und Alkohol (rechts).

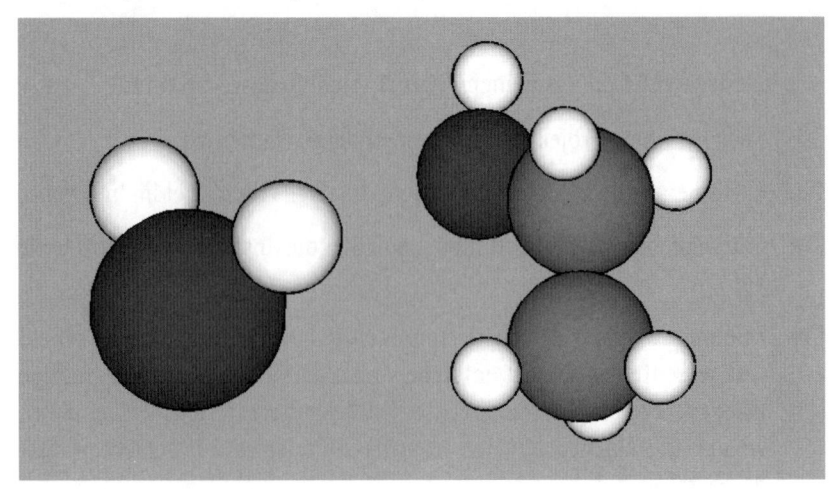

Molekülmodelle

Das Wassermolekül

Ein Wassermolekül besteht aus einem Sauerstoffatom und zwei Wasserstoff-Atomen. Der Bindungswinkel zwischen den beiden Wasserstoff-Atomen beträgt 104,5°.

Konstruiere zunächst das Modell des Wasserstoffatoms. Es ist eine Kugel mit dem Radius 37 m. Im Innern ist eine Winkellinie, deren Knick der Mittelpunkt der Kugel ist. Du kannst auch eine Kugel-Komponente aus einem anderen Modell (z. B. aus dem Kochsalz-Projekt) kopieren und überarbeiten. Das geht so:

- Klicke mit dem Auswahlwerkzeug eine Instanz der gewünschten Komponente an (z. B. Natriumion im Kochsalz-Projekt).
- Drücke die Tastenkombination [Strg] [C]. Damit wird die Komponente gespeichert
- Öffne die SketchUp-Datei mit deinem neuen Projekt.
- Drücke die Tastenkombination [Strg] [V]. Damit wird die gespeicherte Komponente in das neue Projekt eingefügt.
- Öffne die Dialogbox FENSTER|KOMPONENTEN und gib der Komponente einen neuen Namen, z. B. Wasserstoff.

Die Kugel muss nun auf die richtige Größe gebracht werden.

- Du öffnest die Kugel durch einen Doppelklick mit dem Auswahlwerkzeug und wechselst in die Standardansicht VORNE.
- Zeichne eine Linie von der Mitte bis zum Rand (zweites Bild).
- Wähle das Maßband und sorge dafür, dass kein Pluszeichen neben dem Mauszeiger zu sehen ist. Klicke auf den Mittelpunkt und dann auf den rechten Endpunkt der waagerechten Linie (drittes Bild).
- Gib über die Tastatur den Radius 37m ein und beende die Eingabe mit [↵].

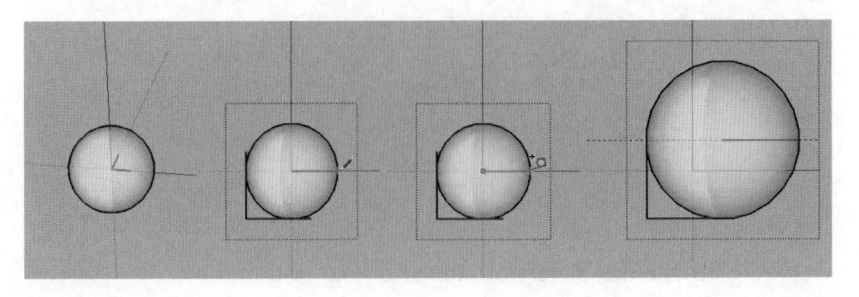

Kapitel 14 — Blick in den Mikrokosmos

Von dieser Kugel stellst du (mit VERSCHIEBEN/KOPIEREN) eine Kopie her und wandelst sie in eine neue Komponente um. Das geht so:

> Klicke die Kopie mit der rechten Maustaste an und wähle den Befehl EINMALIG MACHEN.

> Klicke nochmals mit rechts und wähle ELEMENTINFORMATIONEN. Gib der neuen Komponente einen sinnvollen Namen (z. B. Sauerstoff).

Bringe diese Kugel auf die richtige Größe. Sie muss einen Radius von 66 m haben. Mache dies genauso, wie du es beim Wasserstoffatom gemacht hast.

Achte darauf, dass die Ansicht VORNE und die PARALLELE PROJEKTION eingestellt ist. Verlängere die waagerechte Linie etwa auf das Doppelte (erstes Bild). Markiere mit dem Auswahlwerkzeug (Leertaste) und gedrückter ⌈Strg⌉-Taste alle Teile der waagerechten Linie. Mache sie zu einer Gruppe, damit sie von der Kugel getrennt ist. Nun drehst du eine Kopie dieser Linie um 104,5° nach links (zweites Bild). Das geht so:

> Klicke mit dem Auswahlwerkzeug (Leertaste) auf die Gruppe, so dass sie blau markiert ist.

> Wähle das Werkzeug DREHEN und drücke einmal die Taste ⌈Strg⌉. Der Mauszeiger sieht aus wie zwei gebogene Pfeile, die von einem Winkelmesser umgeben sind.

> Klicke auf den linken Endpunkt der Gruppe in der Mitte der Kugel. Der Winkelmesser liegt nun fest. Klicke das andere Ende der Linie an und drehe die Kopie der Linie.

> Gib über die Tastatur den Drehwinkel ein: 104,5 ↵.

Färbe die Kugel rot ein. Nun hast du eine rote Kugel mit zwei Linien, die aus ihr herausragen. Das ist wie eine Kastanie, in die du zwei Streichhölzer gesteckt hast. Die Linien machen es dir leicht, Wasserstoff-Atome an die richtigen Stellen zu setzen (rechtes Bild).

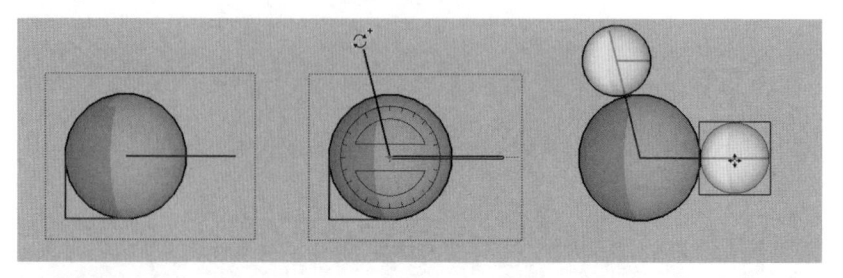

Wenn die Striche des Sauerstoffatoms zu lang sind und aus den Wasserstoff-Atomen herausragen, kannst du sie auf folgende Weise entfernen:

Molekülmodelle

- Markiere das gesamte Modell.
- Klicke mit der rechten Maustaste und wähle den Befehl IN EINZELTEILE AUFLÖSEN.
- Lösche die überstehenden Linien mit dem Radiergummi.

Das Alkoholmolekül

Nach der Methode »Kastanien und Streichhölzer« kann man alle möglichen Moleküle konstruieren. In diesem Abschnitt geht es um ein Alkoholmolekül. Seine chemische Formel lautet C_2H_5OH. Es besteht also aus zwei Kohlenstoff-, einem Sauerstoff- und sechs Wasserstoff-Atomen.

Zuerst musst du Komponenten mit Modellen dieser Atome bereitstellen. Sauerstoff und Wasserstoff kannst du dem letzten Modell entnehmen. Das Kohlenstoffatom kannst du aus einer Komponente aus dem Diamant-Projekt entwickeln. Du musst nur die Größe der Kugel und die Länge der Bindungslinien verändern.

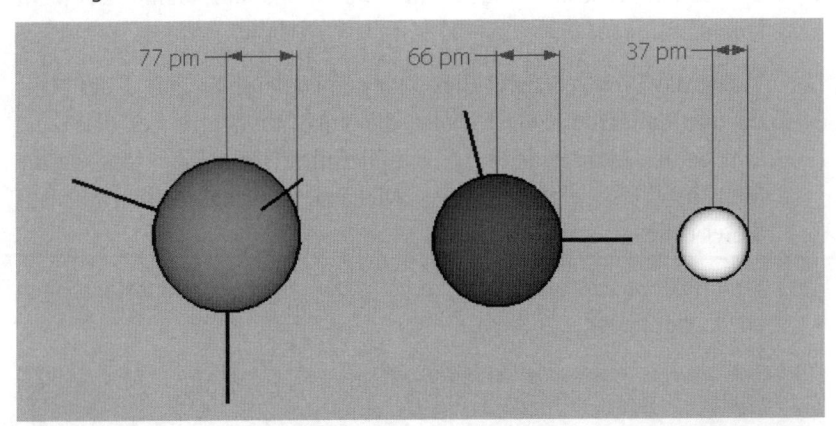

- Mache von dem Kohlenstoffatom eine Kopie und spiegle einmal entlang der blauen Achse und einmal entlang der roten Achse.
- Setze die beiden Kohlenstoff-Atome zusammen wie auf dem ersten Bild.
- Setze an das obere Kohlenstoff-Atom ein Sauerstoff-Atom. Sein Mittelpunkt muss auf einer Bindungslinie des Kohlenstoffatoms liegen.
- Drehe nun in zwei Schritten das Sauerstoffatom. Die erste Drehung ist einfach. Du stellst die Standardansicht VORNE ein und drehst das Sauerstoffatom um sein Zentrum. Seine Bindungslinie muss genau auf der vom Kohlenstoff liegen.

Kapitel 14

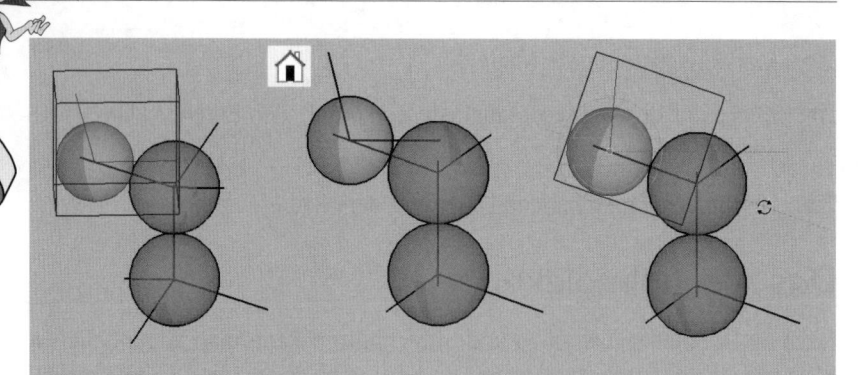

Blick in den Mikrokosmos

Jetzt kommt etwas Spezielles. Schau dir das Molekül in der Standardansicht LINKS an. Das Sauerstoffatom ist etwas nach links verdreht. Es muss also etwas nach rechts gedreht werden. Das Problem: Du drehst nicht um eine Koordinatenachse, sondern um die vordere Bindungslinie. Das heißt, der Winkelmesser muss genau senkrecht auf dieser Linie stehen. Das machst du so:

> Blende zunächst die Kugeln im Vordergrund aus, damit sie nicht stören.

> Wähle das Drehwerkzeug, klicke auf den vorderen Endpunkt der Linie, um die du drehen willst, halte die linke Maustaste gedrückt und schiebe den Mauszeiger ein Stück über diese Linie. Dann lässt du die Maustaste los. Jetzt steht der Winkelmesser genau senkrecht auf dieser Linie.

> Drehe das Sauerstoffmolekül so, dass die hintere Bindungslinie nach oben zeigt. Fertig.

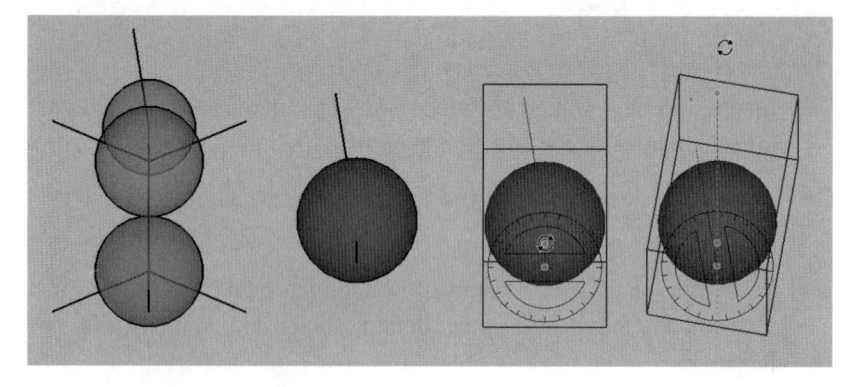

Nun kannst du alles wieder einblenden. Setze nur noch die Wasserstoff-Atome auf die Bindungsarme der Kohlenstoff-Atome und des Sauerstoff-Atoms und entferne die überstehenden Linien (siehe letzter Abschnitt).

Modell eines Grippevirus

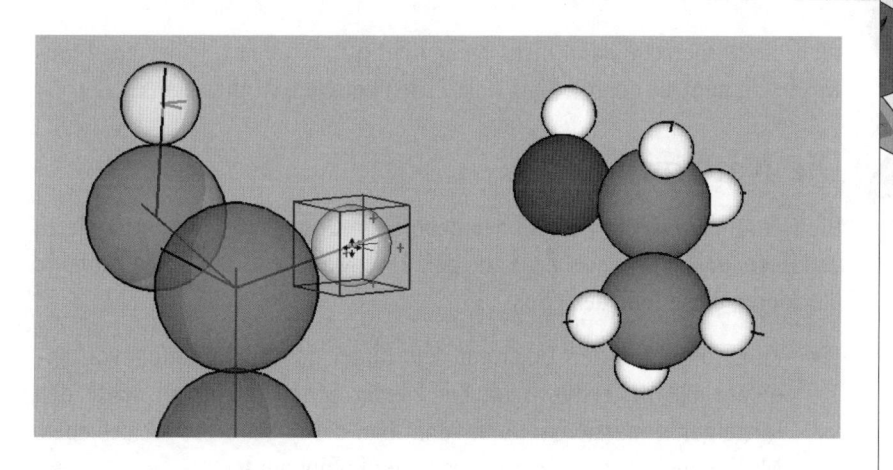

Modell eines Grippevirus

Viren sind Gebilde an der Grenze zwischen Leben und toter Materie. Ein Virus kann sich nicht selbst fortpflanzen und ist deshalb kein Lebewesen im üblichen Sinne. Auf der Abbildung siehst du das 3D-Modell eines Grippevirus.

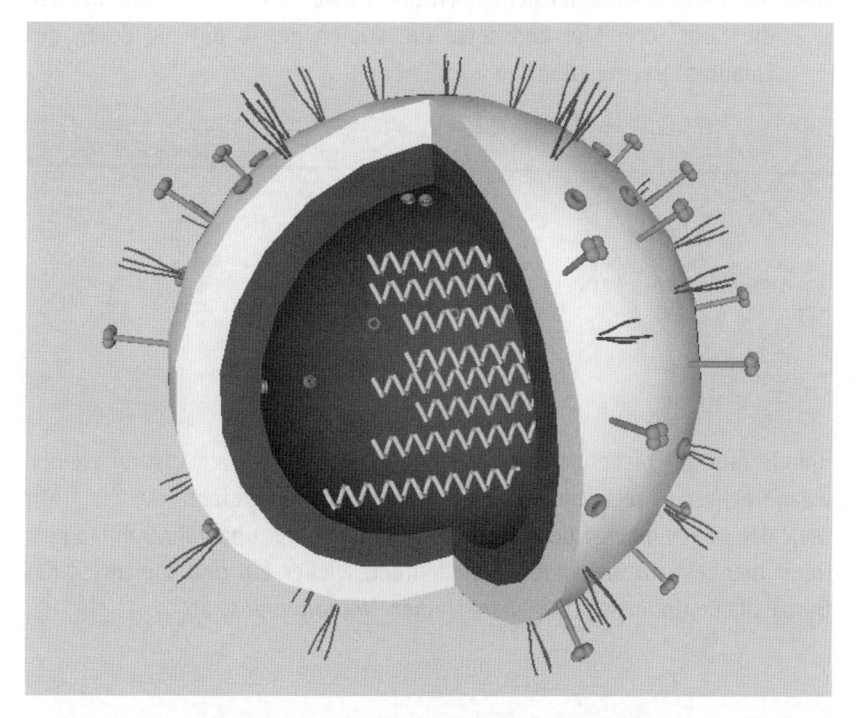

Modell eines Grippevirus.

Im Inneren befinden sich spiralförmige Nukleinsäure-Moleküle. Sie enthalten die Erbinformation, den Bauplan des Virus. Wenn ein Virus eine Zelle befällt, spritzt es die Nukleinsäure in das Innere der Wirtszelle. Diese ist nun gezwungen, statt körpereigener Proteine neue Viren zu produzieren.

Kapitel 14 — Blick in den Mikrokosmos

Weil die Körperzelle dann nicht mehr richtig funktioniert, leidet das Lebewesen, zu dem sie gehört. Sind viele Zellen befallen, wird es krank.

Die Neuraminidase

Die Neuraminidase hilft einem neu geborenen Grippevirus, die Wirtszelle zu verlassen und eine neue Zelle zu befallen. Manche Grippe-Medikamente blockieren diese Teile des Virus.

- Konstruiere um den Ursprung eine Kugel mit einem Radius von ungefähr 0,8 m (erstes Bild). Ein kleiner Strich im Innern sollte den Mittelpunkt markieren. Dann kann man die Kugel besser verschieben. Mache die Kugel zu einer Gruppe oder Komponente.

- Zeichne an den Ursprung ein Quadrat mit einer Kantenlänge von etwa 1 m (zweites Bild). In das Quadrat zeichnest du zwei Diagonalen, um so den Mittelpunkt zu markieren.

- Verschiebe Kugel und Quadrat gemeinsam so, dass der Mittelpunkt des Quadrates genau im Ursprung des Koordinatenkreuzes sitzt.

- Stelle die Standardansicht OBEN und PARALLELE PROJEKTION ein. Kopiere die Kugel drei Mal und setze die Kopien genau auf die Ecken des Quadrats (rechtes Bild).

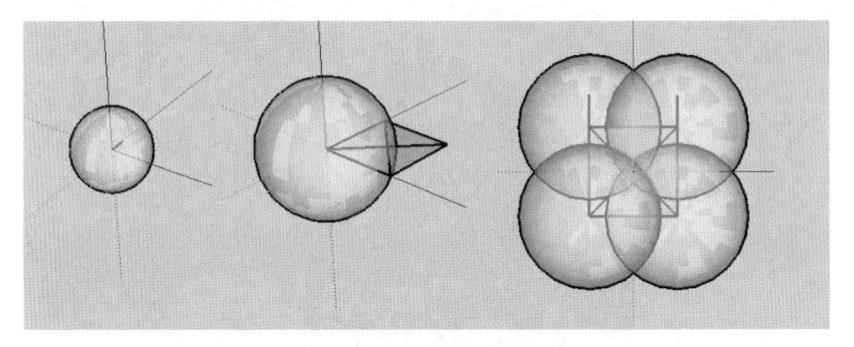

Blende nun das bisherige Modell aus und zeichne um den Ursprung einen waagerechten Kreis mit einem Radius von ungefähr 0,4 m. Mit DRÜCKEN/ZIEHEN machst du daraus einen Zylinder, der ungefähr 9 m lang ist. Dann blendest du die anderen Modellteile wieder ein und speicherst das Ganze als Komponente unter dem Namen *Neuraminidase* ab.

Modell eines Grippevirus

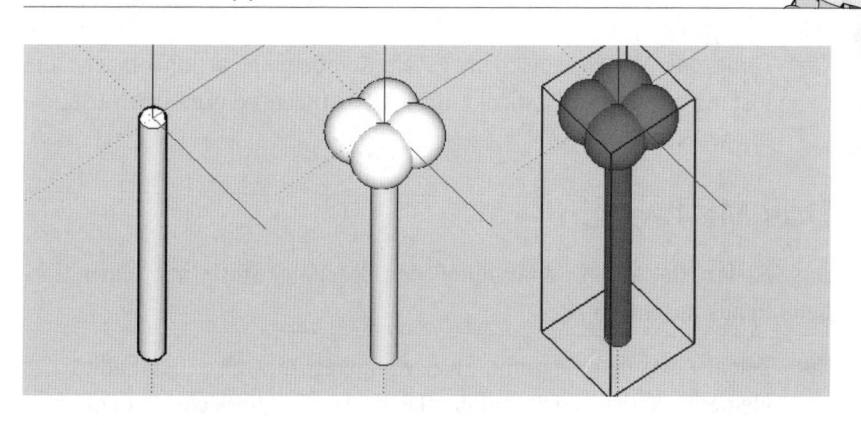

Hämagglutinin

Mit den Hämagglutinin-Körpern heftet sich das Virus an die Außenwand einer Zelle. Sie wirken wie Anker.

> Stelle die Ansicht VORNE und PARALLELE PROJEKTION ein und zeichne mit dem Bogenwerkzeug eine Linie wie im ersten Bild (Länge etwa 10 m).

> Zeichne an das untere Ende eine Kreisfläche (zweites Bild).

> Mit dem Folge-mir-Werkzeug konstruierst du ein schlauchartiges Gebilde. Mache aus ihm eine Gruppe.

> Stelle die Standardansicht OBEN und PARALLELE PROJEKTION ein. Markiere die Gruppe. Wähle das Werkzeug DREHEN (Q) und drücke einmal auf die [Strg]-Taste, um den Kopiermodus einzustellen.

> Drehe eine Kopie der Figur um 120°.

> Gib über die Tastatur X2 [↵] ein, damit noch eine zweite Kopie erstellt und gedreht wird.

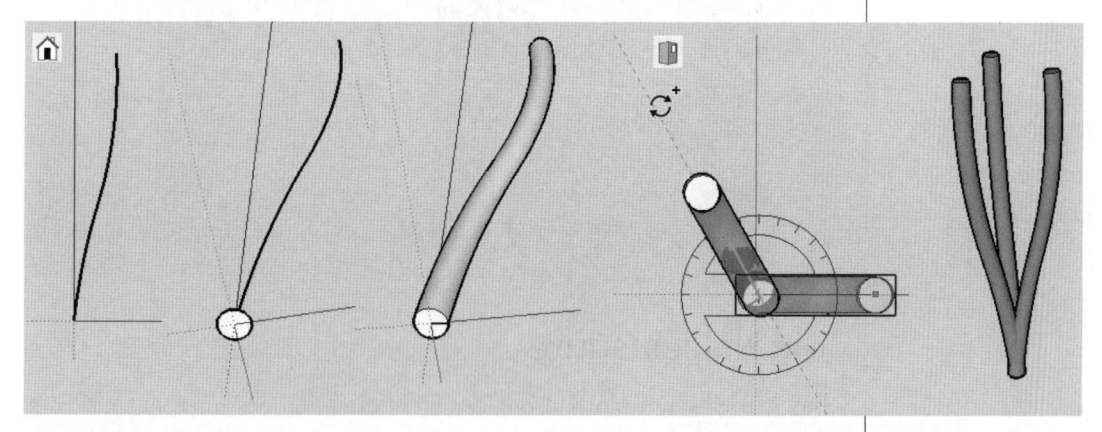

Kapitel 14

Blick in den Mikrokosmos

➤ Färbe das Modell, speichere es als Komponente ab und mache die Instanz auf der Arbeitsfläche unsichtbar (Rechtsklicken und AUSBLENDEN wählen).

Das M2-Protein

Das M2-Protein ist ein Kanal, durch den das Virus Stoffe mit seiner Umgebung austauscht.

➤ Zeichne um den Ursprung zwei waagerechte Kreise. Der Radius des kleineren Kreises ist ungefähr 0,6 m. Lösche die kleine Innenfläche, damit eine Ringscheibe bleibt (linkes Bild).

➤ Mache mit DRÜCKEN/ZIEHEN aus der Ringfläche ein Rohr (Länge 10 m).

➤ Suche auf der äußeren Oberkante des Rohrs den Endpunkt, der genau über der roten Achse liegt, und zeichne um diesen Punkt einen kleinen senkrechten Kreis (mittleres Bild).

➤ Mit FOLGE-MIR erzeugst du einen Ring wie im rechten Bild.

➤ Färbe die Figur ein, speichere sie als Komponente ab und blende die Instanz auf der Arbeitsfläche aus.

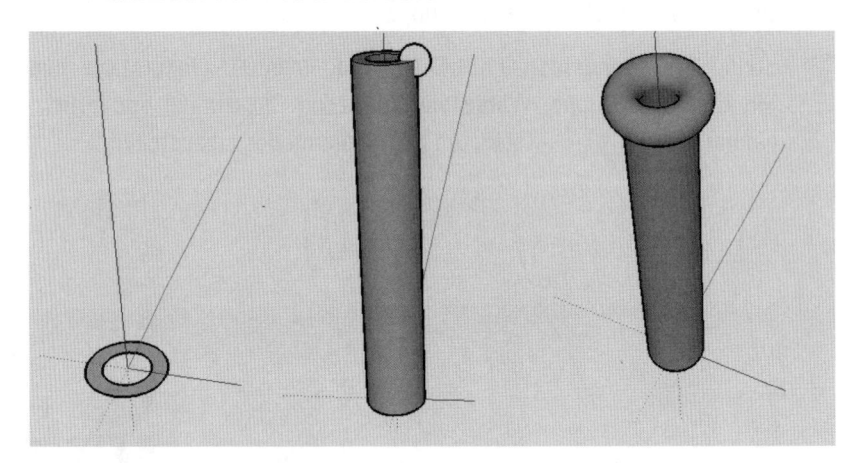

Die Nukleinsäure

Das Nukleinsäure-Molekül mit der Erbinformation des Virus hat die Form einer Spirale. Du konstruierst zuerst eine spiralförmige Linie, über die dann mit dem Folge-mir-Werkzeug eine Kreisfläche (als Querschnitt) gezogen wird. Im ersten Schritt zeichnest du – Linie für Linie – eine einzige Windung der Spirale. Das ist ziemlich aufwändig:

➤ Zeichne um den Ursprung ein Sechseck (Radius etwa 1,5 m) und ziehe es zu einem Prisma hoch.

Modell eines Grippevirus

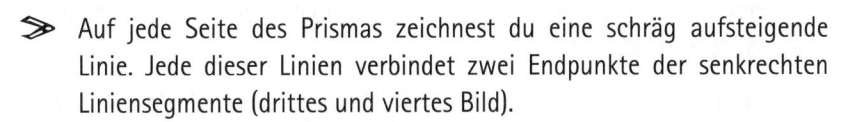

≫ Unterteile die senkrechten Kanten jeweils in sechs Segmente (zweites Bild).

≫ Auf jede Seite des Prismas zeichnest du eine schräg aufsteigende Linie. Jede dieser Linien verbindet zwei Endpunkte der senkrechten Liniensegmente (drittes und viertes Bild).

So erhältst du eine durchlaufende Linie, die eine Windung der Spirale ergibt.

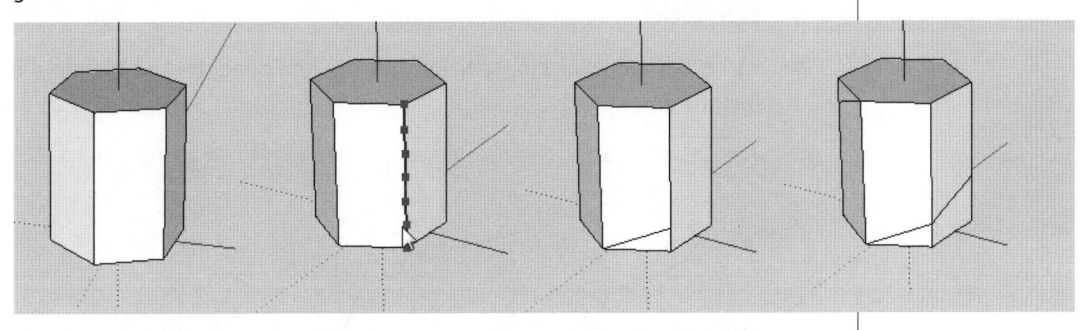

≫ Lösche nun alle Linien des Prismas. Es war nur eine Konstruktionshilfe (linkes Bild).

≫ Markiere die gesamte Spiralwindung und wähle VERSCHIEBEN/KOPIEREN (M). Klicke auf den unteren Anfangspunkt der Spiralwindung, bewege die Kopie entlang der blauen Achse so nach oben, dass sie genau an das Ende des Originals anschließt.

≫ Gib über die Tastatur X8 ↵ ein. Dann wird der Kopiervorgang sieben Mal wiederholt (mittleres Bild).

≫ Zeichne auf die unterste Linie ein Rechteck (rechtes Bild).

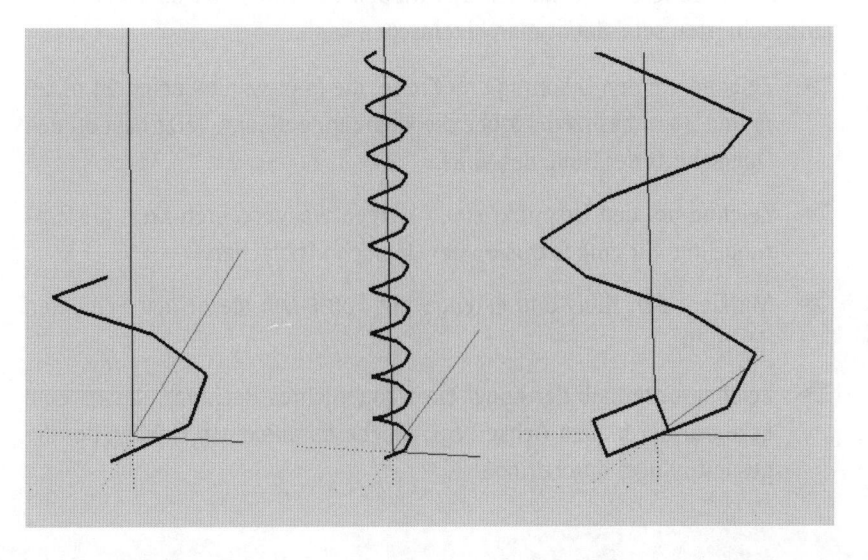

Kapitel 14 — Blick in den Mikrokosmos

≫ Erzeuge aus dem Rechteck einen Quader. Zeichne wie im ersten Bild auf die Stirnseite des Quaders einen Kreis um den Endpunkt der ersten Linie der Spirale. Dieser Kreis ist der Querschnitt der Nukleinsäure-Spirale.

≫ Dieser Kreis steht nun genau senkrecht um die erste Linie der Spirale. Das ist wichtig für die Extrusion, die nun erfolgen soll.

≫ Markiere die gesamte Spirallinie und klicke mit FOLGE-MIR auf die Kreisfläche.

≫ Färbe das Molekül ein, speichere es als Komponente und blende die Instanz aus.

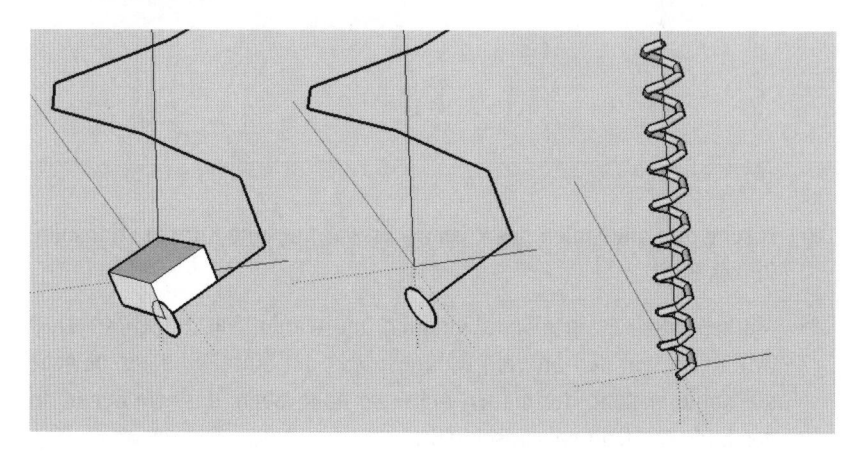

Die Hülle

Die kugelförmige Hülle des Virus besteht aus einer inneren Eiweißschicht und einem äußeren Fettmantel. Das Modell der Hülle soll an einer Stelle aufgeschnitten sein, damit man hineinsehen kann.

≫ Zeichne um den Ursprung drei Kreise, die in etwa die Radien 24 m, 29 m und 34 m besitzen. Lösche die kleine Innenfläche. Jetzt hast du den Querschnitt der Hülle des Virus.

≫ Zeichne um den Ursprung einen kleinen waagerechten Kreis als Führungslinie für eine Extrusion der Querschnittsflächen.

≫ Markiere den Kreis und erzeuge mit FOLGE-MIR die beiden Schichten der Hülle.

≫ Zeichne unterhalb der Kugel ein waagerechtes Rechteck, dessen eine Ecke auf der blauen Achse liegt. Mache daraus einen Quader, der die gesamte Kugel durchdringt.

Modell eines Grippevirus

» Markiere Kugel und Quader und verschneide die beiden Körper. Klicke mit der rechten Maustaste und wähle im Kontextmenü den Befehl VERSCHNEIDEN|AUSWAHL VERSCHNEIDEN.

» Lösche alle überflüssigen Linien und Flächen.

» Färbe die Figur und mache aus ihr eine Gruppe.

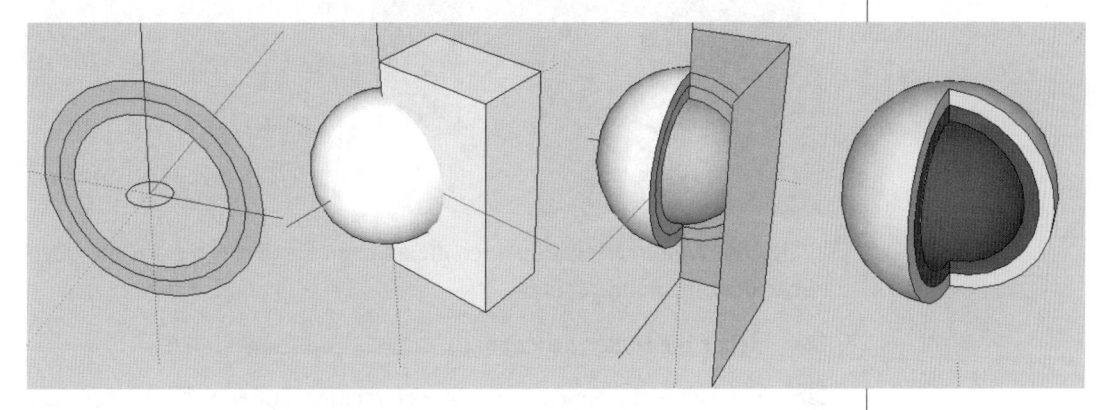

Das Gesamtmodell zusammenbauen

Die Hülle lässt du auf dem Bildschirm und fügst nun Schritt für Schritt Einzelteile hinzu. Instanzen aller Komponenten befinden sich versteckt im Mittelpunkt des Koordinatenkreuzes. Im Fenster GLIEDERUNG werden ihre Namen angezeigt. Die Schrift ist grau und kursiv, weil sie unsichtbar sind.

» In der Gliederung klickst du den Eintrag für das Hämagglutinin-Molekül an und blendest es wieder ein.

» Verschiebe das Element in blauer Richtung nach oben, bis es aus der Hülle herausragt (linkes Bild).

» Stelle eine Standardansicht ein, so dass du exakt von der Seite auf die Öffnung in der Hülle schaust (mittleres Bild).

» Blende die Hülle aus. Wichtig: Zeichne an den Ursprung einen kleinen Strich. Nun kannst du leicht den Winkelmesser des Werkzeuges DREHEN (Q) auf den Ursprung des Koordinatensystems setzen.

» Markiere mit dem Auswahlwerkzeug das Hämagglutinin und drehe es um den Mittelpunkt des Koordinatenkreuzes ein Stück nach rechts.

» Kopiere Hämagglutinin ein paar Mal mit dem Drehwerkzeug und drehe die Kopien (wieder um den Ursprung des Koordinatensystems) nach rechts und verteile sie entlang eines (gedachten) Halbkreises (rechtes Bild). Stell dir vor, die Viruskugel sei die Erde. Dann setzt du

Kapitel 14 — Blick in den Mikrokosmos

die Figuren auf den gleichen Längengrad, aber verschiedene Breitengrade.

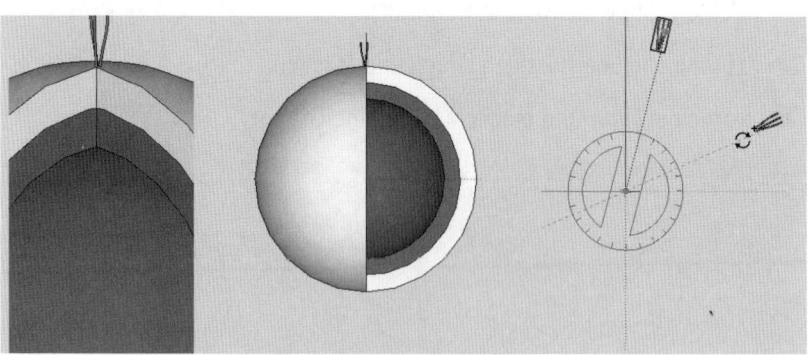

In gleicher Weise verteilst du auch die anderen Elemente, die auf die Oberfläche der Virushülle gehören.

≫ Blende die Hülle wieder ein (BEARBEITEN|EINBLENDEN|LETZTE).

≫ Alle Elemente liegen nun auf der rechten äußeren Kante des Ausschnitts in der Hülle. Verteile sie ein wenig über die Oberfläche, indem du sie um die blaue Achse drehst (linkes Bild).

≫ Markiere die Elemente mit dem Auswahlwerkzeug. Drehe eine Kopie gegen den Uhrzeigersinn (»hintenherum«) um die blaue Achse bis auf die andere Seite. Gib über die Tastatur /8 ⏎ ein. Dann werden weitere Kopien über die Oberfläche der Hülle verteilt.

≫ Zum Schluss platzierst du noch die Nukleinsäure-Spiralen in das Innere der Hülle. Fertig.

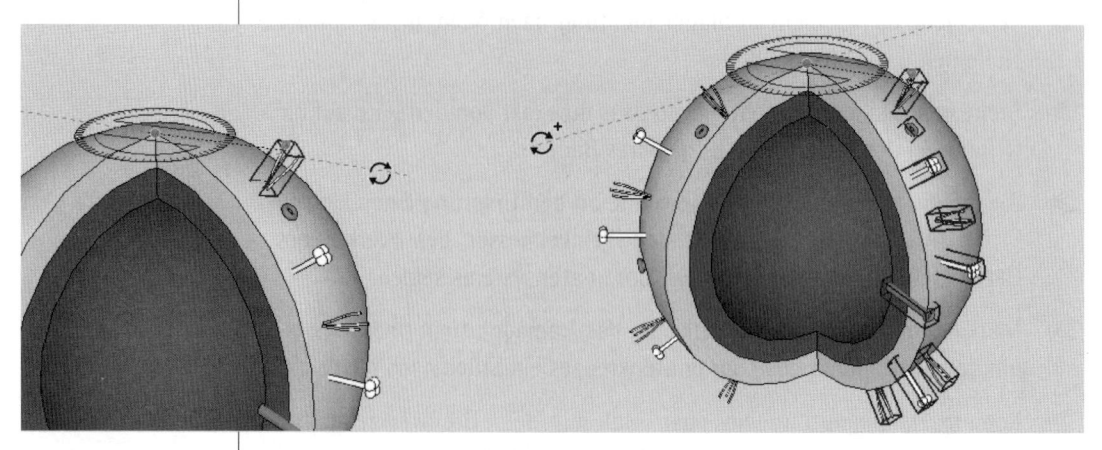

Zusammenfassung

- Ein Modell, das den Aufbau eines Kochsalzkristalls veranschaulicht, besteht aus einem dreidimensionalen Gitter und zwei Arten von Kugeln für die Natrium- und für die Chlorid-Ionen.
- Ein dreidimensionales Gitter kannst du aus einem Würfel erzeugen. Du musst zusätzliche Linien einzeichnen und entstehende Flächen löschen.
- Aus einem Würfel kannst du einen regelmäßigen Tetraeder konstruieren.
- Um Moleküle zu konstruieren, erstellst du zunächst für jede enthaltene Atomsorte eine Komponente. Jedes Atom wird durch eine Kugel dargestellt, von deren Mittelpunkt Linien für die Bindungen ausgehen.
- Eine Spirale musst du Linie für Linie um ein Prisma herum zeichnen.
- Auf eine kugelförmige Oberfläche platzierst du Figuren auf folgende Weise: Der Mittelpunkt der Kugel sollte im Ursprung sein. Setze die Figur oben auf die Kugel. Blende die Kugel aus. Drehe die Figur zuerst um eine waagerechte Achse und dann um die blaue (senkrechte) Achse.

Ein paar Fragen ...

Frage 1: Was ist ein Tetraeder?

Frage 2: Wie platzierst du den Winkelmesser, wenn du ein Objekt um eine beliebige Linie (die nicht parallel zu einer Koordinatenachse ist) drehen willst?

Frage 3: Wie kannst du eine Komponente aus einem anderen Modell übernehmen?

Frage 4: Warum verwendet man keinen Zylinder um eine Spirale zu konstruieren?

Kapitel 14

Blick in den Mikrokosmos

... und ein paar Aufgaben

1. Verändere die beiden Atom-Komponenten des Diamantprojektes so, dass eine Struktur wie in der Abbildung entsteht. Hier werden die Atome als Tetraeder dargestellt.

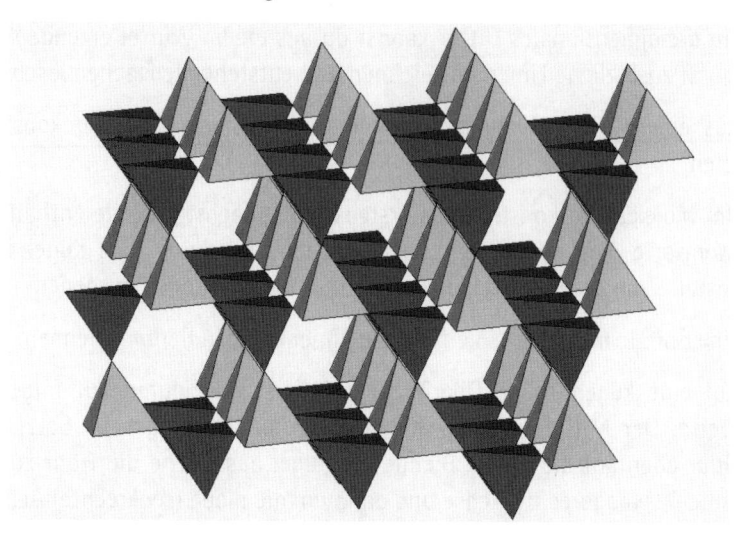

2. Bleistiftminen enthalten Graphit. Graphit besteht – wie Diamant – aus Kohlenstoff-Atomen. Allerdings sind die Atome in Schichten angeordnet wie in der Abbildung.

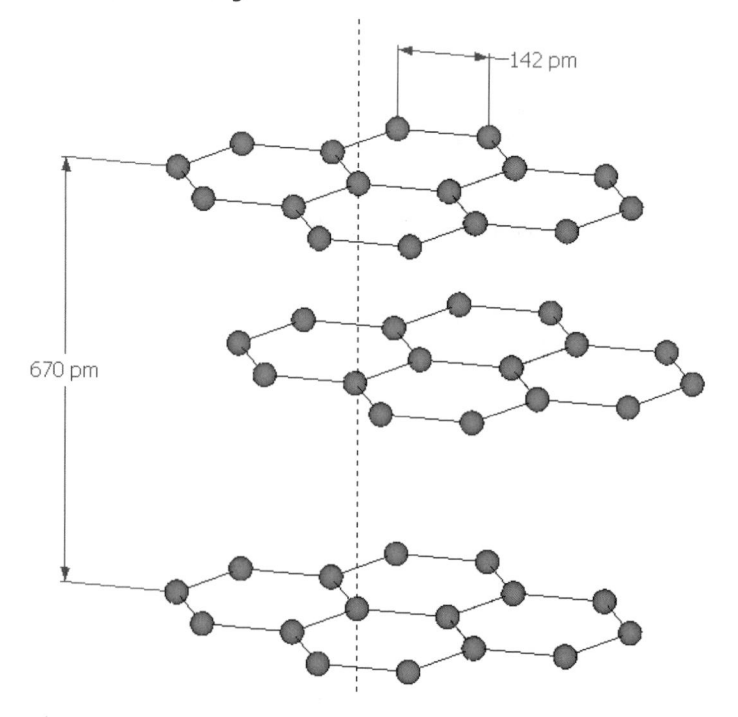

... und ein paar Aufgaben

Konstruiere ein Modell der Graphitstruktur. Die folgenden Bilder geben dir einen Hinweis, wie du vorgehen kannst.

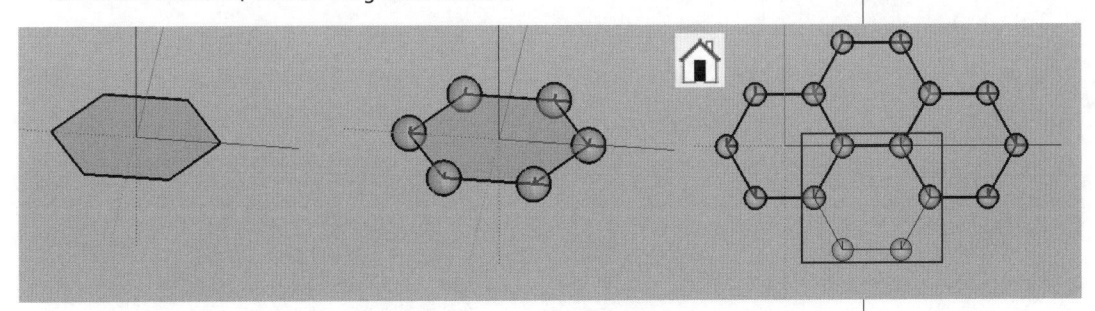

Konstruiere ein regelmäßiges Sechseck. Setze auf die Ecken Kugeln. Mache daraus eine Gruppe und kopiere mehrmals.

15
Garten und Landschaft

3D-Modellierung wird auch für die Gestaltung von Landschaften verwendet. Wenn ein Garten angelegt wird, sind alle neu gepflanzten Büsche, Stauden und Bäume noch klein. Mit einem 3D-Modell kann man sich eine Vorstellung verschaffen, wie der Garten später einmal aussehen wird. Bei der Landschaftsmodellierung spielen unregelmäßige Formen eine besondere Rolle. Der Untergrund ist nicht flach, sondern wellig. Jedes Gewächs hat eine andere Form. Oberflächen sind oft nicht einfarbig, sondern besitzen eine Textur. In diesem Kapitel geht es um folgende Fragen:

◉ Wie konstruierst du Zäune mit Hilfe von Texturen?

◉ Wie modellierst du eine Hecke?

◉ Wie gestaltest du eigene Texturen?

◉ Wie verwendest du dynamische Komponenten für Bäume und Stauden?

◉ Wie modellierst du unebenes Gelände und einen Teich?

◉ Wie erweiterst du deine SketchUp-Umgebung durch ein Ruby-Plug-in?

Kapitel 15

Garten und Landschaft

Ein kleiner Garten mit Teich

Im ersten Projekt legen wir einen Traumgarten mit Teich, Hecken, Bäumen, Stauden und Gartenmöbeln an.

Zuerst musst du dafür sorgen, dass die Sandkistenfunktionen verfügbar sind. Die Sandkistenfunktionen gehören nicht zur voreingestellten Ausstattung von SketchUp. Siehst du eine Symbolleiste wie in diesem Bild?

Gibt es im Menü ZEICHNEN den Befehl SANDKISTENFUNKTIONEN? Dann ist alles in Ordnung. Anderenfalls musst du jetzt erst einmal die folgenden Schritte ausführen:

» Wähle die Dialogbox FENSTER|VOREINSTELLUNGEN|ERWEITERUNGEN und setze ein Häkchen vor SANDKISTENFUNKTIONEN.

» Schließe SketchUp und starte es erneut.

Jetzt modellieren wir das Gelände. Überlege dir, wie groß der Garten werden soll. Ich wähle für dieses Projekt eine rechteckige Fläche von 10 m mal 20 m. Das ist eine typische Größe für einen Reihenhausgarten.

Das Gelände formen

Wähle im Menü das Werkzeug ZEICHNEN|SANDKISTE|NEUE WEICHE FLÄCHE oder klicke auf das Symbol mit der braunen gewellten Fläche (Bild oben links). Achte auf das Wertefeld rechts unten. Dort ist der Rasterabstand angegeben. Voreingestellt ist 3,0 m. Für unseren kleinen Garten ist dieses Raster zu grob. Gib über die Tastatur Folgendes ein: 1m ↵. Der Rasterabstand ist nun auf 1 m eingestellt.

Kicke auf den Ursprung und bewege den Mauszeiger entlang der roten Achse nach rechts. Es entsteht die Vorderkante einer neuen Sandkiste (linkes Bild). Bewege den Mauszeiger so lange nach rechts, bis im Wertefeld eine Länge von etwas mehr als 10 m angezeigt wird (z. B. 10,2 m). Klicke dann mit der linken Maustaste. Die Sandkiste wird dann genau 10 m breit. Denn mit diesem Werkzeug bekommt eine Sandkiste immer nur »glatte« Außenmaße, die ganze Vielfache des Rasterabstandes sind.

Ein kleiner Garten mit Teich

Bewege nun den Mauszeiger in Richtung der roten Achse und erstelle eine Sandkiste wie im Bild.

Die Sandkiste ist eine »weiche Fläche«, die du mit anderen Sandkistenfunktionen verformen kannst.

Klicke mit dem Auswahlwerkzeug (Pfeil) auf die neue Fläche. Sie ist nun von einem flachen blauen Kasten umgeben. Denn sie ist eine Gruppe. Klicke mit der rechten Maustaste und wähle den Befehl IN EINZELTEILE AUFLÖSEN. Dann kannst du sie leichter bearbeiten.

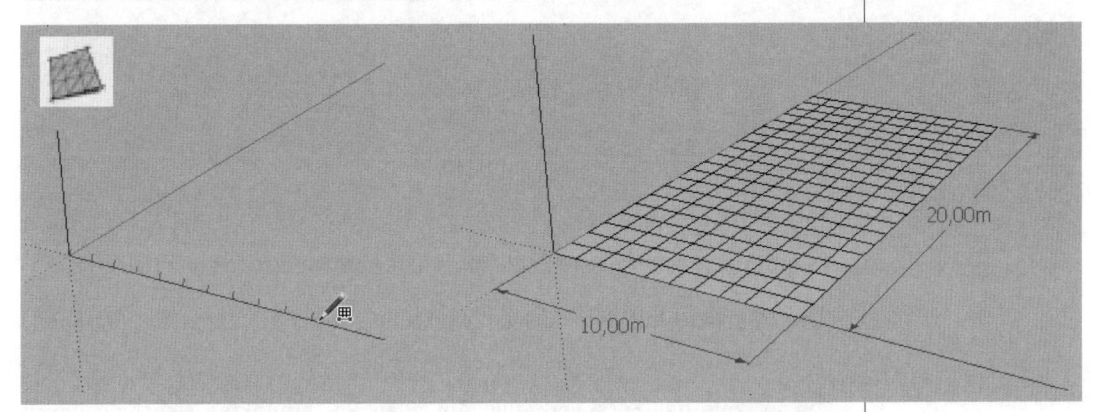

Wähle das Werkzeug TOOLS|SANDKISTE|FORMEN oder klicke auf das Symbol, das aussieht wie im Bild oben links. Es dient dazu, die Oberfläche der Sandkiste zu verformen. Der Mauszeiger (zwei blaue Pfeile mit einer kleinen welligen Fläche) ist umgeben von einem roten Kreis. Dieser markiert den Bereich auf der Sandkiste, der angehoben oder abgesenkt wird. Im Wertefeld ist der Radius des Kreises angegeben. Als erste Aktion mit dem Werkzeug kannst du den Radius verändern. In diesem Fall ist ein Radius von 2 m geeignet. Gib über die Tastatur 2m ⏎ ein. Nun modellierst du die Vertiefung für einen Teich:

> Klicke mit dem Formwerkzeug auf die Sandkiste. Der rote Kreis verschwindet. Auf den Rasterpunkten siehst du gelbe Quadrate unterschiedlicher Größe. In der Mitte sind sie dicker als am Rand. Je größer ein gelbes Quadrat ist, desto größer ist der Effekt der Verformung an dieser Stelle.

> Bewege der Mauszeiger nach unten. Die Oberfläche der Sandkiste wird an der markierten Stelle abgesenkt. In der Mitte stärker als am Rand. Du gräbst sozusagen ein Loch in den Sand.

Kapitel 15

Garten und Landschaft

- Wenn die Vertiefung in Ordnung ist, klickst du nochmals mit der linken Maustaste.
- Benutze mehrmals das Formwerkzeug und modelliere eine unregelmäßige Vertiefung.

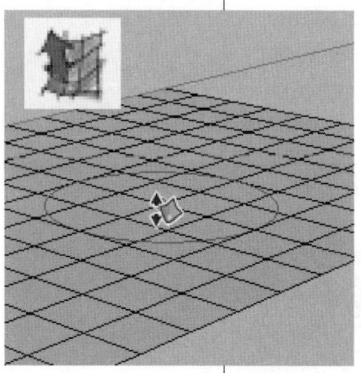

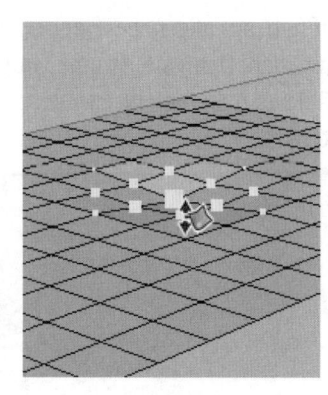

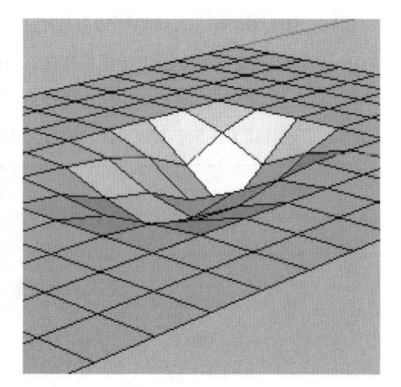

Es gibt noch eine zweite Möglichkeit, das Formwerkzeug zu verwenden.

- Markiere mit dem Auswahlwerkzeug (Leertaste) einen Teil der Sandkiste.
- Wähle das Formwerkzeug. Auf allen Rasterpunkten siehst du gleich große gelbe Quadrate.
- Bewege den Mauszeiger nach oben. Der markierte Bereich wird gleichmäßig angehoben. Es entsteht eine Art Plateau.

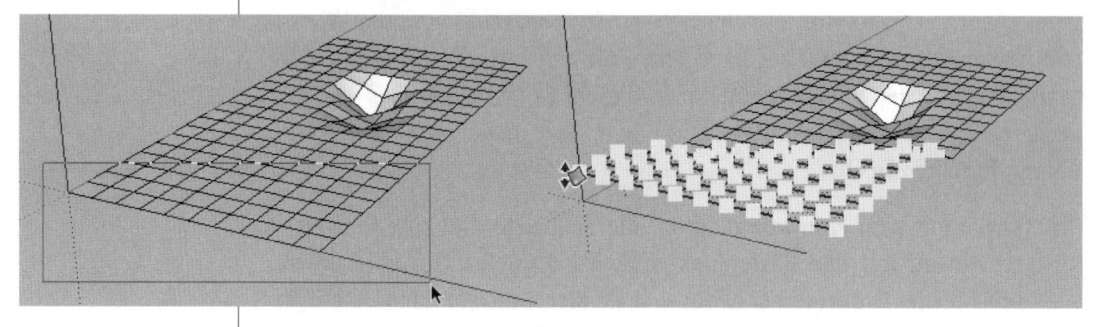

Nun musst du noch die Rasterlinien zum Verschwinden bringen, damit eine glatte Oberfläche entsteht.

Markiere mit dem Auswahlwerkzeug (Leertaste) das gesamte Gelände. Klicke mit der rechten Maustaste und wähle im Kontextmenü den Befehl KANTEN ABMILDERN/GLÄTTEN. Es erscheint eine Dialogbox wie im Bild. Sorge dafür, dass KOPLANAR ABMILDERN ausgewählt ist. Stelle am Schieberegler einen geeigneten Winkel ein, so dass ein glattes Gelände wie im Bild entsteht.

Ein kleiner Garten mit Teich

Mache aus dem Gelände eine Gruppe und färbe es grün ein (oder belege es mit einer Rasentextur).

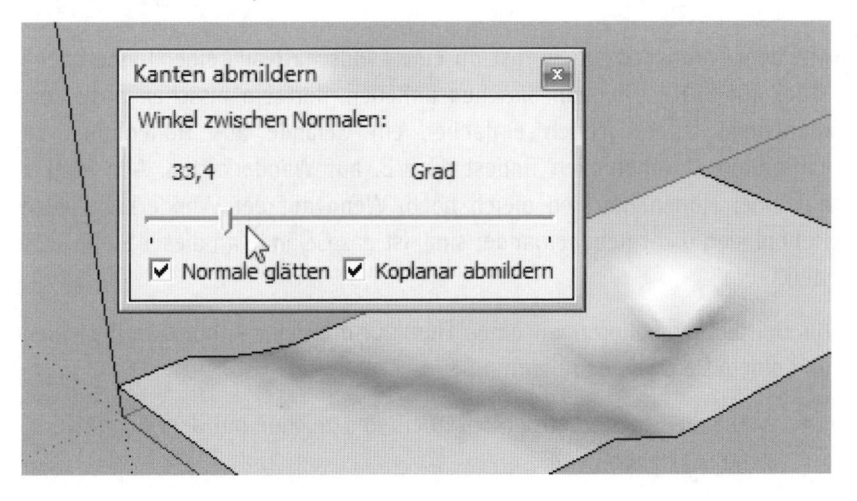

Der Teich

Der Teich ist schon ausgehoben. Es fehlt nur noch das Wasser. Wir konstruieren nun eine kreisförmige Wasseroberfläche und setzen sie in das Gelände.

» Zeichne um den Ursprung einen waagerechten Kreis. Er muss etwas größer als die Teichfläche sein.

» Mache aus der Kreisfläche eine Gruppe.

» Verschiebe die Kreisfläche in mehreren Schritten zur Vertiefung des Teichs (entlang der blauen Achse ein Stück nach unten, dann entlang der roten Achse nach rechts usw.). So entsteht die Wasseroberfläche.

» Wähle das Farbeimerwerkzeug und belege die Kreisfläche mit einer Wasser-Textur.

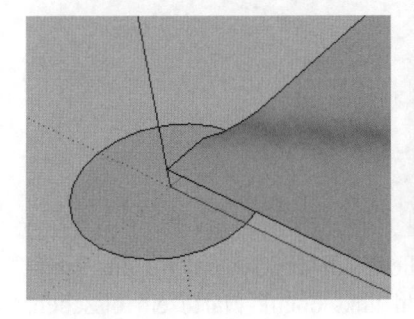

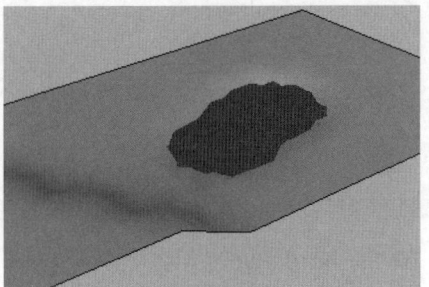

Kapitel

15

Garten und Landschaft

Eine Landschaft aus Höhenlinien

Mit dem Formwerkzeug formst du eine Landschaft aus einer Rasterfläche Stück für Stück. Hier ein bisschen anheben, dort ein bisschen absenken. Manchmal ist es jedoch einfacher, ein Gelände aus Höhenlinien zu konstruieren. Höhenlinien findest du z.B. auf Wanderkarten. Alle Punkte auf einer Höhenlinie sind gleich hoch. Wenn auf der Wanderkarte viele Höhenlinien dicht nebeneinander sind, ist das Gelände an dieser Stelle sehr steil.

Als Beispiel modellieren wir einen Flusslauf mit einer Anhöhe an der einen und einem Deich an der anderen Seite.

- Stelle die Standardansicht OBEN ein und zeichne mit dem Bogenwerkzeug (A) Höhenlinien.

- Lösche die Flächen zwischen den Linien.

- Wechsle in eine perspektivische Darstellung und verschiebe die Höhenlinien (in blauer Richtung) nach oben.

> So verschiebst du in Richtung der blauen Achse: Wenn du mit dem Verschiebewerkzeug (M) eine Höhenlinie angeklickt hast, drückst du einmal die Taste mit dem Pfeil nach oben. Dann ist die senkrechte Richtung (entlang der blauen Achse) fixiert.

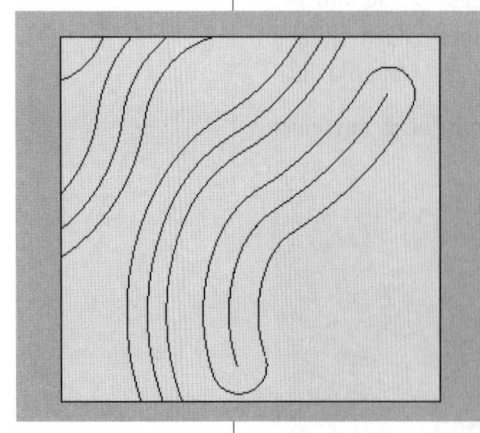

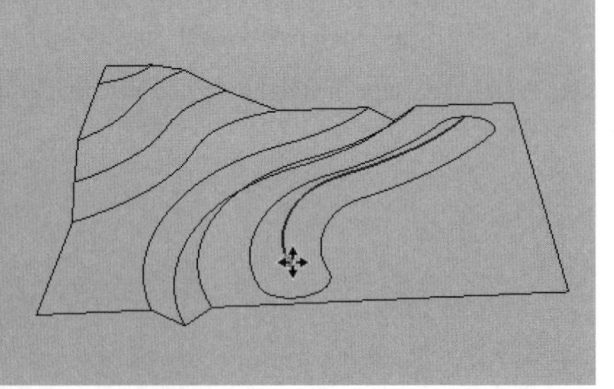

Wähle das gesamte Modell aus und klicke auf das Symbol für die Sandkistenfunktion AUS KONTUREN (siehe Bild links oben). Warte ein bisschen, dann entsteht auf den Linien eine Sandkistenfläche in einer Gruppe. Klicke mit dem Werkzeug VERSCHIEBEN/KOPIEREN auf die Fläche und schiebe sie nach oben. Du siehst, dass die Höhenlinien darunter immer noch da sind.

Eine Landschaft aus Höhenlinien

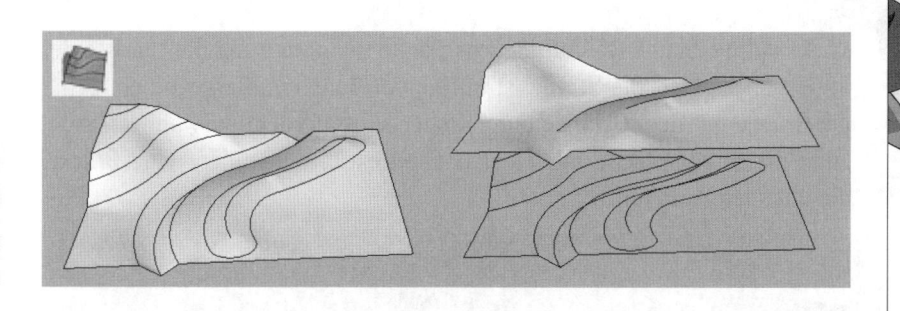

Eine Straße auf das Gelände setzen

Mit der Funktion FLÄCHE VERBINDEN kannst du von oben Linien auf die unebene Oberfläche einer Sandkiste projizieren. Mit dieser Technik kannst du z. B. eine Straße auf das Gelände zeichnen. Das geht so:

Zeichne oberhalb der Sandkiste eine waagerechte Fläche, die genau die Sandkiste abdeckt. Dabei kannst du das Ableitungssystem von SketchUp nutzen (siehe Bild).

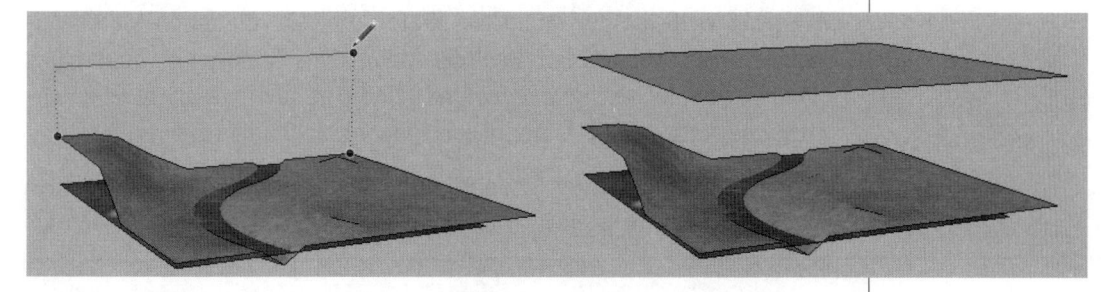

Auf diese Fläche zeichnest du aus Bogenlinien eine Kante der Straße. Markiere alle Liniensegmente und erzeuge mit Versatz eine zweite parallele Linie.

Lösche alle überflüssigen Linien so, dass nur noch die Straße übrig bleibt (linkes Bild). Wähle die gesamte Straße aus und klicke dann auf das Symbol FLÄCHE VERBINDEN. Es ist ein braunes Viereck mit einem Kreis darauf (Bild). Der Mauszeiger sieht nun aus wie eine kleine gelbe Fläche, auf die ein Schatten geworfen wird.

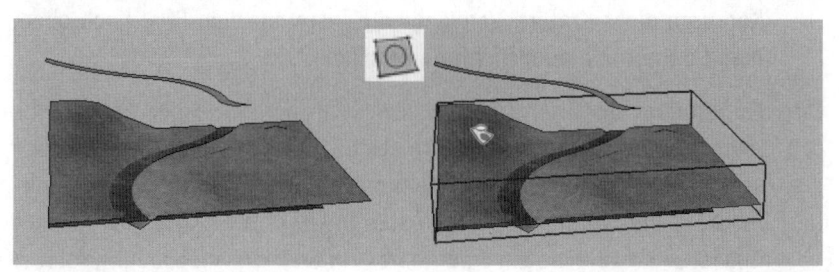

Kapitel 15 — Garten und Landschaft

Klicke auf die Sandkiste. Auf die Oberfläche sind nun exakt die Umrisse der Straße abgebildet. Die Straße ist auf das Gelände projiziert worden. Öffne die Gruppe mit dem Gelände durch Doppelklick mit dem Auswahlwerkzeug. Fülle die Straßenfläche mit einer Asphalttextur. Konstruiere eine Brücke, die über den Fluss führt.

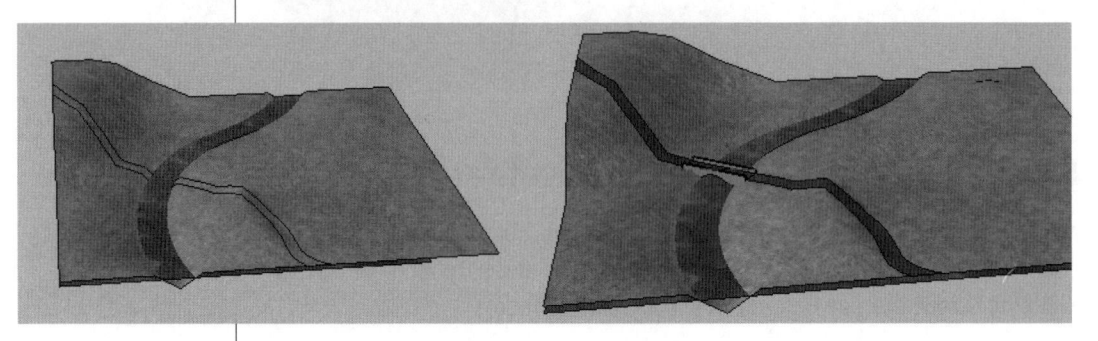

Eine Mondlandschaft mit Kratern

Wie jeder weiß, ist der Mond von Kratern übersät, die durch Meteoreinschläge verursacht wurden. Weil der Mond keine Atmosphäre besitzt und es somit dort auch keinen Regen und Wind gibt, fand praktisch keine Verwitterung statt und die Krater blieben über die Jahrmillionen erhalten.

Auch Kraterlandschaften kannst du sehr schön mit Höhenlinien modellieren. Du musst jedoch einen kleinen Trick verwenden, auf den ich gleich komme.

- Stelle die Standardansicht OBEN und PARALLELE PROJEKTION ein (Menü KAMERA).

- Zeichne kreisförmige Linien wie im linken Bild. Durch den innersten Kreis zeichnest du eine gerade Linie.

- Wechsle in die perspektivische Darstellung. Lösche alle Flächen zwischen den Linien.

- Verschiebe die Kreislinien nach oben und unten und modelliere die Konturen eines Kraters. Verwende die Taste mit dem Pfeil nach oben, damit du nur in blauer Richtung verschiebst.

- Nun kommt der Trick: Zeichne jeweils in der Mitte der Kreisdurchmesser eine kleine senkrechte Linie (rechtes Bild). Lösche anschließend die waagerechte Durchmesserlinie. Ohne die kleine senkrechte Linie würde die Sandkistenfunktion AUS KONTUREN in der innersten Kreisfläche ein furchtbares Liniengewirr erzeugen. (Probiere es aus!)

Eine Landschaft aus Höhenlinien

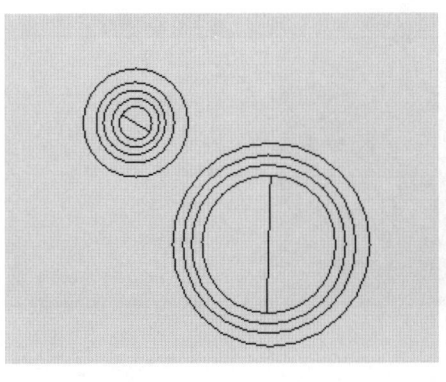

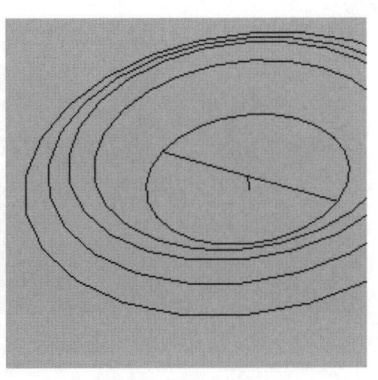

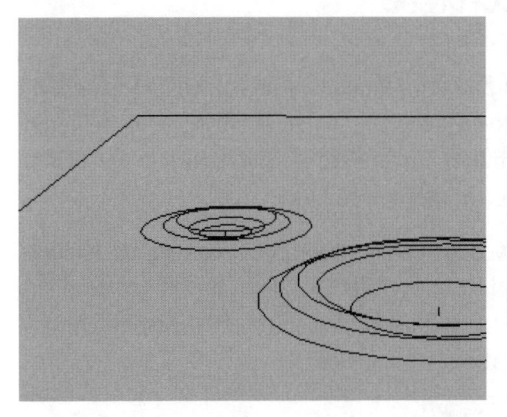

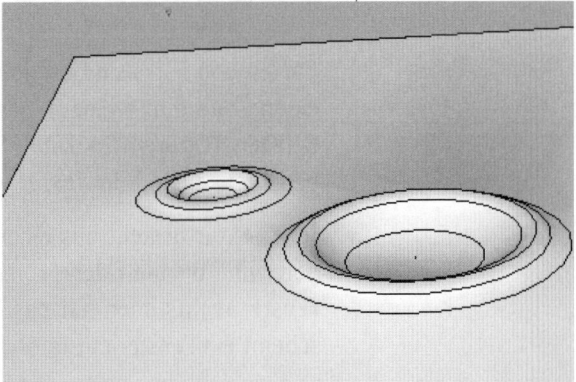

Markiere mit dem Auswahlwerkzeug (Leertaste) alle Linien. Klicke auf das Symbol AUS KONTUREN. Warte, bis die Sandkistenfläche entstanden ist.

Verschiebe die Sandkistenfläche ein Stück nach oben und lösche die Höhenlinien, die sich noch darunter befinden. Färbe die Fläche grau oder sandfarben ein. Um ein realistisches Bild zu bekommen, kannst du noch Schatten hinzufügen:

- Setze im Menü ANSICHT ein Häkchen vor SCHATTEN.

- Klicke im Menü auf FENSTER|SCHATTEN. Es öffnet sich die Dialogbox SCHATTENEINSTELLUNGEN (Bild).

- Mit dem oberen Schieberegler kannst du den Sonnenstand einstellen. Die Angaben (Monat und Uhrzeit) beziehen sich natürlich auf die Erde und nicht auf den Mond.

- Mit den Schiebereglern HELL und DUNKEL stellst du den Kontrast zwischen beleuchteten und nicht beleuchteten Flächen ein. Weil der Mond keine Atmosphäre hat, die das Licht streut, ist der Unterschied zwischen HELL und DUNKEL sehr groß.

Kapitel

15

Garten und Landschaft

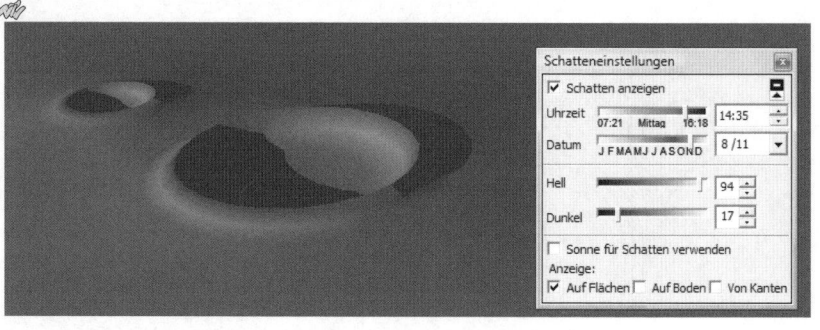

Hecken und Zäune

Gärten und Parks sind oft von Zäunen umgeben. Am schnellsten kannst du einen Zaun durch eine einfache Fläche mit einer Zauntextur modellieren. Bei den Texturen für Zäune musst du die Höhe und Position der Fläche beachten, die mit der Textur belegt werden soll.

Jede Textur besteht aus einem Bild bestimmter Größe, das immer wiederholt wird, bis die Fläche komplett ausgefüllt ist. Wenn du im Materialien-Fenster rechts oben auf das kleine Pluszeichen im Kreis klickst (Pfeil), erscheint ein Fenster mit Informationen zur Textur.

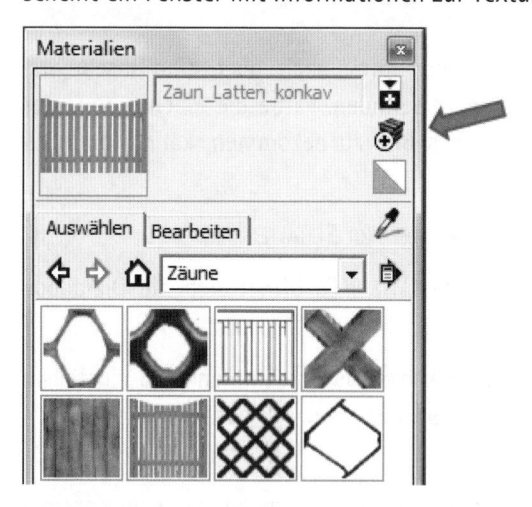

Im Falle des Lattenzauns kannst du ablesen, dass die Texturabbildung auf eine Höhe von etwa 1,07 m eingestellt ist.

Die Fläche für den Zaun sollte deshalb nicht höher als 1,07 m sein (besser ein klein wenig niedriger), weil sonst das Bild mehrmals wiederholt wird. Das sieht dann sonderbar aus (siehe Bild rechts). Außerdem sollte die

Hecken und Zäune

Fläche unten in der Höhe 0 beginnen. Sonst wird das Texturbild zerschnitten (Bild rechts).

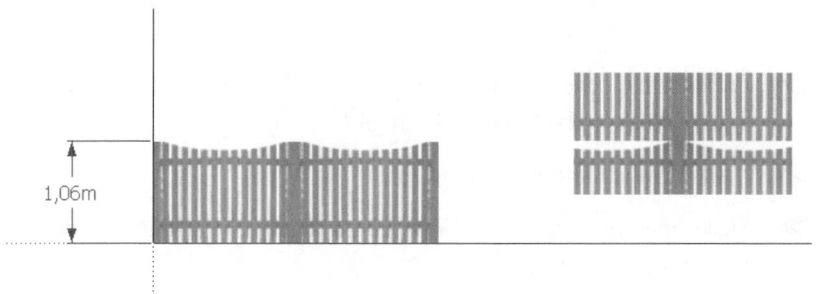

Die Zauntexturen enthalten unsichtbare Bereiche. Sie sehen erst dann gut aus, wenn du die Kanten ausgeblendet hast. Das machst du aber erst, wenn dein Projekt fertig ist. Für die Konstruktion ist es immer gut, wenn die Kanten sichtbar sind. Denn manchmal müssen sie verschoben werden.

Mit dem Farbeimer belegst du sie mit der Lattenzaun-Textur (rechtes Bild).

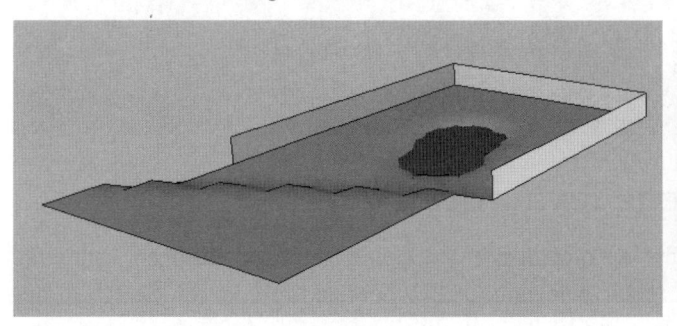

Eine Hecke modellieren

Anstelle von Zäunen haben viele Gärten auch Hecken als Begrenzung. Wenn du eine Hecke modellierst, konstruierst du zuerst die Querschnittsfläche. Hecken werden immer so geschnitten, dass sie oben etwas schmaler sind als unten. Dann bekommen die Blätter im unteren Bereich mehr Licht und die Hecke ist auch unten am Boden schön dicht. Das Bild zeigt zwei Möglichkeiten, wie du den Querschnitt der Hecke konstruieren kannst.

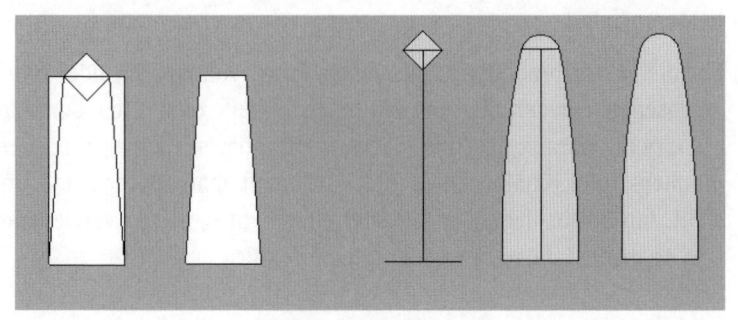

Kapitel 15 — Garten und Landschaft

Und so gehst du bei der Modellierung vor:

- Konstruiere auf dem Untergrund die Querschnittsfläche genau an der Stelle, wo die Hecke beginnen soll (erstes Bild)
- Zeichne mit dem Linienwerkzeug (L) am Rand des Untergrunds eine Spur, die den Verlauf der Hecke angibt.
- Markiere alle Kanten der Spur.
- Klicke mit dem Folge-mir-Werkzeug auf die Querschnittsfläche. Die Fläche wird extrudiert.
- Mache aus der Hecke eine Gruppe.

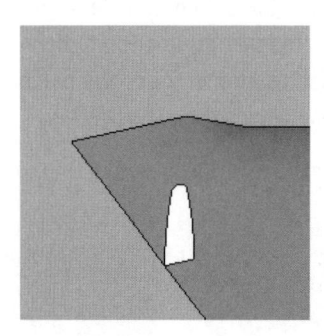

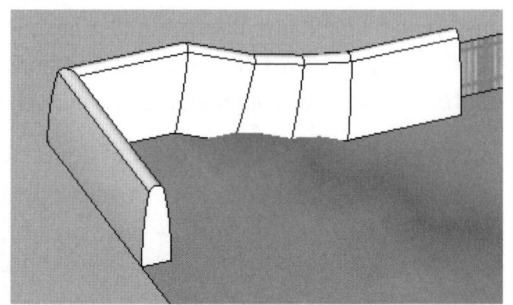

Eine eigene Textur gestalten

Damit die Hecke wirklich aussieht wie eine Hecke aus Büschen, kannst du sie mit einer Textur belegen. Zur Standardausstattung von SketchUp gehören einige Texturen, die für Hecken geeignet sind. Du findest sie unter der Rubrik VEGETATION. In diesem Abschnitt geht es aber darum, wie du selbst eine eigene Textur gestalten kannst. Als Beispiel habe ich Kirschlorbeer gewählt, weil er große Blätter hat und deshalb in den Abbildungen dieses Buches relativ gut zu erkennen ist. Viele Gartenfreunde mögen Kirschlorbeer, weil er immergrün ist (das heißt, er verliert im Herbst seine Blätter nicht) und weil er sehr schnell wächst. Wenn du selbst einmal eine richtige Hecke anpflanzen willst, solltest du aber lieber dornige Büsche nehmen, z. B. Weißdorn oder Rotdorn. Sie bieten den Vögeln beim Nisten besseren Schutz.

Für die Textur brauchst du als Erstes Fotos von Hecken oder anderen bewachsenen Flächen (Rasen, Wiese, mit Wein oder Efeu berankte Wand etc.). Achte darauf, dass die Fläche vollständig mit Blättern ausgefüllt und möglichst gleichmäßig beleuchtet ist, damit man später keine Übergänge sieht. Auf der beiliegenden CD sind einige Fotos, die du verwenden kannst. Und so machst du aus einem Foto eine Textur:

Hecken und Zäune

- Speichere die Fotos alle in einem speziellen Ordner ab, damit du sie leicht findest.

- Öffne FENSTER|MATERIALIEN oder klicke auf das Farbeimer-Symbol.

- Klicke auf das Symbol der Funktion MATERIAL ERSTELLEN. Das Symbol befindet sich rechts oben und sieht aus wie ein kleines Pluszeichen in einem Kreis vor einem winzigen Würfel.

- Es öffnet sich eine neue Dialogbox mit dem Titel MATERIAL ERSTELLEN.

- Trage in das oberste Textfeld den Namen deines neuen Materials ein, z. B. Vegetation_kirschlorbeer.

- Setze durch Anklicken ein Häkchen in die Checkbox vor TEXTURABBILDUNG VERWENDEN.

- In der Zeile darunter ist der Name der Bilddatei (im Bild kirschlorbeer_klein.jpg). Klicke auf das Symbol rechts von dieser Zeile. Es sieht aus wie eine kleine Mappe, aus der ein winziger grüner Pfeil herausragt. Dann kannst du im Ordnersystem deine Bilddatei suchen.

- Schließlich gibst du die Breite des Texturbildes ein, die etwa der Realität entsprechen sollte. Im Bild ist das 2,00m. Die Länge wird dann von SketchUp automatisch berechnet und angezeigt.

- Klicke auf die Schaltfläche OK.

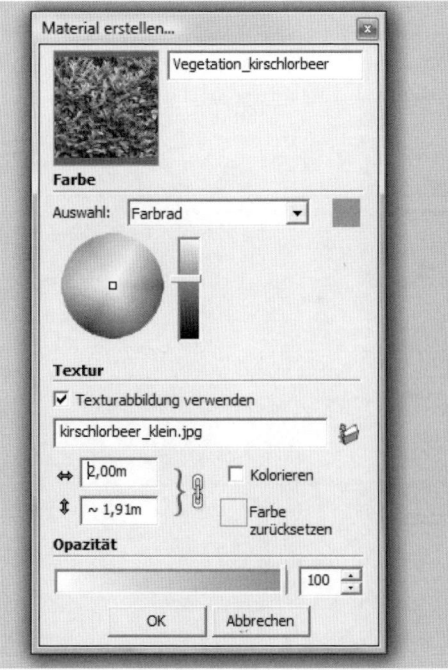

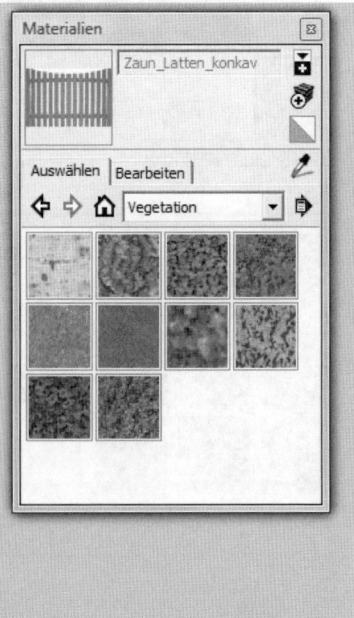

Kapitel 15

Garten und Landschaft

Das Fenster MATERIAL ERSTELLEN wird geschlossen und im Fenster MATERIALIEN erscheint nun die Rubrik IM MODELL. In dem Symbolfeld siehst du deine neue Textur. Damit alles ordentlich ist, solltest du die neue Textur der Rubrik VEGETATION zuordnen.

➢ Klicke rechts oben auf das Symbol für den Befehl FENSTERABSCHNITT FÜR DIE ZWEITE AUSWAHL ANZEIGEN. Es sieht aus wie ein weißes Pluszeichen auf einem schwarzen Quadrat.

➢ Das Fenster wird nach unten verlängert und sieht nun aus wie auf dem Bild. Unten ist ein zweiter Auswahlbereich für Texturen. Wähle in diesem unteren Bereich die Rubrik VEGETATION.

➢ Verschiebe mit der Maus (mit Drag & Drop) das Bildchen mit dem Kirschlorbeer von oben nach unten in die Rubrik VEGETATION.

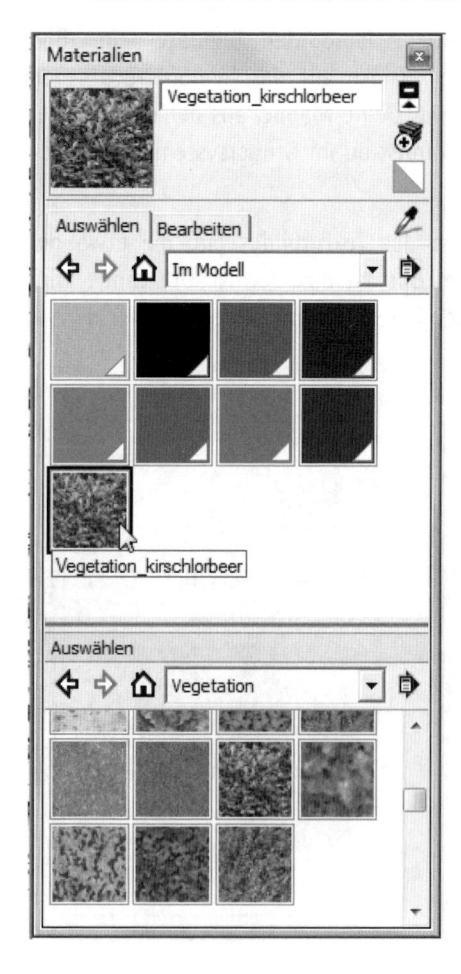

Komponenten für Gärten

Schließlich wählst du deine neue Textur aus und klickst mit dem Farbeimer auf die Hecke. Fertig ist die Kirschlorbeerhecke.

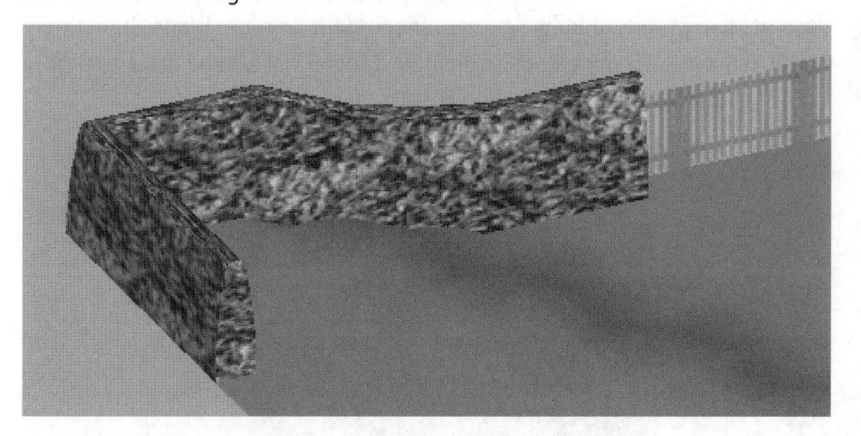

Komponenten für Gärten

Im 3D-Warehouse von Google gibt es viele vorgefertigte Komponenten zur Gestaltung eines Gartens: Bäume, Stauden, Gartentische, Parkbänke usw. Öffne das Fenster FENSTER|KOMPONENTEN und sorge dafür, dass der Reiter AUSWÄHLEN ausgewählt ist. Wenn dein Computer mit dem Internet verbunden ist, kannst du Komponenten einfach durch Mausklicks aus dem 3D-Warehouse herunterladen und in dein Modell einfügen.

Dynamische Komponenten

Manche Komponenten sind dynamisch. Zum Beispiel gibt es dynamische Komponenten für Nadelbäume. Setze eine Instanz dieser Komponente in deinen Garten. Um die Dynamik verwenden zu können, musst du zuerst deine SketchUp-Umgebung erweitern:

≫ Klicke auf FENSTER|VOREINSTELLUNGEN|ERWEITERUNGEN.

≫ Setze in der Liste der Erweiterungen ein Häkchen vor DYNAMISCHE KOMPONENTEN.

≫ Schließe SketchUp und starte es neu.

Nun findest du einige neue Werkzeug-Symbole (siehe Bild) und im Menü TOOLS die neue Funktion INTERAGIEREN.

Kapitel 15 — Garten und Landschaft

Wähle das Symbol, das aussieht wie eine Hand mit ausgestrecktem Zeigefinger. Klicke mehrmals auf die Zweige des Baumes (linkes Bild). Du siehst, dass bei jedem Klick die Zweige neu angeordnet werden. Wenn du mehrere Instanzen dieses Nadelbaums in deinem Modell hast, kannst du auf diese Weise jedem Baum eine einmalige Form geben.

> Mit SketchUp Pro (kostenpflichtig) kannst du auch selbst dynamische Komponenten konstruieren. Mit der kostenlosen Version geht das leider nicht. Aber immerhin kannst du vorgefertigte dynamische Komponenten verwenden.

SketchUp mit Ruby-Skripten erweitern

SketchUp kann viel, aber nicht alles. Eine Besonderheit bei der Landschaftsgestaltung ist, dass in der Natur der Zufall regiert. Zum Beispiel sind Pflanzen in einer natürlichen Umgebung niemals ganz regelmäßig angeordnet, sondern mehr oder weniger zufällig über eine Fläche verteilt. Doch leider gibt es keinen SketchUp-Befehl für zufälliges Platzieren.

Zum Glück kann SketchUp dazulernen. In diesem Abschnitt zeige ich dir, wie du den Befehlssatz durch ein so genanntes Plug-in (*to plug in* engl. für etwas einstöpseln oder anschließen) erweitern kannst. Solch ein Plug-in ist ein kleines Programm, das in der Programmiersprache Ruby geschrieben ist. Mehr dazu später.

> Warnung! Dieser Abschnitt ist für Leute gedacht, die sich ein bisschen mit objektorientierter Programmierung auskennen oder sich zumindest dafür interessieren.

SketchUp mit Ruby-Skripten erweitern

Zunächst einmal möchte ich das Problem, um das es geht, noch genauer beschreiben.

Ein Array aus Büschen

Mit dem Werkzeug VERSCHIEBEN/KOPIEREN (M) kannst du leicht ein Array aus Büschen erzeugen:

- Wähle in der Dialogbox FENSTER|KOMPONENTEN aus der Rubrik LANDSCHAFT einen Busch, der eine Höhe von etwa 1 m haben sollte. Wenn du ein größeres Objekt wählst, skaliere es später auf eine kleinere Größe.

- Markiere die Instanz des Busches auf der Arbeitsfläche, wähle VERSCHIEBEN/KOPIEREN und mache mit gedrückter Strg-Taste eine Kopie in Richtung der roten Achse.

- Gib über die Tastatur X5 ⏎ ein und erzeuge so eine ganze Reihe von Büschen.

- Wechsle in die Ansicht OBEN. Markiere die Buschreihe und erzeuge mit VERSCHIEBEN/KOPIEREN in Richtung der roten Achse eine Reihe von Buschreihen (rechtes Bild).

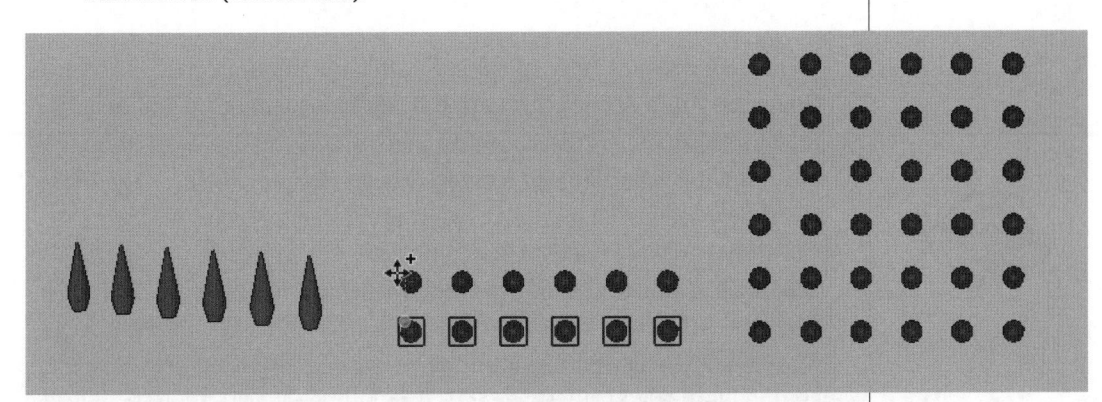

Schau dir das rechte Bild an! Da stehen sie. 36 Büsche wie Soldaten in Reih und Glied. Das sieht nicht besonders natürlich aus, oder?

Das Plug-in

In diesem Abschnitt fügen wir in dein SketchUp-Programm einen neuen Befehl ein. Er heißt ZUFÄLLIG MACHEN und bewirkt, dass alle Elemente einer Kollektion von Objekten auf dem Bildschirm nach dem Zufallsprinzip jeweils ein Stückchen (horizontal) verschoben werden.

Kapitel 15 — Garten und Landschaft

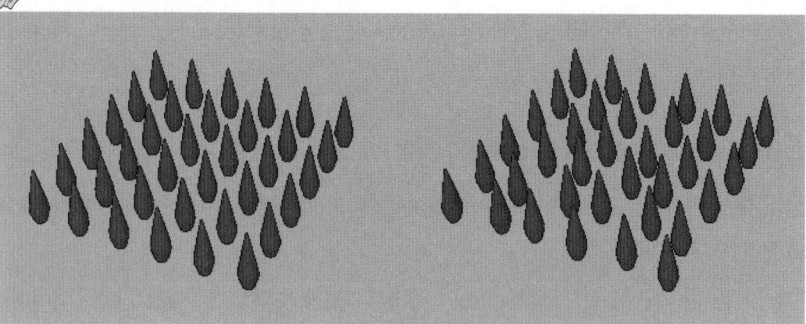

Ein Array aus 36 Büschen vor und nach Ausführung des neuen Befehls ZUFÄLLIG MACHEN.

Zunächst musst du dein Projekt abspeichern und das SketchUp-Fenster schließen. Denn der neue Befehl wird erst beim Neustart von SketchUp geladen.

Du öffnest einen beliebigen Texteditor (unter Windows z. B. Wordpad) und gibst den nachfolgenden Programmtext ein. Speichere ihn im Ordner `Plugins` ab. Die Datei muss ein einfaches Textformat haben und mit der Extension `.rb` enden, z. B. `verschieben.rb`. Du findest den `Plugins`-Ordner in dem Programmverzeichnis, in dem sich auch Google SketchUp befindet. Auf einem Windows-Rechner lautet der Pfad meistens `C:\Programme\Google\Google SketchUp 7\Plugins\`.

> Wenn dein Rechner unter Microsoft Vista läuft, musst du den `Plugins`-Ordner erst zum Abspeichern von Dateien freigeben. Das geht so. Suche in einem Explorer-Fenster den Ordner `...\Google SketchUp 7\Plugins\`. Klicke mit der rechten Maustaste und wähle im Kontextmenü den Befehl EIGENSCHAFTEN. Es öffnet sich ein Fenster mit dem Titel EIGENSCHAFTEN VON PLUGINS. Klicke auf den Reiter SICHERHEIT. Klicke auf die Schaltfläche BEARBEITEN. Es erscheint wieder ein neues Fenster mit dem Titel BERECHTIGUNGEN FÜR PLUGINS. Wähle im oberen Feld GRUPPEN- ODER BENUTZERNAMEN deinen Benutzernamen aus. Setze im unteren Feld BERECHTIGUNGEN FÜR BENUTZER einen Haken bei VOLLZUGRIFF ZULASSEN. Klicke auf die Schaltfläche OK.

In diesem Ordner sind – wie der Name schon sagt – alle Plug-ins gespeichert, die SketchUp verwendet. Inzwischen findet man im Internet jede Menge fertiger Erweiterungen für alle möglichen speziellen Zwecke. Du brauchst sie nur herunterzuladen und im `Plugins`-Ordner abzuspeichern. Das ist die ganze Installation. Wenn SketchUp gestartet wird, sucht es zuerst nach Plug-ins und bindet sie ein. Allerdings kann ich dir nur raten, vorsichtig zu sein. Ich würde niemals ein Plug-in installieren, von dem ich nicht genau weiß, was es bewirkt.

SketchUp mit Ruby-Skripten erweitern

```
def verschieben
    entities = Sketchup.active_model.selection        #1
    entities.each do |e|                              #2
        x = -4 + rand(9)                              #3
        y = -4 + rand(9)
        v = Geom::Vector3d.new x, y, 0                #4
        t = Geom::Transformation.translation v        #5
        e.transform! t                                #6
    end
end

UI.add_context_menu_handler do |menu|                 #7
    menu.add_separator                                #8
    menu.add_item(
        $exStrings.GetString("Zufällig machen"))
        {verschieben}                                 #9
end
```

Das, was du in dem Listing siehst, ist ein Ruby-Programm. Man spricht auch von einem Skript. Ruby ist eine moderne objektorientierte Programmiersprache, die aus Japan stammt. Nehmen wir nun das Programm unter die Lupe:

Im ersten Teil des Skripts wird eine Funktion mit dem Namen verschieben definiert. Sie bewirkt das zufällige Verschieben aller ausgewählten Gruppen oder Komponenten-Instanzen auf der SketchUp-Arbeitsfläche.

#1: Hier wird dem Namen entities die Kollektion (Sammlung) aller zurzeit ausgewählten Objekte zugewiesen.

#2: Hier beginnt eine Wiederholung. Der folgende Programmblock zwischen do und dem nächsten end wird für alle Elemente der Kollektion ausgeführt. Mit |e| wird festgelegt, dass jedes dieser Elemente mit dem Namen e angesprochen wird.

#3: Der Funktionsaufruf rand(9) erzeugt eine ganze Zufallszahl zwischen 0 und 8. In dem mathematischen Ausdruck rechts neben dem Gleichheitszeichen wird also insgesamt eine Zufallszahl zwischen -4 und +4 erzeugt. Diese Zahl wird der Variablen x zugewiesen.

#4: Jetzt wird ein Vektor namens v definiert. Die drei Argumente x, y, 0 sind die Längen, um die das Element e in x-Richtung (entlang der roten Achse), y-Richtung (entlang der grünen Achse) und z-Richtung (nach oben) verschoben werden soll. Weil nur waagerecht verschoben wird, ist das dritte Argument 0. Übrigens werden bei SketchUp alle Längen mit der Einheit `inch` (Zoll) gespeichert. Ein Zoll sind 2,54 cm. Somit wird von dieser Funktion ein Objekt höchstens um etwa 10 cm verschoben. Deshalb ist in unserem Anwendungsbeispiel die Größe der Büsche wichtig. Sind sie zu groß, würde man keinen Effekt bemerken.

#5: Mit Hilfe dieses Vektors wird nun ein Transformationsobjekt namens `t` erzeugt. Dieses wird im nächsten Schritt (Zeile #6) für das Verschieben des Elements `e` benötigt.

#7: In dieser Zeile wird der Benutzungsoberfläche von SketchUp – und zwar dem Kontextmenü – ein neuer Befehl hinzugefügt. Die Buchstaben `UI` stehen für User Interface (engl. für Benutzungsoberfläche). Mit `|menu|` wird festgelegt, dass dieses Kontextmenü-Objekt mit dem Namen `menu` angesprochen werden kann.

#8: Hier wird unten in das Kontextmenü eine waagerechte Linie eingefügt (Separator).

#9: Unter den Separator kommt nun der neue Befehl. Er heißt ZUFÄLLIG MACHEN. Wenn man dieses Feld anklickt, wird die Funktion `verschieben` aufgerufen, die oben im Programmtext definiert worden ist.

Den neuen Befehl anwenden

Wenn du das Programm gespeichert hast, startest du SketchUp und lädst dein Modell mit den Büschen. Markiere mit der Auswahlfunktion (Leertaste) das gesamte Array und klicke mit der rechten Maustaste. Es erscheint das Kontextmenü mit dem neuen Separator (waagerechte Linie) und dem neuen Befehl. Klicke den Befehl ZUFÄLLIG MACHEN an. Und siehe da, die Büsche werden auf der waagerechten Ebene verschoben.

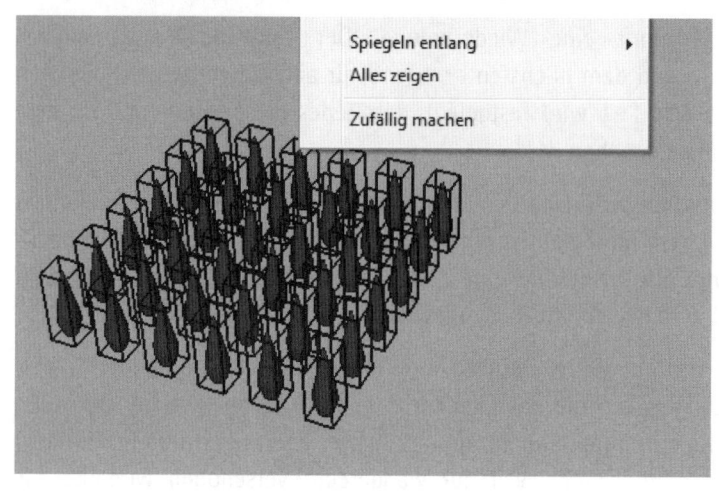

SketchUp mit Ruby-Skripten erweitern

Du kannst diesen Befehl mehrmals ausführen. Dann wird die Lage der ausgewählten Elemente noch zufälliger. Du kannst den Befehl auch rückgängig machen. Du musst allerdings ziemlich oft auf den Rückwärtspfeil klicken, weil bei jedem Klick nur eine einzige Verschiebeoperation rückgängig gemacht wird. Probiere es aus!

Die Ausführung eines Ruby-Skripts beobachten

Wenn ich ein selbst geschriebenes Programm zum ersten Mal ausprobiere, funktioniert es meistens nicht. Irgendwo steckt noch ein kleiner Fehler. Vielleicht fehlt nur ein Buchstabe oder ein Komma. Was passiert, wenn dein Ruby-Plug-in einen Fehler enthält? Keine Sorge, SketchUp stürzt nicht ab. Der neue Befehl, der im Plug-in definiert ist, wird einfach nicht ausgeführt. Das ist alles. Aber es gibt leider auch keinerlei Hinweis, was denn nun falsch ist und wo der Fehler zu suchen ist.

Eine einfache Möglichkeit, die Ausführung deines Ruby-Programms ein wenig zu beobachten, ist die Verwendung von Messageboxen. Du kannst dir den Inhalt einer Variablen in einer SketchUp-Messagebox anzeigen lassen. Beispiel: Füge hinter Zeile #4 des Skripts aus dem letzten Abschnitt folgende Programmzeile ein:

```
UI.messagebox v
```

Sie bewirkt Folgendes: Die Ausführung des Ruby-Skripts wird angehalten. Auf dem Bildschirm erscheint ein kleines Fenster mit einer Meldung wie im folgenden Bild. Darin siehst du den momentanen Inhalt der Variablen v.

Erst wenn du auf die Schaltfläche OK klickst, wird das Ruby-Programm fortgesetzt.

Wenn die Messagebox tatsächlich kommt, dann weißt du, dass dein Programm bis zu dieser Stelle zumindest lauffähig ist. Kontrolliere, ob der angezeigte Variablenwert deinen Erwartungen entspricht. In diesem Fall siehst du drei Zahlen in Klammern. Sie stellen den Vektor dar, um den einer der ausgewählten Büsche verschoben werden soll: 3 Zoll nach links (negative Länge in roter Richtung), 3 Zoll nach hinten (grüne Richtung) und 0 Zoll nach oben (blaue Richtung).

Um den Ort des Fehlers einzugrenzen, kannst du an mehreren Stellen weitere Befehle für Messageboxen einfügen. Wenn das Programm fehlerfrei läuft, entfernst du sie natürlich wieder.

Ruby-Befehle in der Konsole testen

Im Menü FENSTER kannst du die Ruby-Konsole öffnen. Sie besteht aus zwei Teilen. Unten ist die Kommandozeile. Hier kannst du einen Ruby-Befehl eingeben. Wenn du auf ⏎ drückst, wird der Befehl ausgeführt. Die Befehlszeile erscheint dann im oberen Feld. Dahinter ist eine Rückmeldung des Ruby-Interpreters. (Der Ruby-Interpreter führt die Ruby-Befehle aus.)

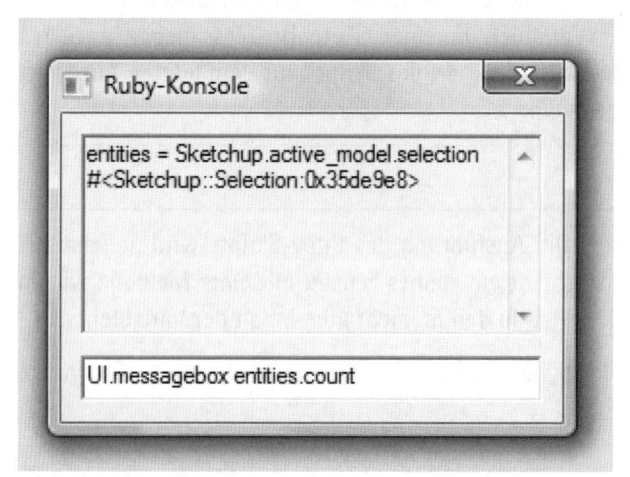

Hier etwas zum Ausprobieren:

Markiere mit dem Auswahlwerkzeug (Leertaste) mehrere Objekte auf der Arbeitsfläche. Gib in die Kommandozeile nacheinander folgende zwei Anweisungen ein und beende die Eingabe jeweils mit ⏎.

```
entities = Sketchup.active_model.selection
UI.messagebox entities.count
```

Ergebnis: Es erscheint eine Messagebox mit einer Zahl. Sie gibt die Anzahl der ausgewählten Objekte an.

Zusammenfassung

◆ Mit den Sandkistenfunktionen kannst du eine unebene Landschaft gestalten.

◆ Mit dem Zeichenwerkzeug NEUE WEICHE FLÄCHE erstellst du eine verformbare Rasterfläche (Sandkiste). Der Rasterabstand sollte zu der Größe der Fläche passen.

◆ Mit dem Werkzeug FORMEN können Bereiche auf der weichen Fläche angehoben oder abgesenkt werden.

◆ Ein Gelände kann auch durch Höhenlinien modelliert werden. Die Funktion AUS KONTUREN erzeugt daraus eine weiche Fläche.

◆ Einen einfachen Zaun kannst du erstellen, indem du mit dem Farbeimer eine Zauntextur auf eine Fläche legst. Die Größe und Position der Fläche muss zu der Texturabbildung passen.

◆ Aus einem Digitalfoto kannst du im Menü FENSTER|MATERIALIEN eine eigene Textur erstellen und einer Textur-Sammlung hinzufügen.

◆ Mit einem Ruby-Skript kannst du eine neue Funktion für SketchUp definieren. Die Skriptdatei muss in einem speziellen Ordner für Plug-ins abgespeichert werden. Dann wird sie von SketchUp beim nächsten Start geladen.

◆ In der Ruby-Konsole kannst du auch einzelne Ruby-Befehle eingeben und direkt ausführen.

Ein paar Fragen ...

Frage 1: Wie kannst du den Rasterabstand beim Werkzeug NEUE WEICHE FLÄCHE ändern?

Frage 2: Welche Aufgabe haben kleine senkrechte Linien bei der Konstruktion eines Geländes aus Höhenlinien?

Frage 3: Warum muss eine Texturabbildung möglichst gleichmäßige Helligkeit haben?

Frage 4: Was ist die Besonderheit bei einer Textur, die einen Zaun darstellt?

Kapitel 15

Garten und Landschaft

... und ein paar Aufgaben

1. Modelliere eine Südseeinsel mit Strand wie in der Abbildung.

   Die folgende Abbildung enthält ein paar Hinweise, wie du vorgehen kannst. Für den Strand verwendest du die Sandkistenfunktion FLÄCHE VERBINDEN.

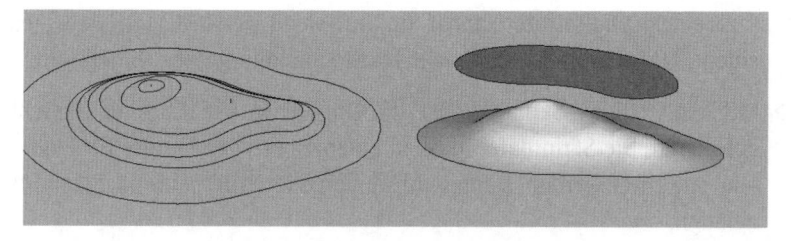

2. Das folgende Ruby-Skript erweitert das Kontextmenü um einen Befehl namens BUNT MACHEN. Dieser Befehl färbt alle Flächen der ausgewählten Objekte, die noch keine Farbe besitzen, mit Zufallsfarben ein.

```
def bunt_machen
    entities = Sketchup.active_model.selection
    farben = ["red", "blue", "white", "yellow"]         #1
    entities.each do |e|
        e.material=farben[rand(4)]                      #2
    end
end

UI.add_context_menu_handler do |menu|
    menu.add_separator
    menu.add_item($exStrings.GetString("Bunt machen"))
        {bunt_machen}
end
```

... und ein paar Aufgaben

#1: Hier wird ein Array aus Zeichenketten erzeugt. Jede Zeichenkette ist der Name einer Farbe.

#2: Aus dem Array farben wird ein Element (Zeichenkette) zufällig ausgewählt. Diese Farbe wird dem Objekt e zugeordnet.

Schreibe das Skript mit einem Texteditor und speichere es im Plugins-Ordner ab. Starte SketchUp neu und erzeuge mit dem neuen Befehl eine bunte Blumenwiese.

Die Bilder zeigen dir, wie du eine einfache Blume entwickelst. Setze die Blume aus folgenden Teilen zusammen: Stiel (Zylinder), Kopf (Kugel) und zwei Blätter (aus zwei Bogenlinien). Färbe Stiel und Blätter der Blume grün ein. Nur der Kopf erhält keine Farbe. Mache aus der Blume eine Komponente.

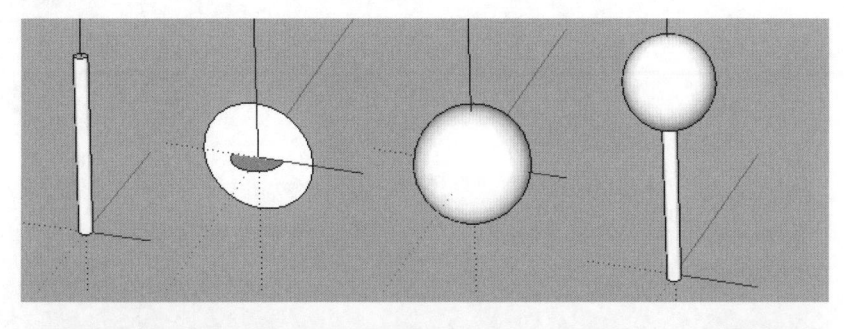

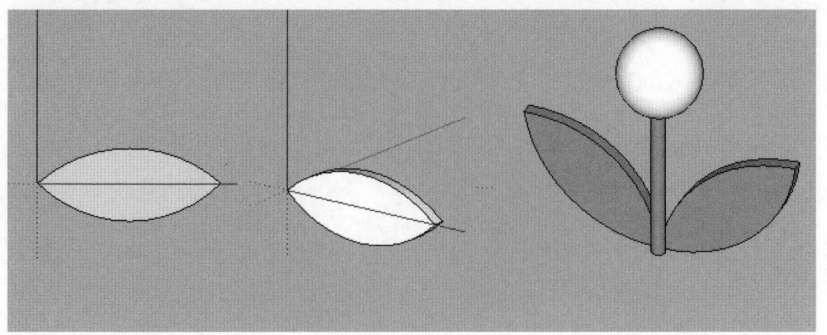

16
Labyrinthe

In alten Schlossparks findet man häufig Irrgärten aus Hecken. Meist ist in der Mitte ein besonders interessanter Platz mit einer Sitzgelegenheit, einem Blumenbeet, Brunnen oder einer Aussichtsplattform. Man betritt das Labyrinth durch den Eingang, geht über verschlungene Wege zwischen Hecken, die die Sicht versperren. Man versucht, das Ziel zu finden und muss natürlich anschließend auch wieder hinauskommen.

Das älteste Labyrinth (dessen Alter man sicher kennt) ist mehr als 3000 Jahre alt. Man hat es auf einer Tafel aus gebranntem Lehm im Palast des Nestor im griechischen Pylos gefunden. Ursprünglich hatten Labyrinthe gar keine Verzweigungen oder Kreuzungen. Sie bestanden nur aus einem einzigen verschlungenen Weg vom Eingang zur Mitte. Die ersten echten Irrgärten, in denen man sich verlaufen kann, wurden erst im 16. Jahrhundert angelegt.

Übrigens, auch in der Informatik interessiert man sich für Labyrinthe. Roboter, die von Computerprogrammen gesteuert werden, bewegen sich selbstständig durch Rohrleitungen, um sie zu inspizieren. Und so ein Kanalsystem ist auch eine Art Labyrinth – nur eben mit Rohren statt Hecken. In diesem Kapitel geht es um folgende Fragen:

◎ Wie konstruierst du ein Heckenlabyrinth?

◎ Wie machst du einen »Walkthrough« durch einen Irrgarten?

◎ Wie erstellst du eine Animation und exportierst sie als Film?

Kapitel 16 — Labyrinthe

Ein Labyrinth mit rechtwinkligen Hecken

Labyrinthe mit Verzweigungen sind ja so etwas wie Rätsel. Man muss den richtigen Weg finden. Wir beginnen deshalb mit einer Aufgabe aus dem Informatik-Biber-Wettbewerb (2008). Danach zeige ich dir, wie du ein solches Labyrinth als 3D-Modell konstruieren kannst.

Der Informatik-Biber im Labyrinth

Biber hat sich in einem Labyrinth verlaufen. Tante Biber hatte ihm einst von der »Rechte-Hand-Regel« erzählt, um aus einem Labyrinth zu gelangen.

Die »Rechte-Hand-Regel« lautet: »Halte stets die rechte Hand an der Wand, während du gehst. Dann kommst du irgendwann zum Ausgang.« Allerdings funktioniert diese Regel nicht immer.

In welchem der folgenden Fälle wird Biber mit dieser Regel *nicht* aus dem Labyrinth herausfinden?

Hinweis: Der Pfeil zeigt, an welcher Stelle der Biber die Suche nach dem Ausgang beginnt.

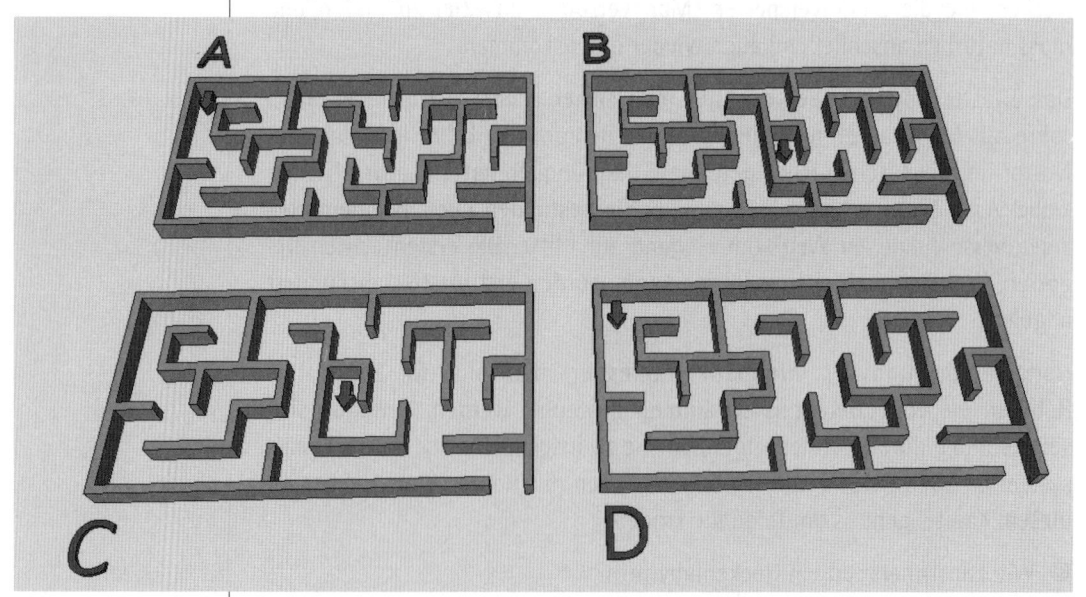

Aufgabe: Marco Thomas, Illustration: Michael Weigend.

Die Lösung findest du am Ende dieses Kapitels.

Ein Labyrinth mit rechtwinkligen Hecken

Die Struktur des Labyrinths zeichnen

Am besten beginnst du damit, die Struktur des Labyrinths zu entwickeln. Du zeichnest den Verlauf der Hecken mit einfachen Linien. Denn in der Entwicklungsphase wirst du sehr häufig etwas ändern, bis du mit der Struktur zufrieden bist.

> Stelle die Standardansicht OBEN ein und zeichne an den Ursprung ein Rechteck, das 10 m breit und 5 m hoch ist (linkes Bild).

> Unterteile die obere Kante in zehn Segmente und eine Seitenkante in fünf Segmente. Jedes der neuen Segmente ist also genau ein Meter lang.

> Zeichne mit dem Linienwerkzeug (L) die Struktur der Hecken (rechtes Bild). Verwende die Endpunkte der Segmente auf den unterteilten Linien als Bezugspunkte.

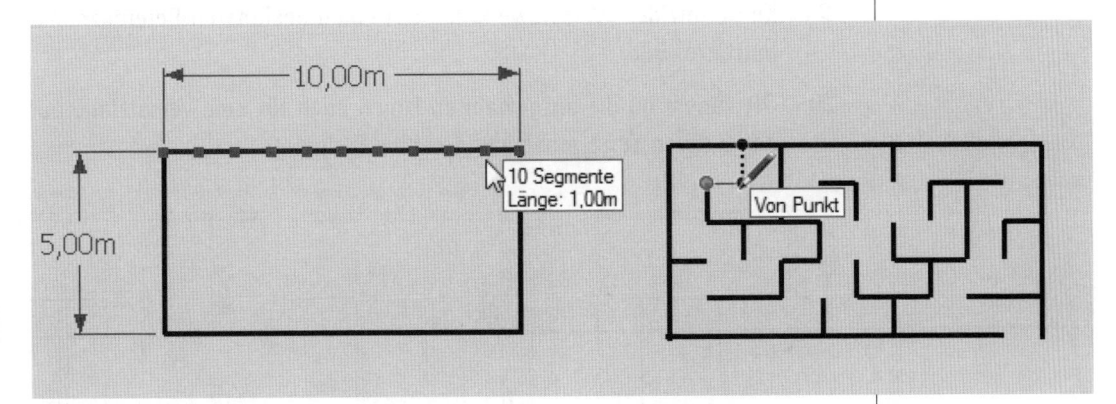

Das letzte Bild zeigt die Struktur des Labyrinthes mit dem Buchstaben *D* in der Biber-Aufgabe.

Die Hecken

Nun musst du um alle Linien mit gleichem Abstand weitere Linien zeichnen, die die Außenkanten der Hecken markieren. Zugegeben, das ist ein bisschen mühselig. Am besten verwendest du das Versatz-Werkzeug.

> Markiere mit dem Auswahlwerkzeug (Leertaste) und gedrückter ⇧-Taste einige zusammenhängende Linien, zu denen du eine versetzte Linie zeichnen willst (linkes Bild).

> Klicke mit dem Versatzwerkzeug auf eine der blau markierten Linien, lasse die linke Maustaste gedrückt und ziehe eine Versatzlinie. Gib über die Tastatur den gewünschten Abstand ein, z. B. 0,1m ↵.

Kapitel 16 — Labyrinthe

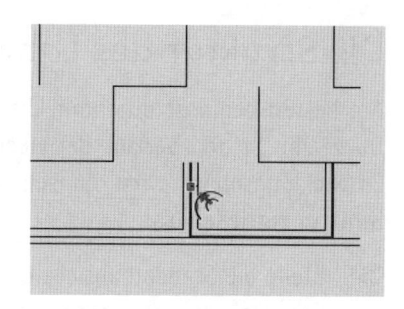

Wenn du schon einige Heckenumrisse gezeichnet hast, ist es oft praktischer, Bezugspunkte zu verwenden, anstatt den Abstand über die Tastatur einzugeben:

- Markiere einige Linien (linkes Bild).
- Klicke einmal mit dem Versatzwerkzeug auf eine der markierten Linien und lasse die Maustaste sofort wieder los.
- Klicke mit dem Versatzwerkzeug auf einen geeigneten Referenzpunkt (mittleres Bild).
- Oft kannst du die ausgewählten Linien auch für eine Versatzlinie auf der anderen Seite verwenden (rechtes Bild).

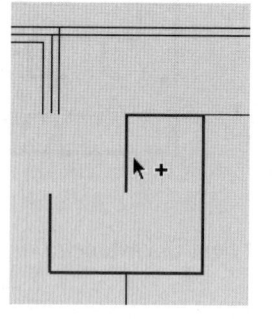

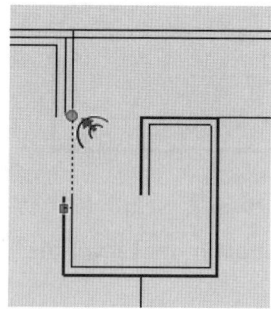

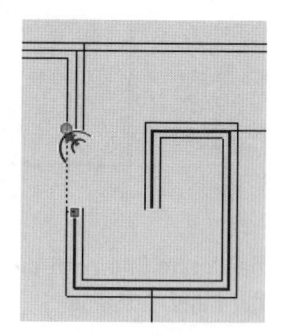

Ergänze fehlende Linien mit dem Stift (L). Zum Schluss löschst du alle Linien in der Mitte einer Heckengrundfläche, damit nur noch die Umrisse der Hecken übrig bleiben.

Ein Labyrinth mit rechtwinkligen Hecken

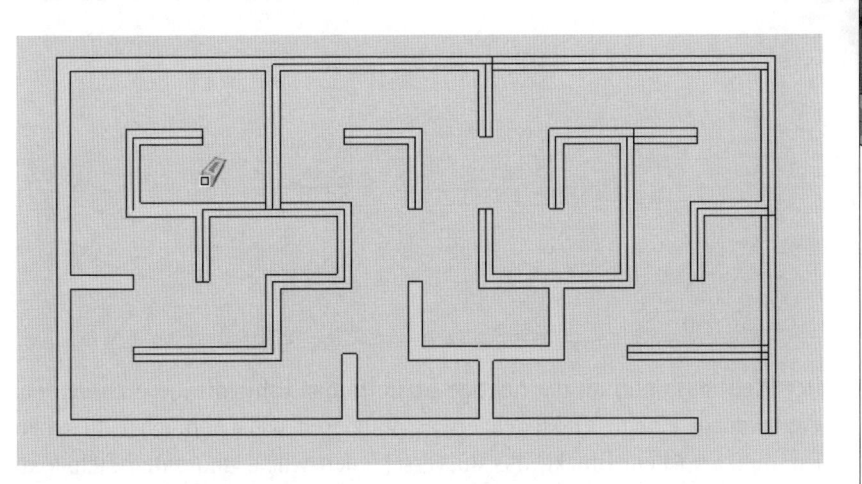

Mit DRÜCKEN/ZIEHEN (P) erzeugst du aus den Grundflächen dreidimensionale Hecken wie im folgenden Bild. Entferne überflüssige Linien an den Seiten der Hecken und mache aus dem gesamten Labyrinth eine Gruppe.

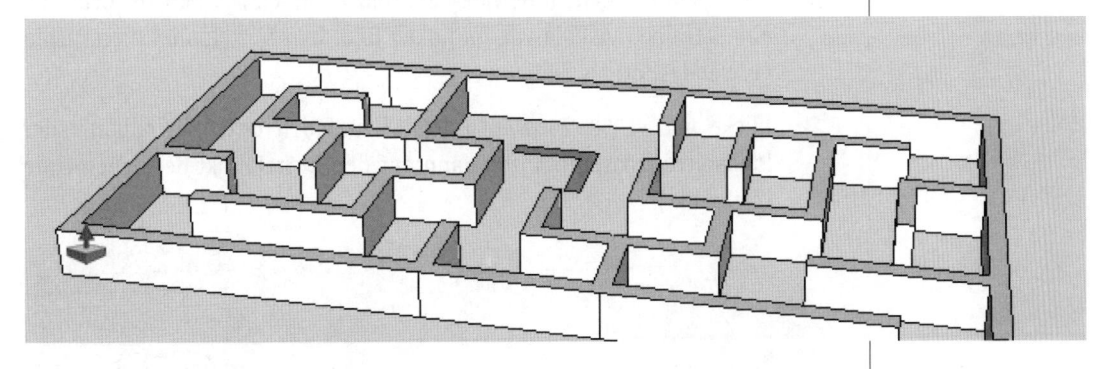

Der Pfeil

In den Labyrinthen der Informatik-Biber-Aufgabe zeigt ein Pfeil an, wo die Suche nach dem Ausgang beginnen soll. In diesem Abschnitt konstruieren wir einen 3D-Pfeil und setzen ihn ins Labyrinth.

≫ Stelle die Standardansicht OBEN ein.

≫ Wähle das Vieleckwerkzeug und gib über die Tastatur 3 ↵ ein. Nun hat der Mauszeiger die Form eines Dreiecks. Zeichne ein gleichseitiges Dreieck mit der Spitze nach unten (grüne Spur). Der Radius sollte nicht größer als 0,25 m sein, damit der Pfeil gut auf einen Weg passt.

≫ Zeichne mit dem Vieleckwerkzeug ein Quadrat um den Mittelpunkt der oberen Kante des Dreiecks (zweites Bild).

≫ Vervollständige die Figur zu einem dreidimensionalen Pfeil. Mache daraus eine Gruppe.

Kapitel 16 — Labyrinthe

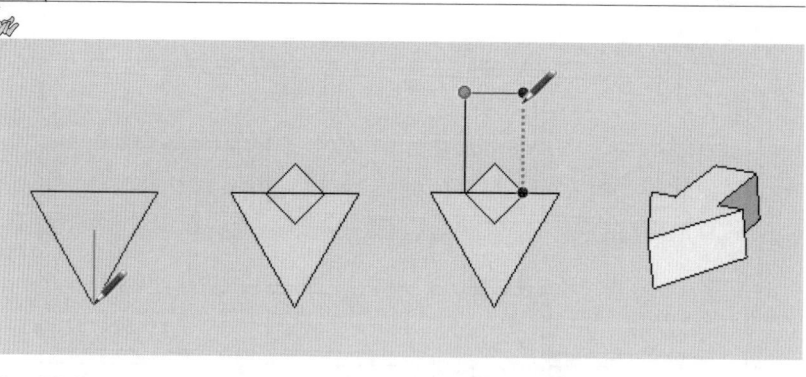

Der Pfeil muss nun an die richtige Stelle in das Labyrinth gesetzt werden. Wenn du in einem 3D-Modell etwas platzieren willst, brauchst du einen Fasspunkt an dem Objekt, das du verschieben willst, und einen Zielpunkt. Der Fasspunkt ist die Spitze des 3D-Pfeils (unterer Eckpunkt). Den Zielpunkt musst du noch konstruieren.

- Stelle den Flächenstil RÖNTGEN ein und zeichne zwischen zwei Hecken eine Verbindungslinie wie im linken Bild. Den Mittelpunkt dieser Linie verwendest du als Zielpunkt.

- Klicke mit VERSCHIEBEN/KOPIEREN (M) auf den unteren Endpunkt der Pfeilspitze (Fasspunkt) und dann auf den Mittelpunkt der neuen Linie (Zielpunkt).

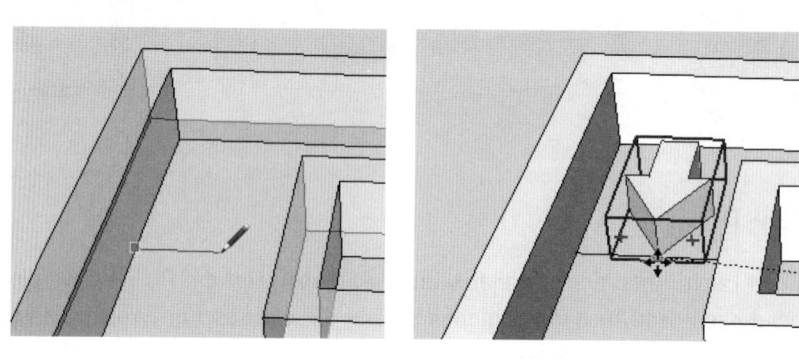

Jetzt brauchst du dein Labyrinth nur noch einzufärben.

Ein Kreislabyrinth

Die Abbildung zeigt ein kleines Kreislabyrinth mit Verzeigungen und Kreuzungen. Es ist gar nicht so einfach, einen Weg ins Zentrum zu finden. Kreislabyrinthe (ohne Verzweigungen) sind auch ein christliches Symbol. Du findest sie gelegentlich in alten Kathedralen auf dem Fußboden. Achte mal darauf!

Ein Kreislabyrinth

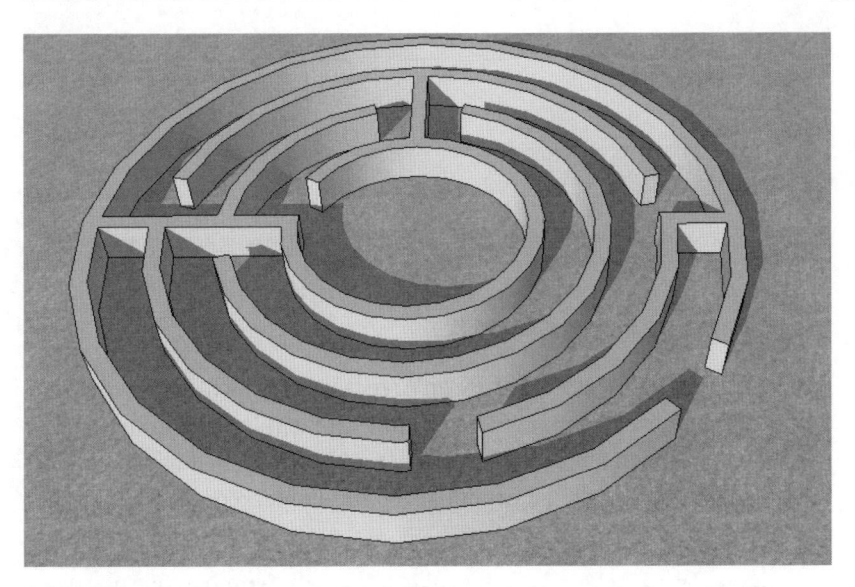

Ein Kreislabyrinth.

Der Untergrund

Sorge dafür, dass die Ansicht OBEN eingestellt ist. Zeichne an den Ursprung des Koordinatenkreuzes ein großes Rechteck. Das wird der Boden, auf dem die Hecken des Labyrinthes stehen. Mache aus dem Rechteck eine Gruppe. Das hat folgenden Vorteil: Das Rechteck wird nicht mit den Linien der Hecken verschnitten. Es bleibt eine unabhängige Einheit.

Die Ringhecken

Als Nächstes konstruierst du Grundflächen der ringförmigen Hecken.

» Zeichne auf dem Rechteck (außerhalb der Gruppe) zwei gerade Linien, jeweils vom Mittelpunkt einer Seite zum Mittelpunkt der gegenüberliegenden Seite. Um den Schnittpunkt dieser Linien zeichnest du einen Kreis (linkes Bild).

» Unterteile die Linie, die vom Mittelpunkt nach oben zum Kreis geht, in 15 gleiche Segmente (mittleres Bild).

» Zeichne um den Mittelpunkt des Labyrinths weitere Kreise. Beginne außen. Verwende die Endpunkte der unterteilten Linie, um die Radien der Kreise festzulegen. Der Abstand zwischen zwei Hecken soll doppelt so breit sein wie eine Hecke (rechtes Bild).

Kapitel 16 — Labyrinthe

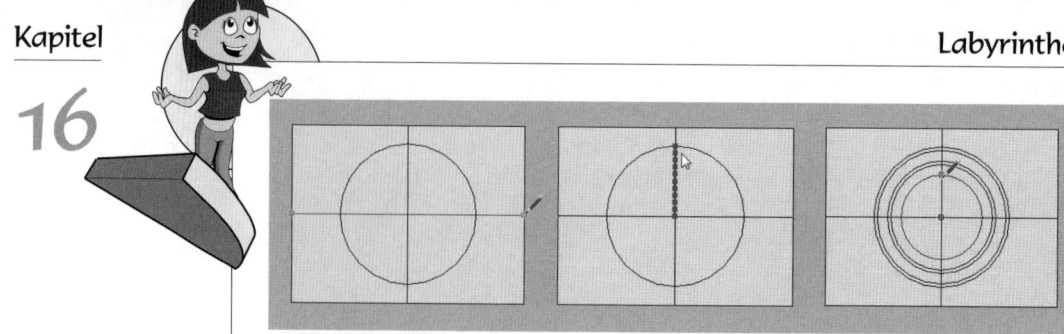

Die geraden Hecken

Außer den runden Hecken gibt es im Kreislabyrinth auch gerade Heckenstücke. Sie verlaufen von hinten nach vorne (in Richtung der grünen Achse) und von rechts nach links (in Richtung der roten Achse) und bilden eine Art Kreuz. So konstruierst du die Grundflächen für die Hecken:

- Zeichne mit dem Vieleckwerkzeug ein Quadrat wie im linken Bild. Die untere Ecke des Quadrats sitzt genau im Mittelpunkt der Linie zwischen den beiden benachbarten Kreisen.

- Zeichne vom linken und rechten Eckpunkt des Quadrats eine gerade Linie exakt nach unten (in Richtung der grünen Achse (zweites Bild).

- Auf die gleiche Weise zeichnest du zwei waagerechte Linien.

- Entferne alle überflüssigen Linien.

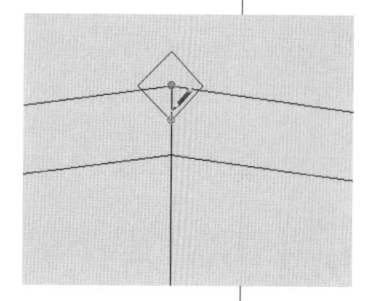

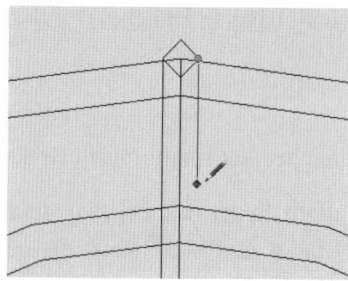

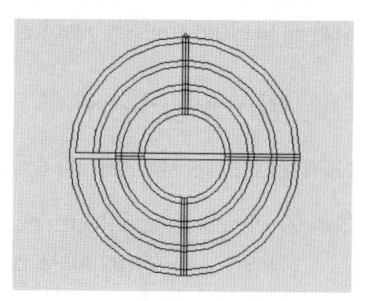

Das Labyrinth fertigstellen

Nun hast du die Grundstruktur des Labyrinths fertig. Jetzt kommt der kreative Teil. Du musst einige Segmente wieder entfernen und Durchgänge zwischen den Heckenringen schaffen, damit Abzweigungen und Sackgassen entstehen. Außerdem muss es natürlich einen Weg geben, der vom Eingang zum Ziel führt. Um ein Segment zu entfernen, gehst du so vor:

- Zeichne zuerst eine Querlinie, die zwei Endpunkte benachbarter Kreislinien verbindet. (Bei SketchUp sind ja die Kreise in Wirklichkeit Vielecke aus geraden Liniensegmenten.)

Walkthrough

> Entferne dann Segmente aus den Kreislinien (linkes Bild).

Du erhältst eine Figur wie im mittleren Bild. Wechsle in eine perspektivische Darstellung und forme mit DRÜCKEN/ZIEHEN die Hecken (rechtes Bild). Mache aus allen Hecken eine Gruppe. Du kannst sie dann durch einen einzigen Klick mit dem Farbeimer (B) grün einfärben.

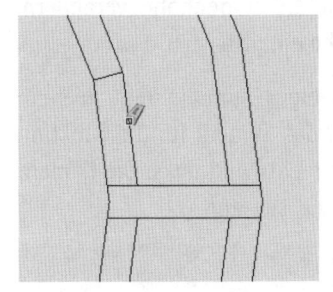

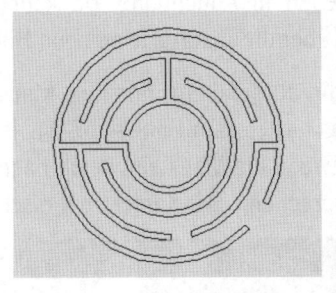

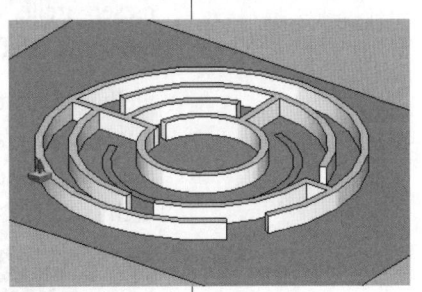

Für den Boden empfehle ich eine Textur (z. B. Sand oder Kies), weil so bei einem Durchgang durch das Labyrinth (siehe nächster Abschnitt) dem Auge mehr Information geliefert wird und so der räumliche Eindruck verbessert wird. Aus dem gleichen Grund solltest du im Menü ANSICHT die Wiedergabe von Schatten einstellen.

Walkthrough

In der Architektur ist ein Walkthrough (to *walk through something*, englisch: durch etwas hindurchgehen) ein Rundgang durch ein 3D-Modell aus der Perspektive eines Menschen. Die Labyrinth-Modelle wurden in diesem Abschnitt bisher immer aus der Vogelperspektive gezeigt. Das ist während der Konstruktion auch am besten. Jetzt versetzen wir uns in die Situation eines Menschen, der das Kreislabyrinth vom Eingang bis zum Ziel durchlaufen möchte.

Für das Durchlaufen eines Modells gibt es im Menü KAMERA besondere Befehle: KAMERA POSITIONIEREN, GEHEN und UMSCHAUEN.

Die Kamera positionieren

Wähle im Menü KAMERA den Befehl KAMERA POSITIONIEREN oder klicke in der Symbolleiste auf das Symbol, das ein Männchen zeigt, das auf einem roten X steht. Stell dir dieses Männchen als Kameramann vor, der in Augenhöhe seine Fernsehkamera hält.

Setze das Männchen vor den Eingang des Labyrinths auf die Untergrundfläche (linkes Bild). Die Kamera bewegt sich an die Stelle, an die du sie gesetzt hast. Du schaust nun aus dem Blickwinkel des Kameramanns auf den Eingang des Labyrinths (rechtes Bild).

Achte auf das Wertefeld rechts unten. Es zeigt die Augenhöhe an. Du hast das Männchen mit den Füßen auf den Untergrund gesetzt. Aber die Kamera, die die Ansicht liefert, befindet sich im Raum etwas oberhalb dieser Stelle, eben in Augenhöhe. Du kannst die Augenhöhe verändern, indem du jetzt über die Tastatur eine neue Höhe eingibst, z. B. 1,7m ↵.

Vielleicht ist dir aufgefallen, dass der Mauszeiger nun aussieht wie ein Augenpaar. Was hat es damit auf sich? Das ist das Symbol für die Funktion UMSCHAUEN. Bewege die Maus ein wenig nach rechts und links. Die Kamera dreht sich entsprechend. Der Kameramann schaut sich um.

Szene speichern

Diese Ansicht auf den Eingang soll die erste Station des Walkthroughs sein. Wähle in der Menüleiste den Befehl ANSICHT|ANIMATION|SZENE HINZUFÜGEN. Wenn du gefragt wirst, ob du den aktuellen Stil speichern möchtest, antwortest du mit JA. Oberhalb der Arbeitsfläche erscheint links ein kleines Feld mit der Aufschrift »Szene 1«. Du hast die augenblickliche Ansicht als Szene gespeichert.

Durch das Labyrinth gehen

Wähle den Befehl KAMERA|GEHEN oder klicke auf das Symbol mit den schwarzen Fußstapfen. Der Mauszeiger sieht nun ebenfalls aus wie Fußstapfen (linkes Bild). Klicke mit der linken Maustaste, halte sie gedrückt und bewege die Maus nach oben. Die Ansicht auf dem Bildschirm kommt in Bewegung. Du gehst nach vorne durch den Eingang geradewegs in das Labyrinth (mittleres Bild).

Walkthrough

Wenn du gegen die Mauer läufst, geht es nicht weiter. Anstelle der Fußspuren siehst du ein schwarzes Männchen.

Wenn du die Maus (immer bei gedrückter linker Maustaste) nach unten bewegst, wanderst du rückwärts. Bewegst du sie nach rechts oder links, drehst du dich.

Wenn du dich umschauen willst, ohne dich von der Stelle zu rühren, wählst du die Funktion KAMERA|UMSCHAUEN oder das Symbol mit dem Auge. Bewege dann die Maus (bei gedrückter linker Taste) nach oben, unten, rechts oder links.

Wandere also in das Labyrinth, bis du gegen die erste Mauer im Innern stößt und drehe dich dann nach links. Diese Ansicht speicherst du als zweite Szene ab (Ansicht|Animation|Szene HINZUFÜGEN).

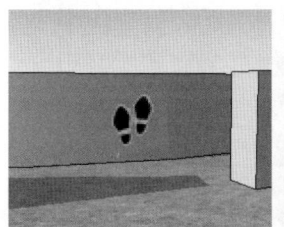

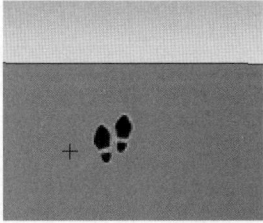

Szenen bearbeiten – das Szenen-Fenster

Ein Walkthrough besteht aus einer Serie von Szenen, die mit fließenden Übergängen hintereinander dargestellt werden. Das nennt man auch eine Animation. Die Abstände zwischen den Punkten im Labyrinth, an denen du die aktuelle Ansicht als Szene abspeicherst, dürfen nicht zu groß sein, sonst sieht später die Animation unnatürlich aus. Am besten erstellst du alle paar Meter und bei jeder größeren Richtungsänderung eine neue Szene. Für einen Walkthrough durch ein Labyrinth kommen da schnell 20 oder 30 Szenen zusammen. Am schnellsten kannst du Szenen einfügen oder bearbeiten, wenn du die Dialogbox FENSTER|SZENEN verwendest (siehe Bild).

◆ Um die augenblickliche Ansicht als Szene zu speichern, klickst du oben auf den Plus-Knopf (+).

◆ Um die Szene zu löschen, die gerade in der Liste von Szenen markiert ist (in der Abbildung ist das Szene 7), klickst du auf den Minus-Knopf (-).

◆ Die Schaltfläche mit den zwei gebogenen Pfeilen rechts neben dem Minus-Knopf dient zum Aktualisieren (Update) einer Szene. Angenommen, du siehst gerade Szene 7 wie im folgenden Bild. Wenn du jetzt die Ansicht änderst (z. B. mit GEHEN, UMSCHAUEN oder ROTIEREN) und dann auf AKTUALISIEREN klickst, wird eine neue Version von Szene 7 gespeichert. Sie zeigt jetzt genau die Ansicht, die du gerade eingestellt hast.

◇ Wenn du sehr gewissenhaft arbeitest, kannst du jeder Szene einen eigenen, aussagekräftigen Namen geben und eine Beschreibung hinzufügen.

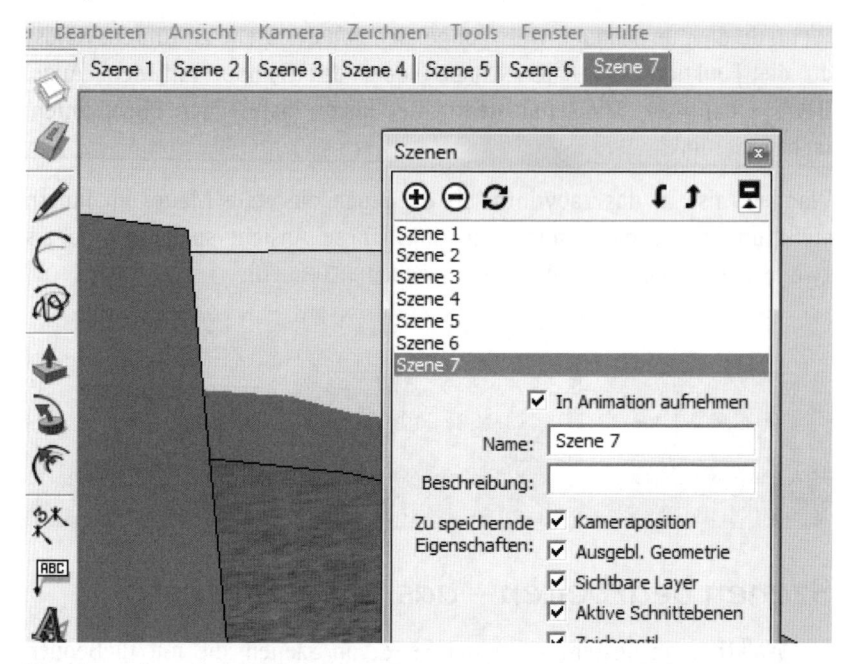

Wandere also mit dem Werkzeug GEHEN durch das Labyrinth bis zum Ziel in der Mitte und erzeuge bei jeder deutlichen Richtungsänderung eine neue Szene. Besonders cool sieht es aus, wenn du am Ende mit ZOOM (Mausrad) und ROTIEREN (O) eine Ansicht aus der Vogelperspektive einstellst. Wenn der Walkthrough mehrmals durchlaufen wird, fliegt der Betrachter vom Ziel aus zu seinem Ausgangspunkt zurück und sieht zwischendurch das Labyrinth von oben.

Animationen abspielen und bearbeiten

Mit dem Befehl ANSICHT|ANIMATION|WIEDERGABE kannst du eine Animation abspielen. Es erscheint links oben ein kleines Fenster mit einem Pause- und einem Stopp-Knopf. Die Kamera wandert nun zu den verschiedenen Positionen, die du in den Szenen jeweils eingestellt hast. Der Betrachter hat den Eindruck, dass er durch das Labyrinth geht. Voreingestellt ist, dass jede Szene für kurze Zeit zu sehen ist, bevor es einen fließenden Übergang zur nächsten Szene gibt. Für deinen Rundgang möchtest du aber vielleicht eine einzige durchgehende Bewegung (ohne Pausen) haben.

Walkthrough

Um den Bewegungsfluss einzustellen, klickst du in der Menüleiste auf FENSTER|MODELLINFORMATIONEN. Vor SZENENÜBERGÄNGE AKTIVIEREN muss ein Häkchen sein. Trage die Zeit ein, die für den Übergang von einer Szene zur nächsten aufgewendet werden soll. Je kleiner die Anzahl der Sekunden, desto schneller die Bewegung des Kameramanns.

In der Rubrik SZENENVERZÖGERUNG stellst du 0 Sekunden ein. Dann hält die Kamera niemals an, sondern bewegt sich sofort weiter zur nächsten Szene.

Aus der Animation wird ein Film

Du kannst Animationen als AVI-Filme exportieren, die man sich dann auch ohne die SketchUp-Umgebung (mit einem passenden Wiedergabeprogramm) ansehen kann.

- Wähle den Befehl DATEI|EXPORTIEREN|ANIMATION. Es öffnet sich ein Fenster, in dem du Dateiname, Verzeichnis und Dateiformat für das Speichern einstellen kannst.

- Klicke unten rechts auf die Schaltfläche OPTIONEN. Es öffnet sich ein weiteres Fenster (siehe Bild). Hier kannst du vor allem die Qualität des Films einstellen: Format des Bildausschnitts (Höhe und BREITE) und Anzahl der Bilder pro Sekunde (Framerate). Wenn du mit den Einstellungen zufrieden bist, klickst du auf OK. Das Optionen-Fenster schließt sich wieder.

- Klicke auf die Schaltfläche EXPORTIEREN. Der AVI-Film wird nun erstellt. Das kann einige Minuten dauern.

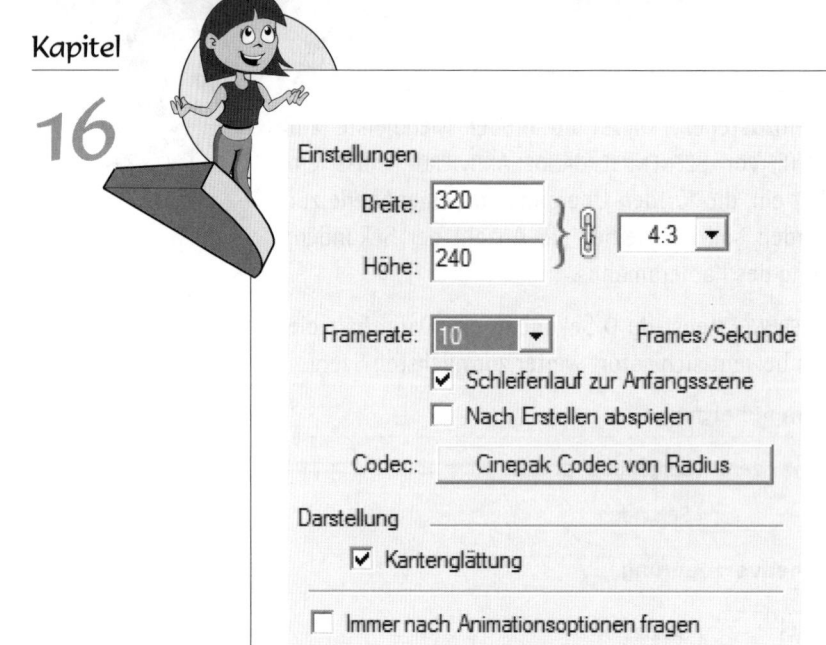

Kapitel 16 — Labyrinthe

Eine Pyramide mit Geheimgängen

Eine ägyptische Pyramide sieht von außen ganz einfach aus. Es ist halt nichts weiter als eine Pyramide mit quadratischer Grundfläche. Aber in ihrem Innern gibt es versteckte Räume und geheime Gänge. In diesem Projekt entwickeln wir eine Fantasiepyramide mit Gängen, die zu einer Kammer führen. Überlege dir selbst, was in dieser Kammer sein soll. Vielleicht ein Stargate, durch das man über ein Wurmloch zu einem fernen Planeten reisen kann?

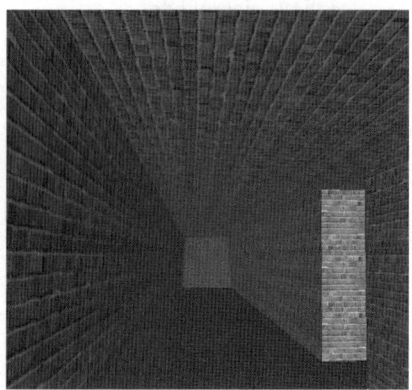

Eine Pyramide mit Geheimgängen

Die Außenhülle

Zuerst konstruierst du die Außenwand der Pyramide.

≫ Zeichne an den Ursprung ein Quadrat mit einer Seitenlänge von 100 Metern (linkes Bild).

≫ Zeichne in das Quadrat die Diagonalen (mittleres Bild).

≫ Mit VERSCHIEBEN/KOPIEREN (M) hebst du den Mittelpunkt nach oben an. Eine Pyramide entsteht (rechtes Bild).

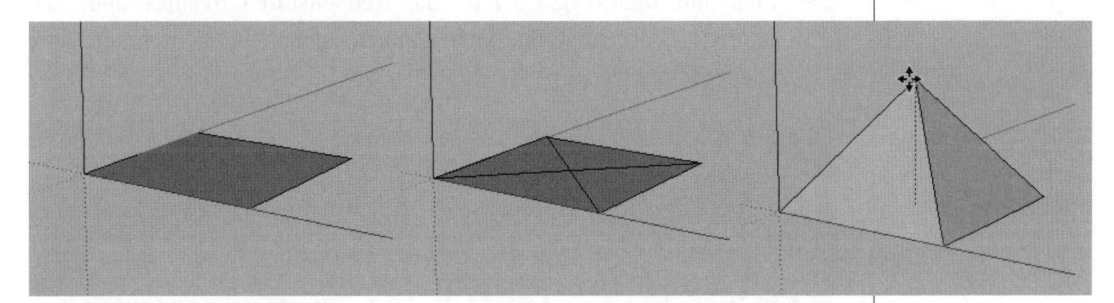

Um die Gänge leichter konstruieren zu können, brauchst du eine senkrechte Wand, an der du beginnst. Deshalb schneidest du an der Vorderseite der Pyramide ein Stück heraus.

≫ Zeichne um den Mittelpunkt der Vorderkante mit dem Vieleckwerkzeug ein Quadrat. So hast du rechts und links zwei Punkte, die gleich weit vom Mittelpunkt entfernt sind.

≫ Zeichne mit dem Linienwerkzeug (L) ein Rechteck wie im linken Bild.

≫ Lösche alle überflüssigen Linien, damit nur noch das Rechteck übrig bleibt, und lösche dann die Innenfläche des Rechtecks. Deine Pyramide hat nun vorne ein Loch.

≫ Stelle den Flächenstil RÖNTGEN ein. Zeichne mit dem Linienwerkzeug (L) einen Einschnitt in die Pyramide wie im rechten Bild. Achte darauf, dass alle Linien genau parallel zu den Koordinatenachsen verlaufen.

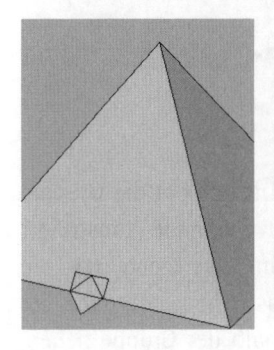

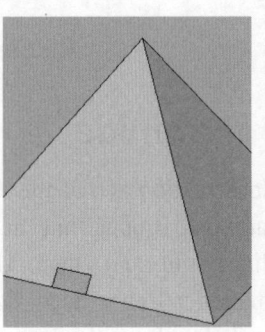

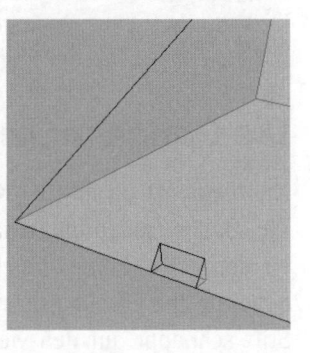

Kapitel 16 — Labyrinthe

Konstruiere eine Treppe.

- » Unterteile eine waagerechte Linie, die nach hinten (in die rote Richtung) geht, gleichmäßig in fünf Segmente.
- » Zeichne von den Endpunkten dieser Segmente aus Linien in Richtung der roten Achse (linkes Bild).
- » Zeichne eine schräge Linie, die den Anstieg der Treppe markiert (linkes Bild).
- » Bilde mit DRÜCKEN/ZIEHEN (P) die Treppenstufen (rechtes Bild). Die unterste Stufe lässt du flach. Danach kannst du die schräge Linie wieder löschen.

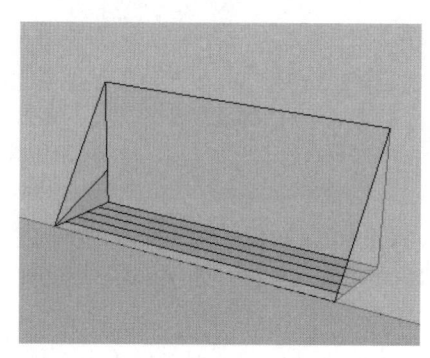

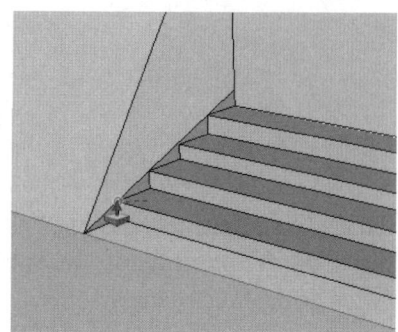

Zeichne in die Mitte der Rückwand hinter der Treppe ein Quadrat mit der Seitenlänge 2 m. Lösche dann die Innenfläche des Quadrats. Diese Öffnung wird der Eingang in die Pyramide.

Mache aus der Pyramide eine Gruppe. Dann kannst du sie später leicht ausblenden.

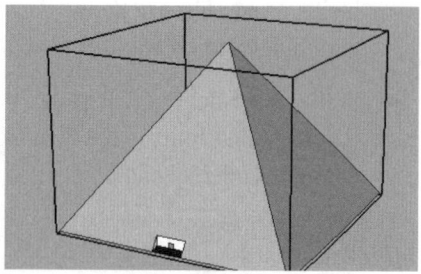

Die Gänge in der Pyramide

Nun beginnst du mit der Konstruktion der Gänge. Öffne nicht die Gruppe! Die Gänge sollen außerhalb der Gruppe mit der Pyramide konstruiert werden. Als Erstes zeichnest du mit dem Linienwerkzeug (L) die quadratische Öffnung oberhalb der Treppe nach. Das geht leicht, denn der Stift schnappt auf den vier Endpunkten, die innerhalb der Gruppe liegen,

Eine Pyramide mit Geheimgängen

ein. Wenn er einschnappt, siehst du am Stift eine kleine violette Kreisfläche (linkes Bild). Wenn du fertig bist, entsteht eine neue Fläche (mittleres Bild). Sie ist deckungsgleich mit der Öffnung in der Pyramide, liegt aber außerhalb. Diese Fläche ist nun der Ausgangspunkt für die Konstruktion der Gänge. Die Außenhülle der Pyramide solltest du ausblenden. Sie stört nur (rechtes Bild).

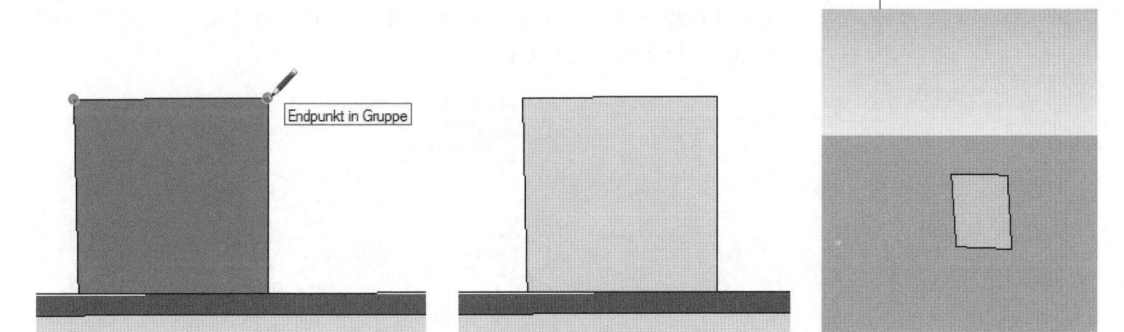

Mit DRÜCKEN/ZIEHEN (P) bildest du aus dem Quadrat einen Gang in die Pyramide. Er darf natürlich nicht zu lang werden, damit er nicht auf der anderen Seite wieder herauskommt. Achte auf das Wertefeld rechts unten und behalte im Auge, dass die Grundfläche der Pyramide 100 m lang ist. Um einen Seitengang zu konstruieren, zeichnest du zunächst so zwei senkrechte Linien (Abstand 2 m), dass ein Quadrat entsteht (linkes Bild). Dann benutzt du DRÜCKEN/ZIEHEN.

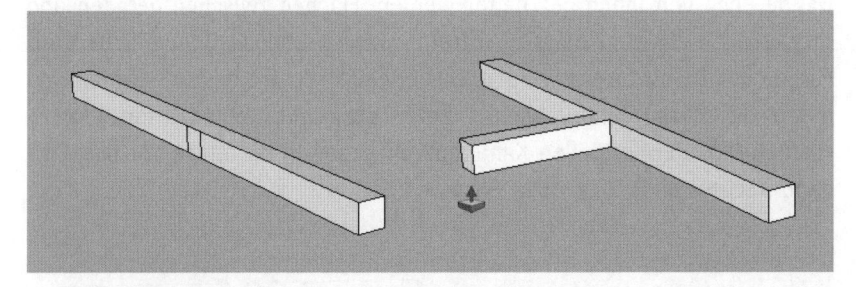

In der Pyramide gibt es auch Gänge, die schräg nach oben oder unten führen. Die konstruierst du so:

- Wähle DRÜCKEN/ZIEHEN (P) und drücke einmal die [Strg]-Taste. Neben dem Mauszeiger erscheint ein kleines Pluszeichen. Das bedeutet, dass jetzt die Extrusion mit einer neuen Fläche beginnt.

- Klicke auf die Stirnfläche des Hauptgangs und ziehe einen neuen Gangabschnitt heraus (linkes Bild).

- Klicke mit dem Auswahlwerkzeug (Leertaste) einmal auf die Stirnfläche des neuen Gangs und markiere sie auf diese Weise.

Kapitel 16 — Labyrinthe

> Klicke mit VERSCHIEBEN/KOPIEREN (M) auf einen Eckpunkt der markierten Fläche und drücke einmal die Taste ⌐Alt¬. Der Modus »Automatisches Falten« ist nun eingeschaltet. Neben dem Mauszeiger (Kreuz aus Doppelpfeilen) erscheint eine kleine gefaltete Fläche. Bewege den Mauszeiger nach oben in Richtung der blauen Achse. Die gestrichelte Spur, die der Mauszeiger hinter sich herzieht, muss blau sein. Klicke ein zweites Mal, wenn du mit der Lage des schrägen Gangabschnitts zufrieden bist.

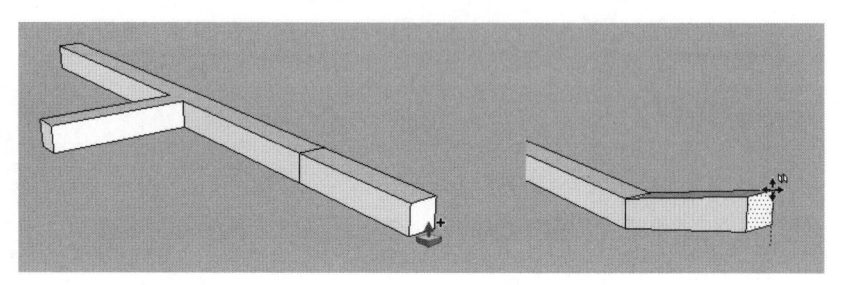

So entwickelst du die Gänge deiner Pyramide weiter und setzt an das Ende eines Ganges einen größeren Quader für die Kammer, die das Geheimnis der Pyramide enthält – was auch immer das sein mag (linkes Bild).

Nun kannst du die Außenhülle der Pyramide wieder einblenden. Stelle die Ansicht so ein, dass du den Eingang siehst, und lösche die quadratische Vorderfläche des Ganges, damit du das Innere siehst. Nun müssen die Gänge noch von innen bearbeitet werden. Flächen zwischen geraden und schrägen Abschnitten müssen entfernt werden und die Innenflächen mit Farbe oder Textur belegt werden. Das erledigst du am besten, während du durch die Gänge hindurchgehst. Setze dazu mit der Funktion KAMERA POSITIONIEREN den virtuellen Kameramann genau in die Mitte vor den Eingang (rechtes Bild).

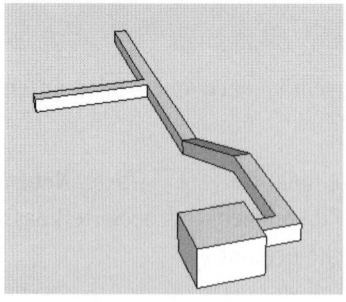

Wähle das Werkzeug GEHEN und bewege dich durch die Gänge. Zwischendurch bringst du mit dem Farbeimer Texturen auf die Flächen. Du könntest z. B. Sandsteine für die Seitenwände und die Decke und Kies für den Boden verwenden. Texturen haben den Vorteil, dass sie bei einem Walkthrough einen stärkeren Eindruck von Bewegung bewirken.

Eine Pyramide mit Geheimgängen

Manchmal ist ein Gang durch eine Zwischenwand blockiert, wie z. B. die Wand vor Beginn des schrägen Abschnitts (linkes Bild). Eine solche Fläche musst du natürlich löschen.

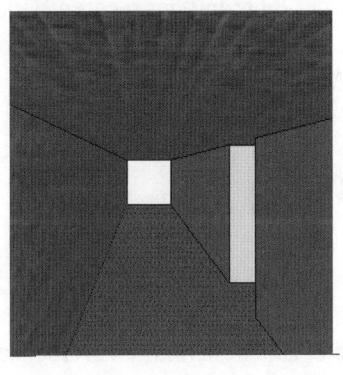

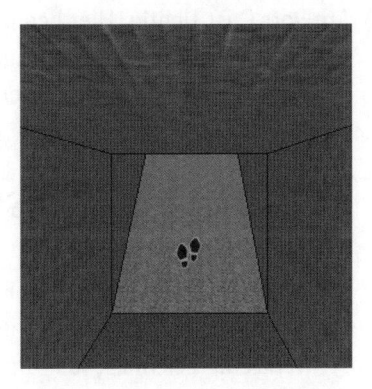

Vielleicht stören dich nun die schwarzen Linien, die alle Flächen umfassen. Im Menü ANSICHT|KANTENSTIL kannst du sie unsichtbar machen. Du musst nur den Haken vor KANTEN ANZEIGEN durch Anklicken entfernen.

Einen schrägen Gang hinaufgehen

Wenn du mit GEHEN eine Schräge hinauf marschierst, stellst du fest, dass der virtuelle Kameramann sich dem Untergrund anpasst. Er bleibt mit den Füßen auf der Untergrundfläche. Die Kamera bleibt immer auf Augenhöhe und geht parallel zum Boden mit nach oben. Allerdings bleibt der Blickwinkel so, wie er ist. Du blickst horizontal gegen den schiefen Boden und kannst nicht mehr so gut sehen, wohin du eigentlich gehst (linkes Bild).

Mit der Funktion KAMERA|UMSCHAUEN kannst du die Kamera drehen.

Wähle also UMSCHAUEN (Auge). Der Mauszeiger sieht aus wie ein Augenpaar. Klicke mitten auf den Bildschirm, halte die linke Maustaste gedrückt und ziehe den Mauszeiger ein Stück nach oben. Der Blickwinkel ändert sich. Du schaust nun den Gang hinauf (rechtes Bild). Der neue Blickwinkel bleibt erhalten, wenn du weitergehst.

Lösung der Labyrinth-Aufgabe

Antwort C ist richtig. Hier beginnt der Biber mit der rechten Hand an einer Wand, die keine Verbindung zum Ausgang hat. Nach der »Rechte-Hand-Regel« würde er endlos an dieser Wand entlanglaufen.

Zusammenfassung

- Bei einem Labyrinth mit rechtwinkligen Wänden oder Hecken kannst du zuerst die Struktur aus einfachen Linien zeichnen. Mit dem Versatzwerkzeug zeichnest du um die Linien herum die Außenkanten der Wände.
- Ein Kreislabyrinth besteht aus ringförmigen Wänden und geraden Wänden, die wie ein Kreuz angeordnet sind. An einigen Stellen sind Lücken für Übergänge.
- Ein Walkthrough ist ein Rundgang durch ein 3D-Modell aus der Perspektive eines Menschen.
- Für einen Walkthrough setzt du mit der Funktion KAMERA POSITIONIEREN einen virtuellen Kameramann an den Beginn des Rundgangs.
- Mit der Funktion GEHEN (Fußspuren) bewegst du den virtuellen Kameramann durch das Modell. Er bleibt mit den Füßen immer auf dem Untergrund.
- Mit UMSCHAUEN (Auge) änderst du den Blickwinkel der Kamera.
- Eine Animation besteht aus mehreren Szenen, in denen das Modell aus verschiedenen Blickwinkeln gezeigt wird. Wenn die Animation abgespielt wird, bewegt sich die Kamera von Szene zu Szene.
- Eine Animation kann als Film exportiert werden.

Ein paar Fragen ...

Frage 1: Welchen Vorteil haben Schatten und Texturen für einen Rundgang durch das 3D-Modell?

Frage 2: Warum ist es sinnvoll, bei einem rechtwinkligen Labyrinth zuerst die Außenlinien zu zeichnen und diese dann in Segmente zu unterteilen?

... und eine Aufgabe

Frage 3: Wie machst du einen Rundgang durch dein Modell aus dem Blickwinkel einer Maus?

Frage 4: Wie stellst du bei einem Walkthrough nachträglich eine langsamere Bewegungsgeschwindigkeit ein?

Frage 5: Wie änderst du nachträglich eine Szene in einer Animation?

... und eine Aufgabe

1. Konstruiere ein Brückenlabyrinth wie in der Abbildung. Die Aufgabe ist, von unten über die Brücken zum höchsten Punkt zu gelangen. Tipps zur Vorgehensweise: Beginne mit einem flachen Quader. Verwende DRÜCKEN/ZIEHEN (P), um einen neuen Brückenabschnitt zu erzeugen. Verwende VERSCHIEBEN/KOPIEREN (M) mit gedrückter Alt-Taste (automatisches Falten), um einen waagerechten Brückenabschnitt in eine Schräge zu verformen.

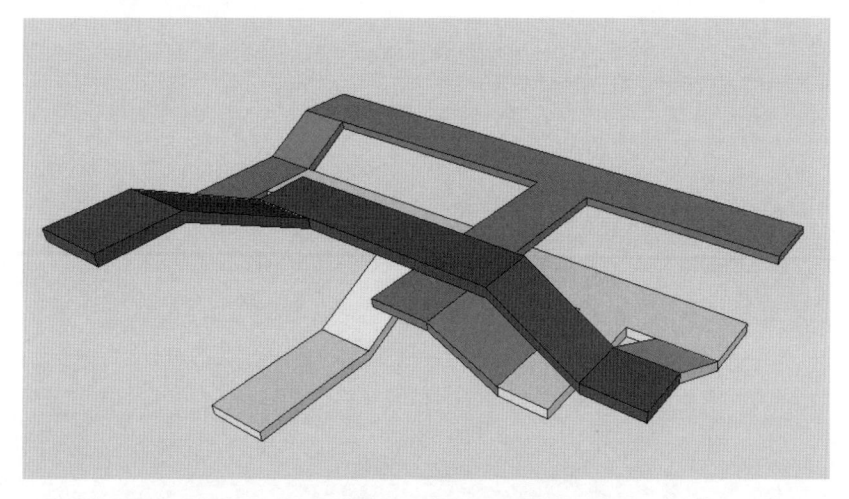

Die Brückenabschnitte sind unterschiedlich eingefärbt, damit es schöner aussieht und man in einer zweidimensionalen Abbildung leichter den Weg erkennen kann.

17
Google Earth und SketchUp

Kennst du Google Earth? Es ist ein dreidimensionales Navigationssystem, mit dem du kreuz und quer über den Globus fliegen und dir die Welt ansehen kannst, ohne dein Zimmer zu verlassen. Die Software ist kostenlos. In diesem Kapitel geht es darum, wie du Geländeausschnitte aus Google Earth in einem SketchUp-Modell verwenden kannst.

- Wie importierst du aus Google Earth einen Geländeausschnitt?
- Wie setzt du ein Gebäude in das Gelände?
- Wie verwendest du die Sandkistenfunktionen, um ein importiertes Gelände zu verformen und zu verfeinern?
- Wir schaust du dir dein Modell mit Google Earth an?

Wenn du die Projekte dieses letzten Kapitels machen möchtest, brauchst du das Programm *Google Earth*. Du kannst es kostenlos aus dem Internet herunterladen und auf deinem Rechner installieren. Öffne in einem Browser-Fenster die Webseite *http://earth.google.de/*. Klicke rechts auf die Schaltfläche GOOGLE EARTH 5 HERUNTERLADEN und folge den Anweisungen.

Kapitel 17

Google Earth und SketchUp

Die Salginatobelbrücke

In den Schweizer Alpen in der Nähe des kleinen Örtchens Schwiers befindet sich die Salginatobelbrücke. Sie wurde in den Jahren 1929 bis 1930 nach den Plänen des Schweizer Bauingenieurs Robert Maillart gebaut. Mit einem 90 m langen Betonbogen überspannt sie den Salginabach. Die *American Society of Civil Engineers* (ASCE) hat sie zum Weltmonument der Ingenieurskunst gekürt. Nur etwa 30 Bauwerke tragen diesen ehrenvollen Titel. Darunter auch die New Yorker Freiheitsstatue, der Eiffelturm und der Panamakanal.

Das Gelände aus Google Earth importieren

Eine Brücke ist immer Teil einer Landschaft. Sie führt über einen Fluss, eine Straße oder Schlucht. Das Gelände brauchst du nicht unbedingt selbst zu konstruieren. Du kannst es auch aus Google Earth importieren.

Dazu muss auf deinem Rechner natürlich Google Earth installiert sein. Die Software ist kostenlos. Du findest sie im Internet unter der Adresse *http://earth.google.de/download-earth.html*.

Google Earth hat die natürliche Oberfläche der Erde dreidimensional abgespeichert. Zusätzlich enthält es auch SketchUp-Modelle von Gebäuden. Bei großen Städten wie New York oder Berlin existieren für viele Gebäude bereits 3D-Modelle und es werden täglich mehr.

Wenn du die sehen willst, musst du das Google-Earth-Programm auf deinem Computer entsprechend einstellen:

≫ Blende die Seitenleiste ein, falls sie nicht schon eingeblendet ist. Dazu klickst du im Menü ANSICHT auf das Feld SEITENLEISTE, damit davor ein Häkchen erscheint. Achtung! Wir reden über Google Earth – nicht SketchUp!

Die Salginatobelbrücke

≫ Setze in der Seitenleiste im Menü EBENEN ein Häkchen vor 3D-GEBÄUDE.

Und so importierst du das Gelände rund um die Salginatobelbrücke:

≫ Öffne Google Earth.

≫ Wähle in der Seitenleiste unter SUCHEN den Reiter ANFLIEGEN.

≫ Gib in das Textfeld als Suchbegriffe
Salginatobelbrücke Schliers ein.

≫ Klicke auf die Lupe rechts neben dem Textfeld. Dann wird dieser Ort angeflogen.

≫ Wähle einen geeigneten Geländeausschnitt. Sorge dafür, dass du genau von oben auf die Brücke guckst. Dazu musst du auf den Winkel unterhalb des Auges klicken (siehe Bild). Das ist wichtig, damit SketchUp genau den Geländeausschnitt importiert, den du auf dem Bildschirm siehst.

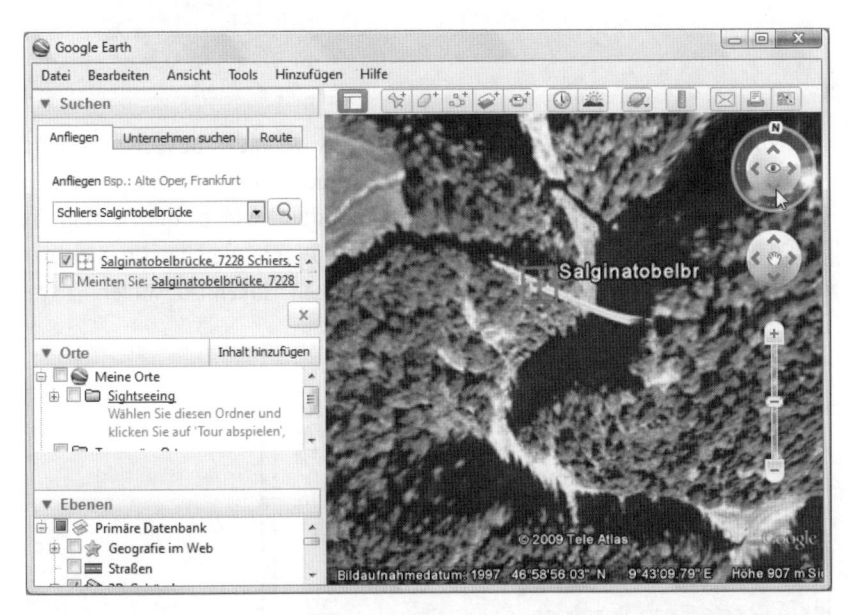

Jetzt verlässt du Google Earth und wechselst wieder in dein SketchUp-Fenster. Klicke auf das Symbol mit der blauen Erdkugel und dem gelben Pfeil, der nach unten zeigt (Bild links oben).

> Wenn du die Google Earth-Symbole nicht sehen kannst, musst du sie zuerst sichtbar machen. Klicke im Menü auf ANSICHT|SYMBOLLEISTEN|GOOGLE.

Du kannst auch im Menü den Befehl TOOLS|GOOGLE EARTH|AKTUELLE ANSICHT ÜBERNEHMEN wählen.

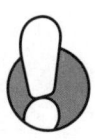

Kapitel 17

Google Earth und SketchUp

Nun wird es lebendig auf dem Display. Du siehst kurz das Earth-Fenster, dann erscheint eine Meldung, dass importiert wird. Schließlich erscheint eine flache Darstellung der gewählten Ansicht.

Klicke auf das Symbol GELÄNDE UMSCHALTEN neben der blauen Erdkugel mit dem gelben Pfeil. Es sieht aus wie eine braune unebene Fläche (rechtes Bild oben). Anstelle der flachen Ansicht siehst du nun eine 3D-Fläche. Mit ROTIEREN kannst du sie dir von allen Seiten ansehen. Wenn du nochmals auf GELÄNDE UMSCHALTEN klickst, siehst du wieder die flache Ansicht.

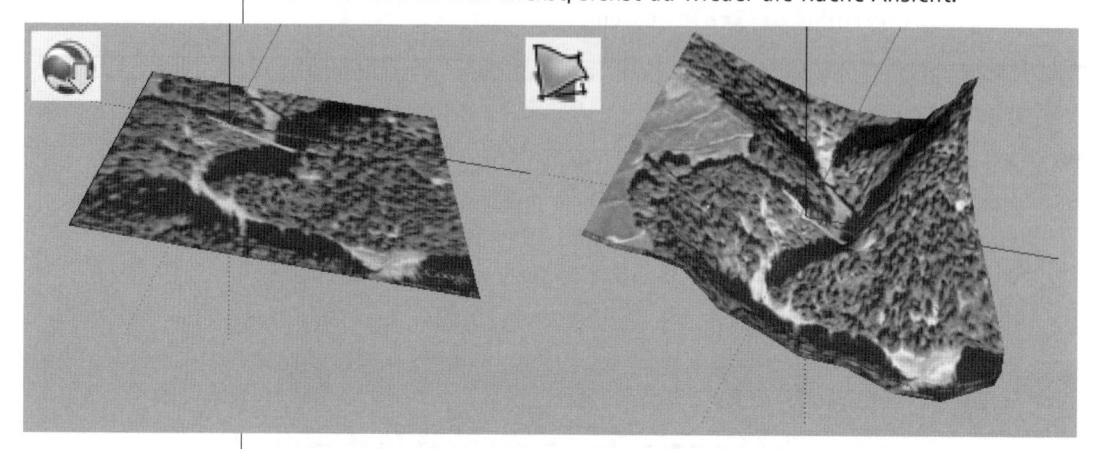

In deinem Modell sind also zwei Versionen des Geländes gespeichert, eine flache und eine dreidimensionale. Beim Import sind für diese beiden Objekte zwei neue Layer eingerichtet worden. Öffne die Dialogbox FENSTER|LAYER. Dann kannst du beide Darstellungen gleichzeitig sichtbar machen. Du brauchst nur in der Spalte SICHTBAR Haken zu setzen (siehe Bild).

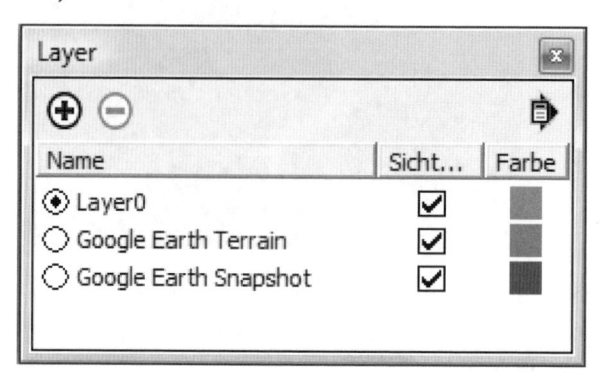

Es ist aber besser, wenn du zunächst das Gelände ausblendest. Dann ist es leichter, die Brücke zu konstruieren. Wenn sie fertig ist, wirst du sie in die Salginaschlucht einpassen.

Die Salginatobelbrücke

Die Brücke konstruieren

Die Salginatobelbrücke ist berühmt. Deshalb findest du im Internet jede Menge Fotos und technische Angaben zu ihrem Aufbau. Du beginnst die Konstruktion mit einem Quader. Seine Länge ist die offizielle Gesamtlänge der Brücke (132 m). Die Breite (3,8 m) ist die Breite der Brücke an der Oberseite und die Höhe (15 m) ist die Höhe des Bogens.

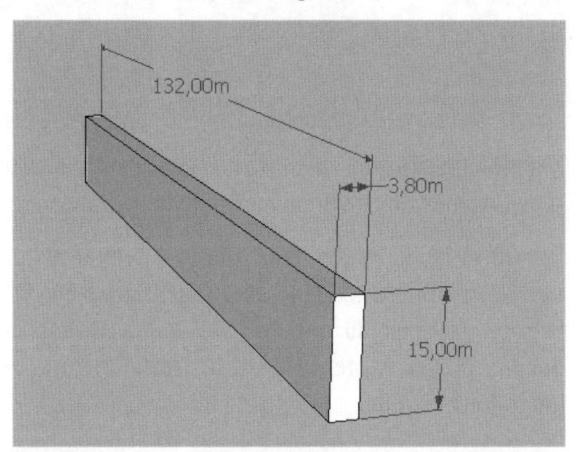

Mit Linien- und Bogenwerkzeug konstruierst du die Grundstruktur der Brücke wie in der Abbildung. Mit DRÜCKEN/ZIEHEN entfernst du die Zwischenräume. Der Abstand zwischen zwei senkrechten Betonplatten (gemessen jeweils an der rechten Kante) ist 6 m. Links vom Bogen gibt es noch fünf weitere senkrechte Betonpfeiler. In Wirklichkeit werden sie nach außen immer kürzer. Aber in unserem Modell haben sie alle die gleiche Länge. Sie werden später einfach den Untergrund durchdringen.

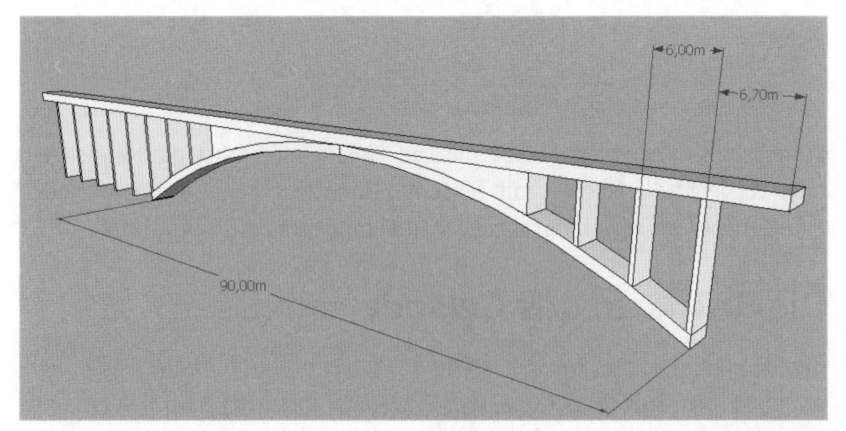

Die senkrechten Träger sind zum Teil durch eine geschwungene Betonwand abgedeckt. Zeichne eine Bogenlinie, die vom Fuße des rechten Trägers zur vorderen oberen Ecke des vierten Trägers verläuft. Der dritte Klick beim

Kapitel 17 — Google Earth und SketchUp

Zeichnen einer Bogenlinie bestimmt die Krümmung des Bogens. Setze diesen dritten Klick genau auf die Mitte des dritten Trägers (linkes Bild).

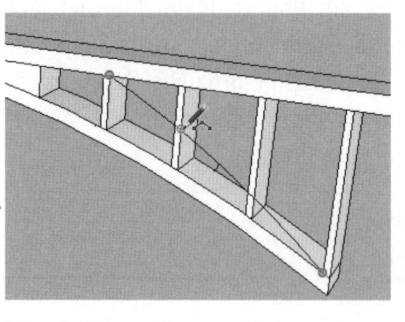

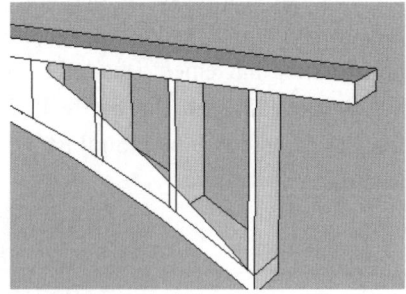

Mit DRÜCKEN/ZIEHEN bildest du aus den einzelnen Bereichen der geschwungenen Fläche dreidimensionale Seitenwände (siehe Bild).

Der 90 m lange Bogen der Brücke ist breiter als die Oberkante. Ziehe zunächst mit DRÜCKEN/ZIEHEN die Bogenfläche ein Stück heraus. Im zweiten Schritt markierst du mit dem Auswahlwerkzeug die senkrechte Linie des Bogens in der Mitte. Mit VERSCHIEBEN/KOPIEREN verschiebst du sie nach innen (rechtes Bild).

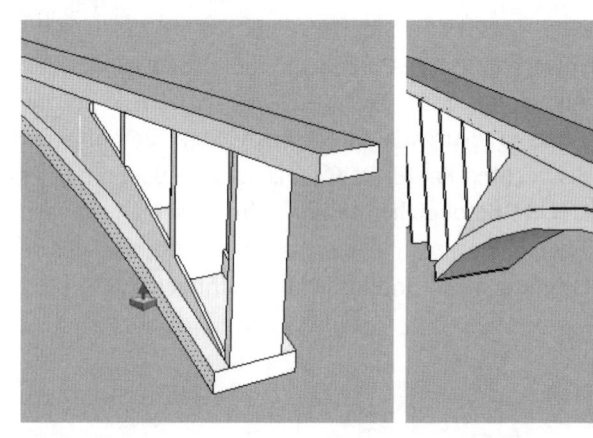

Zum Schluss entfernst du überflüssige Linien und färbst das Modell ein oder versiehst die Flächen mit Texturen. Dann machst du aus dem Modell eine Gruppe, um es vor versehentlichen Veränderungen zu schützen.

Die Brücke in das Gelände einpassen

Blende das Gelände wieder ein und versuche, durch Drehen und Verschieben die Brücke einzupassen. Auf dem importierten Bildausschnitt kannst du den Verlauf der Brücke erkennen.

Die Salginatobelbrücke

Hilfe, die Brücke passt nicht zum Gelände!

Merkst du was? Die Brücke passt nicht. Woran liegt das? Nun, das Modell der Erdoberfläche von Google Earth ist leider ziemlich ungenau. Die Salginaschlucht müsste eigentlich viel tiefer sein, als sie im Modell dargestellt ist. In Wirklichkeit ist die Oberseite der Brücke in einer Höhe von 90 m über dem Grund. Bei Google Earth sind es vielleicht 40 m. Du kannst das überprüfen, denn am unteren Bildschirmrand des Google-Earth-Fensters wird die Höhe der Stelle gezeigt, auf der sich gerade der Mauszeiger befindet. Vergleiche einfach den höchsten und den tiefsten Punkt auf der Straße, die in dem Bildausschnitt zu sehen ist.

Was kannst du tun? Offenbar gibt es zwei grundsätzliche Möglichkeiten, das Problem zu lösen: Entweder du veränderst das Gelände und passt es an die Brücke an. Oder du veränderst die Brücke und passt sie an das Gelände an. Beide Methoden haben ihre Vor- und Nachteile.

Das Gelände anpassen

Das geografische Modell, das Google Earth liefert, ist offenbar zu ungenau und zu grob für die Salginatobelbrücke. Von daher erscheint es gerechtfertigt, das Gelände zu verfeinern und zu verändern. Der Geländeausschnitt, den du importiert hast, befindet sich in einer Gruppe und ist gesperrt. Wenn du die Gruppe anklickst, erscheint sie in einem Kasten aus roten Linien. Klicke sie mit dem Auswahlwerkzeug und der rechten Maustaste an und wähle im Kontextmenü den Befehl ENTSPERREN.

Öffne die Gruppe durch einen Doppelklick. Nun kannst du das Gelände mit den Sandkistenfunktionen (siehe auch Kapitel 15) nachbearbeiten.

Klicke einmal mit dem Auswahlwerkzeug (Leertaste) auf das Gelände. Du siehst, dass die gesamte Fläche ausgewählt worden ist. Sie ist mit blauen Pünktchen übersät. In diesem Zustand kannst du sie schlecht verformen.

Kapitel 17 — Google Earth und SketchUp

Setze im Menü ANSICHT ein Häkchen vor AUSGEBLENDETE GEOMETRIE. Nun siehst du die Rasterlinien der Geländefläche als gestrichelte Linien. Du erkennst, dass die Fläche aus lauter Dreiecken besteht. So etwas nennt man ein TIN (*Triangular Irregular Network*), ein unregelmäßiges Netz aus Dreiecken.

Klicke mit dem Auswahlwerkzeug (Leertaste) auf eines der Dreiecke. Nun sind nur auf diesem Dreieck blaue Markierungspunkte. Siehe da, jetzt kannst du einzelne Teilflächen des Geländes auswählen!

Wähle das Sandkistenwerkzeug FORMEN. Auf den Eckpunkten des markierten Dreiecks sitzen nun gelbe Quadrate. Durch Mausbewegungen kannst du diese Fläche anheben und absenken. So kannst du das Gelände ganz gezielt nachmodellieren.

Vielleicht hast du schon gemerkt, dass das Bild auf der Geländefläche eher stört als nützt. Es ist ziemlich unscharf und man sieht im Tal eine verbogene Projektion der Brücke, die natürlich völlig unrealistisch aussieht. Entfernen wir also die Textur! Markiere mit dem Auswahlwerkzeug (innerhalb der Gruppe) das gesamte Gelände. Wähle den Farbeimer (B) und stelle im Fenster MATERIALIEN die »leere Farbe« ein. (Klicke rechts oben auf das Quadrat, das aus einem taubenblauen und einem weißen Dreieck zusammengesetzt ist.) Nun klickst du mit dem Farbeimer auf die ausgewählten Flächen. Die Textur verschwindet. Natürlich kannst du das Gelände auch mit einer passenden Farbe (z. B. Grünton) einfärben.

Das Raster des importierten Earth-Geländes ist ziemlich grob. Das heißt, die Dreiecke des TIN sind relativ groß. Mit dem Befehl DETAIL HINZUFÜGEN kannst du die Rasterung an kritischen Stellen verfeinern. So gehst du vor:

Die Salginatobelbrücke

» Wähle einen Bereich aus, den du genauer modellieren möchtest. Klicke mit dem Auswahlwerkzeug (Leertaste) und gedrückter ⌜Strg⌝-Taste einige Dreiecke des TIN an (linkes Bild).

» Klicke auf das Symbol DETAIL HINZUFÜGEN (rechtes Bild oben). Ausgehend von den Mittelpunkten der Kanten der markierten Flächen werden neue Linien gezogen. Das heißt, jedes markierte Dreieck wird in vier kleinere Dreiecke unterteilt.

» Die neuen Linien sind nicht abgemildert. Man kann sie also sehen. Markiere die neuen Linien, klicke rechts und wähle im Kontextmenü den Befehl ABMILDERN.

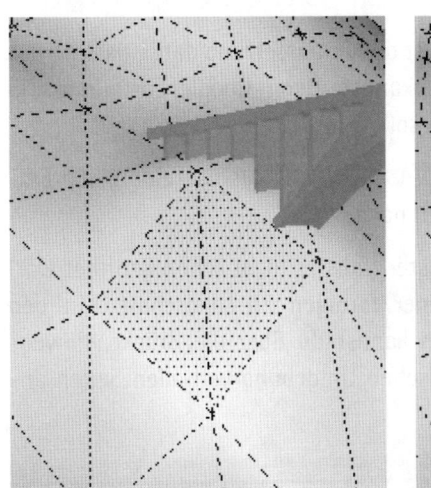

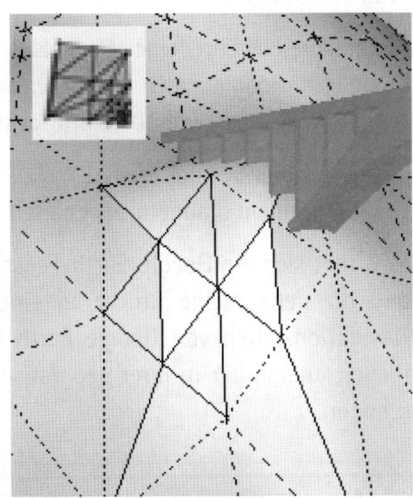

Die Brücke an das Gelände anpassen

SketchUp-Modelle können in Google Earth importiert und sogar veröffentlicht werden, damit jeder sie sehen kann. (Im nächsten Abschnitt erfährst du, wie das geht.) Wenn du so etwas vorhast, bringt das Nachbearbeiten des Geländes überhaupt nichts. Denn Google Earth verwendet natürlich die unveränderten geografischen Daten. Wenn du dein Modell mit Google Earth betrachten willst und dich stört, dass die Brücke in der Luft schwebt, musst du sie wohl oder übel so verändern, dass sie passt. Das machst du in zwei Schritten:

» Im ersten Schritt bringst du die Brücke in eine Position, dass die beiden Endpunkte des Bogens auf dem Gelände aufliegen. Außerdem sollten die fünf Pfeiler links neben dem Bogen noch zu sehen sein. Wenn die Brücke nicht lang genug ist, vergrößerst du sie mit dem Skalierwerkzeug. Das ist natürlich unschön, weil jetzt die Maße nicht mehr stimmen.

> Nun ist wahrscheinlich an einer Seite die Fahrbahn noch zu kurz. Öffne durch einen Doppelklick die Gruppe mit der Brücke und verlängere die Fahrbahn mit DRÜCKEN/ZIEHEN.

Das Modell in Google Earth platzieren

Als du den Bildausschnitt von Google Earth importiert hast, ist im Hintergrund etwas passiert, das du gar nicht bemerkt hast: Dein Modell ist mit geografischen Daten ausgestattet worden, die den genauen Ort der Brücke auf der Erdkugel beschreiben. Öffne FENSTER|MODELLINFORMATIONEN. Dort findest du die geografische Länge und Breite des Ursprungs deines Koordinatensystems.

Die genaue Position deines Modells ist die Voraussetzung dafür, dass du das Modell in Google Earth platzieren kannst. Denn Google Earth muss ja schließlich wissen, wohin die Brücke soll.

Klicke auf das Symbol MODELL PLATZIEREN. Es sieht aus wie eine blaue Erdkugel mit einem orangefarbenen Pfeil nach oben.

Es öffnet sich ein Google-Earth-Fenster (falls es nicht schon geöffnet war) und du siehst deine Brücke in einer farbigen 3D-Landschaft. Mit den Navigationshilfen von Google Earth kannst du über die Brücke hinwegfliegen und sie dir in ihrer geografischen Umgebung von allen Seiten anschauen.

Damit hast du dein Modell aber *nicht* veröffentlicht. Andere Leute, die mit Google Earth die Welt bereisen, können sie nicht sehen.

Wenn du dein Modell der Öffentlichkeit zugänglich machen willst, musst du es in der 3D-Galerie von Google abspeichern. Das darfst du aber nur, wenn du volljährig bist. Du musst dich dann zuerst bei Google registrieren. Zum Veröffentlichen verwendest du den Befehl DATEI|3D-GALERIE|MODELL GEMEINSAM VERWENDEN. Oder du klickst einfach auf das Google-Symbol, das so aussieht wie eine aufgeklappte Schachtel mit einem orangefarbenen Pfeil nach oben.

In dem Fenster, das sich nun öffnet, findest du Hinweise, wie du weiter vorgehst.

Ein Haus exakt an einen Standort setzen

Bei der Brücke haben wir nicht allzu viel Wert darauf gelegt, sie akkurat an die richtige Position zu setzen. Das Erdmodell von Google Earth war nicht genau genug. Doch es ist nicht immer so schwierig. Die meisten Gebäude sind Häuser, die auf einem mehr oder weniger flachen Gelände stehen.

Es gibt viele Situationen, in denen man wissen will, wie ein bereits vorgeplantes Gebäude sich in die Landschaft einfügt. Schutzhäuser für Bushaltestellen, Fabrikhallen oder Einfamilienhäuser werden häufig geplant, ohne zu wissen, wo sie einmal stehen werden. Ein Kunde, der sich für ein Fertighaus interessiert, möchte sich aber gerne einen Eindruck verschaffen, wie das Haus auf seinem Grundstück aussieht. Und dann kommt es auf Genauigkeit an. Denn es müssen bestimmte Abstände zur Straße und zum Nachbargrundstück eingehalten werden.

In diesem Abschnitt erkläre ich dir, wie du ein Haus-Modell, das du schon fertig hast, ganz präzise in ein Gelände setzen kannst.

Öffne Google Earth und suche ein freies Grundstück als Standort für dein Haus. Wähle einen geeigneten Bildausschnitt.

Öffne die SketchUp-Datei mit dem Haus. Importiere die Geländeansicht, die du im Google-Earth-Fenster eingestellt hast. Klicke dazu auf das Symbol mit der blauen Erdkugel und dem gelben Pfeil nach unten.

Du siehst dann die flache Ansicht des Geländes (Google Earth Snapshot) und dein Modell zusammen.

Kapitel 17 — Google Earth und SketchUp

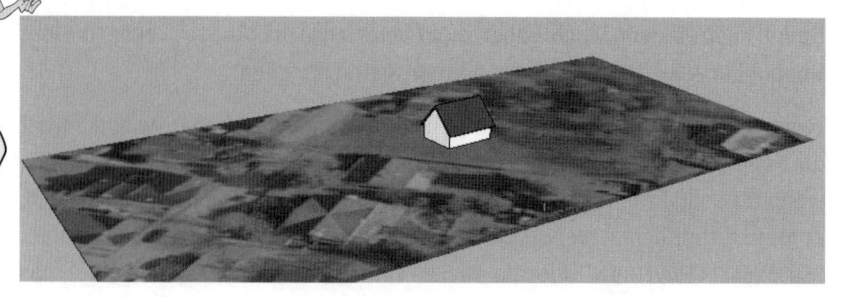

Auf dem flachen (zweidimensionalen) Bild des Geländes triffst du zunächst einige Vorbereitungen, damit später das genaue Platzieren des Hauses leichter fällt.

- Blende zunächst das Hausmodell aus und stelle die Standardansicht OBEN ein.

- Das Haus soll 3,5 m vom Nachbargrundstück entfernt sein. Zeichne deshalb eine Linie entlang der Grundstücksgrenze.

- Die Giebelwand deines Hauses soll genauso weit von der Straße entfernt sein wie die des Nachbarhauses. Normalerweise ist es in der Bauordnung vorgeschrieben, wie groß der Abstand zur Straße ist. Zeichne also eine Linie parallel zur Straße, die durch die Giebelseite des Nachbarhauses geht (linkes Bild)

- Nun wechselst du in eine perspektivische Ansicht. Zeichne eine senkrechte Linie (in blauer Richtung) wie im rechten Bild. Der Anfangspunkt der neuen Linie ist 3,5 m von der Grundstückgrenze entfernt. Diese Linie markiert die Stelle, an der eine Ecke des Hauses platziert werden soll.

Klicke auf das Symbol GELÄNDE UMSCHALTEN (siehe Bild links oben). Nun siehst du die dreidimensionale Darstellung des Geländes. Die Linien schweben nun über der Geländefläche oder sind vielleicht zum Teil verdeckt. Aber das macht nichts. Du brauchst nur das obere Ende der senkrechten Linie. Blende das Haus wieder ein und setze es mit einer Ecke auf die senkrechte Linie (linkes Bild). Überlege dir aber zunächst, welches die richtige Ecke ist.

Ein Haus exakt an einen Standort setzen

Denn nun musst du das Haus um diese Ecke drehen und in die richtige Lage bringen.

- Stelle die Standardansicht OBEN ein und wähle den Röntgenmodus.
- Wähle das Drehwerkzeug. Sorge dafür, dass der Winkelmesser blau ist, und halte die ⬆-Taste gedrückt, damit er in der waagerechten Position bleibt.
- Setze den Mittelpunkt des Winkelmessers exakt auf die Ecke, um die du drehen möchtest. Drehe das Haus, bis die Giebelseite parallel zur Straße ist (rechtes Bild).

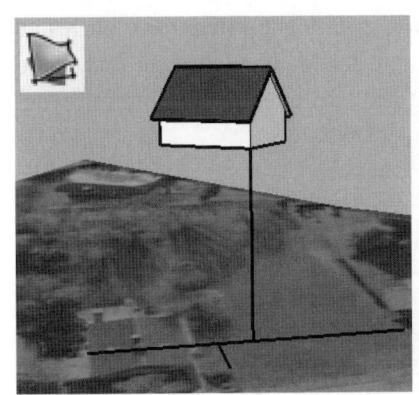

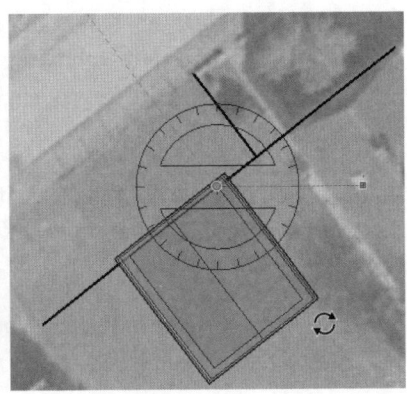

Die Linien kannst du jetzt wieder löschen. Du weißt, dass das Haus genau senkrecht über seinem Standort schwebt. Schau dir mit ROTIEREN (O) dein Modell an. Welche Ecke der Grundfläche ist dem Boden am nächsten? Klicke mit dem Verschiebewerkzeug (M) auf diese Ecke und bewege das Haus in blauer Richtung nach unten, bis du die Oberfläche berührst.

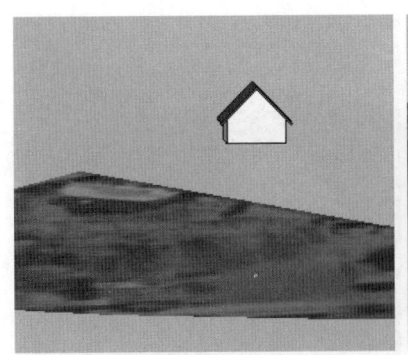

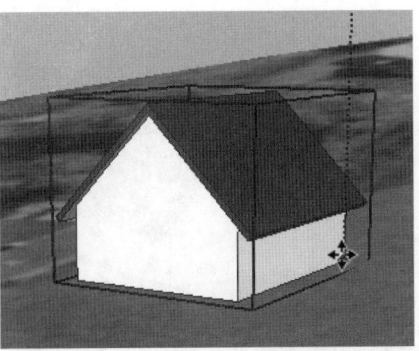

Nun hat das Haus an einer Stelle Kontakt. Der Rest schwebt darüber. Das sieht natürlich nicht sehr schön aus. Du hast zwei Möglichkeiten, das zu korrigieren.

Kapitel 17 — Google Earth und SketchUp

Du kannst das Gelände anpassen (linkes Bild).

≫ Entsperre das Terrain.

≫ Klicke auf das Symbol der Sandkistenfunktion FLÄCHE ABBILDEN (im Bild links oben). Klicke auf das Haus. Um seine Grundfläche herum siehst du nun eine rote Rechtecklinie. Voreingestellt ist ein Versatz von 1 m. Achte auf das Wertefeld rechts unten! Du kannst den Versatz ändern, indem du über die Tastatur einen anderen Wert eingibst, z. B. 2M ↵.

≫ Klicke auf das Terrain. Es entsteht rund um das Haus ein Pyramidenstumpf mit einer rechteckigen, waagerechten Oberseite.

≫ Der Mauszeiger sieht nun aus wie zwei blaue Pfeile nach oben und unten. Die Oberseite kannst du mit der Maus nach oben und unten verschieben. Stelle sie so ein, dass sie genau die Unterseite des Hauses trifft (linkes Bild).

Du hast noch eine zweite Möglichkeit, das Haus einzupassen (rechtes Bild). Du kannst unter das Haus einen Keller setzen, der die Oberfläche des Terrains durchdringt.

≫ Öffne die Gruppe mit dem Haus durch einen Doppelklick mit dem Auswahlwerkzeug (Leertaste).

≫ Wähle DRÜCKEN/ZIEHEN und drücke einmal kurz die [Strg]-Taste. Neben dem Mauszeiger ist ein kleines Pluszeichen. Ziehe die Unterseite des Hauses nach unten. Es entsteht unter dem Haus ein neuer Quader, der vollständig die Oberfläche des Terrains durchdringen sollte (rechtes Bild). Das ist das Kellergeschoss.

Zusammenfassung

- Aus Google Earth kannst du ein Gelände importieren. Zu diesem Gelände gibt es zwei Gruppen auf zwei unterschiedlichen Layern: ein flaches (zweidimensionales) Schwarzweißbild (Snapshot) und eine dreidimensionale Fläche aus Dreiecken (Terrain).
- Das dreidimensionale Terrain kannst du mit den Sandkistenfunktionen verändern.
- Wenn du ein Haus exakt in das Gelände setzen willst, solltest du zuerst auf dem Snapshot eine senkrechte Linie zeichnen. Sie markiert einen Punkt, auf den eine Ecke des Hauses gesetzt werden soll.
- Natürliches Gelände ist niemals ganz flach. Es gibt zwei Möglichkeiten, ein Haus einzupassen: Entweder veränderst du das Gelände (und machst es künstlich flach) oder du veränderst das Haus und ergänzt es durch einen Keller, der in den Boden eintaucht.
- Beim Import eines Geländes aus Google Earth wird deinem Modell seine geografische Lage zugeordnet (Längen- und Breitengrad).
- Du kannst dein Modell nach Google Earth exportieren und in einem Earth-Navigationsfenster betrachten.

Ein paar Fragen ...

Frage 1: Was bedeutet die Abkürzung TIN?

Frage 2: Wie verändert sich eine Dreiecksfläche eines TIN, wenn du auf sie die Funktion DETAIL HINZUFÜGEN anwendest? Wie verändern sich die benachbarten Dreiecke?

Frage 3: Wie wechselst du zwischen der zweidimensionalen Darstellung (Snapshot) und der dreidimensionalen Darstellung (Terrain) des Geländes? Wie machst du beide Versionen gleichzeitig sichtbar?

Frage 4: Wie kannst du auf einem unebenen Gelände ein flaches, exakt waagerechtes Rechteck erzeugen?

Frage 5: Warum solltest du ein Gelände nicht verändern, wenn du dein Modell nach Google Earth exportieren willst?

Kapitel 17

Google Earth und SketchUp

... und eine Aufgabe

1. Vielleicht werden irgendwann auf dem Mars Menschen leben. Gestalte eine Stadt auf dem Mars! Mit Google Earth kannst du nicht nur die Erde, sondern auch den Mars bereisen. Klicke in der oberen Menüleiste auf das Symbol, das wie der Planet Saturn aussieht (siehe Bild) und wähle im Pull-down-Menü den Befehl MARS.

   Jetzt siehst du die Marsoberfläche. Suche eine Stelle, die dir für eine Ansiedlung geeignet erscheint. Wechsle in dein SketchUp-Fenster und importiere den ausgewählten Bildausschnitt. Baue eine Stadt aus mehreren Gebäuden und Verbindungsgängen.

Anhang

An Eltern, Lehrerinnen und Lehrer

Wenn sich Ihre Kinder oder Schüler mit SketchUp beschäftigen, können Sie sich beruhigt zurücklehnen. Ihre Schützlinge machen etwas Sinnvolles. Sie sind kreativ, schulen ihr räumliches Vorstellungsvermögen und üben sich – vor allem bei komplexen Projekten – in Techniken, die in der heutigen Wissensgesellschaft von großer Bedeutung sind: Strukturieren, Planen und Beschaffen von Informationen für eine Problemlösung.

Wahrscheinlich haben Sie dieses Buch schon einmal durchgeblättert und sich einen Eindruck von den fantastischen Möglichkeiten der 3D-Modellierung mit SketchUp verschafft. Warum macht Modellieren den meisten Menschen solchen Spaß? Ich glaube, dass zwei Gründe besonders zu erwähnen sind: Erstens beschäftigt man sich mit einer Sache, die einem am Herzen liegt. Ein Fußballfan baut das Stadion seines Lieblingsvereins nach. Jemand, der sich für das Mittelalter interessiert, versucht, eine Burg zu rekonstruieren. Und zweitens erschafft man ein Produkt, das man aufbewahren, sich immer wieder anschauen und seinen Freunden zeigen kann. In jedem Modell – in der Wahl der Thematik, Farben und Formen – steckt ein Stückchen der Persönlichkeit des Autors. Modellieren ist eine Möglichkeit, sich selbst zu verwirklichen.

Jedes 3D-Projekt ist eine intellektuelle Herausforderung an den ganzen Menschen. Überlegen Sie sich doch einmal, was auf dem Weg von der Idee zum fertigen Produkt alles passiert. Welche Probleme müssen Sie lösen und welche Entscheidungen müssen Sie fällen?

Manchmal ist es erforderlich, dass Sie Details des nachgebildeten Originals recherchieren. Wie hoch ist eigentlich ein Einfamilienhaus in Wirklichkeit? Wie dick ist eine Mauer? Wie breit ist eine Eingangstür?

Ein Modell ist immer eine Vereinfachung. Zur Modellierung gehören also auch Entscheidungen, was wichtig ist und was man weglassen kann. Muss die Bemaßung exakt stimmen? Von zentraler Bedeutung ist hier der Modellzweck. Was soll das Modell veranschaulichen? Soll es eine Idee illustrieren oder wollen Sie es als Grundlage für ein reales Bauprojekt verwenden? Schließlich geht es auch um Fragen der Ästhetik. Wie setzen Sie Farben und Texturen ein, damit das Modell gut aussieht?

Wer 3D-Modellierung betreibt, übt sich – ganz nebenbei – in der Anwendung mathematischer Konzepte. Nicht nur im Text dieses Buches, sondern auch in der Entwicklungsumgebung selbst – z. B. in Infoboxen, Menüs und Hilfetexten – werden geometrische Begriffe wie Winkel, Tangente, Radius oder Parallele verwendet.

Falls Sie in der Schule Mathematik unterrichten, interessieren Sie sich wahrscheinlich besonders für Fragen der geometrischen Konstruktion mit SketchUp. Beim Modellieren mit SketchUp entwickeln Sie komplexe Figuren aus einfachen Elementen. Vielleicht beginnen Sie mit einem Rechteck, erzeugen daraus einen Quader bestimmter Höhe, ziehen Diagonale, verwenden den Mittelpunkt einer Kante als Anfangspunkt für eine weitere Linie usw. Neue geometrische Elemente werden mit bereits vorhandenen Elementen in eine sinnvolle Beziehung gesetzt. SketchUp unterstützt mit seinem raffinierten Ableitungssystem (*inference system*) diese Vorgehensweise. Sie entspricht der Philosophie der Euklidischen Geometrie, benannt nach dem griechischen Mathematiker Euklid von Alexandria. Sie können alles mit Zeichenwerkzeugen konstruieren und brauchen keine Koordinaten für Punkte (Zahlentupel) einzugeben. Überhaupt spielen Zahlen bei einer Konstruktion nur selten eine Rolle.

Es gibt jedoch einen wesentlichen Unterschied zur traditionellen Euklidischen Geometrie. Und der liegt in der Verwendung von Kreisen. In seinem Hauptwerk *Die Elemente* (entstanden etwa 325 v. Chr.) beschreibt Euklid die Grundlagen der Geometrie, die bis heute gelten. Im dritten Postulat geht es um den Kreis. Es wird gefordert, dass jeder Punkt auf dem Kreis gleich weit vom Mittelpunkt entfernt ist. In einem Zirkel ist diese mathematische Idee materialisiert. Durch Auseinanderziehen oder Zusammendrücken der Schenkel legt man *eine* bestimmte Entfernung zwischen Metallspitze und Spitze der Bleistiftmine als Radius fest. Aus der Mechanik des Zirkels ergibt sich zwangsläufig, dass alle Punkte auf der Kreislinie (idealerweise) gleichen Abstand zum Mittelpunkt haben.

Bei SketchUp gibt es keinen Zirkel. Das, was Sie mit dem Kreiswerkzeug konstruieren, ist ein regelmäßiges Polygon, das aus der Entfernung so *aussieht* wie ein Kreis. Gehen Sie in der Ansicht ganz nah heran, dann sehen Sie Ecken und gerade Liniensegmente. Nur die Eckpunkte des regelmäßigen Polygons haben alle den gleichen Abstand zum Mittelpunkt. Die dazwischen liegenden Punkte nicht. Dass die Eckpunkte gleich weit vom Mittelpunkt entfernt sind, sieht man freilich dem Polygon-Werkzeug nicht

An Eltern, Lehrerinnen und Lehrer

direkt an. Man muss es dem Computer glauben. Das ist der Unterschied zum Zirkel.

Das gilt übrigens auch für Werkzeuge der dynamischen Geometrie, wie GeoNExT oder GeoGebra. Hier wird zwar ein Kreis bei jeder Vergrößerung rund dargestellt. Aber das Werkzeug selbst liefert keinen »Beweis« für die Kreiseigenschaft.

Es gibt also keine Kreise bei SketchUp. Aber für viele Konstruktionen, die Euklid im ersten Buch der *Elemente* beschreibt, können Sie anstelle von Kreisen auch regelmäßige Polygone verwenden. Wie findet man zu einem Punkt A auf einer geraden Linie zwei Punkte auf dieser Linie, die gleich weit von A entfernt sind? Euklid empfiehlt, mit einem Zirkel einen Kreis um A zu zeichnen (linkes Bild). Bei SketchUp verwenden Sie besser das Vieleckwerkzeug und konstruieren um den Mittelpunkt A ein regelmäßiges Polygon, bei dem Sie sicher sind, dass zwei Eckpunkte auf der geraden Linie liegen (rechtes Bild)

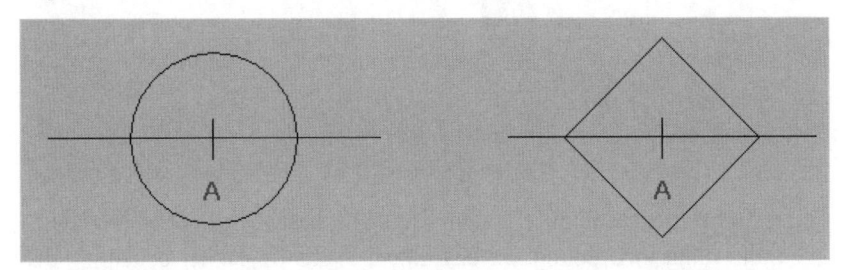

Konstruktion von zwei Punkten, die gleich weit von A entfernt sind. Links: Euklid. Rechts: SketchUp.

Zu Euklids Zeiten vor 24 Jahrhunderten gab es keine Werkzeuge für regelmäßige Polygone um einen Mittelpunkt. Vielleicht hätte er sonst auf diese Möglichkeit hingewiesen.

Sofern Sie Lehrerin oder Lehrer sind, bietet Ihnen dieses Buch einige Anregungen für Unterrichtsprojekte. Darüber hinaus finden Sie im Internet weitere Einsatzmöglichkeiten in verschiedenen Fächern wie Geografie, Mathematik, Informatik oder Kunst. Wenn Sie nicht in der Schule mit SketchUp arbeiten wollen oder können (z. B. weil die Ausstattung fehlt), ermuntern Sie Ihre Schüler, zu Hause zu einem Referat oder zu einer Facharbeit 3D-Modelle für Illustrationen zu entwickeln! Ich bin sicher, dies führt in vielen Fällen zu einer vertieften Auseinandersetzung mit dem fachlichen Gegenstand und Ihre Schülerinnen und Schüler empfinden die Arbeit mit SketchUp als Bereicherung.

Probleme mit SketchUp

Teile des Modells werden nicht angezeigt

Bei sehr großen Modellen kann es vorkommen, dass Teile des Modells nicht angezeigt werden. Ist dir folgende Situation schon einmal passiert? Du betrachtest mit ROTIEREN dein Modell von allen Seiten. Und plötzlich verschwindet etwas, taucht in einer anderen Blickrichtung wieder auf und ist dann nach einer erneuten Änderung der Kameraposition wieder weg (linkes Bild).

Das Problem der »Camera Clipping Plane« und seine Heilung mit dem Befehl ALLES ZEIGEN.

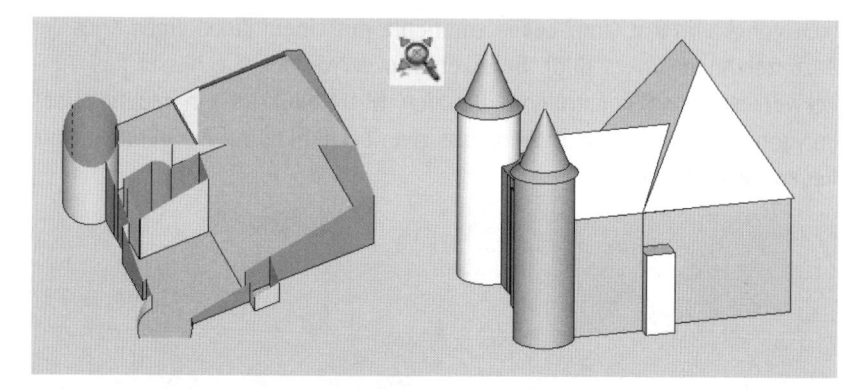

Keine Sorge, dein Computersystem ist nicht beschädigt. Dein Modell ist ebenfalls völlig in Ordnung. Du bist einem SketchUp-Fehler begegnet, den man *Camera Clipping Plane* nennt.

Du kannst Folgendes tun, um den Fehler zu vermeiden:

◇ Wenn der Fehler auftritt, reicht es in den meisten Fällen aus, wenn du einmal den Befehl KAMERA|ALLES ZEIGEN ausführst. Das Symbol sieht aus wie eine Lupe, die von vier blauen Spitzen umgeben ist (siehe rechtes Bild oben). Dann füllt dein Modell die ganze Arbeitsfläche aus und alles ist sichtbar.

◇ Achte darauf, dass das Blickfeld nicht zu weit ist. Voreingestellt ist ein Blickwinkel von 35°. Vielleicht hast du aus Versehen diesen Wert geändert. Um den Blickwinkel einzustellen, wählst du den Befehl KAMERA|BLICKFELD. Der Mauszeiger sieht nun aus wie eine Lupe. Im Wertefeld rechts unten wird der Winkel angezeigt. Wenn du mit der Maus das Arbeitsfeld anklickst und (bei gedrückter linker Maustaste) den Mauszeiger nach oben ziehst, wird der Blickwinkel kleiner. Wenn du nach unten gehst, wird er größer. Du kannst auch über die Tastatur einen neuen Blickwinkel eingeben, z. B. 30 ↵.

Probleme mit SketchUp

Eine Fläche oder Gruppe kann nicht gefärbt werden

Manchmal kommt es vor, dass eine einzelne Fläche oder eine Gruppe keine klare Farbe hat, sondern merkwürdig »unsauber« aussieht. Die Farbe wechselt, wenn du mit ROTIEREN den Blickwinkel änderst. Gelegentlich siehst du gleichzeitig zwei Farben auf der Fläche (siehe Bild). Wenn du die Fläche mit dem Farbeimer anklickst, ändert sich die Farbe nicht. Die Fläche nimmt das Material nicht an.

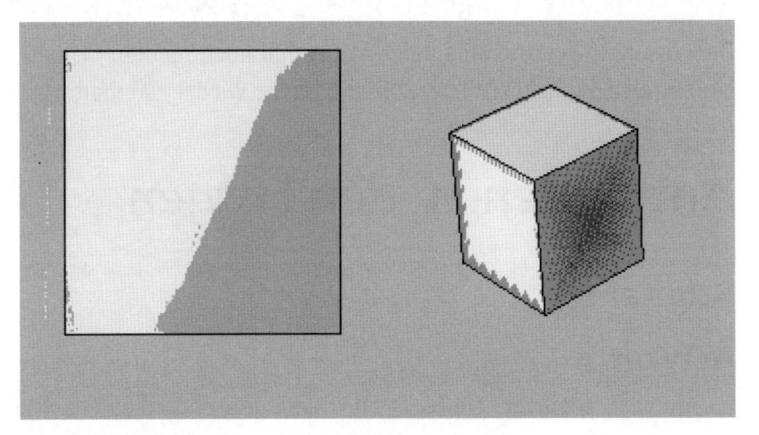

So kann es aussehen, wenn zwei Flächen (links) oder zwei Gruppen (rechts) genau übereinander liegen.

Was ist die Ursache? Wahrscheinlich liegen hier zwei Flächen oder Gruppen genau übereinander. So etwas kann beim Kopieren schon einmal passieren. Du kopierst ein Objekt, schiebst aber aus Versehen die Kopie nicht weg.

Die Lösung des Problems ist einfach. Du brauchst nur eines der beiden deckungsgleichen Objekte zu löschen.

Verschneiden misslingt und Flächen verschwinden

Wenn du eine Figur kopierst und sich dann Linien schneiden, passiert es manchmal, dass die Linien nicht verschnitten werden. Das heißt, an den Schnittstellen entstehen keine neuen Punkte und die sich kreuzenden Linien werden nicht in Segmente aufgeteilt. Das fällt dir erst dann auf, wenn du ein Liniensegment löschst. Dann verschwindet überaschenderweise eine Fläche (siehe Bild).

Die Lösung: Du musst eine (oder manchmal auch mehrere) Linien mit dem Linienwerkzeug nachzeichnen, um die Fläche wieder zu erhalten.

Antworten zu den Fragen

Kapitel 1

Antwort 1

Im Bereich positiver Werte ist die Linie der Koordinatenachse durchgezogen, im Bereich negativer Werte ist sie gepunktet. Zum Beispiel ist die senkrechte blaue Achse oberhalb des Ursprungs eine durchgezogene Linie, unterhalb des Ursprungs ist sie gepunktet.

Antwort 2

Linien sind eindimensional, das heißt, sie sind unendlich dünn und eigentlich kann man sie in einer dreidimensionalen Welt gar nicht sehen. In einem 3D-Modell sind Linien nur (gedachte) Begrenzungen von Flächen. Zwar werden sie auf dem Bildschirm sichtbar gemacht, wenn du es willst. Aber du kannst sie auch ausblenden und trotzdem bleibt das 3D-Modell, wie es ist.

Antwort 3

Mit DRÜCKEN/ZIEHEN (P) kannst du aus einer Fläche einen dreidimensionalen Körper machen.

Antwort 4

Wähle das Auswahlwerkzeug (Leertaste) und bewege den Mauszeiger (Pfeil) in die Nähe des Mittelpunktes eines Liniensegments. Dann rastet er genau in der Mitte ein. Neben dem Mauszeiger siehst du einen hellblauen Punkt und es erscheint für einige Sekunden eine Infobox mit dem Text MITTELPUNKT.

Antworten zu den Fragen

Antwort 5

Klicke mit dem Versatzwerkzeug (F) auf die Innenfläche des Rechtecks. Es entsteht eine Versatzlinie, die zu allen Seiten des Rechtecks den gleichen Abstand hat. Bewege den Mauszeiger. Dann verändert sich die Größe der Versatzlinie. Im Wertefeld rechts unten siehst du, wie groß der Abstand zu den Kanten des Rechtecks ist. Wenn der Abstand so ist, wie du ihn haben willst, klickst du mit der linken Maustaste. Fertig.

Kapitel 2

Antwort 1

Es gibt zwei Unterschiede. (1) Mit dem Vieleckwerkzeug kannst du nur Quadrate zeichnen, also Rechtecke, bei denen alle vier Seiten gleich lang sind. Bei dem Rechteck, das du mit dem Rechteckwerkzeug zeichnest, müssen nur die gegenüberliegenden Seiten gleich lang sein. (2) Beim Vieleckwerkzeug beginnst du die Konstruktion mit dem *Mittelpunkt* des Quadrats. Beim Rechteckwerkzeug legst du mit dem ersten Klick einen *Eckpunkt* fest.

Antwort 2

Die blaue Raute zeigt an, dass die Spitze des Stifts *auf einer Fläche* ist.

Antwort 3

Nachdem du das Vieleckwerkzeug ausgewählt hast, gibst du über die Tastatur die Anzahl der Ecken an und drückst ⏎.

Antwort 4

Zunächst ist der Rand eines Vielecks eine zusammenhängende Linie. Du musst sie zunächst in einzelne Kanten auflösen. Wähle das Auswahlwerkzeug (Leertaste). Klicke die Umrandung des Vielecks mit der rechten Maustaste an. Wähle im Kontextmenü den Befehl KURVE IN IHRE EINZELTEILE AUFLÖSEN. Klicke an irgendeine leere Stelle, damit die Umrandung des Vielecks nicht mehr blau markiert ist. Klicke dann mit dem Radiergummi (E) auf die Kante, die du löschen möchtest.

Kapitel 3

Antwort 1

Die letzte Aktion (z. B. Kopieren und Verschieben) wird noch neun Mal wiederholt, also insgesamt zehn Mal ausgeführt.

Antwort 2

Neben dem Mauszeiger erscheint ein kleines Plus. Es zeigt den Kopiermodus an. Wenn du noch einmal `Strg` drückst, verschwindet das Plus wieder und der Kopiermodus ist wieder abgeschaltet.

Antwort 3

Zum Verschieben brauchst du einen Fasspunkt und einen Zielpunkt. Du klickst das Objekt, das du verschieben willst, am Fasspunkt an und verschiebst es so, dass der Fasspunkt genau auf dem Zielpunkt liegt. Den Röntgenmodus musst du einschalten, wenn du Fasspunkt oder Zielpunkt nicht sehen kannst, weil er verdeckt ist.

Antwort 4

Eine Gruppe besteht oft aus vielen Linien und Flächen. Wenn du die Gruppe einmal aufgelöst hast, sind alle Einzelteile mit den Linien und Flächen des restlichen Modells »gemischt«. Du kannst sie später nicht mehr oder nur mit großer Mühe wieder zu einer Gruppe zusammenzufassen. Normalerweise löst du eine Gruppe nur dann auf, wenn du sicher bist, dass du die Form deines Modells nicht mehr verändern willst.

Kapitel 4

Antwort 1

Beispiele für Extrusionen sind: Zahnpasta aus einer Tube drücken (die Öffnung der Tube ist die Extrusionsfläche), am Strand mit einem Eisstiel eine Spur in den Sand kratzen (die Rinne, die entsteht, ist eine Extrusion der Fläche des Eisstiels), ein Beet harken (die Form der dreidimensionalen Spuren in der Erde werden durch die Zinken der Harke bestimmt).

Antwort 2

DRÜCKEN/ZIEHEN entspricht einer Extrusion entlang einer geraden Linie, die senkrecht auf der Fläche steht.

Antwort 3

Die Banane hat keine konstante Querschnittsfläche. Sie ist in der Mitte dicker als an den Enden.

Kapitel 5

Antwort 1

Drücke auf die `Strg`-Taste.

Antworten zu den Fragen

Antwort 2
Die Gotik kam in Frankreich im zwölften Jahrhundert auf.

Antwort 3
Nehmen wir an, du willst ein Achteck zeichnen. Direkt nachdem du das Vieleckwerkzeug gewählt hast, gibst du 8 ⏎ über die Tastatur ein.

Antwort 4
In einem gotischen Kirchenfenster ist die Kämpferlinie die waagerechte Linie, auf der der Spitzbogen sitzt.

Kapitel 6

Antwort 1
Nein, bei SketchUp ist ein »Kreis« in Wirklichkeit ein Polygon (Vieleck). Nur die Eckpunkte haben alle den gleichen Abstand zum Mittelpunkt. Dieser Abstand ist der Radius, der im Wertefeld rechts unten angegeben ist. Die Punkte auf der Außenlinie, die zwischen den Eckpunkten liegen, sind etwas näher am Mittelpunkt.

Antwort 2
Wenn du auf den dicken Punkt in der Mitte guckst, geraten die Ringe in den Randbereich deines Blickfelds. Und nur dort funktioniert die Bewegungsillusion.

Antwort 3
Raute und Quadrat sind beides Vierecke, bei denen alle Seiten gleich lang sind. Aber beim Quadrat sind alle Winkel 90°, während bei der Raute die Winkel auch andere Werte annehmen können.

Antwort 4
Zeichne mit dem Vieleckwerkzeug zunächst ein Quadrat. Klicke dann mit dem Skalierwerkzeug (S) auf den Rand des Quadrats. Klicke dann auf einen Fasspunkt, der auf einer Ecke des Quadrats sitzt, und ziehe das Viereck auseinander. Alle Seiten bleiben zwar gleich lang, aber ihre Länge und damit auch die Winkel ändern sich.

Kapitel 7

Antwort 1
Bei einem 3D-Modell kann man oft auf dem gleichen Raum mehr Information unterbringen. Das 3D-Modell ist auch näher an der Wirklichkeit

als ein zweidimensionales Modell. Der Betrachter kann sich die Form der abgebildeten Gegenstände besser vorstellen.

Antwort 2

Zusammengehörige Linien und Flächen einer Gruppe, die ein Bauteil darstellt, kannst du durch einen einzigen Klick mit dem Farbeimer einheitlich einfärben. (Sonst müsstest du jede einzelne Fläche des Bauteils färben.) Die Farbe eines Bauteils kannst du später ganz schnell ändern und so besser mit Farben experimentieren. Eine Gruppe kannst du auch leicht verschieben und so ein Bauteil an andere Bauteile anpassen.

Antwort 3

Der Führungstext »klebt« an Punkten deines Modells und wandert mit, wenn du die Ansicht veränderst. Der Bildschirmtext bleibt fest an seiner Position auf dem Bildschirm, wenn du die Ansicht auf dein Modell veränderst.

Antwort 4

Layer werden verwendet, um die *Ansicht* auf die Teile eines Modells zu regeln. Du kannst zum Beispiel alle Elemente eines Layers auf einen Schlag ein- oder ausblenden. Es ist aber nicht möglich, die Eigenschaften der Elemente eines Layers durch eine einfache Aktion zu ändern (z. B. Farbe oder Größe). Eine Gruppe dagegen ist ein zusammenhängendes Teilmodell. Du kannst eine Gruppe als Ganzes z. B. anders färben oder skalieren.

Kapitel 8

Antwort 1

Klicke auf den Farbeimer und öffne damit das Fenster MATERIALIEN. Kicke auf die Pipette am rechten Rand des Materialien-Fensters. Der Mauszeiger sieht nun aus wie eine Pipette. Klicke mit der Pipette auf den Schreibtisch, dessen Farbe du übernehmen möchtest. Der Mauszeiger sieht nun aus wie ein Farbeimer. Wenn der Stuhl die helle Standardfarbe hat, kannst du direkt auf den Stuhl klicken. Er nimmt dann die Farbe des Schreibtisches an. Wenn die einzelnen Flächen des Stuhls aber unterschiedliche Farben haben, musst du zuerst die Stuhlkomponente zur Bearbeitung öffnen (Doppelklick mit dem Auswahlwerkzeug).

Antwort 2

Wenn die Wände in einer Gruppe sind, kannst du sie leichter ausblenden, wenn sie beim Einrichten der Wohnung stören. Alternativ kannst du übrigens die Wände alle einem Layer zuordnen. Dann geht das Ein- und Ausblenden auch ganz schnell im Layer-Fenster.

Antworten zu den Fragen

Antwort 3

Wenn dein Rechner online ist, kannst du im Fenster KOMPONENTEN in der 3D-GALERIE nach Komponenten mit Einrichtungsgegenständen suchen. Du brauchst das SketchUp-Fenster gar nicht zu verlassen. SketchUp ist dann sozusagen direkt mit dem Internet verbunden.

Antwort 4

Angenommen, die Kommode soll rechts neben einem Schrank stehen. Setze die Kommode so in die Wohnung, dass die eine Seite neben dem Schrank schon einmal richtig steht. Die andere Seite der Kommode ist nun zu weit rechts. Klicke die Kommode mit dem Skalierwerkzeug an. Klicke auf den Fasspunkt (grüner Würfel), der mitten auf der Seite ist, die zu weit rechts ist. Schiebe den Fasspunkt nach links. Dabei wird die Kommode nach links zusammengedrückt. Wenn sie die richtige Breite hat, klickst du noch einmal.

Kapitel 9

Antwort 1

Die Instanzen einer Komponente haben alle die gleiche Form. Wenn du eine Instanz veränderst, veränderst du die Komponente und die anderen Instanzen übernehmen augenblicklich alle Veränderungen. Der Vorteil ist, dass du eine Komponente nachträglich überarbeiten kannst. Gruppen sind immer »Einzelstücke« und unabhängig voneinander. Wenn du viele Kopien von einer Gruppe gemacht hast und willst nachträglich ihr Aussehen verändern, musst du jede einzelne Gruppe bearbeiten.

Antwort 2

Wenn du eine Komponente löschst, werden alle ihre Instanzen im Modell gelöscht. Übrigens: Damit du die Komponente löschen kannst, musst du ihr Icon im Komponentenfenster direkt mit der rechten Maustaste anklicken. Dann ist der Löschbefehl im Kontextmenü freigegeben. Wenn du es zuerst mit der linken Maustaste anklickst, hat SketchUp eine neue Instanz erzeugt und erwartet, dass du sie im Modell platzierst.

Antwort 3

Klicke das Icon der Komponente im Komponentenfenster an. Es entsteht eine neue Instanz. Setze sie an die richtige Stelle in dein Modell. Wähle VERSCHIEBEN/KOPIEREN, drücke die Strg-Taste. Klicke auf die Instanz der Komponente und schiebe eine Kopie ein Stück zur Seite. Gib über die Tastatur X9 ⏎ ein.

Anhang — Antworten zu den Fragen

Antwort 4

Erzeuge von einer Instanz der ursprünglichen Komponente mit VERSCHIEBEN/KOPIEREN eine Kopie. Klicke rechts auf die Instanz, die du abwandeln willst, und wähle im Kontextmenü den Befehl EINDEUTIG MACHEN. Achtung! Damit dieser Befehl verfügbar ist, müssen von der ursprünglichen Komponente mindestens zwei Instanzen in deinem Modell sein. Nun hat SketchUp eine neue Komponente erzeugt. Ihr wurde automatisch ein Name gegeben. Den Komponentennamen kannst du im Fenster ELEMENTINFORMATIONEN ändern. Trage dort im Feld DEFINITIONSNAME den gewünschten Namen ein. Die Instanz der neuen Komponente kannst du nun öffnen und bearbeiten.

Kapitel 10

Antwort 1

Klicke mit dem Skalierwerkzeug auf die Kreisfläche. Klicke auf einen Fasspunkt (grüner Würfel), der in der Mitte einer Kante der Skalierbox ist, und ziehe den Kreis zu einem Oval auseinander.

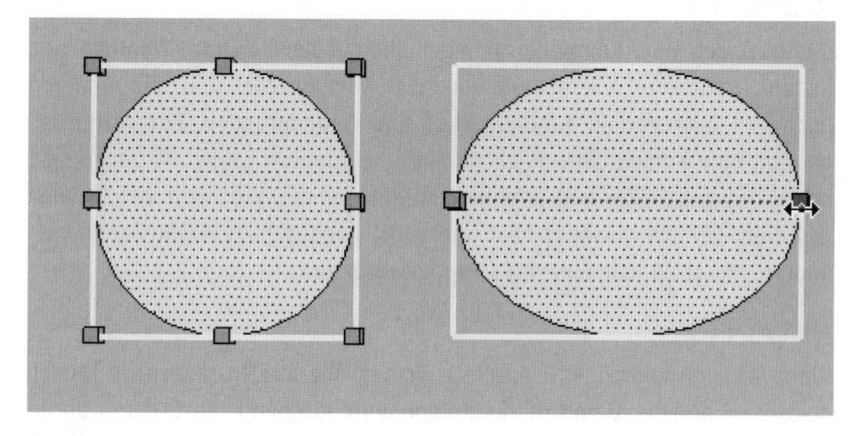

Antwort 2

Es gibt mehrere Möglichkeiten, ausgeblendete Objekte wieder einzublenden: (1) Du wählst im Menü BEARBEITEN den Befehl EINBLENDEN|ALLE. (2) Im Fenster GLIEDERUNG sind die Namen der ausgeblendeten Objekte grau und kursiv aufgeführt. Klicke mit der rechten Maustaste auf den Namen des Objekts, das du wieder einblenden willst. Wähle im Kontextmenü den Befehl EINBLENDEN.

Antwort 3

Der Kreis und der Winkelmesser für eine Drehposition ändern manchmal ihre Orientierung im Raum, wenn du den Mauszeiger über den Bildschirm schiebst. Die räumliche Orientierung kannst du an der Farbe des Kreises

Antworten zu den Fragen

bzw. Winkelmessers erkennen. Ist z. B. der Winkelmesser blau, steht er senkrecht auf der blauen Achse. Wenn du die ⇧-Taste gedrückt hältst, wird die momentane Orientierung fixiert, das heißt, sie ändert sich dann nicht mehr, wenn du den Mauszeiger bewegst.

Antwort 4

Das Objekt muss an der Oberfläche einen deutlich sichtbaren Punkt besitzen, den du für das Verschieben zum Anfassen verwendest. Um auf der gewölbten Oberfläche einen Zielpunkt zu finden, setzt du im Menü ANSICHT ein Häkchen vor AUSGEBLENDETE GEOMETRIE. Nun siehst du die versteckten Linien auf der gewölbten Oberfläche. Markiere das Objekt, das du verschieben willst, mit dem Auswahlwerkzeug (Leertaste). Wähle VERSCHIEBEN/KOPIEREN und klicke den Fasspunkt des zu verschiebenden Objekts an. Bewege das Objekt, bis der Fasspunkt genau auf dem Zielpunkt auf der gewölbten Oberfläche liegt. Dann klickst du erneut. Das Objekt ist verschoben.

Antwort 5

Das Objekt muss Instanz einer Komponente sein. Öffne FENSTER|KOMPONENTEN. Wähle die betroffene Komponente aus. Klicke oben im Komponentenfenster auf den Reiter BEARBEITEN. Setze einen Haken vor IMMER KAMERA GEGENÜBER.

Kapitel 11

Antwort 1

Linien auf der Oberfläche eines Körpers begrenzen Flächen. Wenn du eine Linie löschst, verschwinden Flächen oder benachbarte Flächen werden vereinigt. Dabei kann sich die Form des Körpers ändern. Wenn du eine Linie abmilderst, bleibt sie erhalten und die Form des Körpers ändert sich nicht.

Antwort 2

Wenn du exakt auf die Oberfläche eines runden Körpers ein Objekt setzen willst, brauchst du für die Verschiebeoperation einen Zielpunkt auf der Oberfläche. Dazu musst du die versteckten Linien einblenden. Denn sonst siehst du keine Punkte auf der Oberfläche. Das Gleiche gilt, wenn du eine Linie auf die Oberfläche zeichnen willst.

Antwort 3

In einer Standardansicht OBEN, VORNE usw. ist sozusagen die dritte Dimension ausgeblendet. Der Winkelmesser für das Verdrehen liegt flach auf einer Ebene, die durch die beiden sichtbaren Koordinatenachsen geht. Diese Position kannst du mit der ⇧-Taste fixieren (feststellen). So kannst du leichter den Winkelmesser auf den Drehpunkt im Gelenk des Arms setzen und den Arm drehen.

Kapitel 12

Antwort 1

Wichtig ist der Blickwinkel, aus dem das Foto aufgenommen worden ist. In diesem Fall stand der Fotograf auf dem Boden vor der Treppe und hat die Kamera schräg nach oben gehalten. Den oberen Bereich des Tempels sieht man also von schräg unten. Das führt zu folgender Ungenauigkeit:

Die senkrechten Linien im oberen Bereich sind in Wirklichkeit länger als auf dem Foto. Das bedeutet auch, dass das Dach in Wirklichkeit höher ist, als es auf dem Foto erscheint.

SketchUp bietet eine Funktion zum Anpassen eines 3D-Modells an ein Foto (Fenster|Mit FOTO ABGLEICHEN). Sie ist aber ziemlich kompliziert und man kann sie meiner Meinung nach eigentlich nur bei einfachen Körpern gut verwenden. Deshalb gehe ich in diesem Buch nicht darauf ein.

Antwort 2

Im Hafentempel sind viele Säulen, die alle genau gleich aussehen. In einem solchen Fall sollte man eine Komponente verwenden, weil man sie später leicht noch verändern und nacharbeiten kann. Die Veränderungen wirken sich dann auf alle Instanzen aus.

Antwort 3

Die Plinthe ist eine quadratische Platte unter einer Säule. Sie verteilt das Gewicht auf den Untergrund.

Antwort 4

Mit VERSCHIEBEN/KOPIEREN kannst du eine Kante des Quaders genau auf eine benachbarte Kante ziehen. Dann entsteht ein dreieckiges Prisma.

Kapitel 13

Antwort 1

Wenn eine Gruppe einen Namen trägt, kannst du sie in der Gliederung leichter wiederfinden.

Antwort 2

Mit der [Alt]-Taste kannst du das automatische Falten beim Verschieben ein- und ausschalten. Wenn eine Fläche gefaltet wird, entsteht an jedem Knick eine neue Linie. Falten kann notwendig sein, wenn man einen Punkt

Antworten zu den Fragen

in einem Modell in eine bestimmte Richtung ziehen will. Wenn du durch Drücken der Alt -Taste das automatische Falten erlaubst, entstehen diese neuen Linien automatisch. Anderenfalls ist ein solches Verschieben eines Punktes nicht möglich.

Antwort 3

Wähle VERSCHIEBEN/KOPIEREN und berühre mit dem Mauszeiger die Kreislinie. Meistens ist dann der gesamte Kreis blau markiert. Wenn du jetzt den Kreis anklickst, verschiebst du den Kreis, aber du änderst nicht seine Größe. Wandere mit dem Mauszeiger über die Kreislinie. Irgendwann verschwindet die blaue Markierung. Wenn du jetzt klickst, kannst du die Größe des Kreises verändern.

Antwort 4

Wenn du eine feine Textur für eine große Fläche verwendest, kannst du die Einzelheiten der Textur nicht mehr erkennen. Stattdessen siehst du nur eine Struktur aus verwaschenen Rechtecken. Sie entsteht dadurch, dass das einzelne (rechteckige) Bild der Textur nicht gleichmäßig hell ist.

Kapitel 14

Antwort 1

Ein Tetraeder ist ein Körper, der aus vier gleichseitigen Dreiecken zusammengesetzt ist.

Antwort 2

Setze den Winkelmesser mit seinem Mittelpunkt auf einen Endpunkt der Linie, um die du das Objekt drehen willst. Klicke mit der linken Maustaste und *halte sie gedrückt*. Bewege den Mauszeiger entlang der Linie, um die du drehen willst. Er springt dann in eine Lage, die senkrecht zu dieser Linie ist. Lasse erst dann die Maustaste los.

Antwort 3

Klicke die Komponente mit dem Auswahlwerkzeug an, so dass sie blau markiert ist. Drücke die Tastenkombination Strg C . Damit ist eine Kopie der Komponente im Arbeitsspeicher. Wechsle in das Modell, das eine Kopie der Komponente erhalten soll. Drücke Strg V . Die Kopie der Komponente wird in das Modell eingefügt. Auf dem Bildschirm siehst du am Mauszeiger eine Instanz dieser Komponente.

Antwort 4

Ein Zylinder entsteht aus einer Kreisfläche mit DRÜCKEN/ZIEHEN. Er hat eine Seitenfläche, die zwar rund aussieht, aber eigentlich eckig ist. Bei SketchUp ist ein Zylinder auch ein Prisma, aber eines mit 24 Seitenflächen. Dabei sind die geraden Längslinien abgemildert und unsichtbar. Wenn du um einen Zylinder eine Spirale zeichnest, musst du zuerst die Längslinien sichtbar machen. Für eine Windung der Spirale müsstest du dann über die 24 Seitenflächen 24 einzelne Linien exakt zeichnen. Das ist ziemlich aufwändig.

Kapitel 15

Antwort 1

Wenn du das Werkzeugsymbol NEUE WEICHE FLÄCHE angeklickt hast, siehst du unten rechts im Wertefeld den eingestellten Rasterabstand. Wenn du den Rasterabstand ändern willst, gibst du über die Tastatur den neuen Abstand ein, z. B. 2m ↵.

Antwort 2

Bei einer geschlossenen, gebogenen Höhenlinie gibt es oft Probleme, wenn du aus ihr eine Sandkistenfläche machen willst. Dann entstehen viele neue Linien und die Sandkiste sieht sehr unschön aus. Wenn du in der Mitte einen kleinen senkrechten Strich hast, entstehen auf sinnvollere Weise neue Linien, die überwiegend zu diesem Punkt führen. Das sieht dann viel besser aus.

Aufgabe 3

Texturbilder müssen gleichmäßig hell sein, damit man später nicht ihre rechteckigen Umrisse auf der Fläche sieht, die mit der Textur belegt ist.

Antwort 4

Eine Textur auf einer Fläche besteht aus vielen Wiederholungen ein und derselben Texturabbildung. Normalerweise ist die Texturabbildung so beschaffen, dass man die Übergänge zwischen den Bildern fast gar nicht erkennen kann. Eine Ausnahme sind Zauntexturen. Ein Zaun hat immer eine bestimmte Höhe und oben einen Abschluss. Damit die Textur gut aussieht, muss die Zaunfläche genauso hoch sein wie die Texturabbildung.

Kapitel 16

Antwort 1

Bei einem Rundgang durch dein Modell siehst du immer nur einen kleinen Ausschnitt. Dabei kann es passieren, dass der Betrachter so wenig von dem Modell sieht, dass der räumliche Eindruck verloren geht. Man sieht nur ein paar Flächen, aber versteht nicht, dass es z. B. Böden und Wände eines Ganges sein sollen. Durch Schatten und Texturen wird dem Auge mehr visuelle Information geliefert. Man erkennt besser die dreidimensionale Bedeutung des Bildes.

Antwort 2

Wenn du zwei Seiten der rechteckigen Umrandung des Labyrinths gleichmäßig in mehrere Segmente unterteilst, hast du ein Raster für die Wände der Gänge. Wenn du Linien zeichnest, kannst du die Endpunkte der Segmente auf den Außenlinien als Referenzpunkte verwenden.

Antwort 3

Du musst nur die Augenhöhe des Betrachters auf einen Zentimeter einstellen. Wähle die Funktion KAMERA|KAMERA POSITIONIEREN und gibt über die Tastatur 1cm ⏎ ein. Der Mauszeiger sieht dann aus wie ein Männchen, das auf einem roten X steht. Klicke eine Stelle in deinem Modell an und du siehst die Umgebung dieses Standortes aus dem Blickwinkel einer Maus.

Antwort 4

Wähle FENSTER|MODELLINFORMATIONEN|ANIMATION. Stelle im Feld SZENENÜBERGÄNGE eine größere Sekundenzahl ein. Dann wird die Bewegung insgesamt langsamer, weil für jeden Szenenwechsel mehr Zeit benötigt wird.

Antwort 5

Klicke oben links über der Arbeitsfläche auf die Schaltfläche mit dem Namen der betroffenen Szene. Die Kamera fährt dann in die Einstellung, die zu dieser Szene gehört. Verändere mit ROTIEREN oder VERSCHIEBEN den Blickwinkel. Klicke mit der rechten Maustaste auf die Szenenschaltfläche und wähle im Kontextmenü den Befehl AKTUALISIEREN.

Kapitel 17

Antwort 1

TIN bedeutet Triangular Irregular Network, auf Deutsch: ein unregelmäßiges Netzwerk aus Dreiecken. Damit werden bei SketchUp gewölbte Flächen modelliert.

Antwort 2

Wenn du ein Dreieck einer Geländeoberfläche auswählst (linkes Bild) und dann den Befehl DETAIL HINZUFÜGEN ausführst, passiert Folgendes:

◇ Zwischen den Mittelpunkten der Dreieckseiten werden neue Linien gezogen. Das Dreieck wird also in vier kleinere Dreiecke unterteilt.

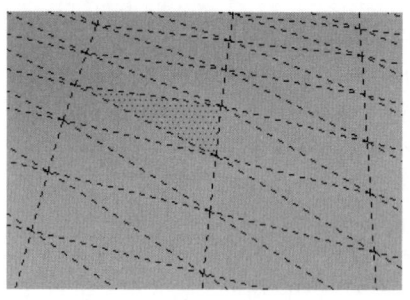

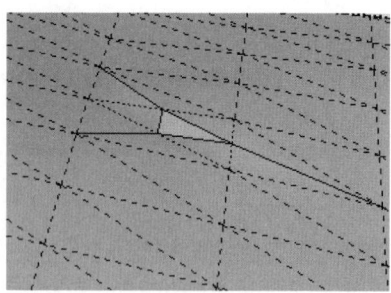

◇ In den drei angrenzenden Dreiecken entsteht jeweils eine neue Linie. Sie führt von der Grenzseite zur gegenüberliegenden Ecke. Jedes Nachbardreieck wird also in zwei Dreiecke aufgeteilt.

Antwort 3

So wechselst du zwischen der zweidimensionalen und der dreidimensionalen Ansicht des Geländes hin und her: Klicke auf das Symbol GELÄNDE UMSCHALTEN neben der blauen Erdkugel mit dem gelben Pfeil.

So machst du beide Darstellungen des Geländes sichtbar: Öffne das Fenster FENSTER|LAYER. Setze in der Spalte SICHTBAR hinter GOOGLE EARTH TERRAIN und hinter GOOGLE EARTH SNAPSHOT ein Häkchen.

Antwort 4

Zeichne über dem Gelände ein waagerechtes Rechteck. Entsperre das Terrain. Klicke auf das Symbol der Sandkistenfunktion FLÄCHE ABBILDEN. Klicke auf das Rechteck. Es ist nun von einem etwas größeren roten Rechteck umgeben. Klicke auf das Terrain. Es entsteht rund um das waagerechte Rechteck eine Art Böschung, die das Rechteck in das Gelände einbettet.

Antwort 5

Google Earth übernimmt nur das Modell und seine geografische Position, *nicht* aber das Gelände. Deine Veränderung des Geländes hat also keine Auswirkung.

Vielen Dank ...

An dieser Stelle möchte ich allen Personen und Institutionen danken, die mich bei der Arbeit an diesem Buch unterstützt und mir Fotos und andere Materialien überlassen haben.

- LVR-Archäologischer Park Xanten,
  Trajanstraße 4, 46509 Xanten, *http://www.apx.de/*

- Burgfreunde Hardenstein e. V., Witten,
  http://www.burgfreunde-hardenstein.de/

- Gesellschaft für Informatik e. V. (GI),
  Ahrstraße 45, 53175 Bonn, *http://www.gi-ev.de/*

Stichwortverzeichnis

3D Warehouse 181
3D-Comic 219
3D-Galerie 181, 399
3D-Modellierung 13, 19
3D-Text 231

A

Ableitung 32, 46
Abmessung 185
abmildern 33
Alkoholmolekül 327
Animation 378
Anschauungsmodell 151
Arm 241, 253
Array 148, 269, 357
Atom 324
Auge 224
Aus Konturen 349
ausschneiden 28
Auswahl 80
Autoparkplatz 196
AVI 379

B

Bauhaus 105
Beauvais 118
Bein 240, 255
Benutzungsoberfläche 23
Beschriften 165
Bewegungsillusion 136
Bezugspunkt 37, 46
Biber-AG 88
Bild 278
Bilddatei importieren 264
Bilderrahmen 104
Bildschirmtext 166
Blickfeld 408
Bogenfeld 123

Bogenlinie 47, 220, 347
Bogenwerkzeug 47, 214, 393
Brennelement 153, 154
Brücke 303, 390
Brückenlabyrinth 387
Burg 281

C

Camera Clipping Plane 408
CD 16
Cesca 105

D

Dach 288
Descartes, René 21
Diamant 321
Digital Designer 14
Dimension 20
Drehen 83
Drehwinkel 85
Dreiblatt 130
dreidimensional 20
Dreischneuß 129
drucken 278
Drücken/Ziehen 27
Drudel 45
dynamische Geometrie 407
dynamische Komponente 355

E

Eindeutig machen 196
Einzelteile zusammensetzen 243
Elementinformationen 168
Erker 297, 298
Euklid 406
Exportieren 278
Extrusion 101, 212

# Stichwortverzeichnis

F

Fachwerk 297
Farbe übernehmen 96
Farbeimer 179
Fenster 36, 177, 289
Figur 211
Film 379
Fischblase 128
Fläche 44
    Vorder- und Rückseite 176
Fläche abbilden 402
Fläche löschen 48
Fläche verbinden 347
Fliesen 179
Fluss 346
Folge-mir-Werkzeug 101
Framerate 379
Freihandwerkzeug 56
Führungslinie 166
Führungstext 166
Fuß 241

G

Garten 342
Geheimgang 380
Gehen 376, 384
Gelände 301, 342
    formen 396
    Rasterlinien 396
Gelände importieren 390
Gelände umschalten 392, 400
Geländer 304
Gelenk 239
Genauigkeit 213
Gliederpuppe 260
Gliederung 335
Goldene Spirale 62
Goldenes Rechteck 61
Google Earth 389
    Modell platzieren 398
    Standort 399
Gotik 123
Graben 301

Grafik-Tablett 17
Grippevirus 329
Grundriss 262, 283
Gruppe 77
Gruppenname 283

H

Hafentempel 261
Hahnenkamm 223
Halbkugel 238
Hämagglutinin 331
Hardenstein 282
Haus 26
Hecke 350, 369
Hintergrund 138
Höhenlinie 346
Huhn 219
Hülle 334

I

Informatik-Biber 88, 368
Insel 364
Instanz 190
Interagieren 355
Ion 310

K

Kamera 31
Kamera positionieren 375, 384
Kameramann 385
Kämpferlinie 123
Kämpferpunkt 123
Kante 44
Kanten abmildern/glätten 344
Kantenstil 54, 385
Kapitell 270
Kegel 104
Kelch 98
Kernkraftwerk 151
Kirchenfenster 123
Kirschlorbeer 354

Stichwortverzeichnis

Kochsalz 310
Komponente 189
   bearbeiten 192
   dynamisch 355
   färben 201
   Instanz 190
   Variante erstellen 194
Komponenten verwenden 181
Koordinatenachse 21
Kopf 248
Kopieren 81
Kopieren und Drehen 143
Korinthische Säule 270
Körperhaltung 258
Krater 348
Kreis 63
   Seitenzahl 64
Kreislabyrinth 372
Kristall 310
Kugel 224, 255, 310

L

Labyrinth 367
Laibung 37
Landschaft 346
Lattenzaun 351
Layer 167, 392
Linie 57
   Länge 60
   parallel 59
   Richtung 59
Linienwerkzeug 22, 46
Links-rechts-Auswahl 80

M

M2-Protein 332
Maillart, Robert 390
Mandala 122
Mars 404
Maßbandwerkzeug 283
Maßwerk 123
Material 39
Mauer 78, 295

Maus 17
Mauszeiger-Punkt 58
Mentor 25
Messagebox 361
Mikrokosmos 309
Möbel 182
Modell platzieren 398
Modellieren 13
Modellinformationen 379, 398
Molekülmodell 324
Mondlandschaft 348

N

Natriumchlorid 310
Neuraminidase 330
Notre Dame 116
Nukleinsäure 329, 332
Nullpunkt 21

O

Ohr 250
Optische Täuschung 135
Ornament 127
Oval 231, 248

P

Parallele 59
parallele Projektion 31
Parallele Projektion 116
Perspektive 30
Pfeil 371
Pikometer 310
Pinna, Baingio 139
Pixel 278
platzieren 299
Plinthe 270
Plug-in 356
Plugins-Ordner 358
Polygon 65
Primärkreislauf 158
Prisma 273

Stichwortverzeichnis

Problem 408
Profil 213
Profile 54
proportional skalieren 284
Pylos 367
Pyramide 380

Q

Quadrat 61

R

Radioaktive Strahlung 170
Raster 342
Rasterung 213
Raute 140
Reaktordruckbehälter 156
Rebus 56
Rechteck 60
   Ebene 63
Rechte-Hand-Regel 368
Rechts-links-Auswahl 80
Richtung 59
Ringhecke 373
Roboter 236
Rohr 102
Rollrad 29
Röntgenmodus 94
Rosette 116
Rotieren 29
Ruby 356
   Konsole 362
   Messagebox 361
Rumpf 236

S

Salginatobelbrücke 390
Sandkiste 302, 342
Sandkistenfunktionen 301
Satellitenfoto 261
Schachbrett 215
Schachfigur 212

Schaft 270
Scharte 300
Schatten 349
Schildmauer 295
Schlüsselscharte 300
Schnabel 222
Schnapppunkt 26
Schnauze 249
Schwenken 29
Scrollrad 18
Sitzhöhe 106
Skalieren 96
   Fixpunkt 98
snap point 26
speichern 30
Spiegeln 83
Spirale 334
Spitzdach 28
Sprechblase 231
Spritzbeutel 102
Spur 102
St. Etienne 117
Stadtmauer 74
Stadttor 86
Stargate 380
Staunton-Figur 212
Steuerelement 154
Stil 22, 54
   allgemein 55
   Kante 54
Straße 347
Stuhl 105
Symbolleiste 24
Szene 376
Szene bearbeiten 377
Szene hinzufügen 376
Szenenverzögerung 379

T

Teddybär 246
Teich 345
Teppich 179
Text 231
Textur 306
Textur gestalten 352

Stichwortverzeichnis

Texturabbildung 350
Texturbild 353
Textwerkzeug 166
TIN 396
Tintenfisch 52
Tragende Wand 174
Treppe 261, 268, 304
Tür 36
Turbine 161
Turm 283

U

Umschauen 376
Uran-235 153
Ursprung 21, 26

V

Vektor 359
Verfeinerung 32
Verformen 73
Versatz 369
Versatzwerkzeug 38
Verschiebefunktion 74
Verschieben 112
verschneiden 50, 291
Verschneiden 409
Vertiefung 344

Vieleck 65
Vierpass 127
Vorlage 26

W

Walkthrough 375
Wassermolekül 324
Wehrgang 296
weiche Fläche 343
Weltmonument 390
Weltraumstation 66
Wirtszelle 329
Witten 282
Wohnung 173

X

Xanten 261

Z

Zaun 350
Zirkel 116, 406
Zoom 29
Zweipunktperspektive 31
Zwölf 118
Zylinder 237

Weitere Bücher ... für Kids

PCs für Kids
5. Auflage
Schumann, Hans-Georg
272 Seiten, vierfarbig
19,95 € (D)
ISBN 978-3-8266-8635-1

Microsoft Office Word 2007 für Kids
Schnoor, Peter
320 Seiten, mit CD-ROM
19,95 € (D)
ISBN 978-3-8266-8621-4

Windows Vista für Kids
Schumann, Hans-Georg
352 Seiten, mit CD-ROM
16,95 € (D)
ISBN 978-3-8266-8634-4

Visual C# 2008 für Kids
Schumann, Hans-Georg
368 Seiten, mit DVD-ROM
24,95 € (D)
ISBN 978-3-8266-8651-1

Visual Basic 2008 für Kids
Schumann, Hans-Georg
352 Seiten, mit DVD-ROM
24,95 € (D)
ISBN 978-3-8266-8647-4

Visual C++ 2008 für Kids
Schumann, Hans-Georg
384 Seiten, mit DVD-ROM
24,95 € (D)
ISBN 978-3-8266-8652-8

C++ für Kids
4. Auflage
Schumann, Hans-Georg
464 Seiten, mit CD-ROM
24,95 € (D)
ISBN 978-3-8266-8642-0

C für Kids
Schumann, Hans-Georg
352 Seiten, mit CD-ROM
24,95 € (D)
ISBN 978-3-8266-8670-2

Content Management mit Joomla! 1.5 für Kids
3. Auflage
Hanke, Johann-Christian
336 Seiten, mit CD-ROM
19,95 € (D)
ISBN 978-3-8266-8666-5

PHP und MySQL für Kids
5. Auflage
Hanke, Johann-Christian
432 Seiten, mit CD-ROM
19,95 € (D)
ISBN 978-3-8266-8654-2

PHP und MySQL Praxisbuch für Kids
2. Auflage
Hanke, Johann-Christian
352 Seiten, mit CD-ROM
19,95 € (D)
ISBN 978-3-8266-8649-8

Bloggen mit WordPress für Kids
Hanke, Johann-Christian
288 Seiten, mit CD-ROM
19,95 € (D)
ISBN 978-3-8266-8653-5

Mac für Kids
Albrecht, Uwe
400 Seiten, mit CD-ROM
19,95 € (D)
ISBN 978-3-8266-8650-4

Mac-Programmierung für Kids
Hinzberg, Holger
464 Seiten, mit CD-ROM
24,95 € (D)
ISBN 978-3-8266-8664-1

Python für Kids
4. Auflage
Lingl, Gregor
464 Seiten, mit CD-ROM
24,95 € (D)
ISBN 978-3-8266-8673-3

HTML für Kids
4. Auflage
Agular, Robert R.
352 Seiten, mit CD-ROM
19,95 € (D)
ISBN 978-3-8266-8672-6

Java mit Eclipse für Kids
4. Auflage
Schumann, Hans-Georg
352 Seiten, mit CD-ROM
24,95 € (D)
ISBN 978-3-8266-8658-0

JavaScript für Kids
Biet, Frank
408 Seiten, mit CD-ROM
24,95 € (D)
ISBN 978-3-8266-8646-7

CSS für Kids
Sigos, David
320 Seiten, mit CD-ROM
22,95 € (D)
ISBN 978-3-8266-8636-8

Mindmapping für Kids
Schnoor, Peter
320 Seiten, mit CD-ROM
17,95 € (D)
ISBN 978-3-8266-8643-0

Digitale Fotografie für Kids
Schäffer, Florian
352 Seiten, mit CD-ROM
16,95 € (D)
ISBN 978-3-8266-1631-0

Probekapitel und Infos erhältst Du unter: www.it-fachportal.de

Wissen für Kids

Islam für Kids

- Von den ersten Muslimen in Mekka bis zum Islam von heute
- Die fünf Säulen des Islams und das islamische Recht
- Viele Fragen und Aufgaben, um das Gelernte zu festigen

ISBN 978-3-8266-8638-2

Geschichte für Kids

- Wichtige Ereignisse der letzten Jahrhunderte
- Geschichtsträchtige Personen und Orte kennen lernen
- Umgang mit Geschichtszeugnissen, die Einblick in vergangene Zeiten geben

ISBN 978-3-8266-8639-9

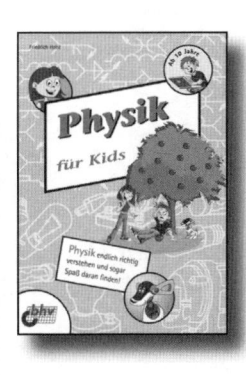

Physik für Kids

- Verständliche Einführung in die wichtigsten physikalischen Phänomene
- Tolle Experimente zum Nachmachen
- Mit vielen Aufgaben und Lösungen

ISBN 978-3-8266-1647-2

Mathe für Kids

- Algebra und Geometrie endlich richtig verstehen
- Spaß an Zahlen, Formeln und Formen durch Praxisbeispiele
- Mit vielen Übungsaufgaben und Lösungen

ISBN 978-3-8266-1606-8

Chemie für Kids

- Chemie im Alltag erkennen und davon lernen
- Von Säuren, Basen, Wasserstoff und Schmutzwasser

ISBN 978-3-8266-1639-1

Biologie für Kids

- Viele Beispiele zur Biologie im Alltag
- Alle wichtigen Gebiete der Biologie anschaulich dargestellt

ISBN 978-3-8266-1641-3

Probekapitel und Infos gibt es unter: **www.bhv-Buch.de**

Uwe Albrecht

Mac für KIDS

Der Mac sieht cool aus, ist einfach zu bedienen und bietet viele spaßige Programme – der ideale Rechner für Kinder und Jugendliche!

Uwe Albrecht verrät dir, was eine Garage mit der Entwicklung des Macs zu tun hat und berät dich, welcher Mac der richtige für dich ist und welches Zubehör du benötigst. Dann zeigt er dir die ersten Schritte am Mac. Du lernst den Umgang mit Dateien und Ordnern kennen, erstellst deinen Stundenplan am Mac und erfährst, wie du mit dem Mac ganz einfach Texte schreiben kannst.

Der Autor bringt dir sogar bei, wie du deinen Mac als Stereoanlage, Fernseher, DVD-Player oder Fotolabor nutzen kannst. Auch spielen und über das Internet mit deinen Freunden quatschen ist mit dem Mac und diesem Buch kein Problem! Du wirst ein richtiger Mac-Profi und kannst sogar Windows auf dem Mac laufen lassen.

Im Anhang zeigt dir Uwe Albrecht noch ein paar Lösungen für den Fall, dass der Mac mal nicht das macht, was er soll. Außerdem erfährst du, was du bei deinen Ausflügen ins Internet, die du mit deinem Mac unternimmst, beachten solltest. Ein spezielles Kapitel für deine Eltern sorgt dafür, dass auch sie immer den Überblick behalten.

Auf der CD:
Zusatzprogramme wie z.B. die Büroprogramme OpenOffice 3 und NeoOffice 2.5, der Internetbrowser Firefox 3 sowie einige bekannte Programme zum Chatten und die Beispiele aus dem Buch.

Probekapitel und Infos erhältst du unter:
www.it-fachportal.de/8650

ISBN 978-3-8266-8650-4

Uwe Albrecht

Mac für KIDS

Der Mac sieht cool aus, ist einfach zu bedienen und bietet viele spaßige Programme – der ideale Rechner für Kinder und Jugendliche!

Uwe Albrecht verrät dir, was eine Garage mit der Entwicklung des Macs zu tun hat und berät dich, welcher Mac der richtige für dich ist und welches Zubehör du benötigst. Dann zeigt er dir die ersten Schritte am Mac. Du lernst den Umgang mit Dateien und Ordnern kennen, erstellst deinen Stundenplan am Mac und erfährst, wie du mit dem Mac ganz einfach Texte schreiben kannst.

Der Autor bringt dir sogar bei, wie du deinen Mac als Stereoanlage, Fernseher, DVD-Player oder Fotolabor nutzen kannst. Auch spielen und über das Internet mit deinen Freunden quatschen ist mit dem Mac und diesem Buch kein Problem! Du wirst ein richtiger Mac-Profi und kannst sogar Windows auf dem Mac laufen lassen.

Im Anhang zeigt dir Uwe Albrecht noch ein paar Lösungen für den Fall, dass der Mac mal nicht das macht, was er soll. Außerdem erfährst du, was du bei deinen Ausflügen ins Internet, die du mit deinem Mac unternimmst, beachten solltest. Ein spezielles Kapitel für deine Eltern sorgt dafür, dass auch sie immer den Überblick behalten.

Auf der CD:
Zusatzprogramme wie z.B. die Büroprogramme OpenOffice 3 und NeoOffice 2.5, der Internetbrowser Firefox 3 sowie einige bekannte Programme zum Chatten und die Beispiele aus dem Buch.

Probekapitel und Infos erhältst du unter:
www.it-fachportal.de/8650

ISBN 978-3-8266-8650-4

Wissen für Kids

Islam für Kids
- Von den ersten Muslimen in Mekka bis zum Islam von heute
- Die fünf Säulen des Islams und das islamische Recht
- Viele Fragen und Aufgaben, um das Gelernte zu festigen

ISBN 978-3-8266-8638-2

Geschichte für Kids
- Wichtige Ereignisse der letzten Jahrhunderte
- Geschichtsträchtige Personen und Orte kennen lernen
- Umgang mit Geschichtszeugnissen, die Einblick in vergangene Zeiten geben

ISBN 978-3-8266-8639-9

Physik für Kids
- Verständliche Einführung in die wichtigsten physikalischen Phänomene
- Tolle Experimente zum Nachmachen
- Mit vielen Aufgaben und Lösungen

ISBN 978-3-8266-1647-2

Mathe für Kids
- Algebra und Geometrie endlich richtig verstehen
- Spaß an Zahlen, Formeln und Formen durch Praxisbeispiele
- Mit vielen Übungsaufgaben und Lösungen

ISBN 978-3-8266-1606-8

Chemie für Kids
- Chemie im Alltag erkennen und davon lernen
- Von Säuren, Basen, Wasserstoff und Schmutzwasser

ISBN 978-3-8266-1639-1

Biologie für Kids
- Viele Beispiele zur Biologie im Alltag
- Alle wichtigen Gebiete der Biologie anschaulich dargestellt

ISBN 978-3-8266-1641-3

Probekapitel und Infos gibt es unter: **www.bhv-Buch.de**